UMA VIDA

COSACNAIFY

TRADUÇÃO Claudio Alves Marcondes

MATISSE

Hilary Spurling

PREFÁCIO

NENHUM ARTISTA ESCREVEU COM MAIS SENSIBILIDADE SOBRE COMO PINTAR um retrato do que Henri Matisse. Para ele, a observação rigorosa e a exatidão minuciosa eram essenciais. Nada deveria ser distorcido ou deixado de lado. As concepções parciais ou preconceituosas eram os principais inimigos. Foram os comentários de Matisse sobre a pintura de retratos que me proporcionaram o esquema básico desta biografia. E meu ponto de partida foi a tentativa de afastar os mitos, mal-entendidos e suposições equivocadas que se acumularam em torno da vida desse artista e influíram cada vez mais no modo como áreas cruciais de sua obra são consideradas. Esse processo exploratório revelou muita coisa que não se poderia imaginar no começo ("Se minha história fosse alguma vez transcrita fielmente do início ao fim", disse Matisse, "seria motivo de espanto para todos"). Todavia, meticulosidade, exatidão e imparcialidade não asseguram nada além de um ponto de partida para uma biografia. "A exatidão não é a verdade", costumava dizer Matisse, citando Delacroix. O excesso de detalhes e de análise, a sobrecarga de informação de apoio podem borrar os contornos e obscurecer o núcleo essencial tanto de uma vida escrita como de um retrato pintado. "Quando fecho os olhos, consigo ver melhor o tema do que com os olhos abertos", disse Matisse. "Eu o vejo despojado de detalhes incidentais – e é isso o que pinto." Esta biografia foi originalmente publicada em dois volumes, que traziam no total cerca de 4 mil notas de rodapé remetendo à pesquisa primária que me serviu de fundamento. Este *Matisse: uma vida* é o retrato relativamente conciso, nítido e claro que no início eu pretendia traçar.

Tudo o que se encontra nele está diretamente baseado em fontes contemporâneas: documentos, cartas, memórias e testemunhos de primeira mão. As referências detalhadas sobre essas fontes, assim como outros dados e explicações mais completas, podem ser lidas na edição original: *The Unknown Matisse. A Life of Henri Matisse, v. 1, 1869-1908* (Londres/Nova York:

Knopf, 1998) e *Matisse the Master: A Life of Henri Matisse, v. 2, 1909-54* (Londres/Nova York: Knopf, 2005). Todos os que me ajudaram a realizar essa reconstituição estão relacionados nesses dois volumes. Gostaria aqui, contudo, de reconhecer mais uma vez a grande dívida que tenho para com os herdeiros de Matisse – Claude Duthuit, Jacqueline e Paul Matisse, o finado Gérard Matisse e o finado Peter Noel Matisse – por seu apoio generoso e sobretudo por terem me proporcionado acesso irrestrito e sem precedentes aos documentos da família, assim como pela autorização para citar livremente esse inestimável registro inédito. Também gostaria de renovar meus agradecimentos pelo apoio prático e moral ao longo de muitos anos à falecida Lydia Delectorskaya, a Wanda de Guébriant, Dominique Fourcade e Rémi Labrousse, em Paris; a Georges Bourgeois, em Bohain-en-Vermandois, e Dominique Szymusiak, em Le Cateau-Cambrésis; a John Elderfield e Jack Flam, em Nova York; e a Natalia Semenova, em Moscou. Em Londres, estou sinceramente grata aos meus editores, Simon Prosser e Juliette Mitchell, na Hamish Hamilton, e à indômita pesquisadora de imagens Grainne Kelly, na Penguin. Por fim, e acima de tudo, sou grata a John Spurling, sem o qual este livro não existiria.

PARTE I: HOMEM DO NORTE

1. O PRISIONEIRO (1869-91)

MATISSE COMPAROU SEU DESENVOLVIMENTO COMO PINTOR AO CRESCIMENTO de uma semente. "É como uma planta que se ergue assim que está com a raiz firme", comentou no final da vida, "a raiz pressupõe todo o resto". Ele mesmo tinha suas raízes no nordeste da França, na imensa planície da Flandres onde os parentes de seu pai haviam sido tecelões até onde alcançava a lembrança familiar. Henri Émile Benoît Matisse nasceu na modesta casa de tecelões de sua avó, à rue du Chêne Arnaud, na cidadezinha têxtil de Le Cateau-Cambrésis, às oito horas da última noite do ano, em 31 de dezembro de 1869. Muito depois, ele diria que a chuva caía por um buraco sobre a cama em que nascera.

Seus pais, que trabalhavam em Paris, estavam fazendo uma visita de ano-novo ao vilarejo natal. Ao primogênito deram o nome de Henri, em homenagem ao pai, seguindo a tradição familiar que remontava a quatro gerações. O primeiro Henri Matisse fora tecelão de linho, mas seu filho, Jean Baptiste Henri, deixou esse humilde ofício na década de 1850 para se tornar capataz numa das fiações recém-mecanizadas do povoado. O filho dele, por sua vez, sairia de casa e abandonaria por completo o ramo têxtil. Era Émile Hippolyte Henri Matisse, o pai do pintor, que aos vinte e poucos anos encontrou emprego como atendente em uma loja em Paris. Em janeiro de 1869, quando se casou com Anna Héloïse Gérard, filha de um curtidor de Le Cateau, já havia sido promovido a aprendiz de compras de roupas íntimas femininas. Trabalhava na Cour Batave, no boulevard Sébastopol, uma nova e elegante loja de departamentos especializada em lingerie, enxoval, meias, corpetes, blusas femininas, assim como roupas de uso íntimo e doméstico. Bem depois de ter regressado à região natal e aberto um negócio próprio, Hippolyte Henri ainda se orgulhava de sua formação parisiense, que lhe aguçou o olhar para a qualidade, confirmou sua aversão a trabalhos negligentes ou malfeitos, e firmou os padrões rigorosos pelos quais até o fim da vida avaliaria a si mesmo, ao mundo que o rodeava e, especialmente, ao filho mais velho.

Anna Gérard também tomara o rumo de Paris com vinte e poucos anos a fim de trabalhar em uma fábrica de chapéus. Calorosa, expansiva, competente e animada, ela era baixa e bem proporcionada, com pele clara, maçãs do rosto largas e sorriso rasgado. "Minha mãe tinha um rosto de traços generosos, bem típicos da Flandres francesa", comentou o filho Henri, que durante toda a vida referiu-se a ela com especial ternura. Nascida em 1844, a quarta de oito filhos, Anna pertencia a uma família ampla e coesa, há trezentos anos estabelecida na rue du Chêne Arnaud ou nos arredores como curtidores, peleteiros e negociantes de couro. Émile, o irmão de Anna, que iria mecanizar e modernizar o curtume familiar, foi o padrinho de Henri. O menino cresceu protegido por uma rede de tios e tias, primos de primeiro, segundo e terceiro graus, assim como de parentes mais distantes por sangue ou casamento, todos originalmente moradores de Le Cateau mas que se dispersaram pelas cercanias, na sua própria geração e na de seus pais, com vários deles tomando o trem em busca de trabalho em Paris, distante 160 quilômetros ao sul.

Henri Matisse tinha oito dias de idade quando seus pais se instalaram em Bohain-en-Vermandois, a dezenove quilômetros de Le Cateau, onde assumiram o controle de um armazém na esquina da rue Peu d'Aise e da principal rua do vilarejo, a rue du Château. O armazém vendia desde sementes e equipamentos agrícolas até tinta para pintura de casas. Anna tornou-se especialista em cores, aconselhando os vizinhos sobre as melhores tonalidades decorativas e misturando ela mesma os pigmentos. Sob o comando de Hippolyte Henri, a seção de sementes virou uma eficiente operação atacadista e varejista, com uma frota de carroças que garantia o fornecimento de sementes, fertilizantes e forragem a cultivadores de beterraba distribuídos por toda a planície ao redor. O jovem Henri Matisse foi preparado para suceder o pai à frente de um negócio que, graças a um surto industrial na região, estava em rápida expansão. Antes um sonolento povoado de tecelões nas profundezas da antiga floresta de Arrouaise, a Bohain de sua infância era um moderno centro manufatureiro, com 10 mil barulhentos teares instalados na cidadezinha e nos vilarejos próximos. A população, que levara quatro décadas para passar de 2 mil a 4 mil habitantes antes do nascimento de Matisse, quase dobraria de novo ao longo dos vinte anos em que ele lá viveu antes de fugir de casa para se tornar pintor.

Os principais produtos locais eram a beterraba e os têxteis. Os moinhos de vento e os campanários que tradicionalmente pontilhavam as planícies onduladas do Vermandois haviam sido substituídos, na juventude de Matisse, pelas chaminés fumacentas das refinarias de açúcar e das fiações de lã. Nessa chapada gredosa, os riachos – Bohain se ergue no centro de um triângulo formado pelas nascentes dos rios Somme, Selle e Escaut – serviam de esgoto para os rejeitos químicos lançados dos vilarejos. No outono, as ruas ficavam escorregadias com polpa de beterraba, e durante todo o inverno o ar era tomado pelo fedor de beterrabas apodrecidas. Os visitantes ficavam chocados com a insipidez da cidadezinha e com os terrenos desolados e recém-desmatados nos arredores. "Na minha região natal, se há uma árvore no caminho, logo a arrancam, para que não faça sombra às beterrabas", comentou Matisse com tristeza.

As recordações de infância que mais lhe traziam prazer eram quase todas da região rural. Lembrava-se de abrir caminho pela relva alta na primavera em busca das primeiras violetas e de ouvir as cotovias sobrevoando as plantações de beterraba nas manhãs de verão. No decorrer da vida, Matisse jamais perderia essa sensibilidade para a terra, as sementes e as coisas que brotam. Os pombos de raça que criou em Nice quase meio século depois de ter saído de sua terra natal o recordavam dos pombais mantidos pelos tecelões até mesmo nos fundos das casas mais modestas de Bohain. Matisse dizia que, dentre todos os espécimes exóticos no suntuoso aviário que mandou construir na década de 1930, as aves que melhor cantavam ainda eram os tordos e os rouxinóis, que não conseguiam sobreviver em cativeiro. Eles cantavam livremente nos arvoredos perto de Bohain e nas ruínas do castelo medieval onde o pintor brincava quando menino, não muito longe do armazém do pai. Havia uma passagem subterrânea entre o castelo e o Chêne Brulé, ou Carvalho Queimado, uma enorme e velha árvore de copa imensa, marcada por soldados espanhóis que haviam tentado destruí-la com fogo no século XVII. Henri Matisse escalou seus galhos quando menino, pintou-a quando jovem e lembrava dela com afeto até o fim da vida. Ela era o principal marco natural da vila e sempre figurava em histórias contadas pelos velhos ao pé do fogo, os quais ele recordava sentados o tempo todo no canto da lareira, entregues às lembranças dos soldados russos que passaram por Bohain em 1815, depois de Waterloo.

Em sua infância, os invasores eram prussianos. Os soldados alemães (que ocupariam Bohain em três ocasiões durante a vida de Matisse) marcharam diante do armazém de sementes à rue du Chêne no ano-novo de 1871, no dia seguinte ao seu primeiro aniversário. Desde a derrota do imperador francês em Sedan, quatro meses antes, toda a região estivera aguardando por eles em um estado de tensão crescente. Após breves escaramuças entre atiradores de tocaia, Bohain reagiu com soturna resignação. A população refugiou-se atrás de portas e janelas trancadas durante quase três semanas angustiosas enquanto as forças francesas e alemãs se concentravam para a batalha decisiva, travada no dia 19 de janeiro a 25 quilômetros dali, fora do vilarejo de Saint-Quentin, onde se realizava a feira da região. Os moradores ficaram o dia todo encarapitados nos muros do povoado, de onde acompanharam a derrota das tropas francesas, e depois se trancaram nos porões enquanto os sobreviventes passavam em retirada durante a noite. Horas depois, quando os soldados franceses entraram cambaleantes em Bohain – imundos, esfomeados e exaustos –, encontraram os moradores diante das portas sob a neve com alimentos e lampiões para iluminar o caminho.

No dia 20, milhares de alemães, ainda enlameados e com olhos esbugalhados como feras libertadas do cativeiro, invadiram a vila em perseguição. A França capitulou no mesmo dia, e a ocupação durou pouco mais de um mês. O toque de recolher foi imposto em Bohain, e os moradores tiveram de servir a contragosto os hóspedes indesejáveis. "Nós demos ou deixamos que nos tomassem tudo o que queriam", escreveu um compatriota, descrevendo a vergonha e a fúria latente daquele inverno miserável. Henri estava com quase catorze meses de idade, começando a andar e a falar, quando os alemães se foram. Na primeira visita que fez ao país destes, quase quarenta anos depois, ele comentou que as únicas palavras em alemão que conhecia eram *Brot* e *Fleisch*, pão e carne. E jamais esqueceria de sua mãe repetindo às refeições, como se dissesse uma ação de graças: "Eis aqui outra refeição em que os alemães não vão colocar as mãos!". Durante 75 anos, esse comentário se tornaria um refrão familiar por toda a Flandres francesa.

No dia em que os invasores partiram, em fevereiro de 1871, toda a população correu à praça central de Bohain para festejar. Às crianças de colo na época, jamais se permitiu que esquecessem aquela ocasião. Elas cresceram ouvindo histórias de campos empapados de sangue ao redor de Saint-Quentin e de cemitérios de vilarejos repletos de sepulturas de soldados. Entoavam canções marciais ("Crianças de uma cidade fronteiriça/Nascidas em meio ao cheiro de pólvora...") e entalhavam mensagens de rebeldia ("Morte aos prussianos!" e "Os franceses nunca esquecem!") em muros e portas. Aprenderam a lidar com armas em barracas de tiro ao alvo nas feiras das vilas e no campo, onde Henri se tornou um exímio atirador. Na escola primária de Bohain, os meninos aprendiam que a geração deles estava destinada a recuperar a honra perdida da nação.

Henri e seus colegas de classe cresceram em um mundo que se distanciava aos trancos de um modo de vida que, em certos aspectos, permanecera inalterado desde a época medieval. A chegada da estrada de ferro havia colocado Bohain no mapa industrial, mas os moradores locais ainda se deslocavam para todo lado a pé ou a cavalo. A água que usavam vinha de poços e, quando caía a noite, acendiam lamparinas ou recolhiam-se ao leito. O lar dos Matisse despertava antes do amanhecer, o que significava quatro da manhã no verão, com o dia de trabalho começando às cinco horas. A vida era dura, monótona e laboriosa para os pais de Henri, que viviam em aposentos alugados sobre o armazém e quase sempre se impunham um ritmo de trabalho exaustivo. Em julho de 1872, Anna deu à luz o segundo filho, que morreu pouco antes de completar dois anos, época em que ela já estava de novo grávida de seu terceiro e último filho, Auguste Émile, que nasceria em 19 de julho de 1874. A carga de trabalho de sua mãe era tanta que Henri com frequência era enviado para passar um tempo com a avó Gérard na casinha em Le Cateau onde ele havia nascido, e onde diria que sempre foi feliz.

Da infância, ele lembrava sobretudo de uma diligência inflexível e concentrada. "Não demore!", "Preste atenção!", "Suma daqui!", "Deixe de preguiça!" eram os refrões que retiniam em seus ouvidos em casa. Durante toda a vida, em sua conversa sempre afloravam ditados realistas que remetiam a um mundo rural em que o dinheiro era escasso, as porções pequenas demais e o trabalho opressivo e repetitivo. A própria sobrevivência dependia de uma disciplina severa e de um espírito de sacrifício. Este era o legado ressaltado por Matisse quando, no fim da vida, após viver quatro décadas em Nice, dizia que continuava sendo um homem do norte. Ele relembrava os invernos de sua juventude quando a neve se acumulava nas ruas, o gelo formava uma grossa camada sobre as pedras do calçamento e à noite a água congelava em jarras e bacias dentro de casa. Tempestades de neve, geadas, névoas gélidas e ventos cortantes assolavam a chapada na qual estava exposta Bohain, desprovida de sua floresta protetora, cercada de nascentes subterrâneas que afloravam assim que derretia a neve, inundando de lama as ruas. As crianças que sobreviviam a essas provações (e muitas não o fizeram) tinham de ser rijas, desconfiadas e cautelosas; e cabia aos pais torná-las assim. Na cultura tradicional do norte, o pai era todo-poderoso e com frequência impossível de satisfazer, ao contrário da mãe complacente e protetora. Durante toda a vida, a mãe de Henri tomou o partido do filho, enquanto o pai o mantinha sob rédeas curtas e aguilhão constante.

Para o pai, Henri era uma criança sonhadora, dócil e obediente, mas desatenta e sem nenhum brilho excepcional. A saúde frágil do menino e a perda do irmão do meio fizeram com que a mãe redobrasse os cuidados, e ele por sua vez se dispunha a esforços especiais para agradá-la. Ela sempre era a primeira pessoa a quem mostrava suas pinturas ("Minha mãe adorava tudo o que eu fazia"), e nas raras ocasiões em que ela se mostrava menos entusiástica, o efeito sobre ele era devastador. Matisse afirmou que a sensibilidade para as cores veio de sua mãe, que também pintava, trabalhando com guache sobre porcelana (resta hoje uma única saladeira branca e despretensiosa, decorada com graça e sutileza com um padrão severamente simplificado de pontos e linhas em tom azul-escuro). A cozinha dela sempre foi uma fonte de calor e conforto. A vida da casa girava em torno do grande fogão, sempre aceso e com um bule de café aquecido, entre o armazém de um lado e, de outro, o quintal com a lavanderia, o poço e a horta. Havia estábulos para os cavalos, espaço para as carroças e um paiol onde ficavam caixas com produtos químicos, sacas de sementes, arroz, trigo e rações para o gado. Anna Matisse tinha um par de pequenas balanças de cobre, com as quais pesava alpiste e ração de peixe, que acompanhavam as aves exóticas e os peixes-dourados ornamentais que faziam parte do estoque de um comerciante de sementes. E ambos iriam reaparecer na obra e na vida de seu filho.

A família Matisse (com um jovem amigo ou primo) junto da entrada lateral do armazém cerealista na rue Peu d'Aise.

Para uma criança que cresceu em Bohain no final do século XIX, o contato com o mundo externo restringia-se em grande parte a eventuais mascates, latoeiros e bandos de ciganos que vendiam cestos, liam a sorte e por vezes exibiam um urso dançarino acorrentado. Apareciam na primavera e no verão, assim que os caminhos ficavam transitáveis, com os artistas itinerantes que montavam espetáculos na praça, vendendo brinquedos, pães de mel, balas listradas e palitos com caramelo de açúcar de cevada. Os meninos mais velhos se fantasiavam de cavaleiros e travavam batalhas de brincadeira, enquanto os mais novos se divertiam no carrossel, com um burro movendo a roda que fazia os cavalinhos de madeira subirem e descerem nos suportes pintados. Havia grandes quermesses anuais nos vilarejos maiores, com palhaços, acrobatas e vendedores ardilosos que também eram tarimbados artistas em espetáculos circenses tão variados quanto brutais e macabros.

A região toda era, segundo um colega e conterrâneo de Matisse, o pintor Amédée Ozenfant, "tão flamenga quanto um quadro de Bruegel".

Era uma sociedade que proporcionava pouco espaço para a imaginação além das quermesses, das ocasionais trupes de circo e das brincadeiras de cavaleiros montados. Bem mais tarde, Matisse diria que, quando pequeno, o que mais queria era ser palhaço ou cavaleiro. Desde logo ele sentiu a necessidade premente de escapar, de se apresentar em público, de atrair e prender a atenção dos espectadores, descrevendo tal impulso nos termos dos artistas itinerantes que vira na juventude: "Se não houvesse espectadores, não existiriam artistas [...] A pintura é um modo de comunicação, uma linguagem. Um artista é um exibicionista. Quando não há público, o exibicionista sai de fininho, com as mãos nos bolsos [...] O artista é um ator: o homenzinho de voz sedutora que precisa contar histórias".

O jovem Matisse era mímico exímio que sempre conseguia levar os amigos a gargalhadas irresistíveis ao arremedar velhos pomposos ou arrogantes. A vida de rua o fascinava. Quando estudava arte em Paris na década de 1890, ele preencheu os cadernos de esboços com cenas urbanas – os condutores de tílburi com seus passageiros e seus cavalos, transeuntes, artistas de variedades –, delineadas com traço ágil e preciso, e um olhar sardônico para os detalhes. Ele era capaz de cantar ou entoar todos os gritos e pregões do Quartier Latin, costume que adquirira ainda pequeno nas ruas de Bohain, que ressoavam com o alarido de amoladores de faca, vendedores de verduras, baleiros, consertadores de guarda-chuvas e objetos de louça, empalhadores de cadeiras ou sapateiros ambulantes, todos em busca de fregueses. Quando menino ele brincava dentro e fora das casas da vizinhança, entreouvindo as mulheres que tagarelavam diante das rodas de fiar ou nas soleiras quando as noites ficavam mais quentes.

Seu companheiro inseparável era Léon Vassaux, dois anos mais novo, que morava na casa ao lado. Léon continuaria sendo amigo e seguidor de Henri – nas épocas de crise foi o seu defensor mais leal – pelo resto de suas vidas. Amável, inteligente e independente, ele era um comediante cara de pau tão bom quanto o próprio Henri. No verão perambulavam juntos pelo campo, e no inverno brincavam no galpão dos Matisse ou na cozinha dos Vassaux. "Até hoje consigo nos ver", escreveu-lhe Léon, "sentados à mesa da cozinha, fazendo manobras com um esquadrão de soldadinhos de chumbo – e o nosso medo quando ouvimos a minha mãe tocar o sino." Léon foi um colaborador leal no grande empreendimento artístico da infância de ambos, o teatro de brinquedo de Henri. Ele foi montado em um caixote revestido de papel de embrulho do armazém, tendo como personagens figuras recortadas de tiras ilustradas e coladas em pedaços de cartão. O maior triunfo de Henri foi uma sensacional erupção do Vesúvio, para a qual seu pai contribuiu com enxofre e salitre. O vulcão expeliu fumo e labaredas diante de um fundo de ondas de papel azul guarnecidas de espuma pintada de modo a representar a baía de Nápoles. "O cenário tinha a assinatura de Matisse, e os efeitos musicais eram produzidos com seu violino", escreveu Léon muito depois, no único relato existente dessa extraordinária estreia. "O preço era acessível a qualquer pessoa: um botão de calça, e acho que nossos pais devem ter ficado perplexos com a escassez cada vez maior desse adereço de roupa."

Na escola, os dois melhores amigos de Henri eram Gustave Taquet, o efusivo e divertido filho de um merceeiro que estava ansioso (ao contrário do filho do vendedor de sementes) para participar do negócio do pai, e Louis Joseph Guilliaume, um filho de tecelão que abriria o primeiro estúdio de fotografia no vilarejo. Taquet e Guilliaume logo se adaptariam aos papéis a que estavam destinados, e ambos foram bem-sucedidos em suas atividades muito antes de Henri (ou mesmo de Léon) e tornaram-se pilares da comunidade em Bohain. Já os outros dois escapariam assim que possível rumo a Paris. Léon queria ser médico, passou com brilho nos exames e, aos dezoito anos, matriculou-se na faculdade de medicina. Henri devaneava e vadiava durante o período letivo sem vislumbrar objetivo algum. O aprendizado com base na incessante memorização e repetição era de regra nas três escolas locais que ele frequentou, onde os professores não hesitavam em punir fisicamente os alunos com bastões ou réguas. O mesmo se dava com o professor particular de violino que partilhava com Léon, monsieur Pechy, o condutor da banda de música da vila, que usava o arco do violino para castigar seus alunos. Ambos muito dotados para a música, os dois meninos revidavam gazeteando. Quando o detestado *père* Pechy batia à porta dos Matisse, Henri pulava o muro e escapava para a casa dos Vassaux, e quando o professor ia até o vizinho em busca de Léon, que também não aparecera, os dois meninos já haviam saltado de volta para o quintal dos Matisse. Léon sempre insistiu que Henri era o mais talentoso dos dois e que, não fosse pelo *père* Pechy, até poderia ter se tornado um grande virtuoso do violino. Isso, sem dúvida, era motivo de amargura para Matisse, para quem o violino permaneceu até o fim como uma imagem da realização artística, o caminho alternativo que poderia ter tomado. Mais tarde, ele forçaria o seu próprio e relutante filho a estudar violino durante horas todo dia, explicando que ele mesmo se arrependera amargamente de ter contrariado o pai neste e em outros assuntos.

À medida que foi envelhecendo, Matisse passou cada vez mais a entender e a simpatizar com um aspecto de seu pai contra o qual, ainda pequeno, havia se rebelado do fundo de seu ser. Nos derradeiros anos de sua vida, os problemas do pai lhe apareceram sob outra luz: a precariedade de suas realizações nos anos iniciais, a ansiedade e o trabalho implicados na consolidação de qualquer tipo de empreendimento e o esforço constante para levar adiante o negócio. Ele reconheceu a dor que causara ao pai quando se recusou a aprender violino, mesmo que, poucos anos depois, ainda estudante, não conseguisse se separar do instrumento. Em seus devaneios, ele gostaria de ser jóquei, mas só aprendeu a cavalgar após a morte do pai, a despeito do fato – ou por esse motivo – de que Hippolyte Henri adorava os cavalos, mantendo no auge de sua empresa pelo menos uma dezena deles no estábulo: poderosos e reluzentes animais de tiro, cinco dos quais eram atrelados lado a lado para arrastar as grandes carroças com que distribuía seus produtos por todo o *département*. Para uso pessoal, Hippolyte Henri também mantinha uma caleça ligeira, puxada por um animal veloz e bem aparelhado – um dos raros luxos a que se permitia em uma existência de labuta incessante.

Seus filhos foram criados como bons republicanos e católicos, de acordo com os costumes de sua classe e da época. Batizado com sete dias de idade ainda em Le Cateau, e crismado com todas as crianças da mesma idade em 1881, Henri dali em diante repudiou sua formação católica como parte do severo aparato autoritário que havia oprimido e controlado sua juventude. Ainda pequeno foi matriculado na escola primária de Bohain, e depois, com cerca de dez anos, passou brevemente pela escola secundária onde estudara o pai, o colégio de Le Cateau. Ele a frequentou como aluno externo, morando com a avó materna na rue du Chêne Arnaud, onde os curtumes

Cateau exalavam um fedor tão forte quanto o das refinarias de beterraba de Bohain. Na época, a região era assolada pela cólera, pela desnutrição e pelo alcoolismo. Nas tecelagens, homens, mulheres e crianças se esfalfavam até doze horas por dia, com um único intervalo de quinze minutos. Longas fileiras de imigrantes agachados, com os corpos dobrados e as caras voltadas para o chão o dia todo, limpavam os terrenos para o cultivo de beterraba. Entre os trabalhadores, o ressentimento fervilhava e explodia com frequência durante toda a década de 1890. Uma greve em Le Cateau, em dezembro de 1883, transformou-se em violento tumulto no dia seguinte ao décimo quarto aniversário de Henri. Os grevistas invadiram a fiação de lã instalada no antigo palácio arquiepiscopal (atualmente Museu Matisse), destruindo portas, arrebentando janelas e ameaçando matar o diretor administrativo da fábrica. Tais lembranças estão por trás das imagens de violência física que, mais tarde, muitas vezes iriam sobressaltar os admiradores de Matisse quando este falava sobre seus métodos de trabalho. Ao astro de Holywood Edward G. Robinson, ele contou que a única coisa que o impelia a pintar era uma vontade crescente de estrangular alguém. "Sempre trabalhei como um bruto embriagado tentando arrombar a porta", comentou ele no final da vida, ao discutir suas concepções para a capela em Vence.

As metáforas brutais de Matisse remontavam à impiedosa, atordoante e interminável labuta que presenciara por toda a parte durante a infância. Os tecelões tinham olhos febris, rostos pálidos e corpos emaciados e debilitados pois passavam o dia todo confinados em espaços apertados e às vezes úmidos. Muito depois de as vilas próximas terem mecanizado as tecelagens, os homens de Bohain ainda mantinham os teares manuais, trabalhando em casa ou em oficinas de fundo de quintal que contavam com desde três ou quatro teares até uma quantidade vinte vezes maior. Havia meia dúzia dessas tecelagens e de oficinas de bordados nas proximidades da rue Peu d'Aise. O próprio Matisse tinha idade suficiente para se lembrar da voga por xales de caxemira que, em meados do século, havia conferido a Bohain o primeiro surto de prosperidade, mas foi a alta-costura parisiense que impulsionou a assombrosa reviravolta econômica da vila após a derrota de 1871. Na época em que Henri estava com dez anos, quase todas as oficinas têxteis da vila produziam tecidos para decoração doméstica e roupas, trabalhando diretamente para os grandes ateliês de moda parisienses que abasteciam as lojas de departamento modernas como a Cour Batave. Os tecelões de Bohain eram famosos naqueles anos pela riqueza das cores, o impecável senso estético, a ousadia imaginativa e uma sede insaciável de experimentação. Eles trabalhavam por encomenda para o segmento superior do mercado, fornecendo veludos tecidos à mão, sedas moiré e estampadas, merinos, granadinas, caxemiras levíssimas e requintados cheviotes para o inverno, e, para o verão, gazes de seda semitranslúcidas, tules diáfanos, voiles e foulards.

Os tecelões de seda de Bohain tinham poucos rivais e ninguém que os superasse. Seguiam uma tradição independente, radical e subversiva. A vontade de escapar das agruras da existência encontrou, na prática, uma saída na intensa satisfação estética que obtinham da inaudita delicadeza e ousadia de seus tecidos. Os tecelões competiam entre si para alcançar efeitos cada vez mais requintados, sutis e opulentos, que iam desde brocados suntuosos até sedas e gazes finíssimas com o tom e a textura de aquarelas. "Cada lançadeira [...] desempenha a função de um pincel que o tecelão controla à vontade e com quase tanta liberdade quanto o próprio artista", escreveu um contemporâneo. Desde pequeno, Matisse cresceu familiarizado com o ruído crepitante das lançadeiras, com a visão dos vizinhos manejando carretéis coloridos, debruçados sobre os teares como um pintor diante do cavalete dia após dia, desde o amanhecer até o crepúsculo. Desde então, os tecidos sempre seriam essenciais para ele enquanto artista. Ele adorava a presença física deles, rodeando-se de retalhos e fragmentos dos tecidos mais belos que pôde adquirir desde que vivia como estudante de arte empobrecido em Paris. Durante toda a vida, ele os pintou como colgaduras, em biombos, almofadas, tapetes, cortinas e as cobertas dos divãs sobre os quais os modelos da década de 1920 posaram em delicadas pantalonas, faixas e jaquetas de seda, blusas franzidas ou bordadas, por vezes em vestidos de *haute couture* feitos por modistas parisienses com o material requintado que, mesmo nessa época, continuava sendo produzido em Bohain para a casa Chanel.

Ao longo da etapa mais crítica de sua carreira, na década anterior à Primeira Guerra, quando ele e outros artistas estavam empenhados em resgatar a pintura das mãos mortas de uma tradição clássica envilecida, os tecidos serviram de aliados estratégicos para Matisse. Floridos, sarapintados, listrados ou lisos, ondulando pela tela ou fixos no plano pictórico, eles se tornaram em suas mãos, entre 1905 e 1917, uma força dilacerante, mobilizada para subverter as velhas e opressivas leis da ilusão tridimensional. Atacado por ser um artista decorativo, ele definia o luxo segundo o antigo sentido democrático adotado pelos tecelões, como "algo mais precioso do que a riqueza e acessível a todos". Até o final, ele permaneceu um filho legítimo dos tecelões de Bohain, cujos tecidos assombravam os contemporâneos pelas cores reluzentes, requinte sensual e sutileza e brilho fenomenais.

Matisse afirmou que, desde menino, sempre sonhara com a luz e as cores radiantes que afinal conseguiu reproduzir nos vitrais da capela de Vence em 1951: "Estou ali inteiro [...] tudo o que havia de melhor em mim quando criança". E contou ao neto, que ficou decepcionado ao notar na capela a ausência quase completa dos elementos convencionais da decoração religiosa, que toda a sua vida havia de certo modo sido uma fuga. "Eu venho do norte. Você não pode imaginar o quanto eu odiava aquelas igrejas sombrias." Um dos efeitos que mais o agradavam na capela de Vence era um azul que, segundo ele, só vislumbrara antes no lampejo da asa de uma borboleta e na pureza do enxofre em combustão: as chamas do vulcão cuja primeira erupção ocorrera em um teatro de brinquedo mais de seis décadas antes. "Mesmo que fosse capaz, quando jovem, de fazer aquilo que faço hoje – e era bem isso o que então sonhava –, eu não teria tido a coragem."

O jovem Henri absorveu tudo o que podia da região natal, com sua poesia peculiar, agreste, seca e nada romântica, mas repleta de vigor e espirituosidade, um estilo resumido na canção de ninar adotada como hino do norte, o "Petit Quinquin". Quinquin é o filho de uma bordadeira pobre cujo choro a mantém acordada à noite até que ela o faz se calar com uma sova. "Um remédio para a insônia que me parece longe do ideal, e não me importaria de prescrevê-lo a você", escreveu jovialmente Léon a Henri na década de 1950. Uma bofetada era a solução tradicional para os problemas mais infantis na juventude de ambos. Matisse disse que um desenho devia ser tão decisivo quanto um bom tapa. As canções em dialeto local, como "Quinquin", tratavam diretamente da realidade de pobreza e carência, falando de tudo, desde crimes ou acidentes horripilantes até o frio, a fome, as ressacas, os problemas matrimoniais, as esposas impetuosas e os filhos indesejados. "Não convém ir para a cova de olhos fechados", Matisse gostava de repetir. Ele adorava as canções populares rudes e trocistas de sua região natal. Irônicas, intensamente realistas, de tom impassível e repletas de detalhes, um equivalente cantado da pintura de gênero flamenga, elas se adequavam muito bem a um lado prosaico, cáustico e irreverente que ele jamais perderia.

Era um lado que servia de contracorrente ou contrapeso à complexidade de seus sonhos. A arte de Matisse, mesmo quando mais pura e mais transcendental, está ancorada em um realismo desprovido de autopiedade. Ele resumiu os dois lados de sua natureza em uma curiosa história de sua infância que costumava contar. O episódio ocorreu quando Henri tinha catorze anos, no verão de 1884, no hotel Lion d'Or, mantido pela irmã mais velha de sua mãe, a tia Joséphine Mahieux. A personagem central era um hipnotizador itinerante belga chamado Donato, na época uma celebridade na região norte da França, recém-chegado ali de divulgados confrontos em Paris e Varsóvia com céticos eminentes, cujos esforços para desmascará-lo invariavelmente terminavam com o seu triunfo e a humilhação dos outros. Anunciado como "domador de homens", ele assombrava o público com uma capacidade aparentemente espontânea de dominar qualquer pessoa. Um século depois, em Bohain, ainda havia quem tivesse uma débil lembrança do hipnotizador estrangeiro que muito tempo antes havia zombado dos grandes e poderosos do local. Um deles foi obrigado a urinar em público, outro saiu pelas ruas cavalgando uma vassoura. Entre eles estava a própria tia de Henri, uma viúva muito respeitada, com quase cinquenta anos, que se viu desfilando escadaria abaixo e cruzando o próprio saguão de entrada com um pinico transbordante diante de uma multidão de cidadãos boquiabertos.

Poder e submissão eram o tema principal do espetáculo de Donato, que se especializara em lidar com rapazes adolescentes. Nada lhe agradava mais do que fazer com que um grupo de dez ou vinte jovens, quanto mais petulantes melhor, acabasse no palco fazendo as barbas uns dos outros com navalhas inexistentes, remendando sapatos invisíveis ou costurando panos espectrais nos próprios trajes antes de ficarem apenas de roupa de baixo e mergulharem em um rio imaginário. O próprio Henri contava o que aconteceu quando ele e alguns amigos foram "donatizados" a tal ponto que acreditavam estar em um campo de botões-de-ouro à beira de um riacho borbulhante: "Eles se abaixavam para colher as flores e tentavam beber a água do riacho, tão forte era a sugestão hipnótica. Quando chegou sua vez, porém, assim que estava prestes a cair sob o encantamento, algo deu a impressão de estalar e, através da relva e do regato, ele reconheceu o tapete que cobria o piso. 'Não', gritou, 'estou vendo o tapete'". Desde então, o episódio virou um ponto de comparação para Matisse, que dizia que "por mais longe que a fantasia o levasse, ele jamais perdia de vista o tapete". Os jornalistas costumavam comparar Donato, em seu auge na década de 1880, a um animal selvagem, um *fauve*, mas, naquela noite no Lion d'Or de Bohain, ele encontrou um antagonista à altura, dotado de uma vontade mais forte que a sua, e uma imaginação que um dia iria exercer um fascínio em tal escala que ninguém ali presente poderia ter concebido.

A cidadezinha de Saint-Quentin, com uma população sete vezes maior que a de Bohain, era o tradicional ponto de encontro entre a planície de Flandres e o resto da França. Ela se erguia como um anfiteatro sobre o vale palustre do rio Somme, no alto de uma colina coroada com uma graciosa igreja colegiada medieval, visível a quilômetros de distância. A escola era uma caserna soturna perto da prisão na antiga praça de armas da cidade: uma espécie de mosteiro militarizado dominado pelo rufar dos tambores e o pátio de exercícios. Quando Henri foi para lá transferido, um ou dois anos antes do encontro com Donato, os jovens se recolhiam a dormitórios sem aquecimento, passando as noites de inverno sob temperaturas que chegavam a onze graus abaixo de zero. Durante o dia dedicavam-se a um currículo ainda firmemente baseado nas gramáticas grega e latina. As aulas de arte no *lycée* incluíam apenas desenho, resumindo-se, como uma língua morta clássica, a uma série de rotinas inalteráveis de cópia de réplicas em gesso de partes de esculturas gregas e latinas.

O professor-assistente de arte, supostamente encarregado dos alunos mais novos, era Xavier Anthéaume, que baseava suas aulas em diagramas riscados no quadro-negro e fracassou por completo na tarefa de impor ordem a classes enormes, com os alunos apinhados em uma sala no sótão e que antes fora um dormitório. Anthéaume conduzia-se de maneira seca, meticulosa e defensiva. Além disso, era asmático, e suas instruções tediosas e dispersivas eram frequentemente interrompidas por uma forte tosse seca e repetida. Sua aula tornou-se um tumulto semanal. A lembrança mais forte que Henri tinha dos tempos de escola era a de se debruçar sobre o corrimão diante da sala de artes, sob o olhar de um grupo de colegas, e cuspir na cartola do *père* Anthéaume, que subia resfolegante pela escada em espiral. Era uma repetição de sua revolta anterior contra o *père* Pechy. Por trás disso havia uma decepção que continuava vívida mais de meio século depois, quando Matisse relatou o episódio. Ele contou que descobrira por acaso naquelas aulas de arte que tinha uma capacidade inata para desenhar, o que intensificou e tornou ainda mais feroz sua indignação com os exercícios mecânicos que a bloqueavam.

Em casa, o futuro de Henri começava a criar problemas. "Eu estava sempre com a cabeça nas nuvens", disse ele, descrevendo como a mãe o surpreendeu se exercitando para virar um acrobata, de ponta-cabeça entre as sacas de sementes, quando veio buscá-lo para uma conversa séria com o pai. "Eu era muito submisso. Fazia tudo o que eles queriam." Sua recusa ou incapacidade de atender à expectativa de que se interessasse pelo negócio familiar emergia em surtos regulares de doença, quando era obrigado a ficar de cama – "essas crises duravam um mês, um mês e meio, às vezes dois meses" – sofrendo do que parecia ser algum tipo de bloqueio ou inflamação dos intestinos. A enfermidade era dolorosa, inoperável e tratável apenas com repouso, e provavelmente de origem espasmódica (tal como se daria com muitos dos problemas de saúde posteriores de Matisse, segundo o dr. Vassaux), ocasionada por uma aguda aflição nervosa. Tais colapsos periódicos pelo menos resolveram a questão de quem iria assumir o controle do armazém. Embora relutante, a família convenceu-se de que caberia a Auguste tomar o lugar do irmão mais velho, cujos distúrbios intestinais o impediam de permanecer de pé por muito tempo, e muito menos de carregar as pesadas sacas de sementes nas carroças, tal como fazia o pai.

Henri estava com dezessete anos quando abandonou abruptamente a escola no meio da época de exames, no verão de 1887. Suas lembranças desse fiasco vexaminoso eram fragmentadas e confusas. Tudo o que conseguia recordar era uma caminhada nos campos de beterraba em torno de Bohain, onde o pai exasperado sugeriu que talvez ele pudesse se mostrar mais útil trabalhando como escriturário de um advogado. Um emprego foi arranjado com o advogado da família, cujo escritório ficava pouco mais acima na rue du Château, e o pai de Henri ficou agradavelmente surpreso quando o próprio rapaz propôs que passasse um ano estudando direito em

Paris. Segundo o seu relato, todo esse ano foi passado em um estupor de infelicidade e tédio. Mas conseguiu ser aprovado nos exames preliminares para a faculdade de direito em agosto de 1888, explicando mais tarde que tudo o que precisava fazer era comprovar haver alguma vez aberto um livro de direito e saber usar o índice.

Ele voltou de Paris como um recém-formado escriturário para trabalhar com um dos principais advogados de Saint-Quentin, um emprego que o seu pai esperava sinceramente que pudesse levar a algum tipo de posto ministerial. Henri passou a copiar à mão intermináveis autos processuais, escapando nos finais de semana para visitar a família e ir aos bailes com os amigos. Ele tinha uma reputação como um dos rapazes de Bohain, um trocista capaz de se exceder nas eufóricas noites de carnaval, mas por trás das fanfarrices havia algo mais parecido com o desespero. Embora tivesse deixado crescer barba, como a do pai, e adquirido uma cartola de escriturário, a infelicidade o tornava desajeitado e antipático. "Com dezoito anos, Matisse estava longe de ser bem-apanhado", comentou uma mulher que se lembrava de ter dançado com ele em um baile na prefeitura de Bohain: "Magrelo e tímido com uma barba rala [...] ele era feio como uma lesma, uma verdadeira lesma".

Para a maioria dos franceses, o serviço militar proporcionava o único vislumbre do mundo que jamais teriam para além de seus vilarejos natais. Na cultura militarizada de Bohain, a cerimônia na sede da prefeitura, com o drama anual de seleção e rejeição dos convocados, era um grande acontecimento, com toda a vila comparecendo para ver os novos recrutas envergando penachos vermelho-branco-azul e desfilando pelas ruas atrás da banda de música. Henri foi um dos rejeitados ao se alistar em 1889. Ele sucumbiu ao derradeiro e de longe o mais grave de seus colapsos, abatido pelo que mais tarde chamaria de apendicite, tiflite ou colite ulcerativa. Na verdade, era uma hérnia, provavelmente ocasionada pelo esforço de ajudar o pai no armazém, porém mais tarde Matisse falaria disso como se o misterioso bloqueio intestinal fosse o substituto de uma obstrução que lhe paralisava a vontade. Olhando em retrospecto, ele jamais subestimou a gravidade daquilo que, tanto para ele como para os pais, era uma rejeição do mundo em que crescera. Mais tarde, ele se lembraria consternado da apatia e indecisão que demonstrou na juventude, e esperava que os próprios filhos um dia dessem o devido valor às suas tentativas de prepará-los e guiá-los. "Foi o que aconteceu comigo em relação ao meu pai", escreveu com tristeza, já sexagenário, a um dos filhos: "Gostaria de ter dito isso a ele, mas agora é tarde demais". Na época, o embate com o pai consumiu toda a sua energia, deixando-o completamente exaurido. Às vezes tinha a impressão de que passara na cama a maior parte de seu vigésimo ano de vida.

A revelação que salvou Matisse da desintegração total acabaria sendo incorporada a sua lenda pessoal. Tudo começou com um vizinho de enfermaria, cujo passatempo era copiar a óleo paisagens alpinas de reproduções coloridas, ou cromolitografias. "Ao ver que estava me aborrecendo durante a convalescença, meu amigo sugeriu que experimentasse a mesma distração. Embora a ideia não tenha agradado ao meu pai, a minha mãe se incumbiu de me comprar um estojo de tintas com dois pequenos cromos na tampa, um dos quais mostrava um moinho de água, e o outro, a entrada de um povoado." Matisse lembrava-se do vizinho copiando um chalé suíço com pinheiros à beira de um rio, o tipo de cromo – singelo, encantador e sentimental – então muito apreciado pela geração mais jovem em Bohain. O quadro está até hoje com a família desse pintor amador, Léon Bouvier, sobre o qual se poderia dizer que mudou o rumo da arte do século XX. Filho do dono de uma manufatura têxtil da localidade, Bouvier sustentava que não conhecia melhor maneira de se descontrair, quando regressava para casa após uma jornada no escritório, do que pintar uma paisagem. Henri, sentado na cama com a tela apoiada nos joelhos, reproduziu o moinho de água e assinou a cópia invertendo as letras de seu nome – Essitam –, como se visse a si mesmo refletido em um espelho:

> Antes disso nada me interessava. Sentia profunda indiferença por tudo o que queriam que eu fizesse. No momento em que segurei nas mãos o estojo de tintas, soube que ali estava a minha vida. Como um animal que arremete sobre aquilo que ama, mergulhei sem hesitar, para o compreensível desespero do meu pai [...] Foi uma atração tremenda, uma espécie de Paraíso reencontrado no qual eu estava completamente livre, solitário e em paz.

Matisse estava então com vinte anos de idade. A partir daí, ele se preocuparia com o tempo que havia perdido, e com a necessidade de não desperdiçar mais nenhum minuto. Adquiriu um manual prático popular na época, o *Manual geral e completo de pintura a óleo*, de Frédéric Goupil, e começou a pintar aquele que chamaria de *Meu primeiro quadro*: uma pilha de livros com encadernações de couro puídas ao lado de um pequeno quebra-luz de vidro opaco em um prato de cerâmica sobre nítidas folhas de jornal com um rasgo habilidosamente indicado. Ele o copiou de outra conhecida cromolitografia, assinando mais uma vez como "Essitam", com a data de junho de 1890. O segundo quadro mostrava um arranjo de objetos corriqueiros e facilmente acessíveis a um escriturário de advocacia: mais livros e um candelabro de latão sobre uma toalha de mesa de tecido vermelho. Dez anos depois, ele comentaria que essa tela continha quase tudo o que havia feito desde então e, por isso, mal parecia ter valido a pena dedicar todo aquele tempo à pintura. O quadro, que para o espectador parece uma natureza-morta flamenga genérica, continuou sendo para Matisse um espelho que refletia o primeiro surto de sentimento passional, quase animal, despertado pelo estojo de tintas que ganhara da mãe. "Constatei, ao pensar sobre o quadro, que nele reconhecia a minha personalidade. Mas também disse a mim mesmo que, se tivesse realizado apenas esse quadro, essa personalidade teria passado despercebida, pois jamais teria se desenvolvido."

Matisse, *Natureza-morta com livros* (*Meu primeiro quadro*), 1890.

Ao se recuperar, Matisse foi trabalhar com outro advogado, *maître* Derieux, em Saint-Quentin. Mas para ele o emprego não era mais do que uma inconveniência menor, matriculando-se sem o conhecimento do pai em cursos da escola livre de arte, situada a dois minutos de caminhada dali, no sótão do antigo Palais de Fervaques. As aulas eram ministradas antes e depois do horário comercial, das seis às oito da manhã, e das sete e meia às dez da noite. Mais de meio século depois, Matisse faria um esboço da porta semiaberta do escritório do *maître* Derieux, revelando em parte outra porta interna de vidro opaco com uma placa de cobre gravada. Era a primeira de uma longa série de portas e janelas que se abririam para ele durante a sua vida, mesmo que antes tivessem de ser arrombadas. "É isto o que acho particularmente expressivo", comentou com um jovem cineasta interessado em fazer um filme sobre os primórdios de sua vida, "*uma porta aberta* como essa, com todo o seu mistério".

Fundada pelo pastelista Quentin de La Tour em 1782, e voltada para a formação de tecelões pobres, a École Gratuite de Dessin Quentin de La Tour se tornara no final do século XIX um posto avançado da Escola de Belas-Artes de Paris na província. O diretor, Jules Degrave, entendia que sua missão era manter viva a chama sagrada do classicismo por meio da imitação estrita. Escriturários e estudantes do liceu, que passavam o dia todo copiando documentos em livros-razões ou em cadernos de exercícios, ali passavam as noites copiando folhas estampadas com gravuras, depois fragmentos e detalhes arquitetônicos e, por fim, réplicas em gesso de estátuas clássicas. Modelos humanos vivos eram impensáveis. O desenho a partir da natureza era proibido para todos, abrindo-se exceção apenas para alunos excepcionalmente avançados. O uso da cor estava fora de cogitação. Membros seletos da classe mais adiantada tinham permissão para fazer cópias dos retratos em pastel de cortesãos feitos no século XVIII pelo próprio fundador, Quentin de La Tour, e guardados nas dependências da escola. Matisse comentou que examinou esses retratos com tanta atenção que, na hora em que saiu do edifício, suas mandíbulas doíam devido ao sorriso cortês que inconscientemente havia mantido no rosto durante horas. Em termos de verdade psicológica, ele classificava De La Tour acima de todos os retratistas, excetuando-se apenas Rembrandt.

Degrave era um déspota que sufocava qualquer sinal de revolta com implacável presteza. Em outubro de 1890, a matrícula de Matisse na escola coincidiu com uma ameaça potencialmente grave, e que talvez ele tenha ajudado a desencadear, representada por um jovem professor-assistente, Emmanuel Croizé, recém-desembarcado de Paris. Otimista, vigoroso e inexperiente, Croizé logo atraiu um grupo formado pelos alunos mais hábeis e aventurosos da escola. Dois meses após sua chegada, Matisse concebeu um esquema, com a ajuda do novo professor-assistente de arte do liceu, para fundar uma escola de arte rival. Matisse era o astro entre os alunos da nova academia, oficialmente inaugurada naquele inverno e com sede no sótão em cima dos modestos aposentos ocupados por Croizé, no número onze da rue Thiers. O local tinha espaço suficiente para abrigar quinze alunos apertados com os bancos e cavaletes, os dois instrutores e o modelo-vivo prometido como a principal atração. A mensalidade era de apenas quinze francos, e o horário, da uma às cinco da tarde, de modo a não entrar em conflito com as sessões na École De La Tour.

Os relatos de Matisse sobre os meses seguintes sugerem uma energia vibrante em acentuado contraste com a desesperadora prostração do ano anterior. Nos intervalos das sessões de estudo, a classe toda reagia de bom grado aos seus arremedos, ou juntava-se para entoar o refrão da última canção popular em dialeto, que ele cantava acompanhado de seu violino. Nessa mesma época, consultou o único pintor vivo de alguma importância em Saint-Quentin, um veterano especialista em cenas de terreiro chamado Philibert Léon Couturier, que o incentivou de maneira comedida. Mas foi Croizé quem insistiu que Matisse podia ser um pintor, aconselhando-o a não hesitar entre a arte e a música como carreira, e também a deixar de lado o direito. Se este último já não era uma opção viável nessa altura, as duas primeiras opções constituíam um dilema legítimo. Matisse, que se orgulhava de possuir uma musicalidade inata e uma excelente técnica de arco, jamais se livraria do sentimento de perda, aguçado por remorsos associados ao pai, subjacente ao seu relacionamento com o violino.

Quanto à pintura, porém, esta já se tornara uma paixão devoradora. A partir dali ele seria assombrado pelo tempo perdido. Acordava antes do amanhecer no inverno para frequentar as sessões de desenho na escola de arte, desistiu do almoço para seguir as aulas de pintura de Croizé e depois corria para o seu quarto alugado a fim de se dedicar a mais algumas horas de pintura antes que escurecesse. De acordo com seu relato, somente comia à noite, e cumpria como um sonâmbulo suas funções no escritório, onde fora promovido a escriturário-chefe. Ele se recordava de ter ficado paralisado na única ocasião em que teve de ir ao tribunal ("Precisava apenas dizer uma frase, 'Solicitamos que o caso seja adiado por uma semana', mas simplesmente não consegui abrir a boca"). Contou que era tão incompetente para localizar documentos que seu chefe decidiu que era mais fácil procurá-los ele mesmo, e no final acabou desistindo de pedir-lhe ajuda. *Maître* Derieux suportou com paciência a crescente excentricidade de seu escriturário-chefe e a precariedade de seu método de arquivamento, até mesmo evitando mencionar tais deficiências ao seu pai, agora um comerciante extremamente bem-sucedido, que o advogado talvez prezasse ter entre suas relações.

Se Hippolyte Henri Matisse começava a desconfiar, ele ainda não tinha nenhum indício conclusivo de que o filho estava de novo saindo dos trilhos. Croizé incentivava os alunos a pintar ao ar livre, saindo com toda a classe no final das tardes de verão para que registrassem suas impressões do sol poente. Em algum momento no verão de 1891, Degrave ficou sabendo dos métodos pouco ortodoxos do assistente, e conseguiu interromper de modo abrupto e violento as atividades da nova academia. Os alunos foram enviados de volta às pranchetas, as paletas foram confiscadas e as cores voltaram a ficar inacessíveis. O próprio Croizé foi execrado em público. Três dos estudantes mais velhos se levantaram contra Degrave e, em vez de capitular, traçaram planos de fuga. O líder do grupo – conhecido localmente como "os três renegados" – era Matisse. Seus companheiros eram Louis van Cutsem, de vinte anos e filho de um armeiro belga, e Jules Petit, de dezoito anos, cujo pai era dono de uma loja de cestos. A ideia deles era ir para Paris a fim de obter o diploma de ensino artístico que lhes permitiria dar aulas nas escolas públicas. Todos os três sabiam muito bem que essa tentativa de escapar ao sistema da Escola de Belas-Artes, desconsiderando Degrave, significava que suas possibilidades de sobrevivência no mundo das artes eram praticamente nulas.

Tudo isso só serviu para confirmar os piores temores dos pais dos três renegados. "Não havia pintores na minha família, nem sequer na minha região", comentou Matisse. Ele foi o primeiro e, por muito tempo, o único artista originário de Bohain, e sua família ficou horrorizada. Sem o apoio dela, ele não conseguiria durar muito em Paris como estudante de arte independente, e agora todo o peso da autoridade familiar foi mobilizado contra ele.

Seria difícil exagerar o choque da deserção de Matisse em uma comunidade que descartava todo tipo de arte como ocupação irrelevante, provavelmente sediciosa e essencialmente desprezível, abraçada apenas por vagabundos, dos quais os mais bem-sucedidos poderiam, na melhor das hipóteses, ser considerados equivalentes aos palhaços. Henri já era bem conhecido em Bohain como um inválido que não poderia assumir o negócio do pai. Agora também fracassara como advogado, e estava prestes a se tornar alvo de zombarias de toda a cidade. "O anúncio da partida dele foi um escândalo para os pais de Matisse", escreveu um contemporâneo, "para eles, a insensatez do filho era uma catástrofe que envergonhava toda a família". Mais tarde, o próprio Matisse mostrou estar dolorosamente consciente de que a decisão de sair de Bohain colocara em questão toda a existência do pai. "Meu pai havia pagado pelos meus estudos de direito. Quando disse 'quero ser pintor' era o mesmo que ter dito 'tudo o que você faz é desprovido de sentido e finalidade'."

Agora que o conflito entre pai e filho se tornara explícito, caíram também todos os constrangimentos. Todos os relatos concordam que foi um embate feroz. Hippolyte Henri ameaçou cortar a mesada, e disse que preferia ver o filho passar fome a ceder ("É uma carreira de vagabundos, está me ouvindo, você vai morrer de fome"). Ao descrever o modo como resistiu, Matisse usava sempre a mesma frase: "*J'ai tenu bon* [Fiz pé firme]". Nesse derradeiro confronto entre pai e filho, Anna Matisse foi uma incansável mediadora, argumentando com o marido inflexível ("'Dê-lhe pelo menos um ano', disse minha mãe"), tentando convencer o filho não menos teimoso. Nada podia mudar a decisão do jovem, mas sob a constante pressão da esposa, Hippolyte Henri afinal abrandou o suficiente para conceder ao filho uma mesada mínima de cem francos para que tentasse sobreviver um ano em Paris.

Relatos dramáticos desse confronto continuaram circulando por muito tempo ainda em Bohain. Circularam rumores sobre o pai de Matisse fazendo gestos e berrando ameaças enquanto o trem saía da estação. O próprio pintor dizia que escapulira sem dizer nada a ninguém. Muito tempo passaria até que retornasse, e mais tempo ainda para que admitisse que o pai tinha uma dose de razão. "Ele agiu bem", afirmou Matisse afavelmente quase meio século depois, "ele queria ver se a coisa era para valer [...] Era uma semente. Tinha de crescer, de brotar. Antes, nada me interessava. Depois disso, não havia nada na minha cabeça além da pintura."

2. O FUGITIVO (1891-97)

OS TRÊS RENEGADOS DE SAINT-QUENTIN CHEGARAM A PARIS EM OUTUBRO DE 1891, em tempo para o início do período letivo de outono na Escola de Belas-Artes. Devido à centralização do Estado francês, esta escola era, para todas as finalidades práticas, a única via para uma carreira artística bem-sucedida. Ao não obterem o apoio de sua vila natal, Matisse e seus companheiros já haviam fracassado na primeira rodada de qualificação em um complexo programa de testes, exames e competições por medalhas e prêmios, o qual culminava no concurso anual para o Prêmio de Roma que, como Matisse diria com amargura, era a única saída para aqueles aprisionados em um sistema afunilador e deliberadamente concebido para eliminar a maioria dos candidatos.

No decorrer dos anos seguintes, os dois amigos de Matisse não escaparam ao destino da maioria. Louis van Cutsem abandonou por completo a pintura, retornando a Saint-Quentin, onde se casou com a filha de um cervejeiro e fez carreira como corretor de açúcar. Jules Petit resistiu em Paris com Matisse (que o admirava como pintor), compartilhando os mesmos aposentos, trabalhando no mesmo ateliê, sendo afinal aprovado no exame da Escola de Belas-Artes naquele mesmo ano, e até conseguindo que dois de seus quadros fossem exibidos no Salão oficial. Mas depois de oito anos também acabou regressando a Saint-Quentin, decepcionado e exaurido pelo esforço de sobreviver, e lá morreria com a idade de 26 anos, em fevereiro de 1899, dois meses antes do casamento de Van Cutsem.

O próprio Matisse diria mais tarde que, nesses primeiros anos em Paris, ele se sentia como alguém tateando em um bosque escuro, sem a menor ideia da direção em que estava seguindo. Começou fazendo uso de uma carta de apresentação, dada por P. L. Couturier, para William Bouguereau, o presidente do Salão de Paris, e um dos mais poderosos e abastados pintores da Europa. Ser recebido por ele significava que ao jovem postulante fora concedida uma audiência com o papa do mundo artístico francês, cuja palavra podia lançar ou destroçar uma carreira. Ao longo dos anos, Matisse transformou o relato desse encontro em um esquete cômico, zombando da empolação do mestre e do tom de ameaça em sua absurda lamúria nasalada. Na época, porém, o encontro reforçou-lhe a convicção de que jamais conseguiria compensar a falta de treino inicial, por maior que fosse o empenho. No dia 5 de outubro, Matisse matriculou-se no curso de desenho de Bouguereau em uma escola particular, a Academia Julian. A anuidade de 306 francos deve ter sido paga por seu pai, convencido de que a passagem pela Julian era uma etapa preliminar reconhecida para ser aceito na Escola de Belas-Artes.

Logo na primeira aula, Bouguereau disse ao novo aluno que ele não tinha talento para o desenho e jamais iria aprender. Matisse viu-se então obrigado a retomar os mesmos exercícios mecânicos que tanto o haviam incomodado, copiando réplicas de gesso com a ajuda de um fio de prumo. "Levei vários anos para entender o fio de prumo, o sentido da vertical", diria mais de meio século depois, numa época em que o fio de prumo acadêmico de Bouguereau se tornara para Matisse um princípio tanto moral quanto estrutural, simbolizando clareza, força e equilíbrio.

Todavia, o aprendizado na Academia Julian resumiu-se a isso para ele. Depois de apenas duas sessões de correção, Matisse passou a frequentar as aulas de Gabriel Ferrier, um homenzinho nervoso que, ao ver o desenho que ele fizera de uma réplica de gesso, disse-lhe que era melhor deixar de perder tempo. Dessa vez, o novo aluno foi exibido diante da classe como um verdadeiro artista, que iria superar todos os outros assim que começasse a desenhar a partir de modelos-vivos. Matisse superou as dúvidas íntimas – "não tenho coragem, ainda sou um principiante" – apenas para se ver completamente desmoralizado quando, uma semana depois, Ferrier condenou o estudo que fez de um nu. "Está péssimo, tão péssimo que nem tenho coragem de dizer o quão péssimo." Assoberbado pela emoção de ver pela primeira vez uma jovem despida, Matisse havia começado o desenho pelas mãos, apagado a cabeça, e se atrapalhado com o procedimento usual, que previa uma sequência de manobras ordenadas e realizadas segundo um ritmo predeterminado. Ferrier reagiu com a fúria caricata de um sargento instrutor ralhando com um recruta desajeitado. "Ele me pareceu um lunático", comentou Matisse, que a partir daí deixou de frequentar as aulas de correção, lutando sozinho para lidar com o sentimento íntimo de irremediável inadequação.

As condições na Academia Julian eram extremamente desagradáveis. Um número excessivo de estudantes apinhados e sem supervisão nos ateliês sufocantes e superaquecidos resultava em uma barulheira infernal. Eles lançavam bolinhas de papel, derrubavam os cavaletes uns dos outros, arremessavam projéteis e ventilavam em geral suas frustrações em gracejos e zombarias grosseiras, sobretudo à custa dos recém-chegados. Para Matisse, pior do que tudo era "o tormento de não ser capaz de pintar como os outros". O isolamento fez com que se retraísse. "Eu era como alguém chegando num país onde se fala outra língua. Não conseguia me adaptar ao grupo, nem avançar no mesmo ritmo deles." Levado pela necessidade de se colocar à altura dos outros e o temor do que aconteceria se o pai concluísse que afinal tinha razão, Matisse estudou atentamente as telas de excelente acabamento, técnica brilhante, mas emocionalmente vazias dos colegas mais bem-sucedidos. "Eu não conseguia ver nenhum motivo para pintar daquela maneira. Além disso, nem sequer tinha ideia de como começar a pintar daquele jeito." Em janeiro de 1892, com o endosso meramente formal de Bouguereau e Ferrier, ele inscreveu o desenho de um nu, chamado de *académie*, na primeira etapa dos exames de admissão para a Escola de Belas-Artes, e foi reprovado. "É um bom desenho", comentou seis décadas depois, ao examiná-lo de novo: "Agora não desenho melhor, desenho de maneira diferente".

Na altura do ano-novo, ele tomou o trem para se encontrar com o pai em terreno neutro, bem longe de Bohain, em uma das grandes feiras regionais de sementes realizadas em Lille. O confronto foi melancólico. Ambos estavam decepcionados, um deles ainda pouco compreensivo, e o outro tão obstinado quanto antes. A possibilidade do corte da mesada de Henri pairava sobre o encontro, como continuaria a pairar nos dez anos seguintes sempre que pai e filho se reuniam para uma conversa séria a respeito do futuro. Matisse tinha de lutar ao mesmo tempo com suas dúvidas íntimas e com a falta de confiança do pai. "Achava que jamais seria capaz de pintar pois não pintava como os outros. Mas aí vi os Goyas em Lille. Foi então que entendi que a pintura podia ser uma linguagem; e só aí vislumbrei a possibilidade de me tornar pintor." Os quadros no Museu de Lille que lhe falavam numa língua compreensível eram a *Juventude* e a *Velhice* de Goya. Matisse disse certa vez que Goya lhe dera o dom da vida, recorrendo à mesma metáfora que usou para falar das aulas de Croizé, em Saint-Quentin. "Era uma porta aberta. Lá na Julian a porta estava fechada." A impressão que tinha era que, até aquele momento, tudo estivera do avesso. "Ele estava desesperado", disse o seu filho Pierre. "Não conseguia entender o método acadêmico, um toque de cinza e depois um tom mais escuro, todos aqueles truques e subterfúgios – e então topou com Goya. Aí disse: 'Ah, isso eu posso fazer'. E o pai dele voltou para casa sem ter entendido nada."

Hippolyte Henri deixou Lille com o coração oprimido, mas o filho voltou com uma disposição renovada a Paris, onde um amigo o aconselhou a deixar de lado Bouguereau e tentar um caminho alternativo para entrar na Escola de Belas-Artes. O único dos três ateliês de pintura da escola que se dispunha a aceitar alunos independentemente de como se saíam nos exames era o dirigido por Gustave Moreau, que acolheu Matisse sem hesitar. Meio século depois, este retrataria Moreau como um boneco palito com os braços completamente abertos para recebê-lo. Com isso, Matisse sentiu-se tomado por uma energia transbordante. Incapaz de contar com o apoio permanente do pai, decidiu então garantir um segundo ano em Paris reduzindo pela metade as despesas. Viver em quarto próprio ou comer fora, mesmo na mais precária república de estudantes, agora estava além de suas possibilidades. Assim, após voltar de Lille, mudou-se com Jules Petit para dois quartos num pardieiro no número 12 da rue du Maine, em Montparnasse, onde faziam eles mesmos a limpeza e viviam sem quase nenhum gasto. Certa vez, quando o pai de Matisse enviou uma saca de arroz de seu armazém, os dois abriram as portas da casa aos amigos, servindo apenas arroz cozido enquanto todos, acompanhados de flautas e violinos, berravam as canções em voga. Ao longo dos seis anos que frequentou o ateliê de Moreau, Matisse fez parte de um grupo de nortistas pragmáticos, que fumavam cachimbo e bebiam cerveja, e sobressaíam tanto pela obstinação como pelo humor sardônico, pelo amor à música que faziam e pelos sotaques monótonos.

Devido à atitude relativamente tolerante de Moreau, às vezes as aulas escapavam ao seu controle, com os alunos provocando tal tumulto que o ateliê teve de ser fechado por um breve período no primeiro ano de

Matisse. Seis meses depois a polícia foi chamada a um Bal des Quat'z'Arts no Moulin Rouge, talvez a primeira e única vez que Matisse participou de um desses bailes, fantasiado de árabe com um lençol e maquiagem improvisada com rolha queimada (os frequentadores desses bailes a fantasia eram estudantes de arte acompanhados de seus modelos, os quais já na primeira hora acabavam perdendo a escassa roupa que vestiam ao entrar). Armados de revólveres, os alunos de Moreau também participaram dos combates de rua que tomaram conta do Quartier Latin nos três dias seguintes, com a polícia investindo com cassetetes contra as barricadas erguidas com as pedras do calçamento. Para Matisse, sobrevivendo com meias rações e decidido a trabalhar duas vezes mais do que qualquer outro, essa foi uma época de excessos. Ele ficou famoso por desbaratar um espetáculo de variedades no teatro Gaîté de Montparnasse, e em seguida atrair uma multidão ao se fingir de embriagado no meio da rua. Para quem o conheceu mais tarde era difícil de acreditar que alguém tão contido pudesse alguma vez ter perdido tão completamente suas inibições, mas, segundo a explicação dada por Matisse, essa turbulência inata foi precisamente o que o levou a adotar uma disciplina férrea. "Nasci desregrado", escreveu ele, "jamais fazia algo a não ser que quisesse, deixava cair ou quebrava tudo o que não me interessava, só arrumava a cama no dia em que os lençóis eram trocados etc. etc."

Ele se mudou para a margem esquerda do Sena, congelado no inverno extraordinariamente rigoroso de 1892-93, dividindo um ateliê úmido e sem calefação à rue Saint-Jacques, 350, com o escultor Georges Lorgeoux, que o ensinou a manusear a argila ("Ainda vejo Lorgeoux amassando a argila para mim"). As mais antigas esculturas que restam de Matisse são um par de medalhões em terracota, exibindo o rosto da jovem que era o modelo de Lorgeoux. O nome dela era Caroline Joblaud, mas sempre foi chamada de Camille. Com dezenove anos, ela era animada, graciosa e, com seus traços delicados, tinha um ar cativante de fragilidade e vulnerabilidade. Segundo Matisse, os ombros dela era tão largos quanto os das figuras nos afrescos egípcios, e movia-se de tal modo que, mesmo de perfil, parecia estar olhando para fora. Pálida e esguia, com o cabelo moreno comprido e grandes olhos escuros ("olhos de uma legítima odalisca", nas palavras de Matisse), Camille era alegre e extrovertida. "Ela amava a vida e despertava em nós o desejo de viver." Ela ria das palhaçadas de Matisse e das caricaturas instantâneas de Lorgeoux. Houve um tempo em que os três faziam tudo juntos, muitas vezes acompanhados de Léon Vassaux, que agora estudava medicina na Sorbonne. Camille recordava-se de constantes passeios com uma trupe de amigos. Até o fim da vida, ela contava histórias de seus dias de boêmia na Rive Gauche, do quanto se divertiam nos cabarés e salas de concerto, da excitação de ser jovem, bela e admirada por um bando de artistas pobres mas promissores. O próprio Matisse raramente falava dessa época, exceto para dizer que, aos 25 anos de idade, não necessitara da imaginação para saber o que era a paixão amorosa. Vassaux, que também se apaixonou perdidamente por Camille, aceitou com equanimidade a decisão final da jovem, que rejeitou tanto ele como Lorgeoux em favor de Matisse.

Camille Joblaud, cuja espirituosidade e elegância despertaram a paixão tanto de Matisse quanto de seu melhor amigo, Léon Vassaux.

Como tantas outras mulheres na vida de Matisse, Camille trabalhava em uma chapelaria. Nascida em abril de 1873, no departamento de Allier, era órfã de um carpinteiro do vilarejo e fora criada por freiras que fizeram dela uma exímia costureira. Camille tinha dedos hábeis e sensibilidade para os tecidos que já naquela época eram essenciais para Matisse. Rodeado deles em casa, sentindo falta de sua presença física em Paris, ele começou a colecionar retalhos puídos de bordados ou tapeçarias adquiridos por centavos nas barracas de trastes perto da Notre-Dame. Camille fazia as próprias roupas e desenhava chapéus para si e para as amigas. Ela era um exemplo do bom gosto francês, e daquilo que outro modelo de Matisse chamava da ostentação inglesa, ou seja, a importância crucial do estilo em meio a condições atrozes. Ambas as atitudes faziam parte da perspectiva generosa e libertária que Matisse herdara dos tecelões de Bohain, para os quais o luxo era "algo que não tinha preço, acessível a todos": uma filosofia que, em suas mãos, se tornaria uma defesa essencialmente espiritual contra a esqualidez física ou moral em todos os níveis. "O mais misterioso", escreveu Louis Aragon muito depois, referindo-se ao peso e à força que podem ser sentidos mas não vistos por trás da aparente facilidade de Matisse como desenhista, "talvez seja o fato de que, melhor do que ninguém, ele entende como o tecido cai sobre a pele, e como as alças e fitas se cruzam e deslizam nos vestidos femininos, como envolvem a cintura ou se ajustam nas axilas ou sob a curva do seio: tantos segredos que não se encontram em nenhum dicionário".

No início da década de 1890, Matisse compensou o tempo perdido estudando os mestres antigos no Louvre, com uma determinação que impressionou a todos, desde Moreau até seus colegas. Quando o filho foi reprovado pela segunda vez nos exames de admissão à Escola de Belas-Artes, a inquietação de Hippolyte Henri voltou a aflorar e teve de ser aplacada com uma carta do próprio Moreau, aconselhando-o a não se preocupar, e pela garantia por parte de Matisse de que se matriculara na Escola de Artes Decorativas, onde poderia obter um diploma de professor. Mal equipada e superlotada, essa era uma escola de ofícios que formava artesãos, oferecia cursos gratuitos aos jovens locais que haviam abandonado os estudos e funcionava com metade do orçamento da Escola de Belas-Artes. Mais velho e menos suscetível a receber ordens do que o resto, Matisse provocou uma comoção na primeira aula do inverno ao se recusar a tirar o chapéu diante do professor, sendo imediatamente suspenso por duas semanas pela insolência.

A única coisa que aproveitou da escola foi uma duradoura aliança com dois colegas mais novos, Henri Manguin e Albert Marquet. A partir de então os três passaram a trabalhar lado a lado, trocando críticas, conselhos e estímulos, tanto em Paris como na costa do Mediterrâneo, ao longo de todas as lutas que convulsionaram o mundo da arte na França – e a própria pintura – nos anos anteriores e posteriores à grande revolução *fauve* de 1905. "O Marquet da minha juventude [...] era um lutador, confiável, firme como uma rocha, um companheiro leal", comentou Matisse, que poderia ter dito o mesmo de Manguin na primeira década do século. Os dois novos amigos pouco tinham em comum além da vontade férrea de se tornarem pintores. Manguin era bonito, arrojado, seguro de si e tão direto quanto vigoroso. Assobiava e cantava diante do cavalete, exortando a si mesmo aos berros, entoando trechos de Beethoven quando as coisas corriam bem, bufando e resfolegando em caso contrário. Solitário e pequeno para a sua idade, Marquet, cujos anos de perseguição na escola lhe haviam inoculado o horror da autoridade, era tão esquivo quanto uma gota de mercúrio. Na classe principal de Moreau, ele desempenhava o papel de mascote da turma e tinha o apelido de Quéquet, "um pequeno gnomo claudicante cuja mera presença deixava a todos de bom humor". Marquet, no entanto, tinha outro lado, um espírito amargo e zombador que aprendera a impedir as chacotas dos outros fazendo com que antes explodissem em risos. Um dissidente nato, ficou encantado com a coragem e confiança que levou Matisse a manter o chapéu na cabeça na aula em que se viram pela primeira vez. Matisse entendeu o orgulho e a reticência de Marquet, a necessidade que este tinha de manter distância em relação aos outros, a carapaça defensiva que os estranhos confundiam com frieza. O pacto entre ambos, que se manteve por toda a vida, tinha suas raízes nesses anos em que Matisse, cinco anos mais velho, encarregou-se na prática de cuidar do amigo pouco mundano, protegendo-o das provocações dos colegas, tal como mais tarde o defenderia de colecionadores inescrupulosos e marchands gananciosos: "Ele não tinha nenhum amigo. Na verdade, só tinha a mim. Eu fazia tudo o que ele queria. Podíamos ficar o tempo todo juntos sem precisar falar". Marquet evocava um lado de Matisse desconhecido para Manguin, que não se identificava com a necessidade de ruptura que impelia os outros dois, o ímpeto periódico de se arriscarem e se renovarem na fuga.

Todos os três foram moldados como pintores, no início da carreira, por Gustave Moreau. Já na casa dos sessenta quando passou a se dedicar ao ensino, exatamente no ano em que Matisse se matriculou em seu curso na Escola de Belas-Artes, Moreau acabou se revelando um desses professores cujos espíritos se expandem em contato com os jovens. Junto com os alunos, ele embarcou em um processo de aprendizado com plena consciência de ser uma ponte entre a arte do passado e a do futuro. Para o jovem Henry James, Moreau era o Gustave Flaubert da pintura, "repleto de imaginação e, ainda que não de primeira linha em termos de força, pelo menos de primeira linha em termos de sutileza". Essa sutileza – uma rica e fluida ambivalência que dissolvia as certezas alheias – era um dos grandes dons de Moreau. "Ele não colocava os pupilos no caminho certo, ele os afastava desse caminho", comentou Matisse. "Fazia com que ficassem incomodados." Ele corrigia o trabalho dos alunos duas vezes por semana, e em seguida os levava até o Louvre, onde se entusiasmava diante dos mestres holandeses e italianos. "Ele não nos mostrava como pintar", disse Matisse, "mas despertava nossa imaginação diante da vida que vislumbrava naqueles quadros".

Era o mesmo dom que Matisse recebera pela primeira vez dos quadros de Goya em Lille. "Eu era um frequentador assíduo das galerias do Louvre", contou ele. Entre 1892 e 1898, os alunos de Moreau se distribuíam por essas galerias, montavam os cavaletes, moviam-se de um quadro para o outro, faziam pausas sozinhos ou em grupos para o que Matisse chamava de "breve sessão de pintura comparativa", trocavam impressões, reuniam os amigos e desciam juntos para examinar o trabalho de um recém-chegado, ou um velho conhecido empenhado em algum experimento inovador. Os relatos contemporâneos dessas idas e vindas, a curiosidade mútua e a receptividade deles para novas ideias sugerem uma atmosfera mais parecida com os domingos em Bohain – quando os tecelões deixavam de lado os teares e se reuniam nas casas dos colegas para examinar as últimas descobertas – do que com a rotina de cópias repetitivas e mecânicas favorecida pelo método da Escola de Belas-Artes. "Dá para dizer de qualquer artista em particular que a textura dele é como veludo, ou seda, ou tafetá", disse Matisse. "Já o método [...] não dá para dizer de onde vem. É algo mágico. Não dá para ser ensinado."

O mestre a quem Matisse retornava incessantemente nesses anos era J. B. Chardin, que lhe inspirava, tanto quanto Goya, um sentimento de mistério e força. O primeiro quadro de Chardin que ele copiou no Louvre foi *O cachimbo*, que o intrigava devido a um esquivo azul na tampa almofadada da caixinha no centro da tela: um azul que um dia parecia rosado, no outro esverdeado. Matisse experimentou de tudo para descobrir o segredo desse quadro, recorrendo a uma lupa, estudando a textura da tinta, a granulação da tela, os vernizes, os próprios objetos e as transições entre áreas iluminadas e ensombrecidas. Chegou até a recortar seu próprio esboço a óleo e a comparar os fragmentos com a tela de Chardin: cada pedaço isolado correspondia perfeitamente ao original, mas quando eram reunidos não havia como obter a correspondência do todo. "É de fato um quadro mágico", comentou ele, acrescentando que essa foi a única cópia que se viu obrigado a abandonar. Ele pintou uma *Natureza-morta com maçãs* para Vassaux, que a chamava de "meu pequeno Chardin" e a guardou até o final da vida como lembrança do momento em que deslanchou a obra do amigo.

No total, Matisse fez cópias de quatro telas de Chardin. A que lhe exigiu mais esforço foi *A arraia*, uma majestosa tela com peixes e ostras sobre uma mesa de cozinha, dominada pelo grande arco erguido de uma raia estripada. O embate de Matisse com esse quadro durou no total seis anos e meio, quase o mesmo tempo de seu aprendizado com Moreau, e o resultado foi uma triunfante afirmação da crença de Moreau de que a força de um quadro vinha do interior, e não podia ser aplicada de fora: "Nunca se esqueçam de uma coisa: a cor precisa ser *pensada*, precisa passar pela imaginação [...] A pintura que vai durar é aquela que foi cogitada, sonhada, refletida, elaborada a partir do espírito, e não só da facilidade da mão em pintar os realces luminosos com a ponta do pincel". Essa foi a lição que Matisse aprendeu teoricamente com Moreau, e na prática com Chardin, nos anos em que já perdia a esperança de um dia adquirir confiança suficiente para passar das naturezas-mortas para a figura humana.

O segundo quadro que Matisse copiou no Louvre foi *La Desserte*, de Jan Davidsz de Heem, uma prova diabolicamente complexa, concebida para testar tudo o que havia aprendido sobre o tratamento de naturezas-mortas, desde panos até vidros, passando por madeira polida, porcelana e madrepérola, prata reluzente, peltre opaco, ouro marchetado e cobre batido, sem falar de uma profusão de frutas exóticas com cores, texturas e viços contrastantes. Selecionado por Moreau, o quadro era uma escolha astuta para um jovem e ambicioso pupilo recém-obrigado a admitir que fora derrotado. Ao contrário do *Cachimbo* de Chardin, a tela *La Desserte* de Heem requeria que as habilidades mais exuberantes fossem usadas da maneira mais sóbria possível. Instigado a demonstrar o tradicional virtuosismo de sua região flamenga natal, Matisse aceitou o desafio, recuando dessa vez até a extremidade da galeria e abordando a tela como se estivesse pintando a partir da natureza. Para Matisse, *La Desserte* de Heem sempre guardou o caráter de padrão de referência. Ele retomaria o mesmo tema em três outras ocasiões, usando-o como ponto de partida para um confronto com o impressionismo em 1897, para uma exploração do abstracionismo em 1908 e, por fim, para uma escaramuça com o cubismo em 1915.

Segundo Matisse, era preciso ter uma personalidade forte para se contrapor a Moreau, mas também dizia que aqueles que o faziam eram os prediletos do pintor. Os astros do ateliê eram Georges Rouault – "um rapaz pálido e descarnado com cabelo ruivo como fogo", nas palavras de Matisse – e o prodigioso Simon Bussy, de baixa estatura, tímido e silencioso. Rouault já estava muito avançado, muito próximo de Moreau e muito concentrado na própria evolução para exercer impacto significativo sobre Matisse, mas Bussy acabaria se tornando um amigo para o resto da vida. Sete meses mais novo do que Matisse, bem mais avançado na carreira profissional, havia seis anos estava estudando na capital, onde chegou com uma bolsa aos dezesseis anos de idade e foi aprovado no exame de admissão à Belas-Artes logo na primeira tentativa. Com olhos brilhantes, cabelo escuro e cabeça ovalada, Bussy era circunspecto em público, mas extremamente seguro de si e de seu discernimento em particular. Nascido em uma família de sapateiros do Jura, ele era, como Matisse, o primeiro da família a se aventurar fora do vilarejo natal. Compartilhavam a mesma resolução obstinada, mas nesses anos iniciais era Bussy – de longe o mais bem-sucedido dos dois e de quem se esperava uma carreira brilhante – quem mais acreditava em Matisse e o apoiava. Quarenta anos depois, quando as respectivas posições haviam desde muito se invertido, Matisse ainda contava com Bussy sempre que precisava de uma avaliação crítica de suas obras mais recentes. Não havia em sua atitude nenhum resquício do aspecto protetor sempre presente no relacionamento com Marquet. Ele respeitava Bussy, que o elegera quando ambos eram estudantes na penúria ("Matisse, você ainda vai ganhar um monte de dinheiro!"), vislumbrando um futuro que na época parecia absurdamente improvável.

Simon Bussy, *Autorretrato*, c. 1895: o colega muito mais bem-sucedido que acreditou desde o princípio em Matisse, cuja amizade preservou até o final da vida.

No verão de 1894, Matisse mudou-se para o quai Saint-Michel, 19, um maciço prédio de apartamentos que mais parecia um vilarejo vertical, onde antes havia brevemente partilhado com Petit um quarto sem janelas no sótão. Havia água encanada fria apenas nas torneiras comunais instaladas nos longos corredores. Todo o resto tinha de ser carregado por 102 degraus de pedra até o quinto andar, onde ficava o quarto de Matisse, no qual conseguira acomodar um cavalete, uma estufa de ferro fundido, um divã e uma mesinha para arranjos de naturezas-mortas. Esse foi o primeiro ateliê próprio que teve na vida, e ali passou a viver com Camille Joblaud. "Voltei para o quai Saint-Michel, onde tinha um ateliê com vista para o Sena", contou Matisse mais tarde. "Ali eu me casei." O casal dormia em um minúsculo quarto no sótão do mesmo edifício, mas o casamento estava longe de ser uma possibilidade efetiva. Por mais que quisesse, Matisse não poderia se casar sem autorização dos pais antes de completar 25 anos, e tampouco poderia sobreviver, mesmo sujeitando-se a um regime de economia implacável, sem a mesada enviada pelo pai. A decisão de conferir uma base mais sólida ao relacionamento ocorreu quando Camille ficou grávida. Do ponto de vista da família dele, este deveria ter sido um sinal para que se separassem. Pagar para que a namorada do filho se afastasse assim que ficava grávida era o mais comum na sociedade respeitável, e Hippolyte Henri considerava-se obrigado a impedir, por todos os meios possíveis, a imposição de um esmagador fardo adicional sobre o filho sem profissão e sem renda. Embora no final não tenha chegado ao ponto de cortar a ajuda financeira, ele mandou preparar um documento bloqueando o direito automático dos filhos (e seus descendentes) a herdarem os seus bens, assinando-o um dia antes do nascimento de seu primeiro neto.

Marguerite Émilienne Matisse, conhecida como Margot, nasceu no dia 31 de agosto de 1894. Ao crescer iria revelar um temperamento tão sensível e nervoso quanto o da mãe, com a mesma fragilidade comovente, a mesma firmeza de espírito, as mesmas feições delicadas e os mesmos olhos profundos e escuros de odalisca. Do pai ela herdou a vontade passional, a coragem e o orgulho, o horror das transigências e o inflexível senso de dever. A ligação de Matisse com ela foi a mais profunda e durável da vida do pintor. Ela foi uma criança de ateliê, nascida e criada entre telas e pincéis, em meio ao cheiro das tintas a óleo, acostumada desde a infância às restrições associadas aos momentos em que servia de modelo e observava o pai enquanto ele pintava. Para Matisse, a reação dela ao seu trabalho sempre foi mais importante que a de qualquer outra pessoa. Sua arte se tornaria o principal pilar de sustentação da vida de Marguerite, a única coisa que jamais a decepcionou, e à qual ela se comprometeu de maneira incondicional.

O amor de Camille pela filha era dolorosamente ambivalente. Marguerite era por demais parecida com a mãe, e havia lhe custado demais, para que houvesse alguma vez plena franqueza no relacionamento entre ambas. Seria difícil exagerar as sanções impostas na época por uma sociedade que via como ameaça as mães solteiras. Para a jovem solteira que engravidasse, nada mais restava além da rejeição familiar, a demissão de seu emprego e a expulsão até mesmo da mais modesta pensão parisiense. Até morrer, Camille seria assombrada por pesadelos provocados pelo choque e pela vergonha de engravidar, e por ter dado à luz sua filha no hospital de caridade à rue d'Assas, 89. Na época ela superou as dificuldades graças à alegria e coragem da juventude, com o apoio e o estímulo dos amigos de Henri. Sobretudo de Léon Vassaux, que se mostrou o aliado mais firme do jovem casal, e ganharia em troca uma cópia dedicada de um dos dois medalhões em gesso com a efígie de Camille. Outro dos amigos mais próximos, um conterrâneo do norte chamado Henri Evenepoel, pintou um retrato de Marguerite, na época em que esta começava a andar, como uma criança rechonchuda, séria e de cabelos cacheados, com vestido de musselina e faixa na cintura.

Henri Evenepoel, *A pequena Matisse*, 1896: Marguerite com dezoito meses de idade.

Em março de 1895, na quinta tentativa, Matisse afinal conseguiu ser aprovado no exame de admissão à Escola de Belas-Artes. Poucos meses depois pintou sua primeira paisagem – uma vista do Sena de tons rebaixados, verdes e cinzentos pardos, com uma ampla e cintilante extensão de reflexos aquosos na porção inferior da tela – em reação a uma grande exposição de Camille Corot realizada em Paris na primavera. "Meu temor era que jamais conseguiria pintar figuras", diria ele quase meio século depois, revivendo o surto de confiança que então lhe permitira seguir adiante, "mas aí passei a introduzir figuras em minhas naturezas-mortas." Aquilo que Matisse chamou de "revelação da vida existente nos retratos" veio, tal como a primeira e crucial revelação do estojo de tintas, por intermédio de sua mãe. Segundo ele, certo dia estava rabiscando enquanto aguardava uma chamada telefônica em uma agência de correio na Picardia quando notou surpreso que os traços generosos da mãe haviam se materializado no formulário de telegrama que tinha sob a mão. No primeiro retrato que pintou, Camille está lendo no ateliê, trajando um vestido preto diante de uma parede escura, e sentada de costas de modo que a luz incidia sobre a nuca e as páginas brancas do livro. Em um segundo quadro, de dimensões menores, ele a fez posar diante de um fundo claro, com um vestido estampado de papoulas, dessa vez voltada para o espectador a fim de captar-lhe o perfil egípcio.

A sorte de Matisse mudou com esses quadros. O Salão da Sociedade Nacional de Belas-Artes aceitou cinco de suas telas para uma mostra na galeria do Champ-de-Mars em maio de 1896. O retrato de Camille, *Mulher lendo*, foi adquirido pelo governo, tendo sido alvo do primeiro, e quase que derradeiro, reconhecimento público que Matisse receberia em sua região natal. "Nota-se nele um temperamento legítimo", escreveu o *Journal de Saint-Quentin*, acrescentando com condescendência, "há alguns advogados com inclinações artísticas que podem muito bem permitir que seus funcionários se divirtam abrindo uma pequena janela para o ideal". Talvez a escolha da metáfora tenha vindo do próprio artista, ou talvez tenha sido esse artigo o primeiro a sugerir a imagem de uma janela aberta para outro mundo a qual, desde então, iria exercer uma atração tão forte sobre a imaginação de Matisse.

A primeira vez que ele pintou uma porta ou uma janela abrindo-se a partir de um interior escuro para o mundo mais brilhante lá fora foi no verão de 1896, um quadro no qual se via olhando para fora através da porta dupla de madeira de uma casa na Bretanha. Para ele, essa era uma tela revolucionária, pois não continha nenhuma figura, nenhum resquício de natureza-morta, nenhuma paisagem reconhecível, apenas um austero arranjo geométrico de linhas e ângulos enquadrando a fonte de luz no centro da tela. *A porta aberta, Bretanha* foi pintada em Belle-Île-en-Mer, uma pequena ilha junto da entrada da baía de Biscaia, no litoral atlântico, onde, no decorrer de três verões consecutivos – 1895, 1896 e 1897 –, ele introduziria mudanças drásticas tanto em sua vida como em seu trabalho.

A primeira visita que fez à ilha foi em 1895, acompanhado de um de seus vizinhos no quai Saint-Michel, o estudante de pintura Émile Wéry. Segundo seu próprio relato, Matisse nunca havia viajado para além da planície de Flandres e, quando decidiu conhecer o mar, escolheu o trecho mais selvagem do litoral europeu. Os bretões, que haviam vivido quase completamente isolados do resto da França até a chegada da ferrovia na região na década de 1880, partilhavam suas casas com vacas, porcos e galinhas, raramente consumindo carne e reforçando com pescado uma dieta costumeira de mingau e panquecas rústicas. Dormiam em camas-caixotes e penduravam nas vigas as parcas posses – cestos, berços, réstias de cebolas, presuntos curados. As galinhas circulavam livremente pelas casas e os montes de esterco próximos. "Me senti *desmoralizado*", escreveu Matisse após essa viagem inicial: "Imaginei que tudo o que precisava fazer, assim que chegasse à Bretanha, era armar o cavalete e começar a pintar com a mesma facilidade que se encontra nos cais do Sena ou na Escola. Por isso acabei não fazendo nada, ou muito pouco. Passei o tempo arrancando os cabelos para me obrigar a trabalhar".

No entanto, o modo como Wéry abordava a pintura preocupou Matisse bem mais do que a aspereza do local ou de seus moradores. Como a maioria dos artistas jovens que convergiam para a Bretanha a cada verão, Wéry usava uma paleta mais ou menos derivada dos impressionistas, cujos experimentos eram abominados por Moreau. Como todos os outros alunos deste, Matisse fora zelosamente protegido dessa nefanda influência. Quando pintou o interior de um bar no porto de Le Palais, em Belle-Île, o resultado foi uma cena de gênero flamenga em tons cinzentos, escassamente iluminada e povoada de camponeses amontoados e opacos. Já o *Interior de café no campo*, de Wéry, era um quadro bem mais colorido, um tributo bucólico ao *Bar nas Folies-Bergère*, de Édouard Manet, com a luz incidindo pelo canto superior esquerdo da tela, delineando um freguês encarapitado no balcão e refletindo as vívidas tonalidades avermelhadas, alaranjadas e esverdeadas das garrafas enfileiradas atrás do balcão. Matisse sentiu o chão tremer sob os seus pés em Belle-Île. "Fiquei tão contrariado que parti depois de dez dias. As coisas me pareciam extremamente originais, extremamente individuais, mas de uma dificuldade colossal [...] eu me lembro de como me senti chocado e assoberbado." Após tomar o barco de volta ao continente, seguiu para o norte com Camille e o bebê até Pont-Croix, em Finistère, onde encontraram alojamento numa das improvisadas colônias de artistas que brotaram em toda a Bretanha após a chegada da ferrovia.

Camille adorou a despreocupada atmosfera de férias, e as excursões em grupo aos recantos mais bonitos do lugar. Henri visitou Pont-Aven, que se tornara naquela altura um anexo informal e ao ar livre da Academia Julian, fervilhando o verão todo com candidatos a pintores acadêmicos. Passou ali apenas uma noite, sem ficar impressionado com os conformistas locais, e rejeitou ativamente o mais feroz inconformista da cidadezinha. "Nunca conheci Gauguin", explicaria depois. "Senti uma aversão instintiva pela teoria que ele já havia formulado, pois eu era frequentador das galerias do Louvre." Os quadros que Matisse pintou na Bretanha em 1895, e a maioria daqueles que produziu no mesmo ano após retornar a Paris, eram todos flamengos, em termos de tons e tratamento: antiquadas naturezas-mortas, estudos de figuras, paisagens de planícies delineadas em bistre e betume, com casas baixas, árvores mirradas e moinhos de ventos atarracados pontuando a tela, cuja metade superior era tomada por um céu perolado e nuvens em movimento.

Essas sóbrias paisagens bretãs de tons cinzento-prateados representavam tudo o que mais admirava um dos amigos de Matisse, Henri Evenepoel. Na época, teve início uma amizade que, mais tarde, Matisse iria considerar uma das melhores coisas de sua vida. Nessa altura, em termos artísticos, Evenepoel era o mais ousado dos dois, revelando uma sensibilidade bem mais acentuada para a cor. Já havia chamado a atenção com o quadro *Homem de vermelho*, um retrato whistleriano, exuberante e em tamanho quase natural de seu amigo Paul Baignières, que posou com um costume escarlate, deliberadamente escolhido para chocar o público da exposição no Champ-de-Mars em 1895. Evenepoel era brilhante, sensível e adorável. Flamengo por nascimento e inclinação, tal como Matisse, durante toda a vida travou uma incessante batalha contra as pressões sociais e acadêmicas para que ambos entrassem na linha. Também ele tinha uma namorada que lhe dera um filho, para a fúria de seu pai, um importante funcionário público belga que ficou tão estupefato quanto Hippolyte Henri Matisse com a obstinação do filho em ficar ao lado da mãe e da criança. Os bebês tinham a mesma idade e seus pais organizavam encontros musicais regulares no ateliê de Evenepoel, que tocava piano acompanhado por Matisse ao violino. Cada qual reconhecia no outro uma vontade férrea.

Moreau tinha simpatia por Evenepoel, mas foi Matisse que, após o início lento, passou claramente a ser visto como uma das promessas do ateliê. Na primavera de 1896, o mestre foi pessoalmente examinar as obras em andamento no quai Saint-Michel, 19, uma prerrogativa reservada a poucos e privilegiados pupilos. "Por fim chegamos ao pequeno ateliê atulhado de pedaços de tapeçaria e ornamentos cobertos de pó", escreveu Evenepoel, que ajudou o pintor idoso a galgar os cinco lances de escada até o quarto de Matisse. "Moreau comentou comigo: 'Nós dois vamos ser os jurados'. Ele se acomodou numa cadeira, eu fiquei ao seu lado e passamos uma hora deliciosa. Ele nos explicou os motivos e as razões de tudo o que lhe agradava e desagradava [...] ele permanecia assombrosamente jovial, não é professoral, não tem o menor resquício de pedantismo, é mais um amigo." Quase meio século depois, Matisse não conseguia recordar o encontro sem que lhe viessem lágrimas aos olhos. A visita terminou com Moreau indagando a idade dos dois: Evenepoel estava com 23 anos e meio, Matisse acabara de completar 25 – o próprio Moreau faria setenta anos um mês depois.

Para Moreau, Evenepoel parecia personificar todas as debilidades do temperamento flamengo: a lamentável predileção pela vida comum, uma individualidade obstinada, o amor das cores vivas. Já Matisse era um exemplo do que havia de positivo nesse mesmo temperamento. Quando incluiu Paul Baignières no quadro *Ateliê de Gustave Moreau*, Matisse o pintou envergando um terno preto comum em uma tela contida que mostra o que Evenepoel queria dizer ao louvar Matisse com entusiasmo por ser o "mestre da arte do *cinzento*". O quadro foi aceito no Salão da Sociedade Nacional de Belas-Artes em 1896 (assim como *Mulher lendo*, *Cuidador de porcos*, pintado na Bretanha, e duas naturezas-mortas) como uma declaração de intenções mais significativa do que o estridente homem escarlate exibido no ano anterior por Evenepoel. Além disso, a Sociedade Nacional elegeu Matisse como membro associado, honraria inusitada para alguém que jamais havia exposto, e que lhe dava o direito de apresentar até dez obras no salão anual realizado no Champ-de-Mars, sem que tivesse de submetê-las à comissão de seleção. Matisse logo enviou para a casa dos pais uma lista dos dezenove membros associados recém-admitidos, com o próprio nome sublinhado.

Pelo menos um dos quadros que iniciara na Bretanha foi concluído durante uma visita a Bohain, onde também pintou várias naturezas-mortas.

Era a primeira vez que voltava para casa, ou pelo menos que ali trabalhava, desde a fuga para Paris em 1891. Os êxitos de 1896 ajudaram a reabilitar Matisse aos olhos dos pais, os quais viajaram a Paris para ver as obras expostas no Champ-de-Mars. A mãe levou-lhe de presente garrafas de vinho de boa qualidade. O pai, como sempre preocupado com o futuro, ficou desconcertado ao ouvir de Moreau que seu filho era inteligente demais para se preocupar com o Prêmio de Roma. No entanto, Hippolyte Henri conseguiu despertar a atenção de um primo, o negociante de tecidos parisiense Jules Saulnier, que adquiriu uma das naturezas-mortas e manifestou interesse por outras. O mesmo se deu com o tio e padrinho de Matisse, Émile Gérard, que havia acrescentado uma fábrica de margarina ao curtume familiar e se tornara o próspero dono da mansão mais imponente em Le Cateau. Em função dos triunfos parisienses, o jovem Henri foi ainda encarregado de conceber uma decoração para a sala de jantar apainelada na mansão do tio, à rue de la République, 45. Ele mesmo pintou o teto, realçando os detalhes em gesso com tons dourados, vermelhos e azuis-escuros, e preenchendo os vãos com cópias de obras dos polidos mestres do século XVIII que conhecera no Louvre: a *Pastoral*, de Boucher; a *Lição de música*, de Fragonard; a *Pirâmide de frutas*, de Chardin; e o *Menino de pé deformado* [*Le Pied-bot*], de Ribera. Era um retorno auspicioso do filho pródigo que, cinco anos antes, abandonara o lar de modo tão ignominioso. Incluindo as cópias para o tio Émilie, a natureza-morta do primo Saulnier e duas aquisições pelo governo (*Mulher lendo* e uma cópia de *A caça*, de Annibale Carracci), Matisse realizou mais vendas no primeiro semestre de 1896 do que em toda a sua vida anterior. Segundo Camille, naquela primavera Henri a presenteava com um buquê de violetas toda vez que vendia um quadro.

No final de junho de 1896, o calor estava sufocante, sobretudo para quem morava no sótão de um prédio em Paris. Matisse passou então a despertar antes das sete e sair com o cavalete, encontrando-se com Evenepoel (que era obrigado a trabalhar em roupas de baixo em seu ateliê, também no sótão) no cais à beira do rio: "O Sena é maravilhoso nessa hora: uma paisagem leitosa, o céu transbordando de luz, dourado, com tons rosados e azulados ao mesmo tempo, e o cais vazio!". Às dez da manhã, o sol estava tão forte que tinham de voltar aos ateliês a fim de se prepararem para a competitiva mostra de final de ano na escola. Entre as obras inscritas por Evenepoel estava *La Petite Matisse*, o retrato de Margot, a filha de seu amigo. Este conquistou o terceiro lugar em composição, o primeiro e último reconhecimento oficial que teria da Escola de Belas-Artes. No dia 15 de julho, Matisse deixou Paris rumo à Bretanha com o usual grupo de pintores estivais, atraído relutantemente a Belle-Île a despeito de sua desmoralização no ano anterior. Em Le Palais, ele e Camille alugaram um quarto que dava para o porto, antes de se instalarem para o verão em Kervilahouen, um agrupamento disperso de casas, a seis quilômetros e meio de distância por um terreno plano, agreste e coberto de tojeiras na extremidade da ilha, onde dividiram uma casa com os Wéry. Eles desfrutavam de uma vista ininterrupta do mar no andar superior de uma "casa do piloto" em pedra, junto à trilha que conduzia a um grande farol de granito no promontório, protegido por rochedos em forma de lâminas de machado que se elevavam no mar.

Matisse e Wéry faziam parte de um constante fluxo de pintores atraídos a Kervilahouen pelo *château de l'Anglais*, o "castelo do inglês", erguido no alto de um monte a quatrocentos metros dali pelo artista australiano John Peter Russell, filho do dono já falecido de uma fundição de ferro em Sydney e que dispunha de uma renda confortável. Russell era um pintor cuja vida fora transformada por Van Gogh na época em que ambos foram colegas na academia de Fernand Cormon, em Paris. Além de dividir o ateliê com Van Gogh, Russell pintou o retrato deste, com quem partilhava a opinião de que a nova arte que buscavam requeria uma estabilidade e um isolamento impossíveis de serem encontrados em Paris. Em 1886, dezoito meses antes de Van Gogh abandonar Paris para estabelecer seu lendário "ateliê do sul" em Arles, Russell montou um "ateliê do norte" em Belle-Île. Quando, uma década depois, Matisse desembarcou na ilha, o experimento de Van Gogh havia fracassado, mas o de Russell continuava a prosperar. Ele e a mulher haviam construído uma sólida casa de pedra acima da protegida enseada de Goulphar, com jardins em terraços, quadra de tênis, estábulos e oficinas voltadas para o interior, e uma trilha que descia até a praia, com vistas espetaculares do Atlântico a partir do imenso ateliê central em torno do qual girava a vida de toda a casa. Além de um permanente séquito de crianças, criados, cocheiros, tutores, governantas e jardineiros, Russell atraía uma população flutuante de artistas visitantes que eram acomodados na grande casa ou encontravam alojamento, como Matisse e Wéry, em Kervilahouen.

Tirânico, arrogante e de pavio curto, um patriarca de barba ruiva, presença imponente e voz tonitruante, dizia-se que Russell, então com 38 anos, era tão vigoroso que conseguia fazer com que um cavalo se ajoelhasse, ou arremessar um homem no ar com um único soco. Ele pescava, nadava, velejava e cavalgava pela ilha sob qualquer tempo. Auguste Rodin (que foi hóspede de Russell um ano depois da última estada de Matisse na ilha) o chamava de "Tritão triplo" e tremia ao pensar nas loucuras que seu anfitrião fazia com um barco. Os Russell organizavam regularmente saídas em grupo para apanhar mexilhões, fazer piqueniques, fogueiras e excursões com parentes e amigos, como os Matisse, cuja segunda visita se estendeu por três meses, dois a mais do que o previsto. Não só os pintores se divertiam, mas também suas mulheres e namoradas. Camille só guardou lembranças felizes de Belle-Île. Ela apreciava e admirava a esposa italiana de Russell, um ex-modelo estatuesco que, segundo a opinião geral, era a única pessoa capaz de controlar as violentas mudanças de humor do marido.

Russell pintava incessantemente a mulher e os filhos enquanto brincavam, nadavam ou ficavam na praia. Também pintou a ilha e seus moradores, as tojeiras amarelas e as urzes roxas, as camadas de rochas alaranjadas, o mar verde-púrpura, os barcos de pesca escuros com velas quadradas cor de ocre. Ele trabalhava ao ar livre em enormes telas que tinham de ser fixadas com cordas contra o vento. Seus métodos eram tão dramáticos quanto tudo o que o rodeava, e o impacto deles sobre os artistas mais jovens com formação convencional e relativamente menos sofisticados podia ser irresistível. Mais tarde, Matisse diria que a transformação de sua paleta – "a paleta com base no bistre dos mestres antigos, sobretudo dos holandeses" – ocorreu após observar Wéry usar as cores diretamente do tubo, como fazia Russell, seguindo a ordem do espectro no prisma. "Ao trabalhar ao lado dele, notei que ele obtinha resultados mais luminosos com as cores primárias do que eu conseguia extrair da minha paleta antiquada." Ele contava com prazer a história de como os dois haviam trocado de posição, com Matisse voltando a Paris apaixonado por todas as cores do arco-íris, e Wéry adotando a predileção anterior do amigo pelo bistre e pelo betume.

Todavia, durante a maior parte do verão, Matisse avançou cautelosamente, dando as costas para o litoral romântico e concentrando-se nos mesmos temas triviais, pintados com as mesmas cores esmaecidas que usara no ano anterior: o conjunto de casinhas compridas e baixas diante do quarto alugado, as casas, os moinhos e as pilhas de urze nas propriedades camponesas e a vizinha enseada de Goulphar aonde iam de barco. O momento decisivo ocorreu com o quadro de uma mulher debruçando-se sobre uma mesa posta com pão e vinho com uma toalha branca vincada. *A criada bretã* foi pintado durante uma excursão, alguns quilômetros costa acima, até uma das principais atrações turísticas da ilha, a Grotte de l'Apothicairerie, uma imensa caverna aos pés de um abrupto paredão rochoso, cuja abertura dava para o mar espumante e rochas perigosas, lembrando um cenário de teatro do século XIX. Os pintores que usavam a gruta como tema costumavam pernoitar em um café simples no alto do paredão. Matisse incluiu a filha no quadro (Marguerite, que completara dois anos naquele verão, seria parcialmente apagada da tela mais tarde), assim como a criada do café, Clotilde, com uma touca rígida de topo plano da qual pendiam fitas. A despeito de todo o realismo flamengo, a tela revela a luz intensa, as extensões refulgentes e vazias, o afrouxamento dos tons e da textura evidentes em *A porta aberta, Bretanha* e nas marinhas que Matisse começou a pintar naquele verão em Goulphar.

O próprio Matisse contou que foi Russell quem o introduziu às teorias impressionistas da luz e da cor – em especial, às inovações de Claude Monet – e elaborou os exercícios que o ajudaram a assimilá-las na prática. Russell havia conhecido Monet em Belle-Île em 1886 e tinha pelo menos uma marinha pintada pelo colega. Sua grande coleção também incluía doze desenhos feitos por Van Gogh com o objetivo expresso de dar ao velho amigo uma ideia dos quadros mais importantes que havia pintado na primeira temporada em Arles. Por dois verões consecutivos, Matisse tornou-se discípulo de Russell, enviando de Belle-Île cartas "impetuosamente entusiásticas" para os colegas estudantes, ressaltando a primazia da cor e a necessidade de se guiarem apenas pelo sentimento, princípio adotado por Russell uma década antes em discussões com Van Gogh. Matisse chega até mesmo a captar o autêntico tom incisivo e subversivo do australiano: "Nós, os pintores, não podemos ser forçados de galé [...] Não dê atenção a nada além do que lhe interessa [...] Use o branco, o azul, o vermelho, pinte com os pés se quiser, e, se alguém fizer alguma objeção, mande-o se danar".

Russell trabalhava de propósito com uma paleta restrita a seis cores básicas, revelando nas marinhas que pintou em Belle-Île uma predileção pelo azul-cobalto associado ao *garance foncé*, ou carmim alizarino. No final do verão, Matisse recebeu a visita de um colega, Victor Roux-Champion, que o conhecia apenas como um pintor flamengo impecavelmente correto: "Ó surpresa! Eu o encontrei junto à janela, debruçado sobre um pequeno estudo da vista que se tinha do porto. Sua paleta agora estava baseada no cobalto e no *garance*: nenhum resquício dos tons mesclados, contidos e sombrios que privilegiara até então [...] Matisse havia intrepidamente passado a trilhar um novo caminho que me deixou muito assustado". Matisse estava trabalhando no quadro *Porto de Palais* (*Fim de Temporada*), que mostra um pedaço de telhado inclinado, com o cais mais além bloqueado pelo muro de um vizinho: uma profusa mescla de cores com carmins e cobaltos dispersos irradiando-se vigorosamente da mancha vermelha que assinala a porta da aduana no centro da tela. O quadro exibia tanto a nova fórmula de Matisse, baseada no vermelho-branco-e-azul, como a atitude implícita de que pouco lhe importavam os críticos. Em sua estada de três meses na ilha, Russell o conduzira numa direção na qual iria acabar se chocando com Moreau.

Matisse fotografado na Bretanha por Émile Wéry, 1896.

As telas que Matisse levou de volta a Paris, no final de outubro, foram recebidas com cautela. Moreau sugeriu que chegara a hora de o seu principal pupilo colocar de lado a autocomplacência infantil e demonstrar o progresso genuíno realizado nos cinco anos anteriores em uma obra de grandes dimensões, ou seja, à maneira tradicional, produzindo uma "obra-prima". Matisse adquiriu uma tela bem maior do que todas as que havia enfrentado até então e se pôs a trabalhar. Batizou o quadro de *Mesa de jantar*, ou *La Desserte*, em homenagem ao *La Desserte* de Heem. O ponto de partida efetivo do quadro foi um estudo realizado no ano anterior, no hotel em Pont-Croix, na Bretanha, de uma mesa de jantar arrumada para uma recepção. Ele, ou Camille, recriou um canto da decoração da mesa (pois era só o que o ateliê comportava), usando louça e talheres emprestados e comprando frutas e flores. Essa foi a primeira, mas não a última vez, que Matisse realizou gastos que mal podia se permitir a fim de adquirir produtos de estufa que lhe possibilitassem pintar o verão durante o gélido inverno parisiense. Para fazer com que as dispendiosas frutas durassem o máximo possível, ele pintava de casaco e luvas no ateliê sem calefação, enquanto Camille assumia a pose da criada na obra-prima que deveria chancelar o seu êxito no Salão de 1897.

Inicialmente concebida como um testemunho formal de sua competência dirigido a Moreau, *Mesa de jantar* virou um reconhecimento não oficial da influência de Russell. Marquet não se abalou ("Marquet e eu éramos as ovelhas negras do ateliê", comentou Matisse), mas a luz tremeluzente, as cores pairando em liberdade e as formas fluidas eram demais para Bussy. Até mesmo Evenepoel ficou horrorizado: "Tudo parece estar ruindo em torno de mim: Matisse, o meu amigo, agora virou impressionista e só aceita Claude Monet como autoridade [...] Não dá mais para saber em que pé estamos! Todos os quadros que vemos, bons ou ruins, começam a dançar diante dos nossos olhos, é uma barafunda!". Naquele inverno, deve ter ocorrido a todos os que viram o quadro no ateliê de Matisse que ele significava o fim de qualquer expectativa de venda ou de promoção. Segundo o próprio Matisse, Camille implorou a ele que não jogasse fora sua carreira. Ela chorou, protestou, suplicou e o instou a recuperar o bom-senso, a se empenhar como os outros, a encarar o trabalho com mais seriedade, como os seus amigos. Bussy avançava a passos largos naquela primavera.

Evenepoel estava em tratativas para expor em uma galeria londrina e acertara a participação em uma mostra coletiva em Bruxelas no outono. Wéry estava prestes a ganhar sua primeira medalha no Salão oficial de Bouguereau graças a uma prudente mudança de estilo. Concentrado na nova paleta, e cada vez mais obcecado por Monet, Matisse mantinha-se irredutível. E Camille acabou sendo substituída como modelo por um manequim de madeira.

Bussy fez o possível para ajudar e conseguiu que Matisse fosse apresentado a outro amigo de Russell, Camille Pissarro. De novo os olhos de Matisse se encheram de lágrimas quando eles se encontraram pela primeira vez, e Pissarro lhe transmitiu o mesmo encorajamento que ele próprio recebera ao mostrar, jovem e nervoso, sua obra a Corot: "Muito bom, meu amigo, você tem talento. Continue trabalhando, e não dê ouvidos ao que dizem os outros". Os dois foram juntos visitar a coleção de quadros impressionistas de Gustave Caillebotte, expostos nas galerias do Luxemburgo em meio à zombaria do mundo das artes. "Eles podem ficar furiosos, mas nós é que estamos certos", comentou Pissarro. "Pelo menos, é disso que estou convencido." Segundo Matisse, a primeira vez em que de fato viu os impressionistas foi na exposição Caillebotte ao lado de Pissarro, que conhecera a todos, trabalhara com a maioria deles e sofrera mais dificuldades materiais por causa de sua arte do que qualquer um dos impressionistas. Havia sete obras de Pissarro em exibição, assim como três pequenos quadros de Cézanne e oito de Monet (entre os quais *Rochedos em Belle-Île*, que Matisse tentaria reconstruir na tela durante aquele verão).

A visita à exposição dos impressionistas ocorreu poucos dias antes da abertura do Salão da Sociedade Nacional, em 24 de abril de 1897, quando necessitaria de todo o estoicismo de Pissarro para enfrentar a reação à sua pintura *Mesa de jantar*. Escandalizada, a comissão de montagem decidiu, a fim de humilhar o artista, instalar o quadro em um péssimo local. O pai de Matisse veio de Bohain para ver o Salão, alojando-se no ateliê do quai Saint-Michel, onde o filho o encontrou no início de uma manhã semivestido, em mangas de camisa e com os suspensórios caídos, contemplando uma fileira de quadros encostados na parede. Os primeiros passos hesitantes de Matisse na direção de um estilo mais impressionista pareciam, aos olhos do pai, irremediavelmente vagos e inacabados. No Salão, Hippolyte Henri postou-se ao lado da *Mesa de jantar* e observou as pessoas que ali paravam para comentar o quão ruim era o quadro. Esse segundo escândalo foi uma repetição do primeiro, seis anos antes, quando Matisse tivera de sair em surdina de Saint-Quentin por transgredir as regras acadêmicas. Pelo resto da vida, ele iria guardar a lembrança do pai dizendo que "as pessoas viam germes no fundo das decantadeiras em meus quadros".

Se ataques desse tipo faziam com que Matisse se sentisse o portador de um tifo moral, para Camille ele deve ter parecido empesteado bem antes da abertura do Salão. No dia 10 de fevereiro de 1897 – na semana em que Evenepoel se sentira enojado e atordoado diante da *Mesa de jantar* –, Matisse assinou os documentos de paternidade, reconhecendo legalmente Marguerite como sua filha. Tendo como padrinho Léon Vassaux, a menina foi batizada no mesmo dia, sem o conhecimento do pai, ateu convicto. Segundo Marguerite, o batismo foi feito em segredo por instigação da avó paterna, a quem ela era muito devotada. Naquela época, era inconcebível, até mesmo para os pais mais liberais de Bohain, reconhecer abertamente a namorada de um filho, e o mesmo se aplicava à aceitação de um neto ilegítimo, tal como fizeram os pais de Matisse. Na primavera, este se mudou do quarto que dividia com Camille, mantendo o ateliê no mesmo prédio, mas alugando um local para dormir na rue de Seine, 10. A vida conjunta de ambos havia degenerado em lamúrias e ralhações de um lado, e em resistência obstinada do outro. Camille nunca se acostumou com a diferença entre a vida boêmia na ficção, ou no palco da Opéra-Comique, e a existência desconfortável, desorganizada e antissocial que os artistas de fato levavam.

No final de maio, Matisse estava engessado e usando muletas após um acidente de bicicleta. Ele e Camille conseguiram superar suas diferenças e, para escapar da escaldante onda de calor em junho, foram passar juntos outro verão em Belle-Île. No entanto, depois da *Mesa de jantar*, Camille aparentemente nunca mais voltou a posar para ele. Era óbvio para todos que os quadros estranhos, luminosos e extremamente simplificados que Matisse pintou na ilha em 1897 não tinham a menor possibilidade de encontrar compradores. Ele continuava preocupado com Monet, cujo *Rochedos em Belle-Île* desmontou e recriou com o mesmo empenho que antes havia dedicado ao *Cachimbo* de Chardin, instalando o cavalete no mesmo local, pintando a mesma silhueta recortada diante da mesma superfície marinha rebrilhante e com a mesma faixa estreita de céu na borda superior da tela. Os amigos ficaram impressionados com a melancolia das marinhas que trouxe de Belle-Île, assim como pela força da emoção que continham.

Matisse pintou rochedos, paisagens e o farol, explorando a nova paleta com uma confiança cada vez maior. Até mesmo os temas mais mundanos adquiriam cor. O simples moinho bretão, pintado dois anos antes em uma elegante gama de cinzas, agora exibia uma conflagração de vigorosas pinceladas de cobalto e carmim, amarelo e verde, vibrando como labaredas sobre fundo branco. A urgência de quadros como esse reapareceria na obra produzida por Matisse sob o sol do Mediterrâneo na primavera seguinte, quando pela primeira vez tentou se confrontar com a obra de Van Gogh. O pintor holandês havia conseguido vender um único quadro antes de se suicidar com um tiro, aos 37 anos de idade, em julho de 1890. Além de uma minúscula exposição em sua homenagem, com dezesseis telas, realizada dois anos depois, nada mais havia sido exposto ou vendido. Em 1897, o impacto dessa morte e a pungência da trajetória de vida do pintor ainda eram sentidos entre os amigos. Ambos soavam um soturno alerta para outro jovem nortista sem um vintém, teimoso e em grande parte autodidata, que se lançava sozinho na mesma trilha árdua que conduzia ao isolamento e à rejeição. Russell, que pode ou não ter tido quadros de Van Gogh, certamente conversou sobre eles com Matisse. Ele também deu de presente ao jovem visitante um de seus desenhos feitos por Van Gogh – algo que jamais fizera antes, e jamais voltaria a fazer, o que sugere que em ninguém mais constatou a mesma intensidade e força que reconheceu na reação de Matisse.

O verão de 1897 assinalou um rompimento decisivo tanto na vida como na obra de Matisse. Ele remonta o início da insônia que o afligiria pelo resto da vida a esse momento decisivo em Belle-Île, quando tomou como pintor uma direção que parecia insensata tanto para a família como para os amigos. Evenepoel o advertiu que estava pondo em risco a saúde. Camille o censurava por sua incapacidade, ou recusa, de dormir à noite, e pelo consequente fracasso em acordar cedo, descansado e renovado para o trabalho, na manhã seguinte. Ela própria foi ficando cada vez mais nervosa durante o verão. Perfeccionista, meticulosa e extremamente crítica, havia apoiado Henri durante cinco anos, período em que o casal mal conseguiria sobreviver sem o salário que recebia como vendedora de loja. Ela havia posado para o quadro que lhe granjeara êxito no primeiro Salão, viu sua paciência ser plenamente recompensada e o observou temerariamente lançar fora tudo o que havia se esforçado tanto para conquistar. Todos estavam de acordo que ela tinha uma língua ferina e um temperamento arrebatado. O próprio Matisse afirmou que ela tinha um caráter ainda mais forte que o dele. E Camille se tornou mais estridente e exasperada ao ver como se desintegrava o relacionamento deles ao longo do verão. Estava lutando não só pelo seu futuro e o de sua filha, mas também pelo futuro do companheiro: todos, incluindo professores, parentes e amigos mais próximos (com a exceção de Marquet), previam um desastre a menos que ele fosse convencido a aceitar algum tipo de compromisso. Segundo Matisse, ela fazia tantas cenas intermináveis que no final se tornou impossível conviver com tal neurose. No entanto, foi Camille quem decidiu que não mais podia enfrentar um futuro tentando sobreviver com cada vez menos dinheiro em uma água-furtada, com uma criança pequena que tinha de ser mantida quieta por causa de um insone renitente, o qual, além disso, durante quase um ano se recusara a tomar uma atitude sensata. Quando reuniu coragem suficiente, ela o abandonou naquele verão. "Ela se arrependeu até o final de o ter deixado", comentou um amigo que a conheceu idosa, "aquela foi a época mais feliz de sua vida."

Em meados de outubro, Matisse voltou sozinho a Paris. As marinhas pintadas na ilha provocaram uma comoção. "Em uma furiosa tormenta de juventude, Matisse subverteu os ensinamentos do ateliê de Gustave Moreau de maneira bem mais definitiva e completa que Rouault", disse Roux-Champion. Na época com 71 anos e muito enfermo (ele faleceria seis meses depois), Moreau vislumbrou nas telas de Matisse uma visão da própria arte prestes a se desintegrar e se decompor. "Ele se queixou amargamente – e caberia até usar um termo mais forte – dos estudantes desgraçados que tomavam liberdades com o pincel", escreveu um colega que simpatizava com Matisse, Jules Flandrin, em 19 de novembro. "O primeiro a sofrer foi Matisse, que trouxe das férias uma imensa tela impregnada de campo e de ar fresco [...]." Matisse diria que essa derradeira investida era a culminação de um ano de desentendimentos com Moreau, que nada mais tinha a lhe ensinar.

Em uma ironia que não passou despercebida a Matisse, no momento mesmo em que começava afinal a se voltar para as cores, Evenepoel tomava o rumo oposto: "Ele era muito talentoso. Os quadros de Evenepoel eram repletos de frescor, cheios de vida e cor [...] Eu os admirava muito. Mas aí ele mudou. E começou a pintar com tons cinzentos". Para Evenepoel, essa nova sobriedade representava a vitória da contenção e do requinte franceses sobre o senso inato da cor que tanto ele como Moreau associavam a um materialismo grosseiro. Matisse, que era tão francês quanto flamengo, iria mesclar ambas as tradições, juntando o sentimento passional pela cor ao classicismo profundamente contemplativo que ocupou o centro da pintura francesa, de Poussin a Cézanne. Para ele, a influência de Russell, Monet e Pissarro foi essencial mas de breve duração. Estes lhe ensinaram um modo de ver: os primeiros indícios da busca da cor em si mesma que iria mobilizar seus mais profundos recursos emocionais e imaginativos. Para ele, o impressionismo acabaria parecendo muito frouxo e informal, por demais dependente de acidentes superficiais de momento e local para que pudesse satisfazer por muito tempo suas necessidades, mas não havia como dar as costas àquela porta que se abrira para ele em Belle-Île.

3. A DESCOBERTA DO SUL (1898-1902)

MATISSE DEIXOU BELLE-ÎLE PELA ÚLTIMA VEZ NO DIA 16 DE OUTUBRO DE 1897, para ser padrinho de casamento de um velho amigo de escola, a quem deu como presente uma *Natureza-morta com maçãs*. No mesmo outono, também deu outra natureza-morta à jovem que fora dama de honra da noiva, com a dedicatória "Para a srta. Amélie Parayre, 1897". Os dois ficaram sentados juntos na animada e bem servida festa de casamento, com o vinho correndo livremente e os convidados competindo para ver quem conseguia agarrar e armazenar mais garrafas sob as mesas. No final dos festejos, Matisse havia vencido a todos. E não lhe passou despercebido o gesto caracteristicamente incisivo com o qual sua vizinha estendeu-lhe a mão ao se despedir. Ele tomou a mão que lhe foi oferecida e, toda vez que voltaram a se ver nas semanas seguintes, sempre levava violetas para a srta. Parayre.

Muito mais tarde, ela diria que havia prometido a si mesma jamais se casar com um homem ruivo ou barbado, e muito menos com um pintor, mas assim que se conheceram ela sabia que iria romper tais votos em favor de Henri Matisse, que era as três coisas. As violetas que ganhou foram prensadas e emolduradas. Foi a ousadia de Matisse que a atraiu, o lampejo de travessura que tomava conta dele naqueles momentos em que a atração do risco e do perigo o levava a apostar tudo, tanto na vida como na profissão, em um futuro incerto. Ela contou que esse primeiro encontro a atingiu como um raio vindo de um céu azul. Ambos se reconheceram e reagiram um ao outro no nível mais profundo. Naquele outono, Matisse estava mais isolado do que nunca, corroído pela dúvida e de tal modo incomodado que mal conseguia tolerar a própria presença. Sob o exterior rijo, ele precisava desesperadamente de alguém que acreditasse nele e – talvez mais importante – no que estava fazendo. "Senhorita, amo você profundamente", declarou ele, decidido a evitar qualquer equívoco desde o princípio, "mas sempre vou amar mais a pintura."

Nada poderia ter sido mais bem calculado para despertar o ardor de Amélie Parayre, que havia passado grande parte da vida em busca de uma causa na qual se empenhar. Ela estava com 25 anos e era impulsiva, altiva e despachada. Nascida em Toulouse, no sudoeste da França, tinha a dignidade e a beleza morena típica das mulheres da região, e era capaz de uma lealdade a toda prova, algo que recebera da mãe, a formidável Catherine Parayre. Amélie e a irmã mais nova, Berthe, haviam ambas herdado da mãe a postura ereta, as feições firmemente delineadas e, mesmo quando pequenas, algo de sua magnífica presença. "Todas as mulheres da família pareciam rainhas espanholas", comentou Matisse, que achava a srta. Parayre absolutamente encantadora. Ele ficou emocionado com a mescla de timidez e majestade na atitude dela, e também pela "massa de cabelo negro arrebanhada com estilo encantador, sobretudo na nuca. Ela tinha seios adoráveis e ombros muito bonitos. Dava a impressão, a despeito da timidez e da reserva, de ser uma pessoa de grande bondade, força e doçura".

Amélie Parayre na época em que se casou com Henri Matisse, 1898.

Os Parayre formavam um clã eloquente, espirituoso e turbulento, que havia migrado de Toulouse para tentar a sorte em Paris quando Amélie ainda era pequena. O pai dela fora mestre-escola no vilarejo de Beauzelle, à margem do rio Garonne, perto de Toulouse, onde Amélie nasceu em 1872. Dele ela herdou a franqueza e o destemor, assim como uma crença instintiva na inovação radical. Armand Parayre era *protégé* do deputado republicano para a Haute Garonne, Gustave Humbert, um professor de direito na universidade de Toulouse e então cada vez mais envolvido na política nacional. Humbert e a família passavam as férias em Beauzelle, onde o jovem mestre-escola se tornou seu leal discípulo e professor de latim de Frédéric, o filho do deputado. Nos verões anterior e posterior ao seu nascimento, o pai de Amélie e o ambicioso deputado reuniam-se toda noite na casa dos Humbert ao lado da igreja discutindo as táticas para uma nova alvorada política. Eram tempos heroicos para os republicanos, que travaram batalhas titânicas na década de 1870 contra monarquistas, bonapartistas, conservadores e reacionários de todo tipo. Gustave Humbert foi eleito senador vitalício, sob a Constituição na nova Terceira República em 1875, ocupando depois os cargos mais graduados no sistema judiciário até se tornar ministro da Justiça em 1882. Nessa altura, Parayre abandonou o emprego para ser assessor em tempo integral de Humbert. O principal secretário particular do novo ministro era o seu filho Frédéric, que pretendia se eleger deputado pelos socialistas e assumiu o controle de um jornal radical de campanha, *L'Avenir de Seine et Marne*, do qual Parayre se tornou editor. O jornal tinha como base a região eleitoral de Frédéric, Melun, onde Amélie frequentou o colégio interno, e onde por mais de uma década seu pai estava em seu elemento como jornalista de esquerda.

Desde a infância, Amélie viveu cercada de militantes dedicados à causa da liberdade, da democracia e do progresso. Entusiástica leitora de histórias de aventuras para meninos e romances açucarados, ela cresceu em uma atmosfera de constante drama, intenções exaltadas e ações decisivas. Sua irmã Berthe, a mais jovem e estudiosa das duas, decidiu seguir a carreira de professora, como o pai. Amélie, sempre a desordeira impetuosa e afoita, contestou os professores em uma série de confrontos por questões disciplinares que a levaram, em 1888, a abandonar a escola definitivamente aos dezesseis anos de idade. O que ela mais temia era ser forçada a viver no confinamento sufocante de um casamento burguês convencional.

Ela voltou a viver com os pais, cujo casamento era uma parceria igualitária. Enquanto o pai de Amélie era o principal confidente e aliado de Frédéric Humbert, a mãe desempenhava o mesmo papel junto à esposa deste, Thérèse, uma personagem extraordinária que então se aproximava do auge de uma carreira sensacional. Thérèse Humbert era famosa por ser a herdeira de uma das maiores fortunas da França. Também era uma das figuras mais astutas, extravagantes e manipuladoras da Terceira República, vivendo com grande luxo em Paris, onde sua casa era frequentada por ministros de Estado, banqueiros e empresários. O presidente da República, Félix Faure, era um conviva regular em suas recepções. O mesmo se dava com dois predecessores de Faure, pelo menos cinco primeiros-ministros e grande parte da elite diplomática, social e jurídica da França. O poderoso chefe da polícia de Paris, Louis Lépine, e o advogado Henri du Buit, líder da banca parisiense, eram amigos da sra. Humbert. Desde o final da década de 1880, a boa vontade dela era crucial para "qualquer um que almejasse um lugar sob o sol republicano", e a única via de acesso aos favores era guardada por seu confiável braço direito, a sra. Parayre.

A mãe de Amélie supervisionava os reluzentes salões de mármore da opulenta mansão dos Humbert, na avenue de la Grande Armée, 65, comandando uma equipe de vinte empregados e movimentando um orçamento anual que se dizia chegar a 200 mil francos. Vários tios e primos de Amélie ocupavam postos importantes na corte dos Humbert. Todos pertenciam ao grupo de ambiciosos jovens que haviam sentado aos pés do "bom papai Humbert" em Toulouse, e acabaram se tornando os seletos colaboradores de sua nora. Todos prosperaram até que um breve ressurgimento do sentimento direitista interrompeu temporariamente a ascensão dos Humbert. Quando o jornal *L'Avenir* fechou as portas em 1894, Parayre viu-se desempregado com duas filhas em idade de casar, uma com 22 anos e a outra com 18, e sem economias a que pudesse recorrer. Em 1895, Berthe arrumou um emprego como professora em um vilarejo perto de Toulouse. Amélie foi trabalhar com a tia Nine Bouticq, que possuía uma elegante chapelaria no boulevard Saint-Denis. Quando os Humbert retornaram ao poder poucos anos depois, chamaram de volta Parayre como factótum e diretor de uma caixa de poupança, a Rente Viagère, que haviam acabado de fundar. Em 1898, um ano após essa súbita mudança na situação familiar,

Berthe Parayre deixou o trabalho como professora no interior para dar aulas na prestigiosa École Normale Supérieure, em Fontenay-les-Roses. E sua irmã Amélie casou-se com Henri Matisse.

O casamento foi celebrado no dia 10 de janeiro de 1898, menos de três meses após os dois terem se conhecido. Henri assinalou a data em sua agenda de bolso: "*Vive la liberté*!". Como presente de casamento, Amélie recebeu do casal Humbert várias joias e o vestido de noiva feito pela Maison Worth, frequentada pela própria sra. Humbert. A cerimônia teve lugar na igreja paroquial dos Humbert, a ultraelegante Saint-Honoré-d'Eylau, ao lado da mansão na avenue de la Grande Armée, uma extensão da Champs-Elysées. Os novos parentes por afinidade de Matisse moviam-se em círculos muito diferentes de tudo o que ele e seus amigos artistas conheciam. O próspero tio Gérard e o primo de seu pai, Jules Saulnier, foram suas testemunhas de casamento. Nada poderia causar melhor impressão em Bohain ou Le Cateau.

Uma semana depois, o casal partiu com destino a Londres. A nova sra. Matisse manteve-se desde o princípio fiel à linha de conduta de sua família de visionários, que lhe havia incutido a crença em um futuro glorioso a ser alcançado por meio de trabalho duro, dedicação e sacrifício de si mesma. Até então a pintura não havia desempenhado nenhum papel em sua vida, mas a concepção que Matisse tinha da própria vocação proporcionou-lhe a austera razão de ser que ansiava desde a infância. "Não tinha muita ideia do que ele estava fazendo", diria mais tarde, "mas sabia que, fosse o que fosse, só poderia ser algo bom". Ela escolheu Londres como destino da lua de mel para que o marido pudesse conhecer as obras da National Gallery, em especial as de J. M. W. Turner, reverenciado como precursor tanto por Russell como por Pissarro. As galerias se mostraram tão pouco iluminadas que por vezes Matisse mal conseguia enxergar os quadros de Turner, mas mesmo assim, ou talvez especialmente naquela luz invernal, eles lhe proporcionaram exatamente o que precisava nessa etapa liberadora. "Turner vivia em um porão", disse Matisse, comentando mais tarde essa primeira fase da lua de mel, "uma vez por semana, ele fazia com que as persianas fossem abertas de repente, e então, que incandescência! que deslumbramento! que joias!" Quinze dias depois, o casal voltou brevemente a Paris antes de tomar o trem rumo ao sul, a região natal de Amélie, onde Matisse pintou a primavera no Mediterrâneo tal como fizera Van Gogh, lançando-se afinal naquela direção anunciada pelo pintor holandês uma década antes, quando afirmara sua crença de que uma nova escola de coloristas surgiria no sul: "O pintor do futuro será um colorista como jamais se viu".

De Marselha, seguiram para a Córsega no dia 8 de fevereiro, desembarcando em Ajaccio na manhã seguinte, sob um sol brilhante. Segundo Matisse, foi ali que conheceu pela primeira vez o esplendor do sul, e tal descoberta ele devia à sua mulher. Em retrospecto, a estada de cinco meses na Córsega acabaria sendo para ele outro dos pontos cruciais e determinantes em sua vida. Ele se viu sacudido não só na maneira de ver, mas também na de pensar e de sentir que até então haviam sido parte integral de sua natureza. Ele foi permanentemente afetado pela transparência da luz meridional, tão distinta da atmosfera nublada e vaporosa que havia condicionado sua atividade como pintor em Bohain, em Paris e na Bretanha. E ele gostou da Córsega, sobretudo do povo, cuja hospitalidade franca e generosa o fez sentir-se em casa. Em seus relatos subsequentes, tudo o que se relacionava com aquela primavera arrebatadora e reveladora está impregnado de um sentimento de liberdade e bem-estar. Em Ajaccio, ele e Amélie estabeleceram um padrão básico que pouco iria se alterar ao longo de toda a vida em comum do casal: uma rotina de trabalho, descanso, caminhadas e sessões em que Amélie posava, na qual ela encaixava as tarefas práticas cotidianas da casa sempre que lhe sobrava tempo ou energia. Para ambos, esse foi um período de preparação deliberada. E mais tarde ambos iriam se referir a essa época com um exaltado e quase napoleônico sentimento de destino.

O casal alugou dois quartos em uma casa logo abaixo da Gruta de Napoleão, uma caverna rochosa no limite oeste de Ajaccio, onde se dizia que, ainda menino, o futuro imperador costumava meditar sobre o seu destino. Dos pequenos quartos tinham acesso a uma torre com escada que levava a um telhado plano com vista para a baía. Ali Henri instalou o cavalete e se pôs a pintar o edifício mais próximo (o hospital local), em vez de explorar a pitoresca vista que se descortinava a oeste e na direção da costa. A Villa de la Rocca era conveniente, isolada e tranquila, fatores essenciais ao padrão que, dali em diante, os Matisse iriam recriar com pequenas variações onde quer que fossem. A casa ficava no limite da cidade, em uma área recém-desmatada de *maquis*, um terreno de vegetação enfezada, formando o emaranhado denso, espinhoso, florido e aromático de medronheiros, murtas, giestas, alfazemas, alecrins e estevas que recobria a ilha. Matisse trouxera consigo duas caixas de madeira repletas de pequenas e médias telas em branco e, nos cinco meses e pouco que passou em Ajaccio, produziu 55 obras, todas realizadas a pequena distância de seus aposentos.

Ele pintou o quarto de dormir com o paletó pendurado no balaústre da cama, o chapéu jogado sobre o colchão e uma tela solitária encostada na parede despida, ressaltando a ferrenha dedicação a seu propósito. Pintou naturezas-mortas na pequena cozinha, onde as panelas e frigideiras começavam a se decompor e a descolorir exatamente como previra Moreau. Pintou uma delicada e impetuosa *Pessegueiro em flor*, com tons rosa e verde, e um único pôr de sol, uma explosiva erupção de amarelo-limão num céu verde raiado de rosa que deve algo a Van Gogh e muito mais a Turner. Mas a abordagem é o oposto da meditada investigação analítica dos estudos que fazia no Louvre. Essa é a obra de alguém que sai de um porão, invadido pela irrupção da mesma sensação forte – urgente, instintiva, quase animal – que, segundo Matisse, marcara o momento em que segurara o estojo de tintas trazido pela mãe. Ele pintou a luz, o calor e a própria cor em vez do esplendor cênico da ilha. "Logo fui tomado, como em uma revelação, pelo amor dos materiais em si", diria ele, ao descrever esse ano de liberdade que desfrutara como um dom de sua mulher: "Senti crescer em mim uma paixão pela cor".

Tal paixão é evidente nos três quadros em que pintou Amélie no primeiro ano de casamento, começando por retratá-la de costas e aos poucos girando-a de modo a contemplar o espectador, ao mesmo tempo que seu estilo se torna mais descontraído, menos figurativo e mais impressionista. No princípio, ela posou com um vestido cor de jaspe e o cabelo preso, à maneira que tanto o encantava, com um grande pente claro de carapaça de tartaruga. Neste que é o mais convencional dos três retratos, ela está lendo sentada de costas, e à esquerda vê-se uma natureza-morta sobre a mesa, em uma disposição similar àquela usada com Camille dois anos antes. Na tela seguinte, vê-se o perfil dela sentada, costurando à mesa da cozinha da Villa de la Rocca: os salpicos de tinta azul-clara e rosa-avermelhada que indicam o avental, ou a costura em seu colo, estão mesclados em uma miscelânea descontrolada de pinceladas em vermelho, amarelo e azul rosado no tampo da mesa. Matisse a pintou pela terceira vez em *A inválida*

(*Amélie Matisse*), que foi concluída em janeiro de 1899, após o casal ter deixado a ilha rumo a Toulouse. Nesse quadro, Amélie está na cama, reclinada e com a cabeça apoiada nos travesseiros, irreconhecível e fora do centro, mas inequivocamente no ponto focal de uma composição de cores vivas e semiliberadas abrangendo tanto a figura deitada como o próprio quarto, com as cortinas e tapeçarias, a cadeira laranja estofada, as sombras luminosas sobre a toalha branca na mesinha de cabeceira, e a confusão de tons de rosa, azul-escuro, laranja, amarelo e verde que podem ser tanto um cesto de costura como um tapete no canto inferior direito da tela.

Do terraço na torre, Matisse pintou o hospital nada menos do que cinco vezes, retomando incessantemente o telhado vermelho e o comprido muro caiado do jardim, que no quadro adquiriu tons rosa, azul e violeta. Mas encontrou seus temas prediletos no jardim de um velho moinho, ao qual chegava após caminhar alguns minutos para sudoeste desde a Villa de la Rocca através do *maquis*. Era um moinho tradicional de azeite, com mós de pedra movidas por animais, instalado em um pátio murado sobre uma pequena colina. Aberto a todos, o jardim tinha laranjeiras e tangerineiras, pessegueiros e amendoeiras floridas, palmeiras e aleias ensombrecidas por oliveiras antigas, assim como bem-ordenados canteiros de flores. O casal Matisse passava ali muitas horas por dia, estabelecendo o que se tornaria outro padrão costumeiro: enquanto ele pintava, ela ficava ao lado observando, costurando ou meditando. Mais de quarenta anos depois, Matisse explicou ao colecionador Pierre Lévy que a explosão cromática que transfigurou sua obra em 1905 tivera origem na Córsega, na vista a oeste dos quartos, dando para as ilhas Sanguinaires (assim chamadas porque o sol poente tingia de vermelho sangue os picos de granito). "Foi ali que sentiu o primeiro impacto do que viria a ser o fauvismo, conforme ele próprio me contou."

Esse impacto irrompeu não em imagens de picos ensolarados ou de mares azuis refulgentes, mas em cerca de uma dúzia de estudos das oliveiras cinzentas e retorcidas que cresciam perto do velho moinho. Mais ou menos na mesma época, Matisse leu o prefácio que Guy de Maupassant escrevera para o romance *Pierre et Jean*, onde aborda o conceito de originalidade, e a necessidade, para o artista, de trabalhar apenas com o que observa, "sem posições prévias, sem opiniões preconcebidas, sem concepções acadêmicas, sem vínculos com qualquer grupo artístico". Uma década depois, Matisse iria desenvolver a mesma tese, por vezes recorrendo quase aos mesmos termos, no texto "Notas de um pintor". Na época, ele ficou obcecado por trechos como este, sobre o fogo e as árvores:

> É preciso olhar para tudo o que se quer expressar por tempo suficiente e com atenção suficiente de modo a descobrir ali um aspecto que ainda não foi visto nem relatado por ninguém. Em tudo há algo inexplorado, pois estamos habituados a nos servir dos olhos apenas com a memória daquilo que outros pensaram antes sobre o que contemplamos. [...] Para descrever um incêndio que se alastra e uma árvore na planície, precisamos nos colocar diante desse fogo e dessa árvore até que não mais se assemelhem, para nós, a nenhuma outra árvore e a nenhum outro incêndio. É dessa maneira que a gente faz algo original.

O tema ao qual Matisse retornou com mais assiduidade foi uma única oliveira, ou um grupo de árvores, que se incendiava na tela em uma conflagração de cores, tornando-se às vezes quase incandescente sob as pinceladas instigantes e perscrutadoras. Essa foi a batalha que começou a travar sozinho e isolado na ilha, a batalha heroica que Turner e Van Gogh haviam travado antes, o esforço para se livrar até mesmo da lembrança de maneiras alheias de ver.

Na primavera de 1898, e por muitos anos a seguir, os quadros pintados por Matisse na Córsega eram perturbadores demais para serem exibidos em público. Segundo Evenepoel, pareciam ter sido feitos com os dentes rilhando. Em maio, Matisse havia lhe enviado pelo correio um pacote com quatro telas enroladas, entre as quais o que parece ser uma versão inicial da *Inválida*. Evenepoel levou uma semana para se refazer do choque que teve ao abrir o pacote ("tudo o que consigo ver é a toalha de mesa com reflexos verde-esmeraldinos, e uma figura humana com um lado verde e o outro vermelho, como se iluminada pelos frascos em uma vitrine de farmácia!"), e se recompor o suficiente para conseguir escrever com calma ao amigo. Porém, como muitos outros em seguida, viu-se forçado a admitir que os quadros de Matisse conseguiam de algum modo fazer com que tudo ao redor parecesse completamente inanimado. "Meus pedaços de pano, meus ornamentos, tudo ficou cinzento, cinzento e neutro ao lado dele! Já o seu estudo evocou as notas profundas, sonoras e vívidas de um vitral resplandecente!"

Matisse, que sentia tanta falta dos amigos quanto estes dele, reagiu a essa carta embarcando no trem para Paris com outro lote de quadros feitos na Córsega. Ele havia deixado a capital sem contar a ninguém sobre o precipitado namoro e casamento. Nem Marquet nem Evenepoel haviam conhecido a nova sra. Matisse. Henri precisava levantar recursos em Paris, porém, mais do que dinheiro, necessitava de apoio. Ele contou que, depois de alguns meses, começou a se sentir entediado e perdido na Córsega. E relataria a mesma reação após chegar ao Marrocos em 1911, a Nice em 1917 e ao Taiti em 1930. Em todas essas ocasiões, um realinhamento que se processava muito abaixo do nível consciente provocava nele desassossego e apreensão. Em Ajaccio, no ano de 1898, enviou sinais de alerta sobre essas últimas telas a Evenepoel, para quem, sem dúvida, mais pareciam obras de "um impressionista louco e epilético". A impressão dele é que a carreira de Matisse havia terminado antes mesmo de ter sido adequadamente lançada ("É algo insano, como pintor ele tinha qualidades tão encantadoras!"). Outros se mostraram menos pessimistas. Matisse deu dois de seus estudos de oliveiras mais ousados a Marquet, um terceiro a Jules Flandrin e dois outros a Léon Vassaux, que colocou um deles – *O pátio do velho moinho* – na cabeceira de sua cama, de modo que fosse a primeira coisa que visse ao despertar. O outro era um caminho ladeado por oliveiras que Vassaux guardou até o fim da vida, confessando já idoso a Matisse que nunca teve coragem de se desfazer do quadro.

Naquele mês de junho, em uma loja da rue de Rivoli, o próprio Matisse foi relutantemente seduzido por uma borboleta montada, com asas tão azuis quanto as labaredas de enxofre que haviam iluminado o teatro de brinquedo em Bohain. Ele fez um relato cômico de como a sua férrea decisão de não desperdiçar dinheiro em algo tão fútil foi solapada por essa borboleta ("azul, mas que azul! Ele trespassou meu coração!"), pela qual pagou cinquenta francos, ou seja, metade de toda a sua mesada, aplacando a consciência ao incluí-la entre os presentes que levou de Paris para a mulher. Esse era exatamente o tipo de irresponsabilidade do marido a que Amélie jamais conseguiu resistir. Os dois haviam firmado um pacto pré-nupcial de acordo com o qual, como um cavaleiro preparando-se para uma justa ou um esportista diante de uma competição, Henri não deveria dissipar sua energia dormindo com a esposa naqueles primeiros meses cruciais dedicados a uma nova vida e a uma nova arte. Todavia, a despeito do empenho de ambos, Amélie já estava no quarto mês de gravidez em julho, quando chegou ao fim a temporada na Córsega.

Os seis meses seguintes foram dedicados a visitar parentes no vilarejo de Beauzelle e arredores, no Roussillon, onde ela havia nascido. Matisse nadou (e uma vez quase se afogou) nas águas límpidas do rio Garonne, entremeadas de remoinhos, escorrendo sobre bancos de areia traiçoeiros e desembocando nas *Gourgues*, grandes lagoas piscosas sombreadas pelos majestosos biombos de choupos plantados em suas margens. Ele fez esboços rápidos dessas lagoas em cores arrojadas, às vezes quase abstratos, rimando os choupos com os reflexos na água, em uma confiante homenagem a Monet. E seu diálogo com Van Gogh prosseguiu nas paisagens pintadas nos arredores de Toulouse, e nos concisos e caligráficos desenhos que fez de Amélie.

O nome Parayre era bem conhecido naquelas partes por causa do relacionamento da família com os Humbert. O túmulo do senador Humbert (falecido em 1894) dominava o adro da igreja de Beauzelle, e toda a região continuava fascinada pela nora dele, a sra. Humbert, de quem os moradores locais ainda se lembravam como uma jovem comum antes de sua espetacular transformação em um potentado da nação. *La Grande Thérèse*, como era conhecida Thérèse Daurignac, nascera na vizinha Aussonne e desde pequena eletrizara os camponeses com as histórias que inventava e suas aventuras turbulentas. Mesmo criança conseguia que todos se dobrassem à sua vontade. Uma das primeiras a cair sob esse fascínio foi a mãe de Amélie, que estabeleceu um vínculo perene com Thérèse antes de se casar com o mestre-escola de Beauzelle. A própria Amélie tinha seis anos de idade quando o vilarejo foi virado pelo avesso para o casamento do ex-pupilo de seu pai, Frédéric Humbert, com a melhor amiga de sua mãe, Thérèse Daurignac. Beauzelle jamais vira algo parecido com aquele desfile de carruagens, arcos triunfais, queima de fogos, salvas de canhões e camponeses afluindo de toda a região para participar das danças.

Mais tarde, o jovem casal Humbert, seguido pelo jovem casal Parayre, mudou-se para Paris, onde Thérèse se tornou o personagem central de um dos mais bizarros processos judiciais do século XIX. Disputas jurídicas de uma complexidade quase infinita arrastaram-se por duas décadas de recursos em praticamente todos os tribunais do país. O caso girava em torno de uma fortuna de cerca de 100 milhões de francos em títulos ao portador, legados à jovem Thérèse pelo milionário americano Robert Henry Crawford, em um testamento contestado por dois de seus sobrinhos. Devido ao colossal volume de dinheiro em jogo, cada nova audiência nos tribunais era acompanhada pela imprensa como o último capítulo de uma telenovela com audiência nacional. O que mais excitava a imaginação popular era o cofre contendo os títulos de Crawford, que ficava em um quarto trancado no terceiro andar da mansão na avenue de la Grande Armée. O acesso a ele era controlado pela mãe de Amélie, uma notória megera para os suplicantes e arrivistas que assediavam os Humbert. Pessoalmente, contudo, com gente de confiança, Catherine Parayre era calorosa e nada convencional. Quando ambas eram jovens, ela havia jurado fidelidade absoluta a Thérèse, e ao longo da convivência subsequente e muitas vezes turbulenta de ambas, jamais lhe ocorreu romper esses votos.

Henri Matisse encontrou na sra. Parayre a coragem e a constância que tanto valorizava em Amélie. Poucas mães teriam acolhido um genro sem condições de sustentar a esposa, sem perspectiva imediata de garantir até a própria subsistência e sem futuro aparente na profissão que escolhera, mas ambos os Parayre acataram cordialmente a decisão de Amélie. Matisse adorava os sogros e jamais esqueceria que haviam aceitado sem hesitar uma situação que sua própria família relutava em tolerar. Armand Parayre era tão extrovertido e impetuoso quanto sua mulher era resoluta e inescrutável. Destemido e colérico, arrebatado por entusiasmos ardentes e temperados por um senso de humor irônico e uma sagacidade fulgurante, ele criara as filhas para que confiassem na força da inteligência e da imaginação, e dessem pouca importância às dificuldades materiais. Todos na família estavam habituados a entreter grandes expectativas, sem nenhuma garantia de segurança no presente ou no futuro. Tal como os outros ocupantes da mansão da avenue de la Grande Armée, 65, anteviam confiantes o dia em que o caso Crawford seria afinal decidido em favor da sra. Humbert. Todavia, durante esse período de espera, os recursos foram minguando e a confiança começou a ser abalada. Na realidade, a majestosa fachada dos Humbert era uma simulação, uma aparência construída e mantida pela vontade indômita de Thérèse. E ela não poderia ter continuado a sustentá-la sem a coragem e a habilidade dos Parayre, que haviam até mesmo contribuído com a pequena herança familiar de Armand para a causa dos Humbert e, durante vinte anos, não receberam nenhum salário. O dinheiro não desempenhava papel significativo em seus cálculos. Um resultado favorável do processo judicial significaria uma vitória da verdade e da justiça, a derrota dos inimigos dos Humbert e uma oportunidade de fazer avançar a causa maior do progresso e da democracia.

O espírito aberto, tolerante e voltado ao futuro que Matisse encontrou no sogro fazia parte da mudança de atmosfera que lhe parecera tão congenial no sul, em contraste com o extremo conservadorismo de sua região natal, onde os artistas eram associados a desajustados sociais como os maçons, os protestantes, os judeus e todo tipo de forasteiro. No verão de 1898, ele leu três combativos artigos, publicados na *Revue Blanche* por Paul Signac, um militante anarquista que via a libertação da pintura como parte da libertação da própria humanidade. A argumentação de Signac era convincente, expressa em estilo simples, claro e despretensioso. Ele era um defensor passional do pontilhismo ou divisionismo, a teoria das cores básicas proposta pelo neoimpressionismo, privilegiando o uso de cores, cada qual separada mas harmonizada com a cor complementar, sobre a tela em pontos ou salpicos isolados, sem nenhum traço de branco, mesclando-se apenas na retina do espectador. Para Signac, um novo brilho e suntuosidade podia ser obtido por meio da aplicação de regras científicas simples. Seu grande herói, o pai da cor pura, e na sua opinião o primeiro e o maior dos neoimpressionistas, era Delacroix, que estabelecia uma ponte entre Turner e os coloristas do futuro: "Ele instiga a todos para que ousem ao máximo, e que jamais temam o excesso de cores em suas harmonias".

Dificilmente esse manifesto poderia ter sido mais auspicioso para Matisse, carente de uma maneira de aplicar a inteligência lúcida e ordenada aos impulsos desordenados de sua imaginação. Ele passou então a explorar as possibilidades do neoimpressionismo com tanto vigor quanto antes dedicara ao impressionismo em *Mesa de jantar*, usando o mesmo veículo da natureza-morta. Para isso, montou composições clássicas de seus elementos confiáveis: copos, garrafas, um jarro de água, uma faca e um prato, xícara, bule de café e fruteira, substituindo as costumeiras maçãs por laranjas, que viu no pé pela primeira vez em Ajaccio. "Não há dúvida de que o laranja é uma cor especial. Ela evoca a luz e os reflexos luminosos de maneira direta e única", escreveu Lawrence Gowing a respeito das naturezas-mortas pintadas em Toulouse. "Matisse fez dela [da cor laranja] sua propriedade especial, assim como Turner se apropriou do amarelo; as laranjas, antes raramente presentes na pintura, tornaram-se seu tema predileto." Durante todo o outono e o inverno de 1898-99, Matisse explorou sua reação a esse encontro inicial com o sul em um conjunto de variações sobre um tema de Delacroix, citado por Baudelaire e reafirmado por Signac: "Todos sabem que o amarelo, o laranja e o vermelho inspiram e representam ideias de alegria, riqueza, glória e amor".

Nesse mesmo outono, os Matisse mudaram-se para Toulouse, a fim de esperar o nascimento de seu primeiro filho na casa dos avós de Amélie. Jean Gérard Matisse nasceu no dia 10 de janeiro de 1899, quase um ano após o casamento dos pais. Seu nascimento assinalou tanto um fim como um começo, pois, agora com a família para sustentar, Matisse reconheceu que seu tempo havia acabado. Aquele ano no sul, que o salvara como pintor, chegou ao fim em janeiro de 1899. "O período de estudos havia acabado", diria ele, mais tarde. "E chegou a hora de começar a ganhar a vida." Em fevereiro ou março, ele e Amélie deixaram o bebê com uma ama-seca em Toulouse e seguiram para o norte em busca de trabalho. O ateliê no quai Saint-Michel foi alugado de modo a reforçar a magra renda do casal. Sob a luz cinzenta e gélida temperatura do inverno parisiense, Henri embarcou no que iria se tornar nos meses seguintes uma peregrinação cada vez mais exasperante de busca de emprego, visitas a marchands e tentativas fracassadas de encontrar compradores para suas obras. Nessa época, não havia nada que inspirasse confiança em Matisse, bronzeado pelo sol meridional, com calças de veludo surradas, as telas despropositadas sob o braço e modos abrasivos. Ninguém gostou dos quadros que ele exibiu em maio no Salão da Sociedade Nacional. Ele não conseguiu vender nenhum quadro, nem encontrar trabalho. No dia 16 de maio, inscreveu-se no Louvre a fim de obter autorização para fazer cópias de obras de Claude Lorrain e Luca Signorelli, queixando-se amargamente de que a comissão de aquisição do Estado somente adquiria as cópias fiéis feitas por mães, esposas e filhas dos funcionários do museu, e que, por mais que se empenhasse, estava além de sua capacidade produzir o tipo de cópia que lhes proporcionaria uma pequena e bem-vinda renda adicional.

Seu espírito ainda estava ocupado na tentativa de absorver o impacto de Turner e Van Gogh, e no esforço de assimilar o divisionismo. Mais do que o Louvre, o que de fato o interessava era a nova e minúscula galeria de Ambroise Vollard, onde tudo parecia provisório e pouco ou nada ficava em exibição, com exceção de algumas telas viradas para a parede, como se o proprietário estivesse sempre em via de se mudar. Naquela primavera, Matisse tentou em vão convencer o irmão a comprar de Vollard o quadro *A arlesiana*, de Van Gogh (em vez disso, Auguste Matisse preferiu empregar suas economias em uma bicicleta sem corrente). No momento em que reuniu coragem para adquirir ele mesmo o quadro, o preço havia subido de 150 para 500 francos. Vollard explicou-lhe que o mercado de arte era dominado por compradores com muito mais recursos do que poderia sonhar um estudante de arte pobre. Em maio, Matisse voltou pela terceira vez, decidido a comprar *Les Alyscamps* de Van Gogh, mas antes que Vollard tivesse tempo de lhe trazer o quadro, ele foi atraído por outra obra, de menores dimensões, que fazia o Van Gogh parecer inofensivo. O quadro era as *Três banhistas*, de Cézanne, e Matisse teve de se conter para não fechar o negócio no ato.

Paul Cézanne, *Três banhistas*, c. 1879-82.

Nessa altura ele recebeu um telegrama de Toulouse, informando que Jean, seu filho de cinco meses, estava gravemente enfermo com enterite. Ele e Amélie seguiram para lá de imediato, permanecendo no sul por um mês e meio até que o bebê estivesse fora de perigo. Alojado na casa de parentes de sua mulher e remoendo a falta de opções em Paris, Matisse observava os meninos locais nadando no rio Garonne e pensava nas banhistas de Cézanne, com os raios amarelos da luz do sol e os volumes azul e verde das margens do rio. "Cézanne usou o azul para ressaltar o amarelo mas o fez com tal perspicácia, tanto neste caso como em outros, que não se nota em mais ninguém", diria Matisse a seus alunos em 1908, época em que fazia nove anos que convivia com as *Três banhistas*.

A resistência de Matisse à beleza incisiva e sóbria do quadro cedeu quando caminhava às margens do Garonne, e ele escreveu a Marquet pedindo que fizesse em seu nome uma proposta. A negociação com Vollard estendeu-se por meses, até que Matisse afinal adquiriu o quadro (levando na transação também um busto em gesso feito por Rodin) por nada menos do que 1 600 francos, quase a metade de sua renda anual. O fator decisivo para ele concluir o negócio foi Amélie. Esta nada sabia a respeito de Cézanne, mas entendera muito bem a importância da borboleta azul no ano anterior, e afinal de contas ela era uma Parayre. O plano do casal era obter recursos para o pagamento inicial das *Três banhistas* penhorando um magnífico anel de esmeralda que fora um dos presentes de casamento dos Humbert, e agora era um dos objetos mais queridos de Amélie. E ela jamais esqueceria a dor que sentiu quando o marido voltou afinal à loja de penhores para recuperar o anel e só então viu que o prazo para resgate havia passado. Ela adorava joias e lamentou essa perda pelo resto da vida.

No entanto, embora ainda devessem se passar muitos anos até que Amélie também viesse a amar o quadro de Cézanne adquirido pelo marido, ela tinha uma compreensão visceral desse tipo de sacrifício. Ao longo das três décadas seguintes, a pequena tela de Cézanne exerceria uma profunda influência sobre todos os Matisse, representando para os pais um ato de fé cega no futuro, simbolizando para os filhos tudo aquilo para o qual haviam sido criados, e impregnando toda a família de um misterioso vigor próprio. "Nos trinta e sete anos que fiquei com esse quadro, vim a conhecê-lo razoavelmente bem, ainda que sem esgotá-lo", escreveu Matisse quando em 1937, por sugestão de Amélie, doou as *Três banhistas* à prefeitura de Paris. "Ele me proporcionou apoio moral em momentos críticos de minha trajetória como artista; dele extraí a minha fé e a minha perseverança."

Em 1899, ainda restava o problema imediato de ganhar a vida. A solução de Henri, sempre que as finanças familiares chegavam ao fundo do poço, era dizer que abandonaria a pintura em favor de outra atividade mais lucrativa. Em vez disso, Amélie propôs que ela mesma sustentasse a família com uma loja de chapéus, sempre uma saída óbvia para uma Parayre em dificuldades. Conhecimento do negócio, conselhos e contatos viriam da tia Nine, que tinha uma chapelaria no boulevard Saint-Denis, e o capital inicial (ou, pelo menos, crédito e clientes), de sua conexão com os Humbert. De volta a Paris com Henri e o bebê no final de junho, ela encontrou um local à rue de Châteaudun, perto da Ópera e dos bancos, no coração do território dos Humbert e na área comercial frequentada por uma sociedade afluente com dinheiro novo para gastar e gostos novos para satisfazer. A duas quadras da luxuosa loja de Amélie ficava a rue Lafitte, repleta de negociantes de quadros e de antiguidades. Clientes em busca de quadros tinham esposas que precisavam de chapéus. As perspectivas pareciam promissoras para alguém que podia contar com a boa vontade da sra. Humbert, cujos chapéus sempre atraíam os olhares de todos com seus ornamentos de frutos, flores e penas, e que tinha conta em todas as modistas mais exclusivas. Matisse, que ainda mantinha seu local de trabalho no quai Saint-Michel, mudou-se com a família para dois quartos de empregada no último andar do prédio na rue de Châteaudun, 25. A ideia era que a venda de chapéus garantisse o sustento da família e permitisse a Henri se dedicar apenas à pintura por mais tempo, até que os colecionadores começassem a se interessar por suas obras, tal como estava ocorrendo com os impressionistas. Ele incluiu seu nome no *Bottin*, o catálogo comercial, na seção dos "Artistas", lançando-se como pintor profissional de um modo que refletia antes o mundo de seus parentes por afinidade do que a maneira precária, da mão para a boca, como havia vivido até então.

Ainda continuava difícil o relacionamento de Matisse com os pais, ou com a filha, que estava com quatro anos quando ele voltou a Paris no verão de 1899. Marguerite ficara sob os cuidados da mãe, sendo visitada semanalmente pelo pai quando este estava na cidade. Para uma mãe solteira, conseguir um lugar para morar ou um emprego era difícil, quando não impossível, se não ocultasse a existência da criança ou não a desse para adoção. Marguerite lembrava-se dessa época como um tempo de miséria, medo e tentativas frenéticas de recuperar sua antiga vida antes da separação dos pais. Os anos em que viveu com a mãe deixaram lembranças vívidas de lágrimas e tapas. Jamais esqueceria uma visita ao quai Saint-Michel, 19, que terminou com ela desvencilhando-se da mãe, correndo de volta em direção ao pai e sendo atropelada por um fiacre. Ela descreveu a visita do pai ao hospital, e contou que ao sair ele lhe deu sua bengala e comentou: "Você sabe que não vou a lugar nenhum sem essa bengala".

Bem mais tarde, Matisse diria que os quadros indesejados ou negligenciados inspiravam nele uma ternura especial, "como a que se sente por uma criança infeliz". Marguerite não saía de seu pensamento. Uma das coisas sobre as quais alertou sua futura esposa assim que a conheceu foi que não estava livre para se casar uma vez que tinha uma filha. "Isso não é problema", respondeu Amélie, tão pouco convencional quanto a mãe. No outono de 1899, quando o casal afinal conseguiu uma casa própria, sobre a loja, o filho Jean tinha nove meses de idade, e Amélie estava grávida de novo. Matisse havia retomado as visitas à filha, mas a infelicidade da menina, o ressentimento de Camille e o dilaceramento dele próprio provocavam uma tensão constante entre as duas casas. Uma jovem trabalhadora sem protetor não conseguia passar por casada nem continuar por muito tempo a ocultar o fato de que tinha uma criança. Quando a tensão chegou ao ponto de ruptura, foi mais uma vez Amélie que agiu com decisão, anunciando que Marguerite precisava de uma família e oferecendo-se para criá-la. Matisse, que atuou como intermediário entre as duas mulheres, diria mais tarde que a oferta de sua mulher provocara muita amargura em Camille, por mais que esta soubesse que não lhe restava outra saída.

Se o afastamento da filha foi o preço de uma nova vida para Camille, para Amélie isso significava colocar-se fora da sociedade respeitável, pois estava contestando abertamente um dos tabus mais rígidos da época. Mais tarde, quando Gertrude Stein lhe perguntou por que agira assim, a sra. Matisse desconversou polidamente, dizendo que havia lido um romance sentimental no qual a heroína sacrificava a própria reputação a fim de criar o filho ilegítimo do marido. Seja como for, os Parayre, além de terem uma história de atitudes heroicas por causas nobres, também tinham o costume de levar a bom termo tais gestos dramáticos. Amélie Matisse não estava brincando quando se ofereceu para ser mãe de Marguerite, e esta reagiu com uma reciprocidade passional. Nas duas décadas seguintes, Marguerite iria se tornar um ponto de união de toda a família: essencial para o bem-estar do pai, respeitada pelos meios-irmãos mais novos e profundamente ligada à mãe adotiva. Amélie e Marguerite tornaram-se, e assim ficaram até o fim, mais íntimas do que a maioria das mães e filhas, unidas pela afeição e confiança mútuas em um relacionamento baseado no comprometimento com a obra de Matisse. As duas se tornaram seus primeiros críticos, o público a quem ele mostrava tudo o que fazia e cuja aprovação não podia dispensar.

Após o casamento, Matisse passou a buscar apoio antes na família do que junto aos amigos. Na época, Bussy estava cada vez mais absorto em suas próprias questões. Evenepoel, que tivera êxito com uma mostra individual em Bruxelas, planejava casar com a namorada e se estabelecer na Bélgica quando morreu subitamente de febre tifoide em 27 de dezembro de 1899. Matisse mal acreditou ao receber a notícia. "Subi as escadas no quai Saint-Michel com o telegrama na mão, parando a todo momento e repetindo perplexo 'Evenepoel está morto!'." Ele havia perdido o seu amigo mais próximo e também o derradeiro vínculo com sua juventude como pintor flamengo. Oito anos haviam se passado desde que saíra de casa com Louis van Cutsem e Jules Petit (que também havia falecido, após uma breve existência de esforço e decepções, alguns meses antes de Evenepoel). O trigésimo aniversário de Matisse, na véspera do ano-novo, assinalava o início de um novo século, mas ele se sentia como se ainda não tivesse chegado a lugar nenhum.

Mesmo as tentativas de achar um professor que o aceitasse não deram em nada ("Recebi recusas de todos os lados", comentou após tentar se inscrever em três cursos diferentes de desenho). Afinal conseguiu se inscrever na academia de Camillo, em Montparnasse, onde todos os colegas se lembrariam da impressão que ele provocou, de brasas abafadas, adormecidas e por vezes prestes a virar um incêndio. "Você era o gênio da lâmpada que de vez em quando libertava demônios e, em outras vezes, jovens dançarinas", escreveu Jean Puy a Matisse, quatro décadas depois. Na época, os demônios apareciam com mais frequência do que as dançarinas para Matisse: os demônios da rejeição, do isolamento, do desespero financeiro, e, pior ainda, os demônios cegos do costume e da familiaridade que se interpunham a todo instante em seu longo esforço para se libertar e descobrir maneiras novas de ver. Ele era de longe o mais velho e o mais impetuoso aluno da pequena escola de Camillo na rue de Rennes. Esta lhe proporcionava acesso a um modelo-vivo e, uma ou duas vezes por semana, e quando tinha dinheiro, sessões de correção com Eugène Carrière, considerado pelos contemporâneos, ao lado de Van Gogh e Seurat, como um dos principais profetas da nova era. Carrière acreditava veementemente em um futuro de liberdade e igualdade para todos os homens. Seus quadros eram velados, reticentes, opacos, guardando suas revelações sob o brilho das pinceladas revoluteantes e sedosas, em tons esmaecidos de marrom e cinza dos quais a cor fora praticamente eliminada.

Tais obras não poderiam ser mais diferentes dos estudos de modelos nus que preocupavam Matisse. E estes se distinguiam de tudo o que fizera até então, e tiveram um impacto literalmente atordoante sobre os estudantes tímidos e de formação convencional como Puy. Um jovem inglês, chamado Vernon Blake, lembrava-se de Matisse irrompendo como uma pedra lançada na pacífica e pequena classe de Carrière em 1900. O mestre ficou tão abalado quanto seus discípulos com a maneira como o recém-chegado podia transformar um modelo idoso, encurvado e de barriga frouxa em um criador de casos, "uma assombrosa mescla de pés imensos, e uma representação em geral distorcida em uma vigorosa [...] e sombria luta dos tons de pele púrpura e carmim ressaltados por verde de cromo". Todos os seus companheiros mais tarde recordaram a ferocidade com que Matisse atacava a tela, as cores estridentes mas milagrosamente harmônicas, as pinceladas violentas que jamais comprometiam a solidez e o equilíbrio da composição. Maurice Boudot-Lamotte, outro aluno de Carrière, colocava esses estudos de nus – "refulgentes com cores puras e coordenados por grandes traços de ultramarino, a obra de um soberbo colorista" – entre as melhores obras realizadas por Matisse.

Mais uma vez ele se tornou o centro de um grupo de pintores jovens, tal como ocorrera uma década antes em Saint-Quentin. Levava consigo o violino, entoava as canções anticlericais de sua região natal, contava histórias obscenas sobre tudo e todos que os outros haviam sido ensinados a ter em alta conta. Ele os surpreendia quer pela ousadia como pintor quer por recorrer a dispositivos antiquados como o vidro escuro (tradicionalmente usado para verificar o equilíbrio de uma composição), fita métrica, bastões de giz e o inseparável fio de prumo. Matisse jamais foi tão rigorosamente científico quanto nesses meses, nos quais, confrontado diariamente com a força essencialmente arquitetônica das *Três banhistas* de Cézanne, ele se esforçou para entender os segredos da luz e das massas.

De todos os companheiros nas aulas de Carrière, aquele que no final lhe proporcionou as trocas mais fecundas foi André Derain, um jovem corpulento e de ombros largos que se mantinha calado e à parte. "Derain tinha dezoito anos quando o conheci", contou Matisse. "Eu estava com mais de trinta [...] notei que Derain [...] não pintava como os outros. Fiquei interessado nele. Pouco a pouco começamos a conversar." O diálogo entre ambos se desenrolou tanto nas telas como verbalmente. Desde o princípio, um reagia às ousadias do outro. O Louvre, que antes fora o campo de treinamento de ambos, tornou-se então um laboratório para experimentos. "Ele já pintava de maneira magnífica", disse Matisse. "Passamos a nos conhecer melhor no Louvre, onde as cópias que ele fazia deixavam consternados tanto os funcionários como os visitantes do museu. [...] Derain não dava a mínima [...]." Também Derain ficou impressionado com a atitude implacável de Matisse, que por fim terminou a magnífica cópia da *Arraia* de Chardin ("Cézanne estava por trás dela", comentou Matisse), transpôs o *Cristo Morto* de Philippe de Champaigne ao estilo de Manet e deu início a uma curiosa inversão, em preto e branco, de *O rapto de Rebeca*, de Delacroix, "na qual os valores foram invertidos como em um negativo fotográfico".

Fora das aulas, saía com Marquet e um novo amigo, Charles Camoin, que fora o último pupilo de Moreau nas semanas anteriores à sua morte em 1898. Os três se reuniam no abarrotado porão do bar Soleil d'Or, na Rive Gauche, ou no tranquilo e velho Café Procope, onde era possível desenhar a noite toda consumindo apenas um café. Com os cadernos de esboços, tomavam o ônibus puxado por cavalos até o Cirque Medrano e os cabarés turbulentos e baratos de Montmartre (ao longo dos trinta e tantos anos seguintes, Matisse iria retomar intermitentemente em sua obra a fileira de dançarinos agitando-se na farândola do Moulin de la Galette). Eles vagavam pelas ruas e parques desenhando ciclistas, transeuntes, gente fazendo compras, condutores de fiacres e seus cavalos, competindo para ver quem conseguia captar as figuras com mais agilidade. Eles formavam um trio curioso. A compleição robusta, o fardo maior dos anos, a barba professoral e os óculos de metal dourado conferiam a Matisse um ar de sobriedade quase excessiva na companhia de Marquet, que parecia um gnomo, e do ainda mais jovem Camoin. Franzino, tímido, inocente, "parte fauno, parte palhaço de máscara branca", Camoin, então com vinte anos, nariz comprido e bigode penugento exalava um encanto desamparado e melancólico. Nenhum deles tinha dinheiro. Marquet cobrava um franco por quadro. Boudot-Lamotte recordava-se de que o próprio Matisse chegou a vender três quadros por cinco francos ao dono de uma barraca de quinquilharias no boulevard Raspail. Ele costumava comprar tintas a crédito (alguns diziam que ele devia mais de 4 mil francos ao fornecedor de tintas). Marquet se restringia às cores mais baratas: branco, marrom e verde-esmeralda. Sempre era uma festa quando conseguia pôr as mãos em um tubo de cádmio.

Todos usavam os mesmos paletós e calças de veludo surrados de trabalhadores, no verão e no inverno, ano após ano. Matisse regularmente penhorava o relógio e o sobretudo (o de Marquet havia sido furtado), e os três desenhavam transeuntes ou artistas de espetáculos de variedades porque não podiam pagar nem mesmo os modestos preços cobrados por Camillo ou Colarossi para as sessões com modelos-vivos. Matisse frequentava de graça as aulas de Carrière e em troca se encarregava das tarefas de *massier*, ou seja, mantinha os registros, cobrava as tarifas e cuidava da estufa. Saía em busca de trabalho junto com Marquet, que muito depois se recordaria das conversas tardias na escadaria do quai Saint-Michel, 19, com "o Matisse de tempos atrás, tão alerta, tão batalhador, sempre pronto para tudo". Ambos prepararam uma lista de empregadores em potencial, compilada a partir do catálogo comercial, e a exploraram sistematicamente ao longo de vários dias, saindo do quai Saint-Michel a pé ou de ônibus, chafurdando na lama e na neve derretida. Por fim conseguiram um trabalho de pintura na oficina de decoração mantida por um conhecido cenógrafo, Marcel Jambon, em um gélido galpão na rue Sacrestan, no alto das muralhas fortificadas no norte da cidade.

Ali trabalhadores avulsos labutavam nove horas por dia recebendo um franco por hora, encurvados e agachados sobre telas estendidas no piso "como se estivessem quebrando pedras", e quando faziam corpo mole eram chutados pelo empregador, a quem ninguém, exceto Matisse, ousava enfrentar. Ele recebeu a incumbência de pintar um friso com folhas de louro que iria decorar os salões do Grand Palais, recém-construído para a grande Exposição Universal de 1900. Era um trabalho exaustivo, mecânico e repetitivo, mas o que mais o chocou foi a miséria dos companheiros: garçons desempregados, moços de recados e moradores de rua que lhe ensinaram as regras básicas do conflito de classes, penalizados diante de sua inexperiência, explicando-lhe como passar o dia com o mínimo esforço e as maiores pausas. Eles o chamavam de "doutor" por causa dos óculos, e uma vez até foram buscá-lo quando um companheiro de trabalho se feriu. Matisse acabou ficando gripado e febril, o que desde a infância sempre ocorria quando ficava muito tenso. "Cale a boca, Albert, ou acabo com você", respondeu quando Marquet tentou animá-lo. Jambon, que mal tolerava a presença soturna de Matisse, acabou por despedi-lo por insubordinação depois de três semanas. "Quando se tratava de ganhar a vida", comentaria Matisse, "não tínhamos a menor ideia do que fazer".

No verão, Matisse voltou a Bohain com Amélie para que esta desse à luz o segundo filho do casal. Pierre Louis Auguste Matisse nasceu no dia 13 de junho de 1900, na casa do tio Auguste, que assumira o negócio de sementes e planejava se casar no ano seguinte com a filha de um negociante de cereais de Saint-Quentin. Os pais de Matisse haviam se aposentado, mas Hippolyte Henri continuava a conduzir ele próprio a carroça de entrega por toda a região, muitas vezes levando junto o neto mais velho. Anna Matisse adorava os netos, e recebeu calorosamente uma nora tão dedicada ao seu filho quanto ela poderia desejar. Mas os visitantes não ficaram muito tempo em Bohain. O contraste entre a prosperidade crescente de Auguste e a falta de perspectiva do primogênito não passou despercebido entre os vizinhos. Todos os antigos amigos de Matisse estavam se acertando na vida, e agora havia um fosso cada vez maior entre eles. Assim, o casal logo voltou a palmilhar as ruas escaldantes de Paris.

Dentre os amigos, aqueles que pouco sabiam da vida particular de Matisse às vezes se compadeciam de uma esposa que agora tinha dois bebês para criar, além de cuidar de uma loja, enquanto o marido ficava fora o tempo todo, trancado no ateliê ou visitando os teatros de variedades em

Montmartre. Porém, a instigante motivação de Henri, que também a impelia, havia sido para ela um de seus maiores atrativos desde o momento em que se conheceram. O casamento funcionava como uma parceria, na qual cabia a ele pintar enquanto ela assegurava que o funcionamento de suas vidas cotidianas não o impediria de se concentrar no trabalho. Os quartos de sótão em que moravam, acima da chapelaria na rue de Châteaudun, eram minúsculos, e Amélie não contava com nenhuma ajuda doméstica além da proporcionada por Marguerite, então com seis anos. Todavia, fosse qual fosse o custo, tanto na época como mais tarde, ela jamais permitiu que as dificuldades materiais ou as tarefas domésticas adquirissem maior importância em seu esquema de vida do que estava disposta a lhes conceder. Assim que cresceram o suficiente, os dois meninos eram enviados para as casas dos avós sempre que suas demandas ameaçavam colocar em risco o papel de Amélie como companheira de Matisse. Para Jean, a avó paterna tornou-se uma segunda mãe. No caso de Pierre, que passou grande parte da primeira infância com os Parayre, o mesmo se dava em relação à tia Berthe. Os dois meninos foram batizados em Bohain, com ou sem o conhecimento do pai ferrenhamente anticlerical, no dia 20 de janeiro de 1901, em cerimônia que contou com a presença dos quatro avós. Jean, com dois anos, teve como padrinhos Hippolyte Henri e Catherine Parayre; e o tio Auguste e a tia Berthe foram os de Pierre, então com sete meses.

Incentivado por Amélie, Henri abandonou a busca por emprego após o fiasco com Jambon, e passou a ver suas tribulações a partir de então como motivo para gracejos absurdos e elaborados. Certa vez ele fez uma encenação, diante de transeuntes na rua, simulando uma briga com Amélie e Derain, que terminava com um corpo sendo lançado ao Sena (a vítima era um manequim vestido de professor da Escola de Belas-Artes). Em outra ocasião, vingaram-se da *concierge*, cuja atitude grosseira enfurecia Matisse, organizando uma festa no quai Saint-Michel, 19, para duzentos convidados, que chegavam ininterruptamente e paravam todos para pedir informações à mulher, subiam as escadas até o pequeno ateliê de Matisse, onde trocavam de chapéu e paletó, saíam pelo telhado e entravam pela janela de um amigo no quinto andar do prédio vizinho, e em seguida desciam correndo para se apresentar de novo como recém-chegados à porta da *concierge*. Em retrospecto, Matisse tinha plena consciência do que havia por trás dessas brincadeiras, com suas anárquicas tendências implícitas de ressentimento, frio, fome, carência e raiva contra a burguesia próspera: "Estávamos em uma profissão sem perspectivas. Por isso nos divertíamos com ninharias [...] Fazendo piadas, inventando histórias, zombando de tudo, pois era só isso o que podíamos fazer. Pintores? Como eles poderiam saber que um dia iriam vender algo? Então havia apenas um caminho: o Prêmio de Roma. Os pintores eram criaturas danadas".

O caos e a dissolução estavam sempre próximos de Matisse nas aulas de Carrière em 1900. De acordo com ele mesmo, suas provocações tornaram-se tão explícitas que o mestre acabou, como tantos outros, mandando-o embora. Matisse sentia-se acuado e perseguido, de novo perdido na floresta escura que havia ameaçado devorá-lo quando chegou a Paris pela primeira vez. Em desespero, no ano anterior havia se inscrito em uma aula noturna gratuita, oferecida pela prefeitura, na rue Étienne Marcel, onde copiou um modelo em gesso da escultura *Jaguar devorando uma lebre*, de Antoine Louis Barye, do Louvre. O embate com a argila o ajudou a organizar e aclarar o espírito. A cópia que fez do *Jaguar* de Barye – um ponto de partida tradicional para os estudantes de escultura – tornou-se ao longo dos dois anos seguintes um exercício de autodissecação. Matisse tinha um conhecimento extraordinário de anatomia, adquirido em um curso popular oferecido aos estudantes de belas-artes pelo professor Mathias Duval, da faculdade de medicina. Duval incentivava os alunos a aprenderem com as mãos, e Matisse modelou o jaguar de olhos fechados, usando apenas o tato, com a ajuda do esqueleto de um gato, montado na sala de anatomia da Escola de Belas-Artes. Barye havia captado o jaguar com as pernas estiradas, o ventre achatado, o dorso arranhado e vincado pelos músculos como marcas de garras, o pescoço tenso e conectado às mandíbulas cerradas no ato de romper a espinha da lebre, cujas compridas orelhas flácidas e patas dianteiras penduradas acentuava a feroz concentração do conjunto. O que mais fascinou Matisse foi o movimento. Ele contou que gostava de manusear as peças de modo a transmitir suas sensações, através das pontas dos dedos, diretamente para a argila. A sensação que conferiu ao *Jaguar*, contorcendo-se todo sobre a presa informe, reflete vividamente a sensação do próprio Matisse arrancando o que queria do elegante e alarmante bronze de mesa esculpido por Barye.

Em 1900, ele começou a trabalhar em outra escultura, usando o modelo italiano que pintara de modo tão perturbador na aula de Carrière. Se o *Jaguar* é uma imagem da fúria devoradora, esse homem em pé – que acabaria sendo batizado como *O servo* – acabou se tornando uma personificação do esforço e persistência estoicos. Pignatelli, mais conhecido como Bevilacqua, fora um dos modelos prediletos de Rodin, que nele baseara o *São João Batista* e o famoso *Homem andando*, quando o modelo ainda era jovem. Matisse o desenhou, pintou e modelou em argila ao longo dos três anos seguintes em mais de uma centena de sessões (em outras ocasiões necessitou de uma quantidade de sessões até três ou cinco vezes maior). No futuro, vários modelos femininos o absorveriam em detrimento de todo o resto, mas essa foi a única vez na vida em que ele submeteu um corpo masculino ao mesmo escrutínio meditativo e possessivo. Logo após iniciar o trabalho no *Servo*, Matisse chegou a procurar Rodin em busca de orientação, mas nada encontrou de aproveitável no naturalismo exuberantemente inventivo do mestre. *O servo*, nas palavras de Jean Puy, que acompanhou seu desenvolvimento, "partiu de uma concepção similar à de Rodin, mas acabou virando algo bem diverso, mais cru e mais informe, ainda que extremamente expressivo".

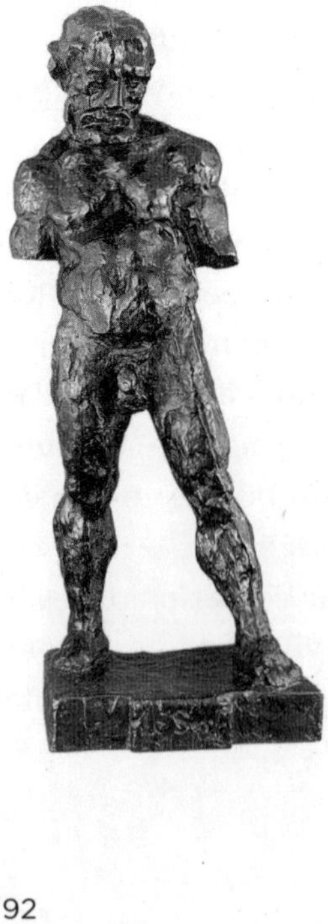

Matisse, *O servo*, 1900-c. 1906.

Matisse acabou encontrando o mestre que quase havia desistido de achar no principal assistente de Rodin, Antoine Bourdelle, que nessa altura estava ele próprio prestes a se revoltar abertamente. Neto de um pastor de cabras, nascido perto de Montauban, na mesma região meridional de Amélie Parayre, Bourdelle era franzino e musculoso, com uma cabeleira morena e crespa, e tinha a mesma franqueza arrebatada do pai de Amélie. Em 1900, ainda absorto no confronto com o *Jaguar*, Matisse lançou-se no embate com o *Servo* durante a aula noturna de escultura com Bourdelle, afastando-se em ambas as obras até mesmo do naturalismo mais rudimentar e adotando uma abordagem mais simplificada e abstrata. Bourdelle era um excelente professor. "A mão nunca falha quando o pensamento é exato e o espírito não hesita", dizia aos alunos. "É preciso criar, entre vocês e o tema, um vínculo cada vez mais forte [...] sempre lembrando dessa verdade, a de que o desenho não está no modelo, mas em nós mesmos." Bourdelle desenvolveu essas teorias junto com um amigo carismático, Mécislas Golberg, um anarquista russo-polaco-judeu por duas vezes deportado pelas autoridades francesas, as quais afinal permitiram que ficasse no país sob a condição de abandonar a política. Golberg então concentrou seu espírito sutil, inquiridor e bem formado, assim como uma sensibilidade extraordinariamente requintada, na exploração da possibilidade de uma arte nova para o novo século.

O objetivo da arte moderna despojada e condensada – que Golberg tinha certeza que iria emergir do ateliê de Bourdelle – era exprimir a emoção interna, em vez de reproduzir a realidade externa. "O progresso da arte está na concentração do movimento, na simplificação visível e no domínio formal", escreveu ele. "Quanto mais plenamente o artista controla a forma, mais ele despersonaliza o seu sentimento." Variações sobre esse tema iriam reaparecer nas "Notas de um pintor" de Matisse, originalmente encomendadas em 1907 por Golberg, que intuiu a direção que o pintor estava tomando antes mesmo que este se desse conta. Os dois se conheceram em circunstâncias estranhas no ateliê de Bourdelle. Indigente, emaciado, cuspindo sangue e arfante, Golberg estava na fase derradeira da tuberculose quando posou nu para os estudantes de escultura em 1900. Fiéis aos métodos da Belas-Artes, os insensíveis alunos de Bourdelle fizeram com que esse esqueleto ambulante posasse como um gladiador em combate.

A lição que aprendera de Bourdelle – incitado pelo sardônico Golberg, que tratava sua enfermidade como um tormento a ser desafiado e zombado em exercícios macabros como aquele – foi o conceito inovador de retratar o modelo em qualquer pose que lhe fosse mais natural. "Continuem copiando mesmo com ele derreado", foi a orientação de Bourdelle. "Assim vocês podem fazer um bom desenho de um homem agonizante em vez de um desenho ruim de um gladiador." Bourdelle proporcionou a Matisse o que ele precisava naquela altura. *O servo*, que ele foi aparando de maneira obsessiva, afinal cortando-lhe os braços em 1908, tornou-se essencialmente um autorretrato extremamente concentrado, com o mesmo senso de frustração encurvada e soturna da águia em cativeiro que servia de alter ego para Bourdelle. Segundo este, quando criança, nas montanhas do Roussillon natal, ele havia observado essa águia acabrunhada no poleiro, até que um dia se soltou da corrente, abriu as asas e alçou voo. "É somente depois de um esforço imenso", dizia Bourdelle, "quando as ideias por fim alcançam a máxima extensão, que o espírito humano pode alçar voo."

Matisse concluiu dois autorretratos em 1900. Um deles, com cores ligeiras, o mostra como um profissional de olhar escrutador e mangas arregaçadas, como o pesquisador que ficou na memória de Puy, medindo tudo o que podia ser medido nas aulas de Carrière. Amarelos ensolarados e ocres cálidos envolvem a figura, uma faixa púrpura divide pelo meio a parte dianteira da camisa, manchas verdes invadem a testa e o ombro esquerdo, pinceladas carmim crepitam vigorosamente nas pernas da calça. Na outra tela mais lúgubre, o retratado assoma como uma massa escura e ensombrecida, ameaçada e ameaçadora, contra um turbulento fundo azul-púrpura e carmim. Este era o aspecto de Matisse que os contemporâneos achavam tão perturbador. Mais de quatro décadas depois, quando supervisionava a instalação do museu que levava o seu nome no vilarejo natal de Le Cateau, ele pendurou o desenho para esse segundo autorretrato acima do *Jaguar*, no qual disse que havia "se identificado com as sensações de um animal selvagem [ou *fauve*]". Esse aspecto de si mesmo que se assemelhava ao de um animal selvagem era algo que o alarmava, mas já tinha ido longe demais para dar meia-volta. "Por isso continuei arremetendo cabisbaixo, trabalhando com base no princípio que havia martelado em minha cabeça durante toda a infância e se exprimia na frase 'Ande logo com isso!' [...] Tal como meus pais, continuei fazendo o meu trabalho, impelido não sei bem por quê, por uma força que hoje percebo ser estranha à minha vida normal como homem [...]."

As apreensões a respeito da própria anormalidade passaram a ser um dos riscos profissionais com que Matisse aprenderia a conviver ao longo da década seguinte e mesmo depois. Ele exibiu sete quadros no Salão dos Independentes, mas não conseguiu vender nada, tal como Marquet. Mais tarde, arrastando-se de volta para casa, ao lado de Bevilacqua, que empurrava um carrinho com as telas desprezadas, Marquet exprimiu em voz alta o desejo de que seria melhor que fossem todos atropelados, pois pelo menos teriam alguma expectativa de compensação financeira. No final da primavera e início do verão de 1901, Matisse juntou-se a parentes de Bohain que estavam de férias na Suíça, e ali pintou o retrato de sua futura cunhada, Jeanne (ou Jane) Thiéry, sentada de costas e um pouco virada para o espectador, à mesa de escrever no quarto de hotel. *Interior suíço (Jane Matisse)* é um quadro repleto de luz e ar, organizado em blocos animados de cor, rosa, azul e cinza com manchas de violeta e amarelo-limão destacando-se do fundo mais escuro. A cena é iluminada pelo claro retângulo azul da janela alta dando para uma varanda à esquerda e equilibrada à direita por uma cadeira de palhinha, ou antes por uma breve notação de pinceladas curvas de amarelo e rosa, que areja a tela toda de um modo que antecipa as pinturas que Matisse faria quase vinte anos depois em hotéis de Nice.

Em 1901, era evidente que, após uma década de estudos em Paris, Henri estava mais distante do que nunca de alcançar reconhecimento oficial em seu ofício. Também era evidente que o negócio familiar não poderia continuar subsidiando-o para sempre com a mesada de cem francos. A reunião de família para resolver a situação acabou virando um confronto. No mês de julho seria realizado o casamento de Auguste com a srta. Thiéry, cujos parentes não viam com bons olhos um cunhado desempregado, aparentemente incapaz de se sustentar, impondo uma carga financeira ainda maior sobre as perspectivas do jovem casal como sócios na loja de sementes de Bohain. Era mais do que justo que a porção do dote de casamento de Auguste fosse equivalente aos 15 mil francos até então investidos na formação de Henri. Era um desembolso substancial, agravado por dificuldades em Le Cateau, onde o tio de ambos, Émile Gérard, defrontava-se com a possibilidade de sua fábrica ser fechada e virar alvo de um processo judicial por causa de um escândalo de saúde pública. Hippolyte Henri Matisse emprestara ao cunhado 10 mil francos, em um derradeiro esforço para evitar a ruína. Agora que tinha de levantar em curto prazo capital suficiente para cobrir tanto o empréstimo ao cunhado como o acordo matrimonial do filho mais novo, ele não tinha outra opção além de suspender a mesada do primogênito. Matisse, por sua vez, não vislumbrava nenhuma possibilidade de mudar ou capitular. *À têtu, têtu et demi*, como resumiu um de seus admiradores, querendo dizer que um pai teimoso como uma mula só pode ter um filho teimoso e meio. De volta a Paris, ele tentou remediar o golpe candidatando-se a um emprego nos bastidores da Opéra-Comique. Não conseguiu o trabalho, e nenhum outro. Não lhe restava nada mais a fazer além de tentar sobreviver com os rendimentos da chapelaria de Amélie, sem depender do que poderia ganhar com um tipo de trabalho que, de qualquer modo, teria sido uma traição aos olhos dela.

Na mesma semana do casamento do irmão, realizado no norte em 8 de julho, a filha de Matisse, Marguerite, então com seis anos, caiu enferma em Paris com difteria, ou crupe. Ela ficou azulada, lutando para respirar e teria morrido se o médico não lhe tivesse feito uma traqueotomia de urgência. Matisse foi obrigado a segurar a menina enquanto a garganta dela era aberta sem anestesia na mesa da cozinha na rue de Châteaudun, 25. Em seguida, a menina foi internada no hospital Bretonneau, em Montmartre, onde contraiu febre tifoide. Embora tenha se recuperado, a partir de então teve de usar uma fita preta no pescoço para ocultar a cicatriz de quase oito centímetros, e por quase toda a vida seria atormentada por problemas ocasionados pelos danos à traqueia. Desde então, os sentimentos de Matisse pela filha se aprofundaram e nublaram pela lembrança desse episódio traumático. Nesse mesmo ano ele a retratou pela primeira vez, vestindo um avental listrado e fitando o espectador com olhos escuros e cavernosos em um rosto pálido. É um retrato poderoso, simples e expressivo como uma pintura infantil, associando a força e a retidão da jovem retratada a um pungente sentimento adulto em relação à enorme fragilidade da criança.

Em algum momento naquele outono ou inverno, Matisse conheceu Berthe Weill, uma dona de galeria prestes a se tornar – quase inadvertidamente, segundo ela – negociante de arte moderna. Em dezembro de 1901, graças a uma pequena herança que a mãe reservara para o seu dote, a srta. Weill organizou sua primeira mostra coletiva de artistas contemporâneos. A segunda mostra, em fevereiro do ano seguinte, incluiu obras de Matisse e de Marquet. O único quadro que encontrou comprador foi uma paisagem nevada de Marquet, mas em abril Weill vendeu uma natureza-morta de Matisse, por 130 francos, para um dos colegas jornalistas de Armand Parayre em Toulouse, o crítico de arte Arthur Huc. E um estudo menor foi adquirido por setenta francos. Estas foram as primeiras vendas profissionais de Matisse desde que, cinco anos antes, abandonara a tentativa de se conformar ao gosto comum, e Weill em seguida o convidou a participar de outra coletiva em junho. Por fim, ele conseguira tanto uma galeria para expor como uma defensora que não só entendia o que ele estava fazendo como não pedia nada mais do que lutar a seu favor. Mas saber disso não aliviou em nada a perturbação que sentia; na mesma época ele destruiu com um estilete uma de suas telas. E uma velha inimiga, a insônia, voltou a atormentá-lo. Mais tarde, ele iria se lembrar das noites em branco que, naquela primavera, passou em um hotel barato perto do Bois de Boulogne, onde as batalhas que durante o dia travava na tela tinham de ser pagas depois com o aumento da tensão nervosa. Amélie, sua companheira constante nas excursões para pintar, estabeleceu então o que se tornaria outro hábito em suas vidas de trabalho, passando a ler em voz alta para ele durante a madrugada, até que o dia clareasse ou que ele caísse no sono.

No ano anterior, com a ajuda da esposa, Matisse conseguiu superar o fim do auxílio financeiro proporcionado pelo pai. Os quatro anos de casamento haviam se revelado o período mais rico e produtivo de sua vida artística. Na primavera de 1902, estava pintando com mais ousadia e confiança do que antes. Suas cores haviam afinal se libertado dos constrangimentos da descrição naturalista e começavam a encontrar uma direção própria. Ele terminara com êxito uma longa série de vistas da Notre-Dame, pintadas da janela do ateliê, nas quais deixara de lado o naturalismo cinza-prateado em favor de arrojadas composições sintéticas de cor pura: turquesa, violeta, verdes ácidos e rosa-carmins que interagem uns com os outros e com o todo, não só evocando ou descrevendo a luz matinal ou vespertina do rio, mas produzindo a partir dela um equivalente pictórico. Ao mesmo tempo, realizou um conjunto paralelo de pequenas e vibrantes paisagens estivais e outonais. No quadro intitulado *Jardins de Luxemburgo* – pintado, segundo Amélie Matisse, no parque do castelo dos Humbert em Vives-Eaux, onde os pais dela passavam os verões –, as árvores tornaram-se manchas chapadas de escarlate, ou de laranja e azul arroxeado, acima das recortadas faixas de luz do sol no caminho ensombrecido por azul-anil e rosa. Todos os detonadores da explosão fauvista de 1905 já estavam, como notaram vários comentaristas, presentes nas obras realizadas por Matisse no final de 1901 e início de 1902.

E foi bem nessa época que ocorreu o desastre. Os pais de Amélie, que haviam apoiado o jovem casal ao longo dos difíceis anos iniciais do casamento, agora estavam assoberbados por seus próprios problemas. Os elementos hostis afinal fechavam o cerco à sra. Humbert. Dois processos judiciais distintos, em outubro de 1901 e fevereiro de 1902, desencadearam uma série de virulentos ataques na imprensa. Cada vez mais credores passaram a exigir de volta os recursos que haviam emprestado aos Humbert. A ansiedade pública mesclada ao pânico ameaçava virar uma onda de histeria. No dia 6 de maio, o presidente do Tribunal Civil ordenou formalmente que o famoso cofre contendo os títulos que assegurariam uma riqueza fabulosa aos seus portadores legítimos fosse aberto no dia 9 de maio. Na noite do dia 7, Armand Parayre, naquele que seria o último jantar com seus patrões, propôs um brinde com champanhe à queda dos inimigos da sra. Humbert. Dois dias depois, uma multidão de 10 mil pessoas aglomerou-se na larga avenue de la Armée, diante do número 65, junto com jornalistas da imprensa nacional e internacional. O país inteiro estava na expectativa. Os Humbert, porém, haviam sumido, e nenhum dos Parayre tinha uma chave. Depois de várias horas de tensão crescente, um chaveiro conseguiu abrir o cofre. Não havia nenhum título lá dentro, apenas um jornal velho, uma moeda italiana e um botão de calça.

4. OS ANOS TENEBROSOS (1902-04)

OS DOIS ANOS SEGUINTES FORAM CHAMADOS PELOS HISTORIADORES DA ARTE, a começar por Alfred Barr em 1951, de "os anos tenebrosos" de Matisse. Como pintor ele havia recuado, abandonando quase em pleno ar os temerários saltos experimentais, redescobrindo os cinzas sóbrios e os tons terrosos de sua paleta original, tratando de temas convencionais o mais próximo que conseguia de maneira convencional ou, pelo menos, tentando ser o menos polêmico possível. Tradicionalmente, os estudiosos de Matisse atribuem tal mudança à prudência inata, à falta de coragem, a um instinto burguês que o impedia de se aventurar mais além em terreno desconhecido. Na verdade, durante os meses intermináveis em que se desenrolou o caso Humbert – do início de maio de 1902 ao fim de agosto de 1903 –, Matisse não tinha nenhuma condição de pintar. Toda a sua energia estava concentrada no esforço de restringir os danos à sua família e à família de sua mulher, que estavam se desintegrando.

O espanto e a incredulidade deram lugar ao desespero à medida que os pais de Amélie se deram conta de que suas vidas estavam destroçadas. Agora tinham pela frente um futuro sombrio, "desprovidos de recursos financeiros, uma vez que não lhes fora oferecido nem mesmo um presente de despedida; sem nenhuma expectativa, pois agora estavam velhos demais para trabalhar; em suma, sem nenhuma perspectiva além do asilo de pobres ou a rua", escreveu F. I. Mouthon, o jornalista cujas campanhas investigativas no *Le Matin* haviam sido a principal causa da derrocada dos Humbert, e que acabou sensibilizado pelo desconcerto daqueles dois sobreviventes do naufrágio. "Arruinado e desiludido, agora a única coisa que Armand Parayre se pergunta é o que vai comer amanhã." Os Humbert haviam sumido sem deixar rastro. Enquanto a polícia tentava encontrar os fugitivos, a imprensa e o público, frustrados com a ausência de outros bodes expiatórios, investiram contra os Parayre.

Logo correu a notícia de que os Humbert haviam fugido com o fundo de pensão da Rente Viagère, que foi declarada falida. As reclamações furiosas de 11 mil pequenos investidores, que haviam perdido todas as suas poupanças, só agravaram a desdita dos Parayre. No dia 14 de maio, a polícia realizou uma busca no apartamento deles. A loja de chapéus de Amélie recebeu a visita da mesma equipe policial que, no mesmo dia, havia passado pelo ateliê de Matisse no quai Saint-Michel. Essas primeiras ações policiais desencadearam uma onda de outros desaparecimentos, demissões forçadas, falências, fechamentos de bancos e suicídios. Todos os principais advogados que se haviam locupletado durante o longo processo Humbert *versus* Crawford viam-se agora diante da ruína. Os próprios Crawford – o milionário americano falecido de longa data e que teria deixado um testamento em favor de Thérèse Humbert, assim como os dois sobrinhos que haviam contestado o documento com tanta persistência – revelaram-se criaturas da imaginação da sra. Humbert. Na verdade, não havia nenhuma fortuna, nenhum testamento e nenhuma herança. As equipes de advogados contratadas para defender a sra. Humbert nos intermináveis processos em diversas instâncias judiciais haviam sido enfrentadas por juristas igualmente hábeis que, embora não o soubessem, também estavam sendo pagos por ela. Nas raras ocasiões em que os sobrinhos de Crawford se materializaram, para enganar um credor ou orientar um advogado, eles haviam sido personificados por Romain e Émile Daurignac, os irmãos de Thérèse Humbert.

Durante duas décadas, Thérèse Humbert havia jogado com a credulidade – e, em alguns casos, a cumplicidade voluntária – de seus credores: banqueiros e investidores que haviam sustentado seu precário império oferecendo-lhe dinheiro, e depois recebendo-o de volta com juros exorbitantes. O colapso desencadeou uma onda de violência e tumulto. Já em 1898, o caso Humbert havia sido descrito como "a maior trapaça do século" por René Waldeck-Rousseau, que se tornaria primeiro-ministro da França no ano seguinte. Waldeck-Rousseau foi igualmente bem-sucedido em pôr fim a outro escândalo importante que durante anos havia corroído a vida pública francesa: em setembro de 1899 ele assegurou o perdão ao capitão Dreyfus, mas tal esforço o deixou sem apetite para abrir o ninho de vespas do caso Humbert. Em 1902, um número grande demais de políticos importantes, funcionários de alto escalão, banqueiros e, sobretudo, membros do

Judiciário haviam trocado favores com a sra. Humbert para que houvesse interesse em trazer à luz os seus segredos. Os associados mais próximos dela incluíam o ex-promotor público da República, o juiz que presidia o Tribunal de Apelação e o chefe de polícia Lépine, cujos subalternos estavam supostamente empenhados em localizar os Humbert (e o fracasso deles nesse sentido foi visto na época como muito sugestivo).

Mesmo aqueles que nada tinham a ver com o caso temiam pela sobrevivência do governo, para não falar da honra da República. Embora a ideia original do legado Crawford tivesse vindo de Thérèse, a suposição generalizada era a de que, por trás do golpe, estava o sogro, o ex-ministro da Justiça e personagem emblemático do idealismo republicano, Gustave Humbert. Segundo os rumores, a fantasia baseada nos Crawford mostrara-se tão fabulosamente lucrativa porque, desde o início, havia sido montada sobre uma sólida base jurídica pelo "bom e velho papai Humbert". De qualquer perspectiva, o caso Humbert era uma ameaça para os círculos dominantes da República.

Matisse tornou-se então o único arrimo (além de sua jovem cunhada) da sua mulher, dos três filhos e dos sogros. Amélie foi obrigada a fechar a loja de chapéus após a fuga dos Humbert, e a polícia lacrou as portas da mansão na avenue de la Grande Armée, deixando os pais dela sem casa e sem recursos. "Quem teria imaginado tal coisa?", exclamou a sra. Parayre, em um surto de emoção pouco característico: "Vinte anos de salário desaparecidos! E agora estamos na rua da amargura. Se não fosse pelo salário de nossa pobre filhinha, estaríamos passando fome!". Eles buscaram abrigo junto de Berthe, que dava aulas para futuras professoras no colégio normal de Rouen. Parayre tornara-se um nome sujo na França. A tensão dos constantes insultos e humilhações, exacerbada pela desesperada situação financeira, tornou-se um fardo para todos na família. No final, tanto Berthe como Amélie acabaram vencidas pela exaustão nervosa e física. Quando chegou o outono, o próprio Matisse, desgastado pela ansiedade e pelo esgotamento, viu-se confinado ao ateliê por ordem do médico.

Pela primeira vez na vida, ele tentou pintar temas corriqueiros de olho no mercado convencional, estudando as obras aceitas nos Salões e vestindo os modelos em trajes fantasiosos. Acabou assim pintando dois retratos de Bevilacqua, incongruentemente vestido de toureiro e até mesmo empunhando um violão, e também um retrato de Amélie, com calça de toureiro de seda branca, empoleirada em uma cadeira de cozinha e dedilhando o violão com uma expressão que mal pareceu humana a Jean Puy. As sessões de pose para o retrato ocorreram em um clima tão crispado que, em determinada altura, Matisse arrebentou o cavalete e Amélie arremessou o violão sobre os pedaços de madeira, o que levou ambos a explodir em gargalhadas. Nesse ano ele produziu uma série de quadros com flores, pequenos ramalhetes baratos de ranúnculos amarelos ou girassóis irregulares, dispostos em vasos improvisados e pintados em tons opacos, tão desolados que conferiam uma aparência contemporânea às alusões de perda e mortalidade tradicionalmente exploradas nos quadros de flores flamengos. Puy, que como o resto dos amigos permaneceu ao lado de Matisse, ficou impressionado com um desses quadros, "notável pela nobreza e amargura: o retrato de um grande bule de café de metal com alguns crisântemos que mal se viam sobre a borda". Mesmo nos esforços mais singelos para obter um realismo fotográfico, Matisse não conseguia ser banal.

Em 20 de dezembro de 1902, os jornais noturnos de Paris noticiaram que os Humbert haviam sido achados em Madri. No mesmo dia, a polícia bateu à porta da casa de Berthe Parayre, em Rouen, para levar o pai. No dia seguinte, em Paris, Armand Parayre enfrentou uma multidão que mais parecia interessada em linchá-lo, avançando pela plataforma da estação ferroviária em meio a uma massa tão densa que Amélie mal conseguiu se aproximar do pai. Este ficou detido na Conciergerie, na Île de la Cité, acusado de cumplicidade em fraude e falsificação. Matisse foi o único membro da família que conseguiu manter a cabeça fria. A partir dali ele assumiu o controle, acalmando o sogro histérico (que alegava inocência e iniciou uma greve de fome), organizando a defesa e enfrentando os editores de jornais com ameaças de processos. Parayre recuperou a compostura e resistiu com dignidade ao extenuante interrogatório conduzido pelo juiz de instrução, que se estendeu por todo o mês de janeiro. Houve uma série de dramáticos confrontos no tribunal entre os Parayre e os Humbert, mantidos sob forte guarda na Conciergerie. No dia 20 de janeiro, Armand foi colocado frente a frente com o antigo pupilo, que por duas décadas fora seu patrão, e agora se revelara alguém cuja cobiça e traição tinham levado ambos ao banco dos réus. Um deles estava mentindo e, após "um confronto extremamente feroz", Humbert acabou admitindo a culpa. Dois dias depois, em uma atmosfera mais parecida com a de uma luta de boxe, Parayre viu-se diante de Thérèse Humbert. Era a primeira vez que se encontravam desde o dia da fuga, oito meses antes, e, quando ele virou o rosto com desprezo, recusando-se a aceitar a mão que ela oferecia, a sra. Humbert ficou claramente ruborizada. No fim do mês, Parayre foi posto em liberdade condicional, e aí foi a vez de Matisse sofrer um colapso nervoso.

Os repórteres, que exploraram ao máximo o brio mediterrâneo de Parayre e sua predileção instintiva por poses espetaculares, não se deram tão bem com o genro pintor. Mas a discrição e o controle nortistas tinham um custo. Em fevereiro, Matisse estava imobilizado em Bohain, aconselhado por três médicos diferentes a que não arriscasse mais sua constituição perigosamente fragilizada por esforços excessivos. Segundo o próprio Matisse, durante três semanas ele mal conseguiu dormir. Os médicos prescreveram-lhe dois meses de repouso absoluto e uma rigorosa dieta de recuperação, proibindo-o de trabalhar e até mesmo de escrever cartas. Não havia condições para um retorno a Paris, além de uma breve visita para fazer a mudança da rue de Châteaudun e fechar a loja de chapéus. O casal passou discretamente o resto do inverno em Bohain, enfurnado com as crianças na casa dos pais de Matisse. Não poderia haver um momento pior para buscar abrigo em sua região natal, onde a revolta contra os Humbert era ainda maior do que em outras partes, com exceção de Toulouse. A imprensa local trazia boletins diários sensacionalistas sobre o caso. Os industriais dessa região setentrional eram credores de 25 milhões de francos, e não só acumularam mais prejuízos do que qualquer outro grupo de investidores nos Humbert, como se tornaram alvo de zombaria no resto do país. Os cidadãos de Bohain não viram com bons olhos o retorno de um filho pródigo que havia superado seus piores temores, tampouco o fato de a esposa dele ser a filha do braço direito dos Humbert. A história de Matisse logo se espalhou pela cidadezinha. Os vizinhos o apontavam para os filhos como exemplo a ser evitado. Quase um século depois, quando comecei a refazer os passos de Matisse por sua região natal, ainda havia gente em Bohain e em Saint-Quentin que o considerava triplamente fracassado: inapto para assumir o negócio do pai, incapaz de concluir os estudos de direito e miseravelmente incompetente, segundo qualquer critério normal, até mesmo como pintor. Circulavam relatos zombeteiros sobre sua incapacidade de pintar quadros verossímeis ou retratos reconhecíveis. Ele passou a ser chamado de "o idiota da aldeia", *le sot Matisse*.

A primavera de 1903 assinalou o ponto mais baixo de sua vida. Em março, em carta a Marquet, Matisse descreveu vividamente o estado miserável a que fora reduzido pela insônia e que, temia ele, acabaria por levá-lo a um colapso total. Dizia também que perdera toda a vontade de pintar. E pelo menos dessa vez, Amélie, cujo estado de saúde preocupava o marido ainda mais do que o próprio, foi incapaz de vencer o desânimo de Matisse. Ele e a família deixaram a casa dos pais, mudando-se para um imóvel vago de propriedade de Hyppolite Henri, à rue Fagard, 24, que tinha um sótão apertado e escuro, iluminado por claraboias minúsculas e uma pequena janela de caixilho virada para o norte e dando para um quintal de terra vermelha no fundo. Esse cômodo virou o ateliê de Matisse, e ali ele pintou um punhado de dálias murchas e arroxeadas em uma taça sobre uma mesa dobrável de bambu, e também uma vista do próprio sótão – *Ateliê sob o telhado* –, que exibia uma obra inacabada no cavalete, com a paleta do artista em uma maleta ao lado da mesa dobrável e do vaso com as dálias.

Os estudiosos de Matisse reconheceram nuances de pesadelo no espaço confinado e sombrio do *Ateliê sob o telhado*: uma sensação de claustrofobia acentuada pelo retângulo de luz brilhante e sobrenatural além da janela, no ponto focal do quadro. No entanto, para o próprio Matisse, esse quadro e outro associado, *Buquê sobre mesa de bambu*, pareciam em retrospecto estar entre suas melhores obras. Seu único pesar era ter sido obrigado a se ater às cores atenuadas a fim de ressaltar os valores tonais. "Os valores se impuseram nesse quadro – que profundeza e maleabilidade nas sombras...", escreveu em 1942 ao filho Pierre, referindo-se ao *Buquê sobre mesa de bambu*: "O que aconteceu com o ateliê em que foi pintado? Quarenta anos atrás! Você ainda era pequeno. Ainda posso vê-lo com o pequeno terno azul listrado que sua mãe fez com pano riscado. Você tinha já uma natureza meiga".

Essa foi a primeira vez que os Matisse viveram juntos como uma família, sob o próprio teto, sem ter de confiar um ou outro dos filhos a avós ou amas-secas, mas o prazer que sentia na companhia dos filhos foi, para Matisse, ofuscado pela apreensão quanto ao futuro deles. "Estamos em grandes apuros", escreveu em junho para Bussy. "Os vários problemas, maiores e menores, antes aqueles que estes, dos quais a vida – embora ainda não esteja assim tão velho – me reservou uma boa dose, as responsabilidades que decidi enfrentar com coragem, tudo isso, associado aos pífios rendimentos proporcionados pelo nosso ofício, praticamente me levaram a abandonar por completo a pintura em favor de um emprego muito diverso e tedioso, mas suficientemente lucrativo para garantir o sustento." Pierre Matisse, que completou três anos em junho de 1903, lembrava-se de conversas sobre o pai trabalhar como colorista em uma fábrica de tapetes. Os pais de Matisse o acolheram quando ele mais necessitava, mas a coragem e a generosidade deles foram gravemente postas à prova nesse processo. A confiança da mãe em Matisse continuou inabalável, mas as dúvidas iniciais do pai haviam se confirmado plenamente. Hyppolite Henri estava com 63 anos de idade em 1903. Suas realizações, sua posição social, o respeito que conquistara para o nome Matisse estavam sendo todos solapados, sem que tivesse sido responsável, pelo riso zombeteiro. "Dias atrás, o meu pai me contou, muito irado e humilhado, que todos por aqui me consideram um imbecil, o que estou longe de ser", escreveu Matisse a um amigo. "O pior de tudo é que ele me considera responsável." O conflito entre pai e filho chegou a um ponto crítico. Mais de cinco décadas depois, quando estava na casa dos oitenta, Matisse se emocionava a ponto de chorar quando lembrava do pai, "a quem havia causado tanto sofrimento, e que jamais tivera confiança nele".

Os dois se defrontaram com amargura e frustração mútuas, cada qual ciente da aflição do outro, mas incapaz de aliviá-la por uma mudança de posição. A consequência foi o afastamento. Matisse não podia continuar ocupando para sempre um imóvel normalmente alugado em uma cidadezinha na qual sua mera presença era motivo de vergonha para os parentes. Em julho, achou uma casa a treze quilômetros dali, em Lesquielles Saint-Germain, um povoado rural que se tornara vila-dormitório, com esparramados barracões de alvenaria, onde dormiam os trabalhadores das tecelagens da cidade de Guise. Matisse se propôs a viver e a pintar ali durante um ano, com a mulher e os filhos, com uma renda ainda mais incerta do que o salário de um operário industrial. Era uma solução radical para aquela situação desesperada. "Agora esgotei os recursos da minha família, que é franca e absolutamente burguesa, e não posso mais contar com eles", explicou Matisse a Bussy, em carta de 31 de julho, enviada de Lesquielles. Sua esperança era que Amélie (cuja saúde começou a melhorar assim que saíram de Bohain) se recuperasse no decorrer do ano seguinte, durante o qual a família tentaria sobreviver com o que conseguisse obter com os quadros.

De acordo com Jean Puy, no final de 1902 Matisse recebera 1 200 francos pela aquisição de cinco ou seis estudos por Vollard, que aprovou o novo estilo, mais moderado e sóbrio. Outras vendas poderiam acontecer, mas a tática de gato e rato adotada por Vollard como marchand significava que ninguém, muito menos alguém tão necessitado quanto Matisse, colocaria muita fé em suas alusões e vagas promessas. Berthe Weill era de uma lealdade e um entusiasmo a toda prova, mas dispunha de tão poucos recursos quanto os seus artistas. E o fato de estar vivendo no interior excluía a possibilidade de ganhos adicionais com a venda de cópias de obras do Louvre. Mesmo assim, o ânimo de Matisse melhorou em Lesquielles. "Esse lugar convém à minha mulher e, quanto a mim, vislumbro uma série ilimitada de quadros a serem pintados", escreveu a um amigo no dia 31 de julho, "tudo estaria bem não fosse essa maldita falta de dinheiro".

A casa dos Matisse, em uma escarpa ao lado da igreja, tinha um jardim e uma magnífica vista para o sul e a interminável planície gredosa. Até mesmo as plantações de beterraba reluziam em tons de verde no verão. Pela primeira vez na vida, Matisse pintou a vida doméstica de sua própria casa e jardim, como faria com tanta frequência no futuro: uma mesa posta para a refeição ao ar livre, uma natureza-morta cezaniana de tons quentes de maçãs sobre a toalha amarfanhada, vermelha e branca, e um buquê estival de amores-perfeitos amarelos e violáceos, sem nada da gravidade melancólica dos quadros com flores do ano anterior. Em algumas manhãs, ele saía com a mochila a fim de pintar em um parque pertencente ao primo Saulnier, no vilarejo vizinho de Bohéries. Ali pintou o jogo de luz e sombra em várias paisagens de tons contidos com folhagens e água. Nesse verão Matisse empenhou-se bastante para despertar o interesse de colecionadores por um esquema que lhe proporcionasse uma renda modesta em troca de um fornecimento regular de quadros, mas Saulnier foi o único a aceitar a proposta (e recebeu, a preço reduzido, duas vistas de seu pequeno *château*).

Após uma incursão a Paris em meados de agosto, Matisse abandonou a contragosto o projeto de juntar um grupo de colecionadores e também o sonho de passar um ano no campo. Vollard – ou "Fifi *voleur*" (Fifi, o ladrão), como rudemente o chamava – adquiriu mais quadros e ofereceu-se para organizar uma exposição individual, que Matisse aceitou sem entusiasmo ("Imagino que me lançaria um olhar atravessado se eu abandonasse esse cativeiro que é a vida de artista", escreveu revoltado: "esta teria sido a primeira grande alegria de minha vida como burguês"). Ele havia ido à capital também para assistir ao julgamento dos Humbert. O tribunal estava lotado de gente interessada no que o *Le Matin* chamou de "um dos espetáculos judiciais mais fantásticos e absorventes que alguém poderia ver". Multidões decepcionadas ficaram de fora, mas os próprios Humbert pareciam encolhidos, esmagados e enxovalhados. As pessoas esfregavam os olhos e fitavam atônitas, como espectadores de um conto de fadas no qual o ouro vira fumaça. Banqueiros, advogados e empresários desfilaram pelo banco das testemunhas, estupefatos de terem sido fascinados ou hipnotizados a ponto de acreditarem em todo aquele mistifório grotesco. A própria sra. Humbert – pálida, febril, palpitante de emoção, lançando ao tribunal olhares chispantes, às vezes amaldiçoando os seus algozes, às vezes manifestando-se ao acaso com voz estertorosa – deu a impressão, para mais de um repórter, de um animal acuado. O mundo todo acompanhava com incredulidade enquanto ela era encurralada e humilhada.

O casal Parayre foi convocado ao banco das testemunhas na segunda semana do julgamento. Seus depoimentos correram bem, sem dramas ou revelações, e com tal tranquilidade que o genro deles aproveitou a oportunidade para, ao mesmo tempo, realizar algumas sessões de pintura com Bevilacqua. Não restava mais nenhuma suspeita associada aos dois Parayre, que foram unanimemente considerados fantoches inocentes, cuja integridade e convicção genuínas haviam proporcionado um disfarce essencial para os Humbert. A opinião generalizada, contudo, era que Thérèse e o marido, ambos condenados no dia 21 de agosto a cinco anos de confinamento solitário, haviam recebido penas leves demais. E também que muita gente graúda havia se safado, uma vez que poderiam ficar em maus lençóis se os procedimentos no tribunal tivessem sido tão exaustivos quanto a investigação preliminar. Um suspiro geral de alívio tomou conta da França. Melhor não voltar a remexer nas profundezas de corrupção e cinismo que haviam sido expostas pelo caso. A sra. Humbert cumpriu a pena na prisão feminina de Rennes, e seu marido ficou encarcerado em Melun. Os Parayre voltaram a morar na casa da filha em Rouen. Catherine Parayre nunca se recuperou da traição de sua confiança em Thérèse Humbert, que por quase três décadas estivera no âmago da confiança que tinha em si mesma. Ela faleceu aos sessenta anos de idade, no mesmo ano em que Thérèse deixou a prisão (Frédéric morreu em Paris em 1937, mas nada mais se soube da sra. Humbert após sua libertação em 1908). Armand Parayre viveu até uma idade provecta, no centro da família da filha caçula, irradiando curiosidade intelectual, lendo, escrevendo, aprendendo línguas, muito amado pelas pupilas de Berthe e pelos filhos de Matisse.

O casal Matisse voltou a Paris no outono de 1903, deixando os filhos no norte – Jean em Bohain, com a avó que ele tanto amava, e Pierre em Rouen, com Berthe e os avós maternos. Marguerite voltou a morar com os pais, como sempre fora o seu desejo, retomando a antiga existência de criança de ateliê no 19 do quai Saint-Michel, onde o pai alugou três quartos minúsculos interconectados no quinto andar. Ela estava com nove anos naquele outono e começava a se mostrar indispensável. Conseguia se manter quieta, observando tudo com atenção e tomando conta do apartamento quando a mãe saía para o trabalho (as tribulações dos dezesseis meses anteriores haviam aproximado de tal modo mãe e filha que ambas pareciam ter esquecido que Margot era na verdade a filha adotiva de Amélie). Matisse assinalou o fim de quase dois anos de turbulência realizando um baixo-relevo em argila do perfil da filha: dali em diante ela se tornaria quase tão importante para ele como modelo quanto a própria Amélie.

"Ah, pobre Thérèse! Você engoliu 100 milhões. Agora terá de viver engolindo favas", c. 1903.

O novo ateliê tinha duas janelas para o Sena, uma voltada para a Notre--Dame e o Palais de Justice e a outra para a ponte Saint-Michel, vistas que Matisse passou a pintar incessantemente a partir de então. Ele contou que começava cada manhã sozinho diante das *Três banhistas* de Cézanne, levantando-se bem cedo e seguindo em silêncio para o ateliê enquanto a mulher e a filha dormiam, a fim de contemplar o quadro iluminado pelos primeiros raios de sol que surgiam detrás da Notre-Dame. A agitação que ele provocava era profunda e dolorosa. Matisse absorvia Cézanne – tal como este havia absorvido Poussin – em sua corrente sanguínea, de modo tão profundo que, embora seja inegável o vínculo implícito, não é fácil apontar uma semelhança visual específica entre ambos os pintores. Tratava-se de uma influência muito mais moral do que visual. "Se Cézanne estava certo, então estou certo", repetia Matisse como um mantra em uma época de profundo desalento. "E eu sabia que Cézanne não estava enganado." O pintor mais velho representava a razão, a lucidez e a lógica: o princípio da luz que iria resolver os conflitos sombrios e informes da natureza caótica do próprio Matisse. Ele se agarrou à crença de que uma tela ordenada resultava de um espírito bem-ordenado, e que antes de tudo era preciso esclarecer as reações íntimas ao tema. "Havia sempre tantas possibilidades para Cézanne que, antes de tudo, ele precisava colocar em ordem o cérebro", comentou Matisse.

Amélie havia retomado o antigo emprego, recuperando o posto de modista na loja de chapéus da tia Nine. Matisse também saiu em busca de trabalho naquele outono. Logo os amigos ficaram sabendo da situação e se empenharam para animá-lo. De longe, o incentivo prático mais eficaz veio de um amigo íntimo de Bussy, Auguste Bréal, cuja mulher com frequência convidava os Matisse para uma refeição substancial, e que adquiriu dois dos quadros pintados em Lesquielles pela esplêndida soma de quatrocentos francos. "Esse dinheiro chegou na hora oportuna para mim", contou Matisse a Bussy: "na hora mais do que certa, e no derradeiro instante, pois desapareceu como um raio". Bréal era pintor e filho renegado de intelectuais parisienses, estreitamente relacionado, por intermédio da mulher, à família inglesa Strachey, que tratava o casal como se fosse o lado francês daquele que mais tarde seria o grupo londrino de Bloomsbury. Bréal se propôs a arrumar alunos de desenho para Matisse, como fizera em Londres para Bussy (recém-casado com Dorothy, a irmã de Lytton Strachey). No entanto, Matisse, como ele mesmo reconheceu, não conseguia se desvencilhar dos problemas. Em outubro ou novembro, veio a notícia de que o filho Pierre estava com broncopneumonia em Rouen. A sobrevivência das crianças frágeis sempre era problemática no inverno setentrional, quando recrudesciam muito as taxas de mortalidade, e Matisse não estava nada esperançoso. "Temo muito que isto possa acabar mal", escreveu a Bussy perto do final daquele ano terrível: "Minha mulher [...] acabou de partir para Rouen a fim de cuidar do pequeno Pierre, o meu caçula, que está com três anos".

Pela segunda vez em dois anos, os Matisse quase perderam um dos filhos. Quando Pierre estava fora de perigo, Amélie o trouxe consigo para o quai Saint-Michel, onde podia mantê-lo sob seus cuidados e os de Marguerite. Naquele inverno, Matisse pintou Pierre, pálido e magro como um palito, de pé ao lado da mesa usada nas naturezas-mortas e agarrando seu cavalo de madeira, Bidouille. Nos dez anos seguintes, Pierre e Margot foram crianças de ateliê, compartilhando as tribulações e as dificuldades dos pais, e jamais perderiam essa intimidade ou o comprometimento incondicional com a arte de Matisse. Em seguida, foi a vez de a tia das crianças, Berthe, cair doente. Ela continuara a dar aulas, ignorando uma possível tuberculose, sem dar atenção à crescente exaustão ou às dificuldades para respirar, até que, no ano-novo, seu estado piorou tanto que o médico chegou a prever, equivocadamente, que ela jamais voltaria a trabalhar. A licença por motivos de saúde estendeu-se até o outono, quando lhe foi negado o pedido de transferência para Toulouse, pois as autoridades consideravam que seu trabalho poderia ser prejudicado pelo vínculo que tivera com os Humbert. Em vez disso, ela acabou sendo enviada para uma cidade ainda mais ao sul, Perpignan, onde se instalou com os pais, uma mudança que teria uma repercussão crucial na vida e na obra de Matisse.

Em 31 de outubro de 1903 foi inaugurado o Salão de Outono, cujo propósito era introduzir uma abordagem nova e liberal na exibição de artistas jovens. Matisse, Marquet e Manguin haviam discutido estratégias e preparado suas inscrições um mês ou mais antes da abertura da mostra, que ocorreria em uma noite gélida no porão sem aquecimento do Petit Palais, em meio às manobras hostis daqueles associados tanto à Escola de Belas-Artes como ao Salão da Nacional. O impacto foi eletrizante. "Para mim foi uma revelação", afirmou o colecionador André Level. "Havia ali uma ousadia e um vigor que deixavam para trás a monotonia e a previsibilidade dos majestosos salões anuais [...] Ali vi telas que me pareceram, sem a menor sombra de dúvida, ser a arte genuína de nossa época e do futuro. Eu acreditava naquilo, eu tinha fé." Matisse participou com as obras *Tulipas* e *Tecelão da Picardia*, um quadro de flores e um interior flamengo lamentavelmente antiquado que salientavam a necessidade de que retomasse o caminho da arte do presente e do futuro.

"Você fala que tenho de ir para o sul", escreveu ele a Bussy – que estava se mudando com a esposa inglesa para uma casa no litoral do Mediterrâneo, em Roquebrune –, "e este é, ai de mim, o meu maior sonho; no entanto, *mon cher*, sem dinheiro, o que se pode fazer? Acho que iria trabalhar duas vezes mais duro do que aqui no norte, onde a luz de inverno é tão pobre – mas isso vai ficar para mais tarde, talvez." No inverno de 1903-04, Matisse conheceu Paul Signac, que tinha casa em Saint-Tropez e fazia questão de convidar os artistas mais jovens para o visitarem. Signac era vice-presidente da Sociedade dos Artistas Independentes, que, diferentemente de todos os outros Salões, jamais se acomodou em uma posição conservadora com a passagem do tempo. Bagunçada, improvisada, com poucos recursos, mais ou menos itinerante, a Sociedade estava passando por um bom momento em 1904 após a recente mudança para as Grandes Serres, à margem do Sena, as espaçosas e luminosas estruturas envidraçadas que haviam sido erguidas, em caráter temporário, para abrigar a seção de horticultura da Exposição Universal de 1900. O Salão dos Independentes era o único que havia abolido o tradicional sistema competitivo e hierárquico de inscrições em favor de uma estrutura democrática e aberta a todos. Matisse, membro da comissão de montagem por um tempo e nomeado um dos lugares-tenentes de Signac, inscreveu seis quadros naquela primavera. Camoin e Marquet conseguiram vender tudo o que expuseram e, com o dinheiro, partiram triunfantes para o sul. Matisse encontrou interessados apenas em outro quadro de flores e em uma cena de interior.

Na mesma semana em que foi inaugurado o Salão dos Independentes, André Level iniciou formalmente uma coleção batizada de Peau de l'Ours [Pele do Urso], visando "incentivar entre os jovens colecionadores o gosto pela obra de pintores igualmente jovens". Com quarenta anos de idade, Level era mais velho que os outros membros do grupo, formado por banqueiros e empresários em início de carreira e que, segundo Matisse, reuniam-se regularmente para jogar cartas e haviam sido convencidos por Level a guardar os ganhos do carteado para que ele os investisse em quadros. A comissão de aquisições, composta de duas pessoas – "os meus guarda-costas" – , podia vetar uma compra, mas não obrigá-lo a escolher determinada obra. Um dos primeiros atos de Level foi subir com os guarda-costas os 102 degraus que conduziam ao ateliê de Matisse no quai Saint-Michel, onde selecionou uma cena de inverno e uma *Natureza-morta com ovos* de 1896. Quatro décadas mais tarde, Matisse ainda se lembrava com nitidez do momento em que recebeu o dinheiro relativo à natureza-morta. "Ele me entregou quatrocentos francos. De repente, estava com quatro notas de cem francos na mão! Não conseguia acreditar naquilo." Antes mesmo que começasse a pensar que talvez houvesse cobrado demais, um velho amigo dos tempos do ateliê de Moreau, Charles Guérin, bateu-lhe à porta para fazer uma visita e ver como estava passando: "Coloquei uma nota de cem francos no chão. Recuei um metro. Coloquei a segunda nota. Outro metro. Coloquei a terceira nota. E, então, retrocedendo mais um metro, coloquei no chão a última nota. E Charles Guérin entrou, pisou nas notas com o pé e, quando se deu conta, indagou preocupado: 'Você matou alguém?'".

Ambroise Vollard, embora tivesse sugerido uma exposição no ano anterior, não se manifestara mais. Matisse sempre passava pela galeria na rue Lafitte, onde ficava ao mesmo tempo exasperado e fascinado diante da inesgotável capacidade que tinha o marchand de contar histórias. Como contador de histórias, Matisse não ficava nada a dever a Vollard, cujos cecear modorrento e presença taciturna e pesada ele iria imitar até o fim da vida com prazer só comparável ao dos arremedos que fazia de Bouguereau. Como maior paladino da geração mais velha dos impressionistas, Vollard exasperava os pintores jovens com suas táticas sonolentas e evasivas, o costume de deixar os clientes esperando, a enorme relutância em se desfazer de um quadro, ou mesmo de comparecer a um encontro marcado com algum colecionador em sua própria galeria, sempre semivazia e com todas as telas viradas para as paredes. "Sonhando e dormindo assim, sozinho em sua galeria", escreveu André Billy, "Vollard não perdia tempo [...] Mês após mês, na solidão e no silêncio, aumentava o valor de seus quadros".

A atitude de Berthe Weill em relação ao tempo era oposta à de Vollard. Ela preferia se manter em movimento, vendendo rápido mesmo que por preços baixos. Em abril, Matisse e seus amigos participaram de uma segunda mostra coletiva em sua galeria, mas, embora praticamente todos os principais artistas modernos de Paris tenham passado pelas mãos de Weill, nenhum deles ali permaneceu muito tempo. Ela não tinha interesse em ativos de longo prazo. Vollard jogava com a paciência e a concentração, e Matisse avaliou, com razão, que, se alguém era capaz de estabelecer sua reputação, só poderia ser Vollard. Ambos estavam apostando no futuro. O problema entre esses dois grandes jogadores, Matisse e Vollard, era que nenhum deles tinha condições, naquela altura, de proporcionar ao outro a base segura que cada qual necessitava para ver o êxito da estratégia. Matisse, carente de apoio seguro, notava em Vollard a falta de confiança que tanto temera em seu próprio pai. E Vollard tratava o jovem Matisse apenas como alguém capaz de lhe proporcionar ganho rápido: um jogo seguro cujas naturezas-mortas e paisagens serviam para manter a galeria em funcionamento enquanto o proprietário aguardava a valorização do estoque mais prestigioso. Sem dúvida, ninguém, com exceção daqueles que haviam visitado o ateliê no quai Saint-Michel, vira até então algo que pudesse indicar que Matisse valia uma proposta mais arriscada. Para exibição pública, ele continuava recorrendo ao estoque de obras não vendidas que pintara em Bohain e Belle-Île em meados da década de 1890. Quando Vollard afinal definiu uma data para a exposição, em junho de 1904, Matisse exibiu 45 quadros, quase todos paisagens e naturezas-mortas argênteas inspiradas em Chardin. Com exceção de algumas telas experimentais pintadas por Matisse durante a lua de mel na Córsega cinco anos antes, todo o resto fora selecionado para ressaltar o que Vollard chamava de "os seus cinzas que tanto atraem os compradores".

A mostra teve um êxito de crítica razoável, ainda que não retumbante. Uma vez mais, Matisse parecia estar encaminhando-se para o sucesso profissional que estivera ao seu alcance até que ele deliberadamente o rejeitara, oito anos antes, ao expor *Mesa de jantar*. Esta acabou sendo adquirida por Vollard, pelo preço costumeiro de duzentos francos, e logo revendida a um colecionador alemão por 1 500 francos. Matisse começava a parecer um negócio mais lucrativo para outros marchands, um dos quais se dispôs a adquirir todas as naturezas-mortas que o pintor produzisse, pagando quatrocentos francos por tela. O problema era que, tendo conseguido sobreviver por tanto tempo sem uma renda regular, agora Matisse se mostrava pouco disposto, se não incapaz, de aceitar o comprometimento associado a tais propostas. Por mais desesperadamente que precisasse de dinheiro ("as mãos do açougueiro e do padeiro estavam estendidas à espera do pagamento"), ele destruía sistematicamente – ou pedia à mulher ou à filha que destruíssem – todas as telas nas quais detectava o menor resquício de brandura ou conformismo. Mais tarde, Marguerite se lembraria de raspar, com os braços e o coração doloridos, uma quantidade cada vez maior de telas, cujas pinturas tinham de ser obliteradas, pois o pintor temia fraquejar no dia seguinte ao receber a visita do marchand. Era uma repetição mais violenta de sua repulsa contra a tirania da tradição em 1896. De novo ele sentia que havia ido longe demais na direção da ordem e do controle.

Em maio, ele escrevera a Signac e este encontrara uma casa de pescador em Saint-Tropez – dois aposentos no primeiro piso e dois outros no térreo –, cujo aluguel era acessível, mas pequena demais para acomodar toda a família. Por isso, os Matisse deixaram Paris no dia 12 de julho apenas com Pierre, então com quatro anos, que aproveitaria o ar marinho mais do que os irmãos. "Nosso amigo Matisse está aqui", escreveu Signac, que ainda via o recém-chegado como um copista do Louvre com formação tradicional, "um tipo muito bom, inteligente e pintor de verdade [...] Ele me fala de seu fio de prumo, *chambre clair*, com todas as cores, ocre, branco e preto [...] que constituem sua paleta". Matisse chegou a Saint-Tropez na época mais quente do ano e imediatamente sucumbiu à inércia que era sua reação inicial invariável a um novo lugar dotado de nova luminosidade e que acabaria por provocar nele um profundo reajuste imaginativo. Ele culpou seu demônio da guarda ("Nunca tive um anjo da guarda"), jurando que a pintura o enlouqueceria caso não a abandonasse por completo. O isolamento tornou-se mais um motivo de inquietação em um vilarejo onde, além de pescadores e vinhateiros, não havia ninguém para lhe fazer companhia além do próprio Signac.

Signac dominava Saint-Tropez. Ele a havia descoberto doze anos antes e ali construíra com as próprias mãos uma casa, La Hune [O ninho do corvo], bem acima do vilarejo, com um jardim de vegetação selvagem e uma vista impressionante. Extrovertido, de temperamento sanguíneo, categórico, absolutamente convicto de si e de seus objetivos, Signac tinha uma índole quase oposta à de Matisse. O vigor, a veemência e a certeza passional faziam dele o mais impetuoso dos neoimpressionistas. Durante anos, havia pregado o evangelho divisionista da cor pura, adotado pelos neoimpressionistas, com fervor quase religioso, chegando a converter brevemente tanto Van Gogh como Pissarro (o primeiro revelou-se, na melhor das hipóteses, um discípulo pouco confiável; e a retratação de Pissarro após cinco anos foi considerada por Signac uma traição imperdoável). Não havia nada que ele apreciasse tanto quanto um novo recruta. Estava constantemente vasculhando o horizonte em busca do grande gênio futuro cuja tarefa fora anunciada pelos neoimpressionistas: "Esse colorista triunfante precisa apenas se mostrar: sua paleta já está pronta".

Fora a entusiástica convicção do manifesto de Signac, *De Eugène Delacroix ao neoimpressionismo*, que eletrizara Matisse cinco anos antes ("afinal a pintura fora reduzida a uma fórmula científica"). Em Saint-Tropez, ele poderia constatar em primeira mão o quanto havia de energia e emoção no âmbito dessa disciplina preceitual. Matisse reagiu prontamente ao modernismo liberador do anfitrião, pintando cenas de rua, telhados e barcos no porto com cores vibrantes e até mesmo concluindo duas versões de uma *Natureza-morta com "purro"*, uma das quais era a transposição divisionista da outra. A amplitude dos conhecimentos de Signac era impressionante, sua generosidade, estimulante, e sua obra deixava vislumbrar possibilidades fascinantes. No entanto, o lado peremptório e autoritário da personalidade de Signac irritava Matisse e exacerbava-lhe o estado já angustiante e apreensivo. Ele pintou *O portão do ateliê de Signac* com extensas manchas de cores puras, atenuadas e vagamente impressionistas. Também pintou o estreito terraço junto ao abrigo de barcos de Signac, com os degraus descendo até a praia e Amélie costurando, sentada sobre um tamborete à sombra do abrigo. *O terraço, Saint-Tropez* concentrava a essência luminosa e floral de todos os terraços que Matisse iria pintar, mas seu método passava longe das regras estritas do pontilhismo. A crítica brutal que Signac fez do quadro deixou o pintor mais jovem tão furioso que Amélie teve de levá-lo para passear a fim de que se acalmasse. E naquela tarde o demônio guardião de Matisse interveio no que havia começado como um passeio à beira do mar. Quando Amélie se sentou para dar chá ao filho do casal, Matisse fez rapidamente uma aquarela de ambos sentados na praia diante de um alto pinheiro silvestre ao lado da trilha fulgurante, amarela, laranja e escarlate, traçada pelos raios do sol poente. Mais tarde, aproveitaria esse esboço como base do quadro a óleo *O golfo de Saint-Tropez*: "Desde que cheguei aqui, fiz apenas um quadro, tamanho quinze, pintado ao pôr do sol, e que me dá certa satisfação", escreveu a Manguin em setembro, "ainda não acredito que fui eu mesmo que o fiz, embora tenha trabalhado nele em uma dúzia de sessões – fico com a impressão de que cheguei ao resultado por acidente".

O confronto com Signac em torno do *Terraço* liberou a força explosiva que Matisse precisava para superar, ou em suas palavras, para derrubar, os sucessivos obstáculos que lhe bloqueavam o caminho como pintor. *O golfo de Saint-Tropez* o levou a uma encruzilhada onde foi obrigado a escolher entre desenhar espontaneamente com a cor (como Cézanne) ou seguir as regras estritas adotadas por Signac. Ele preferiu esta segunda via ao voltar a Paris no outono, em *Luxo, calma e volúpia*, um quadro diretamente inspirado no *Golfo*, e que foi visto tanto pelos críticos como pelos colegas pintores como uma adesão explícita ao divisionismo. Este proporcionava um fundamento lógico para se distinguir entre o derradeiro objetivo do pintor – ordem, harmonia, estabilidade emocional alcançada por meio da forma e da cor – e a tradicional dependência do tema. Essa distinção Signac jamais chegou a completar, embora tenha conduzido muitos pintores mais jovens até a beirada de onde poderiam saltar – tal como Matisse faria no verão de 1905 – para um novo mundo pictórico.

Embora a tensão nervosa de Matisse tenha passado despercebida para Signac, logo foi notada pelo vizinho daquele, Henri Edmond Cross, que chegou de Paris no final de agosto. Nesse outono, Cross descreveu seu encontro com "o ansioso, loucamente ansioso Matisse" em carta a um amigo. Também originário do norte, tão atormentado quanto Matisse por dúvidas em relação a si mesmo, Cross tinha os seus próprios demônios guardiães, e Matisse confiou nele com uma liberdade que raramente, ou nunca, demonstrou em relação a outro pintor mais velho. Havia entre os dois uma diferença de idade de apenas treze anos, mas a distância parecia maior porque Cross, prematuramente incapacitado pelo reumatismo, tinha os cabelos brancos, as mãos retorcidas, as articulações rígidas e os membros fragilizados, como uma árvore fustigada pelo vento. Durante o jantar em uma pequena pensão no porto de Cavalière, a meio caminho entre Saint-Tropez e a casa de Cross em Saint-Clair, os dois conversaram sobre a vida, a arte e a decisão de Matisse de renunciar ao êxito profissional por mais que isso lhe trouxesse dificuldades. "Sei muito bem que a questão do dinheiro para a sobrevivência é perturbadora e sempre atrapalha outra questão mais importante", escreveu Cross delicadamente um ano depois, "mas, como você mesmo me contou, há muito você escolheu o caminho da independência, o único dotado de nobreza".

Os Matisse visitaram os Cross na casa rosada em Saint-Clair, entre vinhedos e pomares no sopé dos montes conhecidos como Les Maures. A sra. Cross, que acolheu os três Matisse de modo especialmente caloroso, era à primeira vista uma esposa improvável para o ascético pintor. Ela fora uma parisiense elegante e mundana, perfeitamente adaptada à vida urbana, antes de se mudar para o sul com o marido inválido, cuidando dele e o apoiando durante os extenuantes, e em grande parte ineficazes, tratamentos que fazia em Paris, e tornando o recolhimento forçado em Saint-Clair não só tolerável como também produtivo. Amélie Matisse apreciava e simpatizava com Irma Cross. Esta, por sua vez, passou a depender cada vez mais dos sentimentos de Matisse por seu marido, como pessoa e como pintor, e ficou encantada com Pierre, a única criança entre os seis adultos (tanto os Cross como os Signac não tinham filhos). Pierre era um menino adorável, com grandes olhos escuros, cabelo dourado e um ar grave e misterioso. Um exímio contador de histórias como o pai, sempre conseguia fazer sorrir os adultos, que o apelidaram de Tartine (que, em francês, significa tanto um sanduíche como um discurso longo) e o envolveram naquele verão com um afeto cálido que talvez tenha em parte compensado a gélida sombra lançada pelo caso Humbert durante quase metade de sua breve existência.

Os dois pintores conversavam sobre o trabalho que, para ambos, muitas vezes era motivo de desespero. Matisse se reconfortou com a convicção de Cross de que seria praticamente impossível alguém sofrer piores tormentos do que aqueles que o afligiam. O divisionismo, que fora para Cross uma dura disciplina geométrica de cálculo, equacionamento e dedução, por fim começava a lhe oferecer a liberdade que proporcionava a Signac. Naquele outono os dois vizinhos estavam se preparando para sucessivas exposições individuais na nova galeria de Eugène Druet em Paris, e para ambos esse foi um período de vigorosa reavaliação, de reconsideração de quadros antigos e de rápida conclusão de obras novas. Dificilmente Matisse poderia ter obtido um curso de revisão mais intensivo sobre a teoria e a prática neoimpressionista. Cross o presenteou com um quadro – *A fazenda, anoitecer* –, que fazia par com outro que havia dado a Signac, *A fazenda, manhã*. Ambos haviam sido pintados dez anos antes em resposta à *Era da anarquia* de Signac (mais tarde diplomaticamente rebatizado como *A era da harmonia*), um grandioso manifesto político-divisionista destinado a celebrar um recomeço pessoal e profissional num momento em que Signac e Cross, ambos recém-casados, estavam iniciando uma nova vida no sul.

O ideal anarquista de liberdade, justiça e beleza – difundido por toda a França desde a Rússia por intermédio de Kropótkin, Tolstói e Bakunin – atraía os instintos otimistas e combativos da geração de Signac. O quadro *A era da anarquia*, que Matisse com certeza viu naquele verão em Saint-Tropez, era um idílio arcádico, povoado de belos homens seminus e mulheres adoráveis (todos os casais foram baseados em Signac e sua mulher), desfrutando um futuro de paz e abundância no qual a humanidade por fim estaria livre da tirania da exploração industrial e da repressão política. Matisse iria pintar um sonho arcádico próprio naquele mesmo outono, seguido de outro no ano seguinte ("A descrição que você me enviou de sua *Arcádia* é sedutora", escreveu Cross, referindo-se ao quadro *Alegria de viver*, pintado por Matisse no inverno de 1905-06). Para Signac, a arte moderna estava inextricavelmente associada a uma nova alvorada política. Ele acreditava que cabia ao artista da época proporcionar ao operário de fábrica e ao morador de edifícios urbanos o equivalente das majestosas pinturas murais decorativas de Delacroix. Até o fim da vida, Matisse iria se ater aos princípios traçados por Signac: "Essas telas que restituem a luz às paredes de nossos apartamentos urbanos, que encerram a cor pura entre linhas rítmicas, que partilham do encanto dos tapetes, mosaicos e tapeçarias orientais: não são elas também ornamentos?".

Em menos de doze meses, os experimentos pictóricos de Matisse se intensificariam de tal modo que a própria cor iria lhe parecer explosiva. Por enquanto, contudo, estava satisfeito em explorar a visão pictórica anarquista de um paraíso terreno no qual a feiura moral e física iria se dissipar sozinha, sem que fosse necessário explodi-la. Na prática, para Cross, isso significava pintar ninfas com trajes transparentes ou despidas, reclinadas, fazendo piqueniques, banhando-se ou penteando o cabelo à beira-mar em quadros que deviam algo a Puvis de Chavannes, assim como a Poussin, mas também muito à excitação de um nortista ao tomar contato com o Mediterrâneo. Ele comentou que, no início, o que o havia encantado no litoral era o seu aspecto "fabuloso e decorativo", e não demorou muito para que Matisse também visse elementos fabulosos e decorativos se apoderando de sua concepção da costa mediterrânea. De volta a Paris no outono de 1904, empenhou-se em tornar o *Golfo de Saint-Tropez* um quadro mais imponente e complexo, no qual Amélie Matisse, ainda usando um chapéu e um traje de passeio elegantes, preside a um piquenique na praia para um grupo de ninfas despidas que parecem recém-desembarcadas de outro mundo.

Em *Luxo, calma e volúpia*, pela primeira vez Matisse tentou combinar detalhes realistas – a figura de sua mulher, as xícaras e a toalha, o pinheiro-silvestre e a baía de Saint-Tropez – com uma fantasia anarquista. Também era um embate direto com o divisionismo e, de longe, a obra mais ambiciosa e de maiores dimensões desde que, oito anos antes, havia se atracado com o impressionismo no quadro *Mesa de jantar*. Ele sublinhou a origem da tela com um título extraído de um dos poetas prediletos dele e de Signac. "*Là, tout n'est qu'ordre et beauté,/Luxe, calme et volupté*" [Lá, tudo é ordem e beleza, /Luxo, calma e volúpia] é o refrão do poema "L'Invitation au Voyage" [Convite à viagem] das *Flores do Mal* de Baudelaire. Na época, porém, não havia como prever o destino da viagem em que Matisse havia se lançado com esse quadro estranho, vibrante e incômodo, pulsando com uma energia que forçava as regras de Signac até o limite e mais além. *Luxo, calma e volúpia* está repleto das irregularidades flagrantes que levaram Cross a prever, mesmo antes de seu amigo partir de Saint-Tropez, que Matisse não ficaria por muito tempo confinado ao divisionismo.

Insatisfeito e inquieto no final desse verão em Saint-Tropez, mesmo assim já pensava em voltar ao Mediterrâneo no ano seguinte. O casal estava reduzido aos derradeiros cinquenta francos (com outros cinquenta reservados para a volta a Paris) quando Amélie fez uma visita à irmã, agora instalada em um novo emprego na escola normal em Perpignan. Prosseguindo viagem em busca de um lugar barato e intacto para ficar, ela acabou chegando, quase na fronteira com a Espanha, à aldeia de pescadores de Collioure. Além de Signac, que lá havia desembarcado doze anos antes, em sua primeira excursão de pintura ao sul, nenhum outro pintor havia explorado Collioure, e foi para lá que os Matisse decidiram retornar no verão de 1905.

De volta a Paris, Matisse expôs catorze quadros relativamente conservadores no segundo Salão de Outono. O inverno era a estação de intrigas, conluios e intensas pressões nos bastidores à medida que as facções do mundo artístico reuniam apoio nas comissões encarregadas de decidir quem iria expor o que, e de que modo, nas exposições do ano seguinte. Matisse foi cooptado pelos dois principais salões dissidentes, mantendo-se como *sécretaire-adjoint* [segundo-secretário] no Salão dos Independentes e tornando-se um dos membros da comissão selecionadora do Salão de Outono. Como assistente de Signac, ajudou a organizar a primeira exposição oficial jamais montada, na França ou em qualquer outro lugar, da obra de Vincent van Gogh. Era uma retrospectiva de 45 quadros que fez parte do Salão dos Independentes em março de 1905, para a qual Matisse conseguiu quadros emprestados e também ofereceu o desenho que possuía. Mais tarde, comentaria que, quando as restrições divisionistas começaram a lhe parecer insuportáveis, foi Van Gogh (junto com Gauguin) quem lhe permitiu se libertar naquele verão.

Nos círculos de vanguarda, tanto na França como no exterior, Matisse, aos 35 anos de idade, tornava-se cada vez mais influente. No final de 1904, sua obra fora reproduzida pelo jovem Sergei Diaghilev na *Mir Iskusstva*, a pioneira revista de arte russa. Em Paris, Vollard apoiava-se implicitamente no julgamento que Matisse fazia dos artistas contemporâneos, investindo vigorosamente em Marquet e Manguin e também adquirindo, seguindo instruções de Matisse, todas as obras que André Derain e Jean Puy tinham para vender (Derain comentou que o marchand nem sequer se deu ao trabalho de abrir as caixas com as telas que Matisse o fizera comprar). Mas o público, que se acostumara a ver a pintura moderna como um espetáculo de aberrações, reagiu com violência ao Salão dos Independentes de 1905. "De uma ponta à outra do salão, ainda se ouvia o riso desabrido e os sarcasmos que logo se transformavam em desprezo explícito", escreveu Berthe Weill (que, em abril, organizou a sua mostra coletiva com obras de Matisse, Marquet, Manguin e Camoin).

Matisse expôs oito quadros no Salão dos Independentes, provocando uma comoção com *Luxo, calma e volúpia* e sendo calorosamente recepcionado pelos neoimpressionistas como o mais prestigioso convertido ao movimento desde Pissarro. Signac expressou seu orgulho e alegria adquirindo o quadro-manifesto de Matisse no final do verão, o governo ficou com uma *Vista de Saint-Tropez*, e os críticos mostraram-se nitidamente respeitosos. "Esse jovem pintor – outro dissidente do ateliê de Moreau que se alçou livremente às alturas de Cézanne – agora assume, queira ou não, a posição de *chef d'école*", escreveu o crítico Louis Vauxcelles. Os artistas mais velhos e estabelecidos ainda resmungavam entre si, mas a geração mais jovem não tinha dúvidas. "Para mim foi a maior revelação", comentaria Raoul Dufy, que tinha 26 anos quando viu *Luxo, calma e volúpia* em 1905. "De imediato entendi a mecânica da nova pintura."

5. O ANIMAL SELVAGEM (1905-07)

EM MAIO DE 1905, ENCERRADAS AS MOSTRAS NO SALÃO DOS INDEPENDENTES e na galeria de Berthe Weill, Matisse e seus amigos seguiram para o sul. Os Manguin alugaram uma casa em Saint-Tropez, para onde também foram em seguida Marquet e Camoin. Os Matisse prosseguiram na direção oeste ao longo da costa até Perpignan, onde Berthe dividia uma casa pequena com os pais e na qual os filhos da irmã – *les petits Matissous* – eram sempre bem-vindos. No dia 16 de maio, Matisse completou sozinho o último trecho da viagem, percorrendo mais 24 quilômetros pela ferrovia litorânea no sopé dos Pirineus Orientais, os quais iam se aproximando até chegar ao mar na Catalunha, uma região montanhosa agreste e exuberante por muito tempo disputada e afinal dividida entre a França e a Espanha. "De repente, assim que emergimos de um corredor rochoso no topo de uma colina, Collioure! Refulgente de luz na curva de uma pequena baía, confinada pelos derradeiros contrafortes calcinados das montanhas, um resplendor de vermelhos e ocres", descreveu um contemporâneo que fez a viagem de trem desde Perpignan. "Ainda é a França, ou já estamos na África, com suas touceiras de agave, e as palmeiras erguendo-se aqui e ali entre os jardins?"

Esse trecho da costa catalã era o ponto no qual a França estava mais próxima do norte da África. Por toda a parte havia resquícios dos mouros, desde o tipo de construção das casas – grutas escuras e úmidas protegidas do sol – até as esboroadas fortificações e o campanário laranja-rosado do vilarejo (facilmente reconhecível em tantos quadros de Matisse). Bananeiras e tamareiras cresciam em meio a figueiras, laranjeiras e limoeiros. Na primavera, romãzeiras, pessegueiros e cerejeiras medravam em vales abrigados em volta do povoado. O verde luxuriante das parreiras recobria as encostas em terraços e as abróteas floresciam nas colinas mais além. O próprio vilarejo estendia-se como um anfiteatro entre as montanhas e o mar, com as casas caiadas de fortes tons rosa-azulado, vermelho-melancia e amarelo-

-açafrão. Raros eram os visitantes em Collioure, mas quem chegava lá reconhecia que o segredo do lugar estava na luz e nas cores. "No início da manhã", escreveu Paul Soulier, um vinhateiro local que iria se tornar o mais firme defensor de Matisse na cidadezinha,

> à sombra das grandes árvores [...] veem-se enormes canastras com cerejas, pirâmides de peras, montes de abricós tombados; o vermelho intenso dos tomates e o amarelo pálido dos pepinos acrescentam tons brilhantes [...] Carroças repletas de laranjas derramam suas cargas em cestos de todos os tamanhos, e os globos dourados que rolam mesclam-se livremente com as beringelas brancas e roxas, como os ovos descomunais de alguma ave desconhecida.

Em *Interior com beringelas*, de Matisse – uma das telas mais curiosas e suntuosas desse período em que assumiu mais riscos do que em qualquer outra época de sua vida –, ele se baseou em três beringelas originárias do mercado de Collioure. E o inovador *Alegria de viver* recebeu esse título em função de um provérbio catalão: *A Cotllioure fa bon viure!* [Vive-se bem em Collioure!].

Em 1905, Matisse foi o primeiro pintor a pôr os pés no único hotel de Collioure. Os forasteiros não eram bem recebidos pelos moradores locais, que falavam catalão, ganhavam a vida com o mar e, até a chegada da ferrovia, haviam mantido poucos contatos com o mundo para além das montanhas. Um nortista desconhecido, de pele clara, olhos azuis e cabelo ruivo descendo do trem sem motivo aparente automaticamente despertava desconfiança, mas a dona do Hôtel de la Gare – a viúva Paré, mais conhecida como *dame* Rousette – baixou a guarda no caso de Matisse, devido à sua aparência de trabalhador e evidente seriedade. Poucos dias depois, *monsieur* Henri havia não só se instalado, como também mandara buscar a família, que foi toda acomodada no piso superior. A vida era simples, frugal e barata. Quase todos em Collioure viviam da mão para a boca, como os Matisse, que em vão haviam esperado em Perpignan por uma remessa de dinheiro prometida por Berthe Weill. Desesperado, Matisse recorreu a Manguin, que lhe enviou de imediato cem francos. Durante todo o verão, ambos os pintores seriam atormentados por questões monetárias. Camoin, cujos quadros estavam começando a achar compradores, mandou o que pôde para ajudar o amigo. Weill por fim antecipou-lhe mais cinquenta francos em junho. O governo comprometeu-se a adquirir um de seus quadros, mas como sempre o pagamento era constantemente adiado. No entanto, até mesmo valores relativamente modestos como esses rendiam muito em Collioure, onde uma recente depressão do mercado reduzira a renda dos pescadores ao nível sem precedentes de apenas um franco por dia.

Assim que se viu instalado, Matisse alugou um quarto para trabalhar acima do Café Olo, com vista para o Port d'Avall, ou Port d'Abaill, a mais distante das três praias do vilarejo. Todas as atividades do porto ocorriam na praia pedregosa, onde os moradores se reuniam de manhã para ver o retorno dos barcos e saber como havia sido a pesca. A venda dos peixes à beira-mar era um drama cotidiano, ruidoso e beligerante, após o qual os pescadores se dispersavam, sob a janela de Matisse, e iam descansar para retomar o trabalho na noite seguinte. Ele desenhava os barcos alinhados, com as velas penduradas para secar nas vergas, e depois voltava a desenhá-los com as velas recolhidas no final do dia. Também os desenhou deixando o porto ao crepúsculo, as graciosas velas triangulares deslizando sobre a água, ou reduzidos a pontos quase invisíveis no horizonte à medida que se aproximavam da área de pesca. Desenhou as redes estendidas para secar após a pescaria noturna e, horas depois, o dono que as levava embora, dobradas em um fardo sobre os ombros, ao tomar o caminho de casa para dormir. Tão acurada é a observação de Matisse nesses desenhos e pinturas que um pescador poderia indicar o momento do dia, por vezes até a hora exata, em que cada qual foi realizado. Carroças e burros, mulheres remendando redes, homens fumando, descansando ou usando os guinchos na praia foram todos esboçados com uma exatidão que remontava à infância de Matisse na rue Peu d'Aise em Bohain. Todos eles reaparecem em *Port d'Abaill*, a tela que pintou no ateliê de Paris naquele outono, e que seria seu derradeiro e mais frustrante confronto com o divisionismo.

Os esboços feitos por Matisse em Collioure registram a faina diária de gente que havia vivido e labutado à beira-mar desde a Antiguidade. Muito depois, ele diria ao genro que esses ritmos ancestrais lhe deram energia para realizar a *Dança*, o imenso friso com figuras escarlates saltitantes sobre um fundo azul e verde chapado que tanto escandalizou os círculos artísticos parisienses em 1910. Contou ainda que o pintou encurvado, agachado e pronto para saltar, tal como o pescador catalão que conhecera certa noite na praia em uma roda de dança, "com aparência e movimentos bem mais violentos do que a sardana". Collioure proporcionou a Matisse a mesma liberdade que desfrutara pela primeira vez em Ajaccio. Ali não havia nenhum dedo apontado em censura e nenhum dos preconceitos em relação à pintura que haviam sido transgredidos por sua obra em Bohain. A família logo se acomodou a uma rotina, girando como sempre em torno do trabalho, mas incluindo um mergulho diário em uma enseada de cascalho conhecida como l'Ouille, a meia hora de caminhada do promontório. Matisse vestia um chapéu de palha, camisa com as mangas dobradas, assim como as pernas das calças. Amélie posava descalça sobre as rochas com um quimono japonês. As colinas baixas junto à costa, por onde caminhavam todos os dias, ressurgem constantemente nos quadros de Matisse, assim como a abrigada praia de l'Ouille, uma curva perfeita orlada de mata viçosa que proporcionou o cenário de *Alegria de viver*. Quando fazia muito calor, ele voltava para o ateliê e pintava o que se descortinava da janela. *Janela aberta, Collioure* talvez seja a expressão mais opulenta e radiante da convicção de Matisse de que a pintura dá acesso a outro mundo: um mistério, vislumbrado através de uma porta ou uma janela aberta, que contemplara pela primeira vez ainda menino em um sombrio escritório de advocacia no norte.

Se os adultos se sentiam à vontade em Collioure, isso valia ainda mais para os dois meninos (Margot ficara com os avós paternos em Bohain). Jean e Pierre viviam livres, pescando, escalando e explorando as rochas e lagoas com os meninos do povoado. Os pais deles trabalhavam tão duro e viviam de modo tão frugal quanto os pescadores e suas mulheres. A presença de Amélie, tão hesitante nos quadros pintados por Matisse sete anos antes na Córsega, passa a ocupar enfaticamente o centro das obras realizadas no verão em Collioure, onde as imagens inspiradas por ela se tornaram cada vez mais desafiadoras. Ela virou o elemento estrutural crucial em uma composição semiabstrata de laranja e violeta, verde-turquesa e vermelho, a cabeça encimada por uma massa de cabelo azul-escuro, o rosto dividido por uma larga faixa verde que forneceria o título da obra, *A linha verde*. Esse retrato de sua mulher chocou os contemporâneos de Matisse. "Ele nos leva a vê-la sob um aspecto estranho e terrível", escreveu um jornalista americano em 1910.

Quase um século depois, a estranheza e o terror deram lugar a uma intensa serenidade materializada no olhar firme do modelo, na curvatura incisiva das sobrancelhas, na linha definida do queixo e até mesmo no cabelo arrebanhado que coroa a cabeça. "Matisse sabia como despertar nela uma paixão por seu trabalho", comentou Lydia Delectorskaya, a companheira do pintor nas duas últimas décadas de sua vida. "Ele sabia como se apoderar das pessoas e fazer com que acreditassem ser indispensáveis. Foi assim comigo, e foi assim também com a senhora Matisse." À medida que se acentuava o ritmo dos experimentos pictóricos, a ponto de sentir que estava perdendo o controle sobre o que pintava, Matisse passou a depender mais que nunca da mulher. Os três meses e meio que passou em Collioure em 1905 viraram um tormento que, em retrospecto, seria visto por ele com horror e perplexidade. "Ah, como fui infeliz lá", diria mais tarde. Na época, ele se sentia à beira de um colapso. O sono tornou-se impossível. Se Amélie Matisse resplandece nessas telas pintadas em Collioure com uma coragem e confiança que lhe foram atribuídas pelo marido, ela também, por sua vez, tornou-se uma barreira contra a inquietação crescente que o invadia.

Não que seus problemas tenham surgido de imediato. O verão começou de maneira propícia, com uma rodada de visitas entre os artistas da região, que eram poucos, dispersos e ávidos pelas novidades de Paris. O primeiro a aparecer foi Étienne Terrus, que não se importava em nada de caminhar onze quilômetros desde seu vilarejo natal de Elne. Nos dez anos seguintes, Terrus se tornaria o mais íntimo dos amigos dos Matisse na Catalunha, explorando os Pirineus com o casal, consolando Henri quando a ansiedade ameaçava dominá-lo, afeiçoando-se sobretudo a Amélie, pois a generosidade e a obstinação dela combinavam, tanto quanto no seu caso, com essa paisagem dura, seca e áspera e com seu deslumbrante jogo de luz e cor. Brusco, atarracado e de rosto quadrado, agreste como a terra vermelha em que havia nascido, Terrus pintava a costa e o interior rochoso em aquarelas vigorosas e sutis. Era solteiro, vivia austeramente na casa do irmão e costumava convidar outros pintores para festivos almoços no terraço diante de seu ateliê em Elne. Nos anos seguintes, o casal Matisse e seus amigos tornaram-se visitantes regulares desse ateliê caiado de branco e repleto de luz, instalado no alto das muralhas romanas, com vistas que se estendiam, de um lado, até o mar e, do outro, até a montanha de Canigou.

A primeira excursão realizada pelo trio foi a Banyuls, a segunda parada na linha do trem após Collioure, onde o escultor Aristide Maillol, amigo de Terrus, ofereceu um almoço em homenagem a Matisse no dia 22 de maio. Maillol vivia na casa rosada em que nascera, acima do porto, com um terraço de pedra à sombra de grandes pinheiros e um jardim com densa vegetação tropical que caía pela encosta íngreme. Baixo e troncudo, não só parecia como se tivesse acabado de descer do frontão de um templo grego, mas também vestia-se a caráter, usando sapatilhas de solas grossas como coturnos clássicos e um manto de pastor. Antoine Bourdelle havia sido seu mentor em Paris, tal como fizera com Matisse. No dia do almoço em Banyuls, ele estava se debatendo com o problema de como transpor um pequeno nu feminino em argila para o molde de gesso em tamanho natural que se tornaria *La Méditerranée*, uma escultura em bronze maravilhosamente equilibrada, estável e despojada – algo que, segundo ele, jamais teria conseguido sem a ajuda de Matisse. Este, por sua vez, realizou um pequeno nu compacto, claramente baseado em um modelo de Banyuls, embora as estatuetas em argila que fez um ano depois revelassem uma tensão inteiramente alheia às de Maillol, que conseguiu recriar, enquanto francês do século XX, a postura e a harmonia táteis dos gregos. "A escultura de Maillol exibe de tal modo a plenitude de um fruto carnudo que me dá vontade de estender o braço e tocá-la", comentou Matisse, descrevendo uma arte tão distante quanto possível da maneira nervosa e agressiva com que ele próprio moldava a argila. "Jamais conversamos sobre escultura. Pois não podíamos nos entender. Maillol trabalhava com as massas, como os antigos, e eu lidava com arabescos, como os renascentistas. Maillol não gostava de assumir riscos, e eu era incapaz de resistir a eles."

Por ocasião desse almoço, o risco lhe acenou pelas mãos de outro convidado de Maillol, o pintor Daniel de Monfreid, que fora amigo próximo de Paul Gauguin. Matisse convidou o grupo todo para ver seus quadros em Collioure; e, num final de semana em junho, junto com Terrus, visitou por sua vez Monfreid, que os convidara para examinar os seus Gauguins. Estes eram um lote de esculturas entalhadas e pintadas em madeira, enviadas do Taiti quatro anos antes. Matisse já tinha visto os quadros da maior coleção de obras de Gauguin, abrigada no apartamento parisiense de Gustave Fayet, um produtor de vinho de Béziers a quem iria rever naquele verão com Monfreid e Maillol. Mas nada poderia prepará-lo para o impacto daquelas obras berrantes e selvagens entalhadas por Gauguin. Nenhum outro europeu havia concebido algo como aquilo. Matisse ficou assombrado.

Como pintor, ele vinha zombando de todas as ortodoxias existentes em obras pintadas com violência em pedaços oblongos de cartão, desenhando os penhascos, os rochedos e o mar em uma massa desordenada e convulsiva de pinceladas coloridas. No meio do verão, a crise começou a se instalar. Como sempre, apreensivo demais com a perspectiva de enfrentá-la sozinho, Matisse havia escrito para os antigos companheiros de pintura em Saint-Tropez – Manguin, Marquet e Camoin –, pedindo a todos que o visitassem em Collioure. Nenhum deles se dispôs a fazer a viagem. No dia 25 de junho, enviou um cartão nervoso e peremptório a André Derain, que aceitou de imediato. Ele havia completado 25 anos naquele mês, e devia muito a Matisse, que o visitara regularmente, levara amigos para examinar o seu trabalho e o ajudara durante os três anos extenuantes em que Derain fez o serviço militar. Foi graças a Matisse que Derain havia exposto pela primeira vez naquele ano, no Salão dos Independentes, e vendido tudo o que havia em seu ateliê para Vollard. Meticulosamente disfarçados de um respeitável casal burguês, Matisse e Amélie haviam até mesmo ido à cidade natal de Derain, a fim de convencer os pais dele a deixá-lo seguir a carreira de pintor. O pai de Derain ficou suficientemente impressionado a ponto de dar ao filho mil francos, com os quais ele viajou para Collioure.

Ao chegar, no dia 7 ou 8 de julho, causou consternação no Hôtel de la Gare, onde ninguém sabia o que fazer daquele dândi parisiense alto, esguio e desmazelado. "Uma aparição", comentou Mathieu Muxart, o empregado do hotel, que no dia seguinte foi à estação buscar a bagagem de Derain, "uma espécie de gigante, magro, vestido todo de branco, com bigodinho longo, olhos de gato e um gorro vermelho pontiagudo na cabeça. O carrinho de mão ficou repleto de baús, maletas e um para-sol maior que o guarda-chuva do funcionário da aduana". Tal como outros que não conheciam Collioure, Derain ficou desconcertado com a luminosidade e as cores. "Na verdade, esse lugar, essa gente de rosto bronzeado, pele amarela de cromo e alaranjada, de um moreno acentuado; barbas negro-azuladas", descreveu ele suas impressões, de maneira desarticulada, ao amigo e parceiro de pintura Maurice de Vlaminck. "Suas mulheres, com gestos esplêndidos, em jaquetas e mantas negras; cerâmicas vermelhas, verdes e cinzentas, burricos, barcos, velas brancas, barcas multicoloridas. Mas é a luz, uma luz pálida e dourada, que suprime as sombras. O trabalho a realizar é espantoso. Tudo o que fiz até agora me parece estúpido." Nos dois meses seguintes, Derain enviaria a Vlaminck uma torrente de cartas, transmitindo vividamente a crescente excitação dele e de Matisse com a supremacia da luz, a eliminação da sombra, a capitulação à cor em si mesma.

O hotel ficava ao lado da linha do trem, num terreno de vegetação rasteira acima do vilarejo, no alto da larga e recém-aberta avenue de la Gare, onde havia poucas construções, o mais longe possível do alarido e da agitação do porto. Os dois artistas pintavam furiosamente, muitas vezes postando-se lado a lado diante de motivos prediletos, diante dos telhados ou das rochas em L'Ouille (onde Derain desenhou Amélie posando para o marido). E continuavam a trabalhar no hotel à noite, entre os frequentadores do bar, fazendo retratos um do outro, e guardando os materiais de pintura no sótão da casa vizinha. O senso de humor absurdo de Derain, sua energia e impetuosidade, as súbitas mudanças de ânimo, faziam dele uma pessoa adorável. Ele cativou toda a família Matisse naquele verão. Nadou, contou histórias, brincou com os meninos e encantou Amélie com seu ímpeto juvenil. Pierre, que o adorava, ia a toda parte nos ombros de Derain. Em julho, os Matisse mudaram-se para o porto, alugando o piso superior da ampla casa da família de Paul Soulier na praia Boramar, e ali Derain juntou-se a Matisse para trabalharem juntos no novo ateliê.

Muitos dos quadros que pintaram nesse verão mostram a balaustrada diante da janela aberta do ateliê e a vista mais além, seja diretamente para o mar, seja para baixo, na direção do porto, com o campanário antigo à esquerda. O calor era sufocante. O olhar novo e a inteligência pictórica do artista mais jovem de novo instigaram Matisse, como havia ocorrido três anos antes no Louvre, a seguir por direções cada vez mais arriscadas. Inquieto, Matisse escreveu a Signac, invejando as certezas pictóricas deste, preocupado com os conflitos pendentes em *Luxo, calma e volúpia* e contemplando com apreensão seus preparativos para outra tela divisionista, *Port d'Abaill*. Nessa carta ele levanta o problema da cor refratária e de sua incapacidade para respeitar as regras disciplinares de Signac. Estava se tornando claro que, por mais que apreciasse e admirasse Signac, Matisse estava prestes não só a lançar fora o aparato regulador, como também a saltar em seguida e mergulhar nos elementos incontroláveis da pintura. Derain, mais impetuoso e menos perturbado do que Matisse, foi o primeiro a pular. No final de julho, ele se congratulava por ter erradicado de sua obra todos os resquícios de divisionismo. "A noite é radiosa, o dia é vigoroso, feroz e avassalador", escreveu no dia 1º de agosto. "A luz lança por todos os lados o seu imenso e clamoroso grito de vitória." Confrontando essa luz na tela, ambos os pintores viram-se alternadamente vitoriosos e derrotados. Matisse pediu a Signac que lhe enviasse as palavras reconfortantes de Cézanne (publicadas em uma entrevista muito debatida em Saint-Tropez no ano anterior) sobre a reconciliação da linha e da cor. Quando o trecho chegou, copiado à mão por Signac em um cartão-postal datado de 14 de agosto, deve ter parecido como se o próprio Cézanne estivesse endossando o que ocorria em Collioure: "Linha e cor não se distinguem [...] Quando a cor está em sua maior intensidade, a forma assume a expressão mais plena".

A crise de Matisse prolongou-se por todo o verão. Nessas etapas derradeiras de uma contenda que antes tivera a esperança de solucionar com o divisionismo, Matisse não se voltou para Signac, mas para Henri Cross, que muito antes previra que a solução buscada por Matisse estava nele mesmo. Em 1905, Cross debatia-se com a possibilidade de ficar cego. O reumatismo ameaçava-lhe o olho esquerdo, irrompendo de tempos em tempos sob a forma de uma inflamação extremamente dolorosa na íris. Em abril, Matisse presenteou Cross com uma paisagem, recebendo em troca um maço de tulipas-papagaio. No fim de maio, avisado por Marquet de que Cross estava, por ordem médica, confinado a um quarto escuro em Saint-Clair, Matisse prontamente enviou pelo correio o quadro *Tulipas*, com tons púrpura, dourado e carmim. Escrevendo em nome do marido, que não conseguia enxergar nem mesmo o suficiente para segurar uma pena, Irma Cross o agradeceu pelo gesto delicado, que muito emocionou o casal. Os Cross admiravam Matisse por sua coragem obstinada enquanto artista, mas o amaram pela prontidão e sensibilidade com que reagiu à adversidade deles em meio a tudo o que ele próprio estava passando naquele verão. À medida que suas cores tornavam-se furiosas e incandescentes, emitindo uma estranha luz própria ao longo dos meses de julho e agosto, Matisse enviava relatos do trabalho que fazia em Collioure a Cross, que continuava de olhos vendados em seu leito de enfermo em Saint-Clair.

Em retrospecto, Matisse veria a conflagração que consumiu a ele e a Derain como algo portentoso e mesmo demoníaco. A Bussy, ele disse que a cor liberara uma energia que parecia se originar de bruxaria. Seus relatos subsequentes ressaltam os aspectos de desafio temerário e destruição deliberada. "Nós éramos [...] como crianças diante da natureza, dando voz a nossos temperamentos [...] Eu estragava tudo por princípio, e trabalhava a bel-prazer, recorrendo apenas à cor." Na época, porém, ele ficou aterrado com a violência destrutiva de seu instinto liberador. O primeiro impulso de Cross, ao recuperar a visão no outono, foi reconfortar Matisse. Insistiu para que voltasse a ter confiança em si mesmo, e não achasse que traíra os antigos amigos ("Foi exatamente meu grande amor, meu grande desejo de liberdade que me levou a dizer no ano passado que 'logo você vai deixar para trás o divisionismo'"). Quatro décadas depois, Derain contou ao genro de Matisse, Georges Duthuit, que a transgressão generalizada de tabus em Collioure havia sido, tanto para ele como para Matisse, uma provação tremenda. "Não era mais possível, de forma nenhuma, recuar o suficiente para ver as coisas com clareza e levar a cabo com calma a nossa transposição. As cores viraram bananas de dinamite. Estavam aparelhadas para disparar luz."

Matisse retratou Derain em Collioure, uma delicada composição centrífuga com nítidas cores primaveris – amarelo-limão, turquesa, vermelho-cereja e azul-gredoso – explodindo a partir do centro ocupado por um rosto jovem vago e esquelético, com olhos escuros inexpressivos e bigodes pretos caídos. Derain, por sua vez, pintou Matisse pelo menos três vezes. Ele deu a Amélie o retrato de construção mais sólida, uma impressão, relativamente convencional em termos de cor (à parte a sombra verde que se alastra como uma contusão em volta de um dos olhos), do homem mais velho amável e inteligente com quem Derain havia aprendido e a quem admirava: o confiável personagem de óculos, fumando cachimbo, que inspirava respeito em gente como os pais de Derain. Mas este também conheceu e retratou um aspecto bem mais perturbador de seu amigo naquele verão. *Retrato de Henri Matisse* – desenhado com tanta leveza que o corpo fantasmagórico mal emerge da superfície nua da tela – capta o amigo em flagrante, segurando um pincel impregnado de tinta vermelha, com o rosto esbranquiçado e uma nódoa vermelha em volta do pescoço, mais uma faixa do que uma barba. Até o fim da vida, Matisse guardou essa imagem de um homem possuído ou fora de si. De acordo com Duthuit, a tensão era tão forte no verão de 1905 e em seguida que todos os que viviam próximos a Matisse corriam o risco de também serem arrastados para a beira do colapso ou da vertigem. "Os presságios óbvios experimentados pelo pintor – que, ao mesmo tempo, é tão prudente e metódico a ponto de as pessoas o chamarem de 'doutor' – faziam com que tremesse. Durante os poucos anos em que foi capaz de suportar essa visão, Matisse passava noites inteiras sem dormir, noites de desespero e pânico." Nunca mais Matisse se libertaria da insônia corrosiva que o atacou em Collioure, onde Amélie passava as noites intermináveis lendo para ele em voz alta, às vezes até o amanhecer.

Matisse retratado por Derain no verão de 1905, quando as cores se tornaram para eles bananas de dinamite.

Atualmente não é fácil entender de que modo essas pinturas de luz e cor, mediadas por singelas cenas domésticas à beira-mar – uma vista de barcos de pesca sobre vasos de gerânios escarlates no peitoril da janela do ateliê, Amélie enrolada em uma toalha ou sentada descalça sobre uma pedra –, podiam ter parecido na época, tanto para o pintor como para o público, um ataque que colocava em risco a própria civilização tal como a conheciam. No entanto, o fato é que Matisse não estava apenas abandonando a perspectiva, abolindo as sombras, rejeitando a distinção acadêmica entre linha e cor. Ele estava tentando subverter um modo de ver que havia evoluído e sido aceito pelo mundo ocidental durante séculos e que remontava a pintores como Michelangelo e Leonardo da Vinci e, antes deles, aos mestres da Antiguidade grega e romana. Ele estava substituindo a ilusão de objetividade por uma subjetividade consciente, por uma arte do século xx que iria basear sua legitimidade sobretudo nas reações visuais e emocionais do próprio pintor.

E fez isso seguindo pistas presentes no primeiro quadro que pintara na vida, quando ainda trabalhava no escritório de advocacia em Bohain. "Achei a mim mesmo ou a minha personalidade artística ao examinar as primeiras obras que fiz. Descobri nelas algo constante que, a princípio, me pareceu uma repetição monótona. Era a marca da minha personalidade, que se mostrava idêntica nas mais diferentes disposições de ânimo por que passei." A arrebatada e implacável investigação a que Matisse submeteu os próprios instintos e humores mais sombrios por vezes o fazia temer pela sanidade mental. Foi preciso recorrer a toda a sua capacidade de determinação e imaginação para impor um equilíbrio antes inconcebível ao que pareciam ser imagens febris de um cérebro transtornado. Em outras ocasiões, ele temia que as cores resplandecentes que havia liberado acabassem por torná-lo cego, tal como Cross. Depois desses dois turbulentos meses em Collioure, Matisse jamais voltaria a trabalhar com Derain. De certo modo, provavelmente não faria diferença se algum outro amigo tivesse atendido a seu chamado no início do verão. Derain trouxe juventude, vigor, ousadia e um entendimento profundo e cultivado das regras que ele e Matisse se empenharam em romper. Acima de tudo, o encontro dos dois proporcionou a coragem que cada um buscava no outro para concluir a passagem definitiva do velho mundo para o novo, mas que teria de ser feita solitariamente diante de suas respectivas telas.

No início de setembro, os Matisse retornaram a Paris e, no caminho, passaram em Perpignan para deixar Pierre com os Parayre. As duas famílias haviam estabelecido o que, na década seguinte e mesmo depois, se tornaria um padrão regular de visitas no verão, com Berthe, acompanhada de alguma de suas pupilas ou dos pais, tomando o trem para passar o dia na praia em Collioure, e os filhos de Matisse fazendo o caminho inverso. Pierre, que sofria de asma, também iria passar os invernos seguintes em Perpignan, de modo a evitar o risco de outra pneumonia em Paris. Marguerite, cuja laringe avariada a tornava especialmente vulnerável, voltou a morar no quai Saint-Michel, para ficar sob os cuidados dos pais no outono, enquanto Jean tomava o lugar dela junto à avó em Bohain. Anna Matisse mantinha o apartamento do filho abastecido com cestos de produtos frescos e provisões da loja, enviados por trem a Paris duas vezes por mês. Desde muito, Hippolyte Henri aceitara que não havia como manter sob controle o primogênito. Segundo Matisse, o relacionamento com o pai havia se reduzido a pouco mais do que breves comentários quando ele chegava para uma visita, ou quando ia embora ("'As coisas estão indo bem em Paris?' 'Estão, sim.' E isso era tudo"). Todavia, sem o apoio constante, tanto material como moral, de ambos os avós, a família do pintor dificilmente teria sobrevivido a esses anos de pobreza e dispersão.

Jean, Marguerite e Pierre Matisse com a tia Berthe em Perpignan.

Matisse voltou de Collioure com quinze telas, quarenta aquarelas e uma centena de desenhos. "Matisse e Derain fizeram coisas assombrosas", Marquet informou a Manguin em 8 de setembro. Uma semana depois, Matisse recebeu a visita de Félix Fénéon, um amigo de Signac que era considerado o crítico parisiense mais perspicaz para a arte moderna. Durante toda a vida um defensor dos novos talentos, com um senso de humor irônico e uma inclinação anárquica, Fénéon estava prestes a abandonar a crítica de arte a fim de assumir a direção de uma nova seção de arte contemporânea na rica e respeitável Galeria Bernheim-Jeune. Mais adiante, ele se tornaria o único marchand a não decepcionar Matisse. "Como um bom anarquista, desde a sala dos fundos da Bernheim-Jeune, Fénéon plantou Matisses entre a burguesia como se estivesse plantando bombas", escreveu Maurice Boudot-Lamotte, um dos discípulos de Moreau.

A situação financeira de Matisse era mais uma vez de penúria total. Ele aceitara fazer uma segunda exposição individual na primavera de 1906, organizada por Eugène Druet, um ex-gerente de bar, na época pouco mais próspero do que Berthe Weill. Nenhuma proposta nova veio de Vollard (que pagou 3 300 francos a Derain naquele outono e continuava a adquirir regularmente as obras de Manguin e Marquet). Todas as boas intenções de Matisse, no sentido de voltar de Collioure com obras vendáveis, não resultaram em nada. Nos três anos anteriores ele havia sobrevivido em grande parte de seus quadros antigos, mas agora, tendo afinal rompido com a tradição, não mais podia refazer o estoque de paisagens, quadros de flores e naturezas-mortas relativamente convencionais. A situação tornou-se tão crítica que, em um dia tenebroso no outono de 1905, Matisse até mesmo pensou em se desfazer das *Três banhistas* de Cézanne (felizmente os Bernheim não aceitaram a proposta, alegando que os 10 mil francos pedidos por Matisse estavam muito acima de um valor realista). E dentre os seus amigos poucos tinham condições de oferecer ajuda prática, com exceção de Signac, que comprou *Luxo, calma e volúpia* pela soma considerável de mil francos.

Ainda nominalmente um divisionista, Matisse passou a se dedicar seriamente a *Port d'Abaill*, a tela que vinha planejando desde o começo do verão: "Estou trabalhando em ponto pequeno", escreveu a Bussy, "o que significa que a coisa anda lentamente, sobretudo porque nem sempre funciona de primeira". Os pontos, ou *points*, dos divisionistas [ou pontilhistas], que doze meses antes haviam lhe acenado com a promessa de uma gloriosa libertação da ortodoxia acadêmica, agora pareciam a Matisse um trabalho manual repetitivo e laborioso, uma busca canina que seguia regras fixas e levava a uma conclusão predeterminada. O quadro terminado tem uma luz dourada mas amortecida, e uma comicidade desarmante, como se as minúsculas figuras operando o guincho ou remendando as redes estivessem plenamente conscientes da situação absurda em que se encontrava seu criador. O trabalho em *Port d'Abaill* arrastou-se por tempo demais para que pudesse ser inscrito no Salão de Outono de 1905. Matisse acabou por levá-lo a Bohain, para saber a opinião da mãe, que não ficou nada impressionada. Quando ela comentou "isso não é pintura", o filho agarrou uma faca e retalhou a tela. *Port d'Abaill* foi o campo de batalha no qual a teoria divisionista tentara em vão conquistar Matisse. O veredicto materno foi tanto uma libertação quanto uma rejeição. Quarenta anos depois, Matisse recordava-se de ter pintado outro quadro para a mãe e de "nele colocar, em consideração a ela, tudo o que a teoria não lhe podia proporcionar".

A obra que concluiu a toda a pressa para expor no Salão de Outono, no lugar de *Port d'Abaill*, foi *Mulher com chapéu*, que pareceu aos contemporâneos mais uma grosseira grafitagem, com as cores brutalmente esparramadas ou lambuzadas sobre a tela. Aqueles que sabiam que a mulher do pintor havia servido de modelo ficaram abertamente chocados. Os espectadores redobravam de riso diante da tela. Os críticos repetiram em público os mesmos insultos que os moradores de Bohain pronunciavam às costas de Matisse. Até mesmo artistas jovens e ansiosos por se identificarem com tudo o que era novo e de aparência avançada relutaram em aceitar essa obra. Naquele ano, o quadro de Matisse foi a grande estrela do Salão, que foi todo ele considerado pelos espectadores uma mostra circense. Ele próprio, contudo, havia entretido grandes esperanças antes da abertura da exposição. Excepcionalmente, achava que havia conseguido exprimir algo do que pretendia, e estava ansioso, com uma modesta confiança, para apresentá-lo ao público. Já outros vislumbravam dificuldades. Ao fazer uma inspeção do Salão antes de sua abertura, o crítico Louis Vauxcelles notou um par de esculturas acadêmicas incongruentemente ladeadas, na Sala VII, pelas obras de Matisse, Derain e seus amigos, e fez um gracejo que se tornaria famoso: "Um Donatello entre os animais selvagens [em francês, *fauves*]".

O clamor público culminou em uma página dupla da revista *L'Illustration*, dominada pela *Mulher com chapéu* e *Janela aberta*, ambas de Matisse.

Em retrospecto, a Sala VII mais parecia o centro de comando de uma insurreição gloriosa, "todas as noites tomada por longas fileiras de revolucionários, afluindo de Montmartre [...]", nas palavras do curador Raymond Escholier, "tal como um século antes, massas de desordeiros do faubourg Antoine rumaram para a Convenção Nacional". Pablo Picasso (que ainda não conhecia Matisse) sentiu que havia sido claramente passado para trás. Mais tarde, o próprio Matisse reconheceria de bom grado que até mesmo o apelido depreciativo não causara nenhum dano ("Para ser sincero, foi admirável. O termo *fauve* dificilmente poderia ser mais adequado ao nosso estado de espírito"). Porém, na época, todo o episódio foi uma repetição, encenada sob a luz plena da atenção nacional, das zombarias e insultos que Matisse suportara durante anos em Bohain. A despeito da decisão sensata de não ir ao Salão, Matisse acabou sendo constantemente atraído à mostra e ao som das gargalhadas provocadas por seus quadros na Sala VII. Quando criança havia sonhado em ser palhaço, e agora o sonho havia se transformado em pesadelo.

Uma semana antes do término do Salão, chegou por telegrama uma oferta de compra da *Mulher com chapéu* por trezentos francos, ou duzentos francos a menos do que o preço solicitado. Nada mais foi vendido. O moral estava mais baixo e o dinheiro mais escasso do que jamais antes. Como era típico do casal, enquanto o impulso de Henri era o de aceitar a oferta, Amélie insistia para que o preço inicial fosse mantido. Após vários dias de tensão crescente, os termos originais foram aceitos em um segundo telegrama, que Matisse abriu e leu com expressão tão estranha que sua mulher ficou apavorada. "Eu estava piscando para você", contou ele, "para lhe dizer, pois estava tão emocionado que mal conseguia articular algo". Os compradores eram os americanos Leo e Gertrude Stein. Os irmãos formavam uma dupla que se destacava – ele alto e magro, ela baixa e corpulenta – por usar sandálias e paletós de veludo marrom vívido que combinavam. Ambos começavam a ficar conhecidos na rue Lafitte e vizinhanças, onde Berthe Weill tentara em vão levá-los a fazer uma aquisição ("Matisse era interessante para eles [...] mas não ousavam. 'Podem confiar em mim e comprem um Matisse', disse a eles [...] mas os quadros ainda não estavam maduros o bastante").

Na realidade, quem se encantou com o quadro foi Sarah Stein e seu marido, Michael, o irmão mais velho de Gertrude e Leo, e depois de muito empenho, foram eles que os convenceram. Só no final de novembro, os Stein reuniram coragem para fazer a oferta, que acabou sendo recusada por Amélie.

Por mais reservada que a esposa de Matisse fosse em público, a parceria entre ambos era, em particular, mais uma colaboração ativa do que o relacionamento desigual entre artista e musa visto como o ideal na geração deles. A temeridade de Amélie era equiparável e, por vezes, até superior à do marido. "Quanto a mim", disse ela com razão na velhice, "estou no meu elemento quando a casa pega fogo." Entre outras coisas, *Mulher com chapéu* é um retrato da coragem de Amélie, de sua determinação e de sua fé passional e exigente no pintor. Após pintar o famoso e emblemático *Retrato de Gertrude Stein* em 1906, Picasso comentou, diante dos protestos de que o modelo pouco se parecia com a imagem: "Ela ainda vai chegar lá". O mesmo se deu com os retratos que Matisse fez de sua mulher em 1905, que à primeira vista pareceram gelidamente desumanos tanto para o público como para os críticos. Os amigos de Amélie não só reconheceram a semelhança como também insistiram que, ao ficar mais velha, mais extraordinária seria a parecença. Matisse realizou um terceiro retrato *fauve* naquele inverno, *Interior com menina* (*Menina lendo*). A tela mostra Margot aos onze anos, com um vestido tipo jardineira, absorta na leitura de um livro, a cabeça apoiada numa das mãos, à mesa com a chocolateira e a fruteira que reaparecem em inúmeras naturezas-mortas, no ateliê do quai Saint-Michel. Esse quadro da filha também é, em certo sentido, uma imagem da casa pegando fogo que despertava o melhor em Amélie: a casa da arte sendo destruída pelas chamas com todos os seus acessórios e móveis tradicionais. Marguerite ocupava o centro de uma conflagração cromática, tal como Amélie na *Mulher com chapéu*.

A primogênita de Matisse já se transformara na terceira coluna em torno da qual revolvia a vida do ateliê e da casa. Valente, decidida e intransigente, Marguerite era (e o seria pelo resto da vida) alguém em quem os pais e os irmãos podiam contar irrestritamente, tanto em situações corriqueiras como nas excepcionais. Ainda pequena, ela se encarregava das compras e da limpeza da casa, e também cuidava dos irmãos, tarefas que em circunstâncias mais afortunadas teriam sido desempenhadas por uma criada. Foi Marguerite quem proporcionou a Amélie o tempo para posar ou para descansar após ter ficado acordada de madrugada lendo para o marido. A menina tinha o apelido de "a doutora" tal como o pai, e sua vida era moldada, tal como a dele, pelo chamado do dever. A fratura que dividira seu mundo quando tinha três anos fez com que se voltasse para fora, situando o senso de segurança e o respeito próprio na preocupação com os outros. Mais do que para os outros irmãos, o ateliê do pai representava para Marguerite um refúgio, em termos humanos e imaginativos, em relação à longa série de tribulações que no início do século haviam sacudido, e quase destruído, a família Matisse.

Todos eles sobreviveram cerrando fileiras como uma forma de proteção e defesa mútua. No decorrer da década seguinte, quando Matisse correu os maiores riscos em relação à sua carreira, a família constituiu um sistema de apoio que lhe permitiu seguir atuando como artista. Em nenhum momento faltou-lhe a determinação de sua mulher. Os filhos, acostumados desde a infância com o fauvismo e o cubismo, orgulhavam-se de serem os filhotes do animal selvagem. Todos eles reagiam de modo franco e direto aos quadros no ateliê. Desde os primeiros anos foram ensinados a observar com atenção e descrever com clareza o que sentiam para o pai (que aprendeu com o que viam em seus quadros tanto quanto com o que descobria nas obras dos filhos). Eles cresceram vendo os pais empenhados, dia após dia, em um esforço incessante. A pintura de Matisse forneceu não só o contexto da vida de seus filhos, mas a própria razão de viver. "Sei o lugar que seus quadros ocupam em nossa família", Pierre escreveu ao pai após ter saído de casa, "cada um deles representa um período, um novo enriquecimento para todos nós, cada um deles tem uma importância que não se avalia direito até que tenha desaparecido."

Em outubro de 1905, Matisse trocou a apertada área de trabalho no quai Saint-Michel por uma sala maior, alugada por uma ninharia num convento abandonado, o Couvent des Oiseaux, no cruzamento da rue de Sèvres com o boulevard Montparnasse. Ele precisava de mais espaço para se dedicar a um retrato da sra. Signac, o que era irônico, pois justamente a obra que mais o preocupou no novo ateliê precipitou o confronto final com o marido dela. Tratava-se de *Alegria de viver*, o quadro que Matisse chamou de "minha Arcádia". Essa tela assinalou uma vitória decisiva no perene conflito que era um embate consigo mesmo – uma tentativa de aquietar seu espírito perturbado – e, ao mesmo tempo, com uma linguagem pictórica esgotada. Nessa nova obra ele alcançou por fim o domínio de calma sensual e luxuriante que lhe havia escapado em *Luxo, calma e volúpia*. Nada poderia ser mais simples, nítido ou tranquilizante do que *Alegria de viver*, com seu conjunto arcádico de ninfas e amantes – abraçando-se, dançando, fazendo música ou descansando à beira-mar – apresentadas como elementos decorativos em um padrão rítmico de áreas chapadas de cor.

Em *Alegria de viver*, mais que em qualquer outro quadro, Matisse mostrava ter cumprido a tarefa que se havia imposto no primeiro verão em Collioure, ou seja, "aprender a fazer com que as cores cantem". O título da obra vem do lema em catalão da cidadezinha, e ela tem como cenário a praia em L'Ouille. A roda de dançarinas no plano médio remete às ancestrais danças de roda dos pescadores de Collioure e antecipa o modernismo selvagem da *Dança* que ele pintaria em 1909. A cor é tão exaltada como apenas Matisse era capaz de fazer, e tão terrena quanto as frutas e os legumes do mercado de Collioure, descritos por seu amigo Paul Soulier ("dificilmente será possível encontrar outra imagem assim da abundância, da vida amena, do bem-estar ao alcance de todos"). Essa era a concepção democrática de luxo da qual Matisse se impregnara crescendo entre os tecelões de seda de Bohain. Nos derradeiros anos, ele chegaria à conclusão de que toda a sua carreira podia ser vista como uma fuga para o sul, para longe do mundo sombrio, estreito e angustioso de sua formação nortista. Ele reconhecia claramente as pressões internas que exigiam e lhe negavam o descanso. Mas até o final sua arte continuava enraizada na sensibilidade nortista que lhe proporcionou, de um lado, o senso prático, a obstinação e a perseverança, e, de outro, o sentimento austero e concentrado que partilhava com os grandes mestres flamengos: uma intensidade liberada pela luz e pela cor do sul em momentos cruciais de seu desenvolvimento como pintor.

Signac, um dos primeiros a ver *Alegria de viver* no novo ateliê de Matisse, ficou visivelmente chocado. "Matisse [...] parece ter perdido as estribeiras", escreveu no dia 14 de janeiro de 1906. "Em uma tela de dois metros e meio ele circundou algumas figuras estranhas com uma linha tão grossa quanto um polegar. Em seguida, preencheu a coisa toda com cores chapadas e bem definidas que – por mais puras que sejam – me chocaram de tão repulsivas." Após tolerar com relutância as aberrações de Matisse no Salão de Outono, Signac viu essa última obra como uma traição, e deixou isso bem claro em uma cena pública de recriminação quando, em março, o quadro foi exibido no Salão dos Independentes. Depois disso, os dois pintores não se falaram mais. *Alegria de viver* foi o único quadro inscrito por Matisse no Salão, um gesto de coragem e desafio que causou uma comoção pública ainda maior do que no caso da *Mulher com chapéu*. "Nesse ano, Matisse alcançou o maior êxito de sua carreira em termos de hilaridade", escreveu Berthe Weill. Meio século depois, a lembrança do fato ainda não havia desaparecido. "Os parisienses que ainda se lembram do evento contam que, já na entrada, assim que se chegava ao Salão, dava para ouvir os gritos", escreveu Janet Flanner na década de 1950, "e que bastava segui-los até o alarido de chacotas, exclamações iradas e risos estridentes erguendo-se da multidão que circulava zombeteira em torno da apaixonada concepção da alegria proposta pelo pintor."

Pela segunda vez em menos de seis meses, Matisse via-se transformado em atração de cabaré ou de circo. Um dos jovens imaginativos e piadistas que frequentavam com Picasso o Lapin Agile em Montmartre teve a brilhante ideia de desfigurar cartazes que alertavam para as propriedades tóxicas da tinta à base de chumbo, de modo que os avisos colados fora dos mictórios públicos agora diziam: "Pintores, fiquem longe de Matisse!", "Matisse já causou mais danos em um ano do que uma epidemia!", "Matisse vai torná-lo insano!". A imprensa popular se esbaldou. A reação dos críticos mais responsáveis ia da perplexidade ao sarcasmo. Na véspera da abertura do Salão dos Independentes, ocorrera a inauguração de uma mostra retrospectiva com cerca de sessenta obras realizadas por Matisse nos dez anos anteriores, montada na pequena, arrojada e inesperadamente bem-sucedida galeria de Druet, no faubourg Saint-Honoré. Matisse havia desenhado um cartaz com barcos a vela em cores alegres balançando sob um sol radioso para ser pendurado na vitrine de Druet, mas o único resenhista a comentar a exposição alertava o público a não se deixar enganar pelos truques de um empresário de espetáculos espertalhão. Druet era um vendedor inspirado, com sangue-frio e faro apurado para os negócios. Sua reação ao escândalo entre os clientes em potencial foi formar um estoque com as obras mais recentes de Matisse, pelas quais pagou 2 mil francos em abril. O pintor ainda resmungou que a combinação original era de 3 mil francos, mas Druet era o primeiro marchand depois de Berthe Weill a se especializar em artistas jovens contemporâneos (Marquet, Manguin e Camoin expuseram todos em sua galeria) e valia a pena manter um bom relacionamento com ele. A concorrência por fim levou Vollard a se mexer e, no mesmo mês da venda a Druet, adquirir de Matisse o equivalente a 2200 francos em obras mais antigas. Ambos os negociantes pressentiam a virada na maré bem antes que esta se tornasse evidente para outras pessoas.

Embora débeis, os sinais de mudança iminente eram perceptíveis nessa primavera. No outono anterior, Matisse havia exposto com um pequeno grupo de pioneiros provincianos em Troyes e voltou a expor em maio no Círculo de Arte Moderna do Havre (recém-fundado por um pintor e decorador local chamado Charles Braque, cujo filho Georges havia se incorporado aos *fauves* em Paris). Um filete de convites semelhantes veio a seguir – nessa altura, ainda gotas dispersas e não uma corrente constante – à medida que amigos e aliados entre os contemporâneos de Matisse assumiam o controle de grupos locais de arte em vilarejos e cidades por toda a França. Naquele mesmo maio, pela primeira vez ele participou de uma exposição internacional de vanguarda, a Libre Esthéthique em Bruxelas, e também enviou quatro telas para uma mostra itinerante alemã descrita pelo alerta e jovem Vassíli Kandinski como "uma bomba explodindo no centro de Munique".

Enquanto isso, *Alegria de viver* fez duas conquistas cruciais. A primeira foi um magnata têxtil russo, Sergei Ivanovitch Shchukin, que visitou o Salão dos Independentes acompanhado do filho mais velho, um rapaz de vinte anos que estudava na Universidade de Moscou e ficou terrivelmente constrangido com a forte reação do pai a um quadro que provocava gargalhadas em todo mundo. Algo na tela deixara Shchukin estatelado. Havia oito anos ele colecionava arte moderna, partindo dos impressionistas (tinha uma dúzia de Monets e uma sala repleta de Renoirs) e avançando sistematicamente até o presente. Shchukin encarava as obras de arte com a mesma atitude que outros homens tinham diante das mulheres, avaliando o risco e o desafio da conquista, sentindo o excitamento da perseguição e o fascínio do desconhecido. Seu relacionamento com a obra de um artista passava por diversas etapas: interesse especulativo, absorção crescente, satisfação eventual à medida que cada quadro desvelava seus segredos, deixando-o então livre para seguir adiante. Naquela altura estava envolvido com Gauguin, cujas telas mantinha discretamente longe dos olhares dos visitantes mais lascivos que frequentavam sua mansão moscovita. Ele era um homem baixo e tímido, com a cabeça grande demais para o corpo, e uma gagueira que por vezes o tornava difícil de ser entendido. "Aqui está. Um l-l-louco pintou isso", disse a um amigo, mostrando-lhe seu primeiro Gauguin, "e um l-l-louco o comprou".

Em 1906, ele contava já com um punhado de obras mais antigas de Matisse, mas nenhuma delas havia capturado toda a sua atenção. Agora ele pediu a Vollard que o apresentasse ao pintor, e esse encontro mudaria a vida de ambos. Ao longo da década seguinte, Matisse recebeu de Shchukin não só o apoio financeiro que não conseguia obter de ninguém mais, como também – em uma época na qual precisava desesperadamente de ambas – coragem e ambição pictóricas tão rigorosas quanto a sua própria. Num primeiro momento, contudo, o russo escolheu apenas um quadro para levar consigo, explicando que teria de testá-lo por alguns dias ("se achar que posso tolerá-lo, e se despertar meu interesse, então fico com ele"). O quadro era *Pratos sobre uma mesa*, de 1900: uma natureza-morta antiga mas ousada, surpreendente naquela altura pela extensa área de cor chapada sem nenhum álibi naturalista convincente – podia ser a toalha da mesa, ou o verso de outro quadro apoiado na mesa – preenchendo um terço da tela com pinceladas de um vermelho opulento, denso e animado e marrons arroxeados. Shchukin acabou ficando com o quadro ("Tive sorte de ele conseguir passar pelo primeiro teste sem nenhum problema", comentou Matisse com bom humor), e o levou para Moscou.

A segunda consequência importante do Salão dos Independentes foi ainda mais animadora. Encerrada a exposição no dia 30 de abril, *Alegria de viver* seguiu para a casa de Leo Stein, que de início antipatizara fortemente com o quadro e somente após várias semanas de deliberação anunciou que "o grande quadro era a coisa mais importante feita em nossa época". Com 34 anos de idade em 1906, Leo era de uma geração posterior à de Shchukin, então com 56 anos. Havia herdado uma renda modesta mas adequada, sob a forma de ações de empresas de bonde na Califórnia, que lhe permitia dedicar-se em tempo integral à arte contemporânea, algo que o absorvia cada vez mais. Irritável, jactancioso e briguento na companhia de outros homens, ele tinha o dom de explicar assuntos complicados de maneira simples e clara, especialmente para as mulheres, e sobretudo para a sua irmã mais nova, Gertrude. Em termos intelectuais e estéticos, os dois eram caracterizados antes pela convicção moral, no sentido bíblico, do que pela arrogância. Ambos se viam como profetas, e nenhum deles manifestou surpresa quando suas infundadas profecias da virada do século acabaram se confirmando. O ensebado apartamento conjugado que ocupavam, à rue de Fleurus, 27, iria se tornar uma das principais atrações do roteiro turístico de vanguardistas no período do entreguerras, graças sobretudo a Gertrude, cuja celebridade aumentou em proporção direta com a dificuldade de leitura, entendimento e até obtenção dos livros que raramente publicava. No início, contudo, os dois eram conhecidos principalmente pela lendária coleção de quadros meticulosamente reunidos por Leo.

Segundo este, a primeira aquisição que fez na vida (uma pequena tela de Philip Wilson Steer, o mais ameno dos subimpressionistas ingleses) fez com que se sentisse o mais temerário dos indivíduos. Ele comprou suas duas primeiras obras de artistas franceses contemporâneos (uma delas era um *Nu de pé*, de Henri Manguin) no Salão dos Independentes de 1905 e, no mesmo outono, semanas ou mesmo dias após assegurar o quadro de Matisse, adquiriu o primeiro Picasso. Nos anos seguintes, os Stein iriam recobrir suas paredes com quadros, pendurados no começo um ao lado do outro na altura dos olhos, e depois ocupando toda a parede, por vezes até com cinco fileiras de telas na vertical. Os artistas ficavam fascinados com essa maneira inusitada, imprevisível e constantemente alterada de expor as obras. Os valores que desembolsavam jamais eram altos. Quando os preços de Matisse superaram o patamar de algumas centenas de francos (em grande parte graças à intervenção de Shchukin), Leo deixou de comprá-lo. Porém, durante dezoito meses cruciais, em que os Matisse estavam sem nenhum estímulo e praticamente sem recursos, os Stein adquiriram quase todas as melhores obras produzidas pelo artista. "Anos mais tarde, muita gente me dizia que gostaria de ter tido a possibilidade de comprar essas obras por esses preços", escreveu Leo com mordacidade meio século depois, "e tive de lembrá-los que eles também estavam em Paris na época, e eram mais ricos do que eu." Gertrude acabou se voltando contra Matisse quando amainou o interesse do irmão pela pintura, mas o artista jamais minimizou sua dívida para com os Stein. O fato de terem acreditado nele em uma época de crise foi tão importante quanto o apoio financeiro. Em declarações públicas sobre o passado, dali em diante Matisse nunca deixava de mencioná-los em lugar de honra entre seus benfeitores.

Em particular, contudo, sempre reconheceu que o membro da família que mais lhe importava, em termos tanto profissionais como pessoais, não era Leo nem Gertrude, e sim a cunhada deles, Sarah. Matisse sempre considerou Sarah Stein pessoalmente responsável pela aquisição da *Mulher com chapéu*. E, naquele inverno, ela mesma comprou *A linha verde* – o primeiro retrato que Matisse pintou de Amélie, em geral tido como tão despropositado quanto o segundo –, assim como pelo menos quatro outras telas. Sarah era tão destemida quanto Gertrude, e tão perspicaz visualmente quanto Leo. Ela se encantou por um aspecto de Matisse que outros viam como bestial ou ainda pior. Instintivamente, ela se inclinava para as telas mais arrojadas e menos tranquilizadoras. Trinta anos depois, Gertrude iria relatar, de modo drasticamente revisado, a história das coleções da família Stein, exagerando a própria importância em detrimento do irmão e eliminando toda referência a Sarah. Foi o próprio Matisse quem insistiu irritado que Sarah era a mais perspicaz e a mais sensível dos Stein, "a única dotada de instinto naquele grupo".

Inteligente, ambiciosa e com pouco dinheiro, criada em uma São Francisco implacavelmente mercantil e que passava por rápida expansão, dotada daquele mínimo de educação que então se considerava adequado para as jovens, Sarah tinha trinta e poucos anos ao chegar a Paris com um apetite voraz pela cultura e sem nenhuma inibição acadêmica. Foi sua confiança na intuição que falou ao coração de Matisse, que sabia muito bem o que significava ser tão atormentado pela estreiteza provinciana a ponto de não hesitar um segundo diante da possibilidade de fuga, como um animal lançando-se sobre o que ama. Depois de seu encontro inicial com a *Mulher com chapéu*, Sarah não perdeu mais tempo. Toda a força de sua personalidade magnética concentrou-se na defesa da causa de Matisse. Muitos a consideravam obtusa, quando não insana. Outros tinham dificuldade de suportar sua loquacidade. A perplexidade geral, porém, só reforçava a confiança que ela tinha no próprio julgamento. Na primavera de 1906, Sarah introduziu pela primeira vez a obra de Matisse nos Estados Unidos, ao visitar São Francisco levando duas telas que, para seus concidadãos, não passavam de produtos torpes, enlouquecidos e monstruosos de uma imaginação doentia. Durante o verão, ela e o marido deixaram guardados os quadros restantes no apartamento da rue de Fleurus, onde o americano que o alugou para as férias queixou-se amargamente que seu prazer diante da arte fora para sempre prejudicado devido à convivência forçada com a coleção dos Stein. Não admira que tenha ficado incomodado. Nas paredes da sala viam-se não só as duas obras de Matisse que tanto escândalo haviam provocado em salões sucessivos, mas também o imenso *Menino conduzindo um cavalo*, o quadro de Picasso com a figura em tamanho natural e mais de dois metros de altura.

Os dois artistas foram apresentados um ao outro pelos Stein durante o Salão dos Independentes, ou na época do evento. Com 25 anos, Picasso havia se mudado de Barcelona para Paris, onde mal falava a língua e ainda não contava com marchand. Para Picasso e seu bando de aliados de Montmartre, Matisse parecia nessa altura ainda mais velho do que os 36 anos que tinha efetivamente: maneiroso, bem cuidado, invejavelmente fluente, "a imagem de um mestre estabelecido". Além disso, era então um nome conhecido por toda a Paris (daí a graça de usar o nome dele nos cartazes colados em Montmartre: a piada seria incompreensível se "Matisse" fosse substituído por um nome desconhecido como "Picasso"). Em algum momento em 1906, os Stein levaram Matisse e sua filha pequena para ver o retrato de Gertrude pintado pelo jovem espanhol. Picasso estava na miséria. Ele trabalhava, vivia e dormia com a namorada e um cão enorme em um quarto úmido, frio e quase vazio no Bateau Lavoir, um cortiço de Montmartre onde artistas empobrecidos pagavam uma ninharia de aluguel.

Nem Marguerite nem seu pai devem ter se surpreendido com o ateliê de Picasso, com a confusão caótica de cavaletes, telas, tintas e pincéis em meio a montes de cinza e escória acumuladas pela estufa. Marguerite crescera em um ambiente como aquele. Depois de quinze anos vivendo da mão para a boca em Paris, Matisse não ignorava nada a respeito de esqualidez, privação, falta de carvão, de comida e de tinta para pintar. Ele havia sobrevivido de pequenos empréstimos, vendas esparsas e trabalhos avulsos, como os artistas do Bateau Lavoir, vestindo a mesma roupa barata de trabalhador até que o caso Humbert o obrigara a trocar as calças puídas de brim por um traje mais convencional. "Matisse costumava se vestir tão descuidadamente quanto Picasso", contou Lydia Delectorskaya, "foi a sra. Matisse que se rebelou e o convenceu a se vestir corretamente". Nos anos em que a família da mulher estava à beira da ruína, Matisse – forçado a lidar com policiais, repórteres truculentos, editores de jornais intrometidos, guardas penitenciários, advogados e funcionários de tribunais – não teve outra opção além de assumir a responsabilidade e todas as consequentes formalidades. E, sem dúvida, na visita ao Bateau Lavoir, ele dominou Picasso. "Matisse fala sem parar", queixou-se o espanhol a Leo Stein. "Como não conseguia falar nada, eu dizia apenas *oui*, *oui*, *oui* [...]."

Picasso havia ficado abalado com a *Mulher com chapéu* e seriamente perturbado com *Alegria de viver*. Bastava olhar para a parede dos Stein para ver que até suas obras mais ambiciosas pareciam débeis e mesmo derivadas. Tenham ou não reconhecido desde o início (como Picasso alegaria mais tarde) que eram rivais, o fato é que Leo certamente os incentivou a pensarem assim. Como sempre antes de todo mundo, ele havia elegido os dois artistas. "No momento, Stein consegue ver apenas através dos olhos de dois pintores, Matisse e Picasso", anotou Guillaume Apollinaire, então um aprendiz de crítico de arte, à margem de seu catálogo do Salão dos Independentes. Mas o elogio de Leo também era um desafio. Os pintores tinham plena consciência de que, quando retornassem a Paris no final do verão, Leo estaria esperando ansiosamente para ver quais seriam os próximos movimentos de cada um. Ambos deixaram Paris em maio rumo à Catalunha, Picasso seguindo para Gósol, nas montanhas no lado espanhol da fronteira, e Matisse retornando a Collioure. Este havia se interessado pelos entalhes africanos que começavam a aparecer nos antiquários parisienses, e interrompeu a viagem em Marselha a fim de visitar uma mostra de artefatos tribais originários das colônias francesas. No dia 10 de maio, após acomodar a família em Perpignan e deixar a bagagem no hotel de Collioure, ele seguiu de trem até Port-Vendres a fim de tomar um barco para o que dizia ser uma viagem de trabalho ao norte da África.

O apoio financeiro para essa expedição deve ter vindo do patrono de Gauguin, Gustave Fayet, que passou a comprar lotes de obras de Matisse em 1906, e cujo negócio de vinhos o mantinha em contato permanente com Argel. As primeiras impressões de Matisse ao chegar lá foram decepcionantes. O calor era tórrido, as pessoas desalentadas, a casbá repleta de prostitutas predatórias. A própria Argel era uma versão infinitamente deprimente dos piores aspectos de Paris ("uma Paris imunda e fétida há anos sem ver nenhuma limpeza adequada", Matisse escreveu a Manguin). Os trens eram tão lentos e pouco confiáveis que Matisse calculou ter passado em trânsito pelo menos metade das duas semanas que esteve na Argélia. Ele seguiu o roteiro turístico, passando por montanhas acobreadas e lagos salgados de brancura ofuscante, até Batna, uma travessia memorável sobretudo por um encontro no trem: "Almocei diante de um tipo magnífico, uma espécie de príncipe árabe, de pele clara com cabelos ondulados e belos olhos azuis, e uma expressão de extraordinária pureza". A linha férrea terminava em Biskra, a lendária porta de entrada para o Saara, onde Matisse chegou sob uma chuva torrencial. Ele se sentiu oprimido pela desumanidade e imensidão da paisagem africana. Quando afinal contemplou o deserto, este lhe pareceu uma vasta e tremeluzente praia de areia que nem sequer era limitada pelo mar. "Por causa do sol – e é quase sempre assim – a luz é ofuscante."

Em Biskra, visitou um dos famosos cinco oásis com jardins, que lhe pareceu luxuriante e estranho demais para ser pintado. A cidadezinha já era na época uma armadilha para turistas sexuais, mas Matisse ficou bem menos impressionado com as lamentáveis dançarinas do ventre do que com os tapetes expostos no mercado, o *souk*. Com arrojados padrões em vermelho, preto, branco e amarelo, tecidos em rudimentares teares manuais no deserto, eram vendidos sob arcadas, por mercadores que passavam o dia acocorados ao lado de aquários com peixes-dourados. Os tecidos tinham importância fundamental num país em grande parte descolorido devido ao efeito branqueador da luminosidade. Matisse, nascido e criado entre tecelões, sempre um apaixonado e refinado apreciador de tecidos, acrescentou diversos tapetes de orações de Biskra à coleção que iniciara ainda estudante, vasculhando as barracas de quinquilharias junto à Notre-Dame.

Além dos tapetes e de alguns vasos, ele trouxe de lá pouca coisa de utilidade imediata para sua atividade como pintor. Disse que passou a maior parte do tempo entorpecido de tanta lassidão ou tédio. "Passava de uma surpresa a outra – sem saber se meu espanto vinha da imensidão do país, dos novos tipos humanos que via ou das emoções puramente pictóricas." A única coisa que pintou foi uma única esquina singela em Biskra. Mais tarde comentaria que, embora os quinze dias tivessem sido um período breve demais para aclimatar o corpo ou a imaginação ao país, foi o bastante para lhe proporcionar um estoque de imagens que aproveitaria até o fim da vida. Algumas delas – os tapetes, o peixe-dourado, o árabe principesco – emergiriam mais tarde em suas obras. Na época, era a luz ofuscante, e o modo como pintá-la, que o preocupava ao retornar a Collioure. "Antes de seguir para a África, eu o havia achado ligeiramente insípido, mas assim que voltei o vilarejo despertou em mim uma necessidade premente de pintar." Ele vestiu as alpargatas confortáveis e pôs-se a trabalhar. Precisava se reconcentrar, recolher e organizar as impressões, descobrir o rumo que estava tomando e reavaliar o caminho percorrido ("Penso sem parar nas obras que realizei nos últimos dez anos, e digo a mim mesmo que o principal é manter-se fiel a si mesmo").

Acima de tudo, porém, sentia falta do apoio de outras pessoas. Quando Amélie foi encontrá-lo com os três filhos no hotel da *dame* Rousette ao lado da estação ferroviária, a família toda voltou a se reunir pela primeira vez desde o verão que haviam passado em Lesquielles, três anos antes. Matisse desenhou a todos em um cartão-postal enviado a Sarah e Michael Stein: Amélie parecia notavelmente jovem, severa e decidida; ele próprio espiava com expressão um tanto zombeteira de trás dos óculos com armação fina acima da barba cerrada; Margot preparava-se para posar, séria e calma, com jardineira, blusa de mangas bufantes e laço no cabelo; Jean e Pierre (com a legenda "os mais endiabrados"), prontos para tudo, com orelhas de abano e cabeças raspadas. No dia 6 de junho, os meninos passaram a frequentar a escola local ao lado dos filhos dos pescadores. Em meados de julho, Manguin chegou com a mulher e os filhos (cujas idades batiam com as dos meninos de Matisse) a fim de passar o resto do verão em Collioure.

Matisse contou a Picasso que foi nessa época que ele começou a prestar atenção no arrojo e na espontaneidade dos desenhos feitos pelos filhos. Pierre, que completara seis anos em junho, copiou uma rosa que o pai pintara em um jarro de cerâmica trazido de Biskra (e depois o vendeu por cinquenta centavos para Berthe Weill, o primeiro passo em uma carreira que acabaria por fazê-lo um dos grandes marchands de arte moderna no século XX). Pierre também inventou uma nova cor e pelo resto da vida iria se recordar de como ficou abalado quando o pai lhe explicou que não existia tal coisa. Como sempre Matisse estava atormentado por dificuldades monetárias. "Nossos filhos estão aqui conosco", escreveu, vislumbrando as crescentes necessidades financeiras que não sabia como atender, "todos os nossos três filhos. E não cabe a eles recuperar o ânimo do pai quando este fica deprimido." Brincando entre os barcos no porto durante o verão, Pierre estava aprendendo a remendar redes, trançar cabos e fazer nós como um profissional. O que mais queria era sair para o mar, tal como o fariam os colegas de escola, assim que tivesse idade suficiente. Duas décadas depois, Matisse ainda sentia uma dor na consciência por ter rechaçado a ambição do menino de se tornar marinheiro com a mesma brusquidão com que o próprio pai se opusera ao seu desejo de ser pintor.

A família retomou a rotina de banhos de mar, caminhadas e trabalho. Matisse passava muito tempo desenhando no jardim da Villa Palma, uma mata luxuriante com enormes eucaliptos, magnólias, alfarrobeiras, jujubeiras, pimenteiras, árvores cítricas raras e romãzeiras, engrinaldadas com trepadeiras floridas e roseiras antigas e aromáticas. Amélie e Margot posavam para ele nos quartos ou ao ar livre, fora da cidadezinha. Os Matisse haviam levado para lá um modelo de uma das escolas de arte parisienses, a italiana Rosa Arpino, que no inverno anterior servira de base para todas as figuras femininas do quadro *Alegria de viver*. Havia algo em sua animação e vigor, na silhueta franca e marcada e no corpo musculoso que instigava Matisse e agradava a Amélie. Todos gostavam de Rosa, que foi a primeira em uma longa sequência de modelos que acabariam se tornando membros honorários da família. Ela posou ao lado de Marguerite para estudos de nus em pé ou curvados, banhando-se ou secando-se em uma tina de estanho, e, junto com Amélie, para uma série de mulheres fazendo a toalete. Posar nua era algo problemático até mesmo para um modelo profissional em Collioure, um vilarejo tão próximo da rigidez moral espanhola que a única maneira de Amélie servir de modelo para o marido era acordando bem cedo, deixando o Hôtel de la Gare às seis horas, atravessando o túnel ferroviário logo após a passagem do expresso Barcelona-Paris e, em seguida, adentrando nos bosques que cobriam as encostas mais além. "Fomos até lá uma dúzia de vezes e jamais fomos perturbados", explicou Matisse a Manguin. "Mas é uma hora de caminhada, e temos de voltar às dez ou onze devido ao calor forte, o que é bem duro." Ele pintou Amélie com outra ninfa desnuda (presumivelmente Rosa) e dois meninos, um deles tocando flauta como um pastor argelino ou um conviva saído do *Alegria de viver*. Ele a retratou sentada em uma clareira, curvada em meio à relva ou lavando os pés num regato, enquadrando a sua forma e o entorno com rápidas e espontâneas pinceladas formando poças e manchas chapadas e rodopiantes de cor artificial.

Matisse também pintou Marguerite, agarrando o chapéu e o véu durante uma ventania na fortaleza acima da cidade. Em seu primeiro verão em Collioure, a menina posou em sessões que se prolongavam por dias, lendo no ateliê com um vestido de gola alta e rendada até acabar a luz, quando então se despia e prendia o cabelo a fim de posar para um *Nu de pé* em argila. Mais uma vez a escultura virou um campo de provas para Matisse. Tudo o que se relacionava com a figura pequena da filha – a postura simétrica, a cabeça grande, os braços longos, as pernas curtas, as nádegas e a barriga salientes – indica a rapidez com que estava se afastando da construção anatômica em favor da reinvenção radical do corpo humano que tanto o impressionara na escultura africana ou egípcia. No final do verão, realizou um conjunto de variações sobre o tema do "Nu em pé", levando-o ao extremo em direções opostas: de um lado, a figura foi reduzida a um torso suavemente arredondado, de regularidade clássica, sem os braços e a cabeça, e com as pernas cortadas logo acima dos joelhos; de outro, a argila foi sovada e goivada, as cavidades da axila, virilha e umbigo contrapostas às protuberâncias acentuadas das nádegas, seios e ombros espichados.

A estatueta original tornou-se uma presença sólida e marcante nas naturezas-mortas que começaram a se dissolver como as paisagens, formando padrões cada vez menos associados às distinções tradicionais entre forma e conteúdo, fundo e primeiro plano, superfícies horizontais e verticais. Tal dissolução revestia-se de um aspecto ameaçador tanto para o artista como para o público. Nas naturezas-mortas dos anos seguintes, com frequência Matisse usou uma ou outra das pequenas figuras humanas de argila ao lado do vaso com alças ou do jarro de cerâmica de Biskra, das flores, frutas e legumes do mercado de Collioure, que o impeliam a confrontos semiabstratos e impessoais que lhe pareciam cada vez mais assustadores. "Sinto um temor ao começar a trabalhar diante de objetos cuja animação precisa vir de mim, de minhas próprias emoções", diria ao filho Pierre em 1940, quando as angústias da guerra tornaram quase impossível para ele se concentrar em frutos e flores. Mesmo septuagenário, Matisse ainda necessitava de modelos humanos para suavizar a aspereza de seus embates cotidianos na tela. "Eles me mantêm ali no meio de minhas flores e minhas frutas, com as quais consigo aos poucos estabelecer contato quase inadvertidamente [...] aí tudo o que tenho a fazer é esperar pela inspiração que acaba inevitavelmente por surgir."

A inspiração – o termo em francês usado por Matisse foi *coup de foudre*, a descarga de um raio, que também significa amor à primeira vista – chegou em 1906, com os tapetes argelinos que lhe invadiram as telas naquele verão. Essa foi a primeira vez, mas não a última, em que tecidos conspiravam em sua pintura para o rompimento dos cânones tradicionais de volume, forma e perspectiva. Outros pedaços de pano começavam a atrair o olhar e estimular seus sentidos, sobretudo o que chamava de *toile de Jouy*, que avistou do alto de um ônibus na vitrine de uma loja de quinquilharias em Paris. A *toile* que conquistou o coração de Matisse era uma resistente peça de algodão branco, estampada com motivo azul-marinho de arabescos com folhas e cestos de flores. No início, ela aparece como toalha de mesa ou tapeçaria na parede em telas como *O guitarrista* de 1903, o retrato *Pierre com Bidouille* e numa série de naturezas-mortas progressivamente mais animadas. Na *Natureza-morta com toalha azul* (1906), as margens pendentes do tecido parecem soerguidas enquanto os arabescos azuis bifurcantes se infiltram entre os objetos na mesa, tocando a haste da fruteira de porcelana, delineando a base do jarro de água, acumulando-se em uma poça de azul sob o pires e afinal derramando-se pela borda da mesa como um vívido traço azulado no sombrio mosaico colorido na parte superior do quadro, que já não tem a menor pretensão de representar um interior de forma realista. O fantasma subversivo de um tapete de oração argelino oculta-se no fundo dessa tela. Em *Natureza-morta com tapete vermelho*, pintada em Collioure em 1906, o tapete pendurado na parede reforça duas extensões de material vermelho e verde dispostos na sua frente, dominando a natureza-morta convencional de prato, caçarola, livro, fruteira e melancia, que se tornam apenas detalhes incidentais em um suntuoso conjunto decorativo.

O trabalho avançava tão bem que Matisse decidiu passar o inverno em Collioure. Amélie levou as crianças de volta a Paris, para o início do período letivo em setembro, deixando o marido em companhia de Étienne Terrus.

Matisse estava pintando, modelando em argila e fazendo experiências com cerâmica esmaltada: jarros bojudos com bico, em cores brilhantes, inspirados nas bilhas catalãs e queimados em uma olaria local. Ele retornou brevemente a Paris para o Salão de Outono e, antes mesmo de chegar, já corriam os rumores a respeito do trabalho que vinha fazendo. Vollard, alertado por Leo Stein, escreveu ao artista solicitando o direito de ver com exclusividade as novas obras, mas descobriu que Druet havia se antecipado e adquirido os cinco quadros inscritos por Manet no Salão, revendendo-os logo em seguida para Fayet. No outono de 1906, os colecionadores passaram a disputar as obras de Matisse. A maré da opinião estava mudando com rapidez. A sensação do Salão foi a mostra retrospectiva de Paul Gauguin, cujos entalhes em madeira foram exibidos pela primeira vez e que foi prontamente alçado à condição de herói por toda uma nova geração de jovens artistas. Matisse passou pela galeria de Druet e topou com Shchukin em via de arrematar onze obras de Gauguin, a maioria delas pertencente a Fayet, que as substituiu por onze quadros de Matisse, os quais por sua vez revenderia com lucro. Por mais que apreciasse os quadros, Fayet gostava ainda mais de vê-los circulando. Quando chegou a Paris a notícia do falecimento de Cézanne, no final de outubro, os círculos artísticos reconheceram que havia morrido um mestre moderno. "No Salão de Outono de 1905, as pessoas riram histericamente diante de seus quadros", escreveu Leo Stein, "em 1906, mostraram-se respeitosas e, no ano seguinte, passaram a venerá-los".

No outono de 1906, Matisse encontrou-se com Picasso no apartamento dos Stein à rue de Fleurus, levando consigo uma pequena estatueta vili, do Congo, que acabara de comprar ali perto, na rue de Rennes. A reação de Picasso foi imediata. Ele jantou com os Matisse, recusando-se a largar a estatueta. E passou em claro o resto da noite no ateliê do Bateau Lavoir, onde o poeta Max Jacob o encontrou pela manhã, em meio a desenhos de um monstro de um olho, quatro orelhas e boca quadrada que o artista alegou ser o retrato de sua namorada. Na mesma época, Derain comprou uma máscara fang, do Gabão, e a pendurou no ateliê ao lado de paisagens *fauves* que, para seus amigos, não se comparavam a nada no mundo. Nos anos seguintes, à medida que o impacto triplo de Gauguin, Cézanne e da arte africana desalojava as velhas divindades do costume, do decoro e da correção acadêmicas, esse tipo de estranheza se tornaria um dos critérios cruciais da nova arte. No curto prazo, isso resolvia o problema que Picasso enfrentava com o *Retrato de Gertrude Stein*, que abandonara sem rosto, após noventa sessões de modelagem, no início do verão. Por fim o completou, sem a presença do modelo, pintando o semblante parecido com uma máscara à qual, como disse com razão, logo ela iria se assemelhar.

Matisse, de seu lado, pintou a estatueta congolesa uma única vez, como parte de uma natureza-morta que jamais acabou. Segundo Gertrude Stein, ele absorveu a essência da arte africana (assim como havia assimilado a influência de Cézanne) internamente, e não através dos olhos: "Através dela Matisse foi afetado mais na imaginação do que na visão. Já Picasso, mais na visão do que na imaginação". Matisse voltou sozinho para o sul em novembro, parando por uma semana na localidade litorânea de L'Estaque, onde encontrou um grupo de competitivos jovens *fauves*, entre os quais Derain, com quem fez uma aposta para ver qual dos dois conseguiria pintar o melhor nu azul. O desafio o atraiu e o atormentou durante todo o inverno em Collioure, onde Amélie e Marguerite se juntaram a ele em uma casa alugada perto da estação ferroviária, na periferia da cidade. Com a chegada do inverno, a filha voltara a adoecer em Paris. Como quase morrera de febre tifoide cinco anos antes, agora Amélie a levou para o sul assim que ficou em condições de viajar. Ela jamais esqueceria do novo quadro, com a tinta ainda úmida, pendurado na parede para recebê-las: um sombrio e escultórico *Nu de pé*.

Matisse com Amélie e Marguerite no ateliê em Collioure, 1907.

Em Collioure, Matisse pintou a si mesmo, com pinceladas abruptas e violentas, a cabeça delineada em preto e azul, os verdes passando rapidamente por seu rosto como nuvens de tempestade. Para os contemporâneos, esse autorretrato parecia desnudá-lo em termos tanto emocionais como físicos. Quando Sarah Stein o comprou, Gertrude comentou que o "achava 'íntimo demais' para ser simplesmente pendurado na parede de alguém". Matisse também convenceu um relutante menino local a posar para um retrato pintado com a mesma cor borrada e os mesmos traços irregulares e abreviados. O corpo derreado e as pernas escarranchadas desse *Jovem marinheiro*, com cabeça inclinada, nariz grosso, lábios cheios, as sombras vermelhas e verdes amolgando-lhe a testa e o queixo, tudo transmite incisivamente o constrangimento físico, a dificuldade de se manter quieto, talvez a lembrança soterrada da própria adolescência vivida pelo pintor como um cativeiro. Uma segunda tela, *Jovem marinheiro* (*II*), é uma versão graciosa, jovial e ritmicamente condensada da anterior. Matisse também concluiu uma natureza-morta, *Cebolas rosadas*, que, tal como os *Jovens marinheiros*, é tão espontânea quanto uma pintura infantil. A drástica simplificação dessas telas o deixou tão incomodado que as apresentou aos amigos em Paris como tendo sido feitas pelo carteiro local ("Isso é mentira, Matisse", disse Jean Puy assim que viu as *Cebolas rosadas*, "foi você mesmo quem pintou").

O mais radical dos experimentos de Matisse teve como ponto de partida a escultura de um nu em pose clássica, apoiado num dos braços e com o outro erguido sobre a cabeça que intitulou *Aurora*. Mal contida na base retangular, a figura irradia energia, desde o topo do penteado saliente, passando pelas curvas articuladas com nitidez no ombro, quadril e coxa, até a planta do pé estendido. Ele dedicou semanas de trabalho a essa estatueta de argila. O *Nu reclinado* (*Aurora*) o absorveu em detrimento de todo o resto, até ocorrer uma catástrofe no início de janeiro. Alertada por um estrondo seguido de gritos no quarto acima, Amélie subiu correndo ao segundo andar e viu a estatueta em pedaços no chão. A primeira coisa que fez foi afastar o marido da cena do desastre, levando-o para dar um passeio como fizera dois anos antes, quando o pintor ficara fora de si após uma briga com Signac por causa de contratempo similar em Saint-Tropez. De novo, a crise parece ter rompido um bloqueio mental ou, nas palavras de Matisse, arrebentado a porta. Na manhã seguinte, antes mesmo de limpar os pedaços de argila, ele recapturou a essência da figura com confiança renovada, mas agora transpondo-a para a tela.

Esta se tornaria *Nu azul: lembrança de Biskra*. A figura central combina o peso globular e a plenitude da arte africana com o equilíbrio de Cézanne, contra um friso decorativo chapado de copas em leque de palmeiras. A despeito da pose compacta e retorcida, o *Nu reclinado* em argila continua sendo o corpo despido de uma mulher da época, com coque alinhado e cintura estreita. Em contraste, o *Nu azul* é inumano. Praticamente todos os que o viram acharam a figura prodigiosamente feia e deformada. "Matisse distorceu mais do que pretendia [...]", escreveu Leo Stein. "Ele me contou que, toda vez que começa um quadro, tem a expectativa de terminá-lo sem nenhuma deformação que possa ofender o público, mas que não consegue isso." No dia 12 de fevereiro, Marquet escreveu a Matisse aconselhando-o a manter altos seus preços, pois "Druet, Vollard e talvez Fénéon vão disputar os quadros". Dez dias depois, Fénéon o convidou para uma exposição individual na Bernheim-Jeune, reforçando a carta com uma visita ao ateliê de Matisse assim que este retornou a Paris, ocasião em que adquiriu três obras e fez uma proposta: a Bernheim-Jeune compraria toda a produção futura em troca do direito de precedência em relação aos outros.

O *Nu azul: lembrança de Biskra* foi o único quadro inscrito por Matisse no Salão dos Independentes, em março de 1907. Pela terceira vez em dezoito meses, ele voltou a escandalizar o público, desnortear os críticos (que descreveram a nova obra como indecente, atroz e fraudulenta) e provocar uma comoção no mundo artístico. Circularam rumores de que Derain havia destruído os seus nus azuis depois de ver o de Matisse. E, pela terceira vez, o quadro que provocou o maior escândalo no Salão foi adquirido por Leo e Gertrude Stein, que estavam se acostumando a avaliar o êxito de sua coleção pela consternação dos amigos. Walter Pach, um estudante de arte nova-iorquino então com 23 anos, visitou o apartamento da rue de Fleurus pela primeira vez naquele ano e viu-se diante de um dos dois famosos Matisses de Leo, o *Nu azul* ou talvez o *Alegria de viver*. "Isso te interessa?", perguntou-lhe Picasso. "De certo modo, sim... mas como um soco na testa. Não entendo o que ele pretende com isso." "Eu também não", disse Picasso. "Se ele quiser fazer uma mulher, que faça uma mulher. Se quiser fazer uma decoração, que faça uma decoração. Mas isso fica entre uma coisa e outra."

6. O MAIOR DOS MODERNOS (1907-09)

SARAH STEIN FICOU COM A PEQUENA ESTATUETA EM ARGILA *NU RECLINADO*, e também com o autorretrato que para a sua cunhada era perturbador demais para ser colocado em casa. Ela também comprou as *Cebolas rosadas* e o mais experimental dos dois *Jovens marinheiros*, pelo qual Matisse eximiu-se de responsabilidade até mesmo diante dos amigos mais próximos. Ele tinha plena consciência da incompreensão e repulsa que o afastavam dos outros pintores. Quanto mais sensível e mais treinado o olhar, maior era a repulsa por suas últimas obras. O jovem Walter Pach detectou ecos tranquilizadores de El Greco e Toulouse-Lautrec nos quadros de Picasso expostos no apartamento da rue de Fleurus, e reconhecia em Van Gogh e Cézanne a conclusão lógica de uma tradição venerável. "Todos os três artistas eram portanto facilmente associáveis ao que eu conhecia", escreveu Pach. "Matisse era do presente, e não havia como acomodá-lo em meu espírito [...]." Para ele, aceitar a obra de Matisse significava deixar de lado tudo o que aprendera na escola de arte e nos grandes museus europeus, e nesse dilema ele se debateu durante um ano.

Não eram apenas a barba e os óculos que faziam Matisse se distinguir do grupo que rodeava Picasso no Bateau Lavoir. O preocupante em relação a Matisse nessa altura era o fato de que até mesmo os jovens mais iconoclásticos não conseguiam entender seus quadros. Durante a primavera de 1907, o próprio Picasso se recolhera ao ateliê, preparando uma resposta a *Alegria de viver* que teria de ser, após a abertura do Salão dos Independentes, uma resposta ainda mais urgente ao *Nu azul*. Raros foram aqueles que viram essa última obra de Picasso antes de ficar pronta (e ela só ficaria oficialmente conhecida como *Les Demoiselles d'Avignon* ao ser exposta pela primeira vez quase uma década depois). E aqueles que a viram ficaram tão perplexos quanto diante dos quadros pintados na época por Matisse. Picasso, que percebera de imediato a importância da arte africana no ano anterior, parece ter sido o único pintor a levar a sério o novo interesse de Matisse pela arte infantil. Quando os dois trocaram quadros em 1907, o espanhol escolheu um retrato da filha do francês, pintado de maneira tão chapada e expressiva quanto um desenho infantil, até mesmo no nome MARGUERITE traçado no alto em maiúsculas tremidas. Os amigos de Picasso entenderam que essa escolha devia ser encarada apenas como parte de sua zombaria rotineira de Matisse, e passaram a usar o retrato de Marguerite como alvo de dardos no ateliê de seu líder. "Acertei! Uma no olho de Marguerite!", "Outra no queixo!" – gritavam (eles usavam dardos de brinquedo, com cones de sucção em vez de pontas metálicas, de modo que os jogadores pudessem extravasar seus sentimentos sem deixar marcas no quadro).

Matisse, *Marguerite*, 1907: o quadro que os amigos de Picasso usaram como alvo de dardos.

Marguerite Matisse estava com treze anos em 1907. A confiança que tinha em si mesma, prejudicada no início da infância e pacientemente recomposta pela mãe adotiva, estava associada ao papel de modelo e assistente do ateliê paterno. Ela era uma figura familiar para todos os que visitavam Matisse, como era o caso de Picasso, que na época avaliava com seu famoso olhar ávido cada novo desenvolvimento e chegou até mesmo a adotar uma "filha" de treze anos em maio (uma órfã chamada Raymonde que, quatro meses depois, teve de ser devolvida ao orfanato quando Picasso demonstrou um tipo de interesse inapropriado para um pai adotivo). Havia um quê de brutalidade juvenil no bando de acólitos em torno de Picasso, a maioria com vinte e poucos anos, todos vivendo na penúria, ambiciosos e ansiosos por se destacar. Matisse enfrentara esse tipo de provocação a vida toda. Estigmatizado em casa como desgraça para a família e o mundo onde nascera, agora era acusado de ser irremediavelmente burguês por uma geração mais nova que nada sabia de seu passado, ou do escândalo público que o ensinara a evitar se expor a todo custo. A corrosiva inquietação a respeito de sua pintura, para a qual Matisse buscava constante alívio com o apoio de outras pessoas, pouco importava para elas, que o consideravam aborrecido e desprovido de humor, mais parecido com um advogado do que com um artista, incessantemente empenhado em defender a própria obra. Tal visão acabaria encontrando a expressão mais plena e convincente no relato sobre a Paris boêmia feito por Gertrude Stein em *A autobiografia de Alice B. Toklas*, publicado em 1933, ocasião em que os protestos de Matisse contra as imprecisões e distorções ali contidas serviram apenas para confirmar a imagem de presunçoso reforçada pelo livro.

Um dos poucos fora da família mais próxima que entendia o lado implacável da natureza de Matisse – o animal selvagem, ou *fauve*, oculto sob o anteparo protetor de sobriedade – era Sarah Stein. Tão fascinada ela ficou com a *Mulher com chapéu* que chegou a comentar com Matisse que jamais conseguiria viver em casa sem os quadros dele nas paredes. Já o pintor afirmou que a convicção de Sarah foi para ele um alento indispensável em suas piores crises de "trabalho, inquietação e ansiedade" nos anos anteriores e durante a Primeira Guerra Mundial. A amizade entre ambos se consolidou depois que os Stein voltaram de São Francisco. Sem se incomodar em nada com a reação dos americanos diante das obras de Matisse, Sarah tomou a decisão de, a partir de então, restringir a coleção às obras do artista, uma proposta cordialmente apoiada pelo marido, Michael. Por isso, ela passou os meses iniciais de 1907 depurando a coleção do casal, vendendo ou trocando os quadros de outros pintores, e assegurando a posse de uma dúzia das obras mais recentes de Matisse, entre as quais *A criada*, *Mulher com chapéu* e *Nu azul*, todos comprados ou emprestados de Leo e Gertrude.

No final, Sarah e Michael formaram uma coleção espetacular com mais de quarenta quadros e pelo menos meia dúzia de bronzes, quase todos do período de 1905 a 1908, os anos nos quais o casal podia escolher entre as telas de Matisse "antes mesmo que a tinta estivesse seca" (o que ocorreria até que a Bernheim-Jeune aumentasse os preços de cada obra, de centenas para milhares de francos).

Matisse ficou intrigado com essa colecionadora capaz de acompanhá-lo em seus saltos mais temerários no desconhecido. Raramente passava uma semana sem que ela fizesse uma visita ao ateliê, ou que ele levasse algo para ela ver. Sarah tinha acesso aos quadros tal como a família do pintor, no próprio ateliê, recém-acabados e com a tinta ainda úmida, no momento em que Matisse mais precisava avaliar o impacto que causavam nos outros. Consciente da turbulência que agitava internamente o artista, Sarah valorizava acima de tudo a pureza, a serenidade e a dignidade de seus quadros: "qualidades que são as suas por excelência", escreveu a ele em 1926. Para Matisse, as críticas dela eram tão importantes quanto a sua admiração. Quando não apreciava uma tela – quando algo lhe chamava a atenção por ser discordante ou incompleto –, ela lhe dizia com franqueza. Matisse confiava no instinto dela, tal como no de sua mãe. "Ele penetrou em meu espírito e coração assim que o vi", escreveu para ele a respeito do quadro *Beringelas* em 1911. "Ao contemplá-lo, senti essa plenitude emocional que me convence da realidade de uma obra de arte sem que seja preciso analisá-la." Durante três décadas, Matisse confiou na capacidade de julgamento de Sarah, que se originava, segundo ele, de "uma sensibilidade excepcional e de um conhecimento minucioso do caminho que percorri". Quando ela retornou aos Estados Unidos em 1935, ele comentou com tristeza: "Fico com a impressão de que a melhor parte de minha audiência partiu com você".

Desde o princípio, o relacionamento entre eles era tão caloroso que incluía as famílias de ambos em temporadas à beira-mar e excursões equestres no Bois de Boulogne. A imensa e arejada sala de estar pintada de branco à rue Madame virou uma galeria particular, onde Sarah assombrava os visitantes ao pendurar até doze quadros importantes de Matisse em uma única parede. "Jamais vira antes uma cor tão refulgente, tão viva", escreveu a jornalista Harriet Levy, de São Francisco, que acompanhou os

Stein quando estes voltaram a Paris. "Vinha gente do mundo todo para ver os quadros. Ali era o único lugar em que se podia vê-los." Tal como Leo e Gertrude, Sarah e Michael reservavam uma noite por semana para receber hordas de visitantes – quase todos jovens e estrangeiros – curiosos para examinar o que era tido em geral como uma mostra de aberrações. Sarah, cuja capacidade de convencimento era irresistível, ensinava a eles que a obra de Matisse abria o caminho para um novo mundo que só poderia ser percebido por meio de uma mudança radical na visão.

O melhor relato dos métodos dela foi escrito pela velha amiga Harriet Levy, que detestou o *Nu azul*, com os seus seios bulbosos, a barriga estufada, as nádegas salientes e as coxas musculosas, até que, uma noite em que estava sozinha com Sarah, acabou passando por uma conversão quase religiosa. "Algo ocorreu com o quadro [...] Ele me emocionou como jamais ocorrera pela amplitude de sua magnificência, de sua beleza [...] era uma percepção da força, de uma força abstrata que superava tudo o que eu vira expresso em figuras naturais ou mesmo em uma árvore. Na verdade, vi que o artista buscava no interior de si mesmo a emoção da qual ainda não tinha plena consciência." Ao longo dos anos subsequentes, Harriet formou uma coleção própria, pequena mas seleta, de obras de Matisse, e viu toda uma série de americanos ricos sucumbirem com relutância ao fascínio de sua anfitriã no apartamento da rue Madame. "Quando estavam com a sra. Stein, ficavam como que hipnotizados e prontos para comprar Matisses. Quando saíam de lá, longe do magnetismo dela, não mais entendiam [os quadros] nem tinham confiança neles [...] Eles ficavam temerosos diante das telas brilhantes. Não conseguiam suportar a violência delas. Ficavam com medo de comprá-las e também de não comprá-las. Temiam que se revelassem tão importantes quanto os Stein diziam que eram." De todas as conquistas de Sarah, talvez a mais impressionante tenha sido o lendário especialista em arte italiana, Bernard Berenson, que achou o *Nu azul* tão repulsivo que o apelidou de "o sapo". "Se você conseguir me convencer de que há alguma beleza naquele sapo, então poderei acreditar em Matisse", disse ele a Sarah, que prontamente o convidou para um jantar com o artista. Os dois homens se deram muito bem, conversando sobre estética comparada, explorando a paixão comum pelo design, cada qual reconhecendo no outro um olho tão perspicaz que, no final de 1908, Berenson estava escrevendo na imprensa nova-iorquina em defesa de Matisse, de quem compraria um quadro no ano seguinte.

Aqueles convertidos pelos Stein em geral eram tomados por um entusiasmo missionário quando retornavam a seus países. O jovem Walter Pach seria um dos organizadores da mostra do Armory Show em Nova York, que apresentou Matisse e seus colegas pintores aos Estados Unidos em 1913. Na Alemanha, um contemporâneo de Pach, o pintor Hans Purrmann, também ficou horrorizado ao ver a *Mulher com chapéu* no apartamento dos Stein ("Foi como receber um golpe na cabeça"), até que, segundo o seu relato, de repente acordou e voltou para casa a fim de conversar com marchands, reunir patrocinadores e ajudar a montar a primeira exposição de obras de Matisse na Alemanha, em 1908. Foi Purrmann que serviu de intermediário na primeira encomenda profissional para Matisse, feita por um alemão jovem e empreendedor, Karl Ernst Osthaus: um *Ninfa e sátiro*, pintados sobre azulejos esmaltados para a casa nova do colecionador em Hagen, na Vestfália. Matisse começara a lidar com cerâmica no ano anterior, em Collioure, e prosseguiu na olaria de André Metthey em Asnières, perto de Paris, onde os *fauves* eram bem-vindos para colorir vasos e pratos de faiança branca. Ele desenhou o mural de Osthaus com a mesma simplicidade e parcimônia que usava nos vasos, decorados com motivos extremamente estilizados em pinceladas livres – flores, dançarinas, cabeças humanas –, dispostos em intervalos contra um fundo branco no interior da borda circular de um prato ou na superfície bojuda de um vaso. Nas naturezas-mortas dos anos seguintes, esses vasos claramente reconhecíveis apareceriam ao lado de panos e estatuetas de argila no pequeno conjunto de elementos familiares convocados por Matisse para ajudá-lo a romper e reordenar as convenções pictóricas estabelecidas de forma e espaço.

No dia 30 de abril, antes mesmo do término do Salão, ele voltou apressado a Collioure, onde vinha trabalhando incessantemente, com breves interrupções, havia um ano. Enviou os filhos pequenos para Bohain, mas levou consigo Amélie e Marguerite, junto com uma de suas primas, Germaine Thieuleux, uma órfã de dezenove anos que parece ter sido adotada pela mãe de Matisse como a filha que nunca teve. Germaine, que estivera gravemente enferma, foi enviada pela tia Anna para se restabelecer no verão com a ajuda do sol e do ar marinho que haviam sido tão benéficos para Marguerite e Pierre. Matisse estava concentrado em uma série de estudos – *Música*, *La Coiffure*, *Três banhistas* –, fazendo experimentos com figuras humanas, suprimindo-lhes a individualidade, acentuando a força expressiva, reduzindo-as a grandes formas chapadas e simplificadas no âmbito de uma concepção geral. Amélie e Marguerite posaram para ele, e talvez também a prima. Germaine era bonita à robusta maneira flamenga dos Gérard, bem diferente da compleição delicada de Marguerite ou dos dramáticos traços meridionais de Amélie, e assemelhava-se mais à atarracada jovem de rosto redondo ladeada por duas outras nas *Três banhistas*, um estranho quadro de pequenas dimensões que exerceria tanta influência sobre a imaginação de Matisse.

A sossegada rotina do verão em Collioure não durou muito. Dez dias após chegar, Germaine sofreu uma brutal e súbita recaída, piorou rapidamente e ficou paralisada, entrando e saindo de um estado de inconsciência. Amélie cuidou dela sob o olhar estarrecido do marido. A mãe de Matisse, então com 63 anos, empreendeu a longa, lenta e difícil viagem através do país sob um calor tórrido, mas ao chegar encontrou Germaine morta de um tumor no cérebro, pouco menos de três semanas depois de ter saído de casa. Henri caiu de cama por um mês após a morte da prima. Coube a Amélie acompanhar Anna Matisse – ambas vestidas de preto e com véus – de volta ao norte, onde, após o funeral na igreja sombria que Henri havia detestado quando pequeno, Germaine foi sepultada no túmulo da família. Quando Amélie voltou a Collioure com os filhos no começo de junho, foi sua vez de sofrer um colapso. "Não creio que exista algo como uma verdadeira tranquilidade", escreveu Matisse, tentando aceitar o que acontecera em uma longa e detalhada carta a Manguin, "fiquei bastante abalado ao ver a minha pobre prima".

Pouco a pouco, a família recuperou a saúde e o ânimo com a ajuda dos artistas locais, Terrus e Daniel de Monfreid, que organizaram passeios de barco, pescarias e jantares com mexilhões. O grupo todo celebrou a festa de São João à maneira tradicional, com uma fogueira na praia. Quando Michael e Sarah Stein chegaram para uma visita com o filho pequeno, Allen, todos saíram em um bote para nadar na baía. Em julho, os Matisse partiram para Florença, onde se encontrariam com Leo e Gertrude Stein, deixando as crianças com a tia em Perpignan e aproveitando para fazer no caminho uma rodada de visitas aos ateliês dos conhecidos ao longo do litoral. Essa viagem à Itália fora concebida como um presente para Amélie e financiada graças a um pagamento de 18 mil francos da Galeria Bernheim-Jeune, permitindo que, pela primeira vez desde a lua de mel, o casal pudesse viajar com algum conforto. Amélie contou a Gertrude que, para ela, a viagem era a concretização de um sonho de menina, mas Henri acabou mais perturbado do que estimulado pelos tesouros da galeria Uffizi e do palácio Pitti. Foi difícil para ele manter a paciência com Leo, que o exasperava com dicas úteis sobre como e o que deveria ver. Já em Paris surgira uma tensão entre os dois, quando Leo, que começara a pintar, solicitou e ouviu a opinião franca de Matisse sobre o seu trabalho. Não houve rompimento explícito, mas Leo nunca mais comprou nada de Matisse depois desse encontro em Florença. Em seguida, os viajantes foram a Veneza, que se revelou outra decepção. O confronto de Matisse com a arte italiana do Alto Renascimento deixou nele uma sensação incômoda de artifício e excesso sensual. A pintura veneziana pareceu-lhe fatalmente contaminada pelos príncipes corruptos da Igreja e do Estado que a haviam encomendado. "Sim, é o que acho do fundo da minha alma", disse ele gravemente ao poeta Guillaume Apollinaire meses depois, "é [uma arte] produzida para os ricos. O artista se rebaixa ao mesmo nível vil de seu patrono".

Nessa viagem, Matisse foi afetado de modo mais profundo e direto pelos pintores primitivos do século XIV. Em visitas de um dia, conduzido por Leo, ele pôde apreciar em Arezzo os afrescos de Piero della Francesca, em Siena a *Maestà* de Duccio e em Pádua a capela Arena de Giotto. "Giotto é o auge do meu desejo", Matisse escreveria a Pierre Bonnard muito depois. "Ao contemplar os afrescos de Giotto em Pádua, não me preocupo em saber qual cena específica da *Vida de Cristo* tenho diante dos olhos", afirmou ele em "Notas de um pintor" (que começou a redigir pouco depois de retornar da Itália), "mas logo compreendo o sentimento que se desprende dali, pois ele está nas linhas, na composição e na cor, com o título apenas confirmando a impressão inicial". De volta a Collioure em meados de agosto, Matisse retomou os experimentos em escala maior do que nunca, contrapondo seu próprio conceito de luxo às delícias terrenas da Renascença veneziana em uma tela com mais de dois metros de altura intitulada

O luxo, na qual se notam ecos do *Nascimento de Vênus*, do florentino Botticelli. Mas o elemento narrativo do quadro – uma mulher morena esguia e de pescoço longo a quem uma acompanhante oferece flores, enquanto outra se abaixa para lhe secar os pés – significava tão pouco para o seu criador quanto o enredo da *Vida de Cristo* de Giotto. O quadro de Matisse mostra as elevações acima de Collioure, na direção das colinas arredondadas no outro lado da baía, fielmente reproduzidas, até mesmo com a débil penumbra rosada que é um efeito luminoso local em determinados momentos do dia. Seu foco é a interação das figuras com o fundo, composto de faixas ou ondas horizontais de cor, tal como um afresco italiano. Em uma segunda versão de *O luxo*, Matisse acentuou ainda mais o efeito de afresco misturando cola às tintas para que reluzissem.

Nos dez anos desde que alarmara o público e os críticos com *Mesa de jantar*, Matisse havia alcançado um estilo alternativo dotado de extraordinária individualidade e força expressiva, mesclando elementos originários de fontes extremamente diversas. Nesse outono, ele relacionou algumas delas para Apollinaire: a arte dos antigos egípcios, gregos e peruanos, entalhes em pedra cambojanos e estatuetas tribais africanas (e poderia ter acrescentado os tecidos argelinos). Disse ainda que havia tomado o que mais lhe interessava da tradição ocidental, citando os primitivos italianos e Rembrandt. Ele via a si mesmo e sua geração como herdeiros do reino da pintura europeia, estendendo-se desde os jardins perfumados à beira do Mediterrâneo até os mares bravios da costa setentrional do continente, um reino estagnado no início do século XX em um interregno cuja saída somente seria encontrada pelo instinto. Bem consciente de que seu próprio instinto era uma provocação intolerável para o público, Matisse defendia-se estoicamente das acusações de crueza, agressão e indecência, insistindo que estava apenas procurando elaborar uma nova linguagem plástica, liberta de uma gramática e uma sintaxe obsoletas, e que a última coisa que tinha em mente era a destruição.

Seu "alegado de defesa" formal e por escrito fora encomendado por um velho amigo, Mécislas Golberg, que o procurara no verão de 1907, oferecendo-se para dedicar a Matisse toda a edição seguinte de sua pequena mas prestigiosa revista de arte. Ninguém jamais havia lhe proposto algo assim. Pela primeira vez desde que mergulhara de cabeça na pintura com vinte anos, Matisse desviou a atenção dos esforços imediatos a fim de avaliar tanto o caminho percorrido como o território desconhecido que se abria à frente. No dia 10 de setembro, ele entregou as "Notas de um pintor" a Golberg, que mandou o artigo diretamente para a gráfica. Nessa altura, porém, Golberg havia perdido a corrida contra a morte. Recolhido ao leito por dois anos no sanatório de Fontainebleau, onde recebeu a visita de Matisse, ele bem sabia que esse número dos *Cahiers de Mécislas Golberg* que estava no prelo seria seu testamento. Os dois amigos escolheram as ilustrações e planejaram uma entrevista, combinando que, uma vez que Golberg não tinha mais força para escrever, ele orientaria seu assistente, cujo conhecimento de pintura era rudimentar e cuja crítica de arte até então consistira sobretudo de fofocas e notas em favor de amigos (principalmente Picasso).

O jovem assistente de Golberg era Guillaume Apollinaire, que não fez nada durante semanas, desincumbindo-se afinal da entrevista no derradeiro momento durante um apressado jantar com Matisse no dia 19 de novembro. O resultado é uma transcrição mais ou menos direta das respostas do pintor às questões formuladas por Golberg, que viveu apenas o suficiente para ver a entrevista meticulosamente concebida ser pirateada por uma publicação rival, duas semanas antes de falecer em Fontainebleau, no dia 28 de dezembro. Apollinaire lançou sua carreira como crítico de arte em grande parte com base nesse furo inicial, a expensas de Golberg, ainda que jamais tenha admitido tal coisa. O desprezo de Matisse pela crítica do poeta (compartilhado por vários outros pintores, entre os quais Picasso e Braque) adquiria um tom amargo devido à lembrança desse episódio vergonhoso.

As "Notas de um pintor" permaneceram assim inéditas por um tempo. No lugar delas entrou o artigo "Les Fauves", de Michel Puy, um longo e competente relato do desenvolvimento de Matisse, com os outros pintores *fauves* sendo mais ou menos relegados a um comentário final. Segundo Puy, por mais esboçadas e inacabadas que parecessem as últimas obras de Matisse, ele constatou (assim como seu irmão Jean) que não conseguia despregar os olhos delas, pois tinham uma presença tão forte que empalideciam todas as outras pinturas no Salão de Outono. Matisse ali expôs três de seus novos quadros com figuras: *O luxo (I)*, *Música (Esboço)* e um retrato de Amélie magnificamente decorativo intitulado *Mulher com túnica vermelha de madras*. Sarah e Michael Stein compraram os dois últimos e tomaram emprestado *O luxo* do artista. Ele ainda vendeu dois outros quadros a um casal alemão, o pintor Oskar Moll e sua jovem esposa, Greta, que jamais esqueceu o momento em que viu pela primeira vez Matisse com os olhos cintilantes, a barba ruiva em forma de pá, com um casaco preto de pelo de carneiro virado do avesso. Purrmann levou o casal Moll até o ateliê no quai Saint-Michel, onde ficaram apaixonados à primeira vista pelas cores límpidas e vívidas – vermelho, amarelo e azul – das *Três banhistas*, uma tela tão poderosa que pareceu a Greta muito maior do que era de fato. Essa foi a primeira aquisição do casal para o que acabaria se tornando na época uma das melhores coleções de Matisse na Europa.

O ritmo das mudanças no campo da pintura tornava-se cada vez mais acelerado, com Matisse em geral sendo colocado à frente desse movimento. Apollinaire o chamou de *fauve* dos *fauves*. O Salão estava repleto de imitadores que tentavam reproduzir o estilo de Matisse sem, como ele assinalou, ter a menor noção de sua estrutura ou lógica subjacente. Greta Moll recordava-se do quadro de uma pintora russa "com um homem agachado fincando os dentes aguçados na própria perna – dava para ver claramente o sangue escorrendo". Obras desse tipo eram motivo de desalento para o *fauve* dos *fauves*, para o qual aqueles que se proclamavam seus defensores entendiam tão pouco quanto os detratores que, uma década antes, haviam apontado germes na *Mesa de jantar*. Nesse mesmo outono, Matisse foi ao Bateau Lavoir examinar *Les Demoiselles d'Avignon*, que lhe pareceu uma zombaria de tudo aquilo pelo qual havia lutado tanto. Praticamente todos os que viram o quadro partilhavam de sua inquietação. Georges Braque comentou que ficara com a sensação de ter mastigado estopa ou engolido petróleo. Derain previu sombriamente que Picasso acabaria por se enforcar no ateliê ao lado do quadro. No prazo de seis meses, contudo, tanto Braque como Derain haviam mudado de ideia, renegando essas impressões iniciais e abandonando o fauvismo em favor do novo contramovimento, ainda sem nome, liderado por Picasso. Começava então a se manifestar a divisão entre os mais poderosos defensores da escola moderna em Paris. Leo e Gertrude Stein haviam cedido a maioria de seus Matisses para Sarah e Michael, e Gertrude, pelo menos, engajara-se plenamente ao lado de Picasso. A partir de então, ela faria todo o possível para instigar a oposição entre os adeptos de Matisse e os de Picasso.

Os dois artistas haviam iniciado o que se tornaria, até o fim de suas vidas, um diálogo pictórico, um diálogo que também era um duelo. Quatro décadas depois, examinando amistosamente com Picasso suas carreiras paralelas, Matisse iria contrastar seu processo lento de absorção e assimilação à invejável rapidez das investidas relampejantes de Picasso. Todas as possibilidades estavam ao alcance de Picasso (que protestou dizendo que ele, por sua vez, teve de lutar a vida toda contra a facilidade), ao passo que Matisse sempre se viu diante de um único caminho a percorrer. A polarização entre ambos, definida e estimulada pelos Stein, alimentou uma das mais ricas e produtivas rivalidades na história da arte ocidental. Cada qual perseguia um fim que era oposto ao do outro. Matisse, nascido em uma frente de combate, familiarizado desde pequeno com os horrores da guerra, atormentado a vida toda por zombarias, rejeições e ofensas, buscava e obteve com sua obra a paz e a estabilidade que raramente desfrutou no plano profissional ou na vida particular. Picasso, relativamente protegido dos desastres do século XX, circundado desde os primeiros anos pela admiração e aprovação, baseou a sua arte mais elevada no rompimento e na desintegração. Num plano pessoal, Matisse procurou acima de tudo se distanciar das provocações zombeteiras de que não passava de um palhaço e um charlatão. Picasso, por sua vez, adotou como segunda natureza a personalidade do palhaço. "Ele está voltando as costas para a própria realidade", comentou Matisse com perspicácia em 1951, quando estava com 81 anos e Picasso acabara de fazer setenta. "Ele é naturalmente refinado, mas quer ser um camponês, esmagando torrões de terra com botinas pesadas e rústicas."

No outono de 1907, Matisse viu-se obrigado a redobrar o esforço de explicação como forma de reagir à espécie de homenagem indireta que o incomodava tanto quanto o escárnio explícito. Ele continuou a abrir o ateliê no quai Saint-Michel uma tarde por semana, e nessas ocasiões mostrava as obras antigas aos visitantes, explicando de onde havia partido e respondendo a perguntas sobre o rumo que estava tomando. Todos eram bem-vindos, mas aparentemente a maioria dos que apareciam era constituída de estudantes de arte estrangeiros, como Purrmann e o casal Moll. O líder informal deles era Sarah Stein, que havia começado a pintar, tal como Leo, e agora convencera Matisse a orientar um pequeno grupo de amigos em bases regulares. Ela e Purrmann alugaram uma sala no mesmo convento abandonado, o Couvent des Oiseaux, onde Matisse montara seu segundo ateliê. Uma vez por semana ele examinava o trabalho dos participantes, gratuitamente (mais tarde começaria a cobrar, a fim de evitar o afluxo descontrolado de alunos). Quase todos eram ou se tornaram amigos da família. Greta Moll, com 23 anos, era a mais jovem e logo travou amizade com Amélie Matisse e brincava com as duas crianças do ateliê, Margot e Pierre (Jean voltara para a avó e a escola em Bohain). Em dezembro ela montou para os pequenos Matisse uma árvore de Natal como se fazia na Alemanha, com lantejoulas, bolas prateadas e velas.

Esse foi o primeiro Natal deles em um novo lar. Após quinze anos em um ou outro andar no prédio do quai Saint-Michel, 19, Matisse mudou-se no início de dezembro de 1907, instalando-se com a família em outro convento abandonado, o Sacré-Cœur, no cruzamento do boulevard des Invalides e a rue de Babylone, em Montparnasse, o bairro dos artistas. O refeitório imenso e com pé-direito alto usado pelas freiras tornou-se o ateliê, com uma divisória separando-o do espaço vizinho onde ficavam os alunos. O térreo de uma elegante construção do século XVIII dentro do convento abrigava sua família, que em Paris tinha morado somente acima da loja ou nos dois quartos minúsculos ao lado do ateliê, mais apropriados a um artista solteiro. Então com nove anos, Jean veio de Bohain e, pela primeira vez na vida, iria compartilhar o cotidiano dos pais. Estes penduravam quadros nas paredes e ofereciam jantares a amigos, como os Stein e os Moll, com pratos preparados por Amélie, vinhos escolhidos por Vollard e, em ocasiões especiais, o modelo italiano Bevilacqua até mesmo vestia um paletó emprestado para servir à mesa. O salão de Amélie era na antiga sala de visitas das freiras, com cinco metros e meio de comprimento e janelas altas que davam para o jardim emaranhado e, mais além, o Hôtel Biron (então ocupado por Auguste Rodin e, mais tarde, a sede do Museu Rodin). Todo o local fervilhava de pintores e artistas com pouco dinheiro. Rainer Maria Rilke ali viveu em determinada altura, assim como Jean Cocteau. Purrmann e o americano Patrick Henry Bruce mudaram-se para o andar acima dos Matisse, e duas jovens russas ocupavam os aposentos do sótão.

Bevilacqua posando para os alunos de Matisse: Sarah Stein está no centro ao fundo, e Matisse à direita, entre Hans Purrmann e Patrick Henry Bruce.

Matisse era um crítico exigente e implacável. "Matisse pensa como um pintor...", escreveu Purrmann. "Não havia nada de professoral nele, quase sempre ele continuava sendo um aprendiz como a gente." Os conselhos que dava, sempre com base na experiência, o implicaram no que por vezes era quase uma revisão do próprio passado: considerando problemas antigos, reexaminando soluções, avaliando os perigos que afrontara e os riscos que o aguardavam. O processo era ao mesmo tempo instigante e exasperante para os alunos. Ele os incitava a analisar a forma, a buscar o equilíbrio, a se concentrar no essencial mais do que nos detalhes superficiais. Todos estavam de acordo que ele era de maior ajuda e mais construtivo quando tratava de questões práticas. Ele fazia com que o desenho parecesse tão simples e inevitável como a respiração. "É preciso sempre buscar o desejo da linha, ali onde ela quer avançar e onde se extingue." Seu senso de composição era musical e expressava suas conclusões por meio de metáforas claras e convincentes. A pintura era como a culinária, a carpintaria ou a construção de uma casa: "Podemos ver as cores das bordas das lajes, das cornijas, das paredes e das persianas que formam uma unidade, uma unidade viva, e é disso que a pintura precisa".

Para os artistas jovens, nem tudo era de fácil compreensão. Matisse não fazia nenhuma concessão à inexperiência e os alunos ouviam em silêncio enquanto eram conduzidos passo a passo pelas etapas que ele havia percorrido, fazendo com que copiassem modelos em gesso de estátuas clássicas e enviando-os ao Louvre nos sábados. Ele lhes explicava a teoria das cores e demonstrava na prática o que queria dizer. Em seu ateliê ao lado, diante dos quadros em que estava trabalhando, mostrava a coleção de bastões e estatuetas tribais africanos, manuseando-os um após o outro para demonstrar seus atributos escultóricos, "a plenitude flexível e palpitante de forma e equilíbrio que havia neles". Com muito orgulho, apresentava aos alunos as obras que tinha de artistas contemporâneos – desenhos figurativos de Maillol, desenhos a traço de Rouault e os magníficos desenhos a bico de pena de Van Gogh. O ponto culminante eram as *Três banhistas* de Cézanne. "O silêncio dele diante do quadro era mais evocador e eloquente do que qualquer palavra. Uma atmosfera de exaltação e assombro tomava conta do ateliê nessas ocasiões." O entusiástico grupo de alunos – não mais do que oito ou dez pessoas, e, com uma única exceção, todos estrangeiros, quase todos jovens, muitos longe de casa pela primeira vez – mais parecia uma família ampliada do que uma instituição de ensino. Matisse sempre trabalhava melhor perto da família. Mais tarde, quando o boca a boca acabou atraindo novos estudantes, as aulas perderam o clima tanto de intimidade quanto de exaltação. "Nunca mais Matisse foi tão receptivo como naqueles primeiros e afortunados meses", escreveria Greta Moll, "com tanta exuberância e disposição para partilhar seu conhecimento e experiência, tão estimulante em seus engenhosos métodos de ensino e em sua conversa sobre a arte, os artistas e o trabalho que fazíamos".

Matisse ofereceu-se para pintar o retrato de Greta, que tinha olhos azuis, bochechas rosadas e um cabelo que lhe lembrava mel ou trigo maduro. As sessões iniciais resultaram em uma verossimilhança tão acentuada que enfureceu o pintor. "Apesar de todo o empenho [...] não consegui ir além dos traços encantadores que não faltavam ao modelo", escreveu Matisse, "mas não havia conseguido captar seu aspecto estatuário". Ele então se fechou com a tela, eliminando os cachos dourados do modelo, achatando-lhe a cabeça e o penteado, engrossando e embrutecendo os antebraços para que rimassem com os arabescos inchados da *toile de Jouy* no fundo.

Quando viram o resultado, Greta e o marido ficaram chocados. Mais tarde, em circunstâncias similares, outros modelos iriam romper em lágrimas ou recusar terminantemente o retrato. Os Moll passaram dois dias inteiros considerando o que fazer, e afinal, pesarosos, mandaram dizer por intermédio de Purrmann que ficariam com o quadro (que lhes custou mais do que podiam pagar). "O quadro ficou sendo nosso, e passamos a apreciá-lo cada vez mais [...] É uma das obras mais belas e fortes de Matisse", diria Greta meio século depois, citando com satisfação a reação do crítico André Salmon ao retrato: "Seria capaz de matar o dono para ter esse retrato".

Greta havia posado diante de uma tela enorme, com cerca de dois metros de altura e largura, ainda maior do que *O luxo*. Era *Banhistas com tartaruga*, recém-concluída em fevereiro de 1908. Instigado por Purrmann, Karl Ernst Osthaus (cuja *Ninfa e sátiro* em cerâmica havia sido enviada naquele mês para Hagen) adquiriu o novo quadro em março. No mês seguinte, no Salão dos Independentes, Matisse encontrou o colecionador russo Sergei Shchukin, que estava comprando Gauguins na última vez em que se viram, dezoito meses antes. Agora Shchukin estava pronto para um novo embate. Convidado a examinar as obras acumuladas no novo ateliê do boulevard des Invalides, 33, ele foi tremendamente afetado pelo quadro *Banhistas com tartaruga*. "O quadro quase enlouqueceu o russo", Purrmann contou a Osthaus, "ele não parava de falar na cor e queria uma cópia idêntica, porém Matisse se recusou a pintar outro." A tela austera e sombria que despertou com tanta força o desejo de Shchukin era uma versão drasticamente condensada e simplificada das *Três banhistas* pintadas no ano anterior. Mostra três figuras estilizadas, quase em tamanho natural, contemplando uma pequena tartaruga (na verdade uma espécie de água doce comum na área do Mediterrâneo) que constitui o ponto focal na parte inferior e central de uma tela dividida em três faixas horizontais de cor representando a relva, a água e o céu. "Penso o tempo todo em seu *Mar* arrebatador", escreveu Shchukin ao voltar a Moscou. "Consigo sentir a frescura, a majestade do oceano, essa sensação de tristeza e melancolia."

Na primavera de 1908, o russo estava numa encruzilhada. Externamente tão composto e sóbrio quanto Matisse, seu equilíbrio interno fora abalado nos três anos anteriores por uma sucessão de golpes violentos: o suicídio do filho mais novo, a repentina morte da mulher um ano depois e, por fim, o suicídio do irmão mais novo, que se matou com um tiro em janeiro de 1908. Sentia que tinha perdido o que de mais importante havia em sua antiga existência e que os esforços despendidos para preencher o vazio, dedicando-se às viagens, à filantropia ou aos negócios, não tinham trazido nenhum alívio. Em Paris, Shchukin passou a frequentar as galerias do Louvre, contando a Matisse que descobrira na arte funerária egípcia a mesma força concentrada dos quadros de Cézanne. A visita ao ateliê de Matisse liberou uma torrente de emoções congeladas ou suprimidas. Tendo afinal encontrado um artista vivo cuja obra o afetava de modo tão forte e imediato, Shchukin embarcou no que pareceu a Purrmann um surto desenfreado de aquisições, "comprando todas as obras de Matisse que conseguiu achar em Paris".

Os marchands ficaram estupefatos com aquele colecionador disposto a pagar por obras de arte modernas preços até então alcançados apenas pela pintura acadêmica prestigiada pelo Salão. O patrocínio de Shchukin transformaria a vida de Matisse em termos materiais, pois o relacionamento entre ambos foi desde o princípio uma parceria imaginativa e não estritamente comercial. Nenhum outro colecionador encorajou Matisse tanto quanto Shchukin, que antes de partir para Moscou encomendou-lhe três novas obras. Ele queria versões dos dois quadros adquiridos por Osthaus, *Banhistas com tartaruga* e *Ninfa e sátiro*, assim como um imenso painel decorativo para ser colocado em sua sala de jantar. As encomendas dificilmente poderiam ter chegado em melhor ocasião. Matisse pôs-se a trabalhar de imediato em um terceiro quadro com tema marinho, mais uma vez usando três figuras verticais – dessa vez meninos brincando com bolas – sobre faixas horizontais chapadas de relva verde, céu azul e o mar de um azul ainda mais intenso.

O jogo de bolas pertence a uma sequência de painéis de parede mais ambiciosos do que tudo o que Matisse fizera até então. Seus amigos mais próximos os consideraram quase incompreensíveis. Até Sarah Stein hesitara diante da vasta e intimidante extensão plana de cor em *Banhistas com tartaruga*. Shchukin não só ficou extremamente interessado em ter esse quadro assim que o viu, como, ao descobrir que isso não era possível, logo encomendou outros três. O painel decorativo para a sala de jantar deveria ser duas vezes maior e predominantemente azul, de modo a se contrapor em pé de igualdade com os amarelos refulgentes dos dezesseis Gauguins que estavam na mesma sala. Nesse quadro, que iria testar ao máximo a capacidade de Matisse, ele retomou um tema que elegera uma década antes, quando Gustave Moreau lhe pedira um quadro no qual mostrasse toda a sua habilidade e ele pintara a *Mesa de jantar*. Todos os antigos motivos reaparecem transfigurados: a janela, as cadeiras de espaldar alto, o tampo da mesa na porção inferior da tela, a toalha de mesa, as decantadeiras com vinho tinto e branco, a criada com vestido escuro e avental branco. Dessa vez, porém, o tema ou a trama essencial da pintura é a própria toalha de mesa, exatamente aquela *toile de Jouy* que havia emprestado sua energia a várias naturezas-mortas e também ao retrato de Greta Moll. A toalha azul e branca, com o padrão de arabescos e cestos de flores, expandiu-se até ocupar quase toda a superfície da tela nessa nova *Mesa de jantar*, intitulada *Harmonia em azul*.

Matisse trabalhou intermitentemente no que chamava a "grande natureza-morta" durante todo o verão de 1908. Nesse ano, a rotina estabelecida de migração para o sul foi rompida devido à enfermidade da mãe de Amélie, cada vez mais debilitada e sendo cuidada pelas duas filhas na casa de Berthe em Perpignan, enquanto Henri permanecia no novo ateliê parisiense dedicando-se às obras encomendadas por Shchukin. Ao ser concluída, a *Harmonia em azul* foi examinada por Vollard e fotografada, no dia 6 de julho, por Eugène Druet. Logo a seguir Matisse repintou o quadro todo em vermelho. Como neto e bisneto de tecelões que costumavam experimentar as padronagens primeiro numa cor e depois noutra, ele insistiu que esse era um procedimento perfeitamente normal, explicando ao amigo Henri Cross que, naquela altura, a cor era a força que impulsionava seus experimentos. "Ele não entende nada", afirmou Matisse com irritação quando alguém comentou que produzira uma obra completamente nova. "Não é outro quadro. O que busco são as forças, e o equilíbrio entre elas." Quase toda a superfície da tela, quase quatro metros quadrados, ficou saturada de tinta vermelha, um vermelho homogêneo e sem ênfase escorrendo como tintura do tampo da mesa para a parede atrás, e tudo unido por uma concepção geral na qual objetos corriqueiros – maçãs, laranjas, limões, decantadeiras, o requintado suporte de pratos e até mesmo a criada arrumando a fruteira – perdem a individualidade enquanto instrumentos de uma orquestra em meio aos ritmos sinuosos dos arabescos azuis da toalha.

Na região natal de Matisse, os tecidos estavam estreitamente associados à inovação radical. *Harmonia em vermelho* usava a rica tradição decorativa que fazia parte das raízes de Matisse como meio de subverter a ética da arte acadêmica que, desde os primeiros dias como estudante de arte, havia atuado no sentido de submeter e sufocar seu comprometimento com a cor pura. Quando viu a ansiosamente esperada *Harmonia em azul* pela primeira vez em Paris no outono, Shchukin não fez nenhuma objeção ao fato de ela ter se transformado em uma *Harmonia em vermelho*. Os outros atribuíram tal aquiescência à ingenuidade de um boiardo rústico e impolido, "habituado ao vermelho sanguíneo dos antigos ícones russos". No entanto, o negócio de Shchukin era justamente a tecelagem. Ele herdara uma próspera empresa que, sob sua administração, havia se tornado um império têxtil, a I. V. Shchukin & Filhos, um dos maiores conglomerados industriais da Rússia. Acostumado há anos a escolher tecidos e supervisionar equipes de desenhistas, Shchukin compreendia de maneira instintiva a sintaxe da nova linguagem pictórica que estava sendo gestada por Matisse. Ele tinha plena consciência não só da riqueza e abrangência do princípio decorativo, mas também de sua força expressiva. "Decoração e expressão são a mesma coisa", dizia Matisse, e naquela época Shchukin era um dos poucos que sabiam o que isso queria dizer.

As cartas lacônicas de Matisse, enviadas a Shchukin no verão para informá-lo dos avanços e reveses, eram pontuadas pelas notícias preocupantes vindas de Perpignan, onde sua sogra ficou entre a vida e a morte ao longo de maio e junho. Ele estava se debatendo com a transposição do azul para o vermelho quando ela faleceu no final de julho. A morte da sra. Parayre colocou um ponto final no caso Humbert, que arruinara definitivamente suas convicções mais profundas e quase destruíra sua família. O caso nunca mais foi mencionado pelos amigos ou conhecidos de Matisse, mas seu legado continuou implicitamente, despertando em sucessivas gerações da família um horror a tudo o que pudesse ser considerado invasão de privacidade. O desprezo da sra. Parayre por aqueles que a enxovalharam na imprensa sobreviveu em seus descendentes, assim sua orgulhosa política de silêncio e inescrutabilidade. No longo prazo, isso viria a dar a impressão de pretensão burguesa para todos aqueles que não faziam ideia do que se ocultava sob a superfície do passado. Matisse havia amado os sogros e feito tudo o que podia para protegê-los quando estavam ameaçados, mas a catástrofe particular que levou a família a cerrar fileiras em defesa própria também iria prejudicar, de maneira insidiosa, sua reputação.

A tradição que reconhece a grandeza de Matisse como pintor, ao mesmo tempo que o menospreza como pessoa – a concepção dele como alguém egoísta, insensível e mesquinho, que prevaleceu enquanto estava vivo e mesmo depois –, remonta a um impulso coletivo de dissimulação tão forte que, após a morte da sra. Parayre, foi como se ela tivesse guardado consigo o segredo por outros noventa anos.

Após o funeral, a família se reencontrou em Paris. No ateliê, o trabalho foi retomado nas obras que seriam inscritas no Salão de Outono. Georges Braque, prestes a embarcar na parceria com Picasso que iria alterar as regras do jogo para os artistas em geral, viu todos os seus quadros serem recusados. Matisse, que fazia parte do comitê de seleção, tentou descrever um deles ao crítico Louis Vauxcelles, rabiscando um arranjo de linhas retas e transversais: "É feito de pequenos cubos", disse, usando uma expressão que ficaria na história. Ele próprio participava do Salão com uma seleção da obra em andamento elaborada com base na *Harmonia em vermelho*. "De repente, eu me vi diante de uma parede que cantava ou melhor berrava a cor, irradiando luz", escreveu um jovem estudante de arte escandinavo, "algo completamente novo e implacável em sua liberdade desenfreada [...]". A partir de então, Shchukin tomou o lugar pioneiro de Sarah Stein como o principal colecionador das obras de Matisse. Suas primeiras cartas ao artista estão repletas de referências aos quadros adquiridos pela sra. Stein e ao desejo de ter uma coleção equivalente. Ele acabaria adquirindo 37 quadros de Matisse, quase tanto quanto os que passaram pelas mãos de Sarah, exibindo-os em sua mansão moscovita, que nos anos anteriores à Revolução Russa tornou-se o primeiro museu de arte moderna em todo o mundo.

Foi Matisse quem, no outono de 1908, levou Shchukin para ver as *Demoiselles d'Avignon* de Picasso no Bateau Lavoir. De início repelido pelo que viu, Shchukin acabou virando, nos anos seguintes, o colecionador mais constante de Picasso, numa época em que o cubismo se tornava mais estridente e rigoroso e quase impossível de ser comercializado. A introdução inicial foi típica de Matisse, cuja correspondência com amigos e conhecidos está repleta de pequenos e silenciosos gestos de generosidade: ele encaminhava as inscrições deles para os jurados do Salão, ajudava na montagem e na venda das obras, visitava-os com frequência nos ateliês e fazia questão, sobretudo naqueles difíceis anos iniciais, de ir acompanhado de seus patronos em potencial para que conhecessem os artistas mais jovens. Manguin, Marquet, Puy e Derain, todos deviam o seu êxito com Vollard a Matisse, cuja situação financeira, embora menos precária, ainda estava longe de ser tranquila.

A relativa segurança financeira não havia alterado as prioridades familiares. Nesse outono, Matisse comprou um Renoir, de Druet, e seis aquarelas de Cézanne, de Vollard. Sob o efeito da emoção das primeiras aquisições feitas por Shchukin, Amélie Matisse contou a Greta Moll que adquirira lençóis na loja de departamentos Bon Marché no mesmo dia em que Matisse saíra às compras: "Ele ficou louco por um maravilhoso tapete persa, e não conseguia tirar da cabeça o desenho dele. 'É tão lindo! Tão lindo'". Após conviver 24 horas com esse refrão, Amélie, que sabia tão bem quanto o marido que o dinheiro de que dispunham não era suficiente para comprar ao mesmo tempo os lençóis e o tapete, acabou devolvendo os primeiros à loja e solicitando um reembolso. Era uma repetição da história da borboleta azul. Matisse conseguiu o tapete mágico, e Greta lembrava-se do artista sentado diante da nova aquisição, fumando contente um charuto e contemplando as cores e os padrões que logo a seguir transmutaria para a tela no belo quadro *Natureza-morta em vermelho veneziano*.

As "Notas de um pintor" acabaram sendo publicadas na prestigiosa *Grande Revue*, no dia 25 de dezembro de 1908. Nesse ano, a obra de Matisse foi exposta pela primeira vez em Londres ("O impressionismo [...] chega à segunda infância [...] com o sr. Matisse, cujos temas e técnicas são igualmente infantis", comentou o crítico da *Burlington Magazine*), Nova York ("O pintor francês é engenhoso, diabolicamente engenhoso [...] Com três rabiscos furiosos consegue nos dar a cabeça da fêmea de um animal em toda a sua vergonha e horror") e Moscou (onde os perplexos amantes russos da arte reagiram, como bem resumiu o príncipe Sergei Shcherbatov, "como esquimós diante de um gramofone"). Matisse passou o final do ano com Purrmann e o casal Moll em Berlim, para a abertura de uma mostra na galeria de Paul Cassirer. O destaque era a *Harmonia em vermelho*, fazendo a última escala na Europa Ocidental a caminho de seu local definitivo em Moscou. Mesmo os mais ousados apreciadores da arte ficaram perplexos. Os críticos descreveram os quadros como despropositados, desavergonhados, monstruosidades infantis ou mensagens mórbidas ou perigosas de lunático. A imprensa francesa reagira de modo similar. A harmonia – o objetivo buscado por Matisse com mais paixão do que qualquer outro – era a última coisa que suas obras transmitiam aos espectadores da época.

Na véspera de ano-novo, em 1908, ele comemorou o quadragésimo aniversário. Qualquer brinde ao futuro seria quando muito provisório, mas, por mais ofensas que tivesse de suportar, ainda podia contar com o apoio do pequeno grupo de militantes liderados por Sarah Stein, Purrmann e o casal Moll. Ele sabia que o patrocínio de Shchukin permitiria que abrisse as comportas internas de sua energia criativa. Talvez mais importante ainda, encontrara em Picasso um rival cujas reações extraordinariamente rápidas e cujo olho implacável iriam estimulá-lo ao máximo. Acima de tudo, aprendera a conter em sua obra os caóticos e sufocantes surtos de emoção que haviam feito dele um pintor em primeiro lugar. "Se há no quadro muita ordem, muita clareza", escreveu Matisse, prestando homenagem a Cézanne em "Notas de um pintor", "é porque desde o começo essa ordem e essa clareza existiam no espírito do pintor ou o pintor tinha consciência da necessidade delas".

Aí está o âmago da rigorosa teoria da abstração formulada nas "Notas", colocada em prática no retrato de Greta Moll e levada mais longe na *Harmonia em vermelho*. No princípio de um século marcado pela turbulência e dispersão sem precedentes, Matisse sonhava com "uma arte de equilíbrio, de pureza, de tranquilidade, sem temas inquietantes ou preocupantes", uma arte capaz de proporcionar um antídoto às tensões dos escritórios e locais de trabalho modernos. Ele afirmou que a arte deveria ser tão tranquilizante quanto uma poltrona confortável, uma metáfora que desde então o prejudicou mais do que qualquer outra que poderia ter escolhido. Na realidade, porém, esse trecho reflete o oposto: o relacionamento íntimo de Matisse com a violência e a destruição, uma sensibilidade para a miséria humana aguçada por anos de humilhação e vulnerabilidade que somente podiam ser neutralizados pela força serena e pelo peso estabilizador da arte. Com *Harmonia em vermelho* – e ainda mais com as obras subsequentes, *A dança* e *A música* de 1909 –, a pintura de Matisse alcança a intensidade emocional e a pureza da música.

Ao retornar de Berlim em janeiro, ele aproveitou para visitar Osthaus em Hagen, uma localidade a poucos quilômetros de Essen, à margem do Ruhr. A obra que Matisse queria ver era o recém-instalado *Ninfa e sátiro*, um conjunto de três painéis em cerâmica relativamente convencionais, mostrando uma ninfa atarracada e musculosa, realizando uma dança ritmada, depois adormecendo e sendo tentativamente abordada por um sátiro hirsuto e esperançoso emoldurado por um friso de uvas e vinhas. O pintor deixara em Paris uma recém-acabada pintura a óleo com o mesmo tema. Nela o sátiro – que mais parecia um fauno dócil nos azulejos esmaltados de Osthaus – tinha a princípio uma pequena barba e orelhas pontudas, mas se tornou uma figura bem mais violenta e rude. A versão final de Matisse é inequivocamente humana: um homem desajeitado, desgracioso e lúbrico avança deliberadamente sobre uma mulher nua aos pés dele e que está de costas. A carne rosada e ligeiramente pintada do homem exibe uma silhueta avermelhada, a cor da excitação sexual. O mesmo se dá com a mulher, mas todas as linhas de seu corpo expressivo – a cabeça tombada, os seios pendentes, os membros caídos – sugerem exaustão, fragilidade vulnerável e capitulação imposta.

Matisse, *Ninfa e sátiro*, 1908-09.

Esta é a atmosfera do quadro *O rapto* (ou *A violação*), de Cézanne, onde outro homem nu imperioso também arrebata uma mulher pálida, exangue e roliça. A intensa carga erótica em ambos os quadros é reforçada pela cor estridente e o tratamento rústico. No caso de Matisse, a própria textura da tinta era chocante. As pinceladas convulsivas e lancinantes, o contorno grosseiro da paisagem preenchido com um verde chapado e sujo, as manchas indistintas em volta da cabeça, virilha, mão esquerda e joelho direito do homem – tudo transmite uma perturbação extrema. O quadro dele, assim como o de Cézanne, é ao mesmo tempo pessoal e simbólico. Ambos sugerem uma imagem jorrando de algum nível profundo, provavelmente inconsciente, da imaginação, em uma onda de amargura e raiva. O sátiro de Matisse dá a impressão de querer estrangular a vítima com as imensas mãos vermelhas. Muito tempo depois, o próprio Matisse afirmou que era assim que se sentia quando estava prestes a pintar um quadro. Ao poeta Louis Aragon, contou que, para ele, todo quadro era uma violação. "Violação de quem?", indagou então, alarmando o interlocutor (e talvez a si mesmo) com a imagem brutal que lhe emergiu no espírito durante uma entrevista realizada mais de três décadas depois do quadro *Ninfa e sátiro*: "Uma violação de mim mesmo, de certa ternura ou fraqueza diante de um objeto complacente". Ele parece ter dado a entender que dependia dos modelos femininos para despertar sentimentos que alimentavam o trabalho que tinha diante de si. Seja o que for que havia de subjacente nesse processo, ele o confrontou plenamente em *Ninfa e sátiro*.

Esse quadro tosco, poderoso e primitivo estava reservado para Shchukin, prestes a se comprometer tão completamente quanto Matisse com a libertação da pintura. No dia 9 de janeiro, Shchukin encontrou-se com o pintor em Paris e comprou ou encomendou seis outros quadros. Matisse contou que, de certo modo, temia as visitas do russo, que, com intuição infalível, escolhia as últimas telas em que conseguira avançar e as levava embora, por vezes ainda com a tinta úmida. O fato de a obra *Ninfa e sátiro* ser uma afronta à decência e à moral só aumentou a impaciência de Shchukin para tê-la em sua coleção. Essa nova tela era bem diversa das imagens sensuais que outros homens mantinham a portas fechadas em salas e gabinetes privados. O quadro de Matisse comete uma violação pictórica e mostra uma violação real. Seu atrativo secreto para um subversivo como Shchukin era precisamente o fato de que violava todos os preceitos sagrados do academicismo, exaltados nos impecáveis nus públicos que adornavam os salões parisienses.

Para os círculos artísticos elegantes, a encarnação contemporânea de tais preceitos era Maurice Denis, que então fazia sucesso em Moscou com um conjunto de painéis pintados para a casa de Ivan Abramovitch Morózov, amigo e rival de Shchukin. O tema de Denis era Cupido e Psiquê. Ele pintou Cupido em tamanho natural como um jovem nu e rechonchudo, com asas combinando com o esquema de cor predominante (rosa, verde e azul), perseguindo uma sólida Psiquê com seios, nádegas e coxas exuberantes. A robusta compleição do casal torna ainda mais absurdo seu casto abraço, durante o qual pairam no ar com os rostos colados sem se tocar em nenhum ponto abaixo da cintura. É uma cena de sedução da qual foi eliminada qualquer sugestão de desejo ou perigo. A série Cupido e Psiquê de Denis para o salão de música de Morózov foi considerada uma obra tão magistral em Moscou que Shchukin reagiu a ela encomendando as suas pinturas murais a Matisse. O pintor jamais se esqueceria do almoço no Restaurant Larue, em Paris, durante o qual ambos conceberam juntos um plano para acabar com todos os esquemas decorativos azul-rosa-e-verde povoados de ninfas dançarinas e faunos flautistas. Foi da conversa que tiveram nesse almoço que surgiram as obras *A dança* e *A música*.

Matisse deixou Paris no início de fevereiro a fim de passar um mês sozinho em Cassis, à beira do Mediterrâneo. Caminhando sobre os penhascos íngremes junto ao mar, ele voltou sua atenção para o ar, a água, a luz, os raios de sol refletindo-se na espuma e nas ondas que fustigavam as rochas. O movimento era o que mais o preocupava nos preparativos para a *Dança*. As violentas correntes turbilhonantes espelhavam o "choque de contrastes criativos" interno que descreveu em caminhadas e conversas com o deputado socialista Marcel Sembat, um apreciador da arte que também descansava ao sol invernal de Cassis. Matisse estava se preparando para uma provação que exigiria o máximo dele, como explicou em detalhes a um jornalista que o entrevistou para *Les Nouvelles* assim que retornou a Paris. Segundo ele, chegara a hora para os pintores de sua geração avançarem para um tipo de arte novo e mais expressivo, por meio de um retorno ao básico, eliminando detalhes supérfluos e processando a matéria-prima regurgitada pelo naturalismo e pelo impressionismo. "Agora precisamos iniciar o imenso trabalho de organização."

Esse tipo de ambição temerária explica por que a mulher de Matisse havia se casado com ele. Para aqueles que mal a conheciam, Amélie talvez desse a impressão de ser uma dona de casa, mas, por trás da aparência recatada, ela era bem pouco convencional. Seu casamento fora uma aposta na qual pouco importava o dinheiro, a segurança e o prestígio social. A pintura de Henri conferia forma e sentido a sua vida. Ela era uma vigorosa parceira em um empreendimento de alto risco, cujo êxito final jamais colocou em dúvida. "O fundamento da nossa felicidade [...] foi que desde o início construímos essa confiança mútua de modo muito natural", escreveria ela bem mais tarde a Marguerite. "Foi para nós o maior bem e a inveja de todos os amigos, pois significava que podíamos sobreviver às piores épocas." Os dois faziam tudo juntos. Quase desde o dia em que se encontraram, ficaram conhecidos como "os inseparáveis". As quatro semanas que Henri passou em Cassis foi provavelmente o mais longo período de separação desde que se haviam casado onze anos antes. O ateliê era o centro da existência do casal, e era um domínio tanto dela quanto dele. Amélie cuidava de tudo, desde manter os modelos satisfeitos até a limpeza ritual dos pincéis no fim da jornada. Também fazia os registros, organizava a papelada e lia em voz alta, noite após noite, quando a pressão do trabalho aumentava a ponto de impedir Henri de dormir. Amélie havia participado, como modelo ou observadora, da feitura de todas as obras que tanta polêmica causaram entre os contemporâneos nos cinco anos desde a explosão *fauve* de 1905.

Amélie não poderia ter feito tudo isso sem o apoio de Marguerite, ela própria também modelo experiente e aprendiz de gerente de ateliê. Desde pequena havia sido a principal responsável pelas compras, preparo das refeições, limpeza da casa e cuidado dos irmãos menores. Os pais a mantinham ao lado deles em parte por ela ser imprescindível, mas também como precaução. Margot iria completar quinze anos no verão de 1909. Ela aprendera a respirar por um tubo introduzido no pescoço, cuja abertura ficava oculta por golas altas ou gargantilhas de veludo preto, mas a adolescência submetia a um esforço cada vez maior a traqueia danificada e que não se desenvolvera adequadamente desde a infância. Margot precisava ela própria de cuidados.

A disciplina no ateliê, estabelecida pela mulher e pela filha de Matisse, era observada com menor rigidez pelos alunos. Em teoria, Matisse dedicava a eles no máximo duas manhãs por semana, mas sua presença poderosa atrás da divisória exercia uma influência que ninguém conseguia ignorar. A quantidade de alunos aumentou muito em 1909, com gente afluindo de toda a Europa e dos Estados Unidos, muitos dos quais se assombravam ao topar com um artista de aparência tão distante da besta selvagem que antes trotava pelas ruas com um puído casaco preto de lã de carneiro. À medida que suas obras se tornavam mais ousadas e perturbadoras, as roupas e as maneiras de Matisse ficavam mais plácidas e contidas. Ele ensinava os alunos a confiarem na observação direta e a se manterem fiéis às suas reações intuitivas. Uma coisa que não tolerava era o exibicionismo na pintura. Tudo o que era flamejante, espalhafatoso ou excessivo tinha de ser identificado e impiedosamente excluído. As aulas deixavam Matisse exaurido, por vezes a ponto de fazer com que perdesse a acuidade visual. O problema é que tratava a todos da mesma maneira, empenhando-se em resolver as dificuldades até dos menos talentosos com a mesma concentração que dedicava ao confronto com as próprias obras. Sua época de estudante ainda era muito recente para que tivesse esquecido o que significava ser um jovem pintor recém-chegado a Paris, sem dinheiro, passando frio e fome, e desesperado para receber uma orientação.

A vida era difícil para os homens, mas ainda pior para as mulheres, que constituíam apenas um quinto dos alunos. Elas desfrutavam de menos liberdade e enfrentavam mais obstáculos do que os colegas de sexo masculino. Independentemente de quão pobres fossem, as artistas jovens não podiam perambular pelas ruas à noite ou dormir nos bancos dos cafés. Donas de pensões decentes desconfiavam de mulheres solteiras que viviam sem a proteção de parentes ou guardiões masculinos. A maioria das escolas de arte não as aceitava como alunas. Nas aulas de Matisse, todas parecem ter vindo com maridos ou namorados, com exceção de uma dupla de jovens russas que haviam chegado separadamente, sem aviso prévio, sem renda aparente e sem dinheiro. Uma delas era Maria Ivanovna Vasilieva, que chegara a Paris, passando por Munique, após deixar uma sólida família burguesa de professores, engenheiros e advogados em São Petersburgo. Com 24 anos, Vasilieva era baixinha, e tão vigorosa quanto intrépida. Mesmo na época demonstrava a determinação e a persistência incansável que impulsionaram sua impressionante carreira subsequente como Marie Vassilieff, a Mãe Coragem da vanguarda parisiense no período entreguerras.

Ela dividia os aposentos no sótão acima da família Matisse com Olga Markusóvna Meerson, que era cinco anos mais velha e uma artista já estabelecida. Olga era uma judia russa de feições marcantes, silhueta elegante, pele alva, cabeleira castanho-avermelhada, e uma personalidade tão incisiva quanto sua aparência. Ela aparecera no começo do verão de 1908, quando Matisse estava encerrado no ateliê, trabalhando furiosamente na *Harmonia em vermelho*. Meerson era uma artista ambiciosa que acabara de expor meia dúzia de quadros no Salão oficial de Paris, e por isso Matisse relutou em aceitá-la como aluna. Disse-lhe que, embora tivesse um raro talento para retratos e uma generosa sensibilidade para a composição, caso viesse a ser orientada por ele, teria de desaprender tudo o que sabia. Quando Meerson insistiu que era isso o que queria, Matisse pediu-lhe que reconsiderasse e voltasse dali a duas semanas. Depois de pensar bem, ela decidiu aceitar o desafio e mudou-se para lá em seguida.

Olga Meerson em Paris, na época em que conheceu Matisse, c. 1908-11.

A formação acadêmica que estava disposta a descartar havia sido rigorosa e completa. Precoce e brilhante, ela estudara durante oito anos na Escola de Arte de Moscou antes de abandonar a família na Rússia com 21 anos, em 1899, a fim de se juntar à colônia de artistas de vanguarda formada em torno de Vassíli Kandinski em Munique. Kandinski fez um retrato dela, dedicou-lhe uma paisagem e, em 1902, colocou-a na frente da famosa aula da Falange. Em Munique, Meerson conheceu escritores e pintores, enquanto fazia minúsculos e tocantes retratos de sua melhor amiga, Katia Mann, mulher do romancista Thomas Mann, e do irmão de Katia, Eric Pringsheim: requintados retratos tão brilhantes e nítidos quanto uma joia, elaborados com camadas de esmalte tão finas que mal se notam a olho nu. Todavia, como essa espécie de competência antiquada não tinha lugar na arte do futuro incessantemente debatida em Munique, em 1905 Meerson abalou-se para Paris a tempo de acompanhar a explosão *fauve* no outono. Quando Kandinski foi para a França no ano seguinte, Olga era uma das raras pessoas com acesso aos aposentos dele em Sèvres. Porém, quando ele voltou a Munique, ela preferiu ficar em Paris e convenceu Matisse a aceitá-la como discípula.

Olga personificava o orgulho, a coragem e a resistência que Matisse sempre valorizou em seus modelos femininos. Em Paris, antes da Primeira Guerra, ele pintou uma espantosa série de retratos desse tipo de mulher: *Jovem de olhos verdes*, *Jovem argelina*, *Jovem espanhola com tamborim*, *Jovem de verde*, *Jovem com tulipas*. Começando com Greta Moll em 1908, os modelos eram tanto profissionais como jovens amigas, ou até visitantes arrojadas o bastante para posar para ele. Todos os retratos são variações da mesma fórmula simples, abarcando três quartos do corpo do modelo que fita de frente o espectador, contra um fundo plano colorido, às vezes exibindo padrões complexos. O efeito, ainda hoje impressionante, era na época de grande impacto. Para os contemporâneos, esses quadros pareciam insólitos, bizarros e extremamente ofensivos. A maioria das pessoas não conseguia entender as espessas linhas pretas delimitando o que mais parecia uma confusão medonha de manchas coloridas estridentes e berrantes. A *Jovem com gato preto* – um retrato da filha de Matisse vestindo uma jardineira e afagando o gato de estimação –, que estava no apartamento de Sarah Stein, horrorizava as visitas. A *Jovem com tulipas* mostra uma mulher vestida sobriamente com saia preta e blusa, timidamente torcendo as mãos no regaço, pintada com uma franqueza e simplicidade tão infantis que pareceram insanas aos moscovitas que a viram pela primeira vez na casa de Shchukin. A *Jovem de olhos verdes* virou um exemplo de algo grotesco ao ser exibida em Paris na primavera de 1910, e em seguida seria objeto dos ataques mais virulentos na famosa mostra pós-impressionista que teve lugar no final do ano em Londres.

O organizador da mostra, Roger Fry, defendeu vigorosamente a *Jovem de olhos verdes* em termos de harmonia de linhas e cores, mas até mesmo ele não conseguia entendê-la como retrato ("Considerada como representação pura e simples, a figura parece quase ridícula"). Posar para Matisse na época requeria coragem. Jovens sensatas não posavam para quadros que iriam transformá-las em alvos públicos, motivo de insultos nos jornais, de chacotas dos amigos e de zombarias e coisas ainda piores por parte de estranhos. Com relutância, Matisse viu-se obrigado a aceitar o fato de que as reações despertadas por seus quadros nas primeiras pessoas que os viam eram quase sempre o oposto dos sentimentos que buscara transmitir. Um século depois, as jovens cujas expressões eram tão difíceis de ser decifradas agora fitam impassíveis e com extraordinária confiança os espectadores. Era a fortitude dessas moças, bem mais do que a juventude e a inocência, que emocionava Matisse. Não há nada sensual ou insinuante nesses retratos. A independência (e o preço a ser pago por isso) está implícita em todos os elementos da *Jovem de olhos verdes*, desde as roupas pouco convencionais até o nariz reto, as sobrancelhas negras e espessas, a boca vermelha resoluta, o olhar inabalável e a firme postura da cabeça sobre o pescoço colunar e intransigente. Em relação ao *Retrato de Greta Moll*, Matisse afirmou que havia tentado transmitir o aspecto estatuário, a força e a dignidade inatas da personalidade de Greta. Três anos depois, quando Olga Meerson serviu-lhe de modelo, Matisse pintou a vulnerabilidade implícita na pose circunspecta, nas mãos torcidas com tensão e na postura ereta da cabeça.

No dia em que se conheceram, Matisse a advertiu de que a admiração que sentia por ele iria arruinar a carreira dela e impedir que voltasse alguma vez a pintar um quadro vendável. A essa primeira entrevista seguiram-se, nos três anos seguintes, muitas conversas sobre a arte e a vida, todas conduzidas nos termos mais exaltados ("As aspirações de sua alma são as mais nobres", escreveu Matisse mais tarde). Poucos meses depois, ele começou a trabalhar na obra *Ninfa e sátiro*, um quadro que visava violentar os cânones da arte acadêmica em seu formato mais sagrado, o nu. Talvez as duas imagens – a jovem real e a ninfa genérica da tradição clássica ocidental – tenham se mesclado. Os historiadores da arte certamente assumiram que Meerson posou para o quadro, apoiando-se sobretudo no cabelo ruivo da ninfa, um indício precário, pois o cabelo de Meerson era castanho, com tons avermelhados ou marrons (ninguém jamais insinuou que ela tinha olhos vermelhos, como a ninfa de Matisse, ou mesmo que o próprio Matisse – que era ruivo – tinha o cabelo preto como o homem no quadro). Seja como for, é evidente que algo acontece nessa tela, praticamente o único lugar em sua obra no qual Matisse confrontou uma violência efetiva ou desejada.

Em suas memórias, Vassilieff registra um episódio sugestivo que ocorreu no começo de 1909, logo depois de ela ter se instalado no convento. Matisse, que passara a dormir no sótão alegando que ali respirava melhor, acordou-a em uma manhã de primavera, batendo na porta envidraçada de seu quarto, vestido de pijama. "Ainda adormecida, coberta apenas com um quimono, abri a porta [...]." Quando ele explicou que estava com as ilustrações para a edição russa das "Notas de um pintor", que ela estava traduzindo, Vassilieff lhe pediu que esperasse um pouco até se vestir. "Ele permaneceu na soleira da porta, olhando para a minha cama ainda quente, e também para mim, bela como eu era naquela época; e aí, de repente, ele sumiu." Vassilieff era uma fantasista de primeira linha cujo testemunho é duvidoso, interesseiro e irresponsavelmente seletivo. Mesmo assim, essa lembrança em particular parece ser um relato bastante plausível do processo que o próprio Matisse mais tarde descreveria ao afirmar que, para ele, todo quadro era uma violação. Instigado a ser mais específico sobre o relacionamento com os modelos femininos, ele explicou que só conseguia alcançar a concentração extrema, impessoal e quase cirúrgica indispensável para o ato de pintar ao elaborar seus sentimentos diante do modelo. Disse ainda que, no decorrer de toda a vida, necessitou da presença das mulheres jovens e belas não tanto para explorar visualmente a aparência física dos modelos, e sim para "me manter em um estado emotivo, uma espécie de flerte que acaba virando uma violação. Uma violação de quem? Uma violação de mim mesmo, de certa ternura e fraqueza diante de um objeto complacente".

Ao voltar a Cassis em março de 1909, Matisse estava precisamente no estado de excitação imaginativa a que parece aludir aqui. À sua espera havia uma carta de Shchukin, solicitando um esboço em cores do painel que haviam discutido como decoração para a escadaria da mansão moscovita. O quadro *Ninfa e sátiro*, de Matisse, já seguira para Moscou, mas a ninfa prostrada voltou a ressurgir em sua imaginação para juntar-se a quatro outras em uma dança ritmada e turbilhonante. No dia 11 de março ele enviou pelo correio um pequeno esboço mostrando uma roda de dançarinas nuas, seguido no dia seguinte por outra roda de mulheres se banhando. Shchukin ficou ao mesmo tempo encantado e consternado, explicando que os códigos rígidos e semiorientais da alta sociedade russa o impediam de pendurar nus na escadaria de seu saguão de entrada. Já alvo de piadas em Moscou por causa de seus quadros malucos, o colecionador implorou ao pintor que vestisse as figuras ou que mantivesse a ideia original, mas em uma tela menor que pudesse ser pendurada em seus aposentos privados, inacessível aos visitantes. No entanto, rapidamente ele superou as dúvidas, confirmando a encomenda original de dois painéis enormes, em telegrama enviado no dia 28 de março. "Foi preciso coragem para pintá-los", diria Matisse mais tarde, "e também foi preciso coragem para comprá-los."

Durante toda a vida, Matisse abordou a figura humana em duas etapas sucessivas. Na primeira, atinha-se a uma observação estrita da realidade externa, que era completamente absorvida antes de ser remodelada pela imaginação em imagens "que emergem da fermentação interior, como bolhas em uma lagoa". No princípio, Shchukin sugerira como ponto de partida a roda de pequenas figuras rodopiantes no fundo de *Alegria de viver* (um quadro que vira pela primeira vez em meio à multidão zombeteira e uivante no Salão dos Independentes em 1906 e redescobrira dois anos depois no apartamento dos Stein). O esboço que Matisse lhe enviou em março deu forma a uma imagem que estivera fermentando em Cassis, ainda que os elementos nele incluídos possam muito bem ter vindo de uma ou outra das jovens que posaram para o artista em Paris. Matisse pintou uma versão inicial de *A dança* em dois ou três dias de concentração frenética, e logo em seguida começou outra versão. Em 11 de abril, um amigo de Sarah Stein, o inglês Matthew Prichard, vira a foto de "uma roda de mulheres dançantes" que o levou a considerar Matisse "o maior dos modernos". No dia 12 de abril, *Les Nouvelles* publicou a entrevista na qual o pintor definia o seu objetivo como a expressão de emoções "tão diretamente quanto possível e pelos meios mais simples", citando como exemplo o projeto para a decoração de uma escadaria. Dificilmente poderia ter indicado com mais clareza a intenção de aproveitar essa primeira grande encomenda decorativa como base de lançamento da arte moderna. *A dança* e seu par, *A música*, eram uma declaração pública de fé por parte de um colecionador que depositava uma confiança absoluta no pintor. Em Moscou, naquele mês de abril, Shchukin dizia a qualquer um disposto a ouvi-lo que Matisse detinha o futuro em suas mãos.

O apoio de Shchukin, tanto financeiro como moral, afetou de modo profundo a vida e o trabalho de Matisse. Os 27 mil francos pagos pela *Dança* e a *Música* deram estabilidade às finanças familiares bem a tempo de evitar o desastre, pois na primavera o convento de Sacré-Cœur foi posto à venda e seus ocupantes tiveram de se mudar. Incomodado com as demandas dos alunos e também com a crescente notoriedade, Matisse começou a procurar um lugar o mais longe possível, mas sem sair de Paris. Quase em seguida encontrou uma casa para alugar na divisa sudoeste da cidade, dando para um subúrbio industrial ainda em formação, em Issy-les-Moulineaux. Nessa altura, a família havia sofrido um golpe ainda pior. No final de março, as dificuldades de Marguerite para respirar se agravaram de tal modo que os médicos decidiram fazer uma segunda traqueotomia. A operação trouxe de volta as terríveis lembranças do verão de nove anos antes quando foi preciso segurá-la sobre a mesa da cozinha no minúsculo apartamento de sótão enquanto o médico abria a traqueia da menina. Marguerite se recuperou, mas Matisse disse que o sofrimento da filha o deixou indisposto para tudo, "sobretudo para pintar". Os velhos amigos enviaram mensagens ansiosas para saber como estava Margot, que teria de enfrentar uma longa convalescença e um futuro incerto. Seus pais planejavam levá-la para o sul no verão, para uma casa à beira-mar em Cavalière logo que estivesse em condições de viajar. Assim, durante os meses de abril e maio, eles tiveram de lidar com os detalhes práticos da mudança, transportando a mobília, armazenando as obras e orientando os pedreiros que iriam levantar um ateliê pré-fabricado amplo o bastante para abrigar os novos painéis encomendados por Shchukin.

Tanto o marido como a mulher viram a mudança como uma solução para seus problemas. A casa com jardim em Issy proporcionaria a eles o espaço e a tranquilidade impossíveis de encontrar na região central de Paris. O novo cenário libertaria Henri dos contatos constantes e exaustivos com discípulos, críticos, marchands e potenciais compradores, ao mesmo tempo que recolocava Amélie em seu lugar de direito, ou seja, no ateliê, no centro do empreendimento conjunto do casal. E permitiria que as crianças levassem uma vida doméstica mais regrada em um ambiente quase rural, onde Margot poderia se recuperar e os meninos continuariam os estudos no liceu local. Enfim, seria conveniente para toda a família. Gertrude Stein ficou assombrada com a felicidade temerária de Amélie, que esta celebrou naquela primavera tomando um táxi até Issy e pedindo que esperasse – "Só milionários deixavam os táxis esperando naquela época" – enquanto colhia flores no enorme jardim tomado pelo mato que seria dela no outono.

Assim que as aulas foram interrompidas para as férias, Matisse escapou para um breve descanso com seu amigo mais antigo, Léon Vassaux, agora um médico rural na Normandia. Em meados de junho, ele já estava no sul, instalado na Villa Adam, em Cavalière, com Amélie e os três filhos. As míticas ninfas mediterrânicas haviam invadido suas telas em momentos de importantes transições pictóricas, em Saint-Tropez em 1904, e de novo em Collioure, no ano seguinte. Dessa vez, porém, ele levou consigo uma ninfa de verdade, chamada Loulou Brouty. Era um modelo parisiense de cabelo preto, traços felinos marcados, corpo compacto de dançarina e pele tão bronzeada e reluzente que os discípulos de Matisse a apelidaram de "pôr do sol italiano". Amélie deu-se bem com ela, como em geral ocorria com os modelos do marido. Brouty adaptou-se com facilidade à família, brincando com as crianças, aprendendo a nadar com Matisse e fazendo companhia a Amélie nessa remota comunidade de pescadores onde os únicos outros forasteiros eram ocasionais pintores em visita. Cavalière era ainda mais isolada que Collioure. O tempo estava péssimo e Jean pegou caxumba. Matisse queixou-se de que não conseguia trabalhar, mas manteve o bom humor, aprendendo a nadar sob a água e enviando um desenho para Harriet Levy (a amiga de Sarah Stein que havia comprado o quadro *Jovem de olhos verdes*), retratando-se em traje de banho listrado prestes a saltar de um bote absurdamente precário. O pintor e suas atividades sempre aparecem nos esboços improvisados de Matisse como intrinsecamente ridículos. Em cartas a Manguin, retratou a si mesmo em Cavalière como um personagem de caricatura, hesitante, perplexo e míope, no mar com água até a cintura ou mergulhando e apenas com as solas dos pés aparentes. Enquanto isso, o modelo despido está na praia ao lado do cavalete abandonado, ou deitado descontraidamente de costas em um trecho de vegetação rasteira, com as pernas abertas e os braços dobrados sob a cabeça.

Matisse havia trocado mensagens abreviadas e jocosas desse tipo – um equivalente francês mais refinado dos lascivos cartões-postais de praia britânicos – com Manguin e Marquet desde a época em que eram estudantes. Na realidade, Brouty apoderou-se da imaginação do artista no verão de maneiras bem menos convencionais do que esse tipo banal de fantasia masculina. Ela posou de pé, sentada ou apoiada com a mão sob os pinheiros junto ao mar. O pincel de Matisse precipitava-se e dardejava em torno do corpo dela com uma confiança aparentemente desembaraçada, capturando a luz do sol e a sombra em pequenas telas luminosas organizadas em poças e manchas de cores improváveis. Em Cavalière, Matisse libertou a pintura exatamente como havia descrito, antes de sair de Paris, ao jornalista de *Les Nouvelles*. As harmonias de forma e cor que trouxe de lá em setembro eram incompreensíveis até mesmo para os admiradores mais arrojados. Marcel Sembat e sua mulher, Georgette, examinando as obras feitas no verão após um almoço em Issy-les-Moulineaux, gritaram quando chegaram ao estudo de Brouty intitulado *Nu sentado*:

> Topamos com uma pequena tela estranha, arrebatadora, inusitada, assustadoramente nova: algo que quase apavorou o seu criador. Sobre um fundo rosa berrante, flamejante em contraste com sombras azul-escuras que lembravam os mestres chineses ou japoneses, estava a figura sentada de uma mulher cor de violeta. Nós a contemplamos estupefatos, assombrados, todos os quatro, pois até o próprio mestre parecia surpreso, como todos nós, com o que havia criado.

À primeira vista o quadro era incompreensível, mas, assim que Sembat passou a discernir o que tinha diante dos olhos, ele se deu conta de que era preciso ler a composição de verde, azul, rosa e índigo como uma concepção unificada. "Bem, eu não estava apenas tentando pintar uma mulher", explicou Matisse. "Eu queria pintar minha impressão geral do sul." Sembat comprou o quadro, pois o reconheceu como um exemplar do que chamou de "ovo": um antecedente em embrião das grandes telas sintéticas que viriam ao longo da década subsequente. Com exceção de uma breve pausa na primavera, Matisse passou os doze meses seguintes dedicando-se aos painéis de Shchukin no ateliê especialmente construído em Issy. Aqueles que viram a primeira versão da *Dança* a descreveram como pálida, delicada e até mesmo onírica, pintada em cores que foram acentuadas – "erguidas e sustentadas, por assim dizer, nas costas da obra anterior" – e transformadas, na segunda versão, em um friso plano e veemente de figuras rubras vibrando em contraste com faixas de verde e azul-celeste vívidos. Foi o jorro de violência tanto quanto a materialidade terrosa da obra que mais chocou as pessoas. Segundo Matisse, ele mesmo ficou assustado, como Le Douanier Rousseau, que às vezes precisava abrir a janela para dar vazão à força elemental de sua pintura. Na *Dança* e na *Música*, Matisse procurou a um só tempo liberar e conter essa força. "No momento mesmo em que bandos furiosos circulavam diante de suas telas enormes, destroçando-o e insultando-o", escreveu Sembat, "ele nos confessava impassível: 'O que busco é uma arte de equilíbrio, de pureza, uma arte que não perturbe ou incomode as pessoas. Quero que todos aqueles cansados, esgotados e no limite de sua resistência encontrem a calma e o repouso em minha pintura'". Quando ouviam isso, os contemporâneos reagiam achando que Matisse estava lhes pregando uma peça ou até que perdera a razão. Na época, mesmo seus defensores tinham dificuldade para aceitar que ele levava a sério o que dizia. Para Matisse, tratava-se de alcançar os grandes objetivos destrutivos e construtivos do modernismo por meio da imposição da claridade e da ordem imparciais buscadas pela tradição francesa dominante que herdara de seus mestres, Nicolas Poussin e Paul Cézanne.

O esforço exigiu o máximo dele: consumiu-lhe os dias, invadiu seus sonhos à noite e introduziu uma tensão crescente em sua vida privada. Em Issy, a rotina diária da família estava submetida a isso. Era a mesma paixão obsessiva que havia arruinado o relacionamento de Matisse com a mãe de Marguerite. Ele havia tocado o coração de Amélie, logo depois de se conhecerem, ao adverti-la de que, por mais que a amasse, sempre amaria mais a pintura. E já na lua de mel, haviam embarcado no pedregoso e penoso caminho da arte. Bem mais tarde, Matisse diria a um amigo que a abstinência sexual se tornou para ele um objetivo desde o verão *fauve* de 1905. Sem dúvida, alguma forma de abnegação está por trás do quadro que intitulou *A conversação*, iniciado no convento de Sacré-Cœur e concluído em Issy. Em certo nível, é uma harmonia formal de cores, de uma simplicidade e um esplendor bizantinos. Em outro nível, mais corriqueiramente humano, mostra Amélie em um traje doméstico verde, numa manhã primaveril, confrontando gravemente o marido, vestido com o pijama listrado que usava para trabalhar. Antes da Primeira Guerra, os pijamas, ainda um produto exótico da Índia, eram vendidos para uso doméstico durante o dia e não para dormir, e substituíram as calças de brim como seu traje de trabalho, e com eles Matisse se retratou ao lado dos modelos nas duas décadas seguintes e mesmo depois. Para o mundo externo, eram um sinal de frouxidão moral e complacência consigo mesmo. Para Matisse e seus ajudantes no ateliê, significavam austeridade, trabalho duro e dedicação.

Em outubro de 1909, Olga Meerson passou a visitar regularmente o ateliê em Issy a fim de posar para um nu em argila que Matisse esculpia enquanto trabalhava na *Dança*. O novo mundo que passara a explorar naquele outono absorveu e estimulou a ambos. Era um domínio ao qual Amélie não tinha acesso, mas no final não era Olga que ela precisava temer, nem jovens como Vassilieff, tampouco a longa série de modelos profissionais que frequentariam o ateliê do marido até o dia de sua morte. Amélie tinha uma rival muito mais poderosa. Ela estava competindo com a sedutora que havia conquistado os dois grandes predecessores de Matisse: a amante que havia obcecado e consumido Cézanne; a companheira de toda a vida que Poussin incluiu no fundo de um estranho autorretrato pintado no ano anterior ao de sua morte. Poussin a identificou como a Pintura personificada, mostrando-a como uma bela mulher de cabelos dourados, envolta por dois apaixonados braços masculinos. Ela era ciumenta, exigente, possessiva e não admitia ninguém mais. Era a Pintura cujos braços se fecharam em torno de Matisse – assim como os dele em torno dela – em um abraço do qual ele jamais se libertaria.

7. A REVELAÇÃO DO ORIENTE (1910-11)

A MUDANÇA PARA ISSY-LES-MOULINEAUX, NO OUTONO DE 1909, ERA PARTE DE uma estratégia maior de desobrigação e isolamento. "Se minha história alguma vez fosse contada em detalhes [...]", escreveu Matisse mais de trinta anos depois, "deixaria espantados todos que a lessem. Quando fui arrastado pela lama, nunca protestei. À medida que passa o tempo, cada vez mais me convenço do quanto fui mal compreendido e injustiçado". O ostracismo reforçou sua obstinação. "O mundo todo deu-lhe as costas", comentou Lydia Delectorskaya, a companheira e a pessoa com quem, nos últimos anos, Matisse se sentia mais à vontade para falar. "Todos se alinharam aos cubistas, havia uma corte em torno de Picasso. Era uma questão de orgulho. Ele nunca quis se expor, demonstrar o quanto aquilo o machucou."

O incidente que confirmou a condição de pária de Matisse, pelo menos aos olhos dele, ocorreu certo dia quando entrou em um dos cafés frequentados por artistas em Montparnasse para beber algo com Picasso e seu grupo, e eles se recusaram a falar com ele. Matisse jamais esqueceu o fato de ter ficado sozinho na mesa de um café lotado de colegas pintores, nenhum dos quais o cumprimentou de volta. "Toda a vida estive em quarentena", comentou ao recordar o episódio. Seu aliado, André Derain, havia passado para o lado de Picasso, junto com Georges Braque e outros *fauves* menores, mas, se a deserção deles era dolorosa, em certo sentido também era um alívio para Matisse, que jamais viu a si mesmo como líder de grupo. Para ele, a arte não tinha dimensão política. "Ele não tinha interesse em rechaçar a oposição, nem em competir pela conquista de amigos desgarrados", escreveu a pintora Françoise Gilot, que bem mais tarde se tornaria companheira de Picasso. "Sua única competição era consigo mesmo." Agora os cubistas eram a facção mais animada e aguerrida nos meios artísticos, e Matisse (que era o alvo predileto deles) reagiu com o desmantelamento de sua própria base de poder, retirando-se para Issy e preparando-se para encerrar as aulas. "Eu me retirei para o canto como observador, e esperei para ver o que iria acontecer."

Todavia, Matisse temia o isolamento proporcionado por Issy na mesma medida em que necessitava dele. A nova casa era de tamanho mediano, sólida e despretensiosa, rodeada por muros altos no topo de uma colina íngreme, com vista para a fileira de fábricas instaladas às margens do Sena. Situada no número 92 da route de Clamart, a casa ficava num dos terrenos já delimitados de um loteamento imobiliário, a meio caminho entre o vilarejo de Issy e a nova estação ferroviária de Clamart, que por sua vez não passava de um povoado rural junto aos bosques que se estendiam ao sul até Versalhes. Todos os mantimentos tinham de ser trazidos a pé do povoado. A família não conhecia ninguém e nem sequer tinha vizinhos; era uma área tão erma que Matisse mantinha uma arma ao alcance da mão e recomendava aos filhos que não voltassem a pé para casa após escurecer. Ele implorava que os velhos amigos o visitassem, mas, para o círculo que ele e a mulher frequentavam em Paris, Issy estava fora dos limites do mundo civilizado. O dinheiro era uma preocupação constante nos primeiros anos em Issy. Matisse jamais teria condições de alugar um lugar próprio se, naquele outono, não tivesse assinado um contrato com Josse e Gaston Bernheim-Jeune, que lhe proporcionava aos quarenta anos, pela primeira vez na vida, uma renda regular. Os Bernheim se dispuseram a comprar tudo o que ele pintasse por um preço fixo, que variava de 450 francos para os quadros menores a 1875 francos para os maiores, além de uma porcentagem de 25% sobre as vendas. Mesmo assim, o aluguel de 3 mil francos por ano pesava bastante no orçamento familiar, a tal ponto que muitas vezes era difícil conseguir o valor da parcela trimestral ou enfrentar despesas inesperadas como as contas com médicos.

A mudança, que supostamente seria uma oportunidade de recomeço para a família, às vezes dava a impressão de ter sido calamitosa. As tarefas domésticas eram penosas para o casal, que sempre viajara com pouca bagagem, vivendo com frugalidade em locais baratos, com poucos pertences pessoais além dos quadros e da coleção de tecidos de Matisse. Agora era preciso arrumar escola para os meninos, um médico para Marguerite, cuidar do jardim. Matisse então estabeleceu um esquema de divisão do tempo. O domingo ficou reservado para o descanso, a segunda-feira para os visitantes e a correspondência, a sexta e o sábado para as aulas em Paris. As terças, quartas e quintas iria passar no enorme ateliê pré-fabricado erguido no fundo do jardim. Mesmo quando era cumprido, tal cronograma previa menos da metade da semana para o trabalho. E aí estava o cerne do problema. O esforço intenso, ininterrupto e solitário exigido pelos painéis da *Dança* e da *Música* gerou um estado de tensão que logo deu lugar a um pânico crescente. A insônia prolongada o deixava assustado e exaurido. Ele se sentia incapaz, frustrado e tomado por maus pressentimentos. À nevasca de ano-novo, seguiram-se as piores enchentes até então registradas em Issy. A chuva caía sem parar do céu plúmbeo e cinzento que sempre paralisava o pintor.

Camoin e Marquet, velhos amigos de Matisse, em rara visita ao ateliê em Issy, c. 1910.

Como um dos incentivos para que Matisse se juntasse à galeria, os Bernheim haviam acenado com a oferta de uma exposição retrospectiva. Inaugurada no dia 14 de fevereiro de 1910, a mostra foi a mais abrangente até então e ele esperava que demonstrasse seu progresso constante e lógico rumo a uma arte moderna despojada e revigorada. Os críticos, porém, reagiram com um repúdio de uma brutalidade até então desconhecida mesmo para Matisse.

Eles o acusaram de exagero vulgar, confusão deliberada e selvageria gratuita. Mesmo os resenhistas mais sérios o consideraram incapaz de seguir qualquer linha coerente ou desenvolver um estilo distinto. Um após o outro, atribuíram a impossibilidade de entender o que Matisse estava fazendo, não às próprias deficiências, e sim ao pintor. Os ataques vieram de todos os lados. Os jovens e progressistas mostraram-se tão malevolentes quanto os mais velhos e conservadores. Muito foi feito da fabulosa renda que Matisse supostamente obtinha com a exploração de crédulos alunos estrangeiros, assim como da fantasiosa coroa de louros (alguns até chegaram a afirmar que era dourada) que usava durante as aulas. A exposição atraiu tanta atenção que o encerramento teve de ser adiado em dez dias. Quando este ocorreu, em março, Matisse abandonou Paris, viajando sozinho para o sul e buscando refúgio junto ao pai e à irmã de Amélie, em Perpignan. Ele mesmo diria que estava destroçado, insone, esgotado e desanimado. De Perpignan seguiu para Collioure, onde ao longo de um mês Maillol e Terrus conseguiram lentamente fazer com que retomasse a confiança em si mesmo.

A única defesa pública de sua obra em Paris naquela primavera veio, para desgosto de Matisse, de Apollinaire, mas também houve, nos bastidores, o apoio mobilizado direta ou diretamente pelos Stein, sobretudo por Sarah. A coleção desta era um meio de aprendizado para quase todos os admiradores iniciais de Matisse, desde o próprio Shchukin até Berenson e o fotógrafo americano Edward Steichen (que organizou as duas primeiras mostras do pintor em Nova York). Os visitantes do apartamento de Michael e Sarah Stein em geral ficavam chocados antes de descobrirem, surpresos, que não conseguiam despregar os olhos dos quadros que cobriam toda a parede, em três ou quatro fileiras e sem nenhum espaço entre as molduras. "Uma visão estonteante, ofuscante e alegre, mas com linhas de enorme beleza", escreveu lady Ottoline Morell, dama da alta sociedade e defensora da vanguarda em Londres, cuja predileção por cores berrantes, joias espalhafatosas e chapéus assombrosos a tornava mais receptiva do que a maioria das pessoas, ainda que não visse nenhum motivo para o clima de solenidade imposto pela sra. Stein. "Ninguém ousava falar, silenciados talvez pelo clamor que parecia berrar das paredes."

O guia de lady Ottoline em Paris era Matthew Prichard, um dos frequentadores assíduos do apartamento da rue Madame. Atribuindo-se o papel de profeta, Prichard não ocupava nenhuma posição oficial, evitava os círculos acadêmicos, raramente fazia palestras públicas (se é que alguma vez o fez) e praticamente não publicava nada. Mas ele tinha, na frase de T. S. Eliot, "uma influência desproporcional à fama pública", exercendo-a nesses anos exclusivamente em favor de Matisse. Formado em Oxford, onde estudou direito, e autodidata em questões estéticas, Prichard abandonou em 1908 uma carreira promissora como orientalista no Museu de Belas-Artes de Boston e se mudou para Paris em busca da arte moderna. Seu comprometimento com a nova causa era veemente e irrestrito. Quando lhe disseram que a pintura de Matisse fora rejeitada como desprovida de valor pelo então em voga subimpressionista John Singer Sargent, Prichard retrucou que "se o sr. S. soubesse a verdade, ele cometeria haraquiri diante dos próprios retratos".

Durante toda a primavera e o verão de 1910, Prichard visitou assiduamente o ateliê em Issy, levando consigo discípulos jovens e animados, além de um punhado de admiradores mais velhos e abastados, sobretudo americanos que o haviam conhecido em Boston. O espírito erudito, cultivado e essencialmente filosófico de Prichard conferia um peso intelectual – "uma respeitabilidade plenamente oxoniana" – ao estranho rumo que vinha tomando a obra de Matisse. A convicção inabalável do inglês, assim como as novas fontes que revelou e todo o desconforto que fomentava, veio precisamente no momento certo. A rigorosa abordagem intelectual de Prichard correspondia ao aspecto disciplinado de Matisse, aquele lado empenhado, como ele disse, em "impor ordem ao meu cérebro". Este foi o personagem compenetrado, vestindo um guarda-pó branco todo abotoado, que Steichen fotografou no ateliê em Issy.

Porém, para Prichard, a arte era antes de tudo instintiva e emocional. Tal como muitos ascetas exaltados e rigidamente controlados, ele precisava de ajuda para passar a um nível mais intuitivo. "Muito do que Matisse nos proporciona pode ser encontrado em nossa vida inconsciente", anotou em seu caderno. "Para ver do que se trata precisamos mergulhar ali em estado de transe ou de êxtase, precisamos nadar no fundo da correnteza de nossa existência." Matisse usou uma linguagem mais violenta ao descrever seus esforços para derrubar a barreira que o separava da pintura. E esse confronto alcançava o auge na roda de dançarinas que Prichard vislumbrara em esboço no mês de abril de 1909. Matisse passou o resto desse ano concentrando-se sucessivamente em coisas distintas: o impetuoso choque dos elementos na maré alta açoitada pelo vento e aprisionada pelas rochas em Cassis; as faixas vibrantes de luz, calor e cor sob os pinheiros em Cavalière; as possibilidades plásticas da figura humana, exploradas na série de estatuetas em argila que modelou nos primeiros meses em Issy.

A tentativa de aproveitar as descobertas no âmbito de sua concepção original teve início assim que a primeira das duas imensas telas foi instalada no novo ateliê. Cada um dos painéis media pouco mais de dois metros e meio de altura por quase quatro metros de largura. Matisse foi obrigado a se encarapitar em uma escada e pintar com brochas, desenhando e redesenhando figuras maiores do que o natural. Purrmann, que trabalhou como assistente no ateliê, ficou assombrado ao ver como a alteração de uma linha desarranjava o equilíbrio de toda a imensa composição ("Ele [...] manipula o grupo todo como se fosse uma única figura com oito pernas e oito braços"). Matisse pintava intuitivamente, sem cogitar ou premeditar, como um dançarino ou um atleta. Devido aos meses de preparativos e prática, todo cálculo traduzia-se imediatamente em ação espontânea. "Um quadro é como um jogo de baralho", disse a Purrmann. "É preciso imaginar bem no início o que se quer no final; tudo precisa ser pensado de trás para diante e sempre estar concluído antes mesmo de começar."

Esse processo era intensamente físico. Matisse cantarolava músicas de cabaré enquanto elaborava os ritmos sinuosos da *Dança*, que remontavam a uma época anterior à da roda de pescadores que vira em Collioure, alcançando as lembranças de trabalhadores rodopiando com as namoradas no Moulin de la Galette em Montmartre. Na tela, sob o pincel, as dançarinas foram se avolumando e configurando um grande surto elementar de libertação, desencadeando forças que, segundo Purrmann, "deixaram até ele assustado". Como imagem da vida estuante e pulsante sendo introduzida em uma tradição clássica morta, essa roda de figuras em tamanho maior do que o natural, com suas orelhas pontudas de sátiros, corpos musculosos e rubros e pés preênseis, dificilmente poderia ser mais explícita. Ali estava a irrupção animal de emoção que Matisse experimentara aos vinte anos quando a mãe o presenteou com o estojo de tintas e ele reagiu como "um animal que se lança sobre aquilo que ama".

Esse aspecto bestial foi a primeira coisa que chocou os contemporâneos de Matisse ao verem *A dança*. O quadro lhes pareceu primitivo, diabólico, selvagem e até mesmo canibalístico. Matisse voltou a insistir que buscara a tranquilidade e a harmonia, salientando que a concentração arrebatada das figuras na *Música* proporciona um contrapeso ao abandono delirante dos dançarinos. Ele trabalhara alternadamente nos dois painéis, passando dos corpos que se alavancavam no ar e se lançavam em direção à terra para as absortas e suavemente rotundas formas enfileiradas na segunda tela como notas em uma partitura. A partir de então, o violino que tocara quando criança iria lhe servir de emblema do artista em seu trabalho e o corpo rudimentar do violinista na *Música* aparenta ser apenas um conduto para a emoção que flui através do instrumento (a mesma coisa voltaria a ocorrer, quase uma década depois, em *O violinista à janela*, de 1918, em outro ponto crucial na trajetória do pintor).

Em junho de 1910, Matisse encerrou afinal as aulas ("Que alívio!", comentou com um amigo. "Eu encarava aquilo com uma seriedade excessiva"). O ensino tornara-se um fardo, a quantidade de alunos, inadministrável, os rumores que circulavam em Paris a respeito de seus métodos malucos, cada vez mais fantasiosos. Matisse confiou a Prichard que a maioria dos alunos precisava mesmo era de orientação espiritual, e não instrução técnica. Mas os estudantes que voltaram para casa dominando uma nova linguagem visual acabariam produzindo resultados no longo prazo. Todos os países com mais alunos no curso – Escandinávia, Estados Unidos, Alemanha e Rússia – acabaram formando coleções importantes da obra de Matisse enquanto este ainda vivia (as coleções alemãs seriam dispersadas sob Hitler, as russas confiscadas por Lênin e encarceradas por Stálin), ao contrário da França, Grã-Bretanha e resto da Europa, cujos alunos se mantiveram distantes (Matthew Smith, o único inglês, contou que a timidez o impedia até de enfrentar o olhar do mestre, quanto mais dirigir-lhe a palavra).

Matisse continuava empenhado obstinadamente na *Dança* e na *Música*, interrompendo o trabalho por alguns dias em junho para visitar Léon Vassaux e, em agosto, para uma excursão de pintura com Marquet. Esse era o primeiro verão que passavam na casa nova e toda a família permaneceu ao seu lado. Um ano após a operação, Marguerite parecia ter recuperado a saúde. Jean frequentava o vizinho Lycée Michelet, para onde no outono iria Pierre, e os dois meninos aproveitavam ao máximo o jardim. As árvores altas e os arbustos emaranhados rodeavam gramados agrestes e irregulares com trilhas serpenteantes que levavam a moitas de lilases, árvores frutíferas, dois tanques e uma estufa, onde Amélie cultivava mudas. Canteiros com flores vistosas ladeavam o caminho para o ateliê. Diante da casa havia uma escadaria e uma varanda sombreada e, nos fundos, uma mesa com cadeiras sob as árvores.

O jardim era uma delícia, mas o isolamento rural estava começando a incomodar Amélie, encerrada atrás dos muros altos, vizinha de canteiros de obras, sentindo falta das idas e vindas dos pintores e suas mulheres ou namoradas, que até então haviam constituído o seu mundo. Em Issy, tinha como companhia apenas a cozinheira e Marguerite, então com quinze anos. Em vez de retomar seu posto no centro da existência e do trabalho do marido, Amélie agora parecia estar correndo o risco de perdê-lo por completo. Quando não estava em Paris tratando de negócios, ele passava dias inteiros fechado no ateliê nos fundos do jardim, desesperado para compensar o tempo perdido. Os potentados do mundo da arte que chegavam curiosos de Paris tratavam Amélie, quando notavam sua presença, apenas como uma esposa opaca e calada. Desde a infância, o que ela mais temera era a domesticidade, e esta agora estava ameaçando engolfá-la em Issy.

Quase todos que visitaram o ateliê no verão reagiram de maneira desanimadora. Quando o crítico inglês Roger Fry apareceu com uma dupla de colegas americanos, os três ficaram estupefatos e incomodados com as duas telas enormes que mais pareciam uma piada constrangedora. Em particular, Fry comparou a pintura de Matisse aos desenhos de sua filha de sete anos e, no artigo que publicou sobre a *Dança* e a *Música*, mostrou-se insensível e obtuso. O motivo de sua ida a Issy era convidar Matisse para que participasse de uma mostra coletiva de pintura francesa contemporânea, mas ele permaneceu desconfiado até bem depois da abertura daquela que seria a primeira exposição pós-impressionista em Londres. Em Paris, *A dança* e *A música* foram apresentadas ao público no Salão de Outono, em 1º de outubro de 1910. A reação foi arrasadora. As obras atraíram multidões, que gritavam insultos diante dos painéis, tal como haviam feito por três anos seguidos no auge do escândalo *fauve*. As novas obras de Matisse deixaram perplexos os velhos amigos e indignados os colegas artistas. As resenhas foram tão reprovadoras que Amélie foi obrigada a escondê-las.

Dessa vez seu marido se mostrou mais cauteloso do que em fevereiro. Uma semana após a abertura do Salão, ele seguiu para Munique, a fim de aproveitar os dez últimos dias da grande exposição *Obras-Primas da Arte Islâmica*. Marquet o acompanhou, e Prichard, que passara seis semanas estudando a mostra, estava à espera deles em Munique, para onde também foi Purrmann. Os três amigos se esforçaram ao máximo para aliviar a depressão de Matisse. Este foi beber nas cervejarias com Purrmann e, ao lado de Marquet, conheceu a coleção particular de seu primeiro e único defensor no circuito dos museus, o barão Von Tschudi, diretor da Staatsgalerie de Munique. Mas foi Prichard quem lhe proporcionou o antídoto mais eficaz. Essa era a oportunidade que, desde que se haviam conhecido, sempre vinha buscando para apresentar a Matisse a força da arte oriental. A exposição incluía um conjunto sem precedentes de tapetes, entalhes, azulejos, cerâmicas, objetos de vidro esmaltados e manuscritos iluminados islâmicos, assim como obras em metal e moedas bizantinas. Os dois passavam horas percorrendo a mostra, debatendo suas implicações e deplorando a obtusidade do sistema artístico contemporâneo. "Para eles, um quadro de Matisse é como o som da trombeta do Juízo Final", anotou Prichard em seu caderno. Essa semana que passaram juntos em Munique consolidou mais do que nunca a aliança entre eles. Aquilo que Matisse chamaria de "revelação do Oriente" influenciaria sua obra e suas viagens nos três anos seguintes.

Ao cair da noite no dia 15 de outubro, o pai de Matisse faleceu subitamente de um ataque cardíaco. Matisse partiu imediatamente de Munique rumo a Bohain, onde os dobres fúnebres soavam por toda a cidade. Foi preciso coragem para o pintor caminhar ao lado do ataúde em uma ocasião na qual sua notoriedade mais uma vez cobrira publicamente de vergonha o nome da família, além de ter amargurado os últimos anos de vida do pai. Mais tarde, Matisse comentaria que a comunicação entre ambos se reduzira a um "Como vão as coisas?", quando Hyppolite Henri ia buscá-lo de charrete na estação, e um "Volte logo de novo", quando o levava para tomar o trem de volta a Paris. No entanto, o pai o havia ajudado durante os anos de penúria e fome, suportando os comentários malevolentes de vizinhos com um sentimento de perplexidade, pois sabia que o filho não era desonesto nem louco, muito menos estúpido. À medida que cresciam seus próprios filhos, tornou-se mais fácil para Matisse reconhecer no pai sua própria determinação inabalável e perceber que este o respeitara por isso. Ambos eram indivíduos orgulhosos, lacônicos e duros, que normalmente encobriam a emoção com o humor seco do norte em que haviam nascido. Quando, aos quarenta anos, Matisse afinal obteve sucesso – ou, pelo menos, a estabilidade financeira que lhe permitia alugar algo num subúrbio industrial –, ele levou os pais para conhecer a casa e o jardim em Issy, chamando a atenção do pai com especial satisfação para os canteiros recém-plantados com flores. "E por que não cultivar algo útil, como batatas?", perguntou o negociante de cereais. Pelo resto de sua vida, seria motivo de amargura para o pintor o fato de o pai ter morrido antes de ver o filho reconhecido, ou de admitir que também poderia valer a pena cultivar outras coisas além de batatas. Na época, a morte do pai foi um golpe demolidor. "Estou completamente arrasado", disse a um amigo na semana seguinte ao funeral.

Hippolyte Henri Matisse,
o pai do artista.

Cinco dias depois, Matisse se obrigou a ler as resenhas sobre a exposição de suas obras. "Quanta raiva elas revelam [...]", comentou com tristeza. "Como tudo isso parece remoto – só espero que essa indiferença seja genuína." Os recortes de jornais haviam sido guardados para Shchukin, que chegou ansioso a Paris no dia 1º de novembro, uma semana antes do encerramento do Salão de Outono. Embora estivesse acostumado com os comentários em Moscou de que suas predileções artísticas aberrantes haviam levado dois de seus filhos ao suicídio, ele devia saber que a instalação da *Dança* e da *Música* na escadaria de sua mansão provocaria um escândalo pior do que tudo o que sua família tivera de suportar. Matisse acabaria responsabilizando os Bernheim pelo que ocorreu a seguir. Eles foram a Issy especialmente para lhe dizer que Shchukin estava pensando em descartar a *Dança* e a *Música* em favor de uma obra de Puvis de Chavannes com dimensões tão grandes que somente no ateliê de Matisse ela poderia ser avaliada em toda sua glória pelo comprador em potencial. Matisse concordou de imediato. A rejeição por Shchukin de seus painéis, que haviam consumido quase dois anos de dedicação exclusiva, num momento em que ainda não se refizera do impacto da morte do pai, era quase mais do que podia acreditar. A angústia passou a atormentá-lo dia e noite. Para a filha, ele parecia "um boxeador atordoado por soco decisivo que consegue se reerguer graças à mera força de vontade, recorrendo a esta ainda mais do que fizera até então". O quadro de Puvis de Chavannes era *As musas saudando o gênio, o arauto da luz*. A palidez fantasmagórica e as elegantes figuras estioladas da tela chocaram Marguerite, que crescera conhecendo apenas a cor intransigente dos *fauves*. No entanto, esse confronto entre a arte do passado e a do futuro no ateliê de Matisse tornou óbvia para Shchukin toda a enormidade daquilo que havia encomendado. Decidiu-se afinal pelo quadro de Puvis e retornou em seguida a Moscou.

Dois dias depois, voltou atrás na decisão, enviando um telegrama da estação de Varsóvia, e em seguida uma carta longa, corajosa e franca explicando que estava envergonhado de sua fraqueza momentânea. "Não devemos abandonar o campo de batalha sem mesmo travar o combate." O quadro que acabara de adquirir já não significava nada para ele, e solicitava que os dois painéis de Matisse fossem despachados sem demora. Purrmann, que ajudou a enrolar e embalar as obras, contou que Matisse teve um ataque de pânico quando as figuras das duas enormes telas estendidas no piso do ateliê deram a impressão de tremer e se mexer sob o olhar funesto das musas de Puvis. Matisse ainda não conseguia entender o que havia ocorrido. "Como você deve se lembrar, não me descontrolei", escreveu um mês depois, recordando o choque inicial para sua mulher. "Eu me esforcei para não sentir nada." A família toda ficou muito abalada com o caso e com a incapacidade de Matisse para absorvê-lo. E o tormento dele aumentou ainda mais com a abertura, em 8 de novembro, da mostra pós-impressionista em Londres, que atraiu vitupérios e injúrias tanto da imprensa como do público. Pela terceira vez no ano, Matisse fugiu de Paris, tomando um trem para a Espanha, onde pretendia visitar a Alhambra e conhecer as mesquitas e palácios mouriscos de Córdoba e Sevilha.

Ele desembarcou em Madri em uma quinta-feira gélida e úmida, 17 de novembro, com a cabeça rodopiando após 36 horas no trem. Mais tarde diria que as pessoas nas ruas pareciam padres, ou então esguios, morenos e belos sósias de Henri Manguin. Dois dias depois percorreu apressado as galerias do Prado, enviando uma série de cartões-postais exultantes para os velhos amigos. No dia 24, seguiu por Córdoba até Sevilha, onde o clima estava ensolarado. Comprou uma bela peça de vidro antigo para Amélie e um tapete creme e azul com motivos de romãs para si mesmo ("Ele me chamou a atenção em uma loja de antiguidades em Madri [...] não está em condições muito boas, mas acho que pode ser muito útil [...] nunca vi algo assim"). Em Sevilha, encontrou um velho e hospitaleiro amigo, Auguste Bréal, instalado em um apartamento que dava para um pátio com colunas, palmeiras e fonte. Bréal mostrou-lhe a cidade, apresentou-o ao flamenco e reservou-lhe um quarto em seu clube, o único local adequadamente aquecido em toda a Sevilha, segundo Matisse, que se queixou a Amélie da falta de estufas e do fato de ninguém se preocupar em manter portas e janelas fechadas. O problema naquele clube elegante era que estava tão deslocado com suas roupas velhas e puídas que teve de pedir à mulher que lhe enviasse um paletó decente (e mesmo o forro deste precisava ser trocado, a fim de que não destoasse demais dos espanhóis impecavelmente vestidos).

A realidade por trás dessas cartas joviais era bem diferente. Matisse estava funcionando no modo automático. De acordo com relatos que fez no final da vida, ele achava-se à beira de um colapso físico e emocional nas primeiras semanas que passou na Espanha. Disse que havia passado tanto tempo nervoso que não conseguia se descontrair. A gota d'água fora o choque da traição dos Bernheim, que somente começou a absorver após ter chegado a Madri, onde, para sua surpresa, não conseguiu dormir na primeira noite. A partir de então, a insônia foi exacerbando a turbulência interior. Havia mais de uma semana que não conseguia dormir quando chegou a Sevilha. Depois dos primeiros dias, o clima piorou e caíram tempestades torrenciais. A friagem que lhe invadiu o corpo e o espírito fazia com que tremesse tanto que a estrutura de metal da cama tamborilava nas lajotas do piso. "Minha cama tremia, e da minha garganta saía um gemido agudo que eu não conseguia conter." Ele ficou no quarto, nauseado e febril, tratando-se com doses de láudano, até que Bréal o tirou de lá e o levou para sua casa na calle Imperial, onde o pintor aos poucos foi se recuperando. Matisse devia muito ao perspicaz médico espanhol de Bréal, que o acalmou explicando que não havia nada de clinicamente errado, que o desespero negro era a consequência inevitável do excesso de tensão nervosa e que tudo o que podia fazer era administrar essa tensão, atendo-se a horários regulares de trabalho e sendo menos exigente consigo mesmo. A primeira parte desse conselho tornou-se uma regra que Matisse seguiria até o fim da vida, mas ele jamais conseguiu, se é que tentou alguma vez, seguir a segunda recomendação.

O pior da crise havia ficado para trás. "Minha querida Mélo", escreveu ele no dia 8 de dezembro, usando o apelido carinhoso de Amélie e descrevendo seu restabelecimento ("é como se eu tivesse sido salvo") em termos que normalmente reservava para as grandes libertações simbólicas de sua juventude, como ao ganhar o primeiro estojo de tintas ou ao contemplar pela primeira vez o sol meridional. Agora sentia um ímpeto familiar de energia e alívio. Livre afinal para cumprir o objetivo da viagem, ele seguiu para Granada no dia seguinte. O trem tinha um compartimento panorâmico com grandes janelas de vidro, onde Matisse ficou sentado sozinho desde as dez da manhã até as oito da noite, absorto diante da fértil planície andaluza e das agrestes e secas montanhas da Sierra Nevada. Ele desembarcou em Granada sob outra tempestade uivante e foi obrigado a permanecer no hotel. Somente no domingo, 2 de dezembro, alcançou seu destino. "A Alhambra é uma maravilha", escreveu à mulher na mesma noite. "Fiquei extremamente emocionado ali." Segundo o próprio Matisse, ele foi arrebatado por tal amor da linha e do arabesco – "esses doadores de vida" – que sentiu os sentidos despertos e o espírito acalmado.

Amélie enviara para Granada uma solicitação urgente de duas grandes naturezas-mortas por parte de Shchukin, que esperava algo relativamente simples e acessível ao olhar, algo que pudesse reduzir o inevitável clamor público em torno da *Dança* e da *Música*. Recebendo a notícia naquele lugar e naquele momento, a encomenda mobilizou Matisse de imediato. "Já me ocorreram algumas ideias [...]", escreveu no domingo a Amélie. "Consigo ver as duas concluídas, mas vou ter de trabalhar aqui." Ele se concedeu apenas mais um dia inteiro em Granada a fim de continuar a exploração iniciada com Prichard em Munique. A brevidade desse encontro serviu apenas para tornar seu impacto mais intenso. Os pátios e os palácios da Alhambra, as gelosias e os espaços ensombrecidos, as variações rítmicas sobre o tema do interior/exterior, o contraponto de forma e cor, sombra e luminosidade, as padronagens profusas e a alternância tranquilizante de céu e água – tudo isso mais tarde ecoaria na imaginação de Matisse. Parte fortaleza, parte paraíso terreno, erguida na época das cruzadas quando o choque medieval entre o Oriente e o Ocidente alcançou o ápice ao longo de um século de violência quase inimaginável, a Alhambra encarna o sonho de harmonia e paz do islã. Uma concepção paralela está no cerne da obra de Matisse, que a expressou pela primeira vez na famosa imagem de uma poltrona destinada a tranquilizar um homem de negócios exaurido. Ele contou a Prichard que disse isso pensando em Shchukin, que se descontraía após um dia de trabalho tenso contemplando os quadros de Matisse em sua sala de estar.

Na terça-feira, 13 de dezembro, Matisse tomou o trem de volta a Sevilha, lá chegando tarde da noite, ainda enregelado e molhado, ainda atormentado intermitentemente pela falta de sono, mas exultante em sua debilidade. No dia seguinte alugou um ateliê, dispôs os objetos de cerâmica e os tecidos (incluindo o pano creme e azul que o havia encantado em Madri) e começou a trabalhar sem esperar pela chegada dos pincéis, paleta e tintas que pedira que lhe enviassem de casa. As concepções europeia e oriental de decoração confrontam-se nas duas naturezas-mortas sevilhanas que Matisse pintou para Shchukin a partir das ideias que lhe ocorreram na Alhambra. A composição e os elementos – frutas, flores, legumes, um vaso local esmaltado de verde e meia dúzia de tecidos recém-adquiridos – constituem a parafernália normal de uma natureza-morta na pintura ocidental, mas a fluidez rítmica geral da linha rodopiante e as cores vivas pertencem a outro mundo. "Nos frisos orientais, o desenho se mescla ao fundo em uma concepção ornamental unificada, um todo decorativo, um imenso tapete vibrante", escreveu o crítico russo Jacob Tugendhold, ao avaliar a coleção de Shchukin alguns anos depois, "e é precisamente essa indistinção entre 'desenho' e fundo que é o aspecto característico da obra de Matisse [...] A pintura de Matisse não tem a solenidade da Grande Arte, mas exibe uma jovialidade própria, menos associada à tradição ornamental-arquitetônica renascentista do que à pureza decorativa tal como concebida no Oriente".

Matisse tomou emprestados os pincéis e as tintas de um velho amigo, o espanhol Francisco Iturrino, que também ofereceu-lhe o ateliê e um modelo, uma dançarina de cabelo preto, zigomas salientes e feições expressivas chamada Joaquina. As bailarinas ciganas de Sevilha foram uma revelação para Matisse, sobretudo uma jovem de dezesseis anos chamada Dora, "um milagre de flexibilidade e ritmo", ao contrário da incensada Isadora Duncan em Paris, "cujos gestos interrompiam o fluir da música, ao passo que Dora prolonga o som com seus arabescos". Um pequeno retrato de Joaquina foi uma das três telas pintadas por Matisse na Espanha. Em retrospecto, ele calculava que essa crise de "fadiga e repugnância" deve ter se prolongado por um mês e meio. Em Sevilha ele via tudo através de uma névoa de esgotamento. Embora chegasse ao ateliê às dez da manhã, as palpitações e o aumento da febre o obrigavam a interromper o trabalho depois de meia hora ou 45 minutos no máximo. Somente depois de retornar a Paris, as duas naturezas-mortas o surpreenderiam: "Vi que não estavam tão ruins [...] eram o produto da tensão nervosa".

A insônia o perseguiu até o final daquele ano, quando completou 41 anos. Sentindo-se envelhecido e solitário, com saudade dos amigos, e lembrando com tristeza da mãe viúva em Issy, ele implorou a Amélie que lhe mandasse notícias e fizesse com que as crianças também escrevessem ("Esses pirralhos pouco se importam com o pai, ou com o fato de ele já ser quarentão"). O ano velho havia terminado com uma virulenta série de ataques a ele, cuja ferocidade crescente surpreendeu até mesmo o pintor. O artigo "O príncipe dos *fauves*", escrito por um agressivo adepto de Picasso, Roland Dorgelès, repetia todas as velhas insinuações e provocações racistas ("ele pinta como um negro e fala como um mago") que feriram Matisse e o acompanharam durante anos. O ano-novo de 1911 foi marcado pela decisão melancólica de se afastar por completo da política manipulativa do mundo das artes. Ele sabia que a única possibilidade de sobrevivência como artista estava em tornar sua vida tão despojada quanto suas obras, concentrando a existência no ateliê e mantendo um ritmo de trabalho que lhe permitiria conviver com a hostilidade alheia e, acima de tudo, suportar as devastações de seu temperamento inquieto. "O público está contra você", escreveu Shchukin de Moscou, relatando a chegada dos dois painéis naquele inverno, "mas o futuro está em suas mãos."

Matisse escreveu quase diariamente para a mulher enquanto esteve na Espanha, onde o tempo bom nos primeiros dias em Sevilha o lembrou do sol que iluminara a lua de mel do casal na Córsega. Ele lhe pediu que enviasse notícias todos os dias, como estava fazendo ("Essa hora que você passa escrevendo para mim estaremos juntos [...] Você vai ver como isso torna mais tolerável a separação"). Ele sentia a falta dela ainda mais quando a inquietação noturna aumentava e ameaçava dominar seus dias, arrastando-o para um ciclo conhecido de pânico e colapso. O que consolidou sua recuperação foi a carta de Shchukin, logo depois seguida de uma proposta ainda mais ambiciosa para um grande retrato em grupo da família do pintor. Duas semanas depois, o colecionador ofereceu-lhe uma sala inteira no palácio, mal iluminada mas ampla o suficiente para conter três painéis murais de bom tamanho. Em ambos os casos, Matisse respondeu com prontidão e eficiência. Em particular, reagiu como alguém que voltava de novo à vida, ou recebia propostas de uma amante sedutora e irresistível. A primeira encomenda de Shchukin desencadeou nele uma torrente de imagens. O enlevamento deu lugar ao tipo de busca obsessiva que o absorvia em detrimento de tudo e de todos. As cartas à mulher continuaram afetuosas e solícitas, mas já não mencionava que tomaria o primeiro trem de volta a Paris. Comprou presentes para Amélie e comentou que seria bom se ela pudesse ir encontrá-lo, mas a partir de então o tom tornou-se mais peremptório. "Confie em mim, estou certo em ficar por aqui. Seremos bem mais felizes juntos se eu conseguir realizar algum trabalho", escreveu no dia 14 de dezembro, sem fazer caso das reprimendas dela. "Não volte a falar comigo assim, isso é a última coisa que preciso [...] Você ainda vai me dar razão e dizer que fiz bem em ficar ao ver o que estou fazendo."

No entanto, a paciência de Amélie já se esgotara. Confinada no subúrbio com a sogra e três crianças, tendo de enfrentar mais um inverno gélido em uma vastidão inóspita de casas em construção e hortas congeladas, com o ateliê fechado, poucas visitas e sem distrações, ela expressou tudo o que sentia em uma série de cartões-postais incisivos. Evocou a nuvem de tédio que pairava sobre a casa e acusou o marido de ter se esquecido das condições em Issy-les-Moulineaux, cujos moradores estavam contando os dias que faltavam até o retorno dele. Henri ficou incomodado com esta última acusação ("Isso me cortou o coração", escreveu ele, "foi devastador"). Afinal, a família era a base que lhe permitia continuar pintando, pois Amélie proporcionava-lhe um apoio vital. Ele entendia seu desânimo e talvez vislumbrasse já os sinais indicadores dos padrões depressivos que iriam a partir de então cada vez mais ensombrecer e prejudicar o casamento. Todos os dias ele enviava por carta uma lista de tarefas simples e práticas – conferir a lição de casa dos meninos, assegurar que não deixassem de fazer os bochechos antissépticos, verificar se Marguerite trocara o tubo da traqueia e se o encarregado dos serviços gerais havia saído com o cão –, o que indicava que tinha consciência de que a inércia poderia agravar a depressão.

Essa foi a primeira ocasião em que tiveram de se defrontar sozinhos com seus demônios. Até então Henri havia contado com Amélie para se contrapor ao desespero que o forçou, na ausência dela, a consultar um médico. Mas essa recém-encontrada confiança em si mesmo não era consolo para a mulher. Amélie sentia-se indesejada e excluída, recolhendo-se à passividade muda do orgulho ferido, interpretando como rejeição as tentativas dele de se virar sozinho. A gota d'água parece ter sido a decisão que ele tomou, depois de um mês longe de casa, de continuar em Sevilha por mais um mês a fim de avançar com o trabalho. Amélie, que contava com o retorno dele em meados de dezembro, nessa altura saiu de Issy sem avisar o marido e sem lhe dizer seu destino. Perplexo com o silêncio dela, ansioso por questões monetárias, preocupado em saber como pagaria o aluguel seguinte, ele mandou um telegrama para casa e recebeu uma resposta de Marguerite, dizendo que a mãe estava com os Parayre em Perpignan. Segundo a explicação oficial de Amélie, ela fora ajudar a irmã Berthe a se instalar em um novo posto, como diretora da École Normale de Cahors. Todavia, em sua última carta indignada ao marido, ela parece tê-lo acusado de indiferença e infidelidade.

O pai e a irmã de Amélie a conheciam o suficiente para que Henri confiasse em que ficariam a seu lado. "Caro sogro, cara cunhada, cara esposa", escreveu em 22 de dezembro, explicando a situação e apelando ao bom-senso deles com tanta calma quanto lhe era possível. "Conto com vocês para convencer Amélie, que está absolutamente furiosa comigo, de que vim para cá com o único objetivo de trabalhar, e de que nada em meu passado poderia dar motivo à desconfiança de que fiquei em Sevilha a fim de passar as noites nos bares." E explicou que, fora da temporada, Sevilha estava muito longe de ser o lugar romântico e permissivo sugerido pela ópera italiana. Para ele, a cidade tinha um aspecto carrancudo, frio e áspero – e com costumes sexuais tão repressivos que era praticamente impossível conseguir um modelo. "Aguente mais um pouco, Amélie, é preciso cuidar do trabalho", escreveu ele aborrecido, lembrando que dificilmente poderia deixar de concluir as bem pagas naturezas-mortas encomendadas por Shchukin. "Conto com Berthe para convencê-la de que esse ressentimento é um tanto despropositado."

Berthe Parayre tinha uma boa ideia da distância que havia entre os protestos de Henri e a amargura de Amélie. Talvez também reconhecesse que as desconfianças de Amélie, por mais infundadas no plano literal, eram mais do que justificadas em outro nível. As cartas amáveis, afetuosas e tranquilizadoras enviadas de Sevilha por Henri deixavam entrever com dolorosa clareza verdades sobre o casamento deles que Amélie talvez temesse mas até então não enfrentara. Ele dissera exatamente o que pensava ao alertá-la, tantos anos antes, que a pintura vinha em primeiro lugar. No que se refere ao trabalho, a parceria deles não era, e jamais seria, equitativa. O dramático sentimento de missão com o qual ela embarcara no casamento havia definhado, obrigando-a a se defrontar com o fato de que, por enquanto, ele necessitava dela apenas como apoio doméstico a distância.

O relacionamento deles acabaria sendo reatado. Henri empenhou-se para amenizar a absorção obsessiva no trabalho, ou pelo menos para incluir a esposa em outras viagens para pintar, mas depois desse episódio desconcertante Amélie jamais recobraria a antiga convicção. No curto prazo, o pai e a irmã dela conseguiram dissipar sua irritação o suficiente para que voltasse sozinha a Paris, onde as pessoas chegaram à conclusão óbvia quanto aos motivos que levaram Matisse a um país à beira do Mediterrâneo, ensolarado e repleto de dançarinas. Só em meados de janeiro, ele iniciou a longa, lenta e frequentemente interrompida viagem de retorno, parando para ver os El Greco em Toledo, de onde não pôde sair por causa de um metro e pouco de neve sobre a linha ferroviária. E quando deixou a Espanha, seguindo por Barcelona ao longo da costa do Mediterrâneo, voltou a interromper a viagem para visitar Étienne Terrus, que era especialmente ligado a Amélie e devia saber ou desconfiar que algo ocorrera. Mesmo depois de ter embarcado em Toulouse no trem com destino a Paris, no dia 25 de janeiro, Matisse ainda fez outra breve escala em Cahors, a fim de confabular com os Parayre.

É impossível saber o que ocorreu entre ele e sua mulher quando afinal chegou a Issy. A viagem que no início deveria durar um mês estendeu-se pelo dobro do tempo e não resultou em nada de importante além de duas naturezas-mortas (imediatamente despachadas para Moscou). Fora isso, tudo o que tinha para mostrar era o retrato de Joaquina, o que provavelmente só reforçou, ao invés de amenizar, a desconfiança da mulher. Matisse deu ao quadro o título de *Cigana* e na primavera o expôs no Salão dos Independentes, junto com outra tela maior, *A espanhola*. Amélie serviu de modelo para esse quadro, vestindo uma mantilha bordada com tons laranja e verde vivos, que o marido lhe trouxera da Espanha, fechada sobre o peito, ostentada mais como um estandarte do que como uma peça de vestuário, a cabeça ereta, o olhar desviado e os braços apoiados no quadril, em um gesto de asserção ou repúdio. Como observou Alfred Barr, a composição é uma suntuosa síntese decorativa, na qual o pintor reduziu a esposa a pouco mais do que uma esboçada boneca de papel bidimensional ("Mas que boneca de papel magnífica!"). Em outro nível, a figura veemente, retesada e engalanada dá a impressão de ser um ultimato encarnado.

Essa foi uma das últimas ocasiões em que Amélie serviu de modelo para o marido. Quase uma década antes, ela se fantasiara de espanhola, em outra crise durante a qual o casal se viu no fundo do poço, sem dinheiro para viver, sem ter onde ir e sem vislumbrar nenhuma saída. Amélie tentara salvar a situação com característica espirituosidade, vestindo uma calça de toureiro e dedilhando um violão, instigando Henri a pintar um quadro vistoso, de apelo e venda fáceis. Em um clima tenso, com ambos de péssimo humor, ele só conseguiu evitar uma discussão explosiva ao derrubar o cavalete com um pontapé, fazendo com que ambos caíssem em gargalhadas. "Se um dia você conseguir sair dessa confusão, todos os nossos problemas estarão superados", comentou ela. "Os problemas não acabam nunca", replicou ele com a dura e implacável maneira do norte que sempre exasperava o impetuoso temperamento meridional da esposa. No entanto, a exposição pública de *A espanhola* parece ter ultrapassado até mesmo a capacidade de tolerância de Matisse. O Salão dos Independentes foi aberto no dia 21 de abril de 1911 e em menos de cinco dias ele havia recuperado o retrato da mulher, levando-o embora de táxi e colocando no lugar o *Ateliê rosa*, uma tela tão recente que os visitantes se divertiam sujando os dedos na tinta ainda pastosa.

A troca mal chegou a provocar alguma comoção num ano em que todos estavam agitados mais em função dos seguidores cubistas de Picasso do que de Matisse, cuja capacidade de escandalizar dessa vez foi ofuscada por uma de suas discípulas. "As pessoas recuam horrorizadas diante das imagens monstruosas de Olga Meerson", relatou o *Journal*, citando-a como o exemplo mais chocante do Salão, que também incluía obras de Picabia, Van Dongen e Vlaminck, "para não falar da assustadora *Espanhola* do sr. Henri Matisse." Três anos haviam se passado desde que Meerson interrompera a carreira a fim de seguir Matisse. Ela aprendera com rapidez, abdicando de antigas habilidades, preservando a sensibilidade para a cor e a composição, enriquecendo o talento para o retrato que, em seu primeiro encontro com Matisse, este recomendara que não desperdiçasse. Meerson permaneceu mais próxima dele que qualquer outro de seus discípulos iniciais (sem contar Sarah Stein e Hans Purrmann, que mantinham os respectivos papéis de líder de torcida e faz-tudo). Meerson serviu de modelo para a estatueta em argila que Matisse intitulou *Nu sentado* e em 1911 ele pintou o retrato dela assim como o de Amélie. Meerson também o pintou, expondo o quadro no Salão de Outono, onde, segundo Guillaume Apollinaire, a obra se destacou na seção dos *fauves*. O novo estilo de Olga era mais agreste, ousado e expressivo do que antes, compensando em incisividade o que perdera em sutileza e refinamento. Ao posar para ela, Matisse descontraiu-se como raramente fez diante de fotógrafos, ou dos vários entrevistadores que procuraram, ao longo das quatro décadas seguintes, retratá-lo com palavras. Matisse era um modelo cauteloso e defensivo, mas no verão de 1912, diante de Meerson, ele baixou a guarda, algo que jamais fez com outro artista. Esse retrato semioficial admirado por Apollinaire desapareceu, mas Meerson guardaria até o fim da vida um pequeno esboço preliminar a óleo.

Olga Meerson, *Henri Matisse*, 1911.

Ela pintou Matisse deitado no sofá do ateliê, com aparência mais jovem e mais descontraída do que em qualquer de suas fotos. O que presumivelmente incomodou tanto o crítico de arte do *Journal* foi a segura e até bem-humorada eliminação de todos os detalhes não essenciais. No quadro, as cores restringem-se ao vermelho e ao verde complementares básicos, sugeridos pelo cabelo ruivo do pintor e pela roupa de trabalho de brim verde-oliva. A tela, adaptando o formato padrão de um nu reclinado clássico, é dividida na diagonal pelo corpo sólido e compacto de Matisse, estendido com um livro sobre uma colcha de xadrez vermelho, no mesmo tipo de postura natural e quase felina que incentivou nas jovens que lhe serviram de modelo uma década mais tarde em Nice. A modelagem é rudimentar. As pinceladas ressaltam a pele bronzeada, o cabelo avermelhado, os dedos esguios e afilados e as pernas surpreendentemente longas do modelo. O resultado é bem diferente das diversas versões de si mesmo pintadas por Matisse. O quadro não tem nada da intensa e taciturna interrogação de seus primeiros autorretratos, e tampouco as insinuações cômicas que ele sempre introduzia nos desenhos a lápis. O olhar de Meerson é terno, mas não inocente. O pequeno retrato, radiante e perspicaz, demonstra com honestidade e singeleza tocantes o preceito fundamental que Matisse ensinava a seus alunos: é a emoção genuína o que mais importa em uma pintura.

Nessa época, Meerson estava apaixonada por Matisse, mas a reação dele foi ambígua demais para ser avaliada hoje. Matisse elegeu Meerson entre todas, abriu-lhe as portas de Issy, onde ela almoçava com frequência, acompanhava Amélie às compras e era em geral aceita – como todos os modelos regulares – como parte da família. Em 1911, Olga estava com 33 anos e vivia com os magros rendimentos que conseguia obter fazendo cópias dos mestres do passado, tendo constatado a quase impossibilidade de viver da venda de seus quadros. "Como ela própria diz, ela não consegue mais fazer o que costumava, e também não consegue fazer o que gostaria", escreveu Matisse, confirmando o diagnóstico sombrio dela mesma. "Ela menospreza o que poderia fazer naturalmente, mas ainda assim é incapaz de fazer algo diferente." Ele e a mulher, que haviam convivido com a falta de dinheiro por tanto tempo, fizeram o possível para ajudá-la, convidando-a sempre para almoçar e arranjando-lhe trabalhos avulsos. Além de Amélie e do ocasional modelo profissional, Olga foi a única mulher que teve a coragem de posar nua para Matisse no período anterior à Primeira Guerra Mundial. Ela rompera cedo com os vínculos familiares, abandonando a rica e respeitável família ligada ao comércio em favor dos agitados, desenraizados e cosmopolitas círculos de artistas empenhados em demolir todas as restrições convencionais. Em termos de liberdade pessoal, ela se desfizera do passado mais completamente do que Matisse, que permaneceria até o fim preso aos laços dos sentimentos, necessidades e obrigações familiares.

Essa diferença de perspectivas talvez explique um extraordinário bilhete enviado por ele depois de ter irrompido bruscamente no quarto de Olga no boulevard des Invalides, retirando-se de imediato (como fizera antes, ao surpreender Marie Vassilieff em circunstâncias similares) e acompanhando a sua retirada com um pedido de desculpas quase incoerente: "Só consigo entender isso como um surto de insanidade. Nada me dava o direito de fazer tal coisa. Minhas suspeitas eram imaginárias". Esse bilhete sem data é desconcertante em vários níveis. Matisse, que evidentemente havia se descontrolado, suplicou a Olga que não falasse sobre o episódio com ninguém, explicando que não comentara nada em casa e acrescentando que, mesmo que ela o perdoasse, ele não tinha certeza de que conseguiria perdoar a si mesmo ("Como as coisas podem se tornar irremediáveis tão abruptamente! [...] Acho que estava fora de mim"). De modo geral, os historiadores da arte presumiram que essa carta foi escrita no início do relacionamento deles, quando Matisse ainda trabalhava na obra *Ninfa e sátiro*; no entanto, segundo a filha de Matisse, a crise entre ambos teria ocorrido bem mais tarde. O tom dessa carta é bem diferente de outros bilhetes casuais e amistosos para Olga, combinando encontros ou enviando-lhe votos de boas-festas, quase todos datados, ou datáveis, de 1910 ou antes. Seja como for, se Matisse estava tendo um caso amoroso, ou tinha a esperança de iniciar um relacionamento desse tipo, mesmo assim sua desconfiança é enigmática. Todos os relatos concordam que Olga não tinha interesse por mais ninguém. Ela se ofereceu a ele quase desde o início, segundo Alice B. Toklas, e também, em cartas para sua melhor amiga na Rússia, Lilia Efron, ela comentou explicitamente o que sentia por Matisse. A única alternativa plausível é a de que as suspeitas imaginárias de Matisse não tivessem nada de sexual. O que ele temia, na verdade, é que Olga estivesse arruinando a própria vida e o próprio trabalho devido ao uso de drogas. Ele ficou obcecado por essa possibilidade e talvez instintivamente quisesse surpreendê-la tomando algo, de modo que o choque a fizesse desistir.

Isso explicaria o testemunho, de outro modo surpreendente, das cartas enviadas por Matisse da Espanha, que não deixam dúvida quanto ao amor que ainda dedicava a Amélie. Em quase todas essas páginas nota-se o desejo que sentia por sua mulher. Ele implorava, exigia e a adulava para que escrevesse de volta. Por mais que a abstinência fosse seu ideal, na prática ele sentia falta da presença física de Amélie, sobretudo no início da manhã, após mais uma debilitante noite com insônia. "*Ma chère biche*" [Minha querida bichinha], escreveu ele amorosamente de sua cama no hotel em 6 de dezembro de 1910. "Não fique surpresa por chamá-la assim. Foi algo que me escapou espontaneamente, pois me sinto um pouco entorpecido pela manhã sempre que não consigo dormir direito por algumas noites. Você bem sabe como posso ser terno nessas ocasiões, tal como você." O casamento de Matisse estava baseado em uma intimidade e uma dependência mútua que vinham de longe. É fácil entender que ele quisesse preservá-lo, ocultando da mulher um momento de descontrole, mas o difícil é saber por que estaria desconfiado de alguém que não ocultava o que sentia por ele e que vinha de um meio intelectual onde a liberação sexual acompanhava a liberdade artística. Olga contou a Lilia Efron que o aspecto físico de uma relação amorosa não era especialmente importante para ela, mas suas cartas também deixam claro que ela não tinha nenhum constrangimento moral. Em Munique, havia sido amiga de Gabriele Münter e Marianne Werefkin, pintoras que dividiam a vida e o ateliê com Vassíli Kandinski e Alexei Jawlensky, respectivamente. Kandinski prometera a Münter que o vínculo deles seria mais sólido que qualquer voto matrimonial e talvez Olga sonhasse em manter uma relação similar com Matisse.

Se isso tivesse ocorrido, seria um sonho pouco confortável. A convivência com Matisse nunca foi fácil. E às vezes era quase intolerável. Quando se afligia com questões de pintura, ele desabafava a frustração em qualquer pessoa ou objeto que se interpusesse entre ele e o trabalho. Nessas ocasiões, mostrava-se intolerante, queixoso e possessivo. Até o fim, ele costumava fazer exigências impossíveis aos que o cercavam. Como disse Lydia Delectorskaya, após conviver com Matisse nas duas últimas décadas de vida do pintor, ela conhecia muito bem o tipo de cena tirânica ocorrida antes da Primeira Guerra no quarto de Olga, no boulevard des Invalides. Todos os detalhes – o "surto de loucura", a fúria irracional, as suspeitas sem fundamento – iriam reaparecer, ao longo dos anos em que conviveu com o pintor, em tiradas periódicas contra as jovens que posaram para ele em Nice. As queixas dele não levavam em conta a fragilidade humana, nem a própria nem a alheia. Para ele, os modelos deviam estar preparados para se submeter a uma causa mais elevada, tal como ele o fazia. Quaisquer que fossem suas necessidades ou carências, ele jamais abriu exceção à regra de que a pintura vinha antes de tudo.

Mesmo quando estava na casa dos sessenta e dos setenta anos, a determinação de Matisse chegava a ser assustadora, mas nessa altura já adquirira o caráter de um ritual absurdo. As jovens que lhe serviam de modelo aprendiam a lidar, de modo paciente e bem-humorado, com as acusações de preguiça e frivolidade toda vez que queriam tirar folga no fim de semana ou sair com o namorado. Para Matisse, que sacrificara tudo pela arte, ainda era difícil de entender por que a dedicação delas devia ser menos absoluta, mas conseguia conter melhor a indignação do que na juventude ou na meia-idade. Em 1935, quando começou a lhe servir de modelo, Delectorskaya posou para um quadro no qual havia uma ninfa e um fauno ou sátiro tocando flauta. Dessa vez, a jovem está sendo acalentada, em vez de estar prestes a ser violentada, como no *Ninfa e sátiro*, pintado 27 anos antes. "Foi brutal para ela", comentou Delectorskaya a respeito de Matisse e Meerson. "Comigo ele sabia como ser terno e tranquilizante." Com isso, queria dizer que também ela havia se sentido engolfada, arrebatada e, por vezes, espantada pela paixão que, para Matisse, apoderava-se de todo o resto, incluindo o desejo sexual. Porém, até mesmo Delectorskaya não podia dizer com certeza em que medida esse desejo fora sublimado, ou suplantado pelo ímpeto de pintar, em 1910 ou 1911. Ela considerava improvável, mas possível, que Matisse tivesse sido amante de Meerson. "Talvez ele não tenha conseguido se conter", disse ela.

Qualquer que tenha sido o relacionamento com ele enquanto mulher, o progresso de Meerson como artista era uma fonte constante de atrito. Ela havia sido uma adolescente precoce quando iniciou sua formação acadêmica ao lado de estudantes do sexo masculino bem mais velhos, depois deu os primeiros passos no campo da arte moderna sob a orientação pessoal de Kandinski e, na época em que estava quase completando esse caminho nas aulas de Matisse, ela parece ter avançado demais e muito rápido. Matisse, por sua vez, ficou cada vez mais decepcionado com o que lhe parecia falta de perseverança. Ele se queixava de que ela não se concentrava, que se dispersava com facilidade por causa de preocupações financeiras e que se recusava a aceitar o tipo de objetivo que poderia alcançar. O perfeccionismo e a autopunição que o acompanhava eram problemas com os quais se debatia o próprio Matisse. Este fora responsável, ainda que involuntariamente, pela mudança de rumo de Meerson, e a sensação de fracasso dela também se refletia nele. Matisse tratava as insuficiências de Meerson com a mesma aspereza que marcava o contato com os discípulos cujos sacrifícios em nome da arte ficavam aquém daqueles feitos por ele próprio. As críticas de Matisse só confirmavam as dúvidas de Meerson sobre si mesma. Embora não seja possível situar com exatidão o episódio em que Matisse irrompeu no quarto dela no convento, o mais provável é que tenha ocorrido no final de 1910. No dia 24 de novembro, ele lhe escreveu da Espanha, esperando que o estado dela houvesse melhorado e que tivesse procurado um médico. Em dezembro, Meerson internou-se em uma clínica de Neuilly. Não há dúvida de que Matisse estava muito apreensivo por causa dela nessa altura. E na correspondência que mantinha com Amélie, tanto nessa época como depois, sempre demonstra preocupação com Olga, indagando sobre as atividades dela e fazendo sugestões para que se mantivesse ativa, como se ela fosse mais um membro da família e não uma ameaça em potencial. Amélie fez o possível para ajudar Olga, que talvez até mesmo lhe despertasse um pouco de piedade, pois, independente do que teve de suportar, nunca precisou lidar com o peso esmagador da insatisfação do marido em relação a ela como pintora.

O desafio lançado pelas encomendas de Shchukin absorveu a energia conjunta do casal durante quase todo o ano de 1911. A intensa concentração nervosa de Matisse provocava acessos medonhos de ansiedade e Amélie era obrigada a recorrer aos seus remédios de eficácia comprovada, acompanhando-o em longas e exaustivas caminhadas (segundo uma história familiar, certa vez chegaram até Saint-Germain-en-Laye, a quase 25 quilômetros de Issy) e lendo em voz alta durante a madrugada, noite após noite. O projeto que o consumia adquiriu a forma de um diálogo consigo mesmo, instigado pelo pedido, feito por Shchukin, de três painéis alegóricos ("O que você acha de juventude, maturidade e velhice, ou então primavera, verão e inverno?"). As duas primeiras telas poderiam inicialmente ter se adaptado à sequência primavera/verão/inverno. Do *Ateliê rosa* se desprende uma fresca luminosidade primaveril, que se derrama homogeneamente pela tela, conferindo às paredes brancas e ao piso de madeira um tom de rosa pálido, aplainando-os e incorporando-os ao esquema decorativo de vívidos verdes, azuis e ocres escuros, modulado a partir do vaso verde-esmaltado e do tecido cor de romã, creme e azul que Matisse começara a usar na Espanha. A impressão de luz translúcida e espaço calmo contrasta fortemente com o quadro seguinte da série, *A família do pintor*, uma compacta composição com vermelhos, laranja e amarelos quentes e estivais. No entanto, se Matisse partiu da ideia de ilustrar uma banal alegoria tripartida como a sugerida por Shchukin, logo a deixou de lado. *O ateliê vermelho* funciona em um nível de significado mais profundo e ambíguo, assim como o *Interior com beringelas* (pintado mais para o final do verão em Collioure), que é o último dos quadros que Alfred Barr considerou como os quatro grandes interiores sinfônicos de 1911.

Essas telas estão entre as mais impessoais e, ao mesmo tempo, mais insistentemente autobiográficas de toda a obra de Matisse. Nos dois *Ateliês*, ele pintou os instrumentos de seu ofício (cavalete, molduras, estrados para modelos, uma caixa com crayons apontados), o local de trabalho e as obras que ali produzia. Os modelos e os assistentes de ateliê essenciais para a realização do trabalho posaram para a *Família do pintor*. Matisse, que estava sozinho em Sevilha quando esboçou o retrato familiar para Shchukin, deve ter montado a cena ao voltar para casa – Amélie costurando em um sofá, os filhos jogando xadrez, a filha segurando um romance em brochura amarela – como um diretor organizando uma produção teatral na sala de estar em Issy. Ele próprio descreveu com franqueza característica seu propósito com esse curioso experimento sintético em quatro partes, invocando Cézanne. "Veja o Cézanne: jamais há um ponto irregular ou fraco em seus quadros. Tudo tem de ser trazido para o mesmo plano pictórico no espírito do pintor." Ninguém pintou o que via com o olho do próprio espírito de modo tão direto ou menos espalhafatoso do que Matisse.

Para ele, a cor implicava a emoção e apontava o caminho. Ele encontrou balizas na tradição oriental que conheceu na Espanha e em Munique. "Essa arte tem recursos que sugerem um espaço mais amplo, um espaço verdadeiramente plástico", disse em um comentário muito citado a respeito das miniaturas persas. Desses recursos, um dos principais que tomou emprestado para a *Família do pintor* foi a superfície com intricada padronagem, decorada com motivos florais estilizados e compartimentada, como um tapete, a fim de representar um espaço onde tudo o que está além do alcance do olho do espírito é insubstancial, ausente ou impossível de ser apreendido. Todos os elementos nessas imagens (incluindo os quatro membros da família com as feições reduzidas a máscaras) perdem suas identidades individuais no que se tornou uma prolongada meditação sobre a arte e a vida, o espaço e o tempo, a percepção e a natureza da própria realidade: uma grande declaração fundamental que Matisse abordaria incontáveis vezes, de várias perspectivas, durante toda a vida. Essas quatro obras estão em uma encruzilhada da pintura ocidental, onde a arte do passado imediato – clássica, voltada para o exterior e predominantemente representativa – se encontra com o *éthos* do futuro, provisório, internalizado e autorreferente. "Um confronto", nas palavras de Dominique Fourcade, "do qual Matisse jamais se esquivou."

Aqueles que visitaram o ateliê de Issy em 1911 perceberam de imediato que ninguém jamais vira ou imaginara algo como aquilo. As pessoas ficavam estateladas sobretudo diante da maior e mais desconcertante das quatro telas, *O ateliê vermelho*, que mais parecia um trecho destacado da parede com objetos rudimentares flutuando ou suspensos. "De maneira inexplicável, as cores das coisas faziam com que a parede adquirisse vida", comentou um pintor dinamarquês diante do *Ateliê vermelho*, tentando associá-lo ao que via ao redor no ateliê. "Você está procurando a parede vermelha", disse Matisse afavelmente, explicando, como costumava fazer para os colegas, os críticos e os colecionadores perplexos, que "essa parede simplesmente não existe." Desse ponto em diante, ele passou a pintar realidades que só existiam em seu espírito. Ainda correriam quase trinta anos para que *O ateliê vermelho* atravessasse o Atlântico até os Estados Unidos, onde transformaria o modo de ver de toda uma geração de artistas nova-iorquinos, encabeçados por Jackson Pollock, que tatearam rumo à abstração com a ajuda de Matisse.

Shchukin retornou a Paris por alguns dias em julho para ver *O ateliê rosa* e *A família do pintor*. Embora tenha adquirido ambos os quadros, estes compreensivelmente fizeram com que repensasse a ideia de usar a sala pequena e pouco iluminada que reservara para os painéis decorativos de Matisse. Para resolver o problema, convidou o pintor para que fosse a Moscou naquele inverno e examinasse o espaço disponível. Enquanto isso, Matisse seguiu de novo para o sul, com toda a família, para mais um período de trabalho ininterrupto em Collioure. No final de julho, eles se mudaram para uma casa nos limites do vilarejo, com o ateliê sendo instalado no sótão onde Matisse sempre guardara seu material de pintura desde 1906. Ali eles receberam a visita de parentes e amigos. O pai de Amélie veio de Cahors, Jean Puy chegou com Hans Purrmann, e todos os artistas do Roussillon também os visitaram. Puy jamais esqueceu a hospitalidade simples e calorosa com que foi recebido naquele verão no ateliê e em torno da mesa dos Matisse em Collioure. Todos os hóspedes guardaram a recordação dos dias longos e ensolarados e das noites animadas diante da presença majestosa da obra que absorveu a atenção de Matisse ao longo de agosto e de grande parte de setembro.

Essa obra era *Interior com beringelas*, o último dos quatro grandes quadros de 1911 que rearranjavam os elementos caóticos, toscos e dispersivos da vida corriqueira de acordo com outra ordem de realidade. O quadro começou com três pequenas beringelas preto-azuladas, sobre uma toalha de mesa ornamentada diante de um biombo espalhafatoso, entre um pesado espelho de moldura dourada e a janela do ateliê que enquadrava o céu e as colinas ao longe. No quadro, as superfícies ornamentadas incessantemente ecoam, refletem, se abrem e saem umas das outras como em uma sala de espelhos. Tudo o que remetia a Collioure – desde a luz e a cor abundantes até a paisagem, as frutas e verduras do mercado, as trepadeiras na parede externa do ateliê de Matisse e o expresso Paris-Barcelona resfolegando diante da janela – ocupa um lugar específico em um todo decorado de maneira turbulenta e ordenado por milagre, em grande parte o resultado do que Matisse aprendeu com o prodígio da Alhambra.

Ainda se passariam muitas décadas até que esse quadro fosse reconhecido publicamente como um dos grandes saltos, no século XX, em direção ao modernismo, mas sua importância foi notada de imediato por outros pintores, entre os quais Georges Braque, que caminhou por quase quarenta quilômetros através dos Pirineus só para vê-lo. Simon Bussy, que havia anos deixara de entender o trabalho do amigo, quando não o considerava repulsivo, capitulou com relutância diante da simplicidade, sobriedade e força do novo quadro. Este foi adquirido por Sarah e Michael Stein, que reorganizaram todos os quadros em seu apartamento a fim de dar o lugar de honra para o *Interior com beringelas*. Onze anos depois, Matisse o comprou de volta e doou ao Museu de Grenoble, onde ficou, o único dos quatro grandes interiores sinfônicos a encontrar um lar permanente, em grande parte esquecido, cada vez mais deteriorado, até afinal ser reconhecido, bem depois da morte do pintor, como uma obra crucial em sua evolução imaginativa.

A única coisa que quase estragou a convivência no verão de 1911 foi o fato de Olga Meerson também ter aparecido em Collioure, sem que Matisse tivesse avisado Amélie de antemão. Sua chegada reavivou os antigos e ressentidos sentimentos de exclusão de Amélie. Mais incerta do que nunca a respeito de si mesma e de seu trabalho, Olga queixou-se do calor em pós-escrito a uma carta de Matisse a Marquet no dia 30 de julho. A atmosfera tensa – que chegou ao auge, segundo relato de Marguerite, quando o pai trabalhava no *Interior com beringelas* – é palpável em uma foto de grupo, feita no ateliê e diante da grande tela, na qual todos fitam a câmera com exceção das duas mulheres, sentadas em ambos os lados do pintor. Olga está fitando diretamente Amélie, que mantém o olhar abaixado. Porém, mais uma vez, o sentimento de Amélie de ter sido posta de lado esfumou-se diante da perplexidade óbvia do marido. As explosões de fúria deram lugar ao restabelecimento da confiança e à reconciliação. Em outra foto, feita durante um almoço no terraço ensombrecido diante do ateliê de Terrus em Elne, Olga, à direita do anfitrião, olha diretamente para a câmera, ao passo que Amélie, à esquerda, o abraça afetuosamente, enquanto Matisse, do outro lado, coloca o braço sobre seu ombro. Por mais indignada que possa ter ficado no início do verão, no final Amélie retornou a Paris com saúde e ânimo radiantes, levando consigo os meninos e deixando Henri com a filha e a pupila russa. Quando os três por fim voltaram a Paris uma semana depois, Olga seria reintegrada, nos mesmos velhos termos amistosos, como uma espécie de filha honorária da família em Issy. "A tempestade havia passado", comentou Marguerite.

O ateliê em Collioure, verão de 1911: Matisse entre a esposa e Olga, com Marguerite e Armand Parayre à frente, um pintor visitante (Albert Huyot) e uma criada atrás. Na parede o *Interior com beringelas*.

O retrato que Meerson fez de Matisse, exibido no Salão de Outono, presumivelmente foi pintado (assim como o pequeno esboço a óleo em que ele está deitado sobre uma colcha xadrez) no ateliê em Collioure, onde ela também lhe serviu de modelo. Olga era naturalmente estatuesca, não alta mas bem aprumada, como o fio de prumo que continuava sendo para Matisse a medida da ordem e do equilíbrio em qualquer composição. Ela sempre está ereta e circunspecta nas fotos, na estatueta em argila *Nu sentado* (*Olga*) – que parece alongar-se para cima, como uma planta, centrada na coluna vertebral que divide as costas elegantes, retas e compridas da figura – e no belo *Retrato de Olga Meerson*. Nesta última tela, Matisse elegeu uma paleta em tom menor de verdes esbatidos, azuis suaves, rosa e castanhos-avermelhados. A postura despretensiosa do modelo, enfatizada pela blusa recatada de gola redonda, as mangas enroladas com destreza, confere a ela uma imobilidade contida que contrasta com o modo como o rosto parece tremer e se dissolver sob o pincel do artista. No entanto, apesar desse ar de extrema correção, o corpo dela dobra-se em harmonia com os dois impetuosos arcos negros – mergulhando respectivamente do pescoço para a coxa, e da axila para as nádegas – que cortam o quadro como golpes de cimitarra, como observou Alfred Barr, destruindo sua realidade em um nível e reforçando-a em outro.

Matisse presenteou Meerson com sua paleta e um esboço dela com uma toalha de banho enrolada na cabeça à maneira de turbante. Esse breve interlúdio de calma e contentamento, durante o qual pintaram um ao outro em Collioure, foi o mais próximo que ela chegaria de experimentar a felicidade junto dele. Se também se tornaram amantes, só pode ter sido, pelo menos no caso dele, um relacionamento breve e fortuito se comparado à intensidade do que trocavam por meio da pintura. Se Meerson em algum momento entreteve a esperança de uma ligação prolongada com Matisse, ela se equivocou quanto à natureza básica do casamento na França, um contrato comercial com obrigações legais e financeiras inescapáveis para ambos os parceiros. E também subestimou em demasia a força dos sentimentos dele pela esposa.

Matisse voltou a Paris no outono a tempo de acompanhar Shchukin em sua viagem de retorno por trem à Rússia, onde seu anfitrião lhe prometeu que veria a Ásia pela primeira vez: "Pois Moscou é a Ásia". Quando lá chegaram no dia 6 de novembro (24 de outubro pelo calendário russo), após quatro dias de viagem, Moscou pareceu a Matisse uma cidade europeia enxertada em um imenso e espalhafatoso vilarejo asiático, com casas de madeira pintadas com cores alegres, fachadas modernas de lojas luxuosas e ruas imundas e sem calçamento. Nessa altura, Shchukin havia transformado quase toda a casa em galeria para sua coleção, que era regularmente aberta para o público e fora doada para a cidade em seu testamento. Os salões repletos de obras escolhidas de pintores franceses, desde os impressionistas até Cézanne, Gauguin e Van Gogh, ainda eram usados para concertos e recepções, mas basicamente o velho Palácio Trubetskói, na travessa Znamenski, se tornara o primeiro museu permanente de arte moderna em todo o mundo. Era uma construção do século XVIII, comprida e baixa, com gabinetes no térreo e salões de recepção no andar superior, acessíveis pela famosa escadaria para a qual Matisse pintara os dois painéis. Ao se aproximarem da escadaria, Shchukin estava nervoso por causa da pincelada de tinta vermelha com a qual recobrira a genitália do flautista em *A Música*, mas, para seu imenso alívio, Matisse assegurou-lhe que não fazia diferença (23 anos depois, porém, o pintor tentaria em vão convencer as autoridades soviéticas a remover a cobertura).

Matisse tinha perfeita consciência de que estava entrando em um campo de batalha, e logo se deu conta, se é que já não sabia, do estrategista magistral que encontrara em Shchukin. Quase um ano antes, assim que recebeu os dois painéis, seu novo proprietário ficara tão horrorizado quanto um amigo, o colecionador Iliá Ostroukhov, que o ajudou a desembalar as obras. Ostroukhov achou Shchukin meio enlouquecido quando este, em vez de devolver imediatamente as novas telas, trancou-se com elas para se submeter a uma longa e solitária reeducação. Mais tarde, contaria que passou semanas se amaldiçoando por tê-las comprado, por vezes quase chorando de desespero e raiva, sabendo que teria de superar as próprias dúvidas antes que pudesse lidar com a desconfiança alheia. Mas é improvável que duvidasse do resultado, pois quase prontamente colocou em prática um plano de ação com dois objetivos. De um lado, ele disparou uma série de outras encomendas para Matisse na Espanha. De outro, começou a mostrar os painéis em particular para alguns dos mais brilhantes críticos jovens de Moscou, ressaltando a paciência necessária para obter acesso a obras tão difíceis – "Você tem de conviver com o quadro a fim de entendê-lo [...] É preciso permitir que ele se torne parte da gente" – até que aquilo que no princípio parecia arbitrário, ofensivo ou grotesco revelasse seu ritmo e sentido naturais. Ele se empenhou sobretudo em explicar isso aos amigos mais conservadores, como Ostroukhov e Alexander Benois, cuja cautelosa defesa dos painéis contribuiu bastante para desarmar a indignação dos círculos elegantes moscovitas. No momento em que Matisse lá chegou, as pessoas em geral ainda continuavam por hábito a zombar de Shchukin, mas os convidados mais sofisticados para seus jantares já começavam a apreciar a pungência da *Dança* e da *Música* no elegante palácio, com seus estofados de seda clara, detalhes rococós em gesso e porteiro de libré ("Matisse destaca-se de tal modo que tem o efeito de uma pimenta forte").

No primeiro dia do pintor em Moscou, Shchukin o levou à casa de Morózov, onde ficou patente que agora até mesmo seu dono reconhecia que a *História de Psiquê* havia sido um equívoco. Os dois colecionadores russos eram amigos, mas naquela tarde tornou-se óbvio o contraste entre a ousadia de Shchukin e as escolhas relativamente seguras de Morózov. Na manhã seguinte, Shchukin conseguiu que um repórter do *Times* de Moscou procurasse Matisse, que falou de seus objetivos, explicou os antecedentes de sua obra e descreveu como se apaixonara à primeira vista pelos ícones russos, em uma entrevista que estabeleceu o tom de toda a estada. Da noite para o dia, o pintor virou uma celebridade. Ninguém se cansava dele. O elenco de *Rainha de espadas*, de Tchaikóvski, ofereceu-lhe uma recepção após a apresentação privada da ópera. Poetas e filósofos o receberam com uma salva de palmas quando adentrou o Salão da Sociedade de Estética Livre. O mundo da arte reuniu-se no mais elegante cabaré de Moscou, O Morcego, de Nikita Baliev, para uma turbulenta celebração que terminou de madrugada com a apresentação de um quadro mostrando o convidado de honra sobre um pedestal e recebendo as homenagens de um círculo de damas seminuas, sob a legenda ADORATION DU GRAND HENRI. Matisse fez o possível para preservar sua impassibilidade setentrional ("Não vou me deixar levar", escreveu ele para casa no terceiro dia, "vocês sabem como sou"). Ele estava perplexo, emocionado, e tinha plena consciência de quem era o responsável por tal recepção. "Shchukin ficou mais comovido do que eu – para ele é um triunfo."

Essa viagem a Moscou fez de uma transação comercial entre pintor e colecionador algo mais parecido com uma colaboração. Pouco antes de ter se instalado, Matisse relatou à mulher que Shchukin havia lhe proposto outra encomenda de escala inusitada: toda uma série de quadros decorativos que ficariam "acima das naturezas-mortas" no salão de recepções do colecionador. No prazo de uma semana eles definiram os detalhes, mediram os espaços disponíveis e acertaram a encomenda de onze quadros, oito dos quais grandes o bastante para não se enquadrarem nos termos do contrato de Matisse com os Bernheim. Shchukin comprometeu-se a pagar 6 mil francos por tela e os temas ficariam a critério de Matisse, que esboçou ideias em imensas folhas de papel fixadas diretamente na parede. Essa era uma maneira principesca de fazer negócio. "Isso me liberta completamente dos Bs.", escreveu Matisse, cujo ponto de vista em relação aos marchands fora permanentemente azedado pelo oportunismo rasteiro deles no caso Puvis. Em contraste, Shchukin definiu seu objetivo de maneira inequívoca – "quero que o povo russo entenda que você é um grande pintor" – e pretendia persegui-lo com o mesmo arrojo e visão com que transformara a empresa de comércio do pai no maior complexo têxtil da Rússia.

Matisse nunca havia deparado com uma capacidade organizadora dessa ordem. Tampouco vira algo parecido com o entusiasmo contagiante descrito pelos visitantes a quem Shchukin mostrava pessoalmente a coleção, gaguejando de tanta impaciência, avançando apressado através dos salões, abrindo portas de supetão, obrigando-os a apertar os olhos no limiar de uma antecâmara escura e dali espiarem a *Dança* além do patamar da escadaria. "Veja isso! Que cores! Toda a escadaria é iluminada por esse painel, não é verdade?", exclamou ele com olhos cintilantes para um jovem jornalista. "Algo fantástico acontece, como em um conto de fadas", escreveu outro repórter, em um trecho que reflete com fidelidade o modo de falar de Shchukin. "Tudo fica animado, e se move e gira em um impulso violento e incontido. Essa é a melhor coisa que Matisse já fez e talvez o melhor que o século XX nos proporcionou até agora."

O entusiasmo com que Matisse foi recebido por toda parte era recíproco. Ele disse que apenas em Moscou encontrara apreciadores da arte capazes de acompanhar os últimos avanços da arte moderna e repetiu várias vezes que era a riqueza do passado russo que permitia tal compreensão do futuro. Os ícones que o cativaram à primeira vista pertenciam a Ostroukhov, cuja coleção estava entre as melhores da Rússia. Levado por Shchukin a um jantar na casa do colecionador, Matisse passou a noite toda admirando-os, declarando na saída que "só para ver os ícones teria valido a pena vir ainda mais longe que de Paris". Tão excitado ficou que nem mesmo conseguiu dormir. Diante disso, Ostroukhov o levou até a Galeria Tretíakov e fez com que abrissem as vitrines nas salas dos ícones. "Passei dez anos buscando algo que os seus artistas descobriram no século XIV", comentou Matisse nessa ocasião.

Os reparos feitos por Ostroukhov mal foram ouvidos por Matisse, que tremia de encantamento diante daquelas obras de arte do passado russo, em geral desprezadas e negligenciadas. "Acho Matisse extremamente simpático, é um homem muito sutil, culto e original", escreveu o colecionador, que se ofereceu para lhe servir de guia em uma excursão que se revelou prazerosa para ambos: "Ainda estou por conta de Matisse, que me absorve cada vez mais". Eles visitaram juntos as catedrais do Kremlin e o convento de Novedivitchi, com seus palácios e campanários de teto dourado erguendo-se acima do rio Moskvá. Examinaram os ícones raros da capela Iverskaia, ouviram o antigo cantochão russo no Colégio Sinodal e foram de carro, passando por bosques de faias e bétulas, conhecer os tesouros raramente visitados das igrejas dos Velhos Crentes, escondidas em antigas e musgosas casas entalhadas com padrões coloridos à margem do rio. Também visitaram o convento de Nikolski e passaram um dia todo no cemitério de Rogojki.

Os boletins regulares enviados por Matisse de Moscou eram todos repletos de energia e vigor, sem o menor sinal dos abismos de solidão e desespero que se descortinavam em suas cartas da Espanha. Mais uma vez abandonada em Issy, Amélie deve ter reconhecido os sinais de que, ao contrário dos dois invernos anteriores, a próxima estação invernal prometia ser bastante produtiva. A visita a Moscou foi planejada para durar não mais do que duas semanas (no final Shchukin insistiu para que ficasse uma semana adicional), durante as quais Amélie tinha a companhia de Olga, sempre disponível para ajudar em provas de costura ou traduzir recortes de jornais enviados de Moscou. O marido e a mulher haviam aparentemente chegado à conclusão de que, longe de constituir alguma ameaça, Olga precisava mesmo era de cuidados. Matisse levara um baú repleto de coisas dela para Moscou, de onde lhe enviou um recado de estímulo, após ver uma deprimente exposição de arte russa contemporânea: "Diga a Olga que mando minhas saudações e minha convicção de que só depende dela ser a melhor pintora da Rússia". Ele encontrou-se com uma das duas irmãs mais velhas de Olga, Sophia Adel, casada com um advogado renomado, assim que chegou e, dois dias depois, jantou com a outra, a pianista Raissa Sudavskaia. Se Matisse ficou perplexo com a atenção que atraiu em Moscou, o mesmo ocorreu com as irmãs de Olga, que até então o haviam considerado uma influência perniciosa ("É uma vergonha que ele tenha se dedicado à pintura", chegou a comentar a sra. Adel). Elas o levaram ao Teatro das Artes de Moscou, convidaram-no para assistir a uma ópera no Bolshoi e coroaram sua hospitalidade oferecendo-lhe uma festa, que contou com a presença dos mais destacados participantes do cenário cultural moscovita, entre os quais jovens artistas radicais, como Mikhail Larionov, Natalia Gontcharova e David Burliuk. No dia seguinte, os convidados da festa da sra. Adel lançaram oficialmente o grupo de vanguarda Valete de Ouros, elegendo Shchukin como seu primeiro membro honorário.

Matisse aprovou um esquema proposto pelas irmãs de Olga, para que esta dividisse seu tempo entre a França e a Rússia, apurando com a venda de seus quadros aos ricos colecionadores moscovitas o suficiente para se manter por seis meses em Paris, onde poderia acompanhar os avanços vanguardistas. Mas o plano de salvação veio tarde demais. Isolada, angustiada e profundamente deprimida, Olga sentia que estava se desintegrando. A gota d'água foi a notícia de que Matisse havia discutido sua situação com as irmãs, cujas interferências lhe pareciam abomináveis. "Olga [...] diz que vem se sentindo melhor depois que descobriu algo que a deixa entorpecida durante o dia e que agora vive como se estivesse em um sonho", escreveu Matisse para Amélie. "Também conta que você não sabe de nada, nem ninguém mais, pois está se esforçando ao máximo para ocultar isso – e que não devo contar nada a suas irmãs. O que pode ser? Morfina provavelmente." Ele disse à esposa que alertasse Olga de que ele não poderia fazer mais nada por ela caso estivesse tomando drogas ("Ela vai arruinar por completo sua vida"). E afirmou que se sentiria obrigado a avisar as irmãs e a aconselhá-las a colocar Olga em uma clínica. Ele pediu a Amélie que o ajudasse ("Mantenha Olga sob os seus cuidados, se possível"), mas na altura em que regressou de Moscou, no final de novembro, uma das irmãs havia providenciado para que Olga fosse internada em uma clínica na Suíça dirigida pelo dr. Paul Dubois, conhecido em toda a Europa por tratar de pacientes neurastênicos. No final de novembro de 1911, o dr. Dubois recebeu duas longas cartas de Matisse a respeito de Olga, enfatizando a extraordinária habilidade dela como pintora e expondo sua história profissional à luz das premonições que tivera ao conhecê-la três anos antes.

Olga jamais o perdoou. Para ela, isso foi uma traição indesculpável por parte do homem que havia amado e admirado, no qual confiara que a apoiaria em sua luta contra um mundo hostil, em geral, e contra a interferência da família, em particular. Ela sentia que jamais recobraria a confiança nas pessoas. "Claro que você bem sabe qual é o verdadeiro problema", escreveu ela seis meses depois para Lilia Efron, descrevendo um breve retorno a Paris, onde discutiu o que havia acontecido com o terapeuta da amiga, o dr. Majerzak. "O doutor me esclareceu muito sobre Matisse: não há limites para a mesquinhez e covardia dele. Lembro de todos os detalhes e é muito doloroso." Amélie também sentiu-se traída. Nas três semanas que passou em Issy tendo Olga como única companheira adulta, ela se fartara dos problemas da russa e de suas alusões obscuras a um relacionamento especial com Matisse. "Enquanto eu estava longe em Moscou, Olga se divertiu atormentando minha mulher, que tanto se dedicou a ela nesse verão, com insinuações tão claras quanto maliciosas (talvez inconscientemente maliciosas) [...]", explicou Matisse à sra. Adel. "Evidentemente, sei que Olga está enferma e não pode ser responsabilizada, porém o mal que está fazendo não vai ajudar em nada sua cura."

A férrea determinação de Matisse no sentido de subordinar a vida ao trabalho soçobrara nas correntes conflituosas da emoção passional. Sempre um mentiroso inábil que jamais conseguiria algo da mulher por muito tempo, ele piorou a situação com uma tentativa frustrada de ocultação. Amélie interceptou um recado de Efron a Matisse, avisando-lhe que retirasse um envelope na agência do correio e, depois de insistir em acompanhá-lo, teve um colapso ao ler a carta. "Minha esposa soube dos sentimentos que Olga tem por mim ao ler uma carta enviada pelo dr. Dubois à minha posta-restante [...] Desde então ela tem passado muito mal, e vou ter de deixar de lado o trabalho a fim de acompanhá-la ao sul", escreveu Matisse à irmã de Olga. A casa em Issy ficou em polvorosa. "A sra. Matisse ficou furiosa", comentaria Marguerite. A reação instintiva de Amélie foi fugir, como fizera doze meses antes. Dessa vez não haveria mais concessões de sua parte, nem hesitação por parte do marido. Matisse rompeu relações com Olga, abandonou o trabalho em andamento e seguiu com a mulher para o sul a fim de reparar os danos.

Olga ficou internada na clínica do dr. Dubois, em Berna, até a primavera de 1912, de lá saindo para reconstruir a vida em Munique. O rompimento com Matisse, e com a própria família, deixou-a sem ter para onde ir. "Estou sofrendo demais", escreveu a Efron. "A angústia me devora." A retomada de uma antiga amizade com o cunhado de Thomas Mann, o regente Heinz Pringsheim, ajudou muito para que recuperasse a confiança durante o ano seguinte. No final, ela conquistaria uma reputação como pintora de retratos, tornando-se conhecida nos círculos musicais de Munique e Berlim na década de 1920, retratando o irmão de Otto Klemperer e a mulher de Wilhelm Furtwängler, e participando de uma mostra coletiva de pintoras junto com Marie Laurencin e Greta Moll. Ela expôs no Salão de Outono de Paris pela última vez em 1913. Nessa altura, estava casada com Pringsheim, com que teve uma filha. Matisse enviou-lhe um presente de casamento (uma antiga paisagem da Córsega, o tipo de quadro que as irmãs de Olga não teriam dificuldade para apreciar). Ele guardou o retrato dela, e ela fez o mesmo com o dele, até o fim de suas vidas, mas os dois jamais voltaram a se encontrar.

O caso foi decisivo para Matisse, e talvez também para sua mulher. Enquanto rival pela atenção dele, Olga havia quase personificado a própria pintura, mas a partir de então ninguém mais iria de novo se interpor entre ele e o trabalho. No dia 27 de janeiro de 1912, os Matisse embarcaram no vapor que saía de Marselha, como haviam feito na lua de mel catorze anos antes (e quase no mesmo dia), com destino agora à costa do Marrocos, na margem sul do Mediterrâneo. Sob uma chuva torrencial, eles desembarcaram em Tânger, onde, naquela primavera, enquanto uma porta fechava-se para sempre, outra abriu-se para Matisse.

8. HENRIQUE COLCHÃO-DE-PELO (1912-14)

A ÚLTIMA COISA QUE MATISSE FEZ ANTES DE DEIXAR A RÚSSIA FOI MONTAR para si mesmo uma retrospectiva no salão de recepções de Shchukin, no Palácio Trubetskói. Ao longo dos seis anos anteriores, o colecionador comprara 27 quadros dele, todos de períodos radicalmente experimentais, muitos dos quais encomendas que exigiram o máximo do artista, outros arrebatados do ateliê antes mesmo que o pintor tivesse tempo de perceber o que havia feito, quanto mais absorver as implicações. "Ele sempre escolheu os melhores", comentou Matisse, acrescentando que, assim que o olhar de Shchukin se fixava em uma tela, era inútil protestar, dizendo que a obra não estava à venda ou que não passava de uma tentativa fracassada ("Vou ficar com o fracasso", dizia Shchukin).

Aquela era a primeira oportunidade para Matisse ver de onde havia partido e até onde avançara, antes de iniciar o trecho seguinte de sua jornada por territórios desconhecidos. Ele tirou os quadros de Cézanne e Degas que estavam no salão, reuniu todas as suas obras dispersas pela casa e pendurou-as em duas fileiras sobrepostas, diretamente abaixo da cornija toda rebuscada e sobre os ornamentos de gesso que se projetavam das paredes. Todos os relatos confirmam que o impacto foi tremendo, algo jamais visto. Invertendo o efeito dos dois *Ateliês*, nos quais sugara a vida de um aposento a fim de recriar-lhe a essência na tela, Matisse agora arrastou consigo todo um salão, como se por magia, até o mundo de sua imaginação. "Não conhecia bem Matisse até ir à casa de Shchukin", escreveu Jacob Tugendhold, um jovem crítico de arte russo, descrevendo a transformação a que fora submetido aquele salão do século XVIII, com cadeiras Luís XVI de pernas douradas, estofados de seda com padronagem rosada e candelabro dourado suspenso do teto abobadado e decorado com pássaros e guirlandas:

> Aqui temos na casa de Shchukin uma estufa, uma apoteose das telas de Matisse [...] Podemos apreciá-las junto com o ambiente circundante – o papel de parede verde-pálido, o teto cor-de-rosa, o tapete carmim no piso –, no meio do qual os azuis, vermelhos vivos e verdes-esmeralda de Matisse reluzem de modo tão brilhante e jovial. Na verdade, é praticamente impossível dizer quem é responsável pelo quê: se é o salão que ressalta Matisse, ou Matisse que ressalta o salão. Resta apenas a impressão geral de que todo o conjunto – as paredes, os tapetes, o teto e os quadros – é obra das mãos de Matisse [...] a verdadeira vida metafísica de sua arte revela-se somente nesse salão de recepções.

O próprio Shchukin comparou o salão a uma estufa perfumada, "às vezes venenosa, mas sempre repleta de orquídeas belíssimas". Nos dois anos seguintes – à medida que os quadros pintados por Matisse no Marrocos chegavam a Moscou para ocupar seus lugares nas paredes –, o fascínio exercido pelo salão só cresceu, assim como o aroma subjacente de risco e perigo. Frutas, flores, tecidos e até mesmo pessoas despiam-se de sua existência sólida e distinta, tornando-se desmaterializadas e abstratas. "Não as coisas, mas a essência das coisas", escreveu Tugendhold. Individualmente, cada obra produzia um efeito poderoso, mas em conjunto o impacto era de outra ordem: "Não se trata de decoração no sentido europeu, mas de decoração tal como entendida no Oriente". As telas com molduras douradas estavam dispostas uma ao lado da outra, desde o piso até o teto, no mesmo estilo das iconóstases suntuosas que Matisse vira nas igrejas moscovitas, compostas de três ou quatro fileiras de ícones pintados em caixas douradas ou prateadas. "Eis aí a verdadeira fonte de toda busca criativa", comentou Matisse a respeito dos ícones de Moscou. "Os russos não fazem ideia dos tesouros que possuem [...] por toda parte a mesma vivacidade e força de sentimento [...] Tal riqueza e pureza de cores, tal espontaneidade expressiva, eu jamais vira isso em outro lugar." Mesmo Shchukin não poderia ter previsto a intensidade da reação do pintor, embora esta tenha confirmado a confiança que os unia. Entre os vários artistas cujas obras colecionou, Matisse foi o único com quem Shchukin estabeleceu um relacionamento pessoal, o único cujas obras adquiria diretamente no ateliê e o único a quem fazia encomendas: "Para mim, Matisse está acima dos outros, é o melhor de todos, o mais próximo do meu coração".

Matisse desembarcou em Tânger no dia 29 de janeiro de 1912, pronto para trabalhar na fileira adicional de quadros destinados à iconóstase secular no salão de Shchukin. Embora o colecionador não lhe tivesse dado nenhuma orientação específica, era evidente sua predileção por quadros figurativos (o que se comprovou quando recusou uma oferta para a compra do *Ateliê vermelho* em fevereiro), mas era impossível conseguir modelos na cidade muçulmana de Tânger. Várias semanas angustiosas se passaram até que Matisse formasse um grupo mesclado de moradores locais – um jovem criado de hotel, uma prostituta adolescente, um homem que conhecera na rua, um bandido das montanhas – que se dispuseram, com maior ou menor relutância, a ser retratados. Nos quadros, todos acabaram transmutados em figuras graves e hieráticas, lembrando aquelas que vira nos ícones moscovitas: profetas, apóstolos e esguios santos estilizados, retratados em vívidas cores primaveris, todos com cabeças pequenas, dedos compridos e sensíveis e pés descalços ou ligeiramente cobertos emergindo das túnicas, cada qual em delicado equilíbrio contra um fundo plano de cor turquesa, dourada ou preta.

No entanto, o impulso inicial do pintor foi refazer as malas e voltar para casa. Ele e a mulher estavam alojados no quarto 38 do Hôtel de France, que se revelou apertado, sujo e caro demais, a despeito da vista espetacular que tinham da janela, dando para os telhados e terraços da cidade antiga e mais adiante para o mar na baía. As chuvas inundaram as ruas sem calçamento de uma lama malcheirosa e engrossaram a tal ponto os rios que não havia como viajar da cidade para o interior. Sem poder sair do hotel, e muito menos trabalhar ao ar livre, Matisse foi obrigado a pintar flores no interior do quarto pequeno, despojado e ensombrecido pela chuva que fustigava as janelas. Nos intervalos da chuva, pintou a baía sob nuvens carregadas, com barcos negros balançando no mar encapelado. No dia 6 de fevereiro, começou a trabalhar em um quadro de um ramo de alegres e luminosas íris arroxeadas, agitadas sobre longos caules verdes diante das profundezas escuras do espelho do quarto (esta foi a primeira de várias versões com esse tema pintadas por Matisse, cujo único luxo quando em viagem eram as flores sempre frescas enfiadas em jarras comuns sobre as modestas pias ou mesas de incontáveis hotéis baratos). Em seguida pintou uma cesta com laranjas, compradas no *souk*, dispostas sobre um quadrado de seda branca de

Bohain com padrões floridos, orquestrando uma paleta de tons rosa, laranja, turquesa, roxo, amarelo-limão e vermelho-escuro com deleite voluptuoso e consumada lucidez. Mais de trinta anos depois, Picasso comprou *A cesta de laranjas*, e sua jovem amante, Françoise Gilot, encantada com a calidez e o vigor da tela, ficou estupefata ao ouvir do próprio Matisse que, na época, ele estava sem um centavo em Tânger e pensando seriamente em se suicidar. "Isso surgiu da infelicidade", comentou ele. Encerrados no hotel, as semanas passavam lentamente e o "famoso quarto 38" acabaria virando uma espécie de código na família Matisse para situações de pânico e desespero.

No dia 12 de fevereiro, a chuva amainou o suficiente para que o casal passeasse a cavalo pela praia e por campos de íris e abróteas fora dos limites da cidade. Amélie relatou ter visto ipomeias azuis por toda parte, assim como heliotrópios roxos e nastúrcios afogueados. "Quando parou a chuva, brotou da terra uma profusão de bulbos e vegetação florescente", disse Matisse. "Todas as colinas em torno de Tânger, antes cor de pele de leão, ficaram recobertas de um verde extraordinário sob o céu turbulento, como num quadro de Delacroix." Para ele, a "luz deliquescente, muito diversa daquela na Côte d'Azur" fazia com que tudo parecesse novo. Do que mais precisava agora era de um local ensombrecido e isolado para trabalhar. Matisse consultou Walter Harris, o correspondente no Marrocos do *Times* londrino, que conhecia todo mundo e conseguia o que quisesse em Tânger, desde um tratado com o sultão até um pedreiro para consertar o pátio. Graças a Harris, Matisse pôde pintar nos luxuriantes jardins particulares da Villa Brooks. "A propriedade [...] era imensa, com gramados que se estendiam a perder de vista. Eu trabalhava em um recanto com árvores enormes de copas altas e largas", contou Matisse, que ficou fascinado por um tapete de acantos verde brilhante que fazia contraponto à abundância de folhagem nas copas acima. E dia após dia passou a pintar os acantos durante o mês e meio seguinte, sempre na companhia de Amélie.

Essa foi a primeira ocasião em que os dois voltaram a ficar juntos, sozinhos e livres para se concentrar no trabalho, desde a lua de mel do casal, quando Henri havia pintado as oliveiras e as flores de pessegueiro no jardim do Velho Moinho em Ajaccio. E, tal como naquela época, mais uma vez ele estava desbravando um novo território. A confiança de Amélie reforçava sua concentração e também confirmava nela o sentimento de que era útil.

Em Tânger, a parceria de ambos recobrou o antigo equilíbrio e maleabilidade. "Sua mãe rejuvenesceu", Matisse escreveu a Marguerite. Amélie, que tinha medo de cavalos, fez uma concessão especial e, para agradá-lo, concordou em cavalgar uma mula. Após dois anos vivendo de aluguel em Issy, afinal decidiram comprar a casa naquele mês de janeiro, mas a entrada de 25 mil francos consumiu todas as economias do casal e a impossibilidade de encontrar modelos em Tânger tornava mais distante a perspectiva de receber algum pagamento de Shchukin. Em termos tanto financeiros como pictóricos, essa temporada invernal no Marrocos foi uma jogada arriscada. A viagem contava com o apoio de toda a família, que se havia coligado em ambos os lados para impedir uma repetição do fiasco espanhol do ano anterior por meio da ida de Amélie. Na vez anterior, as crianças haviam sido o problema. Mas agora, o mais jovem – Pierre, então com dez anos – ficou com a tia Berthe, que acabara de se mudar para a Córsega, onde iria dirigir a École Normale em Ajaccio. Marguerite, que ficou sozinha cuidando da casa em Issy, ventilava sua solidão e angústia em cartas para os pais, que demonstravam entender o que ela sentia mas também a estimulavam a superar isso. Enquanto o pai a aconselhava a sair mais, estabelecer rotinas fixas e estudar piano, a mãe enviou-lhe abraços e beijos, incitando-a a ser corajosa.

Tânger foi um choque, pelo menos para Amélie, que mal havia saído da França e jamais vislumbrara antes o mundo islâmico. As lojas, os cafés e os hotéis em estilo europeu davam ao bairro dos estrangeiros a aparência, na opinião de Matisse, de uma Paris suburbana e miserável. O Grande Souk era tão pitoresco quanto um quadro romântico, com as caravanas de camelos recém-chegadas do deserto, os tocadores de flauta, os feiticeiros e os encantadores de serpentes. Mas a sociedade árabe permanecia fechada para os infiéis. Fora de Tânger, as europeias que andavam sem véu eram consideradas impuras e indignas. Além dos mercadores que vendiam sedas e tapetes no bazar, a cidade em si pouco tinha para mostrar das maravilhas orientais que tanto haviam cativado Matisse em Munique e em Granada. As mesquitas não permitiam a entrada de cristãos, não havia museus nem galerias e os estrangeiros não tinham acesso às grandes residências com mosaicos reluzentes, gelosias de mármore e azulejos com padrões intricados. Matisse refletiu com fidelidade a situação dele e de seus conterrâneos ao retratar a si mesmo como turista sentado em um frágil banquinho dobrável, com um cavalete portátil equilibrado precariamente nos joelhos, ou usando um chapéu de palha contra o sol no dorso de uma mula desproporcionalmente pequena. Perto do final do mês de março, a gerência francesa do hotel encontrou afinal uma menina disposta a posar, embora ainda fosse jovem o bastante para continuar sob a proteção da família (as meninas se casavam normalmente com dez ou doze anos, a mesma idade com que, nos piores casos, começavam a se prostituir). Matisse retratou Zorah com rapidez e leveza, mostrando-a sentada no chão com um vestido amarelo macio e ondulado, diante de uma parede turquesa clara, e enfatizando o caráter decorativo da pintura ao enquadrar o corpo em uma graciosa linha curva ressaltada pelo oval menor do rosto. Mas essas sessões arriscadas e ilícitas logo teriam de ser interrompidas. "O irmão estava com ela", relatou Matisse no dia 6 de abril. "Aparentemente ele a mataria se soubesse que ela estava posando."

Matisse, autorretrato montado numa mula, 1913.

Na época, a sociedade marroquina ainda era fanaticamente rígida, fundamentalista e machista. O aspecto feroz da civilização que Matisse vislumbrara na Espanha continuava vivo em um país no qual, em muitos aspectos, nada mudara desde que os mouros haviam dominado Sevilha e Granada. A violência fazia parte da atmosfera. Viajantes como Harris relatavam ter visto cabeças decepadas expostas em paredes de palácios e torturas medievais atrozes eram infligidas em locais públicos. Sucessivos sultões haviam enfurecido a população devido à série de concessões que foram obrigados a fazer à França quando a África foi dividida e disputada pelas potências coloniais europeias. A fúria popular culminou, em 1911, com a revolta generalizada sufocada por uma força expedicionária francesa. Na época em que lá chegaram os Matisse, no final de janeiro de 1912, o sultão estava entrincheirado em Fez, sob o assédio dos homens de sua própria tribo. Tropas francesas foram enviadas de Casablanca e o casal Matisse prudentemente cancelou os planos de conhecer Fez, o que implicaria uma viagem a cavalo de dez dias por trilhas não sinalizadas (não havia estradas pavimentadas no interior do país, tampouco veículos com rodas) através de uma região recortada por riachos transbordantes e sob a ameaça constante de emboscadas por parte de árabes vingativos.

Em vez disso, contentaram-se com uma excursão de um dia, em um pequeno grupo, até o povoado de Tetuã, nas montanhas do Riff, partindo logo ao amanhecer por um vale recoberto por vegetação alta mesclada a ranúnculos e boninas que chegavam até as selas. "Cavalgamos por esse mar de flores como se nenhum ser humano jamais tivesse passado por ali", diria Matisse, para quem esse prado paradisíaco à luz radiosa do início da manhã se destacaria entre as duas ou três lembranças indeléveis do Marrocos. A excursão pelas trilhas de montanha pedregosas, através do território tribal agitado e cada vez mais tenso, impressionou os Matisse de modo muito diverso. Muito depois, Amélie entreteria o neto com relatos dramáticos de terem sido mantidos em Tetuã durante três dias por homens armados. Para Henri, toda lembrança de perigo físico se esfumou diante da exaltação da travessia do vale, que o conduziu de volta ao dia em que sua vida mudou para sempre ao ser presenteado com um estojo de tintas ("Foi uma atração tremenda, uma espécie de encontro com um paraíso no qual me vi completamente livre, sozinho, em paz"). Assim que voltou de Tetuã, no dia 28 de março, Matisse combinou outras sessões secretas com Zorah. Também retornou ao jardim da Villa Brooks, na expectativa de recriar as emoções do vale florido que descreveu em termos paradisíacos como requintadamente puro e desprovido de gente.

Nas três telas luminosas que realizou no jardim da Villa Brooks – *Acanto*, *Pervincas* (*Jardim marroquino*) e *Folha de palmeira, Tânger* –, Matisse pintou as complexas camadas de folhagem para as quais Pierre Loti disse que seriam necessárias cores desconhecidas em qualquer paleta, cores capazes de incorporar os sons estranhos, a farfalhada e sobretudo todos os silêncios da África, suas sugestões trovejantes, escuridão e delicadeza translúcida. Nesses quadros, Matisse chegou muito perto da abstração pura, "não as coisas, mas a essência das coisas", nas palavras de Tugendhold. Todas as três telas são delimitadas ou enquadradas pelas hastes inclinadas de troncos de árvores através da meia-luz mosqueada sob as copas frondosas. No interior dessa armação de eixos eretos, a vegetação rasteira torna-se um mosaico de cinza, turquesa ou verde-limão e rosa-alaranjado, ornados aqui e ali por espirais estilizadas de trepadeiras eriçadas, tufos de folhagem em faixas pendentes ou em forma de leque, folhas serrilhadas de acanto ou minúsculas pervincas estreladas.

Amélie ficou apenas o tempo necessário para que o marido arrumasse um modelo, voltando para casa no dia 31 de março no paquete que fazia a linha para Marselha. Exausto e insone, Henri estragou a despedida com um acesso de ira no convés do vapor atracado no porto de Tânger. Enquanto Amélie se afastava lentamente, ele ficou cada vez mais agitado, maldizendo o humor explosivo e imaginando-a sozinha a remoer pensamentos sombrios no calor sufocante. Na realidade, porém, Amélie chegou à casa de bom humor (e enviou-lhe duas longas cartas para tranquilizá-lo), mas Henri não conseguia tirar da cabeça a discussão a bordo do navio. Disse que não havia feito nada em Tânger e que só não partia porque tinha a esperança de terminar duas paisagens, encomendadas por Ivan Morózov, que iriam salvar uma viagem de outro modo desperdiçada. Ele foi consultar um médico e enviava telegramas diários à mulher relatando como havia passado a noite anterior (até 5 de abril conseguira, inusitadamente, dormir por sete horas em duas noites seguidas), como uma espécie de medidor de sono que permitia avaliar o volume de trabalho no dia seguinte. Ele anunciou que o problema básico era pictórico, diagnosticando a origem de sua perturbação em duas manchas inadequadas no tronco do pinheiro que aparece em *Acanto* ("Se tivesse me dado conta antes, não teria ficado tão desesperado por ocasião de sua partida"). Explicou ainda que não conseguia conviver consigo mesmo sem se conhecer, e que, embora produzisse resultados de modo inconsciente, precisava ter consciência e entender o que fazia ("Dedicar-se completamente ao que se está fazendo e ao mesmo tempo se observar fazendo isso – isto é o mais difícil para aqueles que trabalham por instinto"). Contrabandeada à maneira de justificativa, nas entrelinhas dessa autoanálise franca, estava uma confissão – "perco a cabeça com muita facilidade" – que perpassa o casamento deles como um refrão.

Nas duas semanas iniciais de abril, Matisse por fim conseguiu romper a barreira que lhe vinha bloqueando o caminho, levando-o à beira do colapso e arruinando a despedida da esposa. Mas é evidente nas cartas que lhe enviou assim que essa crise o libertou, como se uma febre tivesse cedido. Contou que voltara a ficar encantado toda vez que ia à Villa Brooks, relembrando muito depois que o quadro *Folha de palmeira, Tânger* surgiu-lhe de maneira fácil e agradável, "em um repente de criação espontânea – como uma chama". Pouco menos de uma semana antes de sair de Tânger, encontrou um segundo modelo, um jovem esperto, brilhante, completamente ocidentalizado e que trabalhara no hotel, chamado Amido, que posou de modo tão gracioso e efetivo que Matisse pôde concluir em poucas e rápidas sessões o quadro figurativo para Shchukin, do qual já estava desistindo, com pinceladas tão livres que conferem à pintura o mesmo frescor e juventude cativante do modelo.

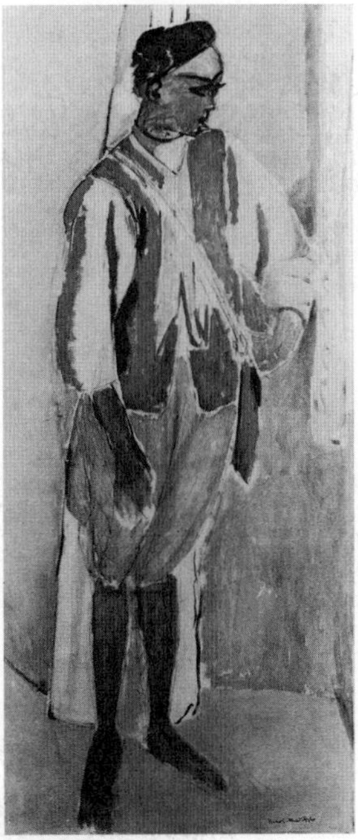

Matisse, *O marroquino Amido*, 1912.

Essa última quinzena foi ensombrecida por uma catástrofe em Tânger. No dia 30 de março, em Fez, o sultão afinal firmara o tratado que iria tornar o país um protetorado francês. Os combates esporádicos culminaram, em 7 de abril, em uma feroz batalha que durou treze horas e terminou com a derrota total dos marroquinos pelos franceses. Matisse embarcou para Marselha no dia 14 de abril, três dias antes que a violência eclodisse em Fez. Tropas marroquinas se amotinaram e massacraram os cristãos, vociferando pelas ruas com varas nas quais haviam sido espetadas cabeças de franceses. A matança prosseguiu por dois dias até que três esquadrões da cavalaria francesa irromperam pelos portões da cidade no alvorecer do dia 19 de abril. Entre os corpos decapitados e queimados, ou lançados ao rio, estavam os da proprietária francesa do hotel, do correspondente do jornal *Le Monde* e de todos os funcionários do posto telegráfico. Matisse nunca fez menção a esses horrores ao se recordar mais tarde do Marrocos, mas também não conseguia tirá-los da memória. A morte e a destruição estavam inextricavelmente ligadas à visão islâmica do paraíso que ele vislumbrara pela primeira vez na Alhambra e animavam sua busca da mesma pureza e intensidade em Tânger. Uma ânsia de paz era a força motora por trás dos quadros marroquinos de Matisse, segundo ensaio de Marcel Sembat, que conversou com o artista quando este retornou à França. Matisse contou a Sembat que instintivamente passou a tornar sua obra mais simplificada ou abstrata, na tentativa de capturar um sentimento de êxtase, acrescentando com franqueza que de qualquer forma aquilo o deixava mais calmo. "Calma!", escreveu Sembat, desenvolvendo o tema com a animação e o brio de um exímio redator de arengas parlamentares:

> Quantas vezes, e há quantos anos, ele não se cansa de repetir isso para mim! O que ele busca é a calma! É da calma que ele precisa! A calma é o que quer transmitir! [...] Matisse guarda seus problemas para si mesmo! Não tem a menor disposição de partilhá-los com os outros. Tudo o que pretende lhes proporcionar é a calma.

Naquela primavera, Sembat e sua mulher compraram um pequeno quadro pintado em Tânger e encomendaram outro. Issy ficava perto da casa que possuíam à beira do rio em Bonnières, e Sembat ficou surpreso ao notar que a compreensão crescente das telas de Matisse só aumentava sua predileção pelo complexo personagem que as criava. Sob a concepção popular do pintor como criatura assustadora, enferma ou ensandecida, ele deparou com um indivíduo amável e despretensioso, surpreendentemente receptivo e mais do que disposto a desmistificar a imagem pública realçando sua normalidade em particular. Georgette Sembat, que também era pintora, apreciava tanto Amélie como Marguerite, admirando o apoio incondicional que davam a Matisse e compreendendo melhor do que muita gente o quanto isso por vezes lhes custava. Apesar de todo o tédio que suportavam na ausência dele, elas jamais podiam contar que a vida familiar em Issy corresse suavemente por muito tempo. A energia obstinada de Matisse podia ser irresistível, mas suas metas como artista eram de tal modo elevadas ("Ele está ascendendo para o eterno, o sublime", contou Sembat aos leitores, "e quer nos levar junto") que nem sempre conseguia adequá-las a um nível humano corriqueiro. O fracasso no domínio de uma nova técnica – tanto a pintura de um pinheiro como habilidades mais simples como escrever à mão ou cavalgar – despertava-lhe a fúria em relação a si mesmo ou aos outros. Os apelos desesperados que Marguerite lhe enviara de Issy no início do ano haviam calado fundo, mas a compaixão não o impediu de responder com quatro páginas de críticas, relacionando os erros de grafia e gramaticais, a caligrafia precária e as deficiências de composição nas cartas da filha e até mesmo devolvendo-lhe uma delas coberta de correções a tinta. Ele era extremamente exigente consigo mesmo e não via por que não deveria esperar o mesmo dos outros. Amélie comentou que, a despeito de ser bem-intencionado, seu marido não sabia o momento de parar. Seus comentários cáusticos sobre a inexperiência dela para andar de mula acabaram para sempre com a vontade que tinha de acompanhá-lo nas cavalgadas pelos bosques de Issy.

No verão de 1912, Matisse terminou a imensa tela de 2,10 por quase 1,80 metro que intitulou *A conversação*, inspirada em uma estela de pedra do Louvre na qual um soberano assírio presta homenagem a uma deusa sentada. Matisse usou essa imagem hierática para fazer um retrato duplo de si mesmo e de sua mulher, com Amélie posando com um vestido doméstico preto e verde, sentada numa poltrona com aparência de trono junto à janela da sala de estar, de onde se via o jardim dos fundos, enquanto ele estava de pé no outro lado com o pijama listrado que usava para trabalhar. O quadro lembra uma transcrição gráfica do cenário delineado nas últimas cartas apologéticas que enviara de Tânger para a mulher ("Sinto muitíssimo tê-la atormentado daquela maneira"). A pintura comemora uma briga ou desentendimento doméstico no mesmo sentido em que uma pérola é o resultado final de um grão de areia. Matisse realçou a gravidade e a imobilidade das figuras, assim como o brilho do jardim que as separa, inundando o restante da tela com o azul opulento e expansivo de um céu marroquino. Mais tarde, ao discutir a luminosidade com o genro, ele afirmou que um quadro deveria ser capaz de gerar luz. Shchukin, após ver o quadro em Issy em julho, escreveu-lhe dizendo que ele reluzia em sua lembrança como esmalte bizantino.

Achados arqueológicos do Egito, ícones russos e a arte ornamental islâmica – tudo isso sugeria maneiras de revitalizar a combalida e restrita perspectiva do olhar ocidental. No verão de 1912, Matisse conferiu novo significado ao conceito de decoração, retratando o ateliê (que agora contava com um globo com peixes-dourados) com extraordinária jovialidade e vigor em uma série de obras relacionadas que mesclam a vida e a arte em permutações sempre surpreendentes. Cada tela é poderosamente absorvente, atraindo o espectador para um elemento abarcador, como a água ou o ar, que parece ser o próprio meio de transmissão do espírito de Matisse. Entidades individuais – peixes, flores, tecidos, pinturas e biombos com padronagens – se dissolvem ou assumem as características uns dos outros, as realidades pictóricas se desfazem e se fundem, os objetos inanimados parecem respirar e se mover. Em *Canto do ateliê*, uma corrente de ar ergue a tela da cadeira dobrável e agita a borda da cortina azul enfunada cujos arabescos entretecidos parecem crescer como grandes florações rosadas da folhagem de uma planta irrompendo de um vaso e caindo em cascata pela jarra translúcida e esmaltada de verde trazida de Sevilha. Em *Peixe-dourado*, as folhas em formato de pás e lanças dançando em círculos concêntricos através da tela rodeiam os peixes, eles próprios circulando no aquário cilíndrico sobre o disco plano do tampo de mesa, tudo pintado com as cores exuberantes de uma estufa – escarlate, verde-esmeralda, rosa-ciclâmen e preto arroxeado –, das quais emana uma calidez e uma luminosidade pulverulenta quase palpável.

Em *Peixe-dourado e escultura*, a mais radical das quatro variações sobre o mesmo tema, uma estatueta de gesso, o *Nu reclinado* (para a qual Amélie havia posado seis anos antes), adquire a sensualidade descontraída de uma mulher real espreguiçando-se em um microcosmo contendo o aquário e o vaso de flores dispostos a seu lado, como uma natureza-morta suspensa contra uma mancha azulada representando o ateliê fora do foco do olhar do artista. Matisse fez duas versões sucessivas de um segmento do quadro *A dança I* apoiado na parede do ateliê tão próximo do cavalete que, com exceção de um triângulo do piso, uma das telas é inteiramente destinada à outra. Em todos esses quadros, os conhecidos elementos do ateliê em Issy estão entretecidos no mundo paralelo da pintura – uma calma, estável e misteriosamente potente realidade alternativa –, onde Matisse se sentia completamente livre, sozinho e em paz.

Shchukin chegou em julho para inspecionar os primeiros resultados da energia criativa liberada durante a visita do pintor à Rússia. "Foi diante dos ícones de Moscou que essa arte me tocou e que entendi a pintura bizantina", comentou Matisse, analisando não só os indicadores plásticos e espaciais mas também a coragem moral que extraiu do desenho oriental. "A gente se entrega com muito mais fervor quando vê o próprio esforço confirmado por uma tradição tão antiga. Isso nos ajuda a saltar sobre a vala." Ele comemorou a parceria de ambos nesse verão com um desenho de Shchukin, que seria um esboço preliminar de um retrato de corpo inteiro. O colecionador escolheu cinco quadros: *A conversação*, *Nastúrcios com "A dança"*, *Canto do ateliê*, *Peixe-dourado* e *Amido*, reservando os três primeiros para serem pendurados na parede do fundo do salão de jantar apainelado em Moscou, que contava já com dezesseis quadros de Gauguin. O efeito, segundo relata Tugendhold, era o equivalente moderno das reluzentes visões expressas pelos artesãos medievais na nave policromada de uma catedral ou no mosaico da abóbada em uma basílica:

> Isso é evidente sobretudo quando se vislumbra pela primeira vez, do umbral do salão de recepções de Shchukin, os quadros *Nastúrcios com "A dança"* e *A conversação*. Os corpos rosa-alaranjados no primeiro faíscam do fundo azul como arabescos dourados. Basta olhar para os quadros de Gauguin e depois para os de Matisse: aqueles mais parecem afrescos opacos, estes lembram vitrais translúcidos. A paleta de Matisse é mais variada, complexa e majestosa que a de Gauguin. Matisse é o grande colorista da nossa época, e também o mais culto: ele se impregnou de todo o fausto do Oriente e de Bizâncio.

No final de setembro, Matisse voltou sozinho a Tânger, com a intenção de ficar apenas o suficiente para concluir as encomendas pendentes de Shchukin e Morózov, antes de passar outro inverno produtivo com Amélie em algum lugar menos propenso a inundações do que o Marrocos. O arranjo do ano anterior funcionara tão bem que nesse ano todos os três filhos saíram de casa. Jean foi para o internato do Collège de Noyon perto de Bohain e Pierre voltou para a casa da tia Berthe em Ajaccio acompanhado de Marguerite, que esperava compensar sob a tutela da tia a carência de instrução formal resultante da infância atribulada. Matisse dedicava as noites a escrever cartas para todos. Enviava boletins diários de quatro páginas para Amélie, longas cartas para Ajaccio e uma torrente de cartões-postais tranquilizadores para Jean, entretendo-o com piadas, aconselhando-o gentilmente a não ceder à infelicidade, recordando os seus dias de internato quando a chuva invernal, a friagem e a neblina gélida tomavam conta da região norte.

Com o tempo favorável e o sono sob controle, Matisse estava calmo, confiante e cheio de projetos. Desde o início o trabalho correu bem. A própria Tânger parecia menor do que o espaço que havia ocupado em sua imaginação, mas a claridade e a precisão extraordinárias da luz foram motivo de grande satisfação, e desta vez ele pediu a Amido que lhe servisse de guia e intermediário junto aos modelos em potencial. Matisse conheceu por acaso um deles logo depois de chegar, recostado no vão de uma porta, "estirada como uma pantera, uma mulata em trajes marroquinos que exibia a esguia e maleável elegância de seu corpo jovem". Fatma era mais africana que árabe, arrojada e briguenta, com uma confiança em si e uma vivacidade felinas. Matisse a pintou ao ar livre em uma brisa forte, organizando a tela comprida e estreita ao redor da projeção enfática da linha do queixo, ombro, pulso e das pernas retas e magras delineadas em verde sob a túnica turquesa estampada com flores rosadas e roxas. Em outra tela bem menor (pintada especialmente para o casal Sembat), ela está sentada de pernas cruzadas contra um fundo azul opulento, vestindo blusa e calça vermelho-ameixa com suntuosos bordados alaranjados e um cinto com padronagem. Fatma o intrigava e tinha consciência disso, aumentando o preço das sessões de um dia para o outro e ameaçando encerrá-las para sempre caso ele se recusasse a pagar. No final, as queixas do modelo e a exasperação do pintor criaram uma tensão própria, como a do vento, na fulgurância elétrica de ambos os quadros.

A personalidade abrasiva de Fatma contrastava nitidamente com a maleabilidade e aquiescência do outro modelo de Matisse, Zorah, a quem ele teve grande dificuldade de localizar durante essa segunda estada em Tânger, por fim encontrando-a com a ajuda de Amido em um bordel da cidade. Como, pelo regulamento da polícia, as mulheres eram proibidas de trabalhar fora dali, Matisse arranjou para que posasse na cobertura do estabelecimento durante os intervalos do trabalho (depois dos poucos minutos que ela dedicava a cada cliente, o pintor voltava a pintá-la, com aparência corada e mordiscando biscoitos *petit-beurre*). Nessa altura, Matisse se libertara dos preconceitos visuais convencionais em tal medida que, sem ser provocativo ou absurdo, era capaz de pintar uma prostituta de Tânger ajoelhada entre seus parcos objetos (um par de sandálias e um aquário com peixes-dourados) na mesma postura de pureza e singeleza emblemáticas que durante séculos servira à arte ocidental para transmitir a inocência da Virgem Maria. Ele tomou emprestada outra imagem sagrada para expressar a autoridade inata de um membro da tribo do Riff ("magnífico e selvagem como um chacal"), que o lembrou da cabeça de Cristo em uma moeda bizantina. Matisse colocou a figura no centro de uma composição plana e geométrica de tons ocres, azuis e verde-esmeralda, acrescentando uma grande extensão de rosa-cereja profundo numa segunda versão. A simplicidade abstrata de ambos os quadros acentua a majestade natural do modelo. "Não é esplêndido, esse grande demônio riffiano com seu rosto agreste e compleição de lutador?", escreveu Sembat, para quem esse bandido marroquino contemporâneo equivalia aos cavalheirescos guerreiros mouros da *Chanson de Roland* do século XII.

A modernidade dessas imagens ainda hoje surpreende. Matisse pintou cada um dos três modelos por duas vezes no inverno de 1912-13, evocando a sólida presença física deles por meio de técnicas mágicas de sugestão e prestidigitação. Cada qual retém uma identidade distintamente individual no âmbito de um padrão geral organizado pelas carapaças ou trajes aparatosos (Matisse ficou fascinado pela túnica bordada a ouro de Zorah, a única que tinha, concebida para ser jogada fora quando gasta e substituída por outra igual, como uma pele de serpente). Todas essas figuras exibem traços rudimentares em rostos muito expressivos, os pés calçados representados por riscas de tinta amarela e as mãos indicadas de maneira ainda mais veloz (no grave e belo *No terraço*, as mãos entrelaçadas de Zorah são, segundo Rémi Labrusse, "uma ausência assombrosa").

Depois de um mês tornou-se óbvio que Matisse não voltaria logo a Paris. De novo, cartas ameaçadoras começaram a chegar de sua mulher, a quem ele implorou que não cedesse à atração da velha apatia, que se vestisse, saísse, encontrasse os amigos, tomasse o trem para Paris. No entanto, a única reação dela foi parar de escrever, o que o deixou ainda mais preocupado. Foi Amélie que insistira, a despeito dos protestos do marido, que ficaria muito bem sozinha em Issy. "Da próxima vez, não vou dar ouvidos a ela", escreveu Matisse à filha em 21 de novembro, "e tampouco viajar sem ela". Nessa altura, ele havia telegrafado a Amélie para que fosse encontrá-lo em Tânger. Ela lá desembarcou no final do mês, acompanhada de um velho amigo do casal, Charles Camoin, que recebera com entusiasmo a oferta de Matisse para negociar em seu nome uma tarifa especial de inverno no Hôtel de France. Amélie viu-se de novo na situação que sempre lhe dera mais prazer, na companhia de artistas mergulhados no trabalho. Ela se adaptou prontamente à rotina dos pintores, explorando com eles a cidade velha em busca de temas, juntando-se a eles após o trabalho para jogos de dominó, recusando-se apenas a acompanhá-los nas cavalgadas pelas ruas estreitas do bairro árabe. Segundo as histórias familiares, Amélie até mesmo acompanhou o marido quando este foi atrás de Zorah, causando consternação no prostíbulo, cujas internas não tinham a menor ideia de como lidar com um francês que trazia consigo a esposa.

Não que Matisse fosse um cliente comum. Os bordéis eram um expediente corriqueiro para os pintores, proporcionando-lhes modelos assim como outros serviços em todos os portos do Mediterrâneo. Camoin, que sem dúvida conferiu os talentos locais ao desembarcar em Tânger, relatou com prazer o comentário feito por Matisse na porta do bordel, alertando-o de que ali estavam em uma função estritamente profissional, "como se fossem médicos". Esse comentário deu margem a muitas interpretações por gente que supõe que o único motivo pelo qual Amélie Matisse queria ver de novo Zorah era saber se o marido mantinha relações com uma jovem pelo menos cinco anos mais nova do que sua filha. Mas o elemento cômico da história de Camoin era justamente que Matisse não traçava os limites entre trabalho e diversão tal como as outras pessoas. Seus amigos sabiam muito bem que a adesão dele à sua subcultura licenciosa de piadas picantes e cartões-postais maliciosos era em grande parte de segunda mão. Ele apreciava as histórias salazes que lhe contavam dos bordéis de Marselha ou Tânger ("É tão real para mim como se estivesse lá"), e costumava brincar com Marquet a respeito de seu acanhamento e inadequação em tais situações. "Em Tânger [...] caímos na esbórnia o tempo todo", escreveu, tentando convencer Marquet a se juntar a eles no inverno. "Camoin e eu mal conseguimos nos manter de pé, você pode facilmente imaginar a cena – recolhidos ao leito às dez toda noite."

Na verdade, a sobriedade de Matisse era lendária. Nos termos de Marquet ou de Camoin, ele não passava de um inocente, levando uma vida de regularidade monástica, não indo a lugar nenhum e praticamente relacionando-se apenas com os empregados do hotel. "Com exceção dos meus quadros, a vida por aqui é sempre igual", escreveu de Tânger para a filha, "uma refeição depois da outra, e uma noite depois da outra". Para Matisse, nenhuma das formas convencionais de libertinagem ou vício equiparava-se ao risco e à atração da pintura. Sua abstinência e, sobretudo, sua capacidade de trabalho eram motivo de assombro – em parte por inveja, em parte por consternação – para solteirões inquietos e desarraigados como Camoin e o pintor canadense James Morrice, que compartilhava um ateliê com eles em Tânger. A companhia de outros pintores era crucial para Matisse nos períodos de experimentação imprudente, sempre que se sentia compelido a saltar outra vala, a mergulhar no escuro, tal como fizera com Derain em 1905 e como fez de novo em 1912-13 no Marrocos. Dessa vez, nenhum de seus dois colegas relativamente convencionais conseguiu acompanhar o impulso implacável de Matisse para o abstracionismo, embora conversassem muito sobre a necessidade de superar as convenções naturalistas de modo a alcançar uma expressão da realidade mais simples, rigorosa e concentrada. Camoin comentaria depois que o melhor de todo aquele inverno foi que Matisse conseguiu fazer com que recuperasse a vontade de pintar, "algo que não podia evitar, mas que voltei a descobrir em sua companhia". De seu lado, Matisse parece ter sentido que os esforços solitários em que estava empenhado seriam intoleráveis sem o apoio dos amigos.

Em Tânger, o pintor mais nitidamente presente em seu espírito era Delacroix, que, oito décadas antes, havia revigorado sua visão sob a luz brilhante e suave do sol marroquino, extraindo força, tal como Matisse, do poder e da harmonia do desenho e da cor orientais. Matisse viu Delacroix por toda a parte na paisagem e até reconheceu o fundo de *A tomada de Constantinopla pelos cruzados* na vista do terraço do café da casbá. Quando desenhou o mesmo promontório da mesma perspectiva, ele acrescentou o cavaleiro a galope num aceno ao grande predecessor. Para ambos, as viagens eram uma maneira de purificar o olhar. Matisse precisava de um mundo pouco familiar e de uma nova luz pelo mesmo motivo que necessitava da exótica disciplina ornamental da arte oriental, a fim de forçar o acesso a uma maneira nova de ver. Jacob Tugendhold, que nos legou a melhor avaliação contemporânea dos quadros reunidos por Shchukin, via a obra de Matisse como uma construção por meio da cor pura:

> Disso decorrem outras consequências, das quais a primeira é o elevado grau de abstração em sua obra. Os objetos pintados por Matisse – seja uma toalha de mesa, um vaso ou, exatamente do mesmo modo, um rosto humano – são desmaterializados, transformados em silhuetas coloridas, destilações de cor que se derramam em traços e manchas ornamentais por toda a tela. Não se trata das coisas, mas da essência das coisas [...] Em suas telas, há uma harmonia ornamental que não está de certo modo contida, mas projetada para o alto e para fora [...] É essa fluidez [...] que confere aos quadros uma espécie de vitalidade que se lança da parede para além dos limites das molduras douradas. E aqui deparamos com a natureza essencial de sua decoração: os quadros de Matisse não parecem tanto entidades distintas, e sim partes de um friso inexistente, em outros termos um friso oriental.

Poucas semanas depois de voltar ao Marrocos no outono de 1912, Matisse anotou ideias para os "dois painéis de Tânger", claramente destinados a Shchukin. Ambos começaram como cenas de café. Um rápido esboço de árabes reunidos na cobertura do café da casbá continha o germe de *Os marroquinos*, um dos mais intransigentes entre os grandes quadros austeros e semiabstratos que Matisse produziu no isolamento e agitação de Paris durante a Primeira Guerra. O segundo painel, *O café marroquino*, foi pintado no ateliê em Tânger a partir de esboços de outra cafeteria predileta, dessa vez apenas um salão com uma janela pequena dando para a baía, paredes pintadas de azul e doze gaiolas com passarinhos penduradas do teto. Matisse descobriu esse café nas primeiras semanas de sua estada em Tânger, quando certa noite, após o trabalho, ouviu alguém tocando violino. Ele entrou no local, tomou emprestado o instrumento do árabe e começou a tocar, deixando fascinado o punhado de fregueses que lá estavam.

Desde a época de estudante, o violino lhe proporcionara uma via de escape e agora mais uma vez Matisse o usaria para se lançar em um mundo diferente. Tanto ele como Camoin realizaram pinturas baseadas em esboços desse café com o violino e os canários engaiolados. "É um café tranquilo frequentado por gente séria", escreveu Matisse, que desenhou os fregueses conversando, de pé diante da janela, reclinados sonhadoramente ou agachados no chão jogando cartas e fumando haxixe. Em *O café marroquino*, dois deles aparecem meditativos diante de um globo com peixes-dourados e separados por uma única flor rosada no piso. Porém, enquanto tanto o café como os fregueses conservam o apelo pitoresco nas telas de Camoin, Matisse suprimiu sistematicamente tudo o que torna seus cadernos de esboços animados e interessantes, abolindo as feições nas figuras, eliminando os compridos cachimbos e os chinelos alinhados junto à porta e reduzindo até mesmo os canários a uma presença invisível. "Matisse tomou o cuidado de não pintar as gaiolas", comentou Sembat, "mas um pouco da doçura do canto dos pássaros perpassa o quadro". Neste, as pessoas não passam de formas chapadas em tons cinza, branco e ocre, contra o fundo azul-esverdeado pálido com dois peixes-dourados e uma flor reduzidos respectivamente a duas pinceladas ocre e três manchas carmim. "Foi isso o que me chamou a atenção", contou Matisse a Sembat, "aqueles grandes velhacos que passam horas contemplando uma flor e alguns peixes-dourados".

Os Matisse partiram de Tânger em meados de fevereiro, passando por Ajaccio para uma breve reunião familiar e, já no continente, fazendo outra escala para ver a mãe viúva de Henri, que passava o inverno em Menton com uma amiga de Bohain. As fotos de Matisse empertigado em um costume de viagem edwardiano, com sobrecasaca e polainas de couro, ou todo agasalhado sobre as pedras em Menton em meio ao grupo vestido com saias volumosas e chapéus imponentes, parecem saídas de um mundo completamente distinto daquele das obras revolucionárias que trouxera do Marrocos. Estas foram exibidas durante apenas seis dias, de 14 a 19 de abril de 1913, na Galeria Bernheim-Jeune em Paris. "Ninguém que esteve lá vai esquecer essa mostra", escreveu Sembat. Praticamente todos os quadros (com exceção das duas telas pequenas dos Sembat) pertenciam a Shchukin ou a Morózov. "Logo, seus quadros não poderão mais ser vistos a não ser em Moscou", escreveu com tristeza a mulher de Sembat. "Quantos deles estão lá, lamentavelmente alguns dos mais belos, e nunca foram vistos pelos artistas franceses? É uma grande vergonha para o aperfeiçoamento do gosto na França."

Shchukin rearranjou a coleção em 1913, organizando as paredes do salão de recepções de modo a acomodar as novas obras feitas em Tânger, registrando a nova disposição em fotos e contratando Tugendhold para compilar um catálogo. Matisse agora dispunha de um museu para abrigar suas obras, com um curador jovem e entusiástico e um diretor passionalmente comprometido com um programa de ampliação do acervo e de formação de público. Shchukin havia recebido quatro das onze telas encomendadas especificamente para o salão de recepções, assim como três painéis decorativos ainda maiores (*A conversação*, *Canto do ateliê* e *Nastúrcios com "A dança I"*). Nesse verão comprou o *Café marroquino* sem hesitar. No decorrer dos doze meses anteriores, ele mais do que firmara suas credenciais como parceiro de trabalho, proporcionando a Matisse não só uma renda para viver como um futuro para sua obra, além da expectativa de ser compreendido. Shchukin contou ao pintor que, quando o *Café marroquino* chegou a Moscou, ele o pendurou numa pequena sala íntima onde podia contemplá-lo sozinho durante ao menos uma hora por dia, e no final passou a considerá-lo seu quadro predileto em toda a coleção. Com essa tela, Matisse havia passado para um novo plano visual da realidade, onde poucos de seus contemporâneos podiam segui-lo. Foi preciso tanto fé como coragem e imaginação, da parte tanto do pintor como do colecionador, para realizarem juntos esse salto para o futuro.

Salão de Shchukin, cujos quadros foram reorganizados em 1913.

"Foi em 1913 que o primeiro rugido pleno ergueu-se nos Estados Unidos em oposição à arte europeia moderna", escreveu Janet Flanner, descrevendo a mostra que pela primeira vez expôs Nova York, Chicago e Boston ao choque do que estava acontecendo em Paris. Houve congestionamento de tráfego na Lexington Avenue, diante do arsenal desativado em Manhattan, onde a exposição foi inaugurada em fevereiro, com filas se formando no interior do edifício. Matisse era quase sempre considerado o principal responsável pelo conteúdo desse antro de perversão. Em Chicago, os estudantes de arte o condenaram por traição, sob o nome de "Henrique Colchão-de-Pelo", e o enforcaram em efígie. "Vamos marcar o pensamento americano de maneira indelével", escreveu Walter Pach com satisfação para Gertrude Stein. Quando ele e os outros organizadores encerraram a exposição, um quarto de milhão de pessoas havia visitado o Armory Show só em Nova York, e a energia destruidora da arte moderna estava firmemente arraigada na consciência do público. "Trabalho somente para os Estados Unidos, a Inglaterra e a Rússia", comentara Matisse em 1911, ciente de que era relegado ao segundo plano no próprio país. A breve antecipação do que seria o abstracionismo no final do século XX, ocorrida quando expôs os quadros marroquinos na Bernheim-Jeune, não despertou quase nenhum interesse nos meios artísticos, então fascinados pela abordagem cubista do realismo do século anterior. O cubismo estava rapidamente se tornando compulsório em Paris. Para o público e os grupos que influenciavam o mundo da arte, a obra de Matisse ainda era vista como algo aberrante. Os observadores mais atualizados tendiam a descartá-la como uma força esgotada, com base na ideia de que todos os que não se alinhavam aos cubistas ou aos futuristas estavam contra estes.

Um contemporâneo que jamais subestimou Matisse foi Picasso, ele próprio cada vez mais desconcertado com a massa de imitações grosseiras, banais ou espalhafatosas que invadira o mercado sob o rótulo cubista. No verão de 1913, os dois artistas ficaram mais próximos do que nunca antes. Cada qual havia completado um conjunto de experimentos e estava pronto para outra rodada. A fase analítica de Picasso – tão rigorosa a ponto de Shchukin comentar que, assim que entrava na sala onde expunha os quadros cubistas, era como se enfiasse o pé num balde com cacos de vidro – daria lugar, nesse verão, à invenção da colagem cubista. E ambos os artistas sentiam-se isolados por suas realizações. Picasso estava ansioso para se distanciar da multidão de seguidores. Matisse tomara medidas para assegurar que não teria seguidores. Ninguém além dele estava em condições tão adequadas para entender a difícil situação de Picasso, que espelhava a repulsa do próprio Matisse poucos anos antes diante dos excessos fauvistas. Com alguma surpresa para ambos (e também para os outros), os dois se viram trocando notas sobre suas experiências. Quando Picasso caiu doente com febre em julho, Matisse foi a Paris e fez-lhe companhia, levando frutas, flores e contando-lhe histórias engraçadas. Em agosto, Picasso tomou o trem até Clamart para acompanhar Matisse em sua cavalgada diária pelos bosques. Para Picasso, que montava mal e detestava se mostrar em desvantagem, isso era o equivalente de um gesto público de reconciliação entre líderes de dois países em guerra. Cada um deles prontamente comunicou isso a Gertrude Stein, que mais do que qualquer outra pessoa fomentara e divulgara a rivalidade entre ambos.

De acordo com Sembat, foi por volta dessa época que ouviu de um ou de outro – "Se foi Picasso ou Matisse, não sei e pouco importa" – um comentário depois muito citado: "Estamos buscando a mesma coisa por meios opostos". No verão de 1913, os métodos e meios de ambos convergiram brevemente. Matisse chegara a um ponto que sempre fora decisivo em suas batalhas internas, o clímax no qual a emoção assumia o controle da obra, como ocorreu em Toulouse em 1899, em Collioure em 1905 e em Tânger em 1912-13. O que o repelia e atraía ao mesmo tempo era o aspecto cerebrino do cubismo analítico. "Claro que o cubismo me interessou", diria bem mais tarde, "mas ele não falava diretamente à minha natureza extremamente sensual, a esse grande amante que sou da linha e do arabesco, essas duas fontes de vida [...]". No Marrocos, ele levara à maior intensidade possível esse lado emocional e intuitivo. E agora era o momento de uma reviravolta radical. Para os observadores, os quatro principais projetos a que se dedicou durante o verão em Issy davam a impressão de serem exercícios deliberados no sentido de desfigurar e deformar a figura humana. Com uma exceção, todos eram experimentos seriais iniciados três ou quatro anos antes, e todos se mostraram tão refratários que tiveram de ser postos de lado e somente seriam retomados mais tarde. O mais antigo era o quadro *Banhistas à beira de um rio*, a princípio delineado como complemento da *Dança* e da *Música* de Shchukin, e agora reformulado como uma cena de praia marroquina. Matisse montou uma tela gigantesca que ocupava uma parede do ateliê, mas só o que fez foi reposicionar as quatro banhistas de tamanho maior que o natural em uma composição provisória que só seria concluída três anos depois. É possível que tenha sido capturado por uma obra associada, o enorme nu em gesso *Dorso I*, exposto no Armory Show e sucedido quando voltou à França pelo ainda mais monolítico *Dorso II* ("Vastos baixos-relevos neoassírios que Matisse recorta de enormes blocos de gesso").

Nessa altura, o terceiro projeto de Matisse era mais preocupante do que os outros. Ele voltou a se dedicar a um conjunto de bustos de Jeanne Vaderin, uma amiga da família cujo retrato pintara em 1910, no quadro *Jovem com tulipas*. Os dois primeiros bustos eram estudos inócuos e semi-impressionistas de uma jovem perfeitamente convencional, mas nos dois seguintes ele exagerou desenfreadamente as liberdades que tomara em relação ao cabelo, nariz e inclinação da cabeça do modelo ("O escultor busca a gárgula na natureza humana", comentou o *New York Evening Post*). Em 1913, Matisse começou a socar a argila para uma *Jeanette V* tão distorcida que até mesmo os espectadores mais sofisticados acharam difícil de engolir. "Tenho de confessar em voz baixa, sr. Matisse", escreveu um deles, "que não consegui entender quando o senhor disse: 'Esse perfil, aparentemente tão informe, até mesmo cavalar – visto desta perspectiva, deste ângulo, não lhe sugere a ideia de frescor e juventude?'. Só me restou ser evasivo." Esse diplomático visitante era o jovem Robert Rey (que depois seria sucessivamente curador do Museu do Luxemburgo, professor do Louvre e inspetor-geral do Ministério de Belas-Artes). Ele também comentou que esperava encontrar em Issy um selvagem barbudo vestido com peles de animais.

Matisse, *Jeannette* (V), 1916.

Walter Pach conta que, muitas vezes, as pessoas empreendiam a longa viagem a Issy só para ver qual era a aparência de Matisse ("Sempre voltavam de lá tranquilizados"). Quando espectadores perplexos protestaram que nenhum ser humano se assemelhava às criaturas de sua imaginação, Matisse concordou, acrescentando jovialmente que, se topasse com uma delas na rua, provavelmente desmaiaria. Sua casa estava repleta de surpresas chocantes para os desavisados. Aqueles que lá iam pela primeira vez, além de confundidos com as testas abauladas e os olhos fixos das esculturas africanas na sala de estar, quase sempre ficavam de queixo caído quando percorriam o jardim até o ateliê e deparavam com as *Banhistas* e os *Dorsos*. Incontáveis vezes, as pessoas que visitavam Issy nos anos imediatamente anteriores a 1914 deixaram relatos que soam como se tivessem vislumbrado o futuro: um mundo estranho, assustador e selvagem que lhes parecia repleto de augúrios. "O que vemos como 'medonho' parece 'encantador' para Matisse", escreveu Rey, sutil e inteligente demais para se equivocar quanto ao que havia visto, por mais que isso não lhe agradasse. "A contemplação de algo extremamente novo não tem como agradar a um homem de gosto formado, pois ali ele reconhece os sinais de uma evolução que não mais depende dele, algo como um anúncio de morte."

Em junho ou julho, Shchukin estava de volta ao ateliê para ver as novidades e perguntou esperançosamente a respeito dos quatro quadros que ainda faltavam para completar a fileira superior de pinturas do salão de recepções. Matisse empenhou-se em preencher a lacuna com um retrato de Amélie que lhe deu mais trabalho do que todo o resto dos projetos em andamento. Quando afinal deu por concluído o quadro, os nervos acusaram o esforço que se prolongara por semanas. "Sábado com Matisse", registrou Sembat em seu diário no dia 21 de setembro. "Exasperado! Aos prantos! À noite murmura o padre-nosso! Durante o dia briga com a mulher!" Durante toda a vida, Matisse recorreu aos padres-nossos da infância para se acalmar quando a raiva e a frustração ameaçavam se apoderar dele. Os familiares aprenderam a manter distância nesses momentos. O retrato da mulher provocou-lhe palpitações, pressão alta e um latejamento constante nos ouvidos. As sessões em que ela servia de modelo ocorriam diariamente e, às vezes, duas vezes por dia.

Amélie posou sentada em uma cadeira de ratã, com um vestido escuro singelo, um lenço ou uma estola no pescoço e uma elegante touca com pena de avestruz ornada com um penacho altaneiro e uma flor rosada: um frívolo chapéu parisiense que não poderia destoar mais da gravidade austera e sombria do quadro. Após ter visto em maio, exposta em Paris, a *Mulher em poltrona amarela* de Cézanne, Matisse conferiu a Amélie a mesma compostura pungente que Cézanne vira na própria mulher, uma ternura de sentimento inerente ao oval do rosto e à leve e graciosa inclinação da cabeça. Todavia, Amélie Matisse, no retrato feito pelo marido, exibe a elegância e o estoicismo pétreo e inflexível que a caracterizavam. Ela se inclina para a frente contra os verdes vivos no fundo azul, a cabeça e o corpo pintados em tons cinzentos, como se o rosto, semelhante a uma máscara, estivesse coberto por um véu da mesma cor e as mãos estivessem protegidas por luvas de camurça também cinzentas. Talvez de modo mais tocante que qualquer outro quadro, esse retrato expressa o que Matisse queria dizer ao afirmar que colocava a emoção no âmago de sua arte. Ele está impregnado de emoções que tinham de ser dominadas, refinadas e transpostas para a tela, onde, como costumava dizer, acontecia tudo o que era efetivamente importante.

Era um processo penoso e desumano, mesmo quando o modelo era profissional ou alguém conhecido. Em *Retrato da senhora Matisse*, a postura exaltada e a delicadeza das figuras pintadas no Marrocos se sobrepõem a um resíduo de sofrimento e talvez o intensifiquem. Foi preciso mais de cem sessões para ele alcançar tal claridade e pureza expressivas. O retrato estava quase pronto quando o inverno chegou a Issy, uma época do ano que era "como um semissuicídio" para Matisse e na qual por três anos seguidos ele fugira da região em busca da pintura. Todas essas partidas haviam desencadeado crises em seu casamento. Nesse ano, porém, o casal decidiu não viajar, a fim de que Matisse pudesse submeter Amélie ao impiedoso escrutínio que aplicara às *Banhistas à beira de um rio*, aos *Dorsos* e aos bustos de *Jeannette*. O retrato virou um acerto de contas mútuo, exigindo intensa concentração tanto do pintor como do modelo. Após quinze anos juntos, a dinâmica do casamento deles havia se alterado de modo irremediável. Durante esse período, Matisse deixara de ser um jovem e desconhecido estudante de arte e tornara-se um dos dois principais inovadores a quem o mundo da arte, de Nova York a Moscou, se voltava em busca de orientação. Ele havia formado um círculo de entusiásticos defensores, desde o casal Sembat e Sarah Stein em Paris, passando por Matthew Prichard, até gente influente como Fry em Londres, Purrmann na Alemanha e Pach e associados nos Estados Unidos. Era dono de uma casa própria com amplo espaço para trabalhar, tinha uma renda confortável e podia contar com Shchukin, um colecionador comprometido inequivocamente com sua obra. O casal afinal alcançara o objetivo que parecia praticamente inatingível quando Amélie começou a apoiá-lo: aquele ponto no qual, pelo menos em teoria, os únicos problemas de Matisse eram de natureza pictórica.

Mas Amélie não havia previsto o corolário disso, ou seja, que agora sua colaboração na parceria deixava de ser necessária. A decisão, a coragem e a energia que a tornaram indispensável em todo tipo de crise eram atributos em grande parte supérfluos em um futuro assegurado e centrado nos filhos, no lar e no jardim. Ela foi a rocha que tornou possível o trabalho de Matisse e agora o orgulho a impedia de se contentar com o papel menor de consorte pública ou anfitriã do ateliê. Em vez disso, preferiu abdicar de tudo, delegando progressivamente a partir dali a condução da casa e do ateliê a Marguerite. Os relatos dos visitantes a Issy nessa época praticamente não mencionam a esposa do pintor, que permanecia invisível, ausente, muitas vezes enferma, obliterada pelos sacrifícios que, como ele a alertara muitos anos antes, seriam exigidos pela pintura.

Amélie chorou ao ver o retrato pronto. Talvez tenha se lembrado de quando posou para o marido com roupa de toureiro no início do casamento e da tensão que na época se dissolvera em lágrimas de fúria, seguidas de risos e reconciliação. *Retrato da senhora Matisse* de 1913 revela uma imobilidade e um afastamento no polo oposto do olhar atrevido, franco e desafiador da *Mulher com chapéu* de 1905. Esses dois retratos assinalam o início e o fim do período heroico de colaboração ativa entre marido e mulher. Ao longo dos doze meses seguintes, Matisse produziria um veemente esboço em que ela o confronta com um chapéu parecido com um capacete e um véu listrado que lembra grades diante do rosto, assim como uma bela e despojada gravura que a mostra curvada e triste, agarrando o quimono japonês com a cabeça tombada em um gesto de resignação ou derrota. O casal ainda continuaria junto por mais um quarto de século, mas ele jamais voltou a pintá-la. Era como se ela lhe tivesse dado tudo o que podia e ele reconheceu tal doação com toda a habilidade e paixão que conseguiu evocar nesse grande retrato elegíaco. Para ele, nos anos seguintes, a lembrança do quadro iria se revestir da doçura da despedida, como uma flor entre as páginas de um livro: "aquele que a fez chorar", disse à mulher uma década depois, "mas no qual você está tão bonita".

A provação das sessões para o retrato no verão e no outono de 1913 foi exaustiva para ambos. Assim que a tela ficou pronta, Amélie foi se juntar à sogra e aos filhos em Bohain no dia de Todos os Santos, 1º de novembro, a fim de visitarem a sepultura do avô. Henri ficou sozinho em Issy, pois, como disse à mãe, "o luto não me convém em nada neste momento – sobretudo porque não cura nada, e não preciso de um cemitério para pensar naqueles que perdi". *Retrato da senhora Matisse* foi o único quadro que inscreveu no Salão de Outono, inaugurado no dia 15 de novembro. "Não foi nada fácil", escreveu o pintor a Marguerite nesse mesmo mês. "Eu bem que poderia dizer, ao exibi-lo, esta é a minha carne e o meu sangue." Amélie Matisse pode ter se afastado, mas o impacto do retrato foi imediato e duradouro. Ele impressionou tanto Prichard como Shchukin, que foi a Paris para vê-lo. Apollinaire o considerou uma obra magistral. Embora tenha desaparecido na Rússia logo após o encerramento do Salão, continuou a exercer enorme influência em pintores mais jovens, como Pach, que o conhecia apenas de fotos. Ele representava um brilhante mundo novo para a geração seguinte, exemplificada pelo precoce estudante Louis Aragon, que viu o retrato em uma revista ("Se é esse tipo de coisa que desperta seu interesse, pobre menino", comentou a mãe dele, "então você está perdido"), e por seu amigo de dezessete anos, André Breton, que recortou a reprodução e a colocou na parede acima de sua cama.

A inquietação tomou conta de Matisse naquele inverno. Em dezembro, a temperatura caiu para seis graus negativos, começou a escurecer às três da tarde no ateliê de Issy e o jardim se cobriu de geada espessa e branca como a neve. Tudo o que ele queria era escapar dali, mas hesitava entre Collioure, Ajaccio e Barcelona. Por volta do Natal, ele e Amélie haviam arrumado as malas para outra temporada no Marrocos, mas desistiram depois que Matisse fez uma visita a seus antigos aposentos no quinto andar do quai Saint-Michel, 19, agora ocupados por Albert Marquet, que lhe contou que o apartamento do andar de baixo estava vago. "Fui dar uma olhada e gostei de imediato. O teto baixo proporcionava uma luz particular, aquecida pelo sol que se refletia nas paredes em frente (a sede central da polícia).

Em vez de seguirem para Tânger, os baús vieram para o quai Saint-Michel." Embora pouco espaçoso, o novo local era conveniente para os quadros relativamente pequenos que pretendia pintar. Ele o descreveu para a filha no dia 26 de dezembro: "Sala principal com duas janelas dando para o cais, quarto, sala de jantar, cozinha, saguão de entrada – com boa disposição – aluguel de 1 300 francos – então fiquei com ele, percebendo afinal que era isso o que queria – sua mãe no início achou a ideia estranha, mas agora está bastante feliz". Considerando o quão solitária e desalentada sua mulher estava em Issy, Matisse sem dúvida estava certo ao dizer que ela estava contente com a mudança. Mas o fato de ter decidido sem aparentemente consultá-la, ou mesmo levá-la antes para ver o apartamento, sugere o quão periférica era a posição que ela ocupava em sua vida. O desejo e a necessidade de pintar eram agora as únicas coisas que ele consultava.

O casal mudou-se para o apartamento em 1º de janeiro de 1914, no dia seguinte ao 44º aniversário dele, levando o grande leito em que dormiam, os quadros mais preciosos, o violino e o piano de Henri e deixando a casa em Issy sob os cuidados da lavadeira (que lá se instalou como caseira por cinquenta francos por semana). Matisse sentia-se mais à vontade nesse pequeno apartamento alugado, no deteriorado, barulhento e movimentado centro de Paris do que jamais se sentira na propriedade semiburguesa em Issy. Cerca de dois meses depois, ele contou à mãe que estava trabalhando duro e dormindo melhor depois que voltara ao quai Saint-Michel. Também lhe informou sobre a triunfal comprovação do valor da arte moderna feita pelo grupo Peau d'Ours, de André Level, que uma década antes comprara por ninharia quadros de pintores pobres como ele e, no dia 2 de março desse ano, os revendeu com bons lucros em um concorrido leilão. A *Natureza-morta com ovos* de Matisse, produzida na cozinha da mãe e vendida em 1904 por quatrocentos francos em dinheiro (na época parecia tanto dinheiro que os amigos desconfiaram que ele tivesse cometido algum crime para obtê-los), foi arrematada por 2 400 francos. Compradores pagaram 5 mil francos por uma de suas primeiras naturezas-mortas e 1 850 francos pelo *Ateliê sob o telhado*, a pequena tela escura e repleta de lembranças que pintara no sótão em Bohain no auge do escândalo Humbert.

O início de 1914 foi um dos pontos periódicos em que Matisse reduziu sua vida ao essencial. Também diminuiu a quantidade de projetos em andamento e passou a se dedicar a três meninas adolescentes e um tema pétreo. A massa familiar e avultada da Notre-Dame que podia contemplar da janela tornou-se evanescente em sua tela, a solidez transmutada em um cubo leve, transparente e flutuante, delineado por sombras, linhas e riscos pretos contra um fundo azul-celeste. Uma mancha rósea de tinta num dos cantos sugere uma súbita e forte lufada invernal de radiação solar sobre a pedra com muito mais nitidez que outro quadro naturalista, quase idêntico em termos de dimensões e formato, que pintou simultaneamente. Prichard, que frequentava o ateliê no quai Saint-Michel com a mesma assiduidade com que ia ao de Issy, não teve a menor dúvida quanto às mudanças importantes que se delineavam nas telas de Matisse: "O que houve é que estamos aprendendo uma nova visão".

A natureza da percepção, que preocupava Matisse, era uma das principais questões abordadas na época pelo filósofo Henri Bergson no Collège de France, em uma série de concorridas palestras públicas. Prichard e seus jovens adeptos, todos entusiásticos bergsonianos, circulavam entre o ateliê de Matisse e a Sorbonne, discutindo as proposições do filósofo com o pintor, que nelas reconheceu um sistema básico que lhe permitiria avançar ainda mais do que mestres como Delacroix e Corot. Matisse admitia que Delacroix havia se equivocado quanto à utilidade da invenção da fotografia para os pintores: "O verdadeiro serviço prestado por ela foi mostrar que o artista se preocupa com algo além da aparência externa", comentou ele, indicando o que era esse algo por meio da vista que se descortinava das janelas. "Ele aceitava a ideia de Bergson de que o artista visa a descoberta e a expressão da realidade [...]", observou Prichard. "Também aceitava a ideia de que um quadro de Corot era para ser contemplado, ao passo que sua própria pintura era para ser sentida e acatada."

Esse era o xis do problema. O empenho de Matisse em alcançar regiões inacessíveis à fotografia implicava um mergulho ainda mais profundo na direção da fonte interna de energia, daquilo que Bergson chamava de "élan vital" e Sócrates identificara ao seu demônio. Matisse foi irresistivelmente atraído, tal como outros membros de sua geração nesses anos iniciais do novo século, pelo inconsciente. Ao mesmo tempo era arrastado na direção oposta pela necessidade artística de controle e ordem, de "entregar-se por completo ao que se está fazendo e simultaneamente observar-se fazendo isso", o objetivo que lhe parecera em Tânger quase impossível de ser alcançado por um pintor tão intuitivo quanto ele. Mais do que nunca, agora Matisse dependia do espírito claro, preciso e escrupuloso de Prichard se quisesse estabelecer um novo acordo entre pensamento e sentimento. No verão de 1913-14, ele se dedicou a desemaranhar e, com a ajuda de Prichard, a articular a teoria subjacente a tudo o que havia descoberto e realizado instintivamente no Marrocos.

Não lhe seria possível encontrar outro ajudante tão infatigável. Prichard mostrou-se indispensável, esmiuçando, sondando, instigando, propondo questões, traçando analogias, fazendo o papel de Sócrates diante do Platão de Matisse, em uma série de conversas realizadas no ateliê perante um grupo de jovens e atentos filósofos. Ao descrever o belo *Interior com aquário de peixes-dourados*, em tons atenuados de púrpura, cinza, marrom rosado e turquesa na luz baixa do ano-novo, Matisse afirmou que buscara um sentido de movimento no âmbito da composição geral e avaliou que esse processo em constante mutação abarcava tudo, desde os peixes até a mobília em seu ateliê. "Por exemplo, essa cadeira", sugeriu Prichard. "É isso", retrucou Matisse, "mas quando eu a pinto, eu a vejo em seu relacionamento com a parede, com a luz do aposento que a envolve e com os objetos que a rodeiam. Seria outra história se quisesse comprá-la: talvez notasse de início sua beleza, mas em seguida iria ver se era benfeita etc". Até mesmo a humilde cadeira do ateliê – precursora de protagonistas mais exóticos em toda uma série de casos amorosos que Matisse teria ao longo da vida com outras cadeiras – tornou-se um elemento vital no esforço para ver e sentir a realidade de outra maneira.

Com mais urgência do que nunca, Matisse precisava de uma reação externa à medida que os experimentos se tornavam cada vez mais radicais. No dia 3 de novembro de 1913, Prichard contou onze outras pessoas apinhadas no grande ateliê em Issy. Foi nesse dia que o pintor mostrou pela primeira vez o recém-concluído retrato de sua mulher, e mergulhou logo em seguida em um novo retrato de uma estranha, Mabel Bayard Warren, amiga de Prichard e de Sarah Stein, filha de um embaixador americano e viúva do presidente do Museu de Belas-Artes de Boston. A intrépida sra. Warren começou a posar para o retrato três dias depois, em uma sessão que deixou o pintor e o modelo emocionados e abalados. "Eu não conseguiria fazer isso todo dia", comentou Matisse. "Foi como voar em um aeroplano. Passei as duas horas mais tensas da minha vida." O desenho resultante era tão natural que se assemelhava não só ao modelo como também a vários de seus parentes. Prichard, que já começava a falar de Matisse como um vidente, ficou com a impressão de que o pintor conseguia se conectar e registrar correntes de emoção profundas e inconscientes. Esse episódio, que assombrou o modelo e seus amigos como um truque de magia, demonstrou claramente a capacidade de Matisse para apreender e penetrar em um tema por meios nem sempre facilmente explicáveis. "Havia um movimento constante na vontade dela, avançando e recuando, oferecendo-se e recusando-se, abrindo-se e fechando-se", diria ele a Prichard mais tarde, soando como um pescador avaliando os puxões de uma truta e até mesmo agitando os dedos para enfatizar o momento em que o tema escorregadio quase lhe escapou: "Não se notava nenhuma alteração nas feições, apenas no brilho de seus olhos, mas a vibração era constante [...] como a superfície de um lago sob a brisa, como os raios do sol na água, não havia nada a que me agarrar e tampouco um ponto que me permitisse começar".

Todos os retratos mais perturbadores desse período guardam no interior da versão definitiva uma imagem inicial de cunho naturalista, considerada pelos observadores extraordinariamente parecida com o modelo. O processo que levava de uma a outra permanecia misterioso até mesmo para Matisse, que afirmou tratar-se de algo que aflorava de um substrato inferior ao pensamento consciente. Seus quadros tornaram-se mais escuros e austeros à medida que avançava com o programa de progressivo despojamento iniciado com o retrato de Amélie e retomado no retrato a óleo seguinte, *Nu cinza com bracelete*. "O modelo é uma jovem de dezoito anos, de Montmartre, mas muito singela e pura", contou a Prichard, explicando por que pintara um quadro monocromático. "Há um ar de inocência nela, e vi que a cor brigava com esse sentimento." Ele foi ainda mais rigoroso ao pintar o retrato da jovem esposa do crítico Maurice Raynal. Encarapitada num banco do ateliê, Germaine Raynal foi reduzida a uma série de retângulos chapados – torso, coxas, saia estreita e comprida – dispostos mais ou menos em ângulos retos e delineados com linhas retas e cinzas plúmbeos. As manchas verde e azul-pavão na saia e um vermelho fulvo margeando os pés do banco e cobrindo o tampo de mesa atrás dela pouco se contrapõem a uma escuridão que, segundo Matisse, aproximou-se por conta própria, sem nenhuma intervenção deliberada de sua parte.

A *Mulher em um banco alto* provocou uma impressão funérea em um jovem amigo de Prichard, Bertie Landsberg, que em abril propôs que sua irmã Yvonne, de dezenove anos, também posasse para Matisse. Alta e tímida, com feições peculiares e membros longos, Yvonne convivera desde a infância com os incessantes comentários da família a respeito de sua feiura. Quando o irmão a levou pela primeira vez ao ateliê do quai Saint-Michel, Matisse comentou que a srta. Landsberg o fazia lembrar um botão de magnólia, e isso fez com que ela florescesse. Os desenhos de Matisse sugerem aprumo, graça e frivolidade naturais, assim como uma individualidade claramente vincada. Ele fez com que Yvonne se sentisse à vontade, fazendo esboços dela fumando, descansando, aborrecendo-se e apartando-se dele com as mãos na cintura. Embora Matisse nada pudesse fazer para reconfortá-la quanto a sua aparência, Yvonne evidentemente o apreciava e confiava nele. Sua mãe aceitou a contragosto que ele pintasse o retrato da filha nos mesmos termos que havia proposto para Greta Moll: ele teria liberdade para pintar o que quisesse e a família poderia ou não adquirir o quadro. Prichard e seu grupo foram ver o início do retrato no dia 8 de junho e continuaram a acompanhar as sessões durante todo esse mês.

A família Matisse em Issy, com Berthe e Armand Parayre, no verão de 1914.

No verão, Matisse mudou de volta com a família para Issy, mas manteve o ateliê em Paris, que era ideal para esse tipo de quadro de pequena escala, conveniente para Prichard e os Landsberg e ficava perto dos ateliês de outros pintores. Em maio comprara um violino belo e caro – um luxo que só poderia se justificar como algo necessário para seu trabalho – e agora costumava tocá-lo regularmente a fim de se acalmar após as sessões de pintura. Mais ou menos na mesma época também havia adquirido de segunda mão uma pequena prensa de gravura, que mandou instalar no quai Saint-Michel, exercitando-se em rápidas águas-fortes, pontas-secas e litografias de amigos e parentes que exibem o imediatismo descontraído de instantâneos fotográficos. Ele fez várias águas-fortes de Yvonne, enquadrando-a em uma grinalda de magnólias, e ainda um par delas retratando Prichard, com atitude crítica e igualmente rodeado de magnólias, o que não agradou nada ao modelo. Segundo Landsberg, tais imagens surgiam espontaneamente das profundezas da imaginação do artista, trazidas à superfície "enquanto ele brincava, por assim dizer, com a ponta do lápis ou o buril de gravação, sobre o papel ou a chapa de cobre".

Nessa mesma época, um enviado da galeria de Fritz Gurlitt em Berlim fez uma visita a Matisse, que, com a ajuda de Purrmann, convenceu os relutantes Sarah e Michael Stein a emprestarem dezenove quadros – a nata de sua coleção – para uma mostra retrospectiva planejada para julho na Alemanha. O casal Sembat, mais bem informado sobre a situação internacional no verão de 1914, prudentemente recusou-se a enviar qualquer obra para Berlim. Shchukin, de passagem em julho para escolher os três últimos quadros que ainda restavam para completar a fileira superior no salão de recepções, ficou com a *Mulher em um banco alto* e acertou os temas de duas telas novas: uma marinha com barcos a ser pintada em Collioure (onde os Matisse pretendiam passar agosto e setembro) e um autorretrato do artista para acompanhar o retrato de Amélie Matisse. Nenhuma dessas obras jamais chegou ao seu destino. O derradeiro quadro de Matisse a ser incorporado à coleção de Shchukin foi o *Retrato da senhora Matisse*, que chegara a Moscou no começo daquele ano.

Retrato da senhorita Yvonne Landsberg contraiu-se e expandiu-se na tela durante todo o mês de junho. "Ao término da *primeira* sessão, o retrato a óleo assemelhava-se demais ao modelo", recordaria mais tarde o irmão do modelo, "mas ele foi se tornando mais 'abstrato' [...] A cada sessão ficava *menos* parecido fisicamente, ainda que – talvez – refletisse 'espiritualmente' cada vez *mais* a minha irmã." A jovem encantadora, animada e engraçada captada com tanta facilidade nos desenhos de Matisse desapareceu sob os traços de uma máscara, com orifícios negros no lugar dos olhos e protuberâncias córneas arqueadas saindo do osso da testa. O pescoço virou uma coluna estriada, o corpo, uma carapaça ou concha rendilhada em tons esbatidos de cinza e preto metálicos, avivados por bruxuleios de rosa e turquesa contra um fundo delicadamente pintado com leves pinceladas escuras. Sob o olhar aprovador de Prichard, o quadro foi se tornando cada vez mais hierático e inumano. No fim de junho ou começo de julho, Matisse inverteu o pincel no final da derradeira sessão e traçou grandes linhas brancas na tinta úmida, circulando o corpo e rodopiando a partir dele como um botão florescendo ou asas se abrindo. A figura esguia, séria e pálida dentro desse turbilhão de estrias e marcas de garras transmite um senso pungente de vulnerabilidade e resistência humanas.

Matisse, *Retrato da senhorita Yvonne Landsberg*, 1914.

A mãe de Yvonne ficou horrorizada com o quadro e no início também essa foi a reação de Matisse. "O quadro é um tanto chocante até mesmo para ele", escreveu Prichard, "que se sente incomodado e ligeiramente surpreso. Ele me dá a impressão de ser um pequeno gavião que deu à luz uma águia. Sente em si mesmo algo maior do que ele, um demônio socrático, o inimigo." O demônio que fitava com os olhos pretos e vazios de Yvonne Landsberg nessa tela do verão de 1914 era a mesma intuição perturbadora que mais tarde seria reconhecida pelo colecionador americano Albert Barnes, ao comentar que era difícil superestimar a importância do Armory Show: "A guerra originou-se do mesmo mal-estar social expresso nos quadros".

9. A JANELA ABERTA (1914-18)

NA FRANÇA, AS PESSOAS NÃO TIVERAM NENHUM PRESSENTIMENTO DO DESASTRE até a declaração de guerra da Áustria contra a Sérvia em 28 de julho de 1914. Dois dias depois, os russos começaram a se mobilizar, logo foram seguidos pelos franceses e, no dia 3 de agosto, a Alemanha declarou guerra à França. Nessa altura, foram requisitados trens para o transporte de quase 2 milhões de soldados até a Alsácia e a fronteira com a Suíça, onde se supunha que uma guerra breve e restrita estaria concluída antes do começo do inverno. Da noite para o dia, os ônibus deixaram de circular em Paris e os táxis sumiram das ruas, agora tomadas por homens a caminho das estações ferroviárias. Baterias de canhões foram instaladas nas Tulherias e soldados com baionetas caladas passaram a patrulhar as pontes sobre o Sena. Os teatros fecharam as portas, os alimentos ficaram mais caros e filas se formaram diante dos bancos. Poucos franceses duvidavam de que chegara o momento de vingar a derrota diante dos alemães em 1871. O clima era de calma, resignação e até alívio. Matisse, na expectativa de ser convocado pelo exército, voltou-se para o violino, enlouquecendo a mulher e os filhos com exercícios que se prolongavam por quatro ou cinco horas todos os dias. Cerca de duas semanas depois, a família toda se mudou para Paris, onde os dois adultos e os três adolescentes não devem ter se acomodado bem em um apartamento de apenas três cômodos. Os estrangeiros haviam desaparecido da cidade. Os jornais estavam sob censura. Corriam rumores de que as tropas alemãs avançavam rapidamente pela Bélgica, mas nessa altura ninguém questionava a capacidade da França de enfrentar o inimigo e fazê-lo recuar em um ou dois meses, no máximo.

A Grã-Bretanha entrara na guerra um dia depois da França e os moradores dos povoados e vilarejos setentrionais, a região natal de Matisse, saíram em massa às ruas para dar as boas-vindas às tropas britânicas que cruzavam a Flandres vindas dos portos no canal da Mancha. Em Le Cateau, perto do local de nascimento de Henri, foi montado o quartel-general dos britânicos e era tão grande a confiança popular que, no dia 20 de agosto, a mãe de Matisse pediu-lhe, por telegrama, que enviasse Pierre a Bohain, onde passaria o resto das férias (uma oferta prudentemente recusada). No mesmo dia, os alemães tomaram Bruxelas e conquistaram a Bélgica. Os franceses foram derrotados decisivamente na batalha de Charleroi, que durou três dias, de 21 a 23 de agosto, e custou a vida de 40 mil soldados franceses. Os exércitos aliados recuaram em marcha forçada através da Picardia e da Flandres diante do irresistível avanço alemão. Os primeiros ingleses dispersos e atordoados chegaram a Bohain no dia 24 de agosto, seguidos por uma massa de soldados derrotados e exaustos, cuja passagem deixou os habitantes à mercê de seus perseguidores. A sra. Matisse enterrou tudo o que tinha de valioso nos fundos do jardim. Dois dias depois, após combates intensos, ruiu a linha de defesa em Le Cateau e os moradores de Bohain prepararam-se para receber os alemães em silêncio, as janelas fechadas e as ruas desertas, tal como haviam feito em 1º de janeiro de 1871, um dia após o primeiro aniversário de Matisse. Nessa altura, tudo o que este sabia eram boatos e a lembrança dos relatos de terror e humilhação que ouvira sem cessar durante a infância logo após a guerra com a Prússia.

A segunda batalha de Saint-Quentin, em 28 de agosto de 1914, terminou em derrota para os franceses, tal como a primeira, quatro décadas antes. Mais uma vez os invasores ali pararam apenas o tempo suficiente de saquear a área antes de seguirem adiante em território francês. As comunicações com a população nas regiões ocupadas foram bruscamente interrompidas. A primeira notícia confiável recebida por Matisse a respeito da situação de sua família foi o lacônico comunicado oficial do dia 29 de agosto, informando à estupefata e incrédula nação que a região entre o rio Somme e os montes Vosges agora estava sob o domínio dos alemães. O troar de canhões já podia ser ouvido em Paris. Barricadas improvisadas foram erguidas nas vias de acesso à capital. No dia 1º de setembro, as autoridades militares requisitaram a propriedade dos Matisse, para ali instalar um posto de comando, estrategicamente situado na ribanceira acima de Issy, junto a um forte e um campo de aviação. No dia seguinte, os alemães chegaram a Senlis, a menos de cinquenta quilômetros da catedral de Notre-Dame. À noite, meio milhão de parisienses deixaram a cidade junto com as autoridades, fugindo para o sul em direção a Bordeaux. Tanto nas estradas como nas estações ferroviárias a situação era caótica.

Os Matisse já haviam enviado os filhos para Toulouse, onde ficariam com parentes de Amélie, e feito todo o possível – enrolando e guardando telas, enterrando esculturas no jardim – para esvaziar a casa em Issy. De algum modo conseguiram seguir para o sul com Marquet, recolhendo os filhos em Toulouse e chegando a Collioure em 10 de setembro, no dia seguinte à primeira derrota dos alemães, quase às portas de Paris, na batalha do Marne. Para muitos, a capital havia sido poupada apenas por um milagre. Diante da arremetida dos aliados, os invasores recuaram até o rio Aisne. Os dois exércitos agora se dirigiram para o norte, em direção ao litoral, combatendo através das planícies devastadas da Picardia e da Flandres durante todo o outono, entrincheirando-se ao longo do rio Somme, defrontando-se em uma linha que tornava inacessível a região em que Matisse crescera e frequentara a escola. Após cruzar a França e se instalar no extremo sudoeste, ele dificilmente estaria em piores condições para ter notícias da mãe ou do irmão, confinado com a mulher e as duas filhas pequenas atrás das linhas alemãs no nordeste.

Matisse e sua família voltaram a ocupar a antiga casa no alto da avenue de la Gare em Collioure. Um casal parisiense que também acabara ali eram dois jovens amigos de Picasso, Juan e Josette Gris, surpreendidos pela guerra sem recursos nem possibilidade de obter algum dinheiro, uma vez que o marchand alemão dos cubistas, Daniel Kahnweiler, tivera de deixar a França. Matisse e a mulher, que se lembravam muito bem do que significava enfrentar de repente a penúria com quase a mesma idade deles, mobilizaram os conhecidos para encontrar outros patronos para o casal e um local em que pudessem viver. De todos os cubistas seguidores de Braque e Picasso, Gris era o mais rigoroso e, de longe, o mais imaginativo. Sua capacidade de transmitir emoção por meio da lógica estrita de sistemas reticulados era algo que convinha a Matisse, que retomou com ele as discussões técnicas iniciadas no ano anterior com Picasso. Uma sólida amizade nasceu entre os dois nesse mês em Collioure, durante o qual falaram tanto de pintura que Gris comentou que Marquet, pouco dado a especulações, não aguentava mais aquelas conversas.

A única obra que Matisse produziu nessa época foi um quadro estranho e despojado que jamais exibiu em vida e, se o tivesse feito, teria sido quase impossível decifrá-lo. O tema era uma janela aberta, um motivo que esboçara pela primeira vez ainda jovem, quando se entediava no primeiro emprego como escrevente de um advogado provinciano. Ao longo da vida, ele retornaria a esse tema sempre que se sentia bloqueado ou ameaçado, mais notavelmente no *Ateliê sob o telhado*, pintado em 1903 no auge do escândalo Humbert, uma tela quase toda tomada por uma sombra profunda, exceto pela pequena janela central que dá passagem para a luz brilhante do sol. Invertendo agora a fórmula, pintou um par de persianas de madeira ladeando uma janela francesa aberta, resumidas a faixas verticais de azul, cinza e turquesa atenuados enquadrando um vazio negro. O efeito é majestoso, árido e melancólico, mas ao mesmo tempo impregnado de luz. Mais de meio século depois, o poeta Louis Aragon afirmou que *Janela francesa em Collioure* era o quadro mais misterioso dentre todos os pintados por Matisse:

> Quando se nota sua data, 1914, e deve ter sido no verão, esse mistério me faz tremer. Tenha ou não sido a intenção do pintor, e seja o que for que há além daquela janela francesa, ela permanece aberta. Então ela dava para a guerra, e continua aberta para os eventos vindouros que vão mergulhar na escuridão as vidas de homens e mulheres desconhecidos, o futuro negro, o silêncio habitado do futuro.

Quando foi afinal exibida em 1966, doze anos após a morte do pintor, essa tela fazia todo o sentido para os olhos acostumados com o abstracionismo americano.

Relutante, no dia 22 de outubro Matisse partiu de Collioure e voltou sozinho a Paris, interrompendo a viagem em Bordeaux para uma deprimente conversa com Marcel Sembat, que fora cooptado para um posto ministerial no gabinete de guerra formado às pressas. Paris estava tomada de boatos sobre artistas que haviam desaparecido ou sido feridos na frente de batalha. Obuses haviam caído na Rive Gauche, perto do quai Saint-Michel. A casa em Issy estava maltratada, mas intacta. Ainda sem notícias da mãe, afligido por pesadelos e sufocado pela atmosfera agourenta de Paris, Matisse queria apenas voltar para Collioure, onde era possível se preocupar com outras coisas além do boletim diário de notícias, mas sua esperança de sair logo da cidade acabou frustrada pela impossibilidade de levantar recursos, tanto para si como para Juan Gris. Ele convenceu Gertrude Stein a dar a Gris uma modesta mesada como antecipação sobre quadros, mas a palavra dela valia menos do que ele imaginava. "Para meu assombro, soube mais tarde por Gris que ela não havia enviado nem um centavo", comentaria Matisse, que jamais voltou a falar com Gertrude.

As tentativas de garantir a própria situação financeira tiveram êxito ainda menor. Ele pretendia obter uma soma substancial pressionando a Bernheim-Jeune, mas Felix Fénéon explicou-lhe gentilmente que não havia nenhuma possibilidade de qualquer adiantamento antes do fim da guerra. Matisse agora estava pagando pela desconfiança mútua que surgiu entre ele e os marchands desde que estes tentaram frustrar a venda da *Dança* e da *Música*. O resultado do esquema acertado com Shchukin – de passar por cima da Bernheim-Jeune produzindo quadros com dimensões maiores do que as fixadas no contrato com a galeria – foi que grande parte de sua produção nos dois anos anteriores seguira diretamente para Moscou, sem que a galeria tivesse recebido qualquer porcentagem. Matisse telegrafou então a Shchukin, que respondeu no dia 2 de novembro dizendo que a bolsa de Moscou estava fechada e não havia como transferir dinheiro para a França. "E isso pode se arrastar por muito tempo", escreveu Matisse antevendo o pior. Suas duas fontes de renda haviam secado ao mesmo tempo, deixando-o com uma família para manter, nenhuma poupança e sem compradores para os quadros, mesmo supondo que tivesse ânimo para voltar a pintar.

Um dos motivos pelos quais Matisse retornou a Paris foi um apelo urgente de Walter Pach, que chegara de Nova York e encontrara a casa de Issy tomada por soldados. Pach cruzara o oceano a fim de organizar uma retrospectiva da obra de Matisse para a Galeria Montross em Manhattan, explicando que não lhe restava outra coisa para fazer, enquanto americano, como protesto contra a barbárie alemã. Os amigos franceses de Pach ficaram atônitos e impressionados quando este se recusou a permitir que seus planos fossem afetados pelo conflito mundial. Por outro lado, Pach ficou perplexo com a incapacidade de Matisse para continuar trabalhando. Nessa altura, tudo o que este conseguia fazer era uma série de retratos informais, à maneira de instantâneos, de amigos e conhecidos, em rápidos desenhos feitos diretamente na matriz de gravação. Matisse fez sete águas-fortes de Josette Gris, que, com o marido, era a única pessoa que via regularmente nessas agitadas semanas em que parecia cada vez mais remota a prometida libertação da França. As cartas dele refletem um sentimento quase universal de entorpecimento e choque. "Paris é deprimente sem você", escreveu à mulher, "[...] minhas saudações a Marquet, que tem sorte, caso esteja conseguindo trabalhar em meio a tanto sofrimento."

Isso foi escrito em 11 de novembro, quando o derradeiro e convulsivo confronto do ano na Flandres culminou na batalha de Ypres, brutalmente atacada e ferozmente defendida, antes de os inimigos se acomodarem e passarem a bombardear as respectivas posições durante os quatro anos seguintes, ao longo de fortificações e trincheiras que se estendiam por 560 quilômetros, desde a fronteira com a Suíça até o mar do Norte. Os comunicados oficiais ainda insistiam que a guerra estava prestes a ser vencida, mas o pressentimento de uma carnificina em escala inimaginável começava a se difundir entre as pessoas comuns. Sembat contou a Matisse que as perdas totais, incluindo soldados mortos, feridos ou aprisionados de ambos os lados, superavam os 3 milhões nos três meses iniciais do conflito. As baixas na batalha do Marne, durante a qual morreram 25 mil franceses, seriam multiplicadas por doze até o final de 1914.

Charles Camoin, encaminhado no outono para a extremidade sul da frente ocidental, enviou relatos de plantações destruídas, campos minados e vilarejos saqueados e incendiados. Na região ocupada da Flandres, os civis que infringissem a lei marcial alemã podiam ser abatidos a tiros. Em Bohain, toda casa suspeita de abrigar resistentes era queimada. Os bancos fecharam, as prateleiras das lojas ficaram vazias e os mantimentos desapareceram. Quando chegou o inverno, os moradores tiveram de se virar com o pouco que haviam guardado e os produtos das hortas. Junto com todos os homens capazes, o irmão de Matisse fora deportado de Bohain para um campo de prisioneiros. A mãe deles, então com setenta anos, ficou sozinha em casa, com problemas de saúde, uma criada idosa e a nora no outro lado da rua. "Não tenho notícias de meus parentes nem de meu irmão", informou Matisse a Camoin em dezembro. Todos os amigos (exceto Marquet, que estava muito debilitado, e espanhóis como Gris e Picasso, isentos do serviço militar) estavam na frente de batalha ou aguardavam a hora de seguir para lá. Quando por fim foi convocado para o exame médico, Matisse estava com febre alta e tão obviamente incapacitado para o serviço ativo que acabou sendo dispensado e relegado à reserva de apoio. Ele ainda tentou por duas vezes reverter essa decisão, mas em ambos os casos foi recusado, devido à idade e problemas cardíacos. Tudo o que lhe restava fazer era escrever regularmente aos amigos na linha de frente, prestar-lhes pequenos serviços e cuidar de seus interesses. Nesse inverno, o casal Matisse enviou uma grande quantidade de pacotes pelo correio. Matthew Prichard, detido quando passava férias na Alemanha e internado em um campo de prisioneiros desde a primeira semana de hostilidades, recebeu alimentos, roupas quentes e (o mais importante para ele) reproduções de quadros. Camoin foi abastecido de chocolates, doces, calçados, luvas, leite em pó, uma bicicleta e o primeiro volume das *Ligações perigosas*.

Sem metade de sua população normal, Paris mais parecia uma cidade-fantasma. Segundo Matisse, apenas duas coisas o prendiam ali. Uma era a necessidade de estar próximo o suficiente para chegar até a mãe "quando Bohain for liberada". A outra era a perspectiva de ser obrigado a ganhar a vida fora da capital ("O terror de ter de trabalhar em algum escritório de advocacia em Perpignan", disse, imaginando a retomada de uma carreira alternativa da qual escapara ao se tornar pintor). Ele ficou claramente aliviado quando, em novembro, Amélie retornou com os filhos a Issy assim que a casa foi desocupada pelo exército. Os meninos retomaram as aulas no Lycée Montaigne, Marguerite fez planos para se dedicar à pintura e o pai deles retomou os intermináveis exercícios de violino que o deixavam à beira da exaustão. E arranjou para que ele e Pierre tivessem aulas com o violinista belga Armand Parent, em troca de desenhos. A música era um meio de extravasamento que já não podia encontrar na pintura, à medida que as semanas em que seria decidido o destino da França se transformaram em meses, sem nenhuma conclusão à vista. Ele ainda fez uma derradeira tentativa de se alistar no exército com Marquet, solicitando a intercessão de Sembat, que lhe escreveu dizendo que o melhor que ambos podiam fazer pela França era ficar em casa e pintar.

A última coisa a que Matisse se dedicara em julho era uma sequência de pequenos retratos (cabeça e ombros) de Marguerite, com aparência afável e veranil, vestindo uma jaqueta listrada e um chapéu de palha enfeitado com rosas ou um elegante e estreito chapeuzinho de couro. Agora pai e filha retomavam as sessões para uma nova tela, na qual logo foi abandonada toda pretensão naturalista. "Esse quadro está me levando em outra direção", comentou Matisse com a filha. "Você está disposta a me acompanhar?" A tocante presença humana do modelo acabou bloqueada atrás de uma trama listrada, que se expandia da jaqueta e tomava conta da tela, a única na obra de Matisse que parece ter sido construída, tal como fazia Gris, com régua e compasso. Estridente, impessoal e bastante repintado, o quadro *Cabeça, branco e rosa* é testemunho de tudo aquilo que atraía e repelia Matisse na obra de Picasso, de Gris e do irmão de Marcel Duchamp, o escultor Raymond Duchamp-Villon (que lhe fora apresentado por Pach naquele outono). "O que ele temia no grupo novo", relatou Pach, "era a submersão de toda qualidade sensual na maré cada vez mais alta do intelectualismo."

Ele solucionou o problema no quadro seguinte, concebido como o autorretrato que prometera a Shchukin na última vez em que se encontraram. "É o quadro do peixe-dourado que estou refazendo agora com uma figura, segurando uma paleta na mão e observando", explicou a Camoin, desenhando a si mesmo sentado ao lado da mesa na qual estava o globo com o peixe e um vaso de plantas diante da janela que dava para o quai Saint-Michel. Dessa vez ele transpôs a escala doméstica dos quadros anteriores com peixes-dourados para um registro bem mais profundo, escuro e poderoso. Ele reconstituiu na tela o ateliê com faixas pretas, azuis e brancas chapadas, entrando e saindo umas das outras à maneira de painéis cenográficos, como observou Alfred Barr, arejados por vívidos fragmentos e manchas de tonalidades verde-claro, violeta e rosa-damasco, amarelo e laranja cálidos. No final, a figura humana desapareceu por completo, abstraindo-se de tal modo que não restou nada além de uma impressão digital no resquício de paleta vazia à direita. *Peixe-dourado e paleta* é uma obra cubista impregnada de uma misteriosa e inequívoca intensidade de sentimento matissiana.

O papel eleito pelo pintor – o observador empunhando uma paleta – havia sido imposto a ele, contra a sua vontade, em um momento no qual pela primeira vez não estava disposto a desempenhá-lo. Em janeiro de 1915, obteve uma permissão oficial, na condição de artista de guerra, para visitar o vilarejo de Senlis, bombardeado, saqueado e incendiado pelos alemães em retirada. Mas excursões desse tipo lhe pareciam fúteis, quando não frívolas, se comparadas aos relatos feitos por Camoin de viagens a outro mundo – "o país das trincheiras, uma terra sem nome, repleta de lama e neve" –, onde outros pintores agachados em meio a excrementos e água fétida, passando frio, fome e sede, atormentados por piolhos e ratos, tentavam escapar de obuses e projéteis. Um fluxo constante desses combatentes passou por Issy, a caminho da linha de frente ou de lá retornando. A casa tornou-se um refúgio para soldados em licença, desde o estudante de filosofia Georges Duthuit, jovem amigo de Prichard, até antigos camaradas como André Derain, que veio na primavera para deixar suas obras e sua mulher aos cuidados do casal Matisse. Nessa primavera, Henri ficou mais animado ao receber uma carta, encaminhada pela Cruz Vermelha, do irmão Auguste, em que este descrevia as brutalidades alemãs contra os prisioneiros debilitados. Em seguida, Matisse fez cópias de onze águas-fortes para angariar fundos destinados a um esquema de ajuda montado pela Société des Prisonniers de Guerre. Ele também cuidou da divulgação da iniciativa, entrou em contato com críticos, compilou listas e escreveu a potenciais contribuintes em Paris e nos Estados Unidos – tudo com um vigor que jamais conseguia reunir em proveito próprio. Em maio, passou a enviar pacotes semanais com alimentos para os conhecidos em Bohain.

Como todo mundo, Matisse esquadrinhava os comunicados oficiais e implorava por notícias dos amigos que estavam na linha de frente. Ele temia sobretudo por Jean Puy, cujas lamentáveis condições físicas e de saúde eram inadequadas para as marchas forçadas, que se alternavam com "saraivadas de metralha, obuses, minas e outros golpes sujos", mencionados nas cartas sempre animadas que enviava da frente de batalha. "Teremos mesmo de enfrentar uma campanha de inverno?", perguntou incrédulo Matisse quando o impasse na Flandres arrastava-se para um segundo ano, acrescentando para Camoin, em um extravasamento veemente e pouco característico: "O que aconteceu com minha mãe, a quem os médicos deram um ou dois anos de vida há três anos, quando sofreu um ataque cardíaco? Não há como negar, *mon vieux*, essa guerra é terrível para todos nós". A frente ocidental havia se tornado um matadouro humano. Matisse afirmou que a guerra era um escárnio da civilização, mas o fato de ter sido compulsoriamente excluído dela o sobrecarregava com um sentimento de impotência e irrealidade. As notícias que lhe chegavam da exposição de suas obras em Nova York mais pareciam vir de outro planeta.

No verão de 1915, ele reviu a cópia que, ainda estudante, fizera de *La Desserte* de Davidsz de Heem, e voltou a reproduzir esse quadro em uma segunda tela, duas vezes maior que a primeira. "Estou colocando nessa cópia tudo o que vi desde então", escreveu ao crítico René Jean, acrescentando que decidira se opor à sensação de impotência, ao horror e à repulsa que começavam a solapar a aprovação da guerra pelos civis, retornando outra vez à majestosa afirmação da paz e da abundância pintada por Heem. Já em duas ocasiões anteriores, essa obra magistral, ainda que menor, da pintura flamenga servira a Matisse em momentos cruciais como campo de provas. Em 1893, a bem-sucedida cópia inicial lhe permitira superar os temores de que jamais conseguiria pintar como os colegas. Três anos depois, voltou ao mesmo tema, lutando com o impressionismo em sua própria *Desserte*. Agora passou a dissecar e reorganizar a riqueza sensual da tela de Heem – a grande fruteira transbordante de cerejas e cachos de uva, a requintada taça de vidro, o cálice de bronze estampado com o pássaro na tampa, a vasilha de borda recortada, a toalha de mesa e os cristais – em uma composição que mescla cores claras e brilhantes ao rigor estrutural cubista. Baseada em uma retícula geométrica preta e ancorada no centro por um sugestivo par de pequenas cebolas redondas e avermelhas, essa segunda *Natureza-morta baseada em "La Desserte" de Heem* irradia um vigor e um brilho nítido e primaveril que emana da área central de verdes-amarelados contidos e verdes-turquesa mais fortes nas dobras e pontas irregulares da toalha branca. A tela incorporava o confronto perene entre paixão e disciplina do qual Matisse raramente saía vitorioso, como disse o pintor a Camoin: "É preciso cruzar a barreira e chegar à luz, colorida, amena e pura, o mais nobre dos prazeres".

Dois a três meses foram necessários para que concluísse o quadro, saindo desse embate esgotado e enfermo, mas aparentemente não mais imobilizado pelo bloqueio que o incapacitara desde agosto de 1914. Ao escrever a Pach assim que se restabeleceu, em 20 de novembro, Matisse repetiu em termos mais gerais a posição que delineara para Camoin, de que o segredo da pintura estava em reconciliar pensamento e instinto, aplacando seu exigente lado analítico de modo a obter acesso livre ao sentimento mais profundo e forte. "Estou partindo amanhã para Marselha, onde pretendo ficar por duas semanas a fim de me recuperar completamente da bronquite", contou a Pach. "Vou levar só o violino. Quando voltar, retomo a pintura." Recordações de Tânger invadiram as duas obras extravagantemente ambiciosas que começou a pintar assim que retornou a Issy em dezembro de 1915. Um dos quadros mostrava um grupo de árabes reclinados sob um guarda-sol listrado na varanda do café junto à entrada da casbá e o outro tinha como tema quatro mulheres se banhando. "O problema é dominar a realidade", disse ele ao futurista italiano Gino Severini, "e, ao extrair sua substância, revelar a realidade a si mesma".

Durante a maior parte de 1915, a realidade o havia dominado. Agora, porém, ele inverteu a posição, debatendo-se de maneira feroz e implacável com a forma e o sentido em suas telas. Nenhuma teoria havia sido formulada para esse tipo de prática e, enquanto avançava, Matisse viu-se obrigado a improvisar uma explicação do que estava fazendo para Severini, Gris e os jovens de orientação cubista que haviam começado a frequentar o ateliê em Issy. "Ele afirmou, com razão, que tudo o que não contribuía para o equilíbrio e o ritmo da obra, sendo portanto inútil e prejudicial, devia ser eliminado. E era assim que trabalhava: despojando constantemente a obra, como alguém que poda uma árvore." Em *Os marroquinos* e *Banhistas à beira de um rio*, a realidade foi tão completamente dominada que algumas de suas partes, sobretudo no primeiro quadro, permanecem quase indecifráveis. As melancias no canto esquerdo inferior de *Os marroquinos* se parecem mais com árabes envoltos em túnicas, prostrados ou rezando, do que os vestígios geométricos dos frequentadores do café no canto superior direito. Os seres humanos se desmaterializaram, as listras do guarda-sol foram transferidas para um vaso de flores estilizadas e a muralha com torres do bairro árabe virou um desenho abstrato de blocos e discos de cor chapada. O próprio efeito da luz acabou invertido, com o claro poente de Tânger substituído por um fundo preto homogêneo com o qual Matisse confere mais calor e intensidade às cores. "Ele forçou o quadro a assumir uma forma nova, uma estrutura de analogia e interação para a qual não havia essencialmente nenhum precedente", escreveu Lawrence Gowing, ao analisar o ousado processo de poda que alcançou seu auge em 1916-17.

O que mais preocupava Matisse era a construção. Para Severini, essas versões estranhas e sintéticas de um cenário norte-africano, o mais distante possível da França em guerra, constituíam uma "arquitetura da vontade": uma arte que se pretendia estável e inescrutável, isolada e não contaminada pela esqualidez e mortalidade cotidianas. "Utilizando assim as sensações como partes integrantes da obra, e não como objetivo único ou ponto de partida, Matisse redescobriu por meio da teoria cubista a livre abordagem arquitetônica dos bizantinos [...] E sua cor tornou-se cada vez mais espiritual e abstrata, quase independente dos objetos reais em que se encontrava." O preço que ele pagou por esse ato de vontade extremo foi alto. Em novembro, ao começar *Os marroquinos* Matisse ainda sofria com a bronquite, contra a qual lutou até janeiro, quando toda a família, com exceção de Marguerite, ficou gripada. A angústia e a incerteza o atormentavam, assim como um zumbido constante no ouvido causado por um abscesso. Em meados de janeiro, ele perdeu toda a confiança em seu quadro.

Para exorcizar seus demônios, Matisse não hesitava em desbastar sua própria vida, e a daqueles mais próximos. Todo apartamento apertado em Paris ou aposento à beira-mar que a família ocupara havia se tornado antes de tudo um ateliê. Em Issy, Matisse produzia regularmente obras importantes no jardim, na sala de estar e no quarto (a penteadeira da mulher com o suporte para alfinetes de chapéu e o pratinho com anel foram o tema de sua majestosa resposta tanto a Cézanne como ao cubismo, *A janela azul*). Os filhos adaptavam suas atividades de acordo com as pausas e os períodos de trabalho dele. O silêncio era essencial. Todas as regras deviam ser cumpridas. A vida em Issy tornou-se uma variação, transposta em outra clave, do rígido lar patriarcal, centrado no trabalho, no qual Matisse havia crescido. "Acima de tudo, mantenha a disciplina com seus filhos – não seja apenas um colega deles –, você não pode deixar de ser o pai deles", recomendaria anos mais tarde ao filho caçula. "Não é nada fácil, mas este é o seu dever."

Durante todos os anos de dispersão e turbulência, os quadros pintados por Matisse representavam estabilidade, continuidade e coesão para toda a família. A mulher e os filhos proporcionavam-lhe a primeira – e às vezes, durante a guerra, a única – reação a cada novo avanço em sua obra. Ele dava imensa importância à opinião deles, e todos assumiam esse papel crítico com a mesma seriedade. Pierre estava com quinze anos no início de 1916. As obras produzidas pelo pai nesses anos iriam moldar e impulsionar sua vida. Segundo Pierre, a primeira vez que se deu conta da força em potencial de um quadro foi ao ver a reação da família a uma proposta para se levantar dinheiro com a venda daquele que era o objeto mais apreciado da casa, as *Três banhistas* de Cézanne. O início do casamento dos pais fora marcado pela penhora do anel de esmeralda de Amélie para se adquirir as

Três banhistas, e agora eram os filhos do casal que insistiam para que fosse encontrada outra maneira de aliviar a situação financeira. Matisse acabou vendendo seu Gauguin e os meninos deixaram de frequentar a escola.

Devido aos constantes problemas de saúde, Marguerite não tivera nenhuma educação formal, além do esforço de última hora em Ajaccio, já aos dezessete anos de idade, quando tentou concretizar o desejo infantil de se tornar médica. Embora tivesse depositado muita esperança na tia Berthe e na escola que esta dirigia, a tentativa estava votada ao fracasso desde o início. Marguerite lutou com a física, a química e a matemática, enfrentando a fadiga, o pânico crescente, mas acabou afinal derrotada por um problema na coluna (como ocorrera tantas vezes com o pai na escola), antes que pudesse fazer os exames de segundo ano. Os pais entendiam seu sentimento de amargura, fracasso e humilhação, mas foi Juan Gris, em 1914 também passando por um período difícil em Collioure, que a aconselhou a se dedicar à pintura. A sugestão foi bem recebida por Matisse, que jamais vira muito propósito em qualquer outra vocação, e também por sua mulher, sempre incondicionalmente favorável a oportunidades para as mulheres. Marguerite tinha uma facilidade inata para o design assim como uma inteligência visual muito cultivada. Tendo passado a vida inteira na linha de frente da vanguarda artística, ela se tornara o crítico mais hábil do pai, que lhe ensinara a se contentar apenas com os padrões mais elevados. A fúria acumulada durante anos de contratempos e frustrações irrompeu toda na estreia de Marguerite como pintora.

Os pais montaram um ateliê para ela na varanda que dava para o jardim nos fundos, mas a nova carreira quase foi interrompida por um acontecimento agourento. "Estou completamente arrasado", escreveu Matisse para Derain em fevereiro de 1916, explicando que os médicos de Marguerite haviam acabado de realizar um exame rigoroso de sua laringe. Segundo a avaliação deles, a traqueia danificada teria de ser reconstituída, ainda que, dadas as precárias técnicas cirúrgicas disponíveis, qualquer tentativa nesse sentido quase certamente redundaria em fracasso. A única alternativa era continuar usando a cânula na garganta, complementada por exercícios para expandir a traqueia por meio da inserção de bolas de algodão e por cauterizações frequentes para manter aberta a passagem. Marguerite, que suportara estoicamente esses procedimentos excruciantes durante anos, agora defrontava-se com a perspectiva assustadora de passar por uma cirurgia experimental. Todos os antigos temores do pai ressuscitaram. "Estou arrasado com esse problema de Marguerite", repetiu ele no final da carta a Derain.

Marguerite Matisse com 21 anos de idade.

Jean também enfrentava problemas em 1916. As perspectivas de longo prazo não eram nada promissoras para um jovem que completava dezessete anos no terceiro ano de um conflito sanguinolento que parecia interminável. Mas a oportunidade de combater por seu país era quase uma miragem para um rapaz brilhante, sensível e inseguro vivendo em uma família na qual o talento artístico era muito mais valorizado do que as habilidades plásticas. Nesse sentido, Jean tinha mais a ver com o avô paterno do que com o pai. Matisse não conseguia entender o fascínio do filho pelas máquinas, como tampouco entendera a capacidade do pai para os negócios, e logo a atmosfera doméstica ficou carregada com o mesmo tipo de ressentimento contido que havia envenenado sua própria adolescência. O pintor, cujo pai aceitara com amargura e rancor que ele desperdiçasse doze meses tentando se tornar um artista, agora foi obrigado ele próprio a capitular, permitindo a contragosto que o filho se tornasse aprendiz de mecânica até ser convocado aos dezoito anos.

O sonho de Matisse era que ambos os filhos se destacassem no campo artístico, e Jean foi o primeiro a enfrentar todo o peso da decepção paterna. Sua reação foi desenvolver estratégias para evitar uma colisão frontal, cultivando o papel de rapaz estouvado, com um traço saturnino que o tornava temperamental, indiferente, refratário a corretivos e violento quando contrariado. Jean tocava violoncelo e, quando ficou evidente que jamais seria músico profissional, Matisse voltou a atenção para o caçula, convencendo-se de que Pierre se tornaria um virtuose do violino, cumprindo assim um destino recusado pelo próprio pintor. Pierre estava com catorze anos quando o pai o presenteou com um violino Prescendra, e arranjou para que ambos tivessem aulas com um músico profissional, o célebre violinista Armand Parent. Dotado de sensibilidade musical, como todos os Matisse, Pierre encarava o violino com seriedade e disposição, ansioso para contentar o pai, mas não estava nem um pouco preparado para o que viria a seguir, quando Matisse – sempre com a aguda consciência de sua desvantagem por ter começado muito tarde – o tirou da escola a fim de que se dedicasse em tempo integral à música. "Ele achava que com trabalho duro poderia alcançar os outros", comentou Pierre soturnamente, "e que eu também poderia fazer o mesmo." Pai e filho se dedicaram laboriosamente às obras de Mozart, Corelli e Vivaldi, por fim conseguindo tocar juntos o *Concerto em ré menor* para dois violinos, de Bach. "Meu pai interessava-se pelo violino como uma forma de disciplina", disse Pierre. "Essa não era uma maneira nada agradável de tocar."

Armand Parent apontava implacavelmente todas as notas erradas de Matisse e fez da vida de Pierre um tormento. "Toda vez que ia vê-lo, era como ser forçado a tomar um purgante." Em casa, as coisas não eram muito melhores. Tendo sido criado sob uma disciplina rígida, Matisse instituiu uma rotina exaustiva, em que o filho deveria se levantar às seis da manhã a fim de praticar escalas no piano durante duas horas, sozinho na sala. Sempre que o som cessava quando o menino caía no sono, ele era acordado pelo estrondo de batidas no teto, feitas pelo pai que dormia no quarto acima. Marguerite, que passava o dia pintando no ateliê, aparentemente escapou de tanto rigor ("Você tem sorte", disse-lhe Pierre, "pelo menos o papai não pode saber quando você para"). Pior de tudo era o fracasso de Pierre em satisfazer o pai. Ele tinha um talento natural que facilitava o dedilhado, mas a confiança em sua habilidade era sistematicamente solapada, deixando-o com um perene sentimento de inadequação. Somente muito tempo depois conseguiria entender o desastre de sua adolescência. "Obviamente, se não tivesse dominado essas disciplinas até os dezesseis anos, não havia por que continuar", comentou Pierre em retrospecto. "Além do mais, eu não tinha talento."

Pierre Matisse tocando violino, 1915.

Matisse retratou o impasse entre pai e filho no quadro *A aula de piano* ("Sim, sou eu", costumava dizer a jovens e reverentes historiadores da arte diante da tela meio século depois, "e você não tem ideia do quanto eu detestava essas aulas de piano"). Em certo nível, essa é uma obra quase inteiramente abstrata, construída com faixas verticais e barras horizontais, sobretudo em preto ou cinza-azulado pálido, que definem e articulam os espaços cinzento-escuros e planos que preenchem três quartos da tela. A presença humana se reduz a três ícones rudimentares distribuídos junto às bordas do quadro: a versão diminuta mas assertiva do nu esculpido *Figura decorativa*, esboçado ou antes rabiscado no canto inferior esquerdo, e uma versão quase grafitada da *Mulher em um banco alto* no canto direito, ambas presenças reprovadoras e concentradas severamente no pequeno e dócil menino cativo atrás do teclado na parte inferior da tela. O rosto de Pierre, cortado por uma ponta cinzenta em forma de cunha, está rodeado, como apontaram John Elderfield e outros, por aparatos de coerção (o metrônomo e a grade de ferro na janela bloqueando um aliciante trecho verde do jardim no qual ele não tinha permissão para brincar). O menino parece bem mais jovem do que Pierre na época, como se tivesse seis ou oito anos, a idade de Matisse quando se defrontou e se rebelou contra os rigores da disciplina musical. Não é possível restringir o quadro a uma única fonte ou significado, mas ele reflete o tema da coação: os controles autoritários impostos ao pai e ao filho quando jovens; os implacáveis requisitos da arte que afligiam Matisse na meia-idade, desumanizando-o e a todos aqueles que o circundavam; as forças aniquiladoras que se abatiam sobre a França em 1916. Em *A aula de piano*, no qual seu domínio do mundo real é praticamente completo, Matisse destila um senso de compaixão humana mais pungente do que em qualquer outro momento de sua carreira. O processo de poda que despoja a figura central de individualidade, aplainando e estilizando as suaves e informes feições infantis, acentua a impressão de fragilidade e impotência humanas no âmago dessa pintura lúcida e límpida que, como um concerto de Bach, é ao mesmo tempo compassada, harmônica e impregnada de emoção.

A aula de piano, *Os marroquinos* e *Banhistas à beira de um rio* foram todos pintados enquanto era travada a batalha de Verdun, que teve início no dia 21 de fevereiro de 1916 e alcançou o auge em julho, quando a ofensiva britânica no Somme começou a aliviar a pressão sobre o desbaratado exército francês, permitindo que este se reagrupasse e retomasse o terreno em disputa até os combates serem afinal interrompidos em 18 de dezembro, sem ganhos para nenhum dos adversários. Centenas de milhares de franceses desapareceram sob as tempestades de metralha de Verdun ou morreram nas trincheiras atrozes pouco atrás da linha de frente. Matisse, cuja vontade era juntar-se a eles, sentiu que essa perda marcava e maculava sua própria sobrevivência. "O quão irrelevante a mentalidade da retaguarda deve parecer para aqueles que retornam da frente de batalha", escreveu ao marchand Léonce Rosenberg em 1º de junho, no auge dos combates, descrevendo o trabalho em que estava empenhado: "Não posso dizer que não seja uma luta – mas não é a verdadeira luta [...] Os pintores, e eu sobretudo, não são capazes de traduzir em palavras seus sentimentos – e, além disso, um homem distante da linha de frente sente-se um inútil".

Os sentimentos que não podiam ser traduzidos em palavras encontraram expressão na tela, sobretudo em *Banhistas à beira de um rio*, que Matisse retomou nessa altura. Concebida originalmente em 1909, como uma cena de ócio arcádico para acompanhar a *Dança* e a *Música* de Shchukin, e provisoriamente rearranjada quatro anos depois no Marrocos, essa tela gigantesca media cerca de 4 metros de largura por 2,5 metros de altura. Matisse agora a dividiu verticalmente em faixas equivalentes, com bordas nítidas, em tons de verde, preto, branco e cinza-claro, eliminou a cascata, condensou a folhagem e transformou as quatro banhistas colunares – decepando a cabeça de uma, amputando as pernas de outra na altura das canelas – em maciças e mutiladas cariátides de um cinza-pétreo. Esse quadro assinou a reconciliação de razão e intuição que Matisse vinha buscando desde que voltara de Tânger. Ele o discutiu com os jovens modernistas, na maioria estrangeiros ou dispensados do serviço militar, que o visitavam em Issy pelo menos uma vez por semana. Entre eles, além dos três principais teóricos do cubismo – Gris, Severini e um amigo deles, Pierre Reverdy –, havia visitantes mais intermitentes, como o mexicano Diego Rivera, André Lhote e o futuro parceiro de Le Corbusier, Amédée Ozenfant, que mais tarde recordaria o anfitrião expondo suas ideias com tanta veemência que os óculos saltavam sobre o nariz. Durante esses meses, ocorreu a fase mais rica e complexa do diálogo de Matisse com o cubismo. "Talvez houvesse uma concordância entre minha obra e a deles", comentaria ele com cautela mais tarde quando lhe indagavam sobre a dívida que tinha para com os cubistas: "Mas também é possível que estivessem tentando me entender".

Picasso sem dúvida o entendera no ano anterior, quando reagiu ao *Peixe-dourado e paleta* com um magistral e metafórico autorretrato, o *Arlequim*. Matisse o considerou o maior êxito de Picasso até então (e seu criador era da mesma opinião) e reivindicou explicitamente o crédito por ter lhe proporcionado um ponto de apoio. Picasso fez o mesmo por ele ao expor as *Demoiselles d'Avignon* pela primeira vez no final de julho de 1916, na nova galeria de Paul Poiret, à rue du faubourg Saint-Honoré. Matisse vira as *Demoiselles* antes, provavelmente logo após o quadro ter sido concluído em 1908, quando a tela o desconcertou e o desagradou. Oito anos depois, havia paralelos evidentes entre as *Banhistas à beira de um rio* e os nus de olhar lascivo em tamanho natural alinhados na tela por Picasso, fitando o espectador em um paroxismo de fúria e escárnio (o que viria a parecer, para muitos, uma reação extremamente sadia à carnificina de 1914-18). Embora um dos quadros tenha o dobro do tamanho do outro, ambos operam na mesma escala pública majestosa. Picasso fizera da visita de um marinheiro a um bordel provinciano um manifesto da arte moderna. Agora Matisse transpôs suas banhistas em uma imagem monumental de luto e estoicismo. A atmosfera é aliviada apenas pela beleza sensual da própria tinta, das pinceladas ligeiras e precisas e dos lampejos de cor – verdes exuberantes, manchas de azul-celeste, rosas refulgentes no ventre e no seio velados pelo cinza translúcido – que conferem calidez humana à gravidade das figuras e ao ambiente semiabstrato.

Como sempre, Matisse trabalhava em ritmo mais lento do que Picasso. Na primeira exibição do quadro em Paris, em 1926, o público reagiu com zombarias e os críticos o descartaram com arrogância. Sem conseguir comprador por quase quatro décadas, as *Banhistas à beira de um rio* foram afinal adquiridas pelo Art Institute of Chicago um ano antes da morte de Matisse, quando ele o incluía entre os cinco quadros cruciais de sua vida. Somente em 1990, uma das responsáveis pela obra em Chicago, Catherine Bock, reconheceria a metáfora poética e elegíaca, talvez inconsciente, subjacente à obra, com o movimento solene da esquerda para a direita, regulado pelas faixas de cor – "tão percussivas e insistentes quanto a batida de um tambor" –, as quatro testemunhas ou carpideiras cinzentas, os verdes vívidos num dos lados da tela separados das sombras funéreas no outro por "uma trincheira intransponível ou bocarra negra, dividindo o passado do presente". O que Matisse chamou de "o método moderno de construção" permitiu-lhe recorrer aos mitos antigos da passagem da luz para a treva, da terra para o mundo dos mortos, em uma tela impregnada (como as *Banhistas* de Cézanne) de nobreza e paixão. Há um aspecto heroico nesse esforço sombrio e solitário de confrontar uma realidade que não conseguia ser encarada pela maioria dos contemporâneos. "Esse quadro somente poderia ter sido pintado em 1916", escreveu Bock, "no momento em que a enormidade da Primeira Guerra foi afinal percebida, mas antes que se instalassem a desilusão e o cinismo de 1917."

Na época, as *Banhistas* mal foram notadas em meio ao constante fluxo de soldados, exilados e refugiados que passavam pela casa de Issy. Um dos jovens amigos de Prichard, Georges Duthuit, falava em nome de muitos quando escreveu a Amélie Matisse para lhe agradecer por tudo – "o generoso acolhimento, os quadros que sempre nos renovam a confiança, a mesa rodeada de amigos, a sala transbordando de felicidade e simpatia" –, o que tornava mais tolerável o retorno à vida militar. Matisse desenhava os visitantes, sobretudo as mulheres. Alice Derain, Josette Gris e as filhas dos amigos se materializaram todas na ponta de seu buril ou lápis. "Na guerra de 14-18 foram as mulheres que emergiram com uma nova confiança", diria ele mais tarde, "pois tiveram de assumir responsabilidades, e não mais se esqueceram disso." Amélie era a presença dominante na casa movimentada e hospitaleira, organizando esquemas de apoio, distribuindo ajuda, cronometrando a produção de meias e luvas tricotadas. Cestos eram enchidos e enviados pelo correio regularmente. Quadros eram despachados para tômbolas beneficentes. A mulher e a filha de Matisse tornaram-se heroínas para gente que nunca as havia conhecido. Contemporâneos de Duthuit, como Louis Aragon e André Breton, penduravam reproduções da *Mulher com chapéu* e do *Retrato da senhora Matisse* em seus alojamentos militares. Prichard e seus companheiros ergueram um santuário, no gélido campo de prisioneiros em que estavam, em volta de um retrato de Marguerite.

Durante todo o verão e o outono, o troar dos canhões no Somme podia ser ouvido em Paris e nas áreas vizinhas enquanto a Flandres virava um imenso cemitério para as tropas britânicas. Ainda não havia nenhuma notícia da mãe de Matisse, ou de seu irmão, que fora repatriado com os outros deportados e condenado à rotina de um campo de trabalho e suas rações de fome. Bohain estava a quase quarenta quilômetros atrás das linhas inimigas. À medida que a campanha se arrastava, a região foi saqueada para alimentar e fornecer combustível às divisões alemãs de combate. As rações de pão para os moradores de Bohain haviam sido reduzidas no ano anterior a cerca de 115 gramas por dia, as hortaliças eram confiscadas e a carne sumira. Os civis idosos demais ou incapacitados para trabalhar na lavoura eram obrigados a vagar pelas estradas como vagabundos (a mãe de Matisse foi condenada a quatro dias de prisão por ter se recusado a abandonar sua casa). E, para piorar, o inverno que se aproximava prometia ser excepcionalmente frio.

A angústia de Matisse o tornava especialmente sensível às tribulações de outros pintores devidas à guerra, e ele fez todo o possível para visitar os colegas mais jovens e comprar suas obras. Severini, dispensado do exército italiano por motivos de saúde, que lutava para manter uma esposa e dois bebês (um deles morreu em 1916), jamais esqueceria o francês que bateu à porta do ateliê com dinheiro na mão para comprar um quadro bem na véspera do vencimento do seu aluguel. Matisse organizou exibições para angariar fundos, apoiou concertos de músicos jovens, participou de festas turbulentas em prol de soldados feridos como Apollinaire e Braque.

Na companhia de artistas mais jovens, Matisse estava sempre ciente da diferença de idade que o apartava dos companheiros. Diante do que ocorria na linha de frente, ele não reagiu com o cinismo brutal e o humor negro da geração mais jovem. Sua reação foi sobretudo de tristeza e melancolia, expressas pela última vez no inverno de 1916-17, em um retrato encomendado por Auguste Pellerin, o grande colecionador dos impressionistas, com cerca de oitenta quadros de Cézanne, muitos dos quais adquiridos diretamente do artista. Há uma década, pelo menos, Matisse costumava visitar a coleção de Pellerin em Neuilly. Émile Gerard, tio do pintor e único patrono deste em sua região natal, fizera fortuna com a fabricação de margarina, tal como Pellerin, que se comprometeu a arrumar um emprego para o irmão de Matisse após a guerra (em 1919, de fato, Auguste Matisse tornou-se vendedor da Tip, a empresa que permitira ao rei da margarina tornar-se o maior colecionador de obras de Cézanne). As lembranças do passado impregnaram o extraordinário e quase abstrato retrato, com base em um modelo renascentista que Matisse fez de Pellerin: um retrato formal e frontal da força e do orgulho viris, reforçado pela fita vermelha da Legião de Honra, com um Renoir em sua pesada moldura dourada na parede e, sobre a mesa do magnata moderno, a caixa com a máquina de escrever e o mata-borrão.

Esse é o retrato mais impessoal e estritamente geométrico pintado por Matisse. Ele poderia ter usado um compasso para demarcar a abóbada circular da calva do modelo, dividida pelos arcos simétricos da sobrancelha, malar e bigode retorcido, com a sombra escura do queixo centralizada exatamente sobre o romboide preto da gravata e das mãos enlaçadas embaixo. Mas o corpo rigorosamente aprumado do modelo e as manchas escuras de seus olhos dificilmente poderiam ser mais expressivos. Essa figura implacável, soturna e sombria evoca a lembrança de todos os outros patriarcas barbados que, desde a juventude do pintor, o haviam ao mesmo tempo restringido e instigado, desde aqueles dois obstinados negociantes do norte, Henri Matisse sênior e o genro deste, Émile Gerard. O retrato evoca as forças que moldaram a vida do pintor em um formato que ecoa a célebre foto de Cézanne diante das *Grandes banhistas*, o ainda mais famoso *Retrato do senhor Bertin* de Ingres e também o retrato que Manet fez de Georges Clemenceau, o velho tigre que estava prestes a se tornar o maior primeiro-ministro de seu país em guerra. Para muitos, Clemenceau era a personificação do que este chamava de "a França sangrando em toda a sua glória", e o que pintou Matisse é esse aspecto selvagem, tenaz, heroico e até mesmo trágico de seus compatriotas.

O retrato de Pellerin foi o último de uma série de retratos invernais e sombrios pintados na sequência de *Banhistas à beira de um rio*. Pela primeira vez em seis anos Matisse não fora ao sul quando os dias escureceram e o frio tomou conta de Paris. No dia 12 de janeiro de 1917, em uma carta agradecendo ao marchand Paul Rosenberg pela caixa de tangerinas que ele lhe enviara no ano-novo ("Foi todo o sol que vimos"), o pintor contou das tempestades, das enchentes e da impossibilidade de aquecer o ateliê devido à escassez de carvão. Em 10 de janeiro, Jean completou dezoito anos e toda a família ficou em estado de expectativa, que se estendeu até o início do verão enquanto a convocação do jovem era repetidamente adiada. A França parecia estar se desintegrando e sendo engolfada pela anarquia, com greves civis, turbulência política e motins na frente de combate após a perda de outros 100 mil soldados em um derradeiro e desesperado ataque à praticamente inexpugnável Linha Hindenberg. Enquanto Jean esperava para se juntar ao exército, Matisse trabalhava no retrato de Pellerin, mergulhando cada vez mais fundo em seus próprios sentimentos como filho e como pai. Começou pintando um retrato mais naturalista e bem menos imponente que foi recusado pelo modelo (que no final acabou ficando com ambos, pagando o preço integral quando o pintor se recusou a dar um desconto). A segunda versão, concluída em maio de 1917, por fim resolveu o problema apontado por Matisse em conversa com Severini: como dominar e revelar a realidade por meio de um processo de abstração.

Essa era a conclusão lógica do tipo de indagação formal e humana iniciada nos retratos feitos em Tânger. Nesse mesmo outono, ele pintou o retrato de Michael Stein no estilo relativamente convencional da primeira versão de Pellerin, e também o de Sarah Stein, já com algo da ousadia da segunda versão. Nenhum desses retratos é inteiramente satisfatório, em parte talvez porque o interesse dos Stein por Matisse se atenuara agora que estavam distantes do grosso de sua coleção (ainda imobilizada em Berlim). Ele também fez o retrato de uma jovem atriz, Greta Prozor, a noiva de seu amigo e ex-pupilo Walter Halvorsen. Esguia, angulosa e atraente em um estilo estritamente nórdico, a srta. Prozor vinha se especializando em Ibsen e nos modernistas. Ela emerge dos esboços preliminares de Matisse descontraída e bem-humorada, mas na pintura a óleo passa para outro nível de realidade, tornando-se insubstancial e até fantasmagórica, com lábios pretos e uma flor no chapéu que lembra um besouro morto, a cabeça quase encostando no topo da tela e as pontas dos sapatos afilados e elegantes tocando a borda inferior como se estivesse prestes a alçar voo.

Durante a guerra, o estoque de modelos parisienses quase se esgotou, mas nesse inverno Matisse pôde contar com uma italiana recomendada por Georgette Sembat. Lorette posou em novembro de 1916 para a primeira de uma série de telas que iriam absorver Matisse cada vez mais nos doze meses seguintes. Não que houvesse algo de particularmente sedutor nessa *Mulher italiana* com lábios retesados e olhar reticente. O rosto encovado, os braços desnudos e finos e a blusa fina e barata do modelo sugerem uma austeridade quase monástica, reforçada pelo capuz preto dos cabelos e a opaca saia pardacenta. Tal como no retrato de Prozor, pinceladas suaves e ligeiras roçam as bordas da figura, cujo corpo parece à beira de se dissolver na maré de cor laranja-pardacenta que flui do lado direito da tela, invadindo o vestido azul em faixas e triângulos ensombrecidos, jorrando sob as axilas e preenchendo os sapatos. No retrato de Lorette fica evidente o que Matisse queria dizer ao afirmar que precisava da presença humana amistosa do modelo para ajudá-lo a passar a um plano em que a produção pictórica era impessoal e inteiramente distinta. A compaixão nele despertada por essa jovem italiana triste e reticente, vestida de maneira inadequada para as gélidas temperaturas do inverno parisiense, ainda paira debilmente nas severas linhas pretas e dobras angulosas da composição geométrica encerrada pelo ovoide da cabeça e das mãos. Porém, a *Mulher italiana* vai mais longe do que nunca em uma longa sucessão de retratos, de Landsberg a Prozor e Pellerin, nos quais a tessitura da própria tinta quase absorve o tema humano, borrando contornos, mesclando formas, desconstruindo braços e mãos, eliminando por completo o ombro direito de Lorette sob uma faixa de vívidas e invasivas pinceladas de um cinzento pardo.

Para os contemporâneos, quadros como esse pareciam tão desagradáveis quanto qualquer tela cubista. Matisse havia se livrado de tudo o que lhe era inútil, e portanto prejudicial, em sua busca das estranhas e novas realidades internas do modernismo. No auge de sua força durante o período mais negro da guerra, ele chegou ao fim de um processo iniciado vinte anos antes e que levava a pintura à beira da abstração pura. Ele emergira triunfante da etapa mais exaustiva de sua carreira com um lote de obras tão à frente do gosto público e da compreensão crítica que algumas delas somente seriam entendidas, mesmo por outros artistas, décadas mais tarde. Ao mesmo tempo, contudo, ele se colocara em uma posição cuja saída não era nada óbvia. Os primeiros quadros com o modelo italiano sugerem o quanto se debateu para seguir adiante. Em *O pintor no ateliê*, de 1916, Lorette aparece derreada num canto com um informe vestido verde, ao passo que o artista no centro da tela, visto de costas e indicado de modo abreviado, é pouco mais do que uma presença tensa, nua e cismadora diante do cavalete. Um quadro relacionado, *O ateliê, quai Saint-Michel*, remete diretamente ao *Ateliê sob o telhado* de 1902-03, pintado em um sótão de Bohain com as mesmas paredes pardas, teto escuro e piso descoberto de madeira, e também com uma obra inacabada e inclinada no cavalete de modo a receber a luz do sol que entra pela janela. Todas essas telas evocam intensamente o artista ausente. A sensação geral de cativeiro transmitida pelo quadro mais antigo transferiu-se no segundo ao modelo nu, Lorette, confinado ao estreito catre do ateliê pelo que aparenta ser uma trama de espessos traços ou tirantes negros.

Foi Lorette quem libertou (ou foi libertada por) Matisse. Juntos eles embarcaram em uma série de experimentos que abririam novos caminhos para a obra do pintor durante toda a década seguinte e mais além. Ela chegou ao ateliê em um momento de transição no qual ele buscava a ajuda de outros pintores, nesse caso seus predecessores imediatos e não os mestres antigos nas galerias do Louvre. Ele repassou as obras de Cézanne na coleção Pellerin em três ou quatro ocasiões no inverno de 1916-17. Também visitou Monet em Giverny, incorporando parte do *Retrato de Rapha Maître* de Renoir no retrato de Pellerin, e escreveu melancolicamente a Paul Rosenberg para dizer o quanto gostaria de ter conhecido Renoir pessoalmente. Matisse adquiriu seu primeiro quadro de Gustave Courbet em novembro, e depois compraria quatro outras obras em 1917, entre as quais um esboço do extremamente sensual *Jovens à beira do Sena*, assim como a bela *Loira adormecida*. Voltou a examinar a *Vista da floresta de Fontainebleau*, de J. B. Corot, cuja jovem deitada em um campo de boninas o cativara quando ainda era estudante. "O quadro tem um forte efeito decorativo", disse a Walter Pach, três meses depois da primeira sessão com Lorette. "A figura da jovem deitada, lendo à beira da água no campo florido, é encantadora."

O modelo deitado e prestes a ser pintado em *O ateliê, quai Saint-Michel* é delineado em pinceladas breves e cortantes como um sinistro desafio humano. Mas a "tela dentro da tela" mal esboçada nesse quadro tornou-se um idílio pastoral – *Lorette reclinada* – com a colcha do ateliê, vermelha e estampada de boninas, transformando-se em um campo florido e a figura preta ali presente reconstituída como um gracioso nu adormecido, mais próximo de Courbet que de Corot. Pelo menos ali, a pintura acabada retém a fluidez e o humor da espessa linha preta – oleosa, sensual e acariciante –, que salta e desliza pelo papel nos esboços a lápis preliminares de Matisse, realçando as curvas flexíveis do seio, ventre, coxa e quadril, captando dois olhos negros comicamente alertas que espreitam sob a almofada roliça de um braço, imobilizando a vívida e sinuosa trança de cabelo que ancora toda a composição decorativa.

A partir daí, Lorette se soltou, tornando-se confiante, expressiva e maleável. Ela tinha um dom teatral para a personificação, alternando entre a pureza etérea e a languidez voluptuosa, parecendo mudar de humor, idade e até mesmo tamanho com tanta facilidade como se trocasse de roupa. Conseguia adormecer a qualquer hora, como um gato, preservando uma dignidade magnífica mesmo quando descontraída, cochilando, com o vestido verde e sandálias de couro marroquinas contra uma forma púrpura que podia facilmente ser tanto um trono como a volumosa e confortável poltrona do ateliê. Qualquer que fosse seu passado profissional, ela ficava perfeitamente à vontade com o repertório convencional de disfarces sexuais, aliciantes e provocativos da pintura acadêmica. Para Matisse, ela se fantasiava de *señorita* espanhola com uma mantilha preta rendilhada, envergava um turbante e uma túnica turca para virar a reclusa claramente europeia de um harém oriental, ou deitava-se de costas aos pés do pintor como uma cortesã parisiense, com a anágua erguida a fim de exibir as ligas rendadas que prendiam as meias brancas de algodão.

Nada de parecido havia ocorrido antes no ateliê de Matisse. Ele chegara o mais próximo desse tipo de frivolidade quando tentou aliviar a penúria abjeta da família, em 1902, fazendo com que o fiel modelo Bevilacqua vestisse um traje de toureiro, e ao retratar o ator Lucien Guitry travestido de Cyrano de Bergerac, visando, com resultados pífios, o mercado de turistas. Agora ele reagia à condução experiente de Lorette com tanta espontaneidade quanto um dançarino no salão. Ela despertou no pintor uma jovialidade atilada e uma abordagem ágil e descontraída que haviam sido reprimidas ao longo de anos de esforços e sacrifícios exaustivos. Ele a pintou vigorosamente de ângulos inusitados e com trajes exóticos, mas sempre voltava à pose mais singela, colocando-a de frente para si com uma blusa comum de mangas compridas e improvisando intermináveis e inventivas variações rítmicas em torno do tema central de suas feições incisivas, do rosto em forma de coração e das tranças de cabelos pretos. Às vezes ele multiplicava as possibilidades decorativas introduzindo uma segunda figura: Annette, a irmã mais nova de Lorette; Aicha Goblot, uma exótica jovem do norte da África; ou o modelo contratado, e bem mais convencional, que posou ao lado das duas italianas para o majestoso *Tríptico das três irmãs*. Matisse pintou Lorette quase cinquenta vezes, ou mais de uma vez por semana, durante dez meses. Ela liberou uma torrente de energia erótica que iria transformar sua obra por mais de uma década. Todavia, se a parceria entre ambos era tanto profissional como sexual, na época não provocou nenhuma repercussão na família do pintor, e também nenhum rumor entre os sempre atentos contemporâneos. O arrebatamento de Matisse por Lorette nada tinha das conotações emotivas associadas à mulher e à filha (ou mesmo a Olga Meerson), que até então haviam sido seus principais modelos. Lorette estabeleceu um padrão para os sucessivos relacionamentos futuros com modelos contratados, dos quais todos assumiram a intimidade obsessiva e exaustiva de um caso amoroso vivido com o máximo de intensidade nas telas.

Muito depois, o próprio Matisse diria que foi o filho Jean quem se apaixou perdidamente por Lorette, com quem sonhava em se casar. A ordem de alistamento de Jean afinal chegou no início do verão, convocando-o para se apresentar em 48 horas no seu regimento em Dijon. Matisse aproveitou essa última oportunidade para fazer às pressas um segundo retrato da família, tomando emprestado o formato de *A aula de piano* e, em apenas dois dias, invertendo sua atmosfera. *A aula de música* recria a sala de estar em Issy como um padrão linear rendilhado e sereno que envolve o aquecedor e a estante de música assim como as figuras humanas: Marguerite supervisionando Pierre ao teclado, Amélie debruçada sobre a costura no outro lado da janela aberta e o próprio Jean, visto pelo sarcástico olhar paternal como um adolescente truculento prestes a virar um garboso rapaz, marcando sua independência com os acessórios emblemáticos da geração, o cigarro, o livro brochurado e o bigode estiloso. Não se nota no quadro a tentativa de explorar as tensões subjacentes em uma família que se defrontava com uma separação e uma perda possível. Antes, ele sugere um reinício exuberante, exemplificado pelo selvagem crescimento do jardim, que parece prestes a irromper através da janela e engolfar o interior da casa, especialmente Amélie, apequenada na varanda dos fundos por uma versão ampliada, selvagem e pneumática da estatueta em argila *Nu reclinado*, para a qual ela própria havia posado uma década antes.

Jean Matisse foi incorporado a um exército que, no verão de 1917, estava mais desmoralizado do que em qualquer outro momento do conflito. Mais de 20 mil homens haviam desertado após uma onda de revoltas em maio, quando regimentos inteiros tiveram de ser pacificados em segredo, seus líderes fuzilados e temporariamente proibido o acesso público às estações parisienses que recebiam os soldados vindos da linha de frente. Jean, antes ansioso por entrar em combate, não demorou muito para se confrontar com a realidade. Seu pai ficou extremamente chocado, ao visitá-lo poucos meses depois, quando viu os jovens recrutas sujos, esfomeados e enregelados em um campo de treinamento que se tornara um lamaçal e não contava com latrinas nem locais para banhos além de um regato gélido a que os soldados podiam ir apenas uma vez por semana. "Eles vivem como porcos", contou ele a Amélie, dando ao filho a camisa que vestia, comprando-lhe um casaco militar e enviando-lhe depois uma bacia de lata e uma malha de lã.

Até 1917 a reação da população civil fora entorpecida e embrutecida pela impossibilidade de associar os comunicados oficiais à realidade que ocultavam. As incessantes notícias animadoras de canhões capturados e de avanço das tropas na frente ocidental ainda tinham de ser traduzidas para a realidade dos trechos de terra lastimavelmente ínfimos de fato conquistados e das intermináveis listas de baixas. A região natal de Matisse fora devastada, com os alemães sistematicamente explodindo pontes, destruindo plantações e reduzindo a escombros vilarejos inteiros. Saint-Quentin tornou-se um povoado-fantasma naquela primavera e o espectro da fome pairava sobre Bohain. Quando comparado à escala generalizada de destruição, o destino dos quadros de Matisse parecia relativamente insignificante, como ele próprio reconheceu. Porém, os quadros do casal Stein em Berlim estavam perdidos para todos os efeitos e a sobrevivência de Shchukin e sua coleção parecia incerta à luz dos informes sobre a revolução que sacudia a Rússia.

Desde muito, os parisienses haviam se acostumado a conviver com o troar dos canhões no Somme, agora não mais do que um ruído de fundo rotineiro. No verão de 1917, Matisse comprou seu primeiro carro e aprendeu a dirigir, usando o Renault de segunda mão em expedições para pintar às margens do Sena, ou nos bosques que interligavam Clamart, Meudon e Versalhes. E por vezes ainda aplicava uma concisa geometria estrutural aos recantos do jardim em Issy – um canteiro de flores, uma mesinha de mármore rosa – ou ao jogo de luz e sombra em uma série de belos quadros semiabstratos realizados nos bosques de Trivaux. No entanto, com maior frequência, estacionava o carro, apoiava a tela sobre o volante e pintava o que via através do para-brisa com um vigor e imediatismo que lembravam Courbet. Cerca de meia dúzia desses quadros pequenos e discretos mostram uma estrada ou um rio estendendo-se adiante. Segundo Matisse, a paisagem permitia-lhe o livre jogo da mão e do olhar numa época em que o futuro oferecia apenas incerteza e confusão.

Em meados de dezembro ele saiu de Paris às pressas, rumando para o sul até Marselha, sem mesmo esperar pelo resultado da última das periódicas cirurgias de garganta em Marguerite. Essa viagem marcou o fim das sessões com Lorette, que, após dez meses de colaboração intensa, deixara de posar no outono e jamais retomaria a atividade. Sempre se considerou que o motivo dessa partida estaria relacionado a um desentendimento com Amélie, mas das cartas-diário que enviou regularmente para a mulher quando estava no sul não consta nenhum indício de conflito ou tensão entre ambos. Na verdade, os dois estavam desesperadamente preocupados com o filho mais velho, recém-enviado para um quartel em Istres, uma área de salinas a oeste de Marselha. Matisse tomou o trem noturno no dia 13 de dezembro, mas teve de esperar quatro dias pela autorização para ver Jean. Para conter a impaciência, dedicou-se a experimentos com um novo estojo de tintas portátil, pintando duas vistas do porto e dois retratos minúsculos do crítico George Besson, hospedado em um hotel vizinho. A situação dos jovens recrutas em Istres confirmou os piores temores de Matisse ("Todos estão ansiosos para chegar à frente de batalha. A caserna não passa de um campo de prisioneiros"). Graças a uma licença de 24 horas, ele levou Jean a Marselha, onde o jovem retomou contato com os prazeres da vida civil em lojas, cafés e uma noitada no cabaré, enviando-o de volta ao quartel no primeiro trem do dia seguinte carregado de pacotes de alimentos e vestindo roupas quentes e limpas. "Ele estava com o coração confrangido ao se despedir", escreveu Matisse à mulher. Ele próprio havia se resfriado nas planícies ventosas em torno de Istres e tencionava se restabelecer voltando pela costa até a protegida baía de Nice, de onde poderia facilmente encontrar-se com Jean caso este fosse enviado à linha de frente (nessa altura, a sobrevivência dos jovens soldados em combate era provavelmente uma questão de meses, quando não de semanas). Enquanto isso, enviava cigarros, organizava pacotes de suprimentos e disparava cartas na tentativa de conseguir que o filho fosse destacado para um posto de mecânico na retaguarda.

Matisse chegou a Nice no dia de Natal de 1917, com a intenção de ali permanecer somente alguns dias, hospedando-se em um quarto com vista para o mar no modesto Hôtel du Beau Rivage. Varrida pela ventania, a pequena cidade estava soturna e deserta ("Está um gelo nesta porcaria de lugar", disse a Amélie). Ele mal conseguia segurar o pincel e teve de usar um protetor de pele de carneiro nos pés ao pintar o castelo acima da cidade velha. Em seu quadragésimo oitavo aniversário, no dia 31 de dezembro, nevou forte e ele preferiu inaugurar uma tela nova no quarto do Beau Rivage, iluminado pelos raios de sol refletidos pela neve e o mar: "Da minha janela aberta dá para ver a copa de uma palmeira – cortinas de renda branca – porta-casacos à esquerda – poltrona com renda branca no encosto – à direita uma mesa vermelha com a minha maleta – céu e mar azuis – azul – azul". Com palavras idênticas ele descrevera a Amélie, durante a lua de mel vinte anos antes, o azul na asa de uma borboleta que lhe trespassara o coração. "Eu, eu venho do norte", diria muito depois, relembrando aquela primeira semana em Nice, quando o mau tempo quase fez com que arrumasse a mala e voltasse. "Só fiquei por causa dos magníficos reflexos coloridos de janeiro, da luminosidade daqueles dias."

Em 1º de janeiro de 1918, choveu aos cântaros o dia todo. Matisse molhou-se para ir até a agência dos correios e enviar um telegrama para a mulher e depois voltou a trabalhar em uma segunda tela enquanto a chuva fustigava a janela e as ondas quebravam na praia embaixo. "Pintei a mim mesmo no espelho do guarda-roupa", escreveu para casa no dia seguinte. Esse foi o derradeiro autorretrato que pintou na vida. Nele está pintando, sentado de óculos em uma cadeira dura, prendendo a paleta com o polegar sujo de tinta, vestindo um paletó desmazelado no quarto estreito e escuro, um guarda-chuva molhado enfiado num balde ao lado da pia. O pintor preenche a tela, a cabeça encostando na borda superior, uma das pernas cortadas pela borda inferior, as costas destacando-se no lado esquerdo e as mãos e os olhos ocupados com a tela ainda inconclusa e pouco visível à direita. O quadro o absorveu durante as duas semanas seguintes. É uma imagem forte, anti-heroica, estranhamente provisória de um homem com quase cinquenta anos, reputação internacional e prestes a montar uma exposição crucial que iria consolidar sua posição como um dos dois principais pintores do mundo ocidental.

Esta foi a primeira exposição a reunir apenas Matisse e Picasso. Ela foi brilhantemente organizada por Apollinaire em colaboração com Paul Guillaume, um jovem e ambicioso marchand parisiense que anunciou sua intenção em carta enviada ao pintor no dia 16 de janeiro, uma semana antes da abertura da mostra, quando já era tarde demais para Matisse fazer algo além de protestar furiosamente, dizendo que achava inconcebível participar de uma exposição de tal magnitude em uma época de guerra. Em particular, desconfiava que a dupla lhe preparara uma armadilha com o objetivo de favorecer Picasso. O episódio confirmou sua opinião de que Apollinaire não passava de um manipulador inescrupuloso e reforçou sua desconfiança em relação aos marchands em geral, sobretudo aqueles que o representavam (vários quadros haviam sido emprestados pela Galeria Bernheim-Jeune, com a qual Matisse havia renovado o contrato em termos bastante favoráveis em outubro do ano anterior). A exposição chegou às manchetes dos jornais, obteve inusitada cobertura no noticiário Gaumont em cinemas de Paris, mas sua repercussão espetacular mais parecia o eco de outro mundo para Matisse, cuja vida em Nice seguia a mesma rotina monástica de Tânger. Ele acordava cedo e pintava durante a manhã, retomando o trabalho depois do almoço e encerrando o dia com exercícios de violino e um jantar frugal (sopa de legumes, dois ovos cozidos, salada e uma taça de vinho), recolhendo-se ao leito em seguida. Na semana em Nice, ele fez uma visita formal a Renoir, voltando a vê-lo regularmente na casa em que o velho colega vivia em Cagnes, mas fora isso não se relacionava com praticamente ninguém. O próprio Matisse mostrou-se espantado de se ver aconchegado na cama às oito e meia na maioria das noites ("E em Nice, ainda por cima, é vergonhoso").

"Perdoe-me, mas fui completamente seduzido por uma mulher", escreveu a Marquet, que passava o inverno em Marselha e fazia planos com Besson de levarem Matisse em suas visitas regulares aos bordeis locais. "Estou o tempo todo com ela e acho que vou ficar por aqui até o final do inverno." A sedutora que conquistara Matisse era uma cópia em gesso, existente na escola de arte local, do maior de todos os nus renascentistas, a *Noite* de Michelangelo. Em meados de janeiro, a obra estava começando a atraí-lo de modo tão exclusivo quanto Lorette no ano anterior. Olhando em retrospecto trinta anos depois, ele se recordava de um mês inteiro chuvoso antes que um súbito aparecimento do sol mudasse sua vida ("Decidi então que não sairia de Nice e praticamente desde então fiquei por lá"). Na verdade, o sol surgira bem antes. No dia 13 de janeiro, escrevendo para Amélie, contou que estava passeando sem casaco e que o trabalho corria tão bem que seria um erro sair de lá. Jean estava de licença em Issy, Pierre continuava a penar com o violino e Marguerite repousava após uma das cauterizações cirúrgicas que agora precisava fazer uma vez por mês. Matisse calculou que ela podia contar com três semanas livres entre os tratamentos e telegrafou para que a mulher e a filha se juntassem a ele em Nice. "Corra!", implorou a Amélie.

Ele passava as tardes desenhando na escola de arte ("Estou tentando incorporar em mim mesmo a nítida e complexa concepção construtiva de Michelangelo", escreveu a Camoin). Pelas manhãs, pintava o quarto com a luz entrando pela janela e nenhum sinal de ocupação humana além dos poucos objetos que trouxera: uma maleta sovada, uma tela apoiada na parede, o violino ou seu estojo vazio sobre uma cadeira. "Lembre-se do *Interior com violino*", escreveria Marguerite mais tarde, recordando-se da obra que as esperava quando chegaram ao sul em fevereiro. "Lembre-se do estado em que estava quando chegamos a Nice e a discussão que nós três tivemos [...] Mais uma vez o senhor partiu de uma tela já maravilhosamente equilibrada por seus dons naturais [...] a fim de alcançar o ponto duro, o rochedo alto do qual se divisa um novo horizonte ou se destrói a tela."

Durante toda a vida, Marguerite ouviu o pai insistindo que era melhor correr o risco de arruinar um quadro do que se contentar com resultados imediatos, por mais agradáveis que fossem ao olhar ("É preciso sempre forçar todo o nosso ser a ir além desse nível, pois só então começamos a fazer descobertas e nos dilacerar nesse processo"). Na versão inicial, o *Interior com violino* mostrava um vaso com flores num quarto com persianas de madeira fechadas contra o sol, com exceção de uma pequena abertura que dava para uma nesga de praia, o mar azul e folhas de palmeira. A divergência entre pai e filha nessa ocasião acabou virando parte das histórias familiares. O termo "bonito", usado por Marguerite para descrever a versão inicial, foi o que bastou, segundo um amigo, "para que Matisse retomasse o quadro e o conduzisse até o estado tenso e violento que hoje conhecemos". Ele cortou as flores, eliminou os rosas e ocres esbatidos e intensificou a luz que passava através da persiana como uma chama ao repintar de preto o interior. Essa obra foi crucial: "Nela misturei tudo o que havia aprendido recentemente com aquilo que sabia e podia fazer antes".

A esposa e a filha de Matisse não tinham dúvidas quanto ao significado desse momento crucial ou da perturbação íntima que provocou. O pintor voltou a tocar obsessivamente o violino (e tão ruidosamente que a gerência do hotel o baniu para um banheiro afastado de modo a evitar as reclamações de outros hóspedes). Quando Amélie perguntou-lhe sobre a causa desse frenesi musical, ele contou que o terror de ficar cego havia criado nele a determinação de se aperfeiçoar no instrumento a fim de que, caso não pudesse mais pintar, sempre lhe restasse tocar na rua e com isso ganhar o suficiente para sustentar a ela e a Margot. Claro que era bem remota a possibilidade de Matisse alguma vez ter de ganhar a vida como músico ambulante. Mas a fantasia pavorosa sugere que ele já percebia a mudança para Nice como uma aposta que iria colocar tudo em jogo – a vida doméstica, o sustento da família, aquilo que havia realizado como pintor – em nome de um futuro desconhecido.

Na realidade, o filho mais velho, Jean, é quem corria o risco de perder a visão no início de 1918. Ainda na caserna de Istres, Jean estava com abscessos na perna, no braço e no olho. A mãe e a irmã o visitaram no dia 6 de março, antes de embarcarem de volta a Paris, onde os médicos de Marguerite recusavam-se a assumir a responsabilidade pelas consequências caso adiasse o tratamento por mais de um mês. Logo após o retorno delas, os bombardeios se intensificaram. "Há uma onda de pânico em Nice no momento", escreveu Matisse na última semana de março, quando os alemães começaram a atingir Paris usando novas peças de artilharia cuja potência e alcance eram tão inimagináveis que os incrédulos cidadãos de toda a França se perguntavam se não teria havido algum equívoco nas notícias transmitidas pelo rádio. "Então não era um rumor falso", escreveu Matisse sombriamente após ler o comunicado oficial no dia seguinte, que também informava sobre novos combates nas proximidades de Bohain, entre Saint-Quentin e Cambrai. Os exércitos aliados recuaram, surpreendidos pela velocidade e força de uma ofensiva com a qual os alemães pretendiam assegurar a vitória final na Picardia e na Flandres. Todos os dias, Matisse levantava-se antes do amanhecer para esmiuçar os jornais. As comunicações estavam interrompidas ou eram de uma lentidão excruciante. Os telegramas levavam dias para serem entregues e as ligações telefônicas implicavam horas de espera, muitas vezes em vão. Matisse, que não recebera nenhuma notícia da mulher além de um telegrama solicitando dinheiro, recorreu ao gerente de seu banco e procurou o editor do jornal local em busca de informações. Um frio implacável tomou conta de Nice. O bombardeio chegou ao auge na sexta-feira santa, 29 de março, com uma igreja parisiense sendo atingida durante a missa. Mais uma vez os parisienses começaram a sair da cidade. Por ordem do próprio Clemenceau, foi proibida a circulação de carros pelas estradas que saíam da capital francesa. Amélie desmontou a casa e o ateliê, selecionando e embalando tudo metodicamente em meio a uma saraivada de conselhos postais vindos de Nice, onde seu marido estava quase histérico pela incapacidade de se comunicar com ela ou ajudá-la.

"Por pouco não fui embora", contou a Marquet. "A minha mulher acha melhor que eu fique. E enquanto espero, vou trabalhando." Ele passou o domingo de Páscoa sozinho na escola de arte, modelando em argila uma pequena *Vênus agachada* baseada em Michelangelo, enquanto Amélie despachava por trem todas as obras, com exceção das maiores, sob os cuidados de Marguerite e Pierre, para a casa da família Parayre em Toulouse. Na semana seguinte, as tropas aliadas interromperam a retirada e o pânico se dissipou em Paris. Os dois irmãos tomaram o trem que seguia pelo litoral até Nice, lá chegando no dia 7 de abril, a fim de ajudar o pai a se mudar para um apartamento alugado, no quai du Midi, 105, ao lado do hotel. Matisse descreveu os três juntos para Amélie, aconchegados diante da lareira enquanto lá fora o vento forte encapelava o mar. Ambos os filhos aprovaram inteiramente o recém-concluído *Interior com violino*. Marguerite voltou a posar todos os dias, bem protegida contra o frio, na varanda que dava para a baía. Matisse também fez um desenho de Pierre tocando violino e o usou como base de um quadro intrigante e despojado, com a silhueta de uma figura ereta, que intitulou *O violinista à janela*.

Após o retorno de Marguerite a Paris em 18 de abril, Pierre surpreendeu o pai ao se adaptar de bom grado a uma rotina de tarefas domésticas, exercícios constantes e recolhimento cedo à noite. A paisagem estava começando a despertar de novo o interesse de Matisse e, quando seu apartamento foi requisitado pelas autoridades militares, ele encontrou aposentos no monte Boron, uma escarpa rochosa acima de Nice, onde pintou rosas silvestres, pinheiros e oliveiras. Eles ocuparam o segundo piso da Villa des Alliés, uma pequena casa suburbana comum, construída em terreno agreste, com vista panorâmica da costa até Cagnes e, para além do centro velho da cidade, até as montanhas. Todo dia Matisse acordava antes do amanhecer para ver o nascimento do sol. "Eu me sinto como um ser humano de novo", escreveu ele no primeiro dia nos novos aposentos, 16 de maio, prometendo nunca mais ficar meses sem fim em um hotel. Pai e filho viviam frugalmente, como estudantes, tocando violino e pintando (Pierre estava começando a achar que ele também poderia ser artista) e dividindo as tarefas domésticas. Jean veio de Istres, em uma licença de 48 horas, e depois de um delicioso almoço preparado pelos rapazes, todos saíram para passear nas colinas acima da cidade.

Matisse aproveitou ao máximo esse breve e pacífico interlúdio de contentamento e reunião familiar. Enviou a Amélie um desenho de canas com pétalas brancas peroladas como grãos de arroz, explicando que as havia desenhado especialmente para ela. Em outra carta, incluiu à margem um pequeno esboço de si mesmo, com a barba eriçada e os lábios projetados, plantando um beijo no rosto de sua mulher, que aparece de perfil, com aparência juvenil e rija, o cabelo preso na nuca de uma maneira que ele considerava encantadora. Era uma imagem esquemática de uma parceria que sempre funcionou melhor nos períodos em que a concentração e o isolamento requeridos pelo trabalho de Henri impunham as maiores demandas sobre Amélie. As dificuldades e os riscos práticos que o reduziam a uma indecisão apreensiva somente a tornavam mais imperturbável. "Minha querida Amélie, é espantoso que vocês continuem em Paris [...]", escreveu cheio de admiração em 21 de maio, depois que dois obuses explodiram no telhado do ateliê em Issy. "Estamos mais assustados aqui do que você aí. Logo quando decido partir, você me escreve: 'Continue a pintar com calma, tudo aqui está sob controle'." Essa era a Amélie resistente e impassível, tão corajosa quanto engenhosa, que ele havia amado desde o primeiro dia em que se conheceram.

No dia 27 de maio, os alemães lançaram outra ofensiva maciça no norte, avançando em três dias até o rio Marne. Em 3 de junho, chegaram a menos de cinquenta quilômetros de Paris. "É horrível ficar aqui enquanto você se debate acerca do que fazer", escreveu Henri, "só no meu trabalho eu conseguiria ser tão corajoso quanto você". Porém, nem mesmo a pintura conseguia distraí-lo, e ele tomou o bonde até o centro de Nice a fim de esperar pelo comunicado exposto toda tarde na avenue de la Gare. Marguerite seguiu de novo para Toulouse com outro lote de telas, enquanto Amélie encarregava-se dos últimos preparativos na casa para a evacuação final. Henri preparou a mala para ir encontrar-se com ela, enviando instruções sobre o que deveria ser salvo: a grande tela de Courbet precisava ser enrolada ("melhor com rachaduras na superfície do que abandonada na casa"), a escultura antiga, enterrada no jardim, e a tela *Marroquinos*, cortada ao meio e despachada (ele fez um diagrama com uma linha tracejada mostrando onde cortar a tela com a navalha). Amélie, contudo, enviou-lhe um telegrama dizendo que não viajasse, seguido por outro anunciando sua própria partida. Henri escrevia diariamente, preocupado com a esposa, a França e as obras de arte que cairiam nas mãos dos inimigos. "Mas fico pensando em minhas obras maiores, que certamente não podem ser deixadas em Issy, sobretudo as *Banhistas* que me custaram tanto trabalho", escreveu com tristeza. "Coragem, minha valente Amélie, e tenha cuidado."

No auge da crise, quando o avanço alemão começava a fraquejar mas ainda não fora decisivamente frustrado, Pierre completou dezoito anos, no dia 13 de junho. "Fui salvo pela guerra", diria mais tarde. Durante três anos, ele suportara o fardo dos exercícios musicais diários com uma sensação de futilidade intensificada em Nice pelo contraste do empenho passional do pai no trabalho. Durante todo o verão, Pierre havia contado os dias que restavam para alcançar a idade de alistamento. Sem esperar pela convocação, partiu sozinho rumo a Paris para se juntar a um exército que reunia desesperadamente suas reservas para uma segunda batalha do Marne naquele verão. Os temores do casal Matisse em relação aos filhos eram complicados pela preocupação com a falta de apoio médico para Marguerite, pois os hospitais parisienses haviam sido evacuados. Cirurgiões de todo o país foram convocados para os teatros de operação junto à linha de frente e a intenção de Matisse era segui-los até lá. Ele propôs encontrar-se com Amélie no norte e buscar uma base temporária onde a família poderia se instalar durante os combates caso Paris fosse tomada, ao mesmo tempo que alugaria um quarto para Marguerite na retaguarda, perto de algum dos cirurgiões que cuidavam dela em Paris. Em um cartão-postal enviado no início do ano, Auguste Matisse havia contado que os moradores enfermos ou idosos estavam deixando Bohain. Depois ele soube que a mãe deles havia afinal concordado em se juntar aos refugiados que cruzavam a Flandres com fardos e carrinhos de mão, mas Matisse a conhecia bem demais para sair correndo ao seu encontro. "Estou contente que mamãe esteja se preparando para sair mas tenho a impressão de que ela vai se atrasar [...]", escreveu a Amélie em 23 de junho. "Ela vai querer limpar a casa antes de partir."

No final, foi a filha que o fez sair de Nice. Alarmado com as notícias de que Marguerite estava por demais debilitada para a cauterização regular quando ela voltou de Toulouse, Matisse reservou o primeiro lugar disponível em um trem, desembarcando em Paris no dia 30 junho a fim de confrontar os médicos. O bombardeio da capital recomeçou no dia seguinte. Matisse passou várias noites com a família no porão da casa em Issy e varreu os fragmentos de vidro em seu ateliê e no de Marquet quando explosões destroçaram as janelas no prédio do quai Saint-Michel. Amélie pretendia recuar até Maintenon, ao norte de Chartres, e após nove dias de bombardeio, o próprio Henri foi para lá em missão de reconhecimento, aproveitando para pintar o aqueduto ao som dos estampidos dos canhões e escapando da morte por pouco quando o trem imediatamente seguinte ao que tomou foi destruído em Saint-Cyr. Em agosto, os franceses lançaram um contra-ataque na frente ocidental a partir de Amiens. Jean estava servindo na retaguarda como mecânico. Pierre, em treinamento em Cherbourg como motorista de um regimento de artilharia, estava prestes a ser enviado à linha de frente. Quando o filho mais novo caiu doente durante um surto de cólera na costa noroeste, Matisse partiu sem demora para Cherbourg, relatando que sete dos colegas de Pierre haviam morrido no dia 12 de setembro e outros dez no dia anterior. O próprio Pierre, porém, estava apenas com gripe, mas Matisse, aconselhado por outro pai enlutado a não correr riscos, conseguiu obter uma permissão para levar o filho para casa.

No fim do mês, ondas sucessivas de forças aliadas avançaram na direção leste, obrigando os alemães a recuar através da Flandres. No dia 29 de setembro, tropas britânicas retomaram Saint-Quentin e, em 8 de outubro, entraram em Bohain. Matisse foi um dos primeiros civis a entrar no vilarejo, atravessando uma região irreconhecível com seus lodaçais, crateras, árvores destroçadas, cavalos mortos, esqueletos de vilarejos e povoados arrasados. Em Bohain, as estradas haviam sido minadas, os edifícios saqueados e a prefeitura incendiada. Os moradores haviam passado dois meses em seus porões sob o fogo da artilharia, alimentando-se apenas de nabos, pão preto e favas secas. Auguste Matisse já estava de malas prontas para ir embora com a mulher, as duas filhas pequenas e a mãe de 74 anos, levando apenas o que podiam carregar. Obrigado a trabalhar doze horas por dia descarregando obuses alemães e caixotes, Auguste havia contraído tuberculose, mas a mãe deles permanecia inflexível e irredutível. Sua casa era o legado que ela e o marido haviam construído do nada para ser transmitido intacto aos descendentes. "Foi impossível convencê-la a sair de lá, por mais que tentássemos [...]", contou Auguste ao irmão. "Não conseguimos vencer a obstinação dela. Ela não queria abandonar a casa de maneira nenhuma, pois temia que fosse saqueada."

Ela vendera o piano para comprar comida e usara as partituras para embrulhar provisões. Henri a encontrou, tal como havia imaginado, pronta para recuperar os tesouros que haviam ficado quatro anos enterrados no jardim e lançar-se em um rigoroso programa de limpeza e reparo do que restara. "Preferia que tudo se estragasse antes que os alemães colocassem as mãos nessas coisas", disse ela, indignada com os primeiros soldados britânicos que haviam chegado a Bohain e levado suas escovas de roupa. Ela havia jurado viver o suficiente para rever o filho mais velho, mas, embora estivesse agradecida pelos presentes que ele levou, nada do que este dissesse a faria ir com ele para Issy até que sua casa tivesse sido completamente limpa e recuperada.

A mãe de Matisse era indômita, assim como Amélie e Marguerite. Essas três mulheres estruturaram e modelaram a existência do pintor, orientando-o para o caminho de sacrifício e rigor que trilharia até morrer. Muito depois, Françoise Gilot, a amante de Picasso, descreveria Amélie e Marguerite Matisse como duas cariátides ou colunas sustentando a entrada do templo de Matisse. O próprio pintor sempre insistiu que era por natureza fraco, desorganizado e caoticamente indisciplinado. Em 11 de novembro, na noite em que o armistício foi assinado em meio ao regozijo carnavalesco de toda a Europa, ele tomou o violino e tocou um animado fandango sobre a mesa de um café ("Ora, ora", comentou Marquet, "bem, *mon vieux*, se Amélie o visse agora [...]"). Pouco mais de um mês depois, ele voltou para o sul, seguindo para Nice atrás da pintura. Pouco antes de Matisse morrer, Picasso evocaria a presença dele em um quadro fantasmagórico intitulado *A sombra*, que ecoa

O violinista à janela pintado em 1918 por seu velho rival, mostrando o artista como uma figura despojada, retesada e concentrada diante de uma janela aberta. Ela exprime com perfeição a qualidade provisória da vida de Matisse nessa altura: a sensação de estar vivo, viajando com pouca bagagem, iniciando uma jornada na qual a realidade encontraria formas e sentidos novos no mundo de sua imaginação.

PARTE II: PINTOR DO SUL

10. O EREMITA DA PROMENADE DES ANGLAIS (1919-22)

DURANTE TODA A PRIMAVERA DE 1919, QUANDO ESTAVA EM NICE, MATISSE visitou Auguste Renoir, que agonizava em Les Collettes, sua casa em Cagnes. Beirando os oitenta anos, Renoir ficara viúvo durante a guerra e estava em condições tão lastimáveis que precisava ser carregado da cama para o ateliê em uma liteira. "Ele desabou na cadeira como um cadáver", comentou Matisse, que se habituou a visitar Les Collettes após passar o dia pintando a paisagem nas redondezas. Frágil, emaciado, enfaixado com ataduras e por demais incapacitado pela artrite para empunhar um pincel, Renoir vivia apenas para pintar, o que continuava a fazer todos os dias com um suporte de pincel almofadado entre o polegar direito e o indicador. "Os olhos dele guardavam toda a vida de seu corpo", disse Matisse, "os olhos, a língua e sua pobre pata retorcida, deformada, sangrenta". Contemplar o velho que estremecia e fazia caretas no início de cada sessão de pintura era o mesmo que ver um morto retornando à vida. "A dor passa, Matisse, mas a beleza fica", disse Renoir com um sorriso radiante, explicando que queria viver até terminar *As banhistas*, seu derradeiro hino de amor à saúde, ao vigor e ao bem-estar físico, em uma tela tão grande que teve de ser montada sobre roletes de modo que cada uma de suas partes pudesse ser trazida para perto do pintor.

Era com voz embargada que Matisse falava de Renoir em Cagnes: uma minúscula figura mumificada, despojada de tudo a não ser a inteligência, a memória e a vontade passional de transpor o que via – duas jovens reclinadas na relva à beira de um rio – para uma realidade pictórica mais profunda e estável. O exemplo de Renoir marcou de modo indelével Matisse, que a ele retornaria bem mais tarde, quando chegou sua vez de soçobrar na velhice. No desespero que o acometia periodicamente nos primeiros anos em Nice sempre retemperava a coragem em Cagnes. Sua primeira visita, em 31 de dezembro de 1917 – quando completou 48 anos – fora bastante constrangedora, segundo seu companheiro Georges Besson, que lembrava do espanto do pintor mais velho diante da despropositada formalidade do colega mais jovem ("Como se Rubens, em sua condição de embaixador, estivesse apresentando credenciais a um papa muito idoso", escreveu Besson com malícia). Na verdade, Matisse estava paralisado pelo nervosismo. Meses se passaram até que reunisse coragem para mostrar um lote de suas obras a Renoir, e mesmo então quase desistiu, tirando a sorte com uma moeda na rua para decidir se levaria ou não as telas até Cagnes.

A falta de confiança de Matisse, inconcebível para um jovem e ambicioso arrivista como Besson, era patentemente óbvia para Renoir. "Você está diante de alguém que talvez não tenha realizado nada de muito importante", disse ele para colocá-lo à vontade, "mas que conseguiu produzir algo absolutamente próprio. Trabalhei com Monet e com Cézanne durante anos, e sempre permaneci fiel a mim mesmo". Matisse confessou que, por maiores as dúvidas que tivesse em relação ao trabalho, sempre soube que era impossível para ele pintar de outro modo. "Bem", retrucou Renoir, "é exatamente isso o que me agrada em você". Antes de retornar a Paris ao final de sua primeira temporada de pintura em Nice, Matisse levou a Cagnes algumas das telas que mais prezava, sentindo-se, em suas próprias palavras, como um nababo dispondo seus tesouros aos pés do anfitrião. Entre elas estavam o pequeno quadro das *Banhistas* de Cézanne, duas telas do próprio Renoir e a *Loira adormecida* de Courbet. Quando o artista mais jovem hesitantemente indagou se poderia comprar uma das telas de Renoir, este replicou propondo uma troca de quadros. "Estou genuinamente emocionado", replicou Matisse, "mas não posso aceitar. Não estou à altura". Ele havia aprendido muito como estudante de Pissarro e de Monet e venerou Cézanne durante toda a vida como um deus da pintura, mas os impressionistas ainda lhe pareciam pertencentes a outro mundo. Mesmo em seu auge, Matisse não conseguia se ver como alguém do mesmo nível de Renoir.

Les Collettes foi o que Matisse teve de mais parecido com um segundo lar em seus primeiros anos intranquilos em Nice, quando chegava no final da tarde para conversar com o artista mais velho que, à medida que a luz diminuía, era tomado pelo terror do sofrimento que o esperava noite adentro. Eles falavam da vida alheia, trocavam histórias picantes, conversavam sobre a penúria por que haviam passado na juventude. Dois dos três filhos de Renoir haviam sido gravemente feridos nos primeiros meses da guerra. Matisse, com um filho prestes a ser enviado à linha de frente quando os dois pintores se conheceram, e outro que logo seria convocado, entendeu perfeitamente a fúria impotente por trás da sarcástica solução apresentada pelo amigo: "Segundo Renoir, os velhos e os enfermos é que deveriam ser enviados para morrer nas trincheiras, não os jovens que ainda tinham a vida pela frente". Pintar era tudo o que ambos podiam fazer. E eles conversavam sobre técnica, reputação, posteridade e toda a questão da mudança de foco e visão que fora o grande campo de batalha para as duas gerações de que faziam parte. Matisse contou-lhe de suas apreensões e ataques de pânico e ouviu do anfitrião que eles jamais passariam. Renoir fez objeções às cores puras e fortes de Matisse e ficou especialmente indignado com um despropositado talho de tinta preta, representando o varão de cortina em um quarto de hotel, que funcionava mesmo quando, pelas regras impressionistas, deveria ter desorganizado toda a composição. Matisse explicou que estava construindo o espaço a partir de uma convergência de forças que nada tinha a ver com a reprodução direta da natureza. Isso era algo que só conseguia fazer de modo instintivo e, como sempre quando o instinto preponderava, ele precisava de alguém que o ajudasse a tomar distância e avaliar criticamente o trabalho. Renoir obrigava Matisse a expor de forma articulada o que vinha fazendo, agora que estava de novo empenhado em se libertar do passado imediato.

Após a guerra, Matisse instalou-se no pequeno e antigo Hôtel de la Méditerranée, na promenade des Anglais. Após quatro anos de caos, não tinha tempo a perder. Os exuberantes votos de ano-novo que enviou à mulher no início de 1919 incluíam um esboço dos elementos básicos – a penteadeira, a balaustrada e as cortinas de musselina drapeada enquadrando a janela do quarto – com os quais estava prestes a construir e reconstruir espaços pintados que rompiam todas as regras convencionais de correção pictórica. No dia 2 de janeiro, uma tempestade inesperada abateu-se sobre Nice. As ondas fustigavam a beira-mar, avançando sobre a promenade e transformando-a em um rio cinzento. A ventania arrancou as persianas do hotel, arrebentou as janelas e estilhaçou um grande espelho no saguão de entrada. "É algo tão extraordinário que meus olhos mal conseguem absorver tudo", escreveu Matisse a Amélie no dia seguinte, descrevendo o que via da janela ainda trêmulo de excitação e espanto. A atmosfera luminosa e lavada pela chuva após uma tempestade sempre lhe provocava um imenso contentamento. O principal motivo que daria mais tarde para ter se mudado para Nice era a luz do sol: translúcida, prateada e suave, a despeito do brilho fenomenal. Segundo o pintor, ele mal podia crer em sua sorte quando se deu conta de que todas as manhãs, ao abrir os olhos, veria aquela luz.

Essa tempestade violenta e simbólica veio a adquirir para Matisse um sentido de purgação e libertação. Nice, com sua luz constante e imutável, proporcionou-lhe o equivalente pictórico das condições de laboratório nas quais poderia dar outra forma ao futuro. Distante em termos culturais, intacta fisicamente, isolada por montanhas tanto do resto da França como da Itália, a pequena cidade parecia ter passado ao largo da guerra. Para a maioria dos parisienses, Nice não passava de um posto avançado no fim do mundo, mas esse distanciamento era o que mais convinha a Matisse. "Nice é absolutamente *niçois*", disse Matisse ao filho Jean, "aqui me sinto um completo estrangeiro". O senso de irrealidade era acentuado pela decoração antiga do quarto no hotel: piso de lajotas rosadas, detalhes rococó em gesso e o teto pintado em estilo italiano e iluminado pelos reflexos do sol no mar lá embaixo, intensificados e direcionados pelas persianas como a iluminação de um palco. Essa artificialidade ("Tudo era falso, absurdo, espantoso, delicioso") era exatamente o que ele precisava. "Matisse é sempre o grande maroto que salta de novo da caixa completamente renovado", escreveu Besson, que acompanhou o início do processo no qual ele se reinventou como artista em Nice. O impressionismo, que efetivamente bloqueara o futuro na época dos *fauves*, agora indicava uma maneira de avançar. "A obra de Renoir nos resgata do efeito ressecador da abstração pura", disse Matisse, explicando a um entrevistador que, uma vez que se avançou o máximo possível em determinada direção, resta apenas mudar de rumo. A partir de então, os problemas solucionados com tanto esforço nas grandes telas radicais de 1916-17 deixaram de interessá-lo.

Em 1919, as circunstâncias externas haviam acentuado de maneira drástica a simplificação buscada instintivamente por Matisse. Dos seus principais defensores no período anterior à guerra e que haviam sobrevivido ao conflito, Prichard perdera o entusiasmo, Sembat tinha apenas alguns anos de vida, e o fiel Purrmann viu-se confinado no outro lado de um abismo quase impossível de ser transposto pelos alemães naqueles anos iniciais de uma paz precária. O último grande serviço prestado por Purrmann após o fim das hostilidades foi tentar recuperar em Berlim os quadros de Sarah e Michael Stein, mas ele acabou chegando tarde demais. Os Stein haviam vendido as telas na surdina em 1918, aparentemente em um acesso de pânico financeiro e por um preço baixo, a Christian Tetzen-Lund, um dinamarquês idoso cuja persistência nada ficava a dever a seu faro para um bom negócio. Depois dessa transação, o único lugar na Europa em que se podia ver uma coleção representativa da obra de Matisse do período crucial que levava ao modernismo era o apartamento particular de um ex-negociante de forragem e sementes em Copenhague. O constrangimento dos Stein, ao receberem a visita de Matisse, foi tão deprimente quanto os espaços vazios em suas paredes.

Notícias ainda piores vinham da Rússia, na forma de rumores de que *A dança* e *A música* haviam sido destruídos ou queimados após a Revolução de 1917. Na realidade, tanto o palácio de Shchukin como seu conteúdo foram confiscados por Lênin, e ele seria reaberto como um museu soviético, com o antigo dono instalado nas dependências da criadagem e transformado em guia de suas próprias coleções. Shchukin conseguiu sair da Rússia um ano depois, fugindo de Moscou para juntar-se à família exilada em Nice. Matisse o recebeu calorosamente, apresentando-o a Renoir em Cagnes e procurando-o em seu hotel na expectativa de que reatassem as relações. Todavia, um encontro casual na rua, quando o colecionador deliberadamente evitou cruzar o olhar do pintor, deixou dolorosamente claro que esse novo relacionamento unilateral jamais iria substituir a antiga e ativa colaboração que antes os unira. Os dois já não se entendiam. Shchukin, acreditando como a maioria dos emigrados russos que o regime soviético não iria durar muito, ficou decepcionado ao encontrar Matisse absorto demais em seu trabalho atual para se preocupar com o destino de uma coleção com a qual não podia aprender mais nada. Por seu lado, Matisse sentiu-se ferido pela incapacidade de Shchukin de reagir ao esforço que o consumia em Nice.

O trabalho o monopolizou desde o início. Ele queixou-se de estar mourejando como um animal de tiro, exaurido e desgastado pelo esforço, mas não tinha a menor dúvida de que estava na direção certa. "Quanto a dizer o que vai surgir disso", escreveu à mulher em 9 de janeiro de 1919, "não tenho a menor ideia pois nada aconteceu ainda, mas minha intenção é avançar cada vez mais longe e mais fundo na verdadeira pintura". Quatro dias depois ele encontrou um novo modelo. Havia tão poucas jovens dispostas a posar que o diretor da escola de arte deixou Matisse furioso ao indicá-la simultaneamente para todos os principais pintores locais, entre eles Renoir. Pálida, esguia e ágil, com uma elegância caracteristicamente urbana e refinada, bem o oposto dos modelos corpulentos e de tez rosada preferidos por Renoir, Antoinette Arnoud, então com dezoito anos, tinha exatamente o tipo de inteligência sensível que mais importava para Matisse. No decorrer dos dois anos seguintes, os dois iriam colaborar em uma série constante de quadros e em uma série ainda mais extraordinária de desenhos.

Matisse desenhou Arnoud vestida e despida, lendo ou reclinada durante as sessões de trabalho, mas sobretudo fitando-o com expressão séria. Nos quadros ele acrescentou acessórios locais – um vaso de anêmonas, um par de limões, um pincel carregado de tinta – dispostos no tampo da penteadeira recoberto de musselina franzida, com o espelho oval às vezes vazio e escuro, outras projetando reflexos de ângulos estranhos e aproximados, ou então refletindo o céu e o mar pelas janelas do estreito quarto de hotel. Ele iniciou uma sequência de telas com o tema do modelo e artista diante do cavalete ("Um dia cinzento-claro, rosas muito suaves", relatou animado para Amélie em 25 de janeiro, "e um tapete rosa no chão – todo o resto é um cinza perolado, dá até para me ver no espelho cinza pérola com minha paleta"). Em outra série, fez com que Arnoud sentasse em uma cadeira ereta na porta aberta da varanda, vestindo uma túnica larga e curta como estava em voga, com uma sombrinha verde, meias cor de malva e laços grandes nos sapatos atarracados de salto alto. No quadro mais radical dessa série, *Mulher com sombrinha verde na varanda*, a luz transborda e se derrama em listras opacas de tinta cinza, azul e preta envolvendo uma composição quase geométrica – a mulher extremamente estilizada, o vão da porta, a balaustrada, as faixas verticais de praia e mar mais além – em um espaço próprio, austero e contido em si mesmo.

Essa era uma das fases cruciais de transição, quando Matisse tinha necessidade de um modelo para humanizar a provação da pintura. Originalmente, havia contratado Arnoud como substituta da filha, cuja saúde precária a impediu de viajar a Nice no começo de 1919 e continuar posando para a série de quadros iniciada em Issy. Marguerite usara vestidos de alta-costura e elegantes chapéus parisienses: um capuz guarnecido de pele, um pequeno e gracioso cloche com plumas azuis, um absurdo gorro de veludo com o formato de cogumelo gigante. Agora o próprio Matisse improvisou um suntuoso adereço de cabeça, aproveitando um chapéu de palha italiano barato, com uma única pluma de avestruz retorcida sobre a aba e, embaixo, metros de fita azul-preta emaranhada. Arnoud o envergou com tal galhardia que fez o robe branco parecer um vestido de gala. Alternadamente elegante, sedutora e recatada como uma colegial, ela conseguia transmitir uma impressão de imponência mesmo quando não usava nada além do chapéu novo. À medida que corria o verão, Matisse confeccionou um segundo chapéu com flores e levou Arnoud ao promontório na baía de Villefranche, onde ela posou com uma sombrinha rosa e um vestido branco de corte antigo, com mangas compridas e gola alta, na varanda de um hotel com balaustrada azul.

As sessões diárias de pintura se alternavam com infindáveis horas dedicadas ao desenho, um corretivo que Matisse passaria a adotar a partir de então sempre que pressentia o risco de perder o equilíbrio entre, de um lado, a cor e o sentimento, e, de outro, a linha e a forma. Após ter sido forçado a desistir de tanta coisa em prol da simplicidade e da concentração, ele queria achar uma maneira de reter a claridade, a concisão e a força sem sacrificar o volume, a profundidade espacial, o caráter e a textura específicos de peles, plumas, penugens, tecidos ou flores. Vezes sem conta voltou a uma gola de renda, primeiro desenhando-a minuciosamente ("cada ponto, sim, quase cada fio") até conseguir apreendê-la de cor e depois transcrevê-la livremente com dois traços rápidos "em um ornamento, um arabesco, sem que perdesse o caráter de renda, e dessa renda em particular". O mesmo procedimento foi repetido no caso da túnica bordada e do chapéu, cabelo, mãos e rosto de Arnoud. Matisse estava aperfeiçoando métodos que lhe seriam úteis até o fim. Um surto de vigor renovado pulsa entre as linhas das cartas que escrevia para casa na época em que se dedicava a esses desenhos.

Vivendo, dormindo e trabalhando em um quarto pequeno, afinal conseguira concentrar todo o foco de sua existência apenas na pintura. "Sou o eremita da promenade des Anglais", escreveu para a mulher, perfeitamente consciente de quão penitencial pareceria tal rotina a quem a visse de fora, "isso daria um bom título para [um livro de] Max Jacob." Matisse teve de interromper o trabalho para selecionar os quadros e supervisionar, pelo correio, a montagem de sua primeira exposição individual na Bernheim-Jeune depois de seis anos, mas retornou com tanto afã ao cavalete que mal se lembrou da inauguração da mostra em Paris, no dia 2 de maio de 1919. Além de Arnoud, Renoir e do pessoal da escola de arte, Matisse praticamente não via ninguém, com exceção de raros parisienses de passagem, como os Besson, os Halvorsen (em visita ao pai aposentado de Greta, o conde Prozor) e um antigo vizinho de Montparnasse, o romancista Jules Romains. Como sempre, o pintor sentia falta da família e acompanhava por cartas as atividades de todos, incitando a mãe a se mudar para Issy, arrumando para o irmão um trabalho de representante da fábrica de margarina de Pellerin, suplicando a Pierre que retomasse as aulas de violino e a Jean que fumasse menos.

Mas havia uma angústia mais sombria sob o otimismo patente nessas cartas escritas por Matisse durante a primavera. Não havia como adiar as decisões a respeito do futuro de Marguerite. Ela se afligia com temores que até mesmo seu estoicismo habitual não conseguia mais ocultar. Do pai ela recebia encorajamento, conselhos, orientações para ler menos e pintar mais, assim como lembretes de que não deixasse de se submeter à provação periódica da troca do tubo na garganta. A alternativa apresentada pelos médicos em março de 1919 era ou não fazer nada ou realizar uma derradeira laringotraqueotomia visando reconstruir a traqueia danificada. Se nada fosse feito, o estreitamento iria aos poucos se acentuar, provocando inevitavelmente o sufocamento. Já a cirurgia dependeria de técnicas pioneiras de alto risco que só haviam se tornado viáveis graças aos avanços médicos ocorridos durante a guerra. A operação acabou sendo marcada para o final de maio, mas, mesmo no caso de um resultado satisfatório, o que não era certo, o subsequente processo de recuperação poderia ser problemático em uma época sem antibióticos. Ficou combinado que seria melhor que Matisse, sempre propenso a ficar agoniado quando se tratava de Marguerite, permanecesse em Nice, só indo a Paris quando a filha estivesse convalescendo. "Até muito breve, minha querida Marguerite", escreveu ele em maio. "Encarecidamente espero que esta seja a última estação em seu calvário – repita isso para si mesma sem parar."

Amélie manteve o marido ignorante da data exata da operação, comunicando-se com ele no mesmo dia em que foi realizada para lhe dizer que até ali tudo correra bem. A apreensão deu lugar a uma avassaladora sensação de alívio. Marguerite ainda precisava respirar por um tubo provisório, mas este seria retirado, não havendo complicações, uma vez que a garganta dela tivesse cicatrizado o suficiente para que outro enxerto de cartilagem fechasse o orifício na traqueia. A alegria incrédula ainda se manteve quando Matisse voltou afinal para casa, após ter feito o que lhe parecia ser a última visita a Renoir, que lhe disse que pretendia terminar as *Banhistas* antes de morrer ("E foi isso mesmo o que aconteceu", comentaria Matisse com aprovação muito depois). Ele desembarcou em Paris na semana da celebração oficial da vitória que tomou conta da cidade no dia 28 de junho. "Sou o homem mais feliz do mundo", declarou a um entrevistador que o surpreendeu em seu humor mais radiante e expansivo naquele mês. Ele exultou com as flores em seu jardim, pintando as papoulas explodindo como fogos de artifício e um resplandecente buquê para o 14 de julho, o dia da queda da Bastilha.

Toda a família estava presente, incluindo o cão e a obsequiosa jovem modelo que trouxera de Nice. Matisse capturou esse clima de tranquilidade na última grande obra que pintou em Issy, um quadro em que sua filha aparece serena e descontraída em um vestido de verão, com o gato no colo e bebendo limonada ao lado de Antoinette Arnoud em uma mesa de mármore rosa sob as castanheiras no jardim dos fundos. *Chá no jardim* é um idílio bucólico repleto de movimentos farfalhantes e manchas luminosas. Matisse escolheu uma tela mais ou menos similar, em termos de dimensões e formato, às de outras grandes composições decorativas situadas em Issy na década anterior, da *Harmonia em vermelho* à *Família do pintor* e *A aula de música*. O agrupamento é informal, a paleta atenuada e contida, o tratamento direto, exceto no rosto da filha, quando o pintor retomou o antigo, feroz e expressivo hábito da abstração. Como praticamente tudo o que Matisse fez, *Chá no jardim* revelou-se ao mesmo tempo literal e requintado demais para cair no gosto do público. Bernheim-Jeune alegou que o quadro poderia ter sido vendido por um valor quarenta vezes maior não fosse pelo cão que exibia um olhar suplicante após se coçar por causa das pulgas e a mancha repugnante que desfigurava o semblante de Marguerite. Talvez os clientes em potencial tenham notado as alusões elegíacas que assinalavam várias despedidas: de um estilo de pintura que havia cumprido seu propósito (a mesa de chá – desaprumada, chapada e nada funcional em *Mesa de mármore rosa* de 1917 – agora recobrava um formato tridimensional familiar); da casa e do jardim que haviam gerado tantas obras magistrais; e da vida em comum que a família havia levado ali.

No começo do verão, Sergei Diaghilev e Igor Stravinsky apareceram em Issy a fim de encomendar cenários para os Ballets Russes. Embora não tivesse a menor intenção de aceitar a proposta, Matisse acabou sendo convencido em sua própria sala de estar, em parte por Diaghilev – cujo charme era capaz de reviver um cadáver, segundo o empresário londrino Charles B. Cochran –, mas também em parte pelas imagens despertadas em seu espírito ao ouvir Stravinsky dedilhando ao piano os temas de *Le Chant du rossignol* [O canto do rouxinol]. Os dois russos preferiam algo com uma suntuosidade oriental, de preferência selvagem, provavelmente em preto e dourado, mas Matisse viu o conto chinês de Hans Christian Andersen como um mito sobre o renascimento e a renovação, "primaveril, muito viçoso e juvenil, e eu não conseguia entender o que isso tinha a ver com uma suntuosidade preta e dourada". Ele imaginou o embate central entre a Morte e o Rouxinol em termos de formas simples, luz clara e cor pura. "Bem, é isso mesmo!", exclamou Diaghilev. "Aí está o cenário todo definido [...] É absolutamente essencial que você o faça [...] Só você pode fazer algo assim." Diaghilev partiu em triunfo, ignorando os débeis protestos do anfitrião, mas nas semanas imediatamente seguintes Matisse acabou sendo arrebatado, a despeito de si mesmo, pela visão do Rouxinol doador de vida.

O resultado disso foi que aceitou desenhar os cenários do *Rossignol*, que iria estrear na Ópera de Paris no ano-novo junto com os balés *Tricorne* e *Boutique fantasque*, cujos cenários seriam concebidos respectivamente por Picasso e Derain – um programa triplo espetacular para marcar o retorno dos Ballets Russes após o fim da guerra. Diaghilev foi cuidar dos preparativos para o início da temporada de outono da companhia em Londres e Matisse não ouviu mais nada até ser peremptoriamente convocado por um telegrama. No dia 12 de outubro, ele cruzou o canal da Mancha e viu-se diante de um ultimato: ou ficava em Londres o tempo suficiente para desenhar e preparar os cenários do *Rossignol* ou a companhia iria procurar outra pessoa. Ele e Diaghilev se engajaram então na mesma rotina de antes, com as mesmas exigências abusivas, resistência obstinada e rápida capitulação que estabeleceu o tom de uma colaboração baseada, no caso de Matisse, em um ressentimento que se avolumava em ondas de raiva e repugnância. "Diaghilev é Luís XIV", foi seu veredicto final, proferido em retrospecto, na tranquilidade relativa da velhice. Sobrepujado, despreparado e desorientado, na época Matisse tinha a sensação de estar perdido em uma espessa neblina londrina ao mesmo tempo literal e metafísica. Sem conseguir comunicar-se em inglês ("Diga a Pierre que não me atrevo nem sequer a dizer *yes*"), incapaz de comprar um selo ou pedir informações na rua para voltar ao quarto no hotel Savoy, enfurecido com a própria insensatez, xingando os Ballets Russes, ele estava consumido pela ideia de que cada dia concedido ao *Rossignol* era um tempo subtraído de seu trabalho genuíno, um sacrifício que ninguém mais no mundo além de Diaghilev conseguiria obrigá-lo a fazer.

"Você não faz ideia de como é esse homem", queixou-se a Amélie. "Ele é ao mesmo tempo encantador e enlouquecedor – é uma verdadeira víbora – ele escapa pelos dedos da gente – no fundo a única coisa que importa é ele mesmo e seus interesses." Matisse havia encontrado alguém a sua altura em termos de obstinação, mas também reconheceu uma vontade criativa que, tal como a dele, não admitia nenhuma limitação para o poder da imaginação. Na verdade, era a sua própria visão que Matisse não conseguia resistir, como bem sabia Diaghilev. O pintor não trouxera nenhum projeto de cenário, não sabia como começar e não tinha nada além de uma concepção vaga no fundo da mente. Ele contou a Amélie que sentiu o mesmo pânico cego que o acometera no início da primeira estada no Marrocos. O que o salvou foi a intuição. Ele próprio construiu um teatro de brinquedo, como fizera mais de trinta anos antes quando menino em Bohain, mas dessa vez o caixote era um modelo em escala do Empire Theatre, em Leicester Square, com uma avançada iluminação elétrica instalada na tampa pelo carpinteiro da companhia. Tal como da primeira vez, Matisse escolheu a cor azul-celeste para o cenário, basicamente um espaço muito iluminado com adereços e trajes também feitos de papel colorido recortado. O russo que pintava os cenários da companhia ficou espantado com o método de trabalho do francês ("Ele começou a trabalhar no ateliê, usando uma tesoura, recortando e montando um modelo"), e também com o fato de que ignorava tudo a respeito de um projeto convencional de cenário.

De acordo com Matisse, ele concebeu o cenário "como uma pintura, mas com cores que se moviam". As cores em movimento eram os figurinos, bordados com fitas prateadas ou adornados com flores amarelas para que funcionassem como "manchas de luz", na expressão do artista. Os efeitos de iluminação eram antes pictóricos do que mecânicos, dependendo relativamente pouco dos recursos ainda grosseiros e primitivos da eletricidade. Segundo o único relato detalhado e em primeira mão que sobreviveu do balé, Matisse concebeu "uma profusão de maneiras engenhosas, elegantes e lógicas" para o emprego da cor como fonte de iluminação. Quando subia a cortina, viam-se no palco dezesseis dançarinos com lanternas pintadas de escarlate por fora e de amarelo-limão por dentro de modo a torná-las mais luminosas ("mais ainda do que uma lâmpada elétrica") contra a tela de fundo turquesa. A armadura dos guerreiros era preta ("o preto azulado da asa de um corvo, pois o preto puro pareceria avermelhado"). Na cena final, os pranteadores no palco escuro vestiam túnicas brancas de feltro que absorviam a luz, decoradas com triângulos de veludo azul-escuro, "que difundiam sombras por todo o cenário". O derradeiro *coup de théâtre* era um equivalente moderno e mais sofisticado do enxofre incandescente da infância de Matisse. A história de Andersen termina com a canção do rouxinol insuflando de novo a vida no agonizante imperador chinês. Matisse sugeriu que o imperador se erguesse do leito pouco iluminado e exibisse o avesso da túnica preta, desenrolando os quatro metros do forro carmim com bordados dourados em um palco inundado pelo fulgor elétrico sob um pano de céu branco e encapelado feito de grandes festões de borda negra que davam, nas palavras do pintor, "a impressão de um teto de cristal iluminado pela plena luminosidade branca do dia".

No final da primeira semana em Londres, Matisse estava mergulhado no projeto desde as nove da manhã até tarde da noite. Ele trabalhava na oficina cenográfica da companhia, instalada no alto de um armazém de cestos pertencente ao mercado de frutas e hortaliças em Covent Garden. Diaghilev e seu coreógrafo, Leonid Massin, o visitavam todos os dias para inspecionar o trabalho, levar Matisse para almoçar, acalmar os temores do pintor e testar suas ideias no próprio teatro. Matisse se deu bem com Massin e a desconfiança em relação a Diaghilev deu lugar a uma relutante admiração. "Você não pode imaginar como é isso, os Ballets Russes – não há absolutamente nenhuma distração por aqui – é uma organização na qual ninguém pensa em outra coisa além do trabalho – jamais poderia imaginar que as coisas seriam assim." Suas tribulações terminaram com uma sessão de seis horas na oficina cenográfica. "Eles ficaram encantados", escreveu Matisse para casa em 24 de outubro. "Agora resta apenas pintar tudo na escala certa, e fazer os figurinos."

No início de novembro, ele voltou a Paris com Diaghilev a fim de consultar um dos principais figurinistas teatrais da França, que anunciou que só a túnica do imperador iria exigir três meses de trabalho de sua equipe de bordadeiras. Matisse replicou que ele mesmo conseguiria aprontar a túnica em três dias, colocando o pano vermelho no chão, recortando pedaços do tecido dourado pronto e no ato improvisando a olho um dragão imperial. O único profissional em Paris disposto a ser conivente com essa monstruosa transgressão das regras da *haute-couture* foi Paul Poiret, após ter sido cooptado por Diaghilev, e este pela primeira e única vez viu-se sobrepujado por Matisse no primeiro dia em que foram ao ateliê do costureiro. O pintor selecionou uma cara peça de um suntuoso veludo vermelho, implacavelmente descartando as súplicas do empresário de que já havia comprado o tecido ("Você me mostrou uma amostra de veludo de algodão com um vermelho falso, um veludo escuro, um veludo mortiço completamente incapaz de cantar"). Em seguida Matisse tirou os sapatos e subiu em uma imensa mesa de corte, "como um trampolim", com o veludo estendido sob os pés nus, recortando e fixando os pedaços de tecido dourado, com a ajuda de quatro ou cinco assistentes de Poiret que prendiam e costuravam as peças sob sua orientação. O grande manto ficou pronto em exatamente dois dias. Matisse sempre se recordaria com orgulho dessa façanha, adaptando o mesmo método para as enormes pinturas murais encomendadas doze anos depois pela Fundação Barnes nos Estados Unidos, e recorrendo a ele de novo no final da vida para fazer os vitrais em Vence e as grandes obras de papéis recortados que se seguiram.

Em 15 de novembro, ele retornaria a Londres para a abertura de uma exposição de suas obras nas Leicester Galleries, que organizaram uma mostra com pequenos quadros recentes que foram vendidos quase de imediato, para surpresa de todos. "Esses ingleses são loucos", comentou Matisse, enquanto observava um deles adquirindo sete obras em dois lotes. Toda a Londres compareceu à exposição, desde Vanessa e Clive Bell, Duncan Grant, Maynard Keynes e outros membros daquele que ficaria conhecido como o grupo de Bloomsbury até pilares do mundo artístico, como Arnold Bennett (que comprou um desenho) e o futuro diretor da National Gallery, Kenneth Clark (na época um estudante de dezessete anos que ficou tão excitado a ponto de não conseguir dormir). Durante os dias seguintes, a galeria serviu-lhe de refúgio contra Diaghilev, que precipitou um explosivo confronto, com Matisse ameaçando abandonar o projeto e acabando por se submeter docilmente à solicitação de que pintasse um pano de boca com dezenove metros de largura.

Matisse só conseguiu retornar a Nice em 12 de dezembro, tarde demais para rever Renoir, que falecera na semana anterior. Como o Hôtel de la Méditerranée havia alugado seu antigo quarto, ele teve de se mudar para outro sem varanda. No final do mês, Arnoud encontrou um trabalho melhor e deixou de posar, obrigando-o a usar como modelo a irmã – de traços mais grosseiros e comuns, menos confiável e sem nada de sua sutileza. A mãe de Matisse caiu doente, enquanto o estado de sua filha tornava-se cada vez mais preocupante. O balé continuava a exigir sua atenção e ele teve de voltar a Paris a fim de supervisionar os figurinos para a estreia na capital, que acabou sendo adiada na última hora por causa de uma greve dos músicos. Quando afinal estreou, em 2 de fevereiro de 1920, o balé *Le Chant du rossignol* foi um fiasco. O público parisiense elegante, encantado com o humor sutil e absurdo da *Boutique fantasque* de Derain e começando a apreciar as piadas visuais cubistas de Picasso em *Parade*, não viu nenhum interesse nos bailarinos que se moviam como cores no espaço despojado, repleto de luz e colorido como o céu de Matisse. Mais tarde, o pintor considerou a estreia do *Rossignol* como a primeira vez que os cubistas se voltaram em bando contra ele ("Todos aqueles que normalmente me cumprimentavam passaram a me dar as costas"). Diaghilev ficou furioso em nome de seu cenógrafo. Embora Matisse nunca mais voltasse a colaborar com ele, mais tarde reconheceria a coragem de Diaghilev e o horror que este tinha de adotar a solução mais fácil. Ambos entenderam perfeitamente o destino do imperador chinês, que apreciava tanto o canto genuíno do rouxinol que definhou até a morte quando seus cortesãos insistiram em substituí-lo por um pássaro mecânico, dourado e adornado de brilhantes que, embora fosse mais impressionante, produzia um canto inevitavelmente insípido e monótono.

Anna Matisse, a mãe do pintor.

Com o passar do tempo, o fiasco do *Rossignol* foi ofuscado por tragédias maiores. No dia 25 de janeiro, uma semana antes da estreia, a mãe de Matisse faleceu em Bohain. Exatos cinquenta anos antes, ela e o marido haviam aberto o armazém com uma seção de tintas, na qual o pequeno Henri observava a mãe pesando os pigmentos coloridos antes de misturá-los com terebintina e óleo de linhaça para os fregueses. O amor da mãe pelas cores o lançara na carreira de pintor e desde então o apoio dela fora inabalável. Nesse inverno, a dor de Matisse foi agravada pela luta da filha para sobreviver. Marguerite suportou as dores constantes, vertigens, sufocamentos e inchaços que lhe bloqueavam a traqueia enquanto seu corpo rejeitava sucessivamente os dispositivos concebidos para manter o orifício de respiração até que cicatrizasse a laringe reconstruída. Desde o verão anterior ela esperava, cada vez mais desesperada, não mais depender do orifício. Quando o pai voltou a Nice no fim de fevereiro, Marguerite agarrou-se à esperança de que a crise estaria superada antes do retorno dele. Mãe e filha se fecharam em copas, aninhadas no apartamento do quai Saint-Michel, tomadas de maus presságios, ocultando seus piores temores uma da outra. Após intermináveis adiamentos, o cirurgião que a tratava por fim realizou a operação no final da primavera e depois passou a acompanhá-la com assiduidade ainda maior, temendo que a laringe voltasse a se contrair.

O ano de 1920 marcou o fim de uma época para toda a família. A casa da mãe de Matisse iria ser vendida, as coisas dela dispersadas e fechado o armazém, de modo que Auguste, sempre um negociante medíocre, pudesse se aposentar com a renda obtida. Henri Matisse jamais voltou a Bohain ou à cidade em que nascera, Le Cateau. Foi a mulher dele que ali permaneceu após o funeral para liquidar os negócios da sogra, e dali em diante somente a filha voltaria regularmente para supervisionar o que restava das propriedades familiares. Matisse construiria uma vida nova no sul, ainda que nessa altura isso não estivesse claro. Em fevereiro, quando retornou sozinho ao Hôtel de la Méditerranée, ele pensava em ficar apenas o suficiente para concluir a temporada de pintura interrompida, tendo discutido com a mulher a possibilidade de que toda a família se mudasse para o sul, caso precisasse retornar no ano seguinte. "Nice está ficando cada vez mais entediante, e aqui estou sozinho quando deveria estar com vocês – espero que esta seja a última vez", lamentou ele em março. "Preciso lembrar a mim mesmo o quão pouco consegui fazer em Paris, a fim de reunir a paciência para ficar aqui." Ele convenceu Arnoud a posar de novo, mas, ainda que tenha se empenhado até a beira da exaustão, continuou insatisfeito e sem saber que espécie de virada o esperava. E também disse que, antes de voltar para casa, teria de avançar o suficiente para vislumbrar o caminho que passaria a trilhar.

No fim de abril Matisse enviou pelo correio sete telas, todas elas, com uma única exceção, de caráter tão insólito que a família ficou perplexa. Essas belas jovens em interiores de cores vivas, com cortinas cheias de babados e o sol derramando-se pela janela no início surpreenderam o próprio Matisse. Porém, no momento em que saiu de Nice em maio, ele já identificara uma coerência subjacente que iria permanecer elusiva para o resto do mundo nas décadas seguintes. Entre os objetos que reapareceram em Issy, vindos da casa da mãe em Bohain, estavam os dois primeiros quadros que pintara, pequenas naturezas-mortas despretensiosas de livros e velas nas cores terrosas de sua paleta flamenga original. Longe de considerar a mudança para o sul um rompimento completo com o passado, Matisse ficou chocado ao rever esses quadros e notar que, após vinte anos de esforços incansáveis, sua identidade essencial como pintor não mudara em nada.

A recuperação de Marguerite foi a prioridade da família nesse verão. Assim que os médicos permitiram que ela saísse de Paris, Matisse levou a mulher e a filha para que se recuperassem com o ar marinho de Étretat, na costa normanda do canal da Mancha, onde se hospedaram por um mês em um hotel à beira-mar. Matisse realizou rápidos esboços a óleo de uma vitalidade exuberante, pintando os peixes, os barcos e a baía, sobretudo as curiosas falésias que antes dele tanto haviam atraído os impressionistas. Mas a tela mais reveladora de seus sentimentos a respeito de Étretat é um quadro pequeno de Marguerite, cuja exaustão era assustadora. Depois de passar tanto tempo ameaçada, ela finalmente permitiu-se desmoronar e recolher-se ao leito, onde o pai a pintou pela primeira vez sem a faixa preta que desde pequena usara para esconder o orifício na garganta. Ela está adormecida, lembrando uma ilustração de conto de fadas infantil – um pescoço roliço e comprido, as pestanas longas delineadas contra a tez pálida, o cabelo moreno espalhado no travesseiro –, em um quadro cuja doçura superficial é solapada pelo perturbador tom violáceo e as manchas escuras em torno dos olhos dessa bela adormecida da vida real. A inocência sem artifício do *Retrato de Marguerite adormecida* contém a mesma emoção arrebatada do primeiro quadro que Matisse pintou da filha, o *Retrato* de 1901, que a mostrava como uma vulnerável menina de seis anos com olhos negros perscrutadores em um rosto branco. Quando voltaram a Paris em agosto, Henri e Amélie penduraram o novo quadro sobre a cabeceira da cama do casal.

Em seguida, Matisse levou a mulher e a filha, ainda convalescente, ao balneário alpino de Aix-les-Bains, retornando sozinho à Normandia para concluir os trabalhos pendentes antes de voltar para o sul. No final de setembro de 1920, ele e Amélie mudaram-se para aposentos mais confortáveis no primeiro andar do Hôtel de la Méditerranée, com janelas francesas e uma varanda que dava para a baía de Nice. Agora era Amélie que estava à beira de um colapso. Mãe e filha estavam pagando o preço por dois anos de tensão, medo e engano mútuos ("não podíamos admitir tudo pelo que estávamos passando, mesmo entre nós"). Amélie, que enfrentara com tanto denodo a tensão da guerra, que cuidara da desmontagem de todo um modo de vida em Bohain, ao mesmo tempo que proporcionava anos de cuidados intensivos para Marguerite, mergulhou por sua vez na depressão. Enquanto isso, Marguerite estava lenta e hesitantemente rumando para uma recuperação completa. Ela tinha razão quando, bem mais tarde, disse ao filho que a guerra de 1914-18 havia sido sua salvação. Nos anais médicos anteriores à guerra, eram praticamente inexistentes os pacientes que haviam sobrevivido a danos graves no aparelho respiratório e conseguido retomar algo próximo a uma existência normal. Para o seu cirurgião, o dr. Hautant, a recuperação dela foi um triunfo: ele a chamava de *l'enfant chéri*, a "criança preciosa", e a tratava, como dizia Marguerite, como uma flor no botão de sua lapela.

Os três filhos de Matisse passaram então a ocupar o apartamento do quai Saint-Michel. Pierre arrumara seu primeiro emprego, como um dos secretários particulares de Clemenceau. Jean, recém-dispensado do exército e à procura de trabalho, matriculou-se em um curso de tempo parcial na Escola de Artes e Ofícios. Marguerite encarregava-se das tarefas domésticas, cuidando dos irmãos como sempre fizera, e começava a aproveitar os prazeres da juventude em tempos de paz, frequentando bailes, vestindo-se com elegância, namorando e saindo com os amigos. Durante os anos seguintes, todos os três dedicaram-se seriamente à pintura, começando no mesmo local e com a mesma idade a seguir os passos do pai. A vida familiar encaixou-se em um padrão regular definido pela temporada de trabalho de Matisse em Nice, que se estendia do começo do outono até o fim da primavera ou início do verão, entremeada de visitas aos filhos ocupados em Paris, enquanto Amélie ia e vinha entre as duas casas, e no verão todos migravam para Issy.

Henri ficava desconsolado toda vez que Amélie saía do seu lado. Mas, embora se queixasse amargamente da solidão em Nice, nunca a considerou um preço excessivo a pagar pela riqueza e intensidade da vida que levava em suas obras. Outras pessoas, na época e mais tarde, detectaram frivolidade, debilidade e retrocesso ali onde Matisse viu apenas um avanço constante, com períodos de exploração e experimentação seguidos de alívio. "Quanto ao trabalho, só me resta dizer uma coisa", disse a Amélie no dia de ano-novo de 1921, "o que busco é a densidade das coisas – em vez de reduzir o que vejo a uma silhueta, estou procurando transmitir o volume e a modelagem". Ele discutia cada etapa do trabalho com a mulher e os filhos, sobretudo com a filha, cujo olhar aguçado era implacável. Foi Marguerite quem salientou que cada etapa de observação tenaz e meticulosa resultava em uma explosão de cores quase inimagináveis; e também foi ela a primeira a notar que a força misteriosa de *Janela francesa em Nice* (parte do grupo de quadros que haviam deixado atônita a família na primavera de 1920) tinha a ver com a luminosidade intensa e suave que conferia ao quarto de hotel e a tudo o que havia nele "um esplendor quase gótico", na expressão de J. D. Flam.

Essa tela majestosa, na qual Arnoud aparece ladeada por cortinas cinzentas atadas como colunas aos pés de uma janela de persianas azuis que se eleva como uma abóbada, ficou conhecida entre a família Matisse como "a catedral". É o mais imponente de todos os quadros pintados no hotel de Nice. Antes, as janelas nos quadros de Matisse se abriam para um mundo inatingível de luz e cor, mas neste quadro a beira-mar ensolarada com palmeiras e transeuntes vislumbrados através das persianas de madeira é inequivocamente real. E o interior, por sua vez, adquiriu qualidades mágicas. "Esse quarto era menor do que eu havia imaginado", escreveu o poeta Charles Vildrac, descrevendo sua surpresa ao encontrar Matisse no Hôtel de la Méditerranée. "A partir de alguns de seus quadros, fiquei com a impressão de que era possível caminhar livremente nele, com longas passadas, ou dançar à vontade. O pintor [...] emprestou-lhe uma alma que ele na realidade não possuía. Sem dúvida era um quarto agradável, mas com a alma de um quarto de hotel."

Com Arnoud – às vezes séria, às vezes coquete, mas quase sempre enfastiada, apática e até revoltada nessas telas –, havia claramente um limite nas possibilidades de transformação espiritual. Para o público, a qualidade abstrata da composição nos quadros pintados por Matisse na época era mais ou menos obscurecida pelo estilo de vida ali retratado. A *Janela francesa em Nice* mostra uma jovem com as pernas descobertas e o cabelo comprido solto, vestindo uma blusa transparente e calça de odalisca escarlate, sentada ao lado da cama no quarto de hotel do pintor. As pessoas extraíram a conclusão óbvia do fato de Matisse ter feito com que Arnoud e suas duas ou três substitutas posassem em meio a todos os adereços de um caso amoroso, incessantemente pintando uma ou outra dessas jovens vestindo uma anágua diante da penteadeira, sentadas de robe sobre uma mesinha, ou recém-saídas do banho segurando uma toalha enrolada no cabelo à maneira de turbante. Desde o quadro *A conversação*, Matisse sempre se retratou usando o pijama listrado com que costumava trabalhar, tanto em Issy como nos ateliês improvisados em Nice. A posteridade preferiu ignorar a afirmação do próprio pintor de que esses interiores em Nice estão perpassados de desejo sexual sublimado e que o estado intenso de excitação se dissipava não tanto através do corpo dos modelos mas das linhas e formas articuladas na tela em torno desse corpo.

No caso de Arnoud, os indícios sugerem que a explicação de Matisse era verdadeira. Durante todo o período em que colaboraram, todas as cartas semanais, e às vezes diárias, que Matisse enviou a Amélie e aos filhos não trazem nada que deixe transparecer algo mais do que as costumeiras tensões profissionais de sua parte, nem tampouco qualquer atrito, ressentimento ou ciúme da parte deles. Matisse e seus familiares referiam-se a Arnoud pelo sobrenome e a tratavam como colega de trabalho. Ele a pintou pela derradeira vez em *O pintor e seu modelo* e, triunfante, enviou pelo correio um esboço para a mulher e a filha um dia após concluir o quadro, em 24 de abril de 1921. O pintor aparece visto de costas, sentado ereto diante do cavalete, de pijama e óculos, no ato de avaliar a composição: a imagem de alguém concentrado, severo e reto como um fio de prumo, que pintara antes em *O violinista à janela*. O modelo nu, deitado de costas ao seu lado, contribui com uma nota de indiferença e alheamento a essa despedida pouco sentimental. Arnoud não só tinha um namorado, como também estava obviamente grávida dele desde o início de março, quando Marguerite comentou o fato com Amélie. Mais tarde, na primavera, a jovem daria à luz um bebê natimorto.

Ninguém que o conhecia bem na época jamais duvidou que, para Matisse, os modelos eram parceiros de trabalho, e não escravas sexuais. O sexo era uma das coisas de cuja falta ele se queixava em Nice, citando um amigo médico, Élie Faure, que o alertara de que a castidade excessiva podia ser tão inconveniente quanto o seu oposto. Todavia, Matisse sustentava que, no que se referia aos modelos, as mesmas regras aplicavam-se tanto aos seres humanos como a um prato de doces ou de pescado. Parar diante da vitrine de uma doceria nos faz salivar bem mais do que se satisfizéssemos nosso apetite. "Nunca provei nada comestível que antes tenha me servido de modelo, mesmo quando continuava fresco", comentou o pintor, explicando que as ostras que pintou regularmente ao longo da vida eram trazidas ao ateliê todas as manhãs pelo garçom de um café, que ao meio-dia voltava para buscá-las e servi-las aos fregueses ("Após ter saboreado a fragrância delas, jamais me ocorreria consumi-las em uma refeição – outros é que as comeram. O fato de pintá-las fazia com que me parecessem diferentes daquelas servidas à mesa de um restaurante").

O lugar de Arnoud foi tomado por Henriette Darricarrère, que posara intermitentemente para Matisse nos seis meses anteriores. Ele a notara pela primeira vez quando a jovem trabalhava como figurante em filmes rodados nos recém-abertos Studios de la Victorine, na periferia oeste de Nice, onde Charles Pathé e os irmãos Gaumont construíram estúdios em um local que, no começo da década de 1920, pretendiam transformar na Hollywood europeia. No princípio ele a escolheu pela dignidade inata, o porte atlético, o modo gracioso com que a cabeça se articulava ao pescoço. Embora mais jovem que sua predecessora, Henriette era mais equilibrada e menos mundana, o que lhe permitiu se adaptar melhor à existência pouco convencional dos Matisse. Além disso, havia estudado dança e violino e tinha uma facilidade natural para a pintura, talentos que Matisse estimulou nela, tanto quanto nos próprios filhos. Amélie entendeu-se bem com Henriette, assim como Marguerite, que no fim de janeiro de 1921 mudou-se para Nice para mais uma temporada no saudável clima de beira-mar. As duas jovens posaram juntas, jogando xadrez, tocando música, envoltas em mantilhas espanholas na varanda do ateliê para ver o desfile da Festa das Flores. O aprumo e a fluidez de Henriette, seus traços regulares e rosto ovalado, a impressão que dava de estar à vontade em seu corpo, tudo isso formava uma espécie de perfeição física que encantou Marguerite e reforçou ainda mais sua disposição de deixar para trás sua vida de inválida.

De sua parte, Henriette admirava Marguerite, que era seis anos mais velha e incomparavelmente mais sofisticada, mas tão debilitada após passar o inverno em Paris que a princípio só conseguia posar deitada. Seus pais continuavam muito preocupados com ela, cujo torpor físico com frequência mais parecia desespero. Matisse encheu o quarto da filha com rosas vermelhas, pendurou onze de seus últimos quadros nas paredes e a levou para dançar no cassino. "Papai dança o foxtrote como os seus filhos", contou Marguerite para Amélie, "com os pés não muito leves, mas de maneira razoável. Como você pode ver, ele está se empenhando ao máximo para que eu não fique entediada." Poucas semanas depois ela se alimentava melhor, diminuíam as olheiras e estava com uma aparência, para o olhar crítico do pai, mais roliça, bonita e descansada. Segundo Marguerite, ele se mostrava tão orgulhoso dela por estar mais saudável e animada quanto de seus próprios quadros. Ele a levou a uma festa de carnaval em Cagnes, organizada por Jean, o filho de

Renoir, que se fantasiou de romano decadente em contraponto ao severo juiz romano personificado pelo chefe de polícia local. Havia também um toureiro, um Charles Chaplin, uma japonesa de quimono, mas, de todos os casais que dançaram até as três da manhã, talvez o mais memorável, do ponto de vista da posteridade, tenha sido aquele formado pelos dois Matisse, o pai como potentado árabe e a filha como jovem odalisca.

"Papai usou uma túnica verde e dourada, com turbante de seda dourada e listras vermelhas e verdes [...]", escreveu Marguerite para a mãe. "Quanto a mim, estava com calças bufantes de pano frisado, uma blusa de musselina argelina do Ibrahim, a jaqueta de seda azul-turquesa que levei e o turbante branco." Ela posou na manhã seguinte, ainda cambaleando de cansaço na fantasia improvisada, ao lado de Henriette, esta com os seios nus e calça vermelha, para um quadro intitulado *Árabes*, depois chamado de *A varanda* ou *Odalisca na varanda*. Havia muitos anos que Matisse vinha comprando objetos e roupas orientais – coletes, jaquetas, túnicas de seda, tapetes, lamparinas, bandejas, uma mesinha marchetada – de um casal libanês chamado Ibrahim, que tinha uma loja na rue Royale, em Paris. Ele usava tais adereços para improvisar o tipo de ambiente criado pelas mulheres dos haréns de Tânger com tapetes, almofadas, panos e pequenas mesas e bancos portáteis. Antes de Marguerite, tanto Lorette como Antoinette Arnoud foram retratadas com o mesmo turbante branco. Matisse pedira que o enviassem de sua casa, junto com uma espreguiçadeira oriental e uma túnica persa, quando voltou a Nice após a temporada na oficina dos Ballets Russes, um período no qual parece ter se dado conta do potencial de cenários e figurinos. A partir de então passou a experimentar entusiasticamente com calças e blusas do Oriente Médio, xales espanhóis, pentes e mantilhas, uma túnica veneziana e vestidos desenhados para a mulher e a filha por Germaine Bongard, a irmã de Paul Poiret. Porém, nenhum dos modelos anteriores jamais conseguira fazer com que um traje oriental parecesse mais do que uma fantasia. Apenas Henriette, tão arrumada e meticulosa em suas roupas normais, conseguia vestir sem inibição as finas blusas abertas e calças drapeadas com cintura baixa, de maneira ao mesmo tempo luxuriante, sensual e verossímil.

O quadro *Árabes* despertou algo em Henriette que abriu novas possibilidades pictóricas para Matisse. No início de abril, ele levou as duas jovens ao longo da costa para que experimentassem os trajes ao ar livre, ao lado da mesquita em Antibes. Elas tomaram a precaução de usar casacos para ocultar as roupas exóticas, mas nem seria preciso tal cuidado, pois a primeira coisa que viram ao entrar no vilarejo de pescadores de Cagnes foi uma caravana árabe com três camelos e uma equipe de filmagem. O enigmático Oriente foi o cenário de toda uma série de sucessos cinematográficos do pós-guerra, produzidos nos estúdios Victorine, entre os quais o *Jardim de Alá*, de Rex Ingram, e a *Shéhérazade*, de Alexander Volkoff. Ao longo da década de 1920, enquanto o cinema mudo engendrava seus próprios devaneios numa das extremidades da baía de Nice, Matisse, na outra, manipulava ingredientes similares em ilusões pictóricas bem diversas. No fim de abril, ele visitou a sede dos Ballets Russes em Monte Carlo para rever Diaghilev, que lhe emprestou um dos trajes de odalisca de Léon Bakst para o balé *Shéhérezade*. Ele era apertado demais para Marguerite, mas o pintor obteve o que queria ("Vi como era feito, e agora podia eu mesmo fazer outro").

Nessa altura, seus planos já estavam ficando mais nítidos. A temporada havia terminado e os hotéis começavam a fechar, mas a partir de então ele já não falou de retomar a antiga rotina em Issy. Sua base havia mudado. Ele tinha a esperança de convencer Amélie a passar o inverno seguinte em Nice, num apartamento de dois quartos que alugara no terceiro andar na place Charles Félix, n. 1, um prédio estrategicamente situado junto ao mercado de flores no centro da cidade velha, a um pulo do mar. Nas duas décadas seguintes, a existência de Matisse fora do ateliê iria se restringir em grande parte a uma área de 1 600 metros quadrados, limitada a leste pelo monte rochoso do castelo, ao sul pela praia com os barcos de pesca ancorados junto às pedras e ao norte pela escola de arte no lado mais distante do rio Paillon, cujas margens ainda eram frequentadas pelas lavadeiras. Essa parte da cidade mais parecia outro país em comparação com a área do final do século XIX que deixara para trás na promenade des Anglais. No pós-guerra, quando Nice foi progressivamente saindo de moda, a estação balneária de inverno foi se esvaziando, os palácios suntuosos colocados à venda e os hotéis de beira-mar encerraram suas atividades. A estagnação melancólica das áreas de veraneio contrastava nitidamente com o alarido e a movimentação nas ruelas sinuosas e íngremes atrás do novo apartamento de Matisse, onde os nativos de Nice viviam apertados em casas antigas e altas, sem água encanada, esgoto, iluminação a gás ou aquecimento. Gaiolas com canários e roupas de cama eram postas para arejar nas janelas. Os comerciantes vendiam frangos, vinho, azeitonas e outros secos e molhados em lojinhas estreitas e escuras que davam para a rua ensolarada como em um mercado árabe. Pintar era um trabalho como qualquer outro para os vendedores de flores e peixes e para os garçons que viviam ao lado de Matisse.

Ele celebrou o começo da nova vida de modo inusitado, tirando férias de verão: uma longa e descontraída viagem de carro com a mulher e a filha até Aix-les-Bains, onde provou as águas, antes de ali deixar as duas e voltar a Nice a fim de tomar posse do novo apartamento no fim de agosto de 1921. Por quatro temporadas seguidas, Matisse havia trabalhado em hotéis, pintando interiores cuja decoração não podia modificar, exceto cobrindo mesas e cadeiras com tecidos. Agora precisava de um espaço que pudesse controlar e manipular. O ateliê que instalou na place Charles Félix em dois quartos alugados que se comunicavam estava organizado, ao contrário dos locais de trabalho anteriores, de modo a permitir-lhe mudar de cenário com tanta facilidade quanto no palco de um teatro. Baús com adereços, roupas e panos de fundo foram trazidos de Issy por trem. Usando uma peça de algodão com nove metros de comprimento, que tingiu e forrou com juta, ele confeccionou uma guarnição para uma grade de janela ornamental obtida com os Ibrahim. Uma das primeiras coisas que fez no novo ateliê foi pedir para Henriette posar diante da grade, usando turbante e calça de odalisca, a longa e graciosa linha curva de seu corpo acentuada pela trama retangular da janela.

Ele encontrou um carpinteiro local que lhe fez o biombo articulável com uma cortina árabe, estampada com arcadas de topo arredondado e preenchidas com treliças, que iria aparecer em vários quadros pintados nos anos seguintes. Vezes sem conta, Henriette posou diante dele, às vezes despida, com mais frequência usando os trajes que lhe caíam tão bem, de pé, sentada ou deitada, sozinha ou ao lado de outro modelo. *O biombo mourisco* de 1921 combina os padrões estilizados do próprio biombo, a tapeçaria, o tapete e pelo menos dois papéis de parede distintos com as flores, as duas jovens em pálidos vestidos de verão e o estojo do violino do pintor na cama com armação de metal mais atrás, entremeando cores e formas em uma única superfície estampada e aplainada contígua ao quadro. Essa era a fusão que Matisse pretendia explorar, entre o realismo e a abstração, uma fusão

Matisse e modelo em um dos cenários improvisados usados pelo artista na década de 1920.

que preservasse a identidade dos temas e, ao mesmo tempo, os absorvesse no âmbito de uma realidade alternativa essencialmente abstrata e inteiramente inventada.

O apartamento de Matisse transmutava-se na tela, expandindo-se e contraindo-se como que por mágica, como um espaço teatral ou cinematográfico. Nesse interior, ele podia ajustar seu olhar como uma câmera, alterando os filtros, mudando a distância do foco, criando efeitos de luz e cor que correspondiam menos ao que havia diante dele do que a uma síntese invisível em sua percepção mental. Tais interiores artificiais combinavam com a teatralidade de Nice, uma cidade que sempre privilegiara o cenário em detrimento da arquitetura, e que, na década de 1920, testemunhou a invenção de um meio de expressão inteiramente novo e baseado na irrealidade. Matisse acabou se acostumando a topar com um caravançará de xeiques diante das câmeras de cinema, ou com uma tempestade inesperada criada com as mangueiras de bombeiros em alguma filmagem. Ele recrutava modelos nos estúdios de filmagem ou nos cafés da place Masséna, onde os figurantes se reuniam toda manhã em busca de trabalho. Tal como o cinema mudo, ele adaptou para seus próprios fins os artificiosos cenários pictóricos em voga na França. Os contemporâneos que apontaram em Matisse uma regressão reacionária estavam equivocados, assim como aqueles que, depois da morte do pintor, o acusaram de exploração colonialista. Afinal, Matisse, tal como os cineastas populares, deixava perfeitamente óbvio que as odaliscas, com seus penteados modernos e linguagem corporal franca, não vinham do norte da África nem do Oriente Médio, e sim da França contemporânea. A modernidade explícita que elas exibem acentua a carga erótica que desvia a atenção, como disse o próprio Matisse, das pesquisas menos óbvias presentes nas mesmas telas.

A principal delas era a tentativa de fazer com que a cor gerasse luz pelo aproveitamento do que denominou uma sede de abstração rítmica. Para tanto, ele recorreu sobretudo a duas fontes distintas. Pelo menos durante seis anos após a morte de Renoir, Matisse continuou a frequentar Les Collettes a fim de pintar no jardim e rever os quadros no ateliê ("Examinei as telas de Renoir com toda a calma, e isso me ajudou muito"). Acima de tudo, o que o intrigava era o modo como Renoir aboliu a distinção entre as figuras e o fundo, mesclando-os a grandes ondas impetuosas de cor em quadros que palpitam e refulgem de tanta sensualidade. Matisse complementou esse intensivo aprendizado cromático com as lições estruturais de Michelangelo, visitando regularmente as cópias em gesso da capela Médici existentes na escola de arte e pedindo a Pierre que lhe encomendasse uma cópia do *Escravo agonizante* no Louvre. No final da primavera de 1922, Matisse dedicava as manhãs a pintar Henriette e as tardes a desenhar a *Noite* de Michelangelo ("Esse desenho assinala um genuíno avanço em meu estudo da forma, e espero que amanhã isso se traduza em benefício para a minha pintura"). Segundo ele, o que importava em cada modelo novo era encontrar a postura que lhe fosse mais confortável ("e aí eu me torno escravo dessa postura"). Com formação de bailarina clássica, Henriette tinha um corpo atlético completamente diferente do corpo de Antoinette. Marguerite achava que a principal razão pela qual o pai trocou de modelo era o contraste entre as curvas suaves de Antoinette ("Antoinette era flácida e o corpo dela não captava a luz") e a figura flexível e robusta de Henriette, que recolhia e refletia a luz como uma estátua. Henriette adaptava-se com facilidade às poses de Michelangelo, relaxando naturalmente com uma das pernas levantadas e um ou os dois braços erguidos sobre a cabeça.

Nos sete anos em que trabalharam juntos, Matisse multiplicou as variações sobre o mesmo tema em pinturas, desenhos e gravuras que usam as linhas retas (como Michelangelo usava os detalhes arquitetônicos) para destacar a rotundidade do ventre e dos seios em relação a molduras de janelas, bordas de biombos, painéis dependurados e ângulos entre a parede e o piso. Nos assombrosos *Mulher mourisca* e *Odalisca sentada com joelho erguido*, o modelo fita o espectador com um humor que varia do abandono quase selvagem à atitude zombeteira ou à impassividade da máscara. Poucos reconheceriam os nus musculosos de Michelangelo como origem óbvia dessa huri de seios grandes e ventre macio, vestindo saia transparente, com mamilos encarnados e tatuagem falsa na testa. Tanto hoje como na época, muitos podem se sentir atônitos demais para examinar de perto a textura do corpo e das pernas, minuciosamente observados e esplendidamente pintados diante de tapeçarias listradas de rosa, vistos através da gaze de seda bordada e delineados com pinceladas de verde-turquesa que estabilizam a composição, interagindo com o turbante turquesa e os roxos e malvas rosados do pano de fundo em uma estrutura de cor pulsante e tremeluzente.

O processo o levou de novo aos abismos do mais negro desespero, quando a obra lhe provocava repulsa e sentia ímpetos de destruí-la. "Você conhece esse estado", escreveu Amélie a Marguerite, após suportar um desses humores em Nice durante três dias. Matisse, que nunca era uma pessoa de convivência amena, podia se tornar quase insuportável na intimidade de dois quartos apertados, quando não restava nada a Amélie além de arrumar o ateliê, com ele zanzando em volta como uma mosca nervosa, ou exercitando-se ao violino no volume mais alto possível. Nesses anos, as visitas de Amélie eram constantemente anunciadas e constantemente adiadas ou canceladas por motivos de saúde, tanto dela como de Marguerite. Ela chegava de Paris quase sempre preocupada com os problemas que deixara pendentes e o encontrava obcecado por um dos grandes nus que então o absorviam por completo ("O grande nu, após sobreviver a vários períodos trágicos, recuperou a serenidade, e tremo só de pensar que ainda pode ser alterado", comentou acidamente Amélie. "Se minha opinião valesse algo, eu faria de tudo para que permanecesse como está, pois gosto demais dele"). O trabalho agora o ocupava de tal modo que a vida exterior, representada por sua mulher, passou a tornar-se cada vez menos real. Ele a havia encarregado de lidar com as questões familiares em Bohain após a morte de sua mãe e, quando o pai de Amélie morreu subitamente em Ajaccio em novembro de 1922, Matisse não conseguiu afastar-se do ateliê nem mesmo por alguns dias para comparecer ao funeral.

Ele ansiava por notícias, implorava por visitas e sentia imensamente a falta da esposa. Mas os planos de voltar a Paris no meio da temporada para rever a família e comparecer a uma ou outra de suas exposições individuais na Bernheim-Jeune nunca davam em nada. No final, ele deixaria de ir a cinco dessas mostras em anos sucessivos. Os quadros que enviava a Paris – quase todos com temas de frutas, flores e nus em interiores almofadados e atapetados – davam uma impressão de despreocupação e conforto que iria condicionar firmemente o modo como as pessoas viam a obra de Matisse até o fim de sua vida e mesmo depois. No entanto, para o pintor, esse novo recomeço em Nice assemelhava-se mais a uma versão desumana de seu duro início como estudante trinta anos antes. Quanto mais generosas as recompensas da pintura, mais árida tornava-se sua existência quando não estava diante do cavalete. Ele comprou um par de peixes-dourados para lhe fazer companhia e pintava o dia todo, com pausas relutantes para um almoço frugal de presunto frio ou ovos cozidos e um jantar solitário num café próximo, seguido da sessão noturna de escrita de cartas. O frio era intenso em seu primeiro inverno na place Charles Félix, com sessenta centímetros de neve cobrindo as ruas no início de dezembro. Matisse comprou tamancos de madeira, pediu que lhe enviassem cobertores e um casaco, e congelava à noite, pois era obrigado a deixar a estufa apagada por temor de envenenar o modelo na manhã seguinte com a concentração de emanações nocivas.

Se os quadros ocupavam um espaço e um tempo próprios, o mesmo ocorria com ele. Na maioria dos anos, ele mal notava a chegada do Natal ("Para mim foi um dia como qualquer outro") e tampouco fazia questão de comemorar o aniversário na semana seguinte ("Daqui a vinte e quatro horas vou fazer cinquenta e dois", escreveu agitado em um cartão-postal para Marguerite no dia 30 de dezembro de 1921, "*cinquenta e dois* anos já!"). De vez em quando, ele se permitia uma pausa para ir às festas de ano-novo dos filhos de Renoir, mas em geral preferia escrever cartas após o jantar como sempre, antes de se recolher cedo. Numa dessas noites de inverno, fez um esboço de si mesmo com a aparência de um mago de folga, vestindo um robe de lã listrado e alpargatas de pano xadrez, uma chaleira na mesa, os óculos encarapitados no nariz e na cabeça uma absurda touca de dormir de pele de coelho em forma de salsicha, com a qual, comentou ele, nem mesmo os peixes-dourados conseguiam reconhecê-lo.

Os poucos amigos eram, de um modo ou de outro, também fugitivos: Jules Romains, os Halvorsen, pintores como Bussy e Bonnard, para quem Nice era um refúgio ou um esconderijo. Os ocasionais convites para jantar, da parte das esposas dos amigos, proporcionavam-lhe a única companhia feminina fora do ateliê. Vivendo sozinho por longos períodos pela primeira vez na vida, ele se obrigou a seguir um regime estrito. Ele sempre acordara tarde, apreciava comer e raramente se exercitava fora do ateliê, mas aos cinquenta e poucos anos Matisse abandonou tais hábitos, passando a se levantar às seis da manhã, nadar antes do desjejum e comer pouco no almoço. Com a mesma atitude preventiva, passou até a acompanhar um de seus vizinhos – o pintor americano Charles Thorndike – aos bordéis a que resistira com tanta obstinação quando convidado por Marquet ("Não são muito divertidos, para ser franco, e é sempre a mesma coisa"). Muito depois, contou a Lydia Delectorskaya que costumava frequentar bordéis durante os anos em que pintou Henriette, mais por um senso de obrigação e sem muito entusiasmo ("*Tiens*, esqueci outra vez de ir ao bordel"), com aquele pragmático espírito francês que distingue o sexo dos rituais de namoro ou abordagem, vendo-o antes como uma função corporal tão pouco romântica quanto qualquer outra. Matisse recomendou abstinência a Romains (que estava prestes a se separar e casar de novo), que reagiu com um respeito perplexo.

Também para Henriette, os horários de Matisse eram extenuantes. Ela posava todos os dias, o dia todo, com exceção do domingo, fechada no ateliê, fazendo ao meio-dia uma pausa de duas horas para o almoço, quando toda a cidade fechava ("Ela não pode nem mesmo fazer compras", lamentou Matisse). As tarefas normais do ateliê, como realizar serviços, limpar os pincéis e preparar chá, faziam parte da rotina do modelo. Era uma espécie de cativeiro, mas também um aprendizado. Os pais de Henriette eram trabalhadores pobres do norte e orgulhosos dessa condição. Tal como Arnoud, ela tinha namorado, um jovem instruído de classe média a quem conhecera um ano antes de começar a trabalhar para Matisse. Ela não havia dito nada do namoro aos pais, que ficaram escandalizados quando descobriram três anos depois, não tanto pelo fato de ela ter um amante, mas por este ser de origem burguesa. Os Matisse abriram portas para ela e costumavam levá-la em passeios de carro ou à ópera em Monte Carlo. Ela levou os dois irmãos menores para ver os fogos de carnaval da janela do ateliê e acompanhava Amélie quando esta saía para fazer compras ou passear. Marguerite costumava enviar-lhe pacotes com roupas, Pierre e Jean perguntavam dela em suas cartas e, quando a jornada de trabalho corria bem, Matisse e Henriette tocavam violino juntos. Quando ela ficou doente, Matisse a levou a um médico pela primeira vez na vida. Nascida em 1901, um ano mais jovem do que Pierre Matisse, Henriette tornou-se de algum modo uma filha substituta para os Matisse, no momento em que os filhos estavam prestes a sair de casa. Ela reagiu com a mesma sofreguidão tanto ao afeto cálido do casal como às oportunidades que os dois lhe proporcionavam. "Ó, é tão bonito ver uma família feliz como a de vocês", disse a Marguerite em 1922.

Nessa altura, o apartamento que deveria ser um lar para os Matisse em Nice havia sido inteiramente invadido pelo ateliê e o pintor e sua mulher estavam de novo vivendo em um hotel modesto na vizinhança. Como sempre, a pintura continuava sendo o eixo em torno do qual girava a família. Os quadros de Matisse haviam consolado a filha na doença e tinham o poder de arrancar, como nenhuma outra coisa, sua mulher da depressão. A chegada de uma nova caixa com telas novas, enviada de Nice a cada primavera a tempo para a exposição na Bernheim-Jeune, sempre era uma ocasião de muita excitação em Issy. O ritual anual de desembalar, montar no chassi, emoldurar e expor os quadros culminava com a família reunida para avaliar e reagir às obras. Essas exibições privadas, que duravam no máximo alguns dias antes que os marchands chegassem para fazer suas escolhas, tornaram-se o ponto alto do ano familiar. Ainda que o próprio Matisse estivesse cada vez mais ausente, sua presença continuava a preencher a casa toda. Esse era o motivo e o propósito de seu recolhimento em Nice. "Não há nada a fazer além de viver isolado e para si mesmo – a fim de se tornar uma força efetiva impossível de ser descartada", escreveu ele, quando a esposa e a filha reclamaram de desconsideração por parte dos meios artísticos,

> – hoje você é um gênio – amanhã o desprezam – é assim que são as coisas [...] temos uma coleção genuína de quadros – estou trabalhando com a coragem da independência, meus quadros têm valor de mercado etc., tenho uma reputação considerável mesmo entre aqueles que nada entendem de pintura [...] Nós somos uma dessas grandes e raras famílias cujos membros vivem unidos – não acham que isso é o suficiente para despertar a inveja e o ciúme?

11. *LE VIEUX SOLITAIRE* (1923-28)

NO INÍCIO DA DÉCADA DE 1920, A REPUTAÇÃO DE MATISSE DIVIDIU-SE EM DUAS vertentes (e desde então continuou assim, o que gerou reações intensas e opostas). De um lado, os círculos artísticos dominantes e o público de dois continentes rejeitavam, chocados, a obra que realizara antes da guerra. Nas palavras de um crítico espanhol, esta "despertou um horror estranho e inusitado, algo similar a uma imagem do cadáver da razão, do corpo em decomposição da Inteligência". Os quadros do pintor expostos em 1921 em uma mostra coletiva no Metropolitan Museum de Nova York foram denunciados como patológicos e, no ano seguinte, quando o Detroit Institute of Arts comprou uma de suas telas semiabstratas, a publicação do museu foi obrigada a defender a aquisição escandalosa realçando o fato de o artista ter uma casa agradável e limpa e levar uma vida perfeitamente respeitável.

As obras mais recentes de Matisse, por outro lado, estavam vendendo como nunca, o que não lhe ajudava em nada junto à opinião ilustrada em Paris. Sem apresentar dificuldade alguma para serem apreciados, os quadros pareciam insípidos e irrelevantes para os admiradores da insurreição heroica, como Marcel Sembat, cujo *Henri Matisse* foi a primeira obra de uma série popular lançada em 1920 pela influente *Nouvelle Revue Française*. A ardorosa e incisiva defesa de Matisse por Sembat chegava até 1913 com o *Café árabe*, que (junto com outros quadros cruciais ainda na Rússia) somente seria visto de novo no Ocidente quase quatro décadas após a morte do pintor. Matisse leu o livro de Sembat na época de seu solitário quinquagésimo aniversário em Nice e ficou chocado. "Para começar, ele me nega qualquer futuro – ao me considerar vitorioso", escreveu amargamente para casa, "depois comete todo tipo de equívoco – é este o melhor momento para dizer que me pareço com um professor alemão? E para aludir sem necessidade a Nietzsche?"

Matisse previu corretamente que a abordagem de Sembat, com suas lacunas danosas e ênfase em um passado praticamente inacessível, iria dar o tom das reações a sua obra nas décadas seguintes. O texto não fazia nenhuma referência aos grandes e sombrios quadros da época da guerra, aparentemente porque Sembat (como quase todo mundo) jamais tivera a oportunidade de vê-los. Os jornalistas que entrevistaram o pintor durante a década de 1920 inevitavelmente insistiam em repassar a batalha do fauvismo e suas consequências imediatas. "Essas pessoas são honestas, não tenho dúvida", escreveu aborrecido à família quando lhe pediram para justificar mais uma vez os embates ocorridos vinte anos antes, "e não é a malícia delas que nos prejudica, e sim a estupidez".

Em sua própria percepção, ele já adentrara uma nova etapa da luta que terminaria apenas com as composições de papel recortado, elaboradas diretamente a partir da cor, na última década de sua vida. Mas os temas sensuais e as conotações de harém dos experimentos cromáticos em Nice mais pareciam uma capitulação aos olhos dos contemporâneos. "Ele acabou cedendo, se acomodou, agora tem o público a favor", escreveu Sembat desgostoso a Signac quando, em 1922, o governo francês adquiriu um segundo quadro de Matisse, *Odalisca com calça vermelha*. E nessa nova fase Matisse não iria contar com nenhum defensor comparável aos colecionadores do pré-guerra que haviam lutado com tanto denodo em seu favor. O próprio Sembat morreria de um ataque cardíaco em setembro de 1922, logo seguido pela mulher, que se suicidou com um tiro doze horas depois. Ela deixou instruções para que a coleção do casal fosse entregue ao museu mais próximo de Paris que tivesse a coragem de aceitar a doação (este acabaria sendo o de Grenoble, dirigido pelo empreendedor Andry Farcy, que havia recebido do próprio pintor o *Interior com beringelas* e tornou-se o detentor da única coleção significativa da obra de Matisse na França).

Em 1924, Sarah Stein vendeu um Renoir para comprar o *Chá no jardim*, mas Matisse, que ainda aguardava ansiosamente pelos comentários dela a cada ano, sofreu repetidas decepções com a inexpressiva reação da amiga às obras mais recentes. Quase todos os principais quadros que ela e o marido haviam reunido acabaram sendo vendidos pouco a pouco em Copenhague ao longo da década de 1920 (e muitos acabariam no museu nacional da Dinamarca, que até hoje conta com a melhor coleção na Europa Ocidental do primeiro período revolucionário de Matisse). Em 1923, o *couturier* Jacques Doucet adquiriu o *Peixe-dourado e paleta*, colocando-o ao lado das *Demoiselles d'Avignon* de Picasso, naquela que poderia ter se tornado uma excepcional coleção francesa de pintura modernista se o conselheiro de Doucet, André Breton, não tivesse quase em seguida se desentendido com o colecionador, que morreu logo depois. Outro colecionador respeitável, o americano John Quinn, que vinha acompanhando a trajetória de Matisse desde 1915, escreveu-lhe propondo uma versão mais formal do arranjo improvisado estabelecido entre Shchukin e o pintor, mas também Quinn faleceu subitamente em 1925. Félix Fénéon, o único crítico cuja perspicácia inspirava confiança na Bernheim-Jeune, aposentou-se em 1924, deixando Matisse pela primeira vez sem apoio externo além de marchands que via como incompetentes, de cujas manobras ele se esforçava por se esquivar e cujo único objetivo de longo prazo parecia ser a obtenção do maior lucro possível.

Nesses anos, o isolamento de Matisse tornou-se ainda mais completo do que no passado quando, durante períodos prolongados, ele se afastava até mesmo do apoio familiar. "Você diz que estou levando uma vida agradável e sossegada aqui", respondeu ele a Amélie quando, no outono de 1923, ela se queixou de ter sido abandonada e forçada a resolver sozinha os problemas familiares, "mas não se esqueça de que as minhas tempestades ocorrem no trabalho, que é o leme que governa toda a nossa casa". A insatisfação doméstica era a única coisa que ameaçava seriamente desviá-lo de seu rumo. As reclamações de que privilegiava a pintura em detrimento das preocupações humanas reforçavam sua constante sensação de ser excluído, mal compreendido ou injustamente responsabilizado por sacrifícios que, na verdade, exigiam mais dele que dos outros.

Em 1923, o evento que provocou comoção em Issy foi o casamento de Marguerite. Ao contrário do restante da família, seu pai ficara consternado quando ela decidiu se casar com um dos amigos dos irmãos, o mais brilhante dos discípulos de Prichard no pré-guerra, Georges Duthuit, que se acostumara a visitar a casa em Issy durante suas licenças do serviço militar durante o conflito. Amélie gostava dele e seus dois filhos ficaram fascinados pelo conhecimento que Duthuit tinha do mundo (nascido em 1891, oito anos mais velho do que Jean Matisse, ele concluíra os três anos de serviço militar antes de ser enviado à frente de batalha em 1914). Inteligente, irreverente e muito engraçado, ele introduziu uma nota de alegria que tornava mais amena a atmosfera em Issy. Ele combinava as maneiras impecáveis e tradicionais da classe superior francesa com a informalidade da elegância inglesa. Órfão desde pequeno e confiado à guarda de um tio predatório, Duthuit aprendera desde cedo a se virar sozinho. Conhecia todo mundo que valia a pena em termos intelectuais na anárquica e jovem Paris do pós-guerra e sua formação era suficientemente misteriosa para dar origem a intermináveis rumores. As mulheres ficavam cativadas por ele e os homens, intrigados e impressionados.

Essa espécie de urbanidade, tão distante de tudo o que Marguerite conhecia ou valorizava, deixou-a indiferente. Ela não tinha nenhuma intenção de ser conquistada por ninguém. Porém, a despeito de todo o glamour e beleza física, Duthuit tinha outros atrativos. Era capaz de uma autocrítica tão impiedosa quanto a dela e igualmente disposto a adotar posições extremadas. Ele cortejou Marguerite com uma intensidade nervosa equivalente à dela, contando-lhe a história de sua vida. Nascido do casamento infeliz entre um bem-sucedido arquiteto parisiense e a filha de um proprietário rural na Auvergne, o pequeno Georges crescera na capital, onde servia de álibi para as escapadas noturnas do pai pelos bastidores teatrais, e viu a mãe sucumbir a uma solidão e depressão corrosivas. Depois que ambos os pais morreram jovens de tuberculose e que seu único aliado, um irmão maior e muito querido, afogou-se por acidente na escola, Georges passou a viver com seu guardião, que o tratava com indiferença tão brutal que os oito anos que passou no exército lhe pareceram a salvação. Ele pertencia à mesma geração subversiva de Aragon e Breton, e, como estes, descobriu Matisse quando ainda era estudante, encantando-se de forma incondicional com a força explosiva do *Nu azul* exposto no Salão dos Independentes em 1907. Sua beleza e inteligência atraíam Prichard, que lhe proporcionou um sólido fundamento bergsoniano para a crença de que a arte e os artistas poderiam redimir a herança espiritual desgastada em um mundo corrupto e cínico.

Marguerite também vivia em função dessa crença e ficou emocionada com a convicção inabalável, e por vezes desesperada, que vislumbrou em Duthuit. Este havia idolatrado Prichard e tratou o pai dela com um temor reverente. Dizia que sua geração defrontava-se com uma civilização fraturada na qual as regras e conceitos tradicionais não mais faziam sentido, "uma situação sem precedentes desde a pilhagem de Constantinopla pelos francos". Os quadros de Matisse o haviam influenciado de modo fundamental em uma etapa de sua formação. Com a ajuda de Marguerite, esperava alcançar novas maneiras de pensar e sentir no confronto com as telas que agora faziam parte do que considerava sua bagagem espiritual. Esse era o tipo de destino para o qual ambos haviam nascido.

Duthuit foi o único dos pretendentes de Marguerite que se guiava pelos mesmos termos intransigentes que ela adotara. E, provavelmente, também era aquele que mais necessitava dela. Marguerite havia recuperado a graça e a doçura cativantes da infância, e agora uma radiância interna refulgia em seus olhos escuros e iluminava sua cútis pálida e quase transparente. Até mesmo Prichard achava Marguerite adorável na época. Para Duthuit, ela se mostrou irresistível. A inexperiência social que poderia torná-la desajeitada, e até desastrada, mais lhe parecia o sinal de uma pureza intocada pela grosseira realidade material. Embora contasse com a determinação implacável da jovem, também estava encantado com a delicadeza e o discernimento que lhe marcavam a vida, desde as regras morais até o estilo das roupas e chapéus ("Ela é adorável como o dia", escreveu a Jean Matisse). Para Duthuit, Marguerite sempre iria permanecer no plano de uma dessas criaturas mágicas que haviam deslumbrado e transformado sua maneira de ver em quadros como *Retrato de família* e *A aula de piano*, habitantes de um mundo tão repleto de possibilidades que o levou, como ele mesmo disse, "à beira da ruína, total reviravolta, conversão, vertigem".

Somente Matisse continuava incerto a respeito da situação prática de Duthuit. Muitos pais teriam hesitado em confiar a mão de sua única filha a um perpétuo estudante na casa dos trinta que abandonara a intenção de se tornar arquiteto como o pai e o avô, a fim de se dedicar à teoria estética, sem dispor de nenhuma renda, sem outra possibilidade de divulgar suas ideias a não ser em pequenas revistas, e sem nenhum projeto imediato de trabalho além de uma hipotética tese sobre a arte esquecida dos coptas bizantinos. Nesse verão ocorreram conversas penosas com esse genro em potencial cuja reverência pelo artista como visionário não implicava nenhuma submissão filial. Até Matisse ficou assustado com a ilimitada confiança em si mesmo de Duthuit ("Gostaria que ele, quando lhe contei que providências estava tomando em favor de Marguerite, tivesse me falado algo de seus planos", reconheceu para Amélie, "mas ele não me disse nada, nem tive coragem de lhe perguntar").

Como sempre, Matisse preferiu se refugiar na pintura, interrompendo as férias de verão em Issy e escapando para Nice por três semanas em julho, acompanhado de Jean, que começava a fazer progressos nas telas ("Pendurei os estudos de Jean no quarto e os contemplo amiúde com prazer", escreveu para Amélie). Todos os três filhos de Matisse seguiam um programa de trabalho concebido para lhes proporcionar um caminho mais fácil que o do pai graças à eliminação de qualquer referência ao método das belas-artes. Todos expuseram suas obras no Salão dos Independentes e os dois rapazes enviavam regularmente pelo correio lotes de telas para que fossem avaliadas pelo pai em Nice. Todavia, no final desse verão tumultuado, Pierre voltou das férias na casa da tia Berthe em Ajaccio e também anunciou que encontrara o amor de sua vida e que pretendia se casar. Uma das alunas de sua tia, Clorinde Peretti era filha de um engenheiro corso que a mantinha confinada em casa, segundo o costume local, permitindo-lhe sair desacompanhada apenas para cruzar a rua até o colégio normal, que ficava em frente à casa dos Peretti. Pierre a havia cortejado e conquistado em segredo, por cima do muro do jardim. Matisse não se opôs ao casamento, mas fez questão de explicitar para o filho as consequências de sua decisão. A srta. Peretti não podia ter a menor ideia do que significava partilhar a vida com um artista sem recursos e, como ela havia obviamente inspirado em Pierre uma paixão arrebatadora que a pintura não conseguira despertar, ele o aconselhou francamente a buscar outra profissão. Sugeriu que se dedicasse ao comércio de arte e arrumou-lhe um emprego na Galeria Barbazanges, Hodebert & Cie., no faubourg Saint-Honoré, em Paris. Isso acabaria se revelando um conselho astuto e afetuoso, mas, em função do desprezo arraigado de Matisse pelo ofício de marchand, também enterrou uma faca entre o pai e o filho cujo fio continuaria aguçado até o fim de suas vidas.

Os preparativos para o casamento de Marguerite no final do ano foram marcados por apreensões ainda maiores. Matisse, que se recolheu satisfeito a Nice em setembro, passou a receber boletins alarmantes sobre a saúde da filha, que estava ficando cada vez mais pálida, frágil e magra (em novembro, estava reduzida a uma dieta de leite e tão debilitada que o pai esperava, mesmo sem fundamento, que o casamento fosse adiado). Amélie cuidava de tudo com eficiência militar, organizando as cerimônias civil e religiosa, compilando listas de convidados e preparando um enxoval com peças bordadas à mão. Para Matisse tudo aquilo parecia excessivo, mas a mulher e a filha ignoraram seus protestos. Afinal, fora exatamente assim que a própria Amélie se casara: de repente, por amor e às pressas, em uma cerimônia esplêndida e sem nenhuma perspectiva para o futuro além da penúria romântica e anos de labuta. O casamento de sua filha foi celebrado no dia 10 de dezembro em uma cerimônia civil na prefeitura, seguida da religiosa na catedral de Notre-Dame, com músicos, flores, recepção e convidados que lotaram seis veículos. Matisse escolheu a música e Marguerite estava tão adorável que o grande orientalista Charles Vignier comentou que o próprio Matisse devia ter desenhado o vestido de noiva. No dia seguinte, enquanto o novo casal Duthuit seguia para a lua de mel em Veneza, os convidados reuniram-se de novo em outra animada recepção em Issy. Na mesma noite, Matisse jantou com o casal Stein ("Seu pai estava muito feliz e expansivo, o que deixou a todos encantados", relatou Amélie para a filha). No dia 12 de dezembro, ele retornou a Nice com uma foto emoldurada da filha, especialmente encomendada ao jovem americano Man Ray, para pendurar no ateliê.

Em determinado momento, o casamento de Marguerite dera a impressão de que poderia dividir a família. Dois campos se formaram em relação a Duthuit, com Matisse enfrentando a sólida oposição da mulher e da filha ("Não me agradeça, querida Margot, por tudo o que fiz por você", escreveu Amélie para a filha adotiva após o casamento, "que só me deu alegria e carinho desde que tomei o lugar de sua mãe – eu é que deveria lhe agradecer"). Porém, quando Marguerite escreveu sondando se ela e o marido poderiam passar em Nice no caminho de volta de Veneza, Matisse recebeu o casal calorosamente. E até mesmo ofereceu-lhes um concerto, com ele e Henriette tocando um dueto de cordas. A fúria e os maus pressentimentos de Matisse haviam sumido, dissipando a atmosfera ao redor. A convulsão que afastara o pintor de sua mulher agora os aproximou, levando-os a recordar sua própria lua de mel e provocando uma rara declaração de amor e confiança da parte de Amélie em uma carta à filha. "Eu tive o melhor, na verdade não existem muitos homens como seu pai, e o que mais desejo é que também você possa ter o melhor", escreveu, descrevendo a confiança mútua que se estabelecera naturalmente bem no início de seu casamento: "Posso dizer que, se tivesse de começar tudo de novo, não mudaria minha vida por nada nesse mundo".

Quando foi ter com o marido em Nice, chegando no final de março para evitar o ruído e as multidões do carnaval, Amélie o encontrou exaurido e irritado, ansiando por companhia, debilitado pela gripe de inverno e queixando-se de dores no ventre. Nos anos anteriores, Amélie é que havia achado difícil passar esses dias sem conversar com ninguém e sem ter nada para fazer em Nice, mas na primavera de 1924 o casal retomou as rotinas simples que conheciam desde o início de sua vida em comum. Amélie voltou a cuidar do ateliê e acompanhava o marido em suas excursões para pintar, sentando-se ao lado do cavalete à sombra das árvores no monte Boron, com um bloco de anotações nos joelhos e a baía estendida aos pés. Às vezes percorria as lojas de antiguidades, selecionando pratos decorados ou um biombo pintado para o marido. Toda manhã fazia compras no mercado diante do ateliê e tinha de se conter para não enviar pacotes diários a Paris com morangos, cerejas, aspargos, alcachofras, ervilhas e feijão. A jovem sra. Duthuit, iniciando a vida de casada no apartamento do quai Saint-Michel, recebeu flores – copos-de-leite, tulipas cor de sangue, íris, rosas e uma caixa inteira de cravos – em quantidade suficiente para ocupar todos os vasos da casa. Matisse, que ainda se considerava um residente temporário em Nice, sugeriu que continuassem alugando o apartamento por mais um ano e arrumassem outro para viver, em vez de ficarem em hotéis. Amélie gostou da ideia de dois apartamentos no mesmo prédio e com espaço suficiente para as visitas familiares. Nesse verão, Matisse assinou o contrato de locação do apartamento no andar de cima e surpreendeu Amélie ao concordar de imediato com férias na Itália em companhia dos recém-casados, de modo que ele e o genro pudessem superar os desentendimentos iniciais.

Ele voltou a Paris no dia 6 de julho, três semanas antes da data prevista do casamento de Pierre com Clorinde Peretti. Esta não se parecia com ninguém que os industriosos e altivos Matisse haviam hospedado antes em Issy. Nascida em 1901, na Bolívia, onde seu pai estava construindo uma ponte, ela passara metade da vida solta na América do Sul e a outra metade trancada na casa paterna em Ajaccio, vigiada e cultivada como uma orquídea rara. Ela parecia uma luxuriante flor de estufa e movia-se com a energia e a flexibilidade contidas de uma dançarina espanhola. Pierre a chamava de sua princesa inca. Desde pequeno, ele havia jogado tênis, trepado em árvores e saído para nadar com os irmãos dela durante as temporadas na casa da tia e, em uma sociedade machista na qual uma jovem jamais ficava sozinha com um homem até que se casasse, ele era o único rapaz que ela conhecera além dos parentes. Na Córsega, qualquer ofensa à honra de uma mulher ainda costumava ser resolvida por meio do punhal ou do revólver. Sempre cauteloso como pai, Matisse insistira para que Pierre voltasse a Ajaccio e pedisse formalmente a mão de Clorinde. O pai dela, porém, acertara já o casamento da filha com um médico de meia-idade e recusou o pedido daquele aprendiz de marchand parisiense de 22 anos com o argumento, perfeitamente razoável, de que ele não tinha nenhuma profissão nem como sustentar uma esposa. "Meu pai era terrível", diria Clorinde, "por isso abandonei os estudos para me casar com Pierre Matisse".

Ela viajou sozinha para o casamento em Paris, sem dote e apenas com a roupa do corpo. Os Matisse organizaram a cerimônia, contrataram um advogado para redigir o contrato nupcial e proporcionaram um lar para o jovem casal em Issy, assim como uma mesada no valor de quinhentos francos. Clorinde aproximou-se deles com desconfiança, submetendo-se à mãe de Pierre com requintada formalidade e tratando o pai dele como uma espécie de ogro. O casamento foi celebrado no dia 31 de julho, em uma capela lateral da Notre-Dame, numa cerimônia íntima sem nada da fanfarra do ano anterior. Matisse emprestou o carro e o apartamento em Nice para a lua de mel e ele e Amélie seguiram para o sul com os Duthuit rumo a Capri, Salerno, Positano e a baía de Nápoles. No entanto, a viagem não se estendeu aos sítios arqueológicos e museus que Duthuit queria ver, e tampouco serviu para cimentar a aliança, tão desejada por Marguerite, entre o marido e o pai. Matisse deixou os outros explorando a Gruta Azul e voltou para Nice, onde as coisas também não haviam corrido bem no apartamento da place Charles Félix.

Uma série de choques havia abalado a confiança de ambas as partes. Pierre estava cativado pela graciosidade e o arrojo da mulher, que ela exibia de maneira deslumbrante numa época em que os banhos de sol e de mar eram praticamente desconhecidos em Nice. Clorinde saltava como uma acrobata, andava sobre as mãos e pulava de costas do píer do Cassino, descrevendo uma curva graciosa e dando dois saltos mortais antes de mergulhar na água como uma flecha. Ela jamais se esqueceria do deleite incrédulo do sogro diante de tais mergulhos ("Ele não conseguia deixar de se maravilhar").

E talvez ele também não tenha se esquecido, ao criar os mergulhos e piruetas de seus acrobatas azuis um quarto de século depois. Todavia, em todos os outros aspectos, era como se marido e mulher tivessem vindo de séculos distintos. Criada em uma casa repleta de criados, tendo a sua disposição uma carruagem e uma aia que a vestia e a penteava pela manhã, Clorinde nunca havia feito compras no mercado ou entrado na cozinha. Em seu mundo, uma dama usava luvas de renda para proteger as mãos e convocava as criadas com um sininho. Ela desafiara o pai e abandonara a família para se casar com Pierre, mas o modo de vida dele era tão inconcebível para ela como se tivesse caído em uma tribo primitiva. "Não é possível", comentou ela em Nice quando ele lhe explicou que não havia nenhuma criada na casa.

Nascido em uma família que considerava a pintura parte integrante de uma lua de mel, Pierre havia levado o estojo de tintas e ficou tão perplexo quanto a esposa ao sair do ateliê ao meio-dia e constatar que nem ocorrera a ela preparar algo para o almoço. Todos na família de Pierre, incluindo o pai, podiam buscar carvão, preparar e acender o fogo, comprar mantimentos e improvisar uma refeição, assim como varrer o chão e arrumar a cama em um átimo. Amélie e Marguerite não só cuidavam dos próprios penteados e desenhavam suas roupas como também administravam o ateliê, lidando com galeristas e moldureiros, esclarecendo colecionadores, negociando vendas e cuidando de toda a documentação fiscal necessária. Ao lado delas, Clorinde sentia-se como um peixe fora d'água. Dava a impressão de frieza e indiferença e de estar empenhada em impor ao marido convenções rejeitadas pelos Matisse como intrinsecamente fúteis. Ela era ignorante em termos de pintura e seus valores básicos, todos vinculados a segurança, posição social e posses materiais, pareciam-lhes chocantemente frívolos e insípidos. Tudo o que os Matisse diziam ou faziam era um repúdio a ela e aos valores burgueses com que fora criada. Tanto Clorinde como Pierre haviam confundido com revolta genuína o intenso desejo de escapar de um pai tirânico e de um casamento arranjado. Para Matisse, as atitudes dela refletiam uma estreiteza complacente, repressiva e vulgar que ele repelira durante toda a vida. Pierre estava inebriado com a esposa, mas houve momentos na lua de mel em que preferia não ter conhecido Clorinde.

Depois que o casal se instalou em Issy, a situação só piorou. Toda a família cerrou fileiras para resgatar Pierre. Clorinde passou a se sentir sob uma vigilância hostil, criticada e corrigida a todo momento. Nada a preparara para o mundo ao avesso em que agora tinha de viver, onde todos se dedicavam à pintura e ninguém pensava seriamente em ganhar a vida ou sentia o menor pudor em transgressões flagrantes da decência social, desde a inexistência de criados até a ilegitimidade de Marguerite. "Eu estava confusa e desorientada", comentaria mais tarde. Ela tinha pavor das sobrancelhas erguidas e dos comentários sarcásticos da cunhada e, mesmo depois de dois meses, não conseguia chamar a sogra de outra coisa além de "senhora". Pierre estava dilacerado entre as duas facções e paralisado pelas pressões de ambos os lados. Nenhum dos novos cunhados se mostrou disposto a proteger Clorinde. Sem conhecer ninguém em Paris, ela afinal pediu socorro à esposa do patrão de Pierre, a sra. Hodebert, segundo a qual, quando abraçou a jovem para consolá-la, Clorinde estava traumatizada demais até mesmo para chorar. Ela era uma vítima em uma batalha muito maior que ameaçava o próprio Pierre, caso o casamento se prolongasse por mais tempo. "Quanto mais penso nisso, mais convencido fico de que, seja qual for o custo, ele precisa se separar", escreveu Matisse, cujo relacionamento com a mãe de Marguerite, Camille Joblaud, havia desmoronado por causa do mesmo conflito entre liberdade artística e conformidade burguesa.

O casal acabou se separando em outubro, dois meses depois do casamento. Clorinde devolveu o anel de noivado e saiu de Issy, guardando apenas a confiança em Berthe, que amava Pierre como se fosse seu filho, mas também compreendia a jovem e simpatizava com ela (uma deslealdade pela qual Amélie jamais a perdoou). Pierre também se mudou e foi morar num quarto alugado. E passou a ver a si mesmo com os olhos do pai, como um fracassado que, após frustrar as expectativas deste como violinista e pintor, havia de algum modo conseguido transformar até o casamento em um fiasco. Matisse, porém, não se esquecera do conflito similar que vivera com seus pais na mesma idade, acarretando vergonha e decepção de um lado, e orgulho ferido do outro. O pintor que ficara conhecido entre os vizinhos de Bohain como o *triple raté* (três vezes fracassado) reuniu então toda sua formidável energia para resgatar o filho, adotando uma estratégia de limitação de danos. Matisse decidiu dar uma mesada para Clorinde e propôs a Pierre que se mudasse para os Estados Unidos (Nice foi descartada como refúgio – "perto demais de Ajaccio" – por temor a uma vingança dos Peretti). Ao mesmo tempo contratou um advogado para cuidar do divórcio e mandou Pierre de volta à Córsega para se explicar com o pai de Clorinde, que desde o início rejeitara o genro que agora efetivamente havia arruinado o futuro da filha.

O divórcio não era uma opção na Córsega e a vingança fazia parte dos costumes locais. Mas o desespero abjeto de Pierre emocionou até o sr. Peretti, que guardou o revólver e relutantemente reconheceu que o genro pelo menos tinha coragem. Arrebatado de novo por seus sentimentos em relação a Clorinde, Pierre tomou o barco de volta a Nice e irrompeu em lágrimas no meio da execução de um dueto de cordas no ateliê. Pai e filho conversaram longamente. Após Matisse descrever as concessões degradantes e a automortificação que nessa altura só poderiam ser evitadas por um rompimento completo, Pierre afinal concordou em deixar a França o quanto antes. A inusitada intimidade e a abertura desse encontro alteraram por completo o relacionamento de ambos, estabelecendo uma confiança mútua e uma sensibilidade ao sofrimento do outro que iria sobreviver até às piores turbulências no futuro. Matisse levou o filho ao teatro, não o deixou sozinho em nenhum momento e adiou o trabalho do dia seguinte. O temor de uma intervenção por parte dos Peretti tornou ainda mais urgente a pressa e a confusão da família. No fim de novembro, Matisse juntou-se aos outros em Paris para os preparativos da viagem de Pierre, dando-lhe cinquenta gravuras e 10 mil francos, solicitando a ajuda dos Bernheim, pedindo conselhos aos Stein e deixando de sobreaviso Pach em Nova York. Pierre partiu no dia 9 de dezembro, deixando a família em um estado de choque coletivo. E desembarcou em Manhattan, como milhares antes dele, falando um inglês rudimentar, sem planos definidos e apenas uma vaga ideia do que faria a seguir.

Essa era a terceira convulsão importante em doze meses numa família que, como colocou Marguerite, permanecia tão unida nos momentos bons e ruins quanto os cinco dedos da mão. Matisse passou o dia de Natal de 1924 acamado com gripe. Seu trabalho fora prejudicado durante toda a temporada e o novo apartamento no andar de cima ainda estava nas mãos de encanadores e decoradores. Amélie também estava à beira de um colapso. "Temo que o último fio que a impede de mergulhar na depressão acabe se rompendo antes de viajarmos", escreveu Marguerite, preparando-se para acompanhá-la até o sul com Duthuit, levando baús com roupas íntimas e peças de mobília. O trio desembarcou em Nice no dia 5 de janeiro, no mesmo dia em que chegou a primeira carta de Pierre para os pais, e Marguerite respondeu-lhe de imediato descrevendo que estavam tão ansiosos por notícias que ficavam arrancando a carta das mãos uns dos outros. Matisse, que não conseguia falar da partida do filho sem ficar com os olhos marejados, estava exaurido. "E isso provoca uma inquietação que afeta todo o resto", escreveu Marguerite a Pierre. "Ela se acrescenta à inquietação causada por seu trabalho – uma inquietação que parece estar aumentando – e por qualquer motivo fica apavorado."

O apartamento no quarto piso da place Charles Félix era mais amplo que o ateliê no andar inferior, com um banheiro recém-instalado e uma vista magnífica da baía, mas o período inicial ali não foi nada auspicioso. Amélie sofria muito com o reumatismo, dor nas costas, problemas nos rins e a depressão recorrente. A fadiga de Henri retardava e estorvava o trabalho. Segundo o diagnóstico do médico do casal, os problemas de saúde de ambos eram de origem nervosa. E as tensões íntimas eram exacerbadas pela turbulência no país em geral. A França havia esperado seis anos para reconstruir a devastada região setentrional e recuperar sua infraestrutura industrial com as compensações financeiras com que a Alemanha se comprometera mas não honrara. A nação parecia estar cambaleando rumo à falência, ao colapso ou à guerra. Matisse voltara a se atormentar com a possibilidade de Pierre ter de lutar contra as forças soviéticas na Polônia em 1920 e de Jean ser convocado quando a França se mobilizou para invadir a Alemanha no ano seguinte. "Melhor não pensar muito sobre isso", disse Marguerite, na época em que tropas francesas ocuparam o vale do Ruhr em 1923, "pois o futuro mais parece um abismo". Em 1925, o país estava lutando para evitar o caos político e financeiro, enquanto ministros e primeiros-ministros caíam, os impostos subiam e o valor do franco despencava.

As novas telas que Matisse enviou a Issy na primavera de 1925 não traziam nenhum sinal explícito de inquietação. Seus temas – nus, frutas e flores destacando-se de vários fundos florais ou listrados – dificilmente poderiam ser mais singelos, nem a impressão geral mais luxuriantemente sensual. "Acabamos de receber as telas, que como sempre iluminaram a grande sala", escreveu Marguerite ao pai no dia 7 de abril, "a sutileza da tonalidade das novas telas em harmonias de malva e rosa é tão extraordinária, com a luz acariciando e deslizando sobre os objetos – e, a despeito de sua insubstancialidade, criando um equilíbrio sólido na parede –, que nunca deixa de nos maravilhar." Seis das onze obras eram naturezas-mortas ou flores, entre as quais a resplandecente *Anêmonas em vaso de terracota*, com tons malva e rosa, escarlate, púrpura e ouro. Esse vaso de anêmonas era um dos arranjos florais que Matisse disse que mantinha para emergências, como quando Henriette solicitava uma tarde de folga. Henriette era uma escultura viva. Os planos admiravelmente modelados de seu torso e membros captavam a luz enquanto o corpo se articulava como o de um gato em compactos volumes arredondados – seio, ventre, quadril, coxa, panturrilha, joelho – que fluíam suavemente uns a partir dos outros desde o rosto ovalado até o arco e o calcanhar dos pés nus.

Todavia, mais do que qualquer outro modelo profissional anterior, Henriette também estava alerta ao crescente desassossego subjacente ao olhar de Matisse. No início da parceria, ele comprara um piano de segunda mão e a pintou dedilhando o teclado, com os dois irmãos menores dela debruçados sobre um tabuleiro de xadrez, recriando o retrato de grupo anterior para o qual seus filhos haviam posado. Não há nada de ameno ou tranquilizante nos vermelhos pesados que predominam nessas telas e nos ásperos e enfáticos padrões dos tecidos aplainando as paredes, o piso, a mesa e mesmo os meninos com túnicas listradas de preto e branco concentrados em um tabuleiro cujo quadriculado invasivo reaparece até no pedestal do *Escravo* de Michelangelo. É como se a realidade por trás dos artifícios sedutores de Nice estivesse emergindo com insistência cada vez maior.

Henriette observava Matisse com atenção, seguindo o pincel com os olhos, compreendendo mais do que qualquer outra pessoa fora da família as consequências do total comprometimento dele com o que estava fazendo. Ela era uma perfeccionista que se impunha metas quase inatingíveis e pagava pelo esforço de tentar alcançá-las com periódicos surtos de anemia, esgotamento e desânimo. Tal como Matisse, ela jamais via a necessidade de se descontrair. Ambos dividiam um professor de violino, François Eréna, uma figura importante na ativa vida musical de Nice. Eréna impunha uma disciplina rigorosa e, quando escolheu Henriette, então com 21 anos, para ser a solista de um concerto de violino num de seus concertos públicos dominicais, ela precisou do apoio conjunto de Matisse e Amélie para suportar os meses de ensaios. Certa vez chegou a desmaiar enquanto posava, deixando-

-os tão preocupados que ambos a levaram até a casa dela e fizeram com que prometesse descansar. No final, apesar de seu nervosismo angustiante, Henriette tocou de maneira brilhante. Mas toda a experiência a deixou tão profundamente abalada que abandonou as aulas com Eréna após o concerto, a fim de se tornar discípula de Matisse. Ele a retratou diante do cavalete, com ar sério e esforçado, sem nada da confiança e indiferença que assumia em seu papel de odalisca. Em 1925, ela expôs quatro quadros em Nice, no ano seguinte participou do Salão dos Independentes em Paris, onde conseguiu vender, na primeira tentativa, uma das telas à Sociedade de Amigos das Belas-Artes. Para Matisse, ela tinha um futuro mais promissor do que qualquer outro pintor jovem em atividade na costa do Mediterrâneo.

O pai de Henriette tinha uma história de alcoolismo, ela e a mãe ficavam com frequência incapacitadas por surtos de doença, e os irmãos menores, extremamente musicais, só conseguiam encontrar trabalhos temporários, como confeiteiro e ascensorista, respectivamente. Os jovens Darricarrère, ainda mais do que os jovens Matisse, pertenciam ao mundo desenraizado e em desintegração refletido na obra realizada por Matisse após a guerra em Nice. "As obsessões transparecem e a angústia se desprende da sucessão de imagens que esses quinze anos de pintura nos oferecem", escreveu Dominique Fourcade, ao introduzir uma exposição na National Gallery, em Washington, três décadas após a morte do pintor, quando pela primeira vez essas telas foram vistas sem prevenção ou preconceito, apresentadas em contexto, de modo que pudessem se expor em seus próprios termos: "O mundo retratado é o da espera e da tristeza; um mundo de erotismo acentuado, quase de *voyeur*. Um mundo distante no qual a comunicação parece impossível ou fútil; além disso, os seres humanos tornaram-se coisas pintadas nesse mundo, eventos de cor visando produzir a luz na superfície do quadro – despojados de tudo que não seja sua existência cromática".

Seriam necessários sessenta anos ou mais para que esse resíduo emocional oculto – os sentimentos perturbados e perturbadores descritos por Matisse em sua correspondência da época – se tornasse palpável em quadros que superficialmente descrevem uma existência despreocupada de ócio e lazer. O Matisse da década de 1920, por tanto tempo desconsiderado como fácil e complacente, parece em retrospecto muito diferente. Os modelos reclinados em trajes simulados de harém sobre divãs improvisados eram originários da maré de refugiados que foi dar às praias de Nice no período entreguerras, pessoas em trânsito ou imigrantes empenhados em ganhar o suficiente para pagar o aluguel de um quarto, ou sustentar famílias com empregos temporários como figurantes de cinema, dançarinos e músicos. Muitas das jovens estavam acuadas, perturbadas, e eram pouco confiáveis. Uma delas adoeceu e tossiu sangue. Outra não tinha dinheiro para pagar o trem de volta a Paris. Em certo sentido, todas estavam em busca de asilo, tal como o pintor. "Nesses retratos feitos em Nice com um punhado de modelos, ele registrou a ansiedade e a inquietação de mulheres contemplando o mar, anelantes diante de janelas abertas, nem vestidas nem despidas, sem ter para onde ir, remexendo-se nas cadeiras, inertes nos sofás com livros não lidos e instrumentos não tocados nas mãos, jamais fitando a si mesmas no onipresente espelho da penteadeira, indiferentes aos buquês, absortas em sua própria presença muda", escreveu Catherine Bock em 1986. "Essas são as mulheres que encontramos nos romances do pós-guerra, descritas por Jean Rhys e Paul Morand, disponíveis, entediadas, cismadoras e sem rumo."

Todavia, a ambiguidade dessas telas permaneceu invisível para os contemporâneos de Matisse, que nelas viam apenas uma retomada dos métodos confortáveis e batidos de ordenamento da realidade. Pelos progressistas critérios parisienses, cada vez mais Matisse era apreciado pelo tipo errado de gente. No verão de 1925, ele foi feito cavaleiro da Legião de Honra, logo depois eleito um dos artistas mais populares da França pela revista *L'Art Vivant*, e no mesmo ano incluído no hall da fama da *Vogue* inglesa. Esse tipo de sucesso confirmava a desconfiança daqueles que detectavam a marca da covardia e da autocomplacência nos quadros de mulheres e flores pintados por Matisse. Os admiradores iniciais reagiram com repúdios mais ou menos constrangidos. O marchand de Picasso, Daniel Kahnweiler, elaborou um programa filosófico para o cubismo que fazia da "decoração" e do "ornamento" termos abomináveis, descartando por implicação a obra de Matisse como nem sequer fazendo parte da pintura. Breton divulgou uma retratação pública em *La Révolution surréaliste*, denunciando todos os pintores que se haviam desviado do caminho verdadeiro e sucumbido às armadilhas da reação burguesa, concentrando-se em Matisse e Derain como os principais alvos do anátema ("Eles estão perdidos por toda a eternidade tanto para os outros como para si mesmos [...] Eu ficaria muito incomodado comigo mesmo se continuasse a dar atenção a esses pesos mortos").

Georges Braque, levado por Halvorsen ao apartamento da place Charles Félix em 1925, nem sequer disfarçou seu desconforto. "Braque não se dignou a examinar o que estou fazendo", escreveu Matisse para casa, relatando que o único comentário do colega sobre a escultura na qual trabalhava foi dizer que argila tinha uma cor interessante. "Quanto aos quadros, ele fez de tudo para não examiná-los [...] desviando a cabeça toda vez que seu olhar recaía sobre eles [...] Tudo o que queria era ver os quadros de Renoir e Courbet." Episódios como esse desalentaram Matisse, enfatizando o abismo que voltava a se abrir entre ele e os contemporâneos mais talentosos. As duas esculturas que Braque preferiu ignorar eram um maciço busto de *Henriette* – o início de uma série com três obras tão surpreendentemente inovadoras quanto as cinco *Cabeças de Jeannette* – e o *Grande nu sentado*, que Matisse considerava a peça mais importante que havia feito (já dedicara três anos de trabalho e ainda seriam precisos outros quatro para concluí-la). Nessa altura, tão pequena era sua expectativa de ser entendido pelos críticos que ele cancelou as exposições anuais na Bernheim-Jeune, depois de lhes dizer que não pretendia renovar o contrato quando este vencesse em 1926.

Ele poderia ter compensado isso com um entusiasta dotado de percepção visual requintada e perspicaz como Georges Duthuit, que teria muito interesse em fazer a mediação entre o sogro e um mundo pouco compreensivo. No entanto, Matisse, pouco inclinado a assumir o papel de mentor socrático para um discípulo cujo fervor, segundo seu próprio relato, chegava às raias do delírio, aconselhou o genro, na primavera de 1925, a aceitar uma proposta de Charles Vignier, que queria se aposentar e transferir seu negócio. Matisse e Vignier achavam ambos que Duthuit contava com os três dons cruciais para ser um bom marchand – inteligência, intuição e carisma –, mas o projeto fracassou diante da oposição veemente de Marguerite, para quem a pureza dos objetivos do marido acabaria comprometida pelo contato com a atividade comercial. Foi Pierre, que passava o verão na França após organizar uma pequena mas bem-sucedida mostra coletiva em Manhattan, que dissipou as apreensões da família ao revelar um insuspeito talento para os negócios ("Ele chegou a Nova York como quase ninguém", escreveu John Russell, "e quando embarcou para a França em maio de 1925 era quase alguém").

A família toda voltou a se encontrar em Issy, mas sem a presença de Matisse, que continuou no sul até meados de julho concentrado em sua escultura. Os Duthuit logo seguiram para lá, com a intenção de ocupar o apartamento vazio em Nice, de modo que Georges (preparando-se para um emprego temporário no Louvre, obtido graças a uma recomendação do sogro) pudesse trabalhar em paz. Matisse vendeu um lote de desenhos para comprar outro carro de segunda mão, com o qual viajou com Jean para a Holanda. No caminho atravessaram a região da Flandres, evitando passar por Bohain e Le Cateau, com suas árvores destroçadas e cemitérios militares com sepulturas recém-abertas que se estendiam até o horizonte em todas as direções. A viagem foi concebida em benefício de Jean, que dirigiu o Buick conversível ("Você tocou o coração de mecânico que ele ainda tem no peito e fez com que batesse mais rápido", disse Marguerite). A ambição de Jean era "tornar-se um Chardin holandês" – um mestre da arte dos tons cinzentos tal como fora o pai na mesma idade – e Matisse proporcionou-lhe um curso intensivo de pintura holandesa que ele próprio gostaria de ter tido trinta anos antes. Porém, o entusiasmo mútuo de pai e filho acabou amortecido pela esmagadora decepção de Matisse ao não constatar nas obras do filho nenhum aproveitamento imediato de tudo aquilo que haviam visto. "O ar estava carregado de nuvens escuras", escreveu Amélie a Marguerite logo que eles voltaram, descrevendo o tipo de atmosfera tensa que deixava todos nervosos e em geral culminava em uma explosão da parte do marido e, de sua parte, em um silêncio obstinado ou em ameaças chorosas de ir embora. O verão não estava sendo o intervalo tranquilo de descanso e descontração que Matisse havia imaginado. Jean estava na defensiva, Duthuit chateado e meditabundo em Nice, Marguerite deprimida e Pierre, apesar de toda sua recém-descoberta confiança, ainda vulnerável a alguma vingança concebida na Córsega.

No fim do ano, o advogado dos Matisse alertou a família de que uma iniciativa explícita em favor do divórcio acabaria levando a ameaças de morte. E aprofundou-se o distanciamento entre Amélie e Berthe, cujo apoio a Clorinde fazia dela um monstro aos olhos da irmã. As duas não haviam mais se falado desde a separação de Pierre e, embora Amélie tivesse feito uma viagem só para confrontar Berthe, agora ocupando um novo posto como diretora do colégio normal de Pau, as irmãs se separaram sem nenhuma menção ao assunto que motivara o encontro. Pierre continuaria a correr um risco efetivo toda vez que passava o verão na França até a morte do sr. Peretti em 1927 ("Meu pai morreu de tristeza", contou Clorinde. "Ele veio a Paris com um revólver para matar Pierre Matisse"). O refúgio forçado no outro lado do Atlântico durante esses anos transformou Pierre em um conselheiro da família, um papel que desempenhava com tato surpreendente para sua idade, mantendo contato com a tia, insistindo com a mãe para que fosse mais conciliadora, animando e incentivando Jean, trocando piadas com Duthuit e explicando ao pai a lealdade dividida de Marguerite. "Se ninguém estiver disposto a baixar a guarda, a casa vai virar um inferno e vai chegar um ponto em que não poderemos mais nos ver", escreveu ele com uma franqueza que jamais se permitiria diante de Matisse, "e o que ganharíamos com isso?" Suas cartas revelam que ele estava rapidamente deixando de ser um jovem apreensivo e tenso de 23 anos, empenhado em se mostrar digno, para se tornar o principal confidente do pai. Pierre ficou tão abalado com o que lhe pareceu a solidão absoluta de Matisse em Nice nessa época que implorou à mãe que fosse mais piedosa e se mudasse de Paris para lá.

No outono de 1925, Matisse consolou-se arrumando uma cadela, um animado e afetuoso filhote que recebeu o nome de Gika e conseguia ser ainda mais sensível que o dono. Ficava tremendo durante uma hora quando Matisse reclamava que ela havia urinado no tapete e não conseguia comer nada quando ele a repreendia por se atrasar para o jantar. Matisse deixara Paris em julho tão extenuado que disse que gostaria de dormir por um mês e, de volta a Nice, sentiu-se cada vez mais abatido. Conseguia se dedicar a uma única sessão de trabalho por dia e logo nem mesmo isso. Em outubro, ele prescreveu a si mesmo uma quinzena de descanso, recolhendo-se a um hotel nas montanhas, em Saint Martin Vésubie, onde passava os dias dormitando ou passeando com Gika ("É um pouco como a hora de sol de um prisioneiro", contou à mulher). No mês seguinte, estava sofrendo de pressão alta, suores frios, sangramentos no nariz e lassidão ("a cabeça vazia e sem vontade de fazer nada"), complicados por uma ansiedade tão forte que se viu obrigado a deixar de lado o trabalho por outra semana inteira.

Amélie, cuja própria saúde era tão precária que hesitava em fazer uma viagem de trem, por fim foi encontrá-lo no dia 5 de dezembro de 1925 e a partir daí ambos começaram a se recuperar. Com solicitude mútua, cuidaram de seus achaques e, pela primeira vez, contrataram um casal para cuidar deles. Amélie começou a se sentir à vontade no apartamento do andar superior – "pouco a pouco minha casa está ficando em ordem" – e menos forasteira em Nice. Não só retomou os trabalhos de costura, mas também chamou sua costureira de Issy para a confecção do guarda-roupa de primavera, um ritual anual que normalmente a retinha em Paris até a Páscoa. Matisse, convencido de que a inatividade o estava deixando flácido e gordo, no ano-novo deixou de fumar, começou a se exercitar duas vezes por semana, orientado por um instrutor de academia, e seguiu rigorosamente um programa de natação ou de foxtrote ao som de um gramofone, antes do banho de sol e caminhada à beira-mar.

O ano de 1926, que seria bastante turbulento para toda a família, começou bem tranquilo. Na primeira semana de janeiro, a *Natureza-morta baseada em "La Desserte" de Heem* de Matisse foi exibida na exposição em homenagem a John Quinn, em Nova York. "Sua natureza-morta ilumina toda a sala [...] Ela é esplêndida, as cores continuam tão vívidas quanto no momento em que a tela foi pintada. Foi uma bela sacudida vê-la de novo", escreveu Pierre, que tinha quinze anos quando o quadro foi concluído e se viu arrebatado por uma onda de patriotismo familiar que tornava insípida a obra de todos os outros pintores. No mesmo mês de janeiro, os Duthuit deixaram o apartamento de Matisse em Paris e se instalaram numa pensão barata em Toulon. Jean ficou sozinho em Issy, cuidando dos negócios da família, enviando relatórios aflitos e incrédulos à irmã, relacionando as pessoas a serem vistas, as contas pagas, as provas conferidas, as fotos encomendadas, os quadros emoldurados e a escultura supervisionada na fundição. Depois de três meses, queixou-se de que estava tão cansado que mal conseguia ficar em pé. Quando Marguerite afinal voltou e reassumiu seu posto no final de abril, Jean teve de se recolher à casa de campo da família de Duthuit para se restabelecer.

O apuro de Jean era agravado pela exasperante pressão exercida a distância, de maneira não deliberada, por Matisse. Quando se tratava de cuidar dos negócios, todos os filhos viviam temerosos de ofender o implacável, inacessível e inescrutável *Papa*, que enviava instruções por carta ou telegrama, por vezes mantendo um silêncio agourento durante semanas, em outras explodindo como um vulcão para distribuir favores ou, com mais frequência, lançar raios de Nice. Todos sentiam que dedicavam um tempo e um esforço descomunais tentando aplacar uma divindade caprichosa e irascível que os fazia correr de um lado para o outro em Nova York e em Paris, onde, embora fossem prestigiados e adulados, também estavam dolorosamente conscientes de sua posição equívoca no mundo das artes. O nome Matisse era ao mesmo tempo um fardo e um benefício. Ele tornava os filhos do pintor constantemente vulneráveis às arremetidas de aduladores, críticos na expectativa de um tratamento especial, marchands requisitando encontros para os clientes. Funcionários de museus, donos de galerias, organizadores de exposições e editores de publicações de arte solicitavam a Matisse que doasse obras, emprestasse quadros, fornecesse textos e ilustrações. Marguerite e os irmãos, lidando com esse incessante fluxo de demandas, temiam extrapolar a autoridade de que estavam investidos, tomar decisões equivocadas, fazer promessas indevidas ou revelar informações que causariam problemas em Nice. O melhor que podiam fazer era se apoiarem uns nos outros (e às vezes também no pai).

Matisse, de sua parte, pouco a pouco foi aprendendo nesses anos a se adaptar ao que, nos piores dias, se assemelhava a uma pena de confinamento solitário. Encerrado no ateliê, exaurido pelo trabalho e carente do apoio familiar, muitas vezes se exasperava com a incompetência deles e ficava magoado com sua indiferença e insensibilidade diante de tribulações que só eram exacerbadas pelas intermináveis questões banais, disputas e queixas vindas de Paris. Havia ocasiões em que se recriminava por ter adquirido a propriedade de Issy ou por manter qualquer vínculo com marchands que obtinham lucros escandalosos com suas obras e ao mesmo tempo o responsabilizavam pelo aumento dos preços. Todavia, membros de uma geração para a qual a turbulência do pós-guerra havia mais ou menos eliminado o mercado de trabalho, nenhum de seus filhos (com exceção de Pierre, mas mesmo a situação dele em Nova York continuava a ser bastante precária) dispunha de outra fonte de renda efetiva ou possível além das mesadas que recebiam do pai. Em 1926, a luta pela sobrevivência havia dispersado os Matisse em todas as direções. Por vezes, era como se estivessem sendo perseguidos pelas Fúrias, atormentados por pústulas e furúnculos, crises renais, esgotamento, depressão, dores de cabeça, tremores nervosos, inchaço dos pés, problemas no estômago e na coluna. Para o pintor, parecia que, quanto mais se afastava dos problemas familiares, maior era a necessidade que sentiam de atenção e orientação. O refrão nas primeiras cartas que enviou de Nice era de lamento e súplica: "Estou sozinho [...] minha vida é sempre igual", "Escreva para mim, Amélie", "Tenha piedade deste *vieux solitaire*" (que, como ele lembrou, podia designar não só um eremita ou recluso mas também um javali solitário). Com a passagem dos anos, seu tom foi mudando, tornando-se mais duro e peremptório.

De todos os que procuraram esclarecer o mistério de Matisse e das obras que produziu nessa época, o que chegou mais perto do cerne da questão foi Georges Duthuit. Ele próprio era um solitário, convivendo desde pequeno com temores e dúvidas em relação a si mesmo. Compreendia bem o que se passava ao ver o sogro atormentado, mergulhando no sofrimento toda vez que iniciava uma obra nova. "A resistência com que se deparava era tão forte – eu mesmo testemunhei isso – que Matisse entrava em um genuíno estado de transe, com lágrimas, gemidos e tremores. Era como se toda vez tivesse de mergulhar nas trevas de suas percepções e sentimentos mais perturbadores e confusos [...] e mobilizar toda partícula de seu ser para conseguir sobreviver a isso." Mais do que a maioria, Duthuit tinha consciência da força paralisante dos obstáculos e vacilações interiores. Porém, nem ele nem o sogro conseguiam dissipar a desconfiança mútua em suas relações pessoais, ainda agravada tanto pelo desinteresse de Matisse pelo novo livro de Duthuit sobre Bizâncio como pela incompreensão que este demonstrava da obra em andamento do pintor.

Na primavera de 1926, Matisse decidiu reparar o relacionamento com os Duthuit e viajou sozinho a Toulon, onde Georges estava escrevendo sua tese e Marguerite, depois de mandar buscar a máquina de costura, decidira afinal aperfeiçoar o talento considerável que tinha para o desenho de roupas (algo que jamais contou com a aprovação plena do pai). Ambos estavam se sentindo magoados e rejeitados. Segundo Duthuit, foi como se um pesadelo tivesse acabado quando Matisse chegou – descontraído e efusivo, demonstrando interesse pelos projetos do casal – com o convite de que o visitassem em Nice. O genro reagiu enviando uma extraordinária carta datilografada de dez páginas que lembra um tratado de paz, relacionando as causas de sua insatisfação, reconhecendo a irritação que suas efusões bombásticas provocavam em Matisse e, apesar disso, propondo a si mesmo como defensor público do pintor a partir de então.

O oferecimento era ao mesmo tempo um pedido de desculpas e um ultimato, e ambos foram aceitos por Matisse. Quando os Duthuit chegaram a Nice no dia 14 de abril, Georges viu-se pela primeira vez incluído na intimidade do ateliê que até então Matisse partilhara apenas com os membros da família, os modelos e os colegas pintores. Os dias seguintes foram amplamente recompensadores. Marguerite contribuiu com uma avaliação prática bem distinta da abordagem especulativa e teórica do marido. Duthuit aprendeu rápido, propondo questões, elaborando conjecturas e levando Matisse a falar de assuntos que ele raramente, se é que alguma vez o fizera, havia tentado exprimir com palavras. A visita revelou-se um sucesso. Matisse incentivou o genro a fazer fotos e a escrever sobre as obras mais recentes. E até mesmo mobilizou conhecidos para que Marguerite pudesse apresentar sua coleção em um dos mais famosos estúdios de alta-costura de Paris, a Maison Worth.

Uma das obras que Matisse contava terminar antes da chegada dos Duthuit era o *Grande nu sentado*, a escultura na qual, segundo ele, trabalhava durante horas de cada vez em uma espécie de transe, sem fazer nenhum movimento em falso e sem nenhum controle consciente. "Tudo se passa como num jogo de xadrez, fico tão absorto no trabalho que recuo chocado se de repente me surpreendo no espelho, e nem sequer me dou conta, até o final de uma sessão de três horas, que meus pés estão sangrando." Essas sessões extenuantes, para as quais Matisse vinha se preparando com o programa de exercícios físicos iniciado em janeiro, eram o resultado direto de seu interesse pela *Noite* de Michelangelo, que vinha desde 1918. O *Grande nu sentado* está inclinado para trás com as mãos atrás da cabeça na pose predileta de Henriette, polida, retesada e inequivocamente moderna, mas o equilíbrio muscular e o impulso do corpo remetem, de maneira mais explícita do que qualquer dos quadros com odaliscas, às figuras no túmulo dos Medici que reinaram sobre a primeira década de Matisse em Nice.

O *Grande nu sentado* crescia e mudava de um dia para o outro, adquirindo, após a partida dos Duthuit, uma aspereza que voltaria a perder no verão. Matisse descreveu-se como uma espécie de Pigmalião ao inverso, escravizado por uma estátua cuja vontade animada dominava seu criador. Todo ano, no final da temporada, ele mandava vir um artesão especializado de Marselha para moldar a estátua em gesso, todo ano ele adiava sua partida na esperança de terminá-la antes de viajar a Paris, e todo ano a estátua o derrotava. A quantidade de tempo e esforço que havia dedicado a ela já lhe parecia ridícula em julho de 1925. Dois anos depois, jurou que iria concluir ou abandonar a obra. Somente em março de 1929 ele a retomaria em um derradeiro frenesi, trabalhando de seis a sete horas por dia com uma confiança arrebatadora que ele reconheceu ser a culminação de tudo o que fizera até então como escultor. Desde seus primórdios como estudante, Matisse necessitava do extravasamento físico inerente ao embate com a argila como um contraponto à pintura. Em Nice, as figuras desenhadas e modeladas em argila com base nas obras de Michelangelo enriqueciam e revigoravam seus esforços como pintor. "Vou retornar à pintura transformado, tenho certeza disso", escreveu durante a luta final com o *Grande nu sentado* (que foi fundido em bronze, a partir de um molde de gesso preparado em julho de 1929, no final de sua sétima temporada em Nice).

Grande nu sentado, com Matisse trabalhando no ateliê ao lado em um busto de Henriette Darricarrère.

Na primavera de 1926, Matisse concluiu *Henriette II*, um segundo busto radicalmente simplificado e com algo da força primitiva que, segundo ele, havia distinguido Michelangelo daqueles escultores, como Donatello, dependentes da modelagem superficial ("Mesmo que o Michelangelo fosse rolado por uma encosta até que sumissem quase todos os elementos superficiais, ele ainda preservaria sua forma"). *Henriette III* marcaria a conclusão da série três anos depois. A constância e a gravidade inatas do modelo – os traços bem delineados, o nariz reto, as sobrancelhas cinzeladas, o queixo firme e o pescoço colunar – são acentuados nessas cabeças de bronze maciçamente compactas, emblemas da força e da autoridade femininas tanto quanto os primeiros retratos fauvistas de Amélie pintados por Matisse. Este alcançou um ponto culminante no começo de 1926 com um quadro de Henriette, *Figura decorativa sobre fundo ornamental*, que associava cor e padronagem turbulentas à sobriedade do *Grande nu*. O nu estatuesco nessa tela é sólido e inabalável – antes como um entalhe em madeira do que como algo modelado em argila –, vertical, impassível, totêmico. São os tecidos que irrompem e rodopiam ao seu redor: a manta branca e macia entre as coxas, a padronagem vacilante e as curvas irregulares do papel de parede com flácidas manchas vermelhas indicando pétalas de flor. Esse é um derradeiro jorro de sensualidade difusa, muito distante das odaliscas curvilíneas e sedutoras antes personificadas pelo mesmo modelo em boleros transparentes e calças de cetim bordadas. O contraste foi enfatizado por um antigo e arguto amigo de Matisse, Jules Flandrin, quando a figura decorativa foi exposta no Salão das Tulherias em maio de 1926:

> O papel florido saltando da parede [...] no centro uma forma indistinta e amorfa, vagamente feminina, deliberadamente maltratada em contraposição às flores ilusórias do papel de parede; no tapete um prato com limões. Tudo visa a aparência de vigor, do qual até a feiura é um sinal. Mal consigo, porém, transmitir o contraste esplendidamente bem-sucedido entre o papel de parede florido e a mulher tão habilmente deformada. Acima de tudo, ela tem um dos lados do corpo estendendo-se diretamente desde a parte superior do braço até a coxa que mais parece um pedaço de carne no gancho de um açougueiro [...].

O prolongado e laborioso esforço que culminou nesse clímax deixou exauridos tanto Matisse quanto o modelo. "É possível que Papa tenha envelhecido tanto assim?", alarmou-se Jean ao ver as fotos feitas por Duthuit em abril. Henriette estava pálida, emaciada e tão debilitada que teve de deixar Nice para uma temporada de recuperação durante o verão. No fim de maio, Matisse fez companhia à mulher no trecho inicial de sua viagem anual a uma estação de cura (nesse ano foi uma série de 21 banhos de lama em Dax, na extremidade setentrional dos Pirineus), despedindo-se dela na estação ferroviária de Marselha e regressando sozinho a Nice para avaliar o que havia realizado até então. Ele estava com 56 anos e sentia-se tão descompassado em relação aos contemporâneos como nos anos de escândalo e vilipendiação antes da guerra. Ele delineou sua conclusão em uma longa carta à filha:

> Não se trata de uma vida boa e sem cuidados, creia-me [...] ainda é uma vida dura, Marguerite, mesmo agora perto dos sessenta anos – rodeado de incompreensão quase total – diria que as possibilidades de êxito futuro até mesmo da minha melhor exposição podem ser determinadas jogando cara ou coroa – o que demonstra o quão pouco me fio na reação pública em todos os níveis – no final eles vão se dar conta, ouso dizer, mas apenas quando eu estiver muito longe e não puder mais ouvi-los – minha vida continua tão dura, acredite-me, quanto sempre foi.

As circunstâncias podiam mudar ("Colocar comida na mesa não é mais um problema, é bem verdade"), mas não a situação subjacente. Agora que os quadros estavam por fim vendendo bem, a economia havia ensandecido. O franco, que perdera mais da metade de seu valor nos três anos anteriores, voltou a sofrer uma queda equivalente nas primeiras três semanas de julho de 1926. O país estava praticamente falido, com gabinetes ministeriais que duravam poucos dias e multidões em pânico assediando os bancos, na expectativa de retirar suas poupanças a tempo de transformá-las em barras de ouro ou imóveis. Os Matisse haviam resolvido comprar um segundo apartamento no centro de Paris, a fim de deixar o do quai Saint-Michel para os Duthuit, e vender ou alugar a casa em Issy. Por isso, Matisse passou o verão todo em Issy, esvaziando a casa, mobilizando corretores imobiliários, advogados, pedreiros e decoradores, em um renovado surto de vigor, tal como sempre lhe ocorria quando era preciso mudar. Amélie, porém, reagiu como se, além da casa, também sua vida estivesse sendo desmontada, iniciando cada dia com tempestades de choro antes de cair em um torpor do qual não conseguia sair nem sozinha nem com a ajuda dos outros. Matisse ficou desconcertado e a perplexidade o tornou mais categórico. Em setembro, Amélie foi se restabelecer em uma casa de repouso nas montanhas em Bourbonnes e o marido juntou-se a ela brevemente antes de seguir para Nice, onde soube que a proprietária do apartamento aumentara o aluguel e que andaimes de construção estavam bloqueando a janela do ateliê na place Charles Félix.

Matisse financiou os reparos e a pintura da casa de Issy e a compra de um novo apartamento no boulevard Montparnasse com a venda de quatro obras para Paul Guillaume, em setembro de 1926. Entre elas estavam *A aula de piano* e *Banhistas à beira de um rio*, que Guillaume mencionou que talvez doasse ao Louvre (algo que podia dizer tranquilamente, como Marguerite disse-lhe com mordacidade, pois o museu jamais aceitaria as obras). Ele pretendia maximizar o impacto das obras, organizando uma mostra para esses dois precursores monumentais do movimento modernista, os quais nunca haviam sido expostos publicamente (no final também conseguiu emprestada de Pierre outra obra menor e menos importante, o *Ramo de lilás* de 1914). A mostra foi inaugurada no dia 8 de outubro, com introdução de Duthuit, em uma galeria onde havia apenas os três quadros e um piano, no qual a pianista Marcelle Meyer tocou peças de Stravinsky, Satie e Auric ("Música tão nítida e brilhante quanto a prata e o cristal", comentou Duthuit).

Essa foi a primeira aparição pública de Duthuit no papel de defensor oficial do pintor. Falando em nome da desiludida juventude moderna – "os homens da minha geração" –, ele começou analisando a incoerência e a falta de comprometimento endêmicas nos meios artísticos contemporâneos e concluiu com uma vibrante declaração de fé em um futuro que acabaria acolhendo quadros como aqueles. O texto dessa conferência introdutória é notável tanto por seu discernimento como pelas intuições proporcionadas em primeira mão pelo próprio pintor. Um ouvinte de Beethoven reage não tanto aos sons como à força da emoção que estes transmitem, Duthuit comentou certa vez com Matisse, enquanto ouviam um dos últimos quartetos de corda do compositor. E o comentário dele sobre as

Banhistas à beira de um rio é uma evocação intensamente musical, partindo das remotas origens do quadro na lembrança que Matisse tinha de uma clareira nas montanhas durante uma caminhada no Roussillon, explorando os modos como a concepção inicial adaptou-se às circunstâncias de tempo e espaço, transformando-se, adquirindo novos aspectos, procedendo por supressões e acréscimos aparentemente fortuitos até a majestosa generosidade e abrangência características de quase todas as obras quase abstratas de Matisse. Guillaume convidara Duthuit para defender os quadros de Matisse da acusação de serem abstratos demais (um termo que, para os contemporâneos, tinha o sentido de áridos, cerebrais e desprovidos de emoção), mas ele acabou fazendo uma defesa da própria abstração numa época em que o conceito, em termos de pintura, ainda estava prestes a ser inventado. Nenhum outro comentarista analisara a obra de Matisse com tal nível de complexidade, recorrendo a uma escala de valores inteiramente alheia às facções que se digladiavam na vanguarda parisiense da década de 1920.

Foi um desempenho impressionante ("O texto dele era brilhante, jovem, lúcido, novo", comentou Paul Guillaume) e atraiu congratulações inesperadas até mesmo do principal porta-voz de Picasso, André Salmon. Para o público convidado, com Marc Chagall, Jacques Lipschitz, Francis Picabia e Marie Laurencin sentados na primeira fileira, deve ter ficado óbvio que Matisse havia se retirado das polêmicas da hora. Guillaume colocara um revólver carregado na gaveta de sua mesa e quatro guardas na porta, para a eventualidade de os surrealistas decidirem invadir a galeria. Todavia, a única reação explícita deles veio por intermédio de Picasso, que (como Matisse) não fora à inauguração, mas logo em seguida começou a pintar agitados nus surrealistas, retorcendo-se com olhares lúbricos em poltronas listradas ou com padrões floridos. Era uma expressão caracteristicamente direta do princípio que Picasso seguiu a vida toda, segundo o qual a melhor tática de defesa é sempre o ataque.

A mostra montada por Guillaume, no entanto, acabou sendo eclipsada por outra crise entre os Matisse, que, na primeira semana de outubro, começavam a empacotar as coisas em Issy para uma mudança que iria consumir suas energias nos três meses seguintes. Marguerite e Jean se encarregaram das operações. Amélie recolheu-se ao leito, obliterada pelo que Pierre chamou de véu de pesadume, uma barreira protetora encobrindo abismos de raiva e perda que, de quando em quando, emergiam em ladainhas de queixas. O médico da família, François Audistère, atribuiu esses violentos e súbitos espasmos, assim como a depressão subjacente, a uma exasperação de fundo nervoso, aconselhando que todos, sobretudo o marido, evitassem assuntos que perturbassem a paciente. O médico – que veio a entender o funcionamento da família do pintor melhor do que qualquer outra pessoa de fora – também afirmou que esse último colapso devia-se sobretudo a Matisse, cuja paixão pela pintura agora o consumia de maneira praticamente desenfreada. O diagnóstico perturbou Matisse bem mais do que a possibilidade de enfrentar surrealistas armados ("Se de fato cabe a mim a responsabilidade", lamentou-se por escrito a Amélie na véspera da abertura da exposição, "peço que me perdoe, e prometo que isso não voltará a acontecer"). Instalada em dezembro no boulevard Montparnasse, 132, Amélie permanecia acamada, queixosa e apática, visitada diariamente por Marguerite e cuidada pela leal Marie, que se mudara para o apartamento depois de trabalhar por quase vinte anos na casa de Issy. Todo o mundo ficou gripado nessa época. "Mal acabamos de concluir esse terrível desenraizamento", Marguerite escreveu a Pierre em 26 de dezembro. "Felizmente o sangue da mamãe Matisse corre em minhas veias."

O ano-novo de 1927 foi marcado, para Matisse, pela exposição de suas esperanças e temores em um apelo dolorosamente franco a Amélie, implorando que acreditasse que ele não tivera a intenção de lhe causar sofrimento ou de forçá-la a fazer algo contra a vontade.

> Somos velhos demais para isso – mas não consigo me convencer que estamos destinados a viver separados – e que você não mais estará aqui ao meu lado quando o trabalho me chamar. Querida Amélie, não estou censurando você, mas apenas contando do meu imenso sofrimento [...] Essa é a única coisa que quero – que possamos partilhar nossas vidas de novo [...] se já vivemos juntos antes, por que não poderemos voltar a fazer isso de novo, caso eu não tenha perdido todo o mérito aos seus olhos?

A carta exprimia um padrão habitual de recuos e avanços, fuga ou rejeição da parte dela, protestos e súplicas da parte dele, e proporcionava a Amélie o reconforto que necessitava. No final de janeiro, quando Henri voltou de Nice para ver o apartamento novo e defender em pessoa sua causa, o pior da crise ficara para trás. Os dois passaram a semana numa atmosfera amistosa, entrevistando possíveis noivas para Jean, que se cansara de relacionamentos breves com jovens mais interessadas por arte do que pela vida doméstica, e pedira aos pais que lhe escolhessem uma esposa à maneira tradicional. Nenhuma das jovens se mostrou à altura das expectativas e o projeto acabou sendo abandonado. Enquanto isso, Pierre, que arrumara um sócio que era dono de uma galeria em Nova York, organizou uma retrospectiva da obra de Matisse na qual se destacava a tela *Os marroquinos*, exposta pela primeira vez desde que fora pintada em 1916. O êxito foi grande e Pierre comemorou comprando um carro Bugatti. Mesmo o problema do divórcio agora parecia solúvel após o falecimento do sogro em fevereiro. Mas a ideia de trocar quadros por dinheiro ("Esse horror de desmembrar a família, de dispersar, pouco a pouco, tudo o que uniu nossa família") ainda provocava-lhe espasmos de vergonha e remorso nada norte-americanos.

Amélie afinal mudou-se para o sul em fevereiro e nessa altura seu marido estava concebendo um quadro que iria assinalar o fim da colaboração com Henriette. Tanto o pintor como a jovem haviam sido obrigados a aceitar que o colapso dela no verão anterior significava que teria de abandonar definitivamente as sessões com Matisse. Este havia até mesmo investigado a possibilidade de ela fazer carreira no cinema, como ocorrera com o ex-modelo de Renoir, Catherine Hessling, que se casou com Jean Renoir e estrelou seus primeiros filmes comerciais. A própria Henriette esperava se restabelecer, mas, nos quadros para os quais serviu de modelo naquele inverno, a odalisca reclinada é pouco mais do que uma forma retangular compacta, disposta horizontalmente de modo a contrabalançar as verticais, em elaboradas construções de tons vermelho, branco e amarelo, ou verdes intensos e rosas violáceos. Vestida com uma calça cinzenta e diáfana, Henriette está deitada de bruços e quase inerte nessas telas. É como se tanto o pintor como o modelo estivessem pranteando a enfermidade dela, a implacável erosão de energia que lhe debilitava o corpo a tal ponto que seus volumes e superfícies não mais refletiam a luz como uma escultura. O projeto de carreira no cinema não deu em nada, e Matisse levaria anos para encontrar outro modelo comparável. As duas famílias preservaram um relacionamento amistoso, mantendo contato por muito tempo depois de Henriette se casar com um mestre-escola e dar-lhe uma filha (que ao crescer iria por sua vez posar para Matisse).

Em 1927, Matisse pintou um pequeno e forte retrato de despedida, no qual Henriette o fita com expressão grave, vestida formalmente com uma roupa folgada e fluida e um chapéu com véu. As sessões de pintura deixaram o pintor muito agitado. A *Mulher com véu* é a pintura mais triste, e talvez a mais profundamente sentida, de todas as que Matisse fez de Henriette. Ela está sentada encolhida, o queixo apoiado numa das mãos, o rosto ensombrecido e distorcido pelo véu que parece refletir um dos lados de sua cabeça, como se este assomasse através de um vidro espesso ou da água. Atrás dela está a peça de *toile de Jouy* que fora usada em tantos quadros cruciais realizados vinte anos antes. Os olhos velados de Henriette, a postura frontal, a massa intransigente de seu corpo amortecida em vez de revelada pelas dobras luzentes e pesadas do vestido, tudo lembra o *Retrato da senhora Matisse* de 1913, mas enquanto este é um confronto trágico, essa tela esplêndida e sombria – impessoal, austera, carregada da mácula da dor e da perda – assinala a derradeira saudação mútua de dois antigos parceiros que nada mais poderiam dar um ao outro. Nessa última sessão, Matisse inverteu o pincel tal como fizera no *Retrato de Yvonne Landsberg*, riscando ligeiramente finos traços brancos na tinta de modo a delinear os olhos, os lábios e o braço nu de Henriette, enfatizando o caimento do lenço e criando uma lufada de agitação em volta dos dedos.

A exposição de Guillaume levou os Bernheim a encomendar a Duthuit um livro ricamente ilustrado sobre Matisse. A resistência inicial do pintor logo foi superada quando a família, com Amélie à frente, mostrou-se toda favorável, e, ao se confirmarem as apreensões de Matisse em relação aos Bernheim, o projeto foi transferido primeiro para Guillaume (cujo entusiasmo original também se dissipou) e, em seguida, para Christian Zervos, fundador de uma nova e ambiciosa publicação, os *Cahiers d'Art*, que ampliou o projeto de modo que incluísse também os outros pintores fauvistas. Mas ainda era cedo demais para que a pintura fauvista fosse levada a sério e, da perspectiva da percepção do público ou da crítica, grande parte da obra subsequente de Matisse poderia nunca ter existido. O *Nu azul*, de 1908, provocou uma sensação quando ressurgiu brevemente em Paris no leilão Quinn em 1926 e o *Ateliê vermelho*, de 1911, foi afinal vendido no mesmo ano para servir de decoração a uma boate londrina. Ambos logo tornaram-se inacessíveis de novo, tal como as grandes telas inovadoras da época da guerra, *Os marroquinos* e *Banhistas à beira de um rio*, que haviam esperado uma década para serem expostas ao público.

Até mesmo os defensores de Matisse não viam com bons olhos os quadros mais recentes. Duthuit disse francamente ao sogro que muito do que estava fazendo era despropositado e em seguida publicou um artigo sobre a obra recente do pintor nos *Cahiers d'Art* sem mencionar nenhum dos quadros em questão, com exceção de uma referência passageira à *Odalisca com tamborim*. "Reli com prazer seu poema em prosa", escreveu polidamente Matisse após receber o artigo em Nice, "e o aceito sem objeções como o faria com um traje cerimonial concebido para realçar aqueles poucos aspectos bons discerníveis." No verão de 1927, a última das reuniões anuais da família em Issy, Matisse comentou que aprendera a ficar calado quando o genro insistia em esmiuçar suas diferenças. Matisse recusou-se a responder às provocações de Duthuit, Breton ou qualquer dos outros excitados jovens que influenciavam os meios artísticos de Paris. "Não quero mais confrontos em minha vida", disse à filha, "deles já tive mais do que o suficiente em meu trabalho."

Ele pintou alguns de seus quadros mais belos e serenos na temporada de inverno de 1927-28, quando estava se preparando para outro recomeço. "Não me sinto em condições de trabalhar [...]", admitiu para a esposa. "Parece tão difícil e complicado que depois me sinto um traste [...] provavelmente vou precisar de uma completa recuperação física antes de enfrentar o esforço considerável de avançar em nova direção mais uma vez." Em Nice, o casal havia alugado outro apartamento no quarto piso, o que significava que agora ocupavam todo o último andar do prédio na place Charles Félix, 1, com vistas magníficas da baía, cidade, montanhas e do litoral até mais adiante de Antibes. Os trabalhadores começaram as obras no outono. Quando Amélie chegou a Nice no fim de dezembro, após uma temporada de cura em Aix e um tratamento com injeções em Paris, o casal instalou-se animadamente enquanto terminava a reforma. "Saio um pouco, costuro, o tempo passa sossegadamente", contou Amélie a Marguerite, "[...] seu pai adora meu chapéu com penas cinzentas [...] meus vestidos novos o agradam".

Henri e Amélie Matisse com o cão de estimação no apartamento de Nice, c. 1925.

Em fevereiro de 1928, Matisse acompanhou Amélie através do país até Dax, onde ela faria outro tratamento, e em cartas enviadas diariamente da fria, úmida e invernal Nice, seguia o progresso dela e controlava seus banhos de lama ("Tudo tranquilo por aqui, exceto que sinto falta de você"). Recém-chegado dos Estados Unidos, Pierre foi buscá-la em março. "O novo apartamento está quase pronto, é magnífico e todos vocês vão ficar de queixo caído quando o virem", Amélie escreveu para Marguerite em maio. A sala era ampla, havia lugar para guardar coisas, quartos de visita, uma cozinha grande e um quarto para o casal de empregados. O quarto grande de Amélie tinha vista para o mar e ficava junto à sala de jantar e o quarto menor de Henri e o ateliê duplo com uma enorme janela de vidro davam para uma varanda que se estendia por dois lados do edifício. "Será que vamos voltar a ser aqueles dois inseparáveis dos velhos tempos?", escreveu Henri esperançoso a respeito da nova vida do casal.

Na época, estava fazendo experimentos com requintadas composições de duas ou três figuras, sobretudo com uma jovem e vivaz morena italiana com tranças longas chamada Zita, que posava ao lado de outras dançarinas de balé da Compagnie de Paris. Ainda não havia nenhum sinal da concentração ininterrupta que marcara a parceria de sete anos entre Matisse e Henriette quando Amélie regressou a Paris no final de junho, deixando o marido às voltas com uma natureza-morta refratária. Este continuou a trabalhar sob o calor sufocante do alto verão, entrevendo um futuro no despretensioso arranjo de jarro, prato com pêssegos e toalha xadrez sobre um singelo armário de madeira. "Isso vai me permitir deixar para trás as odaliscas", escreveu para Amélie, "posso sentir isso em mim, como uma libertação. Na prática, esgotei o que podia extrair de uma construção baseada só no equilíbrio das massas de cor."

Matisse raspava e repintava a tela, entorpecido pelo calor e pelas possibilidades que se descortinavam. "No momento estou completamente arrebatado pelas frutas", escreveu em 14 de julho, "e não conseguiria voltar às figuras, esse é um embate direto com a pintura – estou muito satisfeito com meu esforço nessa natureza-morta, sei que vai me renovar." Em 17 de julho fazia tanto calor que ficou em casa o dia todo, desenhando frutas, lendo ou dormitando no sofá do ateliê, sentindo o pé inchar e pensando sobre a *Natureza-morta sobre armário verde*. Esse foi o único quadro que levou consigo ao tomar o trem para Paris cinco dias depois. Ele alcançara aquele ponto mencionado em um belo texto sobre o surgimento da paleta fauvista, no qual Duthuit descreve o que acontecia toda vez que Matisse descartava um antigo modo de pintar ou ver: "Um fogo secreto o devora por dentro, em seguida abre caminho para a superfície em trilhas incandescentes, até irromper em liberdade".

12. NOS MARES DO SUL (1929-33)

QUANDO CHARLIE CHAPLIN LANÇOU *O CIRCO* EM 1928, MATISSE FOI VER O filme duas vezes em Nice e ficou assombrado com sua extrema simplicidade: "Não há nada ali de pitoresco, nenhum floreio [...] é como alguém que fala da maneira mais simples possível, usando apenas algumas palavras para se exprimir". O próprio Chaplin parecia ter envelhecido e sua atuação como o vagabundo havia deixado para trás o encanto cativante em favor de algo mais rigoroso e comovente: "Do início ao fim a gente fica colado no que ele está fazendo, não dá para perder nada porque nada é desnecessário". Esse era o tipo de fluidez simplificada que Matisse buscava na própria pintura. Como pintor e como homem, ele reagiu à extraordinária seriedade que constatou no filme de Chaplin, que termina com o vagabundo recusando um desfecho de conto de fadas – a jovem de seus sonhos e principal atração do circo – em favor de uma liberdade incerta e solitária. Matisse completaria sessenta anos em 1929. Nesse ano um de seus quadros foi incluído no acervo do Louvre. Em 1927, já ganhara o primeiro prêmio na Exposição Internacional Carnegie, em Pittsburgh. O sucesso, o reconhecimento público e uma velhice confortável estavam ao seu alcance. Em Paris circulavam rumores de que pretendia se aposentar e se tornar religioso. Um jornalista de Nova York apareceu em Nice para confirmar se Matisse solicitara de fato aos seus discípulos que anunciassem que estava abandonando a arte moderna.

O pintor recusou-se a fazer comentários sobre os círculos artísticos contemporâneos ao ser indagado por um jovem e simpático entrevistador, Efstratios Tériade, em janeiro de 1929. De passagem por Paris a fim de buscar a esposa que se submetera a outra série de injeções, Matisse declarou que não suportava mais a atmosfera frenética da capital, "o barulho, o movimento, as últimas notícias e tendências que é preciso seguir". E insistiu que a única mostra que o interessava era a Exposição de Barcos. Desde dois anos antes, ele se apaixonara pelo remo. Quase todos os dias cruzava a baía em seu bote a remo e até recebeu uma medalha por usá-lo mais do que qualquer outro membro do Iate Clube de Nice. Ele estava bronzeado e em boa forma física, mostrando a Tériade as palmas calejadas como se estivesse treinando para alguma prova.

De volta a Nice, não conseguiu sossegar. Quando Amélie regressou a Paris para concluir o tratamento, Henri ficou desconsolado ("Minha querida Amélie Noélie, volte assim que tiver acabado com as injeções, pois estou morrendo de tédio aqui sozinho [...] não há motivo para sair e nada me interessa"). A cadela esforçava-se ao máximo para preencher a lacuna – "Gika me trata com uma ternura comovente" –, mas o ponto culminante de seus dias após a jornada de trabalho era a caminhada noturna até a estação de trens, de onde enviava uma carta para a esposa antes de se recolher ao leito. Amélie estava com boa disposição nessa primavera, comandando o derradeiro e tremendo esforço para concluir a reforma do apartamento e coordenando pedreiros, encanadores, marceneiros e especialistas em pisos ("Seu pai e eu juramos que jamais vamos construir uma casa: ambos ficaríamos loucos"). Ela sofria de recorrentes e incapacitantes acessos de dores nas costas, complicados por problemas nos rins, e ainda passava na cama até três dias por semana, mas a depressão propriamente dita ficara para trás. Marguerite contou que, um dia, viu a mãe sair da depressão, como se um interruptor tivesse sido acionado.

Matisse por fim encontrou outra dançarina para substituir Henriette. Ele descobriu Lisette Löwengard em uma loja de antiguidades, onde a jovem fora com a mãe viúva tentar vender alguns objetos. Depois ficou sabendo que Lisette era filha de um dos principais antiquários de Paris e sobrinha de outro, ambos conhecidos do casal Matisse, um vínculo que imediatamente tranquilizou as duas famílias. Quando regressou a Paris, a mãe de Lisette deixou a filha de dezessete anos aos cuidados do pintor e de sua mulher, que a empregaram primeiro como modelo de Matisse e depois como acompanhante de Amélie. Animada e competente, Lisette sabia como cuidar de uma inválida e deixá-la confortável. Logo estava também massageando os braços doloridos de Matisse e, após o almoço, cobrindo-o com uma manta durante a sesta na varanda. Cheia de planos para o futuro, Amélie falava de colocar à venda o apartamento de Montparnasse e encontrar outro *pied-à-terre* em Paris para substituir o apartamento do quai Saint-Michel (do qual afinal desistiram quando os Duthuit se mudaram de lá nesse mesmo ano). Durante alguns meses em 1929, o casal parecia estar enfim prestes a desfrutar de uma velhice sossegada. Amélie resolveu aprender datilografia e Henri a entretinha com hilariantes arremedos das canções populares então em voga, tal como costumava fazer em sua época de estudante. "Ele está ouvindo jazz e todos os tangos mais insinuantes no gramofone", relatou animada no fim de maio, "e neste exato momento está dançando o tango "Poule de luxe", vestido com o roupão e a touca de dormir preta de seda."

Três semanas depois, Matisse reservou uma cabine dupla no vapor Tahiti, que, na primavera seguinte, partiria do porto de São Francisco rumo ao Pacífico Sul. Quando lhe perguntavam o motivo dessa viagem, Matisse costumava dar, tanto na época como mais tarde, uma de duas respostas. A primeira era que o médico lhe prescrevera repouso completo e o proibira de usar o pincel por causa de uma neurite aguda no braço. A segunda – que estava em busca de uma luz nova – estava estreitamente vinculada à primeira. As periódicas fugas de Matisse rumo ao sul e ao sol foram todas motivadas pela necessidade de simplificar sua obra e torná-la mais expressiva. A compulsão física e a moral acabavam se equiparando em tais reviravoltas. Seu corpo sempre reagia com violência a tudo o que se interpunha entre ele e a pintura, e isso ocorreu desde as misteriosas dores nas costas que o afligiam na adolescência toda vez que o pai mencionava outras possibilidades de carreira. Câimbras doloridas como agulhadas o atormentavam quando se aproximava do sexagésimo aniversário, assim como sangramentos nasais tão copiosos que mal podia se mover, quanto mais pintar. O aniversário seria assinalado por uma pequena exposição de esculturas em Paris e várias homenagens públicas que, como Matisse antecipou com razão, restringiam claramente suas realizações ao passado e o descartavam como uma força exaurida no presente. Pior ainda era sua suspeita cada vez mais forte de que a pintura o havia abandonado. Durante doze meses, tentou em vão chamá-la de volta. Nem o novo modelo, nem o amplo ateliê envidraçado com piso de lajotas brancas e inundado pela resplandecente luz refletida do céu e do mar conseguiam atiçar a centelha de sua imaginação. Segundo ele próprio, foi o desencanto após seu fracasso para invocar a cor que o levou à gravura. "A pintura não está rendendo nada", escreveu. "Estou me esfalfando à toa – mas as litografias fluem como que por vontade própria."

Ele ficou ao mesmo tempo encantado e aterrado diante da facilidade e espontaneidade com que desenhava diretamente sobre a pedra ou a chapa de cobre, produzindo três centenas de obras em cinco meses ("Elas são surpreendentes, incrivelmente plenas de vida – como se você usasse o buril e o cobre como lápis e papel", comentou Marguerite de Paris. "Dá gosto vê-las"). Ele passou a dividir os dias entre as gravuras e as esculturas, finalizando o *Grande nu sentado* e o último dos três pequenos *Nus reclinados*, brutalmente distorcidos e requintadamente sensuais. No verão, os Matisse fugiram do calor e da claridade do Mediterrâneo e se refugiaram no fresco, sombrio e silencioso Hôtel Lutétia em Paris, onde Henri retomou em Issy outro trabalho pendente. Era o *Dorso IV*, a variação final sobre um tema das *Banhistas* de Cézanne, um quadro que exercia uma influência peculiar sobre toda a família Matisse. Durante vinte anos, Matisse transpôs sucessivamente as pequenas e robustas banhistas de Cézanne, cada qual com uma trança longa e reta descendo sobre a espinha em quatro *Dorsos* esculpidos, maciços e rudimentares, que permaneceram praticamente desconhecidos até sua morte. As superfícies despojadas e ásperas e os volumes geométricos simples dão corpo a uma reiterada afirmação íntima de firmeza e propósito. "Quando nos permitimos reagir plenamente a elas", comentou o neto mais velho do escultor, "ali encontramos toda a vida de Matisse: um equilíbrio extraordinário, um retorno constante ao fio de prumo".

Era como se precisasse retornar à base antes de se lançar cegamente em nova direção, sem nenhuma ideia clara do que estava buscando ou mesmo se iria obter algum resultado. Matisse foi então tomado por dúvidas e pesadelos de que, não importa o quanto tentasse, a pintura havia chegado a um ponto final. A fuga parecia a única opção. "A retina se cansa dos mesmos métodos velhos", dissera a Tériade em janeiro. "Ela precisa de surpresas." Quando Maillol o visitou em março para conhecer o novo ateliê, Matisse sentiu que pertenciam a mundos diferentes. "O que prejudicou muito a Maillol como escultor foi que ele com frequência interrompia o trabalho assim que a obra alcançava uma *etapa satisfatória*", escreveria Matisse muito depois à filha. "E o que me ajudou muito foi ter insistido em seguir além desse ponto, a despeito do alto risco." Tendo durante anos achado quase impossível se afastar do trabalho, mesmo que por poucos dias, ou para ir ao funeral do sogro ou à abertura de suas exposições em Paris, Matisse planejava agora uma viagem que se estenderia por cinco meses e nem sequer pretendia levar na bagagem um cavalete portátil. A ideia original de uma estada no Taiti acabou virando um tour mundial, cruzando por terra os Estados Unidos na ida e retornando por mar através do canal do Panamá. Ele leu *Nos mares do Sul*, de Robert Louis Stevenson, e o romance *Vasco*, de Marc Chadourne, um best-seller na época. Pierre enviou-lhe uma gramática da língua maori. E Chadourne, um antigo administrador das ilhas Leeward, pediu a uma ex-namorada taitiana, a heroína de *Vasco*, que reservasse um quarto de hotel para o pintor em Papeete.

Matisse, *Dorso IV*, 1929-30.

Amélie passou um verão miserável, afligida por problemas renais e de coluna tão graves que teve de ficar em Paris para se tratar e não pôde se juntar ao marido em Nice. Ele reservara uma cabine dupla no Tahiti, mas era improvável que ela se restabelecesse a tempo de acompanhá-lo na viagem. Quando ela mais ou menos deixou de lhe escrever, ele redigiu um lote de cartas para ela assinar, descrevendo os avanços tranquilos e regrados em sua recuperação e reiterando a disposição dela a fazer-lhe companhia na viagem pelo mundo: são documentos curiosos, nos quais o pintor assume com entusiasmo o papel da esposa terna, protetora e milagrosamente revigorada que ele tinha a esperança de levar consigo ao Taiti. Era enorme o abismo entre o devaneio e a realidade e tal descompasso só aumentava. O desespero de Henri por não mais conseguir pintar não contribuíra em nada para aproximar os dois. Se antes Amélie acabaria tomando as rédeas da situação, tratando os contratempos do marido como um revés conjunto, empenhando-se afoitamente para remover obstáculos e reforçar defesas, era óbvio que agora não tinha nem vontade nem disposição para tal esforço.

Para ela, o breve interlúdio doméstico no princípio do verão fora um tipo de faz de conta num momento em que a dispersão familiar tornava ainda mais penosa a falta que sentia de uma razão de viver. Marguerite pretendia seguir para o Cairo, onde o marido conseguira um emprego de professor. Jean encontrara afinal uma companheira, uma pintora em via de se separar, com quem planejava se casar assim que estivesse disponível. Pierre, enfim divorciado e planejando abrir sua própria galeria em Nova York, estava prestes a se casar pela segunda vez, com a americana Alexina Satler. A missão heroica de Amélie havia se encerrado. O último projeto do marido contrastava tristemente com a primeira vez em que o casal partira em busca da pintura durante a lua de mel. Havia sido Amélie quem iniciara essa lendária "revelação do sul". Agora, mesmo que o acompanhasse, ela seria quando muito uma companheira passiva, e na pior das hipóteses, um estorvo. Comentando o casamento dos pais com argúcia característica, Marguerite reconheceu que Amélie sempre funcionara como uma válvula de segurança do casal. Suas explosões de fúria e lamentos queixosos quando acometida por problemas de saúde eram uma maneira de liberar a pressão intolerável. Ainda a crítica mais severa do pai, Marguerite o alertou de que ele estava correndo o risco de esquecer a generosidade e a amplitude essenciais do jeito de ser de Amélie:

> Isso vem da capacidade de ver as coisas em seu contexto mais amplo, uma qualidade que foi necessária, e até indispensável, para você durante vinte anos de vida em comum – a capacidade dela para o otimismo era para você o contrapeso afortunado para sua natureza basicamente pessimista. Quando você se sentia abatido, seu espírito encontrava alívio na sanidade e no equilíbrio morais dela e na força interior com que ela contava aos trinta anos.

A concepção de vida de Amélie havia deslanchado e moldado a carreira do marido, mas a tensão constante em que este vivia era opressiva para todos, e sobretudo para ela, que estavam envolvidos com seu trabalho. No início de outubro de 1929, ela sofreu uma recaída tão grave que o dr. Audistère teve de ser chamado ao hotel em Paris para lhe administrar morfina e passar as semanas seguintes acompanhando de perto seu estado. Os dois filhos a visitavam todos os dias. Pierre contratou enfermeiras para cuidar dia e noite da mãe. Matisse mandava telegramas, ligava toda noite para saber das novas e se ofereceu para vir de Nice. Quando Marguerite voltou das férias, encontrou a mãe em estado deplorável, abatida e trêmula. Esse era o tipo de crise que a família tentava evitar a todo custo. Desde a adolescência, Amélie sofrera de ataques assustadores que lhe provocavam convulsões e vômito. Durante a maior parte de seu casamento, ela não tivera esses espasmos excruciantes, que retornaram com o surgimento da depressão, ocasionando danos cumulativos na coluna, sobrecarregando os rins e deixando-a física e emocionalmente exaurida. Amélie, tal como todos os que a rodeavam, via com pavor tais surtos. Essas crises precipitaram uma explosão de sentimentos que haviam sido incubados em silêncio durante meses ou anos e já não podiam ser contidos. Em momentos assim, engolfada por rancores antigos, a família toda embarcava em uma vigorosa troca de insultos com verve e pontaria certeira. Na distante Nice, nas garras de outro tipo de pânico, Matisse via ressurgir em si mesmo o perene sentimento de ser excluído e mal-entendido, dessa vez com os próprios filhos voltando-se contra ele de maneira acusadora.

A comoção se dissipou com a mesma rapidez com que surgira. Como sempre, Amélie se recompôs graças à afeição e à preocupação genuínas do marido ("Suas ligações telefônicas são o consolo dos dias de mamãe", escreveu Marguerite ao pai). Porém, no momento em que estava em condições de viajar a Nice em dezembro, não se aventava mais a possibilidade de ela embarcar no ano-novo para o Pacífico Sul, pois não conseguia nem mesmo deixar o leito. Os médicos recomendaram que passasse os meses seguintes em repouso absoluto no quarto, onde fora instalada uma cama para Lisette, e ambas ficariam sob os cuidados da cozinheira e de seu marido. Pierre e a nova esposa, que passavam a lua de mel na França, logo pretendiam visitá-la em Nice, e depois seria a vez dos Duthuit, que lá ficariam uma semana na época da Páscoa. Berthe estava de prontidão em Aix. Os amigos que moravam na região, como Simon Bussy em Roquebrune e Pierre Bonnard em Le Cannet, também ficaram de sobreaviso. Henri prometeu manter um diário na forma de cartas que enviaria com regularidade, de modo que Amélie se sentisse em contato com ele todos os dias. Sua última carta antes de embarcar incluía um desenho de Amélie com uma jaqueta com babados, reclinada nos travesseiros com os braços sob a cabeça, mais parecendo uma jovem graciosa do que uma senhora cronicamente inválida.

Matisse fizera tudo o que estava ao seu alcance para tornar o repouso da esposa tolerável quando afinal partiu para Nova York, no dia 25 de fevereiro de 1930, a bordo do Île de France. Desalentado e apreensivo durante a travessia, incapaz de desviar os pensamentos de Nice, quase tentado a fazer meia-volta e retornar no mesmo navio, ele continuou tomado de dúvidas até que, singrando lentamente o rio Hudson, no começo da noite de 4 de março, avistou Manhattan – "esse bloco de preto e dourado espelhado à noite na água" – e ficou fascinado. No dia seguinte, escreveu a Amélie para dizer que seu impulso era cancelar o resto da viagem e ficar ali mesmo em Nova York. A cidade o deixou eletrizado. Não havia avisado praticamente ninguém que estava chegando, mas um amigo que fez durante a travessia impediu que permanecesse incógnito. Mesmo pegos de surpresa, os nova-iorquinos se empenharam ao máximo para lhe oferecer festas, cobertura na imprensa e passeios. Durante a estada de 72 horas, Matisse levantou-se de madrugada para ver o sol nascer sobre a cidade, subiu ao topo do edifício Woolworth, visitou o Metropolitan Museum, assistiu a um espetáculo na Broadway e a outro num teatro de negros no Harlem. Foi entrevistado por Henry McBride para o jornal *Sun* e fotografado por Edward Steichen para a revista *Vogue*.

Com exceção da Broadway ("Absolutamente infernal e medonha, a única coisa que me pareceu intolerável"), Matisse adorou tudo, desde seu primeiro sorvete com soda até o sistema de tráfego na Park Avenue (na carta para casa incluiu um diagrama útil). Ele foi invadido por um vigor prodigioso. Ficou fascinado pela luminosidade ("tão seca, tão cristalina, não há nada comparável"), pela mescla de ordem, clareza e proporção que notou por todos os lados e por uma sensação essencialmente moderna, e completamente não europeia, de espaço e liberdade ao contemplar a cidade da janela do quarto no trigésimo nono andar do hotel Ritz Tower. Chegou a

Matisse em Nova York, 1930.

afirmar que, se voltasse a ser jovem, ele se mudaria para os Estados Unidos. Seu trajeto rumo a oeste passaria por Chicago e depois seguiria até a Califórnia pela estrada de ferro Santa Fe, duas noites e três dias em trânsito com escalas ao longo do caminho. A arquitetura americana o impressionou tanto quanto a disposição dos arquitetos para demolir e reconstruir os edifícios. Em todos os locais, ficou maravilhado com a enorme variedade de arranha-céus, preenchendo a distância, modelando o céu, elevando-se cada vez mais finos até que adquiriam a qualidade da própria luz. Os Estados Unidos fizeram com que Matisse se sentisse como um Rip van Winkle[1] às avessas: após sessenta anos em um continente sufocado e obstruído pelo passado, era como se tivesse acabado de despertar em um ambiente expressamente construído para o século XX, no qual pela primeira vez ele se sentia à vontade.

1. Trata-se do nome do personagem de um conto de Washington Irving, Rip van Winkle, posteriormente associado às pessoas que, ao retornar ao lar depois de muitos anos sem notícias, não percebem que as coisas mudaram. [N. E.]

A luz foi mudando da maciez aveludada de Chicago para uma atmosfera mais parecida com a da Côte d'Azur à medida que Matisse atravessava a região dos caubóis, pontilhada de sombrios lembretes de resistência e ataques ("Desde então os pobres indígenas pagaram um alto preço por isso"), até o interminável, pálido e refulgente deserto da Califórnia, repleto de cores e de uma luminosidade que jamais vira antes ("Já é a luz do Pacífico?"). Ele se proporcionou dois dias em Los Angeles, estupefato com a paisagem de Pasadena e intrigado com os estúdios da Metro-Goldwyn-Mayer. Durante quase uma semana orgulhou-se de viajar incógnito, mas, quando o trem chegou a São Francisco – a primeira cidade americana a ver um quadro de Matisse, graças a Sarah Stein –, um grupo já o aguardava na estação com uma lista de atividades oficiais que deixou desanimado o visitante. "Você precisa levar em conta que há um preço a pagar por um renome mundial como o seu", lembraram os anfitriões, rejeitando com firmeza seus protestos. Ele visitou a escola de arte, compareceu a um jantar em sua homenagem organizado pelos artistas locais e tomou chá com a velha amiga Harriet Levy. Uma multidão foi se despedir dele no dia 20 de março, lotando a cabine do barco com frutas e flores e acenando do cais enquanto corneteiros tocavam uma música triste de adeus.

O RMS Tahiti acabou se revelando um velho e castigado paquete britânico, com um capitão mal-humorado, comida desoladora e companhia desinteressante, formada sobretudo de negociantes de ovelhas australianos. A melhor parte da travessia de dez dias veio quando se aproximavam da linha do equador e a cor do mar ficou mais clara, mudando de azul-escuro para um azul mais complexo e raro – "um azul como o da borboleta morfo" – que sempre havia possuído propriedades talismânicas para Matisse. A viagem terminou com o capitão atracando o navio de madrugada, em plena escuridão, frustrando o desejo de Matisse de contemplar o amanhecer em Papeete, que ele atravessara o mundo para ver. No entanto, a cidadezinha toda foi ao porto acompanhar o desembarque, incluindo Pauline, a bela ex-namorada de Chadourne, que recebeu o pintor e sua bagagem, conduzindo-o ao mais novo dos três hotéis de Papeete, o Stuart, numa das pontas da beira-mar ladeada de árvores.

Poucas horas depois de chegar ao Taiti, Matisse contava já com o básico que necessitava para sobreviver: um quarto, uma vista, uma varanda ensombrecida e uma guia disposta a se colocar ao serviço dele. "Quanta coisa vi desde ontem", escreveu em 30 de março, no dia seguinte ao desembarque. "Tudo é uma grande novidade para mim – a despeito do que havia lido e visto em fotos, e também de Gauguin – estou achando tudo maravilhoso – paisagem, árvores, flores, pessoas – e ainda não vi nada." Ele se levantou às cinco da manhã a fim de aproveitar a fresca matinal, quando os comerciantes no mercado coberto no centro do vilarejo expunham uma profusão inimaginável de frutas, flores e peixes ("peixes-lua, imensos gorazes, salmonetes vermelho-alaranjados, salmonetes carmim-arroxeados, peixes verde-esmeralda e azul da prússia listrados de branco [...] tons extraordinários e quase impossíveis de ser descritos"). Logo sua caneta desistiu de tentar traduzir em palavras as sensações e se precipitou em torno de um broto de folha de bananeira antes de eclodir por toda a página em uma dança caótica de frutos e folhagens. "Tudo compõe um paraíso terreno inimaginável", acrescentou à margem da folha seguinte da carta, preenchida por uma exuberante árvore de fruta-pão.

Sempre que viajava a um lugar estranho, a primeira coisa que Matisse fazia era descobrir um jardim isolado e ensombrecido pelo qual podia ir caminhando desde o hotel. No primeiro dia em Papeete, Pauline o levou aos jardins do Palácio do Bispo, no fundo do povoado, passando por ruas arborizadas e casas com telhado de palmas e cruzando uma antiga ponte de pedra sobre o rio Papeava. A partir de então ele ia sozinho para lá todas as manhãs, com o bloco de desenho ("Se continuar assim vou acabar com o estoque de papéis", escreveu quinze dias depois), a fim de perambular entre os elegantes coqueiros, mangueiras, mamoeiros e abacateiros e as frondosas árvores de fruta-pão com frutos verde-amarelados, pálidos e luzidios, cada qual envolto num rufo de folhagem serrilhada cuja perfeição ornamental chegava a ser quase excessiva ("É belo, belo, belo [...] cada parte é belíssima e o todo é extraordinário"). Ele desenhava sem cessar tanto para extravasar como para articular seus sentimentos. O caderno de esboços foi invadido por folhagens tumultuosas, copas de palmeiras delicadas, folhas de bananeira sedosas, coqueiros altos e tufosos, tentáculos de pandanos e cotos rombudos de banianos.

As formas e os ritmos das árvores atraíram a atenção de Matisse até mesmo mais do que as flores – frágeis, efêmeras e de formatos fantásticos –

brotando naturalmente ou entrelaçadas nas grinaldas das taitianas, que toda manhã se adornavam com novas florações tal como as europeias se maquiavam. As flores estavam por toda parte, engalanando os jardins públicos, transbordando das varandas, derramando-se pelas encostas, muitas delas conhecidas pelas variedades relativamente esguias privilegiadas pelos floristas franceses: hibiscos, buganvílias, estrelítzias, crótones e filodendros, a gardênia taitiana conhecida como *tiare*. "Caládios gigantes crescem por aqui como ervas daninhas aí em casa", relatou Matisse no primeiro dia: "Samambaias aneladas [...] bicos-de-papagaio, jasmins rosados, brancos e amarelos e arbustos de gerânios brancos em vez de rosados". A ilha toda parecia-lhe por vezes uma imensa e luxuriante estufa ao ar livre, repleta de espécies extravagantes e disposta de maneira imaginativa. "E tudo apinhado", disse, "como num buquê."

A caminhada matinal até o Jardim do Bispo tornou-se para Matisse um programa habitual, tão previsível que os moradores locais já o esperavam ver retornando a tempo de ir ao mercado, que ficava lotado às nove da manhã. Antes que o sol ficasse alto e desconfortável demais, ele retornava ao quarto no hotel: o mesmo tipo de espaço despojado e provisório no qual vivera e trabalhara durante os quatro momentos cruciais de sua carreira, em Ajaccio, Collioure, Tânger e Nice. No início da viagem, ele contou a Amélie que via as imagens se desenrolando na sua frente, sem se envolver, como se estivesse em um cinema. E, durante grande parte dos três meses seguintes, sua impressão era ter sido relegado a um limbo de apatia e ociosidade forçada, embora também reconhecesse em algum nível que seus desenhos eram uma forma de registro, captando impressões iniciais para serem depois retomadas. Também fotografou as árvores, o oceano e a beira-mar, mas as fotos repletas de detalhes não lhe agradaram. O que estava buscando e conseguiu obter nos rápidos esboços a traço eram os padrões subjacentes de crescimento e movimento.

"No primeiro momento a paisagem não despertou nada em mim", diria mais tarde. "No princípio foi uma decepção que eu não queria admitir nem mesmo para mim." Nesse estado, a vegetação parecia excessiva, o calor insuportável, a luz implacável e sem graduação. "Você não reage de imediato, e isso significa que é preciso trabalhar para se descontrair." No final, ele aprendeu a acolher e desfrutar da luz dos mares do Sul, caracterizando-

-a como carnuda, medular e acariciante, e dizendo a pessoas diferentes em várias ocasiões que seu efeito era como o de mergulhar o olho em uma taça dourada. Porém, nas semanas iniciais de sua estada, teve de combater o temor de que não havia propósito naquela viagem e por isso lançou-se em uma programação incessante e quase frenética.

Toda manhã Pauline aparecia para discutir os planos da jornada: uma rodada de visitas locais até a hora do almoço e uma sessão de desenho das três às cinco, quando amainava o calor abrasador e saíam a passear pela ilha. "Eu o levei para todos os lados", contou ela. "Ele queria ver *tudo*." Pauline estava acostumada a mostrar o Taiti para franceses de passagem, muitos dos quais recomendados por antigos namorados, mas Matisse era diferente de todos os outros visitantes que conhecera. Em primeiro lugar, na noite de sua chegada, ficara horrorizado com a festa organizada para receber os passageiros do paquete, quase todos homens de meia-idade que se juntavam a jovens locais em uma licenciosidade generalizada que lhe pareceu uma exploração da generosidade e desinibição tradicionais das taitianas por europeus ávidos e lascivos. Para alguém como Matisse, que só bebia água e recusava-se a dançar ou flertar, era um espetáculo grosseiro, tumultuado e deprimente, e a partir dali fez sempre questão de jantar cedo de modo a evitar festejos desse tipo. Isso só reforçou a opinião desoladora que tinha da vida colonial europeia ("Para aguentar a vida por aqui, é preciso se aturdir com algum vício – ópio, álcool ou mulheres"), uma opinião que em termos gerais jamais iria revisar.

Pauline ficou impressionada, e no início até mesmo intimidada, por esse corpulento cavalheiro idoso de barba que a tratava com uma polidez antiquada e a cumulava de solicitações inusitadas. Excêntricos ocasionais demonstravam curiosidade por costumes e artefatos étnicos, mas ela jamais topara com alguém que fazia tantas perguntas sobre o cotidiano da ilha e do povo. "Ele tinha uma curiosidade inesgotável no mercado, *u-la-lá*", comentou Pauline, "não deixava passar *nada*". Os turistas raramente visitavam o Taiti. O acesso às lendárias atrações ainda era difícil ou impossível e Papeete não contava com hotéis confortáveis nem com lojas de objetos típicos. O sexagenário Matisse arrastou Pauline (então com 26 anos) por todos os cantos da cidadezinha, conversando com lojistas e mercadores, examinando seus produtos, visitando oficinas e ateliês para conhecer na prática os ofícios tradicionais, desde os tecidos de casca de árvore conhecidos como *tapa* até os chapéus de folha de pândano (tão singulares e eficientes que o pintor abandonou seu capacete colonial e passou a usar chapéus taitianos pelo resto da vida, graças a Pauline, que regularmente enviava novos sortimentos para Nice). Ele explorou a culinária local com requintes de gourmet, descrevendo para Amélie todos os detalhes de um banquete polinésio. Pauline ficou encantada com as histórias que ele contava ("Ele às vezes era *tão* divertido"), intrigada com sua curiosidade e decepcionada quando criticou as jovens taitianas elegantes, que cortavam o cabelo curto, frequentavam bares e liam apenas as revistas de moda parisienses ("Elas agem como turistas", comentou Matisse).

Assim que superou a perplexidade, Pauline revelou-se uma guia extremamente inteligente e habilidosa. Filha de mãe taitiana e pai francês, criada como europeia e educada em uma escola francesa, quando conheceu Matisse ela estava vivendo com um novo companheiro, o bem-apanhado e empreendedor Étienne Schyle, um ano mais velho do que ela e dono da garagem Union, em Papeete. Era Étienne quem os levava por toda a ilha em seu grande Buick azul, enviando o carro com um motorista quando tinha outros compromissos. O jovem casal ficou intrigado com a indiferença de Matisse em relação à elite colonial, onde quase ninguém ainda colocava em questão a supremacia do poder e dos valores europeus. A própria Pauline vivia entre os dois mundos e tinha vários nomes. Matisse a conheceu como Pauline Chadourne (as jovens taitianas costumavam usar o sobrenome de seus amantes mais prestigiosos). Antes crescera como Pauline Adams e se tornaria Pauline Schyle quando se casou com Étienne, mas ao nascer recebera o nome de Pauline Oturau Aitamai. Quando adolescente vivera na plantação de baunilha da mãe na ilha de Moorea, ouvindo as canções e as lendas que iria recontar a Matisse e aprendendo a fazer as grinaldas de flores que todas as manhãs levava para o pintor.

Pauline tinha dezoito anos quando conheceu Chadourne, que a chamava de sua leoa, por causa da juba de cabelo preto-azulado encaracolado que descia até o quadril e contrastava dramaticamente com a palidez quase conventual da pele. Matisse fez desenhos a traço de Pauline, estirada em um sofá-cama e lançando-lhe um sorriso escancarado e selvagem, lembrando a própria heroína ardente do *Vasco* de Chadourne, "com olhos cintilantes e dentes reluzentes, repentes fogosos, meneios com a cabeça que faziam ondular a cabeleira". Todavia, a proposta de fazer ilustrações para o romance acabou não dando em nada devido à incapacidade de Matisse para conciliar a ficção romântica com a realidade ao seu redor. "Jamais vi homens e mulheres tão bem constituídos ou tão vigorosos", escreveu para casa, comparando um grupo de ilhéus de Paumoto ou Tuamotu a divindades marinhas ou seres míticos saídos de quadros de Leonardo da Vinci ou Rafael. Segundo Matisse, seria difícil transmitir para os olhos ocidentais, sem paródia, o autêntico e estranho esplendor dos taitianos, com suas peles vermelho-douradas, corpos sólidos e testas largas coroadas por cortes de cabelo adornados com flores. "É preciso vir aqui para entender", explicou a Amélie. "O modo como são na realidade acabaria parecendo falta de habilidade por parte do artista."

Seja como for, com exceção de Pauline, não havia possibilidade de nenhuma taitiana posar para ele, vestida ou despida. Matisse ficou desconcertado com a mescla de liberdade sexual e de puritanismo incutido pelos missionários cristãos, que era o avesso dos conceitos europeus de pudor e vergonha. Pelas regras tradicionais da hospitalidade polinésia, manter relações sexuais e ficar grávida de um forasteiro, sobretudo de um homem branco, era uma prática louvável que conferia um estatuto privilegiado tanto à criança como aos pais. Pauline tinha dois filhos, cada um de um ex-namorado francês, e apresentou-os com orgulho a Matisse, para quem era difícil entender que, num lugar onde ninguém se importava com quem as pessoas dormiam, todos ficassem escandalizados se alguém andasse pelas ruas com as mangas da camisa arregaçadas: "Eles se banham com mais recato do que em Cannes – e quando lhes falo de banhos de sol ou calções para nadar, não acreditam". No final ele conseguiu convencer uma garçonete a servir-lhe de modelo, produzindo uma série de cabeças elegantes e vigorosas, pois isso foi tudo o que ela lhe permitiu desenhar. A ansiedade constante e mal-contida de Matisse foi amenizada pela simpatia e jovialidade de Pauline. Ele a aconselhou a se casar com Étienne e se ofereceu para ajudar o filho dela com Chadourne, caso ele fosse estudar na França. À noite, sozinho, ia ao cinema Bambou duas ou três vezes por semana, onde assistia a velhos filmes americanos e noticiários ainda mais velhos, entretendo-se não tanto com o que se passava na tela, mas com o comentário ao vivo do homem contratado para traduzir as legendas e com a animada participação do público a cada tiroteio, briga ou perseguição em carros.

Aquele francês que não largava seu chapéu de pândano, que passava as noites no cinema local e mal frequentava a residência do governador inevitavelmente atrairia os comentários da colônia europeia. Do ponto de vista oficial, a função de Papeete era tornar o mais explícita possível a presença da França no Pacífico, mas o fato é que o protocolo social que separava os brancos tanto dos nativos como dos mestiços incomodava Matisse. Quando, numa recepção, entreouviu a mulher do governador fazendo comentários às amigas a respeito dele e de Pauline, Matisse despejou seu formidável poder de indignação em uma tirada que não faria feio em sua cidade natal, repreendendo as bisbilhotices e anunciando que o relacionamento era o de um pai com uma filha dedicada. "Isso calou a boca daquelas linguarudas", contou a Pauline satisfeito na manhã seguinte. Esta ficou comovida e perplexa com a veemência com que ele negara a sugestão. Lisonjeada com a suposição de que era amante do pintor – algo que, no Taiti, só aumentaria seu prestígio social –, ela não conseguia entender o rancor que aquilo despertara em Matisse, que passara a vida toda fugindo do esnobismo baseado em escândalos de comunidades introvertidas e tacanhas como a de Papeete.

Os franceses locais ainda não haviam se conformado com o equívoco que haviam cometido em relação a Gauguin e queixaram-se veementemente dos preços assombrosos que eram pagos em Paris por quadros que ele ou seus predecessores poderiam ter adquirido por uma ninharia. Muito depois, Matisse ficaria tão irritado com a insinuação de que seguira os passos de Gauguin até o Taiti quanto ficara com as suposições de que fora a Tânger por causa de Delacroix. Seu olhar estava voltado para o futuro, não para suas dívidas passadas, mas mesmo assim ele se empenhou em achar o filho de Gauguin, que vivia como pescador a alguns quilômetros de Papeete ("Isso deve agradar ao pai dele, caso saiba", comentou Matisse). Gentil, vigoroso e iletrado, facilmente reconhecível pelas pálpebras pesadas e o nariz adunco, Émile Gauguin contou que não tinha nenhuma lembrança do pai e tampouco vontade de mudar de vida ("acompanhando o amadurecimento dos cocos e pescando à noite", contou Matisse, impressionado com o contentamento do jovem, tão distinto do pai). Impaciente com seus compatriotas, incomodado com o calor sufocante, exausto e insatisfeito após três semanas na ilha, Matisse abriu o estojo de tintas pela primeira e última vez no domingo de Páscoa, a fim de pintar uma árvore. "Estou aqui há quase um mês [...]", escreveu em 28 de abril, enviando para casa um volumoso boletim pelo paquete mensal. "Esse lugar não significa nada para mim, em termos de pintura. Por isso, desisto."

Uma semana depois, iniciou nova carta desenhando a si mesmo como um náufrago barbado, sentado no tronco de um coqueiro numa praia deserta diante do mar vazio. Nesse mesmo tronco ele foi fotografado por F. W. Murnau, o grande diretor de cinema alemão, durante uma pausa na filmagem das sequências finais de *Tabu*, a obra magistral que rodava no Taiti. O codiretor de Murnau convidara Matisse para acompanhar a filmagem na península de Taiarapu, a parte mais selvagem da ilha, um local primitivo, desabitado e acessível apenas por canoa. O pintor passou ali uma semana, de 3 a 9 de maio, vivendo em uma cabana de palha à beira da laguna, passando as noites acordado em um catre enferrujado com um travesseiro duro como pedra e um colchão embolorado, ouvindo o estrondo das ondas enquanto a ventania sacudia as frágeis paredes entrançadas da cabana e martelava o telhado de lata como se chovesse. Essa era literalmente a selva indomada que Matisse havia imaginado. Toda manhã ele acordava antes do amanhecer para fazer o desjejum com a equipe de cinema antes de atravessarem a laguna até uma ilhota onde Murnau filmava e Matisse desenhava em meio à vegetação densa. O pintor iria assistir a *Tabu* três vezes quando o filme foi lançado na França, mas, na época da filmagem, não tinha olhos para nada além daquele novo mundo de luz primordial e energia transbordante ao redor.

De volta a Papeete, convencido de ter alcançado o objetivo da viagem, Matisse começou a ficar ansioso para retornar logo à França, em vez de ali ficar mais um mês até a chegada do barco no qual reservara uma cabine. Assim, uma semana depois, embarcou numa escuna do governo que levava suprimentos para as ilhas Tuamotu, enfrentando uma travessia arrepiante de um dia e duas noites por mares agitados em um pequeno barco, mal calafetado, sobrecarregado ("Ele balança, ele dança", escreveu Matisse, que ficou enjoado durante toda a viagem) e tripulado por sentenciados. Mas tudo isso se dissipou magicamente no dia 17 de maio, ao desembarcar no atol coralino de Apataki. François Hervé, o administrador das ilhas Tuamotu, mostrou-se mais do que disposto a receber um pintor parisiense na casa confortável e civilizada que montara com a esposa na derradeira escala de uma rota de suprimentos que era aquele minúsculo, ventoso e quase desabitado atol, sem nenhuma vegetação além de grupos de coqueiros, onde a água doce era proporcionada pelas chuvas e o único alimento fresco eram os peixes recém-pescados. Ex-capitão de navios e pioneiro no cultivo de pérolas, Hervé era divertido, culto e conhecia o arquipélago como a palma de sua mão. Todas as noites o casal e o hóspede davam uma volta por toda a ilha, uma caminhada agradável de cerca de um quilômetro e meio. Matisse desenhou o grupo sentado em um banco para apreciar o pôr do sol, desaparecendo em meio a reflexos prateados e tremeluzentes atrás da ilhota deserta de Pakaka e lançando na direção dos observadores na praia uma faixa de luz azul-lilás, com tons gradativamente mais escuros entre as bordas prateadas e encrespadas pelas ondas. Matisse descreveu os poentes como um colecionador exibindo seus tesouros mais requintados: "Também vi aqui de noite um céu azul-cinzento repleto de estrelas, brilhantes e muito próximas – enquanto o lado do sol nascente era púrpura-carmim. Era meia-noite, e perdurava esse leve reflexo carmim do sol – que na verdade havia se posto às seis no lado oposto do céu que estava avermelhado (e tão claro)".

Alguns dias depois, Hervé partiu em uma ronda pelos atóis, depositando o hóspede em Fakarava, que não era tanto uma ilha mas antes uma borda circular de terra com 130 quilômetros e duzentos ou trezentos metros de largura – um "caminho de sirga coralino", na frase expressiva de Stevenson – formando uma laguna tão ampla que seu limite ficava além do horizonte. Matisse hospedou-se com um jovem casal polinésio, Gustave e Madeleine Terorotua (que havia sido colega de escola de Pauline), cuja existência simples, frugal e diligente fez com que o pintor se sentisse em casa. Ele ficara profundamente impressionado, antes de deixar a França, com o relato de Stevenson sobre os peixes – "manchados e listrados, e até dotados de bicos como de papagaio" – circulando entre as massas de coral na laguna muito profunda, calma e translúcida de Fakarava. Stevenson vira os peixes do convés do barco, mas Matisse nadou no meio deles, mergulhando com Gustave Terorotua nas águas transparentes com cores que iam do jade verde-cinzento ao absinto, verde-menta e azul, em meio a peixes reluzentes como esmalte ou porcelana chinesa, manchas minúsculas e peroladas e riscas coloridas enxameando em volta de suas pernas, enormes trutas mariscas deslizando como imensos zepelins escuros, todo o conjunto se alterando e revolvendo, pontuado e fixado pelos pepinos-do-mar escuros.

Matisse contemplava a laguna o dia todo e todos os dias, sozinho ou com Gustave. Certa vez viram um pescador de pérolas mergulhando ao longe ("Ele é tão flexível e lento que mais parece um peixe – nadando ao lado dos peixes, que não o temem – movendo-se como num filme em câmera lenta – dando a impressão de uma imensa alga flutuando serenamente na água"). Matisse desenhou a si mesmo debaixo d'água com óculos de madeira ou empoleirado em pontiagudos aglomerados de coral que espiava através de uma caixa com fundo de vidro. Como sempre, retratou-se como alguém comicamente desajeitado e absurdo, mas sua concentração nunca foi tão intensa quanto nesse breve interlúdio durante o qual tentou captar a dualidade de Fakarava: de um lado, o ar fresco, luminoso e limpo, e de outro, o brilho estranho e amortecido de outro mundo inferior, "essa luminosidade submarina que é como outro céu". Ele explorou os mais diversos ângulos, profundidades e perspectivas, contemplando do alto o fundo esverdeado da laguna, olhando do fundo para a cobertura aquosa e opaca, tremeluzente como vitral medieval, passando repetidas vezes de um ambiente ao outro, educando a retina no contraste das luminosidades distintas do céu e do mar.

Matisse, esboço de si mesmo mergulhando na laguna de Fakarava, em carta a Amélie Matisse, 29 de maio de 1930.

Matisse passou quatro dias em Fakarava, mas iria recorrer a tudo o que viu nesses dias até o fim da vida. "Luz pura, ar puro, cor pura: diamante, safira, esmeralda, turquesa", escreveu laconicamente a Bonnard, "peixes maravilhosos." No dia 26 de maio, regressou relutantemente com Hervé e passou outros quinze dias em Apataki, onde dormiu como um anjo e impregnou-se de impressões como uma esponja. Mais tarde iria se recordar sobretudo da tremulação das águas, do sussurro contínuo dos alísios farfalhando sedosamente as copas dos coqueiros, e "a impressão geral de força, juventude, plenitude e perfeição". Matisse insistiria que não foram os confortos de Papeete nem sua mata luxuriante, mas a austera simplicidade desse desolado e remoto posto avançado que lhe despertou as reações mais fortes. Segundo ele, ninguém que se aventurasse pelos mares do Sul deveria perder aquilo: "Céu e mar, coqueiros e peixes – não há mais nada para ver – com esplendor tão puro que os torna incomparavelmente preciosos". A viagem de Matisse ao Taiti, culminando no arquipélago Tuamotu, assinalou a última das dramáticas mudanças de perspectiva que, de tempos em tempos ao longo da vida, o libertaram. Diante do mar, em Apataki, voltou a ser tomado "pela emoção profunda nascida da solidão" que tanto o havia abalado, ainda menino, na elevada nave gótica da catedral de Amiens, "onde o marulho das ondas é substituído pela música do órgão".

Matisse passou a última semana em Papeete ansioso por ir embora, arrumando a bagagem, fazendo visitas de despedida, devorando a correspondência acumulada e ornamentando a derradeira carta escrita em terra firme com um desenho de si mesmo, a cabeça protegida pelo chapéu de sol taitiano, correndo para a agência dos correios. No dia 15 de junho, ele embarcou no Ville de Verdun, após outra animada festa de despedida, carregado de chapéus de palha, panos de *tapa*, bananas e vagens de baunilha secas. Pauline chorou na despedida. As seis monótonas semanas da viagem de regresso foram aliviadas apenas pelas leituras, os coquetéis de rum e os banhos de sol no convés de popa. No caminho para casa através do canal do Panamá ("verde glauco como os rios franceses") e sob céus enevoados e cinzentos rumo às águas do Atlântico (com "a textura da pele das uvas escuras"), Matisse meditou sobre o propósito de sua viagem. Os problemas que deixara atrás na França ainda o esperavam, uma constatação básica que o levou a concluir que não poderia viver sem eles. "Essa é a grande lição que aprendi nos mares do Sul", escreveria bem mais tarde, em um momento de terror e desolação durante a Segunda Guerra Mundial. Olhando em retrospecto, parecia-lhe que o torpor dos trópicos isolava os europeus e os colocava face a face com suas inadequações ("No Taiti não há nada, nenhuma perturbação de qualquer tipo, exceto a inquietação íntima que leva o europeu a esperar pelas cinco da tarde, quando pode se embriagar ou tomar uma dose de morfina"). A ilha que tanto o fascinara no primeiro dia – um paraíso terreno sempre ensolarado e com ilimitada disponibilidade sexual – levou-o de volta ao mesmo código de conduta incutido por sua origem nortista: esforço, abstinência e a disciplina do fio de prumo. "No fim já estava me aborrecendo", contou ele, "mas havia aprendido o sentido da horizontal e da vertical na linha da costa e nos coqueiros".

Em termos pictóricos, disse que voltou de mãos vazias ("Curioso, não é mesmo?, que todas essas maravilhas do céu e do mar não tenham na época provocado absolutamente nenhuma reação em mim"). Após desembarcar em Marselha no dia 31 de julho, voltou para casa em Nice e no dia seguinte estava trabalhando em *O vestido amarelo*, iniciado antes da viagem. Matisse fez com que Lisette posasse ereta no centro da tela, rígida como uma estaca, com cinco arcos simétricos descendo pela frente do vestido, contra um friso de persianas, dobras pregueadas de cortina, caixilhos de janela e barras na varanda, um quadro que é praticamente um hino à vertical e à horizontal. Toda a complexa construção serve de instrumento para captar o jogo de luz e cor, os raios cinzentos do sol coados pela persiana, refletidos na vidraça, retomados no caixilho de tom turquesa pálido e nas faixas azul-claras da cortina, expandindo-se para o piso de lajotas vermelhas e dissolvendo-se nos verdes aquosos, cinzas mosqueados e nos ocres do vestido. Segundo Matisse, o quadro permaneceu no fundo de sua mente durante todo o tempo em que esteve viajando. Por vezes, aparecia mais vívido do que a realidade ao redor, como se lhe abrisse uma janela nos trópicos para a luminosidade sutil, nuançada e sempre mutável do hemisfério norte.

Matisse escreveu saudoso a respeito do *Vestido amarelo* na correspondência de viagem com Amélie, que o acompanhara pelas ilhas em sua imaginação. Ele considerava as cartas para casa uma conversa ampliada com a esposa, registrando tudo o que atraía sua atenção e enviando calhamaços de até 74 páginas pelo paquete mensal. A ausência da esposa o incomodava.

"Há poucas sombras por aqui", comentou Murnau, ao fotografar Matisse escrevendo uma carta em Taiarapu, "há sol por todo lado, menos em você". "É exatamente o que estou dizendo à minha mulher", respondeu o pintor. A prostração de Amélie ressaltava e aguçava o sentimento de pesar e culpa que o afligia. Em uma hora de desalento no Taiti, ele jurara que jamais voltaria a se afastar dela, mas acabou sendo obrigado a iniciar os preparativos para outra viagem logo depois de ter voltado a Nice.

Como ex-ganhador do prêmio Carnegie, ele aceitara participar da comissão de jurados do prêmio em 1930, o que significava que teria de retornar a Nova York no dia 12 de setembro. Nessa altura, já estava se debatendo de novo com todos os velhos problemas. A breve bonança durante a qual compradores de ambos os lados do Atlântico disputavam-lhe os quadros chegara ao fim com o colapso de Wall Street. Os preços despencaram bem na época em que estava com um estoque reduzido de obras. Matisse tinha de sustentar a esposa inválida e ajudar na manutenção dos três filhos e seus cônjuges, que estavam longe da prosperidade (o emprego de Duthuit no Cairo não dera em nada, Jean e a sua nova mulher lutavam para sobreviver como artistas e o futuro de Pierre como marchand não se mostrava muito promissor). Quando partiu para os Estados Unidos, Matisse estava sem pintar havia dois anos, sem contar o ainda inconcluso *Vestido amarelo*. E não tinha nada em perspectiva, além de uma colaboração potencialmente desastrosa com Albert Skira, o brilhante, mas sempre com recursos insuficientes, sonhador suíço que escolhera o início de uma depressão global para lançar seus dois primeiros e luxuosos livros de arte: as *Metamorfoses*, de Ovídio, e os poemas de Stéphane Mallarmé, ilustrados respectivamente por Picasso e Matisse.

Pierre, que herdara o otimismo inquebrantável da mãe, decidiu aguentar a passagem da tormenta em Nova York e considerar a viabilidade financeira como uma questão menor. "Sempre que ficar preocupado demais com isso, basta fazer uma pequena conta de cabeça", aconselhara ao pai em 25 de outubro de 1929, no dia seguinte ao crash da bolsa, "e relacionar todos os quadros [...] dos quais você poderia se desfazer sem problemas. Assim vai ver que, na verdade, não há por que se preocupar". Um ano depois, o mercado de arte nos Estados Unidos havia praticamente desaparecido. Os colecionadores mais assíduos das obras de Matisse na década anterior haviam sido os americanos, sobretudo o infame dr. Albert C. Barnes, cujas agressivas aquisições no atacado e o acesso a recursos aparentemente ilimitados haviam lhe garantido uma coleção de pintura francesa moderna comparável apenas às de Shchukin e Morózov (recentemente mescladas para a criação do Museu Soviético de Arte Ocidental Moderna, em Moscou). Assim, no dia 20 de setembro, logo que desembarcou em Nova York, Matisse telegrafou ao dr. Barnes, perguntando se poderia visitar a fundação dele em Merion, nas cercanias de Filadélfia.

O Prêmio Internacional Carnegie era concedido por uma instituição basicamente acadêmica que cautelosamente dava os primeiros passos em direção ao mundo contemporâneo. Em 1930, Matisse, que fora o primeiro modernista a receber o prêmio, decidiu, junto com os outros jurados, concedê-lo dessa vez a Picasso. Na volta, passou por Filadélfia, interrompendo as recepções oferecidas por seus anfitriões, a fim de ver Barnes, que era temido e odiado nos meios artísticos, sobretudo naqueles mais próximos ("Não há como entrar em uma competição de fedor com um gambá", escreveu o diretor do Museu de Arte da Filadélfia, irritado com as patifarias de Barnes). Barnes costumava usar seu talão de cheques interminável e impecável discernimento visual para superar e provocar os rivais. Em suas excursões de compras em Paris, o que mais apreciava era começar o dia com uma fila de artistas esfomeados diante do hotel, cada qual com uma tela enrolada sob o braço para lhe mostrar. Químico de formação, autodidata no campo da arte e extraordinariamente sensível a desfeitas, ele fizera fortuna com o antisséptico Argyrol, desfazendo-se da empresa com presciência característica três meses antes da catástrofe em Wall Street. Intimidante, rancoroso e vingativo, Barnes transferiu as estratégias que haviam feito dele um empresário de primeira linha para um mundo que desmoronou diante de sua agressividade inovadora e ímpeto irresistível. Eram incontáveis as histórias das humilhações que ele normalmente infligia a curadores, marchands, pintores e outros apreciadores da arte, e sobretudo a qualquer um que tivesse a desfaçatez de querer visitar sua coleção.

Barnes, contudo, tinha outro lado. Ficava à espreita dos quadros como um falcão, mergulhando para agarrar a presa antes que outros mais hesitantes ou menos atentos sequer saíssem do solo. Sozinho e num período brevíssimo, formara uma coleção tão avançada para a época e o local em que vivia que a cidade de Filadélfia não hesitou em rejeitá-lo com zombaria e desprezo. A arrogância de Barnes era consequência de sua inteligência e originalidade. Ele apreciava a pintura mais do que as pessoas, explicando que havia contraído o gosto pela arte como se fosse um vírus. Ele disse que conversava com os quadros e que estes lhe respondiam, sem nada do tumulto e da fúria que marcavam suas conversas humanas. Na época da visita de Matisse, Barnes contava com duzentas obras de Renoir e oitenta de Cézanne, e vinha acumulando as telas pintadas pelo visitante havia quase uma década, entre as quais o *Alegria de viver* e as *Três irmãs*, esta comprada de Tetzen-Lund em Copenhague. Sozinho com seus quadros, ele era criterioso, despretensioso e receptivo. Matisse, que vira essa combinação de humildade e paixão em Shchukin, não poderia ter encontrado ninguém mais capaz do que Barnes nesse estado para liberar o impulso criativo nele adormecido desde a viagem ao Taiti. E já no primeiro encontro dos dois, em 27 de setembro, Barnes pediu a Matisse que decorasse o salão principal de seu recém-construído museu em Merion.

Matisse ficou em dúvida, mas bastante tentado ao retomar sua programação oficial de visitas naquela tarde ("o túmulo de obras magistrais", anotou soturnamente em seu diário, comparando a escuridão reverente da coleção Widener da Filadélfia com a instalação arejada e informal concebida por Barnes para o que este chamava de "mestres antigos do futuro"). Ele descreveu os Estados Unidos como um lar ideal para os artistas em entrevista à revista *Time*, que comemorou a concessão do prêmio Carnegie a Picasso estampando na capa um "Matisse encanecido e enrugado", quando o pintor já retornara a Paris. Ele ficara mais um dia a fim de fazer outra visita a Merion, embarcando para casa no dia 3 de outubro sob o assédio intenso de Barnes, empenhado em que o artista assinasse o contrato. Ambos estavam interessados no projeto, ambos eram notórios pela capacidade de regatear, e ambos acabaram ficando satisfeitos com a transação. Barnes teria uma pintura mural com o triplo da área conjunta da *Dança* e da *Música* de Shchukin, que demandaria pelo menos um ano de trabalho e pela qual o artista receberia, em três parcelas, 30 mil dólares (apenas duas vezes o que o colecionador desembolsara no início daquele mesmo ano por uma tela razoavelmente grande). Mais do que indignado, Pierre ficou perplexo ao saber dessas condições; para o pintor, contudo, a perda de receita era menos importante do que a possibilidade de adquirir mais visibilidade e alcançar um novo público nos Estados Unidos.

Em dezembro, Matisse voltou a Merion para outra reunião, realizando a quinta travessia do Atlântico no período de um ano. Dessa vez, a viagem incluiu uma visita ao único outro colecionador cujas aquisições de seus quadros durante a década de 1920 haviam sido comparáveis às de Barnes, tanto em qualidade como em quantidade. A srta. Etta Cone, de Baltimore, havia adquirido seu primeiro Matisse, uma tela pequena, por intermédio da amiga Sarah Stein, antes da guerra de 1914-18, e em seguida comprou mais duas dúzias em conjunto com a irmã mais velha, mais ousada e muito mais brilhante, a majestosa dra. Claribel Cone. Ricas, independentes e extravagantes em todos os sentidos, as irmãs gastavam muito e bem, sem premeditação ou aconselhamento, em colossais orgias anuais de compras em Paris. Foi Claribel quem adquiriu o *Nu azul* no leilão Quinn, uma aquisição surpreendente para uma solteirona idosa oriunda da elite solidamente conservadora do sul dos Estados Unidos. Em 1929, contudo, Claribel Cone faleceu subitamente, deixando a coleção para a irmã. Tímida, reservada, e para Matisse sempre a mais comovente das irmãs, Etta ficou arrasada de pesar e choque. Na época em que Matisse a visitou, em dezembro de 1930, ela estava com sessenta anos e começava hesitantemente a sair da sombra da irmã, assumindo pela primeira vez o controle de uma coleção tão singular e à sua maneira tão impressionante quanto os conjuntos de obras no palácio de Shchukin ou no museu especialmente construído por Barnes.

As irmãs haviam vivido em apartamentos vizinhos atulhados de estátuas, adornos, tapeçarias, antigos móveis italianos e arte francesa contemporânea. Assim que adentrou o estreito saguão da colecionadora, Matisse viu-se rodeado por seus quadros, pendurados por todos os lados, até mesmo no banheiro, com sua força e sensualidade intensificada pela proximidade nos espaços pequenos, escuros e apinhados. Para os visitantes, o apartamento no oitavo andar parecia uma cápsula do tempo ("A gente olhava para as paredes e via o futuro", comentou um jovem amigo), suspensa entre os telhados e as torres da pacata e desavisada Baltimore, ainda em grande parte parada no século XIX. Para o pintor, a coleção era uma espécie de tesouro particular. "Em nossa casa, ele era como um membro da família", diria Etta, que lhe encomendou um desenho com um retrato póstumo da irmã. Desse encontro surgiria uma colaboração cujos frutos iriam sobreviver a ambos, sob a forma da única coleção de sua obra que Matisse podia ter certeza de que continuaria intocada no futuro.

Esse final de semana em Baltimore foi encaixado entre quatro visitas sucessivas a Merion, onde pela primeira e última vez manteve um diálogo tranquilo, racional e construtivo com Barnes. Ambos ainda estavam animados nessa fase de arrebatamento mútuo ("Temos muita coisa em comum", contou o pintor à mulher, "mas não sou tão brutal"). Eles passaram a semana do Natal medindo o espaço e elaborando um gabarito que serviria de orientação para Matisse em Nice. A área escolhida por Barnes não era promissora: uma superfície medindo cerca de 13,5 metros com 5 metros de altura, dividida por colunas de sustentação salientes que formavam três arcos arredondados e obscurecida pela sombra das abóbadas no teto como pela luz do sol que entrava por três imensas portas envidraçadas que se abriam para o jardim. Além de ser uma área iluminada de modo desastrado e abominável, era impossível de ser vista plenamente do nível do chão. Mas nada disso deteve Matisse. "Estou esperançoso e ansioso para começar [...]", escreveu para Amélie em 26 de dezembro. "Sinto que esse ano de descanso me proporcionou um grande avanço em termos de clareza mental."

Antes de sair de Nice, Matisse havia alugado uma garagem e estabelecido um rigoroso programa de exercícios para Lisette, que iria servir de modelo tanto para o painel decorativo de Barnes como para as ilustrações do livro com poemas de Mallarmé a ser publicado por Skira. Embora magra, Lisette não era flexível ou musculosa o bastante para Matisse, que a tiranizou por cartas durante grande parte dos doze meses anteriores, enviando regularmente instruções a Amélie para que supervisionasse a dieta e o cronograma de exercícios da jovem. Ele se tornou então extremamente ditatorial. Fez com que ela depilasse as espessas sobrancelhas negras e tingisse de preto um elegante casaco de pele de raposa branco. Para acalmar os nervos antes de mergulhar no painel de Barnes, tentou até mesmo pintar Lisette com calças de odalisca, e como uma beldade vagamente indiana, com pontos e cruzes azuis no rosto e na testa. No entanto, por maior que fosse seu empenho, nada podia fazer com que Lisette, vestida ou despida, deixasse de ser o que era de fato: uma elegante e jovem parisiense de cabelo frisado, feições regulares, seios pequenos e empinados, barriga lisa e os quadris estreitos essenciais para a aparência sexualmente ambígua então em voga.

Na primavera de 1931, Matisse mal conseguia pensar em outra coisa além da nova encomenda. A partir de então, todos os outros problemas ou necessidades passaram para segundo plano. A casa toda ficou à disposição dele. Lisette tinha de se recolher no começo da noite de modo a estar descansada para a sessão da manhã seguinte. Ele também a proibiu de nadar com o sol alto para que não ficasse bronzeada. Certa vez ela foi arrastada por uma onda imprevista e ficou toda machucada, sendo severamente repreendida por prejudicar a pureza imaculada que Matisse necessitava para a obra. Esta requeria horas intermináveis de trabalho, pausas breves e concentração exclusiva tanto por parte do pintor como do modelo. Todos os dias, depois do café da manhã, ambos seguiam para a garagem que ficava perto da escola de arte, na rua Désiré Niel, 8, um local espaçoso o suficiente para abrigar as três telas enormes que iriam decorar o salão em Merion. A programação exaustiva de Matisse era penosa para o modelo, mais penosa para ele, o pintor, e provavelmente ainda mais para Amélie, cujas expectativas de recuperação pareciam cada vez mais distantes. A única pessoa que a visitava com regularidade era Berthe, que passava férias em um apartamento que Matisse lhe comprara em Nice. Fora isso, o mundo de Amélie havia se contraído de modo dramático. Continuava confinada ao leito, acatando a recomendação médica de repouso completo. Isolada com problemas de coluna no quinto andar de um prédio sem elevador, havia um ano vivendo na prática como prisioneira, ela perdeu tanto a jovem acompanhante como o marido para as exigências inelutáveis da pintura.

A escolha do formato e do conteúdo da nova obra foi deixada inteiramente por conta do artista, que aparentemente jamais considerou fazer outra coisa além de outra *Dança*. Em Merion, ele redescobrira *Alegria de viver*, o quadro que inspirara Shchukin a encomendar a primeira *Dança* em 1909. De volta a Nice, Matisse fixou uma reprodução do painel de Shchukin na parede da garagem-ateliê, esboçou um conjunto de pequenas variações em um projeto geral e, à mão livre, desenhou a nova *Dança* ("Como se fosse arrastado por um ritmo dentro de mim") diretamente em três telas dispostas lado a lado, com o dobro de sua altura, usando um pedaço de carvão preso na extremidade de uma vara de bambu. No desenho inicial, ele povoou o quadro com imensas figuras saltitantes, pulando e arremetendo em uma dança que se estendia muito além dos três grandes arcos que iriam conter o painel decorativo. Cabeças, braços, pernas e mãos desaparecem para além das bordas das telas, juntando-se a outros corpos invisíveis, semientrevistos e tremulantes nas curvas da arcada. A energia das dançarinas flui de uma extremidade à outra, irrompendo através dos blocos salientes das colunas e lançando-se no espaço imaginário mais além. Segundo o próprio Matisse, esse foi um daqueles pontos cruciais periódicos, como o fauvismo, nos quais era preciso abandonar a complexidade e o requinte em favor apenas da cor, da forma e do movimento – "elementos que incitam os sentidos" –, princípios elementares que infundem vida quando eles próprios são animados.

Matisse desenhando *A dança* com o bambu que André Masson comparou à varinha de um mago, c. 1931.

No final de abril, ele enviou fotos do esboço para Barnes. Em junho, passou a introduzir a cor e estava tão confiante de ter chegado à metade do caminho que Barnes lhe enviou o segundo pagamento. Os dois se encontraram na abertura da primeira retrospectiva de Matisse em Paris depois de duas décadas, organizada pelos Bernheim na Galeria Georges Petit. Essa foi uma exposição de marchand, prestigiosa e comemorativa, enfocando as obras da última década em Nice, sem a tentativa de apresentar um levantamento coerente do que havia sido feito antes. Quando foi inaugurada, Matisse estava já explorando um território novo. Fazia três anos que abandonara as séries de odaliscas de Nice, cujo esplendor técnico parecia, a um público agora fascinado pelo surrealismo e suas ramificações, algo essencialmente superficial, como se ele fosse uma espécie de Fragonard que produzia imagens encantadoras e aliciantes para homens ricos em apartamentos de Manhattan e *villas* no sul da França. Pierre, que cuidara da montagem da mostra a pedido do pai, mais tarde admitiria que as limitações da exposição haviam reforçado a posição daqueles que viam Matisse como um mestre menor da decoração, com pouca relevância para o mundo moderno. "E tudo isso para acabar identificando Picasso como o grande renovador etc.", escreveu Pierre, confirmando a opinião do pai de que as homenagens condescendentes e em grande parte depreciativas de que fora alvo nos dois anos anteriores eram uma maneira de enterrá-lo vivo.

O equívoco seria triunfalmente retificado naquele outono por uma retrospectiva menor, porém mais rigorosa, organizada por um americano praticamente desconhecido chamado Alfred Barr, o jovem diretor do recém-fundado Museu de Arte Moderna de Nova York (Moma). "Barr empenhou-se ao máximo e superou todas as minhas expectativas", relatou Pierre ao pai. Os críticos americanos, liderados por Henry McBride, se mostraram à altura da ocasião: "Eles estão encantados em constatar que o artista é mais bem entendido e apreciado em Nova York do que em Paris, com uma mostra que o valoriza em vez de esmagá-lo – e estão certos! Quando a gente vê essa exposição, o impacto é bem maior que o da mostra parisiense". Pierre enviou um relatório detalhado da exposição, descrevendo a disposição dos quadros e a perspectiva que impunha ao espectador na longa marcha desde a primeira cópia de Chardin feita por Matisse no Louvre, passando pela época fauvista, até as *Beringelas* de Grenoble e as austeras abstrações do período da guerra. Grupos com telas de dimensões menores – obras iniciais, retratos de Lorette, um punhado de odaliscas mais recentes – serviam como uma espécie de pontuação, pausas para repousar e recompensar o olhar do esforço exigido pelas obras mais difíceis e perturbadoras que formavam o núcleo da mostra. Essa foi a primeira avaliação em grande escala de um artista europeu promovida pelo Moma, e mostrava todas as etapas da carreira de Matisse (com exceção das obras que estavam em Moscou, que as autoridades soviéticas se recusaram a emprestar) com um claro senso de estrutura, ritmo e desenvolvimento.

Nessa altura, porém, o dano à reputação de Matisse estava consolidado. A atenção que recebeu por ocasião da mostra em Paris, ampliada pela cobertura nacional e internacional, o marcaria decisivamente como um artista fácil e autocomplacente, e, quando comparado a Picasso, inevitavelmente o peso-leve da dupla. A partir de então, Matisse seria perseguido por uma imagem pública baseada sobretudo na concepção equivocada de sua produção na década de 1920, uma visão que distorcia suas conquistas em geral e tornava difícil examinar com clareza o que viria a produzir em seguida ("As pessoas não sabem nada de sua produção anterior", diria Duthuit a Matisse, no papel de porta-voz da geração do pós-guerra em Paris. "Se o painel decorativo fosse exposto aqui, seria uma revelação"). Em 1931, no momento em que se cristalizava sua imagem de reacionário na imaginação popular, Matisse estava lutando com um mural que, para ele tanto quanto para Barnes, visava transpor o hiato entre a arte pública e a privada, um objetivo que, na década seguinte, seria uma das grandes preocupações em círculos revolucionários na Rússia, no México e na França. O isolamento de Matisse nessa época se devia, como assinalou Pierre Schneider, "não a seu conservadorismo, mas ao fato de ter feito a transição para a obra característica da década de 1930 antes de qualquer outro artista contemporâneo".

Enquanto o painel decorativo tomava forma, Barnes – "parte bastião, parte aríete", na imagem expressiva de John Russell – tornava-se cada vez mais sinistramente possessivo, assediando o pintor com solicitações para ver a obra em andamento, ameaçando ir até Nice, jactando-se da rapidez com que avançava em um livro que, na sua opinião, seria o melhor já escrito sobre a obra de Matisse. Depois de seis meses, porém, *A dança* não estava fluindo tão bem quanto antecipara seu criador. No começo de setembro, Matisse tirou férias do painel inacabado e foi ao balneário italiano de Abano Bagni, onde toda manhã tratava com banhos os problemas no braço, e à tarde refrescava o olhar seguindo de carro até Pádua para ver os afrescos de Giotto que, um quarto de século antes, na época dos *fauves*, haviam renovado sua força de ataque. Ao regressar a Nice, adotou um novo método.

Colocando de lado os pincéis, contratou um pintor de paredes profissional para recobrir folhas de papel com tons chapados e homogêneos de preto, cinza, rosa e azul. Matisse então desenhou e redesenhou todo o projeto, delineando as formas nos papéis pintados que eram em seguida recortados e presos à tela por um assistente. Depois de posar durante a manhã, Lisette se vestia e passava o resto da jornada prendendo, reajustando e fixando de novo uma composição em constante mutação. "Nada comparável foi inventado, antes ou depois, para solucionar o problema da forma e da cor", escreveu o pintor surrealista André Masson, que observou Matisse enquanto este empunhava o bastão indicador de bambu – "na verdade a varinha de um mago" – para dirigir um extraordinário balé de formas e figuras que emergiam de sua imaginação e logo se dissolviam e se reagrupavam em intermináveis permutações fluidas e cinematográficas.

Desesperadamente carente de uma opinião abalizada, Matisse foi de carro até Grasse em busca de Masson (que era amigo do casal Duthuit), surpreendendo o artista mais jovem ao examinar atentamente sua obra e convidá-lo em seguida a Nice para que visse o painel no ateliê-garagem. Sempre que o pânico se instalava em Nice, Bussy recebia um telegrama em Roquebrune: PAINEL LAMENTÁVEL COMPOSIÇÃO TODA DESCONTROLADA ESTOU DESESPERADO LUZ ADEQUADA NESTA TARDE VENHA JÁ PELO AMOR DE DEUS MATISSE. Durante a longa e lenta evolução da *Dança*, Bussy o visitou regularmente e sempre encontrava o velho companheiro tenso e perturbado. A esses problemas se somavam os referentes às gravuras para o livro de Mallarmé, que apresentavam complexidade equivalente, ainda que em pequena escala, à do painel decorativo. Ambos os projetos requeriam precisão cirúrgica e o cálculo de um enxadrista. Matisse dividiu seu tempo entre o livro e o painel, mantendo-se em um estado de contínua prontidão, tentando obter unidade por meio de malabarismos com as combinações quase infinitas de variações de margens das páginas, assim como de textura, escala e espaçamento tipográficos de um lado, e, de outro, os 24 membros de suas seis dançarinas gigantescas. "Só tateando o caminho eu conseguia avançar", comentou a respeito da *Dança*.

A coordenação da agilidade mental, manual e visual necessária para esse malabarismo estava estreitamente ligada, para Matisse, aos dilaceramentos do ano anterior. Segundo ele próprio, viajar aquietava as partes do cérebro solicitadas em demasia, ao mesmo tempo que liberava outras antes reprimidas pela vontade, admitindo que até os intervalos de enfado e descontentamento no Taiti e em Tânger haviam sido sinais essenciais de algo se agitando em níveis muito abaixo do plano da consciência. Ele disse a Pauline Schyle que o espaço se expandira após retornar do Taiti e, no inverno de 1931-32, externara tal sensação ao transferi-la para o painel decorativo. "Papai comenta de tempos em tempos que está muito satisfeito, mas nos intervalos é um tormento medonho", Marguerite escreveu de Paris a Pierre. "Tia Berthe fala de leveza e esplendor – Skira diz que é magnífico – Masson fica impressionado toda vez que vê os últimos resultados."

Masson foi o padrinho do filho de Marguerite, Claude, cujo nascimento em Paris, em novembro de 1931, poucos meses depois do nascimento de Jacqueline, a filha de Pierre, e de Gérard, o filho de Jean, completou o trio de netos que o casal Matisse ganhou naquele ano. A devastação financeira que ameaçava engolfar tanto os Estados Unidos como a Europa foi compensada, para todos os membros da família, pelo otimismo nos planos profissional e pessoal. A inauguração da Galeria Pierre Matisse em Manhattan teve repercussões significativas a despeito do estado do mercado acionário, que tornava impossível a comercialização de qualquer coisa, mesmo com os preços no fundo do poço. O painel decorativo para Barnes, próximo de ser concluído mais ou menos no prazo, iria ser exposto pela primeira vez em Paris na Galeria Petit, com uma iluminação especial e horário de abertura prolongado até a meia-noite, de modo que a obra pudesse ser vista por trabalhadores comuns antes de seguir para os Estados Unidos. A imprensa americana já preparava uma cobertura extraordinária para a chegada do painel, quando Matisse fez a horrível descoberta de que vinha trabalhando, nos doze meses anteriores, com um erro de quase um metro nas medidas. E uma troca de telegramas confirmou seus temores. Barnes ficou furioso – VOCÊ COMETEU UM ERRO COLOSSAL – e embarcou imediatamente para a França. Contudo, quando se encontraram em Paris, em 4 de março de 1932, já se conformara o suficiente para admitir que, em vez de tentar uma operação de salvamento, Matisse faria melhor se retomasse o trabalho do princípio.

Somente os arraigados hábitos de persistência e trabalho duro, que lhe haviam sido incutidos na infância, sustentaram o pintor nos doze meses seguintes. Ele ainda concluiu o primeiro painel fracassado (cujas seis figuras saltitantes se tornaram cada vez mais agitadas e agressivas) antes de se voltar para um segundo grupo de três telas recém-montadas, sobre as quais, no início de julho, desenhou uma nova *Dança*, mais descontraída e lírica, com uma rapidez e uma segurança impressionantes. Quando o verão chegou ao fim, ele estava pronto para retomar a tarefa laboriosa e difícil de conciliar forma e cor, usando tesouras e pilhas de papéis pintados em vez de pincéis e paleta. Como Lisette já não podia ser liberada dos cuidados de Amélie, Matisse teve de se virar com ajudantes contratados. No fim de setembro, ele conheceu uma jovem russa que trabalhava como figurante em filmes, a sra. Omeltchenko, que se mostrou surpreendentemente confiável para recortar, ajustar e posicionar as formas. Ao mesmo tempo, Matisse corrigiu as provas do livro *Poésies de Stéphane Mallarmé*, introduzindo incontáveis ajustes infinitesimais de última hora que levaram o impressor à loucura. Imagens da *Dança* atormentavam suas horas de vigília e, à noite, invadiam-lhe o sono. Nos intervalos das sessões de desenho e redesenho, enquanto aguardava a implementação das últimas alterações, Matisse se descontraía em uma barraca de tiro nas proximidades. Segundo ele, só conseguia se livrar da tensão no momento em que erguia o rifle e mirava o alvo.

Em janeiro de 1932, Matisse viajou a Maiorca, onde ocorreu um áspero confronto com Barnes, que o seguiu de volta a Nice no fim do mês a fim de inspecionar a *Dança* pela primeira vez. Embora satisfeito com o que viu, Barnes não conseguiu se impedir de aproveitar o fato de que, em um mercado de arte em colapso e dominado pelo pânico e pela estagnação, agora ele era a única fonte de renda em potencial para Matisse. Ser tratado como um empregado subalterno num momento em que estava exausto e desanimado não contribuiu em nada para resgatar a confiança do pintor. Após a partida de Barnes, Matisse voltou a trabalhar com concentração febril, em um estado de percepção acentuada que bloqueava tudo o que não tivesse a ver com o painel. No dia 20 de março, a concepção da obra afinal emergiu completa, a ajudante foi dispensada e o pintor de paredes passou o mês seguinte preenchendo de cor o desenho delineado nas telas.

Nessa primavera, André Masson estava em Monte Carlo, trabalhando no balé *Les Presages*, que teve de refazer quatro vezes em um estado de frustração tão violento que Matisse o convidou a ficar um tempo em Nice até se acalmar. Os dois passavam as manhãs na garagem-ateliê ou acompanhando os ensaios do corpo de balé em Monte Carlo, ambos afastando-se das respectivas obsessões em longas caminhadas e conversas durante as tardes. Nessa altura, Marguerite chegou de Paris com Claude e encontrou o pai em desespero ("A filosofia dele é bem parecida com a que aconselha se recolher ao leito e esperar pela morte", comentou ela com Pierre). Matisse assistiu ao ensaio geral do balé de Masson em 12 de abril e concluiu a *Dança* exatamente uma semana depois. Durante os dez dias seguintes, o pintor e seu cão ofereceram uma mostra informal da obra na garagem da rue Désiré Niel. Leonid Massin foi um dos primeiros a aparecer, declarando que Matisse havia dado forma ao seu sonho do que deveria ser a dança. Duthuit também a viu, André Gide veio de Roquebrune com o casal Bussy e Matisse mandou buscar a sra. Omeltchenko. Nessa altura, ele mal conseguiria organizar a embalagem e o envio da obra. Os planos para expor a pintura em Paris tiveram de ser abandonados, a despeito da previsão acurada de Duthuit, segundo o qual os parisienses jamais o perdoariam pela desfeita: "Para muita gente, isso vai parecer um ato de deliberada hostilidade ou desprezo".

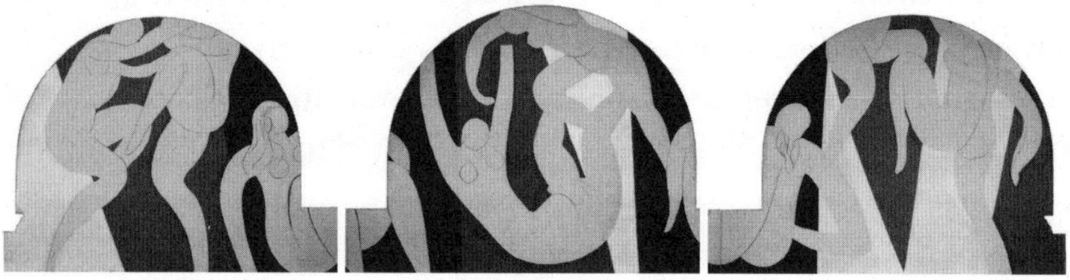

Matisse, *A dança*, 1932-33.

Matisse embarcou para Nova York no dia 4 de maio, com o painel embalado em caixas acomodado no porão do navio. Na sexta-feira, 12 de maio, no dia seguinte a seu desembarque, ele foi levado de carro até Merion por Pierre (que ao chegar foi dispensado por Barnes com a brutalidade costumeira). No sábado, o primeiro dos três painéis foi instalado em meio a um clima tão tenso que Matisse sofreu um pequeno ataque cardíaco, ficando azulado e sendo reanimado por Barnes com uísque. Um cardiologista, em consulta com três outros médicos, prescreveu-lhe repouso absoluto pelos meses seguintes. Matisse contou à filha que o excesso de trabalho causara uma tensão irreparável em seu coração e alertou-a para que nada dissesse à mãe, mas sua ansiedade se dissipou em imenso alívio ao ver o painel afinal instalado. "Ele tem um esplendor que precisa ser visto, não dá para imaginar", escreveu em seguida para Bussy, relatando que Barnes havia comparado a luz e a cor radiante que jorravam pelo salão ao efeito de vitral rosado em uma catedral.

No entanto, durou pouco o júbilo de ambos. Barnes, cujo recém-lançado livro sobre Matisse fora sistematicamente demolido pelos críticos, anunciou que não tinha a menor intenção de permitir que qualquer pessoa visse o painel. Para Matisse, tal comportamento beirava a insensatez. Pierre, que refez a viagem de carro na manhã de terça para buscar o pai, recebeu permissão para entrar no salão, ali permanecendo apenas o tempo suficiente para fazer duas fotos da *Dança* antes de ser conduzido para fora. Quando Matisse telegrafou para combinar uma segunda visita na sexta-feira, Barnes já havia trancado o museu e viajado para a Europa. "É algo *doentio* isso", escreveu Matisse para a filha. "Ele é um monstro de egoísmo – não há mais ninguém além *dele* [...] não admite nada capaz de interferir em sua vontade! Sobretudo agora, que está cheio de hematomas por causa do fiasco do livro [...] Que isso fique entre nós, pois o que importa é que ele proporcionou a oportunidade de eu me expressar em escala grandiosa, e que reconhece, da maneira que consegue, a excelência do resultado."

Matisse nunca mais viu a *Dança*. Aqueles dez dias em que ela foi exibida aos amigos íntimos seriam o mais parecido com uma exposição pública. Após ter saído de casa esperando uma recepção turbulenta nos Estados Unidos, quando regressou a Nice Matisse mal conseguira absorver o que havia de fato ocorrido. Durante o resto de sua vida, e da vida de Matisse, Barnes fez de tudo para que o painel permanecesse praticamente desconhecido. Ninguém jamais foi admitido na Fundação sem sua autorização pessoal, que ele recusava por princípio não só à imprensa, mas a colecionadores, curadores, apreciadores da arte e qualquer pessoa em quem ele suspeitasse a mais débil conexão com os meios artísticos (a lista de pessoas que tiveram o acesso negado inclui desde T. S. Eliot e Le Corbusier até visitantes que chegavam com bilhetes de Matisse solicitando que lhes fosse mostrado o painel decorativo). Além disso, a reprodução em cores da *Dança* era proibida.

Matisse nunca mais recebeu uma encomenda para pintar um mural, embora tenha dito a Gide que teria vivido de pão e água com prazer se lhe tivessem oferecido outra parede para decorar. O golpe desferido por Barnes o deixou impotente e desamparado, estatelado de costas como a figura com que ilustrou o poema "Le Pitre châtié" [O palhaço castigado], de Mallarmé. Mas aí não era o caso do humor com que se retratava nas cartas à esposa, e sim do pesadelo íntimo de um menino que sonhava em ser palhaço no circo e ao crescer foi visto pelos vizinhos como o bobo do vilarejo, *le sot Matisse*, o cretino cujos quadros não faziam o menor sentido para ninguém. Matisse raramente falou de sua amargura e humilhação íntimas, exceto ao filho Pierre, mas sempre insistiu em que nenhum artista pode viver sem público ("A pintura é um meio de comunicação, como a língua"). Uma das coisas que apreciava no filme *O circo*, de Chaplin, era que ele dava corpo a sua própria imagem do artista como o homenzinho tentando entreter uma multidão na feira, e que se afastaria de fininho, com as mãos nos bolsos, se lhe retirassem a audiência.

13. O GIGANTE CEGO (1934-39)

NO INÍCIO DE 1934, MATISSE ACEITOU A INCUMBÊNCIA DE ILUSTRAR O *ULISSES*, de James Joyce, por recomendação de Pierre, que antevia uma recepção entusiástica nos Estados Unidos para essa rara conjunção de dois dos principais modernistas. Ao saber pelos Bussy que a estrutura do romance era vagamente baseada na *Odisseia*, Matisse propôs deixar de lado o texto de Joyce (que ele não lera) e ilustrá-lo com cenas inspiradas em Homero. Para tanto escolheu seis episódios do poema, todos (com uma exceção) envolvendo mulheres, desde as várias ninfas e sedutoras que Ulisses encontra em sua jornada até a esposa paciente que havia deixado em casa. A primeira amostra de ilustração apresentada ao editor George Macy em Nova York mostrava "duas mulheres brigando para representar a desordem na casa de Ulisses", uma imagem que era mais apropriada às circunstâncias domésticas do próprio artista naquele verão do que a Joyce ou Homero.

O casamento de Matisse estava sob pressão desde que ele começara a se dedicar à *Dança* de Barnes. Quando os doze meses originalmente previstos para esse projeto foram estendidos, com a obra no final exigindo um prazo três vezes maior, Amélie reagiu colocando a própria existência em estado de suspensão. Ela passou todo esse período imobilizada no quarto de onde avistava o mar, ocupada com seus bordados, sem sair para lugar nenhum e não recebendo ninguém com exceção da irmã e do médico. Seu marido refletiu com pesar no contraste entre a letargia da esposa e aquela lida incessante que lhe debilitara o coração, reduzira sua resistência e agora o torturava com dores renais. Seguindo ordens médicas, ele fez uma pausa forçada para um tratamento no balneário de Vittel, e ali recebeu da filha uma carta prescrevendo um tratamento ainda mais radical. Durante anos Pierre se queixara da propensão dos membros da família a medir as palavras por temor de falarem demais quando estavam frente a frente, ao passo que no papel todos acabavam expondo suas opiniões com uma franqueza devastadora. A longa carta de Marguerite relacionava todos os defeitos do pai e o incitava a se emendar, alertando-o de que a concentração exclusiva em si mesmo e em sua obra estava pondo em risco o casamento.

Marguerite tinha plena consciência de que o pai achava que, na época em que mais precisara dela, fora abandonado por uma esposa tão imersa nas próprias tribulações que nem sequer conseguia supervisionar o funcionamento normal da casa. Agora, sem contar com Amélie para lhe amenizar os tormentos íntimos, ele foi obrigado pelos médicos dela a poupá-la de todos os seus problemas. A ansiedade perene de Matisse o corroía, alimentando um sentimento de mágoa que fazia com que se tornasse ainda mais exigente, prepotente e intolerante. Em sua reprimenda passional que também era um manifesto pessoal, Marguerite lembrou ao pai que a existência dele como pintor devia muito à capacidade de Amélie para almejar algo mais que a criação dos filhos e a manutenção da casa, e que a coragem e a flexibilidade dela haviam se exaurido em função de um objetivo maior, e que por isso estava agora condenada à solidão e a uma rotina de inválida. Encerrando a carta, ainda manifestava um desprezo mordaz pelos esforços de Matisse para se isolar em Nice dos conflitos que ameaçavam dilacerar a França: "essa [...] não é uma maneira saudável de viver – sobretudo num momento em que o mundo todo está convulsionado".

Matisse permaneceu na defensiva e irredutível. Bem mais tarde, admitiria tacitamente que era justa a percepção de Marguerite, quando topou com uma situação similar nos livros de Pearl Buck, contemporânea de Marguerite, e também ela uma filha intrépida e observadora cuja vida poderia ser considerada uma reação à férrea vontade paterna. Matisse reconheceu suas compulsões em um romance de Buck, *O patriota*, e ficaria ainda mais perturbado ao ler *O anjo guerreiro*, no qual a escritora relata a vida do pai missionário, cuja mulher e filhos pagaram um alto preço por terem se submetido a uma causa exaltada, mas desumana. Tal como a Penélope de Ulisses, ou as caladas, tempestuosas e impassíveis esposas de missionários lutando para extravasar um entranhado ressentimento por meio das agulhas de bordado em *O anjo guerreiro*, Amélie havia durante anos alinhavado sentimentos que só encontravam vazão em tapeçarias, almofadas, meias para soldados na época da guerra e requintadas lingeries de seda e roupas para bebês no interlúdio de paz que se seguiu. Em Issy ela sabia como chantagear toda a família com seu silêncio soturno, mas em Nice o ponto de equilíbrio no casamento se alterara. A pintura fora o primeiro amor de Matisse e, mesmo com sessenta e poucos anos, seu envolvimento continuava tão intenso quanto no início. Ao retornar pela última vez de Merion, Matisse não conseguia pensar em nada além de sua versão inicial, inacabada e abandonada da *Dança*. A despeito do problema cardíaco e de outra crise renal, voltou sorrateiramente para examinar outra vez o projeto original, que ainda teria de ser transposto para as telas no ateliê-garagem. "É como um velho garanhão farejando a égua", escreveu a Bussy, explicando o que pretendia fazer com a *Dança* assim que se restabelecesse.

Isolada e excluída da vida do ateliê que monopolizava o marido, Amélie explodia irada em cenas dramáticas cuja veemência assustava a ambos. Quatro meses depois de ele ter voltado para casa, ela decidiu ir embora, mudando-se sem avisar para o apartamento da irmã na extremidade oeste da cidade. Sua antiga e vigorosa concepção de um admirável mundo novo reduzira-se à vontade de ter um apartamento próprio. "Se apenas eu conseguisse ganhar na loteria", exclamou ela, erguendo os punhos cerrados sobre a cabeça em um gesto característico de desafio. "Mas Amélie, você já ganhou", respondeu Berthe calmamente. "É o Henri." Recém-aposentada após uma carreira extraordinária como pioneira da educação feminina na França, Berthe era famosa como uma pacificadora capaz de restaurar a ordem, sufocar motins e reverter a decadência de instituições decrépitas ou desmoralizadas recorrendo apenas à força de sua personalidade. Berthe era o esteio de toda a família. Ela cuidara de ambos os pais, proporcionara um lar para o pai até este morrer e, quando Amélie precisou de ajuda, trocou sua aposentadoria cuidadosamente planejada numa casa de pedra em sua região natal, o Roussillon, por um pequeno apartamento no subúrbio de Nice. Agora ela colocou sua habilidade de mediadora à disposição do cunhado, que ia visitá-la todas as tardes, perplexo e arrependido, levando chocolates ou livros para a esposa.

Em meados de novembro, quando Matisse afinal concluiu a segunda *Dança* e a desenrolou "como uma cortina de teatro" na parede do grande ateliê na place Charles Félix, Amélie também voltou para casa. O marido fez o possível para deixá-la satisfeita, fazendo-lhe todo tipo de concessão, exceto modificar seus hábitos de trabalho. Ele alterou todo o apartamento para adequá-lo a uma inválida, transferindo o gramofone e o rádio do ateliê para o quarto dela, que era maior e mais confortável do que os outros. O dia girava em torno do passeio matinal da enferma, quando era carregada, em uma cadeira semelhante a um trono, pelos cinco lances de escada até o carro, com os outros membros da casa de prontidão, carregando mantas e almofadas. Matisse havia substituído o pequeno e desconfortável Renault por um espaçoso carro americano, dotado de uma suspensão impecável que não sacudia nem incomodava a coluna de sua mulher. Como ela já não podia visitar o ateliê no andar de baixo, ele é que subia duas vezes por dia a fim de relatar, à beira de seu leito, o andamento do trabalho. Matisse havia dispensado Lisette nesse verão por insistência de sua mulher, e quando as duas acompanhantes seguintes também partiram em rápida sucessão, foi Amélie quem sugeriu chamar Lydia Omeltchenko, a russa que se mostrara uma assistente tão confiável no ateliê.

Lydia era jovem e bela, mas, ao contrário das ajudantes antes contratadas, era tão eficiente que Amélie planejou recolher-se com ela nesse verão para a casa de Berthe em Beauzelle, o povoado em que ambas haviam nascido. A escapada seria inviável se não houvesse alguém para cuidar de uma casa que incluía as duas irmãs, a tia idosa delas e Claude Duthuit, o neto dos Matisse, então com dois anos. Amélie dependia da saúde e do vigor da nova acompanhante, e via com bons olhos sua tenacidade, que fazia de Lydia uma batalhadora como ela própria. Nascida na Sibéria em 1910, filha única de um dos mais renomados pediatras da cidade de Tomsk, Lydia ficara órfã aos doze anos, quando ambos os pais morreram numa das epidemias que devastaram o país após a Revolução de 1917. Ela foi criada por uma tia e juntas fugiram para Harbin e, em seguida, para Paris, aonde chegaram na mesma época em que o colapso econômico generalizado devorou os recursos financeiros da família, deixando-a à beira da ruína. Lydia abandonou os planos de estudar na Sorbonne e tornar-se médica como o pai e, em vez disso, acabou se casando, de maneira breve e desastrosa, com um homem bem mais velho, chamado Boris Omeltchenko.

Na época em que conheceu Matisse, ela voltara a usar o nome de solteira, Delectorskaya, e estava vivendo com um jovem compatriota – belo, arrojado e irresistivelmente confiante –, cuja imaginação pintava um futuro brilhante para o casal. Decidiram tentar a vida na grande comunidade de exilados russos que sobreviviam precariamente em Nice, num momento em que recrudescia por toda a Europa a vaga de xenofobia direitista, reforçada na França por normas rigorosas que tornavam ilegal dar emprego a migrantes estrangeiros, a não ser em funções não especializadas e temporárias. Com isso, Lydia juntou-se a tantas outras belas e talentosas jovens em Nice que se dispunham a trabalhar como figurantes em filmes, modelos de artistas e dançarinas de cassino. Ela estava com 22 anos, sem dinheiro e passando fome, e começava a desconfiar dos ambiciosos projetos do namorado quando arrumou um emprego de meio período por seis meses como assistente no ateliê de um pintor mais velho cujo nome nunca ouvira antes.

Lydia Delectorskaya fotografada por Matisse em 1935.

Acostumado a assegurar que os modelos ganhassem o suficiente para comer, Matisse pagava a Lydia horas extras para que ela pudesse comer um filé no café diante do ateliê-garagem. Quando acabaram os seis meses, ele a despediu com um modesto empréstimo, que serviria de capital inicial para que ela e o parceiro assumissem o controle de uma pequena casa de chá russa. "Se emprestarmos esses quinhentos francos, nunca mais veremos esse dinheiro", Matisse alertou Amélie, "mas por outro lado não podemos deixar de fazer isso". Sua previsão se confirmou, pois o amante de Lydia jogou e perdeu todo o dinheiro em uma única noite no Cassino. No entanto, Matisse se equivocara a respeito de Lydia, que logo em seguida conseguiu um contrato de dois meses como figurante em um clube noturno de quinta categoria em Cannes, ganhando trezentos francos por mês (o salário mensal da acompanhante de Amélie Matisse nessa altura era de quase mil francos, além de cama e comida). Um mês depois, ela entregou a primeira parcela de duzentos francos a Matisse, que a convidou para ver a *Dança* concluída, então na garagem da rue Désiré Niel e prestes a ser enviada para os Estados Unidos.

Ali ela conheceu Georges Duthuit, que ficou intrigado ao descobrir que essa forasteira vistosa se inscrevera em uma maratona de dança de quatro dias no Cassino (uma prova de resistência cujos participantes recebiam 25 francos a cada 24 horas, com um bônus para os que aguentassem os quatro dias, exatamente o que Lydia pretendia fazer a fim de saldar a dívida). Matisse ficou chocado com a revelação do genro. Ele próprio um insone veterano, já vira jovens aturdidas e entorpecidas, caindo de sono, com semblantes funéreos e olhos vazios, escoradas por marinheiros que se dispunham a ser seus parceiros, tropeçando pelo salão de baile em uma paródia de dança, um espetáculo bizarro e medonho com laivos de submissão sexual, montado em benefício dos frequentadores do Cassino. Ele mandou seu motorista buscar Lydia, que logo depois se viu diante do pintor, sem chapéu e desgrenhada, atônita demais para negar suas intenções, e assustada demais com a fúria dele para recusar o cancelamento da dívida. O episódio deixou Matisse revoltado, mas essa demonstração de orgulho inflexível impressionou muito sua mulher. Amélie compreendia esse modo de pensar e simpatizou com Lydia, tornando-se nos anos seguintes cada vez mais dependente das habilidades da jovem russa.

Em março de 1934, quando a família de Matisse parecia estar se desintegrando, ele disse a Pierre que sua vida estava chegando ao fim em meio às piores tribulações que enfrentara. Contou que costumava ficar diante da janela, contemplando o mar como alguém em uma interminável travessia oceânica. A pintura não lhe proporcionava nenhum alívio. O primeiro quadro que pintou após o painel decorativo de Barnes, *Interior com cão*, não lhe agradou ("Preciso de algo mais complexo"), e ele se viu diante da barreira que por tanto tempo lhe impedira o progresso como pintor. Às vezes, Matisse temia que os críticos estivessem certos e que de fato não havia mais futuro para ele. Chegou a dizer que um pavor mortal o perseguia dia e noite. A preocupação com o trabalho reforçava outros temores relativos à mulher e ao sustento da família. Já pensava em medidas para enfrentar a situação, cortando despesas, vendendo um ou mesmo os dois carros e reduzindo as mesadas substanciais que dava aos filhos. O negócio de Pierre estava parado, e nenhum dos outros jovens Matisse ou seus cônjuges havia encontrado trabalho regular. Em Nice, o pai deles profetizava a ruína, tal como antes fizera o avô em Bohain. "Lamentavelmente nesses dias não estamos apenas vivendo em uma casa que está desmoronando [...]", respondeu Marguerite com mordacidade, lembrando que os problemas da juventude de Matisse nada tinham a ver com os desenvolvimentos atuais na Alemanha de Hitler, ou com as turbulências políticas ocasionadas pela calamidade econômica na França: "Estamos passando por um terremoto de escala muito distinta, e convém lembrar que energia, trabalho duro e coragem não vão produzir os resultados com que antes era possível contar – agora a tempestade está desabando e resta apenas manter a cabeça acima da água".

As dificuldades enfrentadas pelos filhos eram, de certo modo, uma imagem espelhada das dificuldades do próprio Matisse. Para todos eles, a arte era a única vocação que valia a pena seguir. Expostos desde o nascimento a arriscadas, radicais e estimulantes experimentações pictóricas, seus filhos rejeitavam qualquer outro tipo de sucedâneo e partilhavam o horror do pai a tudo o que era fácil, derivativo ou de segunda mão. O problema deles era um bloqueio interno, e não externo. Jean, que persistiu na atividade artística mais do que os outros, resumiu a situação com comovente clareza durante um verão dedicado à pintura em Collioure: "Tenho de me forçar para não recair e produzir 'Matisses'. É como se papai tivesse se apoderado do essencial em qualquer impressão que podemos ter diante dessa paisagem, não restando nada mais a fazer [...] isso já foi feito com tanta frequência e de modo tão completo que acabamos nos sentindo estúpidos e desanimados [...]". No que se refere à arte, a família toda era implacável. O dever de Matisse, enquanto artista e pai, exigia que fosse impiedosamente honesto. Durante mais de uma década, Jean foi discípulo do pai, passando da pintura para a escultura, e enviando as obras a Nice para serem avaliadas, toda semana aguardando com ansiedade por uma reação que muitas vezes confirmava suas piores expectativas. O contato entre ambos era uma repetição do relacionamento de Matisse com o próprio pai, que fora para o túmulo convencido do fracasso de seu primogênito.

Mais tarde, Pierre se queixaria de que a intervenção do pai havia frustrado sua carreira como pintor, mas em algum nível ele devia saber que a fuga o salvara do corrosivo desprezo por si próprio inevitável em alguém que, como disse o pai, não era forte o bastante nem suficientemente convicto de seu objetivo para suportar críticas demolidoras todas as semanas. A correspondência que mantiveram, cada um de um lado do Atlântico, exprimia o profundo interesse e afeição que sentiam um pelo outro e adquiriu um tom mais pungente nos anos iniciais da década de 1930, quando os acessos de angústia de Matisse despertavam em Pierre uma atitude tranquilizadora quase paternal. Pessoalmente, contudo, a relação entre ambos era em geral ríspida e irritante. Quase tudo era motivo para dolorosos desentendimentos, desde a cota anual de quadros que Pierre poderia vender nos Estados Unidos até o caso desastroso do cão de estimação de sua esposa, Rowdy. Um schnauzer alegre, afetuoso e divertido deixado em Nice sob os cuidados de Matisse e Amélie enquanto Pierre e Alexina (que sempre foi conhecida como Teeny) viajavam em lua de mel. Na volta deles o cão havia mudado de nome para Raudi e virado um companheiro inseparável do pintor. A incapacidade de recuperar o cão da esposa incomodava Pierre como mais uma humilhação íntima que não se dissipava nem mesmo com o êxito público mais estrondoso.

Marguerite deixara de posar após o casamento e logo em seguida abandonou a pintura mais ou menos pelos mesmos motivos dos irmãos, embora continuasse como assistente pessoal do pai, cuidando dos negócios em Paris e representando-o regularmente no exterior. Em certo sentido, ela também era a consciência dele, encarregando-se rigorosamente do controle de qualidade de sua obra, uma tarefa estafante, demorada e quase sempre ingrata, pois implicava alertar Matisse quando este produzia obras de nível inferior, insistir na remontagem dos quadros nas exposições ou supervisionar as tiragens das gravuras. A partir do livro *Poésies de Stéphane Mallarmé*, os impressores passaram a tremer sempre que ela aparecia. Dos três filhos, Marguerite ainda continuava sendo a mais próxima do pai, mas as obrigações e os conflitos de uma posição de apoio permanente tornaram-se cada vez mais difíceis de suportar após seu casamento. Mais velho, mais expansivo e menos tolhido pelos vínculos íntimos da esposa, Georges Duthuit tinha uma espirituosidade e uma alegria mundana que acabavam solapando as árduas virtudes – sacrifício, dedicação, exaltação – tão valorizadas no ateliê de Matisse. Por vezes, tal irreverência jovial mais parecia uma rebelião, e seus modos informais e espontâneos, uma revolta explícita. Foi Duthuit quem disse pessoalmente a Matisse, no final da década de 1920, que o trabalho dele estava emperrado, e talvez o ceticismo do marido tenha tornado Marguerite mais rigorosa em relação ao pai. Ela sempre o enfrentou de maneira mais direta que os irmãos, e nessa época tornou-se ainda mais severa.

Nos primeiros anos do casamento, Duthuit prosseguiu com seus estudos em frequentes viagens ao exterior, visitando o Egito, a Espanha, a Alemanha e a Inglaterra, e chegou a circular com quase tanta facilidade em Londres quanto em Paris. Duthuit era um dos principais membros do Gargoyle Club, no Soho londrino, e amigo íntimo de David Tennant, membro da nobreza e um dos últimos discípulos de Matthew Prichard (que retornara à Inglaterra após ser libertado do campo de prisioneiros na Alemanha em 1918). Tennant mantinha o clube noturno como um enclave onde os membros mais aventurosos da elite britânica podiam confraternizar com a porção mais glamourosa dos círculos da vanguarda literária e artística. Duthuit contribuía com a elegância francesa, Prichard era o guru espiritual e Matisse, o gênio tutelar do local. Sua *Harmonia em vermelho* estava exposta no salão de jantar e o semiabstrato *Ateliê, quai Saint-Michel*, de 1914, ao pé da escada que dava acesso à terceira atração do clube, uma reluzente pista de dança com espelhos, projetada por Tennant, em consulta com Matisse, como uma homenagem a Alhambra. Era no bar do Gargoyle, entre copos quebrados que haviam sobrado da noite anterior, que Prichard instruía o jovem John Pope-Hennessy – que viria a ser diretor do Metropolitan Museum em Nova York – e outros futuros magnatas dos meios artísticos anglo-saxões, dando sequência na década de 1930 aos seminários sobre estética que antes conduzira no ateliê parisiense de Matisse.

O Gargoyle, com sua atmosfera libertina e intelectual, era o habitat natural de Duthuit em Londres. Ele fez palestras no recém-criado Courtauld Institute of Art, mas não tinha o empenho nem a formação para seguir o caminho pedregoso traçado desde o nascimento para sua mulher, que encarnava um ideal de pureza que se tornaria para ele cada vez mais inatingível. Confrontado com o fosso entre aspiração e desempenho que havia derrotado Jean e obrigado Pierre a fazer carreira no outro lado do Atlântico, Duthuit consolava-se em Londres com conquistas menos trabalhosas. Quando Marguerite descobriu, no inverno de 1933, que o marido tivera um caso com a mulher do mais jovem dos célebres irmãos Sitwell, ficou furiosa. Mais tarde, ela chegaria à conclusão de que a tentativa de viver segundo os termos absolutos do pai havia corroído e minado seu casamento. Na época, a separação foi um golpe devastador. Segundo ela, a impressão era a de que a casa toda havia sido consumida pelas chamas. Seus pais observaram a conflagração consternados e impotentes, juntando esforços para evitar um desastre. Proporcionaram abrigo, simpatia e apoio para Marguerite em Nice durante esse inverno e o seguinte. Amélie lamentou ver outra parceria ideal rompendo-se por causa da distância entre a realidade e o sonho. Matisse tentou uma operação de resgate, arrumando trabalho para Duthuit, apelando aos Bussy e intercedendo pessoalmente junto às autoridades do Louvre em um derradeiro e vigoroso esforço para obter o cargo de professor no Cairo para o qual o genro estava na fila havia nove anos.

Simon Bussy, por tanto tempo um reduto de saúde e vigor em meio aos problemas de Matisse, quase perdeu a vida na primavera de 1934 devido às complicações de uma cirurgia menor em Londres. Na primeira semana de maio, enquanto Bussy estava no hospital, a mulher e a filha enviavam boletins diários a Matisse, que respondeu, à medida que o velho amigo lentamente se restabelecia, com um fluxo constante de cartas repletas de afeto, estímulo, piadas e planos de visitá-lo em Londres. Nessa altura, Amélie deixara Nice e se instalara na casa da irmã em Beauzelle, levando consigo o neto Claude, cujos pais estavam ocupados com a separação e a desmontagem do apartamento em Paris. Uma vontade de ferro permitira a Marguerite sobreviver aos tormentos físicos de sua juventude, mas até ela não conseguia manter para sempre sua energia nervosa. Quando por fim seu marido saiu de Paris, ela desabou com febre alta, incapaz de comer ou dormir, sozinha no apartamento dos pais no boulevard Montparnasse. Na mesma época, em Beauzelle, Amélie sofreu nova e penosa recaída. Matisse deixou o leito da esposa para cuidar da filha, arrumando um médico para Amélie em Toulouse e seguindo até Paris, em meados de junho, a fim de organizar um esquema de apoio doméstico para Marguerite. Assim que se recompôs o suficiente, Marguerite embarcou para os Estados Unidos, com a intenção de se restabelecer na casa dos sogros americanos de Pierre, na costa do Maine. Quando ela partiu no início de agosto, Matisse ainda estava ligando todo dia para Beauzelle para saber notícias de sua mulher.

Nesses meses turbulentos, Matisse concluiu as ilustrações para o *Ulisses* de Joyce. Durante as seis semanas que passou em Paris ao lado da filha, trabalhou em *Calipso*, "uma cena de tumulto caótico" representada por duas mulheres em luta, e a seguir no confronto de Ulisses com a princesa Nausicaa e duas de suas companheiras, um trio não muito diferente dos três atraentes modelos que posaram para a *Dança* de Barnes. Os problemas surgiram assim que as provas das gravuras chegaram a Nova York. George Macy, da editora Limited Editions Club, respondeu solicitando os números das páginas relevantes no texto de Joyce. Matisse enviou então as referências para a *Odisseia*, recusando-se a prosseguir sem um pagamento antecipado. Ele havia ligado para Joyce em Paris e alegava ter obtido a aprovação dele, embora o escritor tenha na verdade ficado com a impressão, durante o telefonema, de que seu ilustrador estava seguindo de perto a tradução francesa de *Ulisses*. Joyce acabou se conformando, mas Macy continuava com dúvidas e a implorar pelos números das páginas, ao mesmo tempo que adiava o pagamento para depois do ano-novo.

Matisse contou a Joyce, em agosto de 1934, que estava trabalhando em Éolo, a divindade dos ventos cujas tempestades açoitaram o barco de Ulisses, desviando-o da rota e obrigando-o a voltar pelo mesmo caminho que havia percorrido. Esse episódio o manteve ocupado em Nice até o final do mês, quando foi buscar Amélie em Beauzelle. No início de setembro, ele avançara para o episódio do cegamento dos ciclopes. Ele se inspirou em um pequeno quadro de Antonio Pollaiuolo, que mostrava Hércules sufocando seu oponente em um abraço mortal, uma cena que Matisse voltaria a desenhar inúmeras vezes nos anos seguintes, quando se tornaria alvo de ataques vindos de todas as direções. O impacto do *Cegamento de Polifemo* não se deve ao franzino atacante enterrando a comprida estaca no olho do ciclope, mas no corpo do próprio gigante, estirado e impotente, arqueando-se para receber o golpe, com as costas retesadas e os membros apoiados contra as quatro bordas da página. A gravura final de Matisse é uma imagem de choque e violência contida, da força e da impotência masculinas: "a única imagem genuína de dor em toda a sua obra", como disse Louis Aragon.

Ele extraiu ou abstraiu isso de um brutal embate de mãos crispadas e pernas contorcidas, riscadas em uma rajada de movimentos acutilantes, linhas escarificantes e jorros de tinta como sangue negro. "Não raciocino quando desenho", explicaria mais tarde Matisse, ao ser indagado sobre o seu método. "Não sei para onde estou indo. Confio em meu inconsciente." O terror de ficar cego, ou de não poder mais pintar, durante toda a vida o acometia em momentos de perigo ou ruptura. Matisse comparou as imagens que com lápis ou buril extraía do subconsciente a bolhas subindo à superfície de uma lagoa, ou às ondas provocadas por uma pedra lançada em águas profundas. Quando completou as ilustrações para o livro de Joyce com gravura sobre a volta para casa de Ulisses, a Ítaca de Matisse lembrava menos um palácio clássico mediterrânico do que o longo caminho reto, entre arbustos que lhe chegavam à cintura, que conduzia à porta do ateliê em Issy.

No início de 1935, havia cinco anos que ele praticamente não se dedicava à pintura de cavalete. Durante meses estivera tentando recuperar o que denominava "visão em cores", mas as poucas telas que produziu deram a ele a impressão de que estava patinando ou mesmo retrocedendo. Sua existência doméstica havia por fim recobrado um pouco de normalidade, embora Amélie continuasse debilitada demais para andar. Marguerite estava começando a reconstruir a vida em Paris, deixando o filho pequeno em Nice com os avós. Em janeiro todos os membros da casa contraíram uma gripe virulenta. Lydia Delectorskaya, que durante o ano anterior estivera ali diariamente como acompanhante de Amélie e babá de seu neto, mudou-se para o apartamento a fim de cuidar dos inválidos e também pegou a gripe, que fez muitas vítimas fatais em Nice naquele ano-novo marcado por tempestades e nevascas. Matisse, que permaneceu mais ou menos confinado ao leito por seis semanas, por recomendação médica, somente voltaria a sair de casa em meados de março. "Envelheci muito", contou a Pierre.

Um dia ele abriu o caderno de esboços e desenhou a babá ("Fique parada!"), que estava sentada, com a cabeça apoiada no braço, meio adormecida, meio atenta à conversa do casal, durante um intervalo entre sessões de trabalho. Após esse primeiro desenho, Matisse pediu a Lydia que posasse para ele no ateliê. No final de janeiro, ele confessara a Pierre que ainda não fazia ideia da direção que iria tomar, mas poucas semanas depois, com evidente excitação, convidou Bussy a visitá-lo e examinar uma tela que o deixaria surpreso. Esse quadro inicial, mostrando Lydia em sua postura predileta, *Os olhos azuis*, era o sinal que vinha esperando. Em retrospecto, Matisse o consideraria como a salva inicial em uma ofensiva experimental que só poderia ser avaliada no contexto de toda a sua produção. Marguerite notou que a simplicidade do quadro era enganosa, ocultando uma densidade que requeria tempo para ser decifrada, "impregnada de tudo o que ocorrera antes como um fogo distante". Esse foi o início de uma atividade intensa e constante, acelerada por uma única e breve visita a Paris para ver uma retrospectiva cubista na qual havia duas telas de Picasso que reverberaram "como disparos de canhão".

Durante todo o primeiro ano que Lydia passou em sua casa, Matisse havia prestado pouca atenção a ela. Era uma figura apagada ao fundo, "a jovem russa que cuida da minha mulher", notável apenas pela assiduidade com que dava conta de todas as tarefas, permitindo que ele se recolhesse grato ao ateliê. Ele chegou a desenhá-la uma ou duas vezes, mas depois perdeu o interesse. "Quando depois de vários meses ou talvez um ano, o olhar aguçado e sisudo de Matisse começou a recair sobre mim, não atribuí nenhum significado especial a isso [...]", escreveu Lydia mais tarde. "Eu não era o 'tipo' dele. Com exceção da filha, a maioria dos modelos que o haviam inspirado eram tipos meridionais. Mas eu era loira, muito loira. Provavelmente foi por esse motivo que, depois que algo em mim o atraiu, ele passou a me fitar com um olhar meditativo e severo."

Lydia estava com 24 anos de idade em fevereiro de 1935. Tinha cabelo dourado comprido, olhos azuis, pele alva e traços incisivos, de regularidade clássica, em um rosto com formato de coração. Sua aparência era a de uma princesa de gelo, como disse Matisse, mas quando se conheceram a beleza dela estava oculta pela máscara protetora que foi obrigada a assumir nos anos em que esteve exposta à xenofobia com que eram tratados na França os refugiados do Leste Europeu nos anos subsequentes à guerra de 1914-18. Lydia estava acostumada a ser classificada, junto com outros exilados russos, como representante da alma eslava, como uma criatura primitiva, agreste e temperamental ("Quanto a mim, era uma imigrante que não sabia de nada, que não entendia nada", comentaria secamente mais tarde). Nessa altura, seu francês ainda era muito rudimentar. Ainda levaria algum tempo até Matisse perceber que ela, ao contrário dele mesmo ou de seus filhos, poderia facilmente frequentar uma universidade. Mas a competência acadêmica de pouco lhe servia para ganhar a vida nos únicos tipos de trabalho então disponíveis, como figurante em filmes, dançarina em clubes noturnos, babá de crianças ou modelo de artistas. Para ela, este último era de longe o pior. "Desde que consegui trabalho regular como acompanhante, me agradava pensar que nunca mais precisaria posar, algo que eu detestava." Trabalhar para Matisse era um alívio, pois, ao contrário dos três artistas anteriores para quem servira de modelo, ele não a apalpava nem pressupunha que tinha o direito de lhe arrancar a roupa. No primeiro desenho que Matisse fez dela, no final de 1933, ela poderia ser qualquer empregada cansada e cautelosa, trajando uma blusa de trabalho, com uma expressão sisuda e o cabelo preso num coque.

Fazia tanto tempo que ela não era tratada rotineiramente com gentileza e consideração que durante meses ficou grata, sobretudo por trabalhar para uma família cuja experiência anterior a tornava automaticamente atenta às dificuldades alheias. Amélie, sempre em termos excelentes com os modelos, escolheu roupas para Lydia e observou com prazer ela recuperar a confiança graças ao novo guarda-roupa. Matisse fez de tudo para que aceitasse dinheiro para uma jaqueta nova ("Afinal, é para quando você sair com a sra. Matisse") e cobrasse taxas profissionais de modelo ("Não vou fazer economia explorando um modelo!"). Ela o via como *un vieux monsieur*, um cavalheiro idoso e gentil, com as maneiras formais da geração de seu próprio pai. "Aos poucos fui me adaptando e me sentindo menos 'manietada'; e depois passei até a me interessar pelo trabalho dele." Em 1935, ela concordou em morar no apartamento, recebendo um salário anual regular (um arranjo comum, mas estritamente ilegal pelas normas francesas de imigração). Ela havia se cansado do faz de conta, após cinco anos vivendo com um jogador cujos esquemas para enriquecer tornavam-se cada vez mais temerários à medida que as perspectivas se esfumavam e empurravam o casal para a penúria e a esqualidez. O amante de Lydia a abandonou a fim de perseguir sua fortuna esquiva em Bordeaux, e ela aceitou trabalhar para um patrão cuja honestidade podia respeitar, e que necessitava de serviços domésticos básicos que ela era capaz de proporcionar. A retidão e a delicadeza inatas de Matisse eram qualidades que a atraíam. Lydia pode ter entrado no ateliê de Matisse sem nada conhecer do pintor e de sua obra, mas em nível pessoal eles se entenderam perfeitamente. Ele era um homem do norte, mas ela viera da Sibéria e não precisaria aprender nada com ele a respeito de obstinação, orgulho ou reticência.

Lydia reconheceu o que havia de desespero por trás da abordagem metódica e prosaica do pintor. Em 15 de março de 1935, Matisse contou a ela a história de Hércules e Anteu, mostrando-lhe a reprodução do quadro de Pollaiuolo fixada na parede do ateliê, e explicando que a vítima sendo sufocada até a morte nos braços de seu atacante só poderia recuperar o vigor e a força se conseguisse colocar os pés na terra. *Corsage bleu*, o pastel realizado por Matisse nesse mesmo dia, foi a última vez que retratou Lydia com a expressão triste, preocupada ou aborrecida. No dia seguinte, ela posou para um quadro intitulado *Nu rosa-camarão*, cujo progresso Matisse registrou em fotos que a mostram confiante, serena e radiosa, usando apenas um colar, sentada diante do pintor em mangas de camisa e com óculos, ambos refletidos no espelho do ateliê que com tanta frequência, no caso de Matisse, representa o mundo da imaginação a que se tem acesso por meio da pintura. Bonnard, que gostou especialmente do quadro, ficou chocado ao encontrar a tela raspada um mês depois. Em seguida, Matisse dedicou-se a *O sonho*, outro estudo enganadoramente simples e quase geométrico de Lydia com a cabeça aninhada nos braços, que o levou a um assustador estado de ira e frustração. O único modo que ocorreu a ela para aliviar a pressão no ateliê foi contar a história de sua infância na Sibéria. Ao longo de abril e maio, enquanto Matisse trabalhava em uma série de nus sob o calor do Mediterrâneo, Lydia descrevia a grande estufa que aquecia a casa de madeira entalhada na qual havia morado em Tomsk, os altos e rígidos muros de neve entre os quais caminhava para chegar à escola e a despensa junto à janela da cozinha com blocos congelados de leite e coelhos mortos, rígidos e estirados, empilhados como rifles em um arsenal.

Através dos olhos de Matisse, pela primeira vez ela examinava a existência que deixara para trás. Segundo ela, suas lembranças mais antigas eram de ficar acordada noite adentro esperando que o pai voltasse do laboratório no hospital e lhe contasse histórias fascinantes sobre micróbios e o bacilo mágico e novo que iria acabar com a tuberculose. A tranquilidade de sua infância chegou ao fim quando, após a Revolução, Tomsk foi palco de incessantes enfrentamentos de bolcheviques e não bolcheviques. Lydia se recordava de caminhar pelo principal boulevard da cidade no mês em que completou oito anos, agarrando a mão do pai durante um cessar-fogo para que o dr. Delectorski (que administrava os hospitais militares da região) pudesse passar de um lado para o outro. Poucos anos depois ele iria morrer de tifo, e o cólera levaria sua mulher. Lydia, obrigada a desistir de uma vaga na faculdade de medicina em Paris, redescobriu no ateliê de Matisse a razão de viver que a marcara indelevelmente quando criança. "Ele era como um médico", disse a respeito do pintor, "completamente concentrado em si mesmo e em suas tarefas". No decorrer das duas décadas seguintes, Lydia encontraria uma causa a que valia a pena se dedicar e a possibilidade de extravasar sua ambição infantil, desempenhando um papel registrado pelo padre Couturier, uma das raras pessoas a observar uma sessão de trabalho de Matisse no ateliê:

> Matisse (*uma sessão de desenho*). Ele fica incrivelmente tenso pouco antes de iniciar os pequenos esboços a lápis. Lydia diz a ele: "Vamos, vamos, não fique tão irritado". A resposta brusca: "Não estou irritado. São os nervos". Atmosfera de uma sala de cirurgia. Lydia apresenta-lhe um instrumento após o outro – o vidro de tinta nanquim, as folhas de papel – e arruma a mesa ajustável. E Matisse põe-se a desenhar sem falar nada, sem o menor sinal de agitação, mas, no interior dessa imobilidade, uma tensão extrema.

O primeiro período de trabalho concentrado com Lydia culminou no *Nu rosa*, iniciado no começo de março de 1935 e concluído seis meses depois, em 31 de outubro. Matisse afirmou que procurava conjugar a clareza e a ousadia lineares, adquiridas em seis anos de prática constante do desenho, e sua velha e instintiva capacidade para compor espontaneamente com a cor. Para tanto, recorreu à técnica dos alfinetes e papéis que concebera para conferir uma fluidez dinâmica à *Dança*, registrando etapas distintas do *Nu rosa* em fotos que se sucedem como uma sequência cinematográfica. Dia após dia, o nu ia se apoderando da superfície da tela, girando e estirando, estendendo e recolhendo os membros elásticos e alongados, marcando um ritmo em constante mutação entre as curvas inquietas do corpo e as linhas retas do tecido xadrez, das paredes azulejadas nas bordas da tela. O modelo permanecia absolutamente imóvel o tempo todo. Matisse era quem manipulava os braços e as pernas, empurrando os elementos dessa composição relativamente simples até o limite extremo da distorção, sem contudo jamais perder o contato com a realidade representada por Lydia, que posava sobre uma manta xadrez azul e branca, com as pernas dobradas e um dos braços apoiando a cabeça ("Minha pose não mudava", contaria ela, "era confortável e sempre a mesma"). Quando, no final de junho, Pierre veio de Nova York para a inspeção anual da obra do pai, sua atenção foi imediatamente atraída para o *Nu rosa*, ainda uma tela quase virgem, com a composição delineada e os papéis coloridos presos com alfinetes e prontos para serem pintados. "É nele que você está se renovando", disse a Matisse, "é um passo adiante em relação aos grandes painéis decorativos."

Matisse, *Grande nu reclinado* (*O nu rosa*), 1935.

Esse avanço adquirira forma em um surto de energia desencadeado por um esforço sobre-humano, após o que pareceu a Matisse ser o tormento mais negro de sua vida, e ele o celebrou com uma pausa para descansar e se recompor. Nesse verão, Pierre trouxera consigo a mulher, a filha e Paul, o filho de dois anos que os avós e o primo Claude ainda não conheciam. Os netos eram motivo de alegria tanto para Henri como para Amélie. Todas as crianças aprenderam desde pequenas a se comportar em Nice, treinadas pelos pais para serem vistas e não ouvidas, de acordo com o código de uma geração anterior. No entanto, por mais que acreditasse no valor da disciplina, até mesmo Matisse raramente conseguia ser duro com Claude, um menino bem-humorado, espirituoso, astuto e terno, tal como o tio Pierre quando pequeno. Matisse ensinou-lhe a usar as cores, e o levava em excursões para desenhar, junto com Lydia e o cão Raudi. Como seus antepassados, Claude Matisse nasceu e foi criado no ritmo de uma existência moldada pela rotina de trabalho. Ele passava muito tempo de maiô brincando na praia, mas dentro de casa tinha de respeitar a regra de silêncio dentro e fora do ateliê, rompida ocasionalmente por momentos de alarido quando Matisse lhe oferecia um tambor ao som do qual marchavam ambos em volta da mesa de jantar. Na hora de dormir, Matisse lidava com os sinais da inquietação característica da família, deixando tocar baixinho música no rádio até o menino adormecer agarrado ao dedo do avô.

Matisse com Claude Duthuit nos braços, 1935.

"Os dois se entendem muito bem", Amélie tranquilizou Marguerite, que estava desenhando uma coleção de alta-costura em Paris. Em sua passagem pelos Estados Unidos no ano anterior, ela ficara assombrada e impressionada com a independência das mulheres americanas, e agora pretendia montar seu próprio negócio, financiado com a venda de uma série de litografias (uma das três com que Matisse presenteou os filhos) ao Victoria and Albert Museum, em Londres. Enquanto Marguerite trabalhava na coleção de moda naquele verão, Claude acompanhou os avós à estação de Beauvezer, que oferecia dias ensolarados, noites frescas e uma paisagem espetacular no sopé dos Alpes. Amélie recobrou um pouco da antiga vitalidade no ar límpido da montanha, costurando ou lendo no jardim do hotel enquanto Claude brincava ao lado sob os cuidados de Lydia. Matisse aproveitou as seis semanas de descanso para fazer um balanço tanto profissional como pessoal.

Pierre enviou ao pai uma rigorosa e minuciosa análise dos quadros que vira em Nice, destacando o *Nu azul*, mas descartando o restante como ineficaz ou de caráter retrógrado. A carta dele foi seguida por uma incisiva avaliação de Marguerite, explicando que também se sentia no dever de alertar que Matisse estava fundamentalmente equivocado se considerava os trabalhos recentes algo mais que uma recapitulação sem nenhum avanço notável. Enquanto Pierre ressaltava a facilidade, Marguerite centrava sua crítica na repetição e no esgotamento. Ambos refletiam opiniões generalizadas, em Paris e outras partes, a respeito da obra de Matisse. Este respondeu filosoficamente, descrevendo o *Nu rosa* como "uma obra com vários níveis que resultou do esforço de toda uma temporada", explicando que se achava no princípio de uma jornada cujo final ainda não conseguia vislumbrar. "Sei que o *Sonho* contém muita coisa, mas ele é parte de um trajeto – como, infelizmente, muitos dos meus quadros", escreveu a Marguerite. "É preciso sempre julgar as coisas pelo que pretendem alcançar e por seu futuro", respondeu a Pierre, que fizera objeções sobretudo a uma série de telas pequenas, brilhantes e reluzentes, sobre as quais Matisse disse que tentou compor por meio da cor com tanta rapidez e fluência quanto o fazia com a linha ao desenhar.

Matisse ficou bastante abalado com as opiniões dos filhos. Segundo ele, foi aí que se deu conta de que, como todos os artistas que propõem a seus contemporâneos uma nova maneira de ver, ele não podia esperar nenhuma clemência nessa altura. Lembrou-se do desprezo que, quando jovem artista, ele próprio votara a impressionistas como Renoir, por quem tinha uma simpatia cada vez maior, agora que também ele fora descartado pelas gerações subsequentes, que não viam nenhum interesse naquilo que ainda poderia fazer. E até mesmo se propôs a submeter seus últimos experimentos à apreciação de um jovem colorista, pedindo a Pierre que solicitasse a Joan Miró (que acabara de assinar um contrato com a galeria Pierre Matisse em Nova York) para que atuasse como uma espécie de árbitro: "Não me envergonho do meu trabalho [...] Empenho-me ao máximo em tudo o que faço [...] Não estou tentando me proteger". A divergência de Matisse em relação aos colegas parecia ainda mais evidente na década de 1930. Enquanto os outros artistas eram progressivamente atraídos para a política, reagindo à desintegração social com uma arte em desintegração, elaborando um vocabulário pictórico inteiramente novo em contraposição à realidade surrealista da Alemanha nazista e da Espanha fascista, Matisse – ainda obstinadamente pintando nus em Nice – dava a impressão, até mesmo para seus defensores, de estar desconectado da realidade.

Para o próprio Matisse, era exatamente o oposto. Ele doava quadros e ocasionalmente firmava abaixo-assinados, protestando contra a ascensão do fascismo ou a difícil situação dos refugiados, mas o fato é que tinha pouca fé em soluções políticas. Diante da erupção da violência e da destruição, sua reação mais profundamente instintiva era reafirmar tudo aquilo que fazia a vida valer a pena. Para Matisse, era impossível controlar deliberadamente a força que o impelia adiante, mas, segundo ele, também não se empenhava em resistir aos impulsos desse tipo. Sinais do reino de terror soviético haviam chegado a ele logo no início por intermédio de um emissário indiscreto do Museu de Arte Moderna Ocidental de Moscou. Poucos anos depois, a terrível situação dos judeus na Alemanha o atingiu duramente ao receber a notícia de que Olga Meerson – "a bela judia russa que estava tão apaixonada por mim" – havia se suicidado em Berlim. No fim da década de 1930, em um mundo desconfortavelmente consciente de estar caminhando para o desastre, Matisse voltou a se aproximar em sua obra de uma pureza de expressão tão concentrada quanto a que alcançara no auge da Primeira Guerra Mundial.

Ao longo de todo esse período, ele trabalhou em meio a uma situação de turbulência, desavença e angústia na família. Como todos, Matisse ficou consternado com a intensidade do sofrimento contínuo da filha ("como ajudá-la quando seu espírito está tão atormentado", escreveu Pierre, "[...] ela deve ter uma constituição de ferro, em termos morais e físicos, para suportar tantos golpes"). Quando se mostraram vãs todas as expectativas de obter um posto oficial no sistema de belas-artes, Duthuit deixou a França, passando a maior parte da década seguinte no exterior com diversas companheiras, voltando apenas para rever a esposa em encontros breves e penosos que pontuavam uma separação que nenhum dos dois conseguia tornar definitiva. Marguerite responsabilizou os próprios pais, e sobretudo Matisse, por solaparem seu casamento ao lhe exigirem tanto de sua atenção. Quando ameaçou abandonar os negócios do pai em Paris, Amélie decidiu retomar o controle e, como sempre, sua intervenção foi dramática. Ela retirou seu apoio a Duthuit com a mesma veemência com que havia zombado das dúvidas iniciais do marido em relação ao genro, denunciando tanto o casamento como a relutância de Marguerite em encerrá-lo ("Tentei apresentar-lhe justificativas, mas você bem sabe quão categórica é a sua mãe", lamentou Matisse em carta a Pierre).

No outono de 1935, o pintor exacerbou ainda mais uma situação tensa e complicada ao solicitar formalmente ao genro que parasse de escrever sobre sua obra. A interdição acabaria sendo afrouxada com o tempo, mas os dois nunca mais voltaram a se falar. Marguerite, lutando para se lançar tardiamente na nova carreira com apoio insuficiente, considerou esta e qualquer outra tentativa de intervenção a seu favor uma interferência descabida. Durante quase duas décadas ela fora os olhos e os ouvidos do pai em Paris, mantendo-o informado a respeito de preços, vendas, colecionadores e da atividade de outros pintores. Quando escolhia uma exposição em Paris que ele não poderia deixar de ver, Matisse acatava a sugestão, e também dependia muito dela para a supervisão de suas próprias mostras. A partir desse momento, contudo, o contato entre ambos passou a ser intermitente, interrompendo-se quase por completo quando, na primavera de 1936, Claude voltou a morar com a mãe em Paris. Matisse, que sofria muito com a falta de ambos, ainda manteve uma correspondência semiclandestina, mas sua mulher revelou-se irredutível. Com isso, a condução de seus negócios transferiu-se definitivamente para Nice.

A insistência de Amélie em assumir o controle significou, na prática, a transferência de todas as tarefas rotineiras para Lydia, que acrescentou a função de secretária aos encargos de acompanhante, babá e modelo. Ela datilografava as cartas do patrão, traduzia artigos sobre sua obra e ensinou-lhe inglês o suficiente para que se virasse em Londres quando afinal realizou a muito adiada visita a Bussy. O principal meio de convencimento usado por Matisse em relação a Lydia, pelo menos no início, era a urgência de suas necessidades. Mais tarde ela contou que, ainda pequena, o pai despertara nela o instinto para resolver emergências ("Sou basicamente aquela pessoa que chega com a maca: os primeiros socorros estão gravados em meu coração"). A *Dança* levara Matisse ao desespero na época em que se haviam conhecido, em 1932, e ele estava quase alucinado de frustração quando ela começou a posar para ele quase dois anos e meio depois. Nessa primavera, foi uma surpresa para ela ver o quanto ele xingava e maldizia no ateliê. Ao retornarem de Beauvezer em meados de agosto, ele afirmou que a pausa havia apenas intensificado sua apreensão, e no final do ano caíra de novo vítima da insônia e dos suores noturnos, "acessos de pânico que me tomam quando sou assoberbado por preocupações que só consigo imaginar cada vez piores [...] Estou me exaurindo, afundando como um náufrago, e não vejo como posso trabalhar nesse estado", queixou-se a Pierre, mesclando a autopiedade a uma perspicaz dose de autoconhecimento, "a menos que minha salvação esteja no trabalho, e eu possa me dedicar a ele sem ser interrompido".

No ateliê, a atmosfera estabelecida por Lydia era impessoal, calma e ordenada. Ela adaptou as técnicas de sua formação científica, tomando notas metodicamente sobre as obras em andamento, fazendo o registro de experimento, datando e mantendo um arquivo fotográfico. Ao se dar conta do que ela vinha fazendo, no início Matisse se mostrou cético ("VOCÊ NÃO ENTENDEU NADA. Exatamente como os críticos de arte"), mas logo depois passou a ditar ele próprio as notas ao término de cada sessão, uma prática que foi abandonada apenas quando os dois concluíram que era algo muito exaustivo. "Ele sabia como se apoderar das pessoas e fazer com que se sentissem indispensáveis", comentou ela. "Foi assim que aconteceu comigo, e também foi o que ocorreu com a sra. Matisse."

Matisse registrou esse ato de possessão ao retomar o tema da ninfa e do sátiro, que abordara pela primeira vez mais de um quarto de século antes. Os esboços preliminares na primavera de 1935 desembocaram, durante o outono, no *Fauno encantando uma ninfa adormecida*, um desenho a carvão, com um metro e meio de altura, de um fauno peludo debruçando-se sobre uma jovem e suave ninfa, enquanto toca uma flauta de pã. Em setembro, Matisse transpôs o casal para uma clareira de bosque na parte inferior de uma tela imensa, com quase dois metros e meio de altura por dois metros de largura, a fim de fazer um desenho de tapeçaria intitulado *Ninfa na floresta*, ou *La Verdure*. Um ano depois, diria a Marguerite que essa composição se revestia de uma importância especial para ele, ainda que não pudesse dizer se de fato havia mantido o controle ou sido levado pela imagem. Ele retornaria intermitentemente ao tema nos oito anos seguintes, até fazer outro desenho enorme a carvão, *Ninfa e fauno*, por fim concluído em 1943. O quadro assinala uma colaboração ativa bem diferente da violação mostrada na *Ninfa e sátiro* de 1908. Não há nada de passivo ou inerte nas ninfas baseadas em Lydia, e muito menos nesta última, deitada de costas com um dos joelhos levantados, um dos braços estirados e o outro amparando os seios firmes e redondos. Tocando a flauta, o fauno rijo e crispado concentra toda a sua força em uma agitação de dedos toldados e nos antebraços poderosos, debruçando-se sobre a parceira que exibe uma reação vigorosa nas curvas acentuadas e flexíveis do seio, ventre, quadril e coxa.

Matisse, *Fauno encantando ninfa adormecida*, 1935.

Segundo Lydia, a primeira vez que Matisse abordou esse tema, com Olga Meerson, foi de maneira tosca e brutal, ao contrário do que houve no ateliê com ela. "Ele sabia ser gentil e sedutor comigo. Era encantador, e muito comovente. Ele sabia como me domar." Lydia sentiu seu orgulho e sua força reviverem na convivência diária com um homem que não lhe exigia o tipo de intercâmbio sexual que até recentemente fora sua única perspectiva realista de sobrevivência. Ao longo das duas décadas seguintes, Matisse comentaria que passou a conhecer de cor o rosto e o corpo dela, como o alfabeto. Ele a desenhava a fim de acalmar o cérebro acelerado e voltava a desenhá-la para instigar de novo sua imaginação. Contou a ela a história exemplar de um amigo em Nice que desperdiçara a oportunidade de se tornar um pintor consequente ao acabar toda sessão de pintura na cama com o modelo. Se houve algo de explicitamente sexual entre Matisse e Lydia, isso só ocorreu no âmbito da tela. Para ela, a *Ninfa e fauno* e as versões precedentes representavam uma troca profunda e durável, baseada na confiança e no comprometimento mútuos. Para ele, foi a resolução final de um tema que lhe permitia exprimir o mistério de seu relacionamento com a pintura: uma violação na qual, como indicou Pierre Schneider, "não há como distinguir entre o violador e a vítima".

Os estudos para a *Ninfa na floresta*, realizados no outono de 1935, conduziram diretamente a uma bela, livre e arrojada série de desenhos a traço nos quais Lydia aparece deitada nua entre almofadas sobre uma colcha floral listrada, contemplando-se no espelho ou, mais frequentemente, fitando impassível o pintor. Os desenhos foram expostos em fevereiro de 1936, nas galerias Leicester, a despeito da advertência da sra. Bussy de que seria melhor não exibi-los em Londres. "Para ela, nem sequer se deveria considerar tal possibilidade", relatou Matisse perplexo a Marguerite. "As pessoas podem projetar intenções eróticas que neste caso nunca existiram." Mas Dorothy Bussy tinha razão. Quando Marguerite chegou a Londres com as imagens sensuais de Matisse, os diretores da galeria ficaram tão nervosos que mostraram relutância em montar a exposição ("Nenhuma outra galeria teria feito isso") e tiveram de ser forçados a colocar um dos nus na vitrine.

O problema estava na combinação, usual em Matisse, de literalidade absoluta e extremo rigor estético. Não havia como negar a sensualidade de sua linha nítida, bem-humorada e dançarina, precipitando-se pelos outeiros e vales do corpo, detendo-se com admiração para delinear dedos sugestivos, mamilos rosados, torvelinhos de pelos púbicos. Mas também não havia dúvida sobre a genuína indignação de Matisse quando sua mulher e sua filha levantaram a possibilidade de que atenuasse os detalhes. No que lhe dizia respeito, qualquer supressão das imagens explicitamente sexuais significava uma ameaça radical a sua liberdade artística. Na semana em que seria inaugurada a mostra, ele ditou a Lydia um comunicado preventivo, explicando a técnica que usara para "aliviar minha emoção passional" e ressaltando de modo um tanto presunçoso que, nesse processo, alcançara "uma linha de rara voluptuosidade e elegância".

A exposição provocou um alvoroço razoável em Londres. Nenhum transeunte chamou a polícia por causa de indecência e muitos dos quadros foram vendidos, ainda que, como o próprio pintor reconhecia, nenhum deles pudesse ser adequadamente exposto na casa de uma família respeitável. A mostra foi visitada por curadores do British Museum e do Victoria and Albert (este montou uma exposição especial de suas gravuras recém-adquiridas). Kenneth Clark, da National Gallery, comprou um desenho, e Clive Bell publicou uma resenha entusiástica. Ambos haviam sido apresentados a Matisse pelo casal Bussy, que nessa época desempenhou papel crucial na consolidação da reputação do pintor. O apoio deles foi generoso e pragmático, colocando à disposição de Matisse seus contatos diversificados em ambas as margens do canal da Mancha, encaminhando a Nice não apenas Gide, mas também Paul Valéry e o jovem André Malraux, assim como incontáveis críticos, pintores e colecionadores ingleses. Também fizeram com que Gide oferecesse a Matisse, caso este necessitasse, um ateliê em Paris, e descreveram o fiasco do painel pintado para Barnes ao ex-ministro Gabriel Hanotaux, que articulou a aquisição oficial da segunda *Dança*, que ficara órfã.

Havia, contudo, um preço a pagar em troca do apoio dos Bussy. Embora estes sobrevivessem modestamente (nessa altura, os triunfos iniciais de Bussy como pintor haviam sido quase completamente esquecidos na França), a casa que mantinham em Roquebrune era o principal posto avançado do formidável grupo intelectual que ficaria conhecido pelo local em que se reuniam seus membros, o distrito universitário de Bloomsbury, em Londres. Todo verão, Dorothy e Simon Bussy alugavam quartos na Gordon Square, em Bloomsbury, na vizinhança de Virginia e Leonard Woolf, Vanessa e Clive

Bell e outros membros das famílias Stephen e Strachey. Por sua vez, Roquebrune tornou-se o principal destino de inverno para os londrinos, que reverenciavam Matisse como artista e voltavam para casa com incontáveis histórias engraçadas a respeito de seu caráter irremissivelmente vaidoso, pomposo e maçante.

Essas histórias originavam-se da mulher e da filha de Bussy, cada vez mais exasperadas pela quantidade de tempo que Bussy aparentemente dedicava a fazer a corte ao velho e próspero amigo. Sobretudo Janie Bussy ressentia-se do contraste entre o renome internacional de Matisse e a extrema obscuridade do pai. De inteligência aguçada e muito cultas, as inquietas Bussy estavam cronicamente subocupadas. Dorothy fazia traduções para o inglês das obras de Gide (por quem durante trinta anos teria uma paixão desesperançada), enquanto Janie pintava quadros suaves e recatados de paisagens e flores. Ambas se divertiam incluindo comentários zombeteiros sobre as mais recentes atividades de Matisse na copiosa correspondência que mantinham com algumas das pessoas mais espirituosas e linguarudas de Londres e Paris. A pintura, que absorvia na mesma medida Bussy e Matisse, pouco importava para a mulher do primeiro. Em sua casa em Roquebrune, rodeado dos amigos ingleses e predominantemente literários de Dorothy, Simon raramente se manifestava. Em Londres, preferia se enfurnar no zoológico a fim de pintar quadros pequenos e sutis, com uma composição e um colorido maravilhosos, retratando aves, peixes, borboletas e camaleões, animais cujo caráter combativo o fascinava ("A solidão é o único estado que conseguem suportar", disse ele, "pois a visão de seus companheiros desperta neles uma fúria inconcebível").

Matisse solidarizava-se intensamente com o velho amigo, posto de escanteio em sua própria casa por ondas de escritores eminentes, peremptórios e opiniáticos (entre os visitantes dos Bussy contavam-se quatro prêmios Nobel – Kipling, Gide, Romain Rolland e Roger Martin du Gard –, além da nata de Bloomsbury, liderada pelo irmão mais novo de Dorothy, Lytton Strachey). Para a maioria deles, Bussy sempre foi uma presença enigmática e cismadora, trancado em seu ateliê, de onde só saía para as refeições. Matisse saía regularmente de Nice para dar apoio ao compatriota e pintor ("As visitas dele eram um gesto de amizade para com Bussy", comentou Lydia, "a fim de lhe proporcionar algum apoio moral, agora que não era mais 'Bussy, o pintor', e sim 'o marido de *Madame*'"). Ao longo dos anos eles se ajudaram mutuamente nas sucessivas crises, desde o prolongado embate de Matisse com a *Dança* e a operação quase fatal de Bussy até a safra anual dos problemas de fígado, dos brônquios e das febres de inverno, quando cada um incitava o outro a se manter aquecido e manter as janelas fechadas.

Quando se sentiam negligenciados ou incompreendidos, eles buscavam conforto um no outro. Segundo Matisse, um bilhete de Bussy era como um raio de sol em sua prisão. E Bussy descreveu a si mesmo esperando ansioso junto à janela, como num conto de fadas, por uma notícia de Matisse. Ninguém mais atribuía às opiniões de Bussy a mesma importância e autoridade que haviam tido em sua juventude, quando era uma figura lendária: o único estudante de arte em Paris que circulava com um casaco de peles, possuía mais do que um par de sapatos e expunha seus quadros na galeria mais em voga na cidade, coroando essa brilhante carreira ao se mudar para a Inglaterra e casar com uma das sobrinhas do vice-rei da Índia. Matisse repetia essa fantasia para Lydia com um deleite em nada toldado pelo fato de a mulher de Bussy (que não tinha nenhuma relação de parentesco com o vice-rei) na verdade vir de uma família de intelectuais pobres de inclinação esquerdista. Matisse respeitava o espírito culto e a perspicácia crítica da sra. Bussy, mas jamais se sentiu confortável na presença tanto dela como da filha. Ele só aparecia à mesa de chá por causa de Bussy, pouco à vontade com as conversas ligeiras e vestindo o paletó de tweed marrom-avermelhado que usava em tais visitas de cortesia.

Mas suas tentativas de se adequar ao ambiente foram um tiro pela culatra. Tal como Gide e quase todos seus amigos franceses, Dorothy e Janie eram, no início da década de 1930, entusiásticas adeptas do comunismo que liam o *Daily Worker*, veneravam Trótski e viam a União Soviética como o único local onde havia esperança para o progresso futuro da humanidade. As duas costumavam zombar de Matisse pelas costas, pintando-o como o rematado exemplo da complacência burguesa que tanto abominavam. O esboço-retrato de Matisse, traçado por Janie Bussy em "A Great Man" [Um grande homem], escrito para ser lido em voz alta em uma reunião do Memoir Club de Bloomsbury, é uma pequena obra magistral de espirituosidade depreciativa e comicidade absurda. Matisse ali emerge como um monstro ficcional capaz de uma vaidade, banalidade e pretensão intoleráveis. Essa era uma versão mais feroz e extravagante do retrato do pintor na *Autobiografia de Alice B. Toklas*, as reminiscências brilhantes, bisbilhoteiras e tendenciosas de Gertrude Stein que provocaram sensação nos Estados Unidos em 1934, influenciando as atitudes anglo-saxônicas românticas em relação à boêmia parisiense por meio século e até mais além. As proposições deste livro foram contestadas na revista literária transatlântica *transition* por um grupo de franceses encabeçados por Matisse e Braque, que apontaram erros factuais e distorções ocasionados pelo precário entendimento do francês por parte de Stein e por sua incompreensão básica da pintura moderna. Matisse ficou especialmente incomodado com o retrato condescendente que ela fez de Amélie, como uma dona de casa com cara de cavalo, o que o levou a fazer uma apaixonada defesa da beleza, gentileza e discreta dignidade que tanto o haviam atraído quando a conheceu.

No entanto, o protesto público apenas contribuiu para o desenvolvimento das sementes lançadas pelas duas Bussy, para as quais "Matisse era o maior pintor vivo, o maior egoísta vivo e o maior chato vivo". Essa versão caricatural do pintor alimentou a inveja e o ressentimento até mesmo em quem não o conhecia, como Virginia Woolf, que se recusou a comparecer a uma recepção em homenagem ao pintor, organizada pelos Bussy, por uma espécie de rancor de segunda mão: "Ele é a grande divindade dos jovens; só que tão vaidoso, tão respeitável e de espírito tão lerdo, pelo que me dizem, que a convivência com ele é um fardo medonho". Histórias sensacionalistas circularam por Londres. O que começara como uma zombaria inócua passou insidiosamente a afetar o modo como era vista a obra de Matisse. Parte do problema com Matisse, do ponto de vista de Bloomsbury, era o fato de ser apreciado pelas pessoas erradas. E quando seus quadros começaram a ser encontrados cada vez mais nas paredes dos ricos, elegantes e sofisticados, como David Tennant e os Clark, isso só reforçou as opiniões preconceituosas que tachavam suas obras de superficiais e irrelevantes.

Em 1936, Matisse firmou um contrato de três anos com o marchand Paul Rosenberg, que expôs em Paris, pela primeira vez em uma década, uma seleção das telas recentes do pintor, entre as quais a *Ninfa na floresta* e vários dos pequenos experimentos com cores vívidas que haviam desconcertado Pierre no ano anterior. A formação de um governo de Frente Popular de orientação comunista no mês de maio desencadeou uma onda de greves e passeatas no fatídico intervalo entre a invasão da Renânia por Hitler em março e a eclosão da Guerra Civil na Espanha em julho. Os círculos intelectuais foram tomados pela convicção febril da necessidade de reagir ou intervir. Junto com Picasso, Matisse assinou um telegrama de apoio ao governo republicano na Catalunha. Mas a cólera e a frustração generalizadas diante do que ocorria na Espanha, associadas à crescente ansiedade provocada pelas agressões alemãs e pelo rearmamento europeu nos anos seguintes, consolidaram um clima de politização no qual o programa de longo prazo da obra mais recente de Matisse – tão aparentemente simplista, tão patentemente apolítico, tão transparentemente claro em termos de forma e cor – tornou-se quase literalmente invisível para os contemporâneos. Já em 1931, tanto Roger Fry como Alfred Barr haviam vaticinado que Matisse estava de novo prestes a colocar em questão toda a sua arte. No entanto, outros projetos ocupavam a atenção de Barr e, quando Fry morreu em 1934, quem o substituiu como porta-voz informal de Bloomsbury sobre a arte francesa contemporânea foi o relativamente convencional Clive Bell, que se empenhou tanto quanto os outros nesse período para reforçar a concepção prevalecente de Matisse como um peso-leve em comparação com Picasso.

Uma caricatura depreciativa do pintor francês como um hedonista incurável, preocupado apenas com céus azuis e odaliscas, arraigou-se de modo tão profundo na década de 1930 que seria preciso mais de meio século para que sua obra começasse a ser vista de outro modo. "Matisse [...] está pintando tão enlevadamente quanto um pássaro absorto em seus trinados", escreveu Bell, recorrendo à frivolidade irracional do canto das aves para resumir os motivos pelos quais o que antes parecia o começo de uma Era de Matisse mostrou afinal ser a Era de Picasso. Desde *A dança*, Matisse tateara em direção a um modo mais simples e eficiente de trabalhar, usando elementos tradicionais – modelos com vestidos listrados ou blusas bordadas contra fundos ousados e artificiosos de tecidos com padronagens, pisos quadriculados, folhas serrilhadas de filodendro – para inventar uma nova dinâmica de formas planas e cores vivas. Ele fez experimentos com o desenho de tapeçarias, começando com *Janela no Taiti* e prosseguindo com a *Ninfa na floresta*, relatando esperançoso a Pierre que o dr. Barnes estava disposto a ficar com ambas (Barnes mudou de ideia e, em vez delas, comprou uma tapeçaria de Picasso). Ele ansiava pela possibilidade de decorar espaços maiores, em um estilo acessível a um público mais amplo. "Não pressuponha que todos os pintores sejam contrários a um trabalho coletivo [...]", comentou furioso quando Gide descreveu as maravilhas encomendadas aos artistas soviéticos pelas autoridades em Moscou. "Estou disposto a pintar tantos afrescos quantos você quiser, mas atenção, não venha me pedir que pinte foices e martelos o dia todo."

No verão de 1936, Matisse constatou, com grande amargura, que foi o único artista francês importante não contemplado com uma encomenda oficial durante os preparativos para a exposição internacional a ser realizada no ano seguinte em Paris. Ele teve de se contentar com uma oferta da prefeitura de Paris para adquirir uma versão alternativa da *Dança* de Barnes e expô-la pela primeira vez em uma importante mostra de arte contemporânea no Petit Palais, concebida para coincidir com a grande exposição internacional. No fim da primavera e início do verão de 1937, Matisse visitou Picasso várias vezes a fim de acompanhar o andamento de *Guernica*, que seria exposta no pavilhão espanhol da mostra, mas no final o público não teve a oportunidade de comparar a feroz visão da destruição em *Guernica* com a energia expansiva e saltitante da *Dança*. A pintura mural de Matisse foi comprada mas não exibida, e ficaria guardada durante a maior parte das quatro décadas seguintes, ressurgindo para ocupar um lugar nas paredes do Museu de Arte Moderna da cidade somente em 1977, quase um quarto de século após a morte do artista. Até o fim da vida, Matisse continuou sendo um dos raros artistas franceses que jamais foram convidados para decorar qualquer edifício público. "Teria feito de bom grado muitos outros painéis decorativos, mas ninguém me pediu", diria mais tarde com resignação.

Na época, ele exprimiu sua cólera e desprezo pelo patrocínio estatal por meio de um gesto caracteristicamente magnânimo sugerido por sua mulher. No final de 1936, o casal doou sua obra mais valiosa ao Museu de Arte Moderna da Cidade de Paris, então dirigido por Raymond Escholier. "Que outra maneira seria tão boa para ensinar uma lição às autoridades?", comentou Amélie. Seria difícil exagerar o significado público ou privado, tanto para ela como para Matisse, da doação das *Banhistas* de Cézanne, que por quase quarenta anos simbolizara o que havia de mais profundo no casamento deles, fora uma fonte de coragem moral e pictórica para Matisse e unira a família toda como penhor de um objetivo comum. Matisse raramente olhava para o passado, mas, quando o fez nessa altura, não tinha muito o que mostrar após quatro décadas de esforços. "A preocupação que me persegue", disse ele a Marguerite, "é que vou acabar sendo esquecido". As vendas haviam permanecido mais ou menos estagnadas durante anos na França, onde, além dos dois quadros adquiridos pelo governo e da coleção dos Sembat no Museu de Grenoble, era difícil, se não impossível, apreciar suas obras. Nos Estados Unidos, o dr. Barnes praticamente deixara de comprar quadros do artista, e as cinquenta ou sessenta obras importantes que estavam em Merion continuavam em grande parte inacessíveis, com um futuro que, no longo prazo, era no mínimo problemático.

O mesmo valia, mas por outros motivos, para os quadros expostos na Rússia soviética como exemplos da arte ocidental degenerada. Sergei Shchukin morreu no exílio em 1936 sem lamentar a perda de uma coleção que sempre tivera a intenção de doar ao país ("É o presente de um czar", comentou Alexander Benois), mas o museu que abrigava as obras colecionadas por ele e Morózov foi fechado três anos depois (e seria completamente desativado em 1948). Enquanto isso, por motivos quase similares, a obra de Matisse foi expurgada de todos os museus na Alemanha. Diversos quadros (entre os quais *Banhistas com tartaruga*, de 1908, e *A janela azul*, de 1909) seriam "praticamente contrabandeados", na expressão de Alfred Barr, por Pierre Matisse e outros em leilões públicos ou em transações privadas com os nazistas às vésperas da guerra. Sarah Stein deixara a França no ano anterior ao da morte de Shchukin, regressando aos Estados Unidos e estabelecendo-se na Califórnia com o que restava de sua coleção. De todos os grandes colecionadores que contavam com a confiança de Matisse, o único em atividade era Etta Cone, de Baltimore.

Após a morte da irmã, Etta passou a dirigir com surpreendente determinação e segurança a coleção, que conferiu um sentido e um objetivo a sua existência. Por sua vez, ela a tratava, e sobretudo as obras de Matisse, com seriedade profissional. Sua primeira iniciativa independente foi supervisionar a produção de um catálogo suntuosamente ilustrado. Em 1932, adquiriu um "portfólio Mallarmé", especialmente preparado por Matisse, uma espécie de documentação de trabalho que incluía todos os esboços, provas e chapas preliminares, muitos dos quais com imagens não aproveitadas na edição final das *Poésies*. Na presença de Etta, Matisse era galante e jovial, empenhando-se em entretê-la, fazendo-lhe companhia em passeios, e até fazendo truques para agradar os sobrinhos dela ("Era o que se esperaria de Picasso, mas não de Matisse", escreveu uma sobrinha-neta de Cone). As aquisições das irmãs haviam sido abundantes, descuidadas e em grande parte aleatórias na época de Claribel (que comentou que só notou que tinha uma coleção ao incluir as obras em seu testamento), mas Etta adotou uma política sistemática de aquisição, com base na consolidação das peças existentes, preenchimento das lacunas e acompanhamento ano após ano das obras em andamento. Ela começou adquirindo duas importantes obras de transição, realizadas no início da década de 1930, assim que ficaram prontas: o *Vestido amarelo* e o *Interior com cão*. Daí em diante, Matisse preparava todos os anos uma espetacular mostra de pinturas e desenhos para Etta, que tinha prioridade em relação a todos os outros colecionadores, e quase sempre ficava com um quadro importante dentre os dois ou três que Matisse lhe reservava. Em 1935, foi a tela *Os olhos azuis*, no ano seguinte o *Nu rosa*, um quadro que se tornou, ao lado do *Nu azul* comprado por Claribel, uma das pedras angulares da coleção Cone. Todas as obras teriam como destino final o Museu de Arte de Baltimore, um arranjo aprovado tanto pelo artista como pela colecionadora, que tinham perfeita consciência da importância de sua colaboração mútua. Mesmo não sendo o mais ousado, vigoroso ou perspicaz entre os grandes colecionadores de Matisse, ela lhe proporcionava algo que ninguém mais podia oferecer: estabilidade, segurança e a certeza de um futuro para a obra em um momento no qual isso era um dom raro e valioso.

Quando a década de 1930 estava se encerrando, a existência de Matisse se reverteu ao seu padrão mais antigo e básico. Ele trabalhava e dormia no ateliê, sentindo-se ao mesmo tempo cativo e liberto, como se por fim a arte tivesse englobado sua vida. Na medida do possível, tudo o que fosse distração era eliminado por Lydia, que nada conhecia do passado dele ou de sua obra, e tinha apenas uma vaga noção de sua atual reputação internacional. Lydia cuidava de Amélie, administrava a correspondência rotineira de Matisse e posava no ateliê. Também supervisionava as tarefas domésticas, e graças a ela foi possível retomar as migrações de verão a Paris, que requeriam o planejamento antecipado de uma procissão quase régia, com carregadores para levar e tirar a sra. Matisse de sua cabine no trem e a reserva de um vagão separado para Matisse, que agora só viajava com seus dois cães e uma coleção cada vez maior de aves engaioladas.

No verão de 1936, frequentando os vendedores no cais do Sena, ele começou a levar para casa aves exóticas, cinco ou seis de cada vez, e a partir de então elas foram tomando conta de sua vida. Ele se deleitava com as formas e as cores, as plumagens e os cantos, que o lembravam do tordo nas palmeiras próximas ao hotel Stuart em Papeete e as aves canoras que os tecelões de sua região natal mantinham engaioladas. Segundo ele, o canto dos pássaros cativos ecoava seus apuros e o distanciava deles. Os pássaros passaram a ter para ele a mesma função que as criaturas do zoológico de Londres desempenhavam na vida de Bussy. No verão de 1937, quando cruzou o canal da Mancha para inspecionar sua mais recente exposição na filial londrina da Rosenberg Gallery, Matisse também visitou o zoológico, levando um pedaço de papel no qual estava escrito em letra de forma BUTTERFLIES [borboletas], de modo que pudesse achar o caminho até o local onde Bussy o esperava. Ambos próximos da casa dos setenta, eles continuavam como sempre obstinados na perseguição da pintura, absolutamente impermeáveis aos estilos ou tendências impostos pelo mundo externo. E diante de um friso vivo, móvel e colorido de borboletas, os dois amigos renovaram o pacto de comprometimento e apoio mútuos que haviam firmado no ateliê parisiense de Moreau quase meio século antes.

De regresso a Nice, Matisse imprudentemente saiu resfriado à rua e acabou contraindo outra gripe, que evoluiu para uma pneumonia bronquial. Esse foi o pior de todos os achaques que sempre o afligiam no inverno. Durante nove dias, mal conseguiu se manter consciente, devastado pela febre alta, recebendo a visita do médico toda noite e toda manhã, sendo cuidado por Lydia, que no décimo dia não se conteve mais e irrompeu em choro quando a febre afinal começou a ceder. Matisse contou que sua vida foi salva por uma injeção maciça de antisséptico, o qual concentrou as toxinas de seu organismo em um imenso abscesso que teve de ser lancetado diariamente. Esse procedimento aumentou a excitação dos pássaros, sobretudo de um exótico corrupião amarelo e preto, conhecido também como turpial, cujo pio aflautado erguia-se agudo acima dos gritos do pintor. Essa ave canora que abafou seus berros de dor tornou-se a partir de então a predileta de Matisse. A pureza de seu canto afetava diretamente sua vontade de sobreviver às tribulações de todo inverno, que eram uma espécie de purgação ritualística, da qual emergia na primavera extremamente debilitado, mas limpo e depurado.

"Por um triz ele não morreu!", escreveu Berthe a Teeny Matisse em dezembro de 1937. "Minha irmã está muito bem; ela sempre é muito corajosa durante uma crise. Em nossa família, somos todos assim. *Somos duros na queda*." O casal Matisse decidira ficar em Nice quando, no verão de 1938, venceu o contrato do aluguel do apartamento na place Charles Félix, em vez de se juntar ao rio de gente que deixava a cidade desde a aliança de Mussolini com Hitler. Já em 1936, Pierre recomendara que os pais se mudassem para o oeste, o mais longe possível de uma eventual invasão italiana. Matisse, porém, preferiu comprar dois apartamentos adjacentes no antigo Excelsior Regina Palace, o último e mais suntuoso dos hotéis imperiais de Nice, encarapitado no rochedo de Cimiez, bem acima da cidade à beira-mar: um bizarro complexo arquitetônico que abrigara a rainha Vitória na década de 1890 e já era decadente em 1914, permanecendo fechado durante anos após a guerra. Agora estava sendo transformado em apartamentos residenciais, mas a iminência de outro conflito afugentara os compradores. Aproveitando os descontos generosos, em janeiro de 1938, Matisse foi o primeiro, e por muito tempo o único, a se arriscar. "Sua mãe ficou encantada", Berthe contou a Pierre. "É como uma renovação da existência infeliz que vem levando! Já seu pai não se mostra tão entusiasmado."

Em fevereiro, Matisse voltou a sofrer dores por causa de outro abscesso, dessa vez na boca. Ainda trêmulo, debilitado e claudicante, ele foi a Paris para consultar seu dentista, levando junto Lydia por insistência de Amélie. O tratamento se prolongou por duas semanas no início de março. "Todos estão chocados com as últimas investidas de Hitler [...]", escreveu a Pierre quando as tropas alemãs anexaram a Áustria naquele mês e se preparavam para invadir a Tchecoslováquia. "De maneira geral, as pessoas não se arriscam a falar muito, pois ninguém sabe o que vem por aí, embora todos estejam temerosos." Em toda a França, a população fazia preparativos para fugir. Matisse voltou a Nice, onde pretendia acompanhar os desdobramentos da situação, preparando-se por meio da compra de meia dúzia de vestidos de gala, adquiridos em um passeio com Lydia às liquidações de primavera nas lojas de alta-costura em torno da rue Boétie. Esses seis vestidos, usados por uma série de modelos, iriam se tornar elementos essenciais – adaptáveis, facilmente transportáveis e surpreendentemente duráveis – de seu equipamento de trabalho durante a época da guerra.

Matisse os usou do mesmo modo como usara as folhas de papel colorido fixadas sobre as telas. Ambos lhe proporcionaram os elementos básicos para as composições elaboradas a partir de áreas chapadas de cor que por tanto tempo o preocuparam depois que perdeu a esperança de ser convidado a decorar algum espaço público. Na primavera de 1938, consciente de que jamais veria a *Dança* cumprir sua função original de mural, Matisse aceitou a proposta de recriá-la para o Ballet Russe de Monte Carlo, atendendo a um pedido urgente de Leonid Massin. Juntos, eles escolheram a primeira sinfonia de Chostakóvitch e conceberam um cenário que dramatizaria o conflito que Matisse via simbolizado no canto do turpial, "a luta entre o branco e o preto, entre o aspecto espiritual e o corporal do homem". Matisse acompanhou os ensaios em Monte Carlo, observando atentamente os bailarinos. Em seguida, montou pequenas figuras dançarinas, atarracadas e compactas, os membros parecidos com hastes ou pistões, confeccionadas a partir de fragmentos grosseiros de papel colorido. Embora vigoroso e expressivo, o resultado era desajeitado, como se algo incoerente estivesse tomando forma e irrompendo das profundezas de sua imaginação. Ele então construiu outro de seus teatros de brinquedo e o usou para fazer experimentos com um cenário baseado nos três arcos brancos da *Dança* de Barnes contra áreas geométricas chapadas nos tons vermelho, preto, azul e amarelo. Os bailarinos de Massin teriam de se movimentar entre os arcos, vestindo simples malhas vermelhas, pretas, azuis ou amarelas, em uma coreografia de faixas e manchas coloridas ("Tenho total confiança nele", comentou Matisse). Tudo o que não era essencial para a dinâmica da dança foi eliminado, resultando no que, em termos práticos, seria um balé abstrato. *Le Rouge et le noir* [O vermelho e o negro], tal como o *Chant du rossignol* vinte anos antes, descortinava novas direções na obra de Matisse.

O trabalho no balé prosseguiu durante meses turbulentos enquanto o casal se preparava para mudar da place Charles Félix em junho, embalando objetos domésticos e telas que ficariam armazenados e se retirando para Paris até que o novo apartamento em Cimiez ficasse pronto. Pierre e Teeny chegaram de Nova York com os filhos (o terceiro e último, Peter Noel, estava com dezoito meses de idade). Nesse verão em que o mundo estava à beira da desintegração pública e privada, todos os cinco netos e seus pais se reuniram no apartamento do boulevard Montparnasse. Diante da ameaça por Hitler de invadir a Tchecoslováquia no outono, a família provavelmente se deu conta de que aquela talvez fosse a última vez que estariam todos juntos. A sensação generalizada de horror só reforçou as barricadas internas de silêncio e incompreensão. Matisse ficou com a impressão de que a família não mais acreditava nele, nem em suas obras mais recentes, o que acabava sendo a mesma coisa. Ele sentia falta da velha solidariedade, cimentada pelo comprometimento incondicional com seu trabalho, assim como da consequente intimidade emocional. O orgulho ferido reforçou um clima de rejeição mútua que o tornou áspero e inacessível. Ele se sentia cruelmente excluído, sobretudo em relação a Marguerite e ao filho dela. A possibilidade de Pierre ser forçado a solicitar a cidadania americana provocou confrontos dolorosos, que não haviam sido resolvidos quando o casal regressou mais cedo do que o normal para os Estados Unidos. De volta a Nice, Amélie expressou seus sentimentos em uma carta tão violenta que o marido a convenceu a não enviá-la, em vez disso repreendendo ele mesmo o filho com tal veemência que Pierre se fechou ainda mais.

Henri e Amélie Matisse com os filhos e os netos no apartamento do boulevard Montparnasse, 1936.

No decorrer de setembro, os parisienses abandonaram em massa a cidade, temendo um ataque alemão, e o mesmo ocorreu em Nice, que quase foi oficialmente evacuada diante da perspectiva de uma invasão italiana (a cidade estava sob controle francês havia menos de um século). Amélie partiu no meio do mês, acompanhada de uma enfermeira e levando um lote de telas, e se refugiou na casa de Berthe em Beauzelle. De Paris, seguiram para lá Marguerite e Jean com suas famílias. Matisse permaneceu em Nice com Lydia a fim de resguardar os objetos domésticos e do ateliê, ainda em trânsito entre o apartamento desmantelado da place Charles Félix e o novo no Regina, cuja reforma fora interrompida com a debandada dos pedreiros em meio ao pânico generalizado. Lydia acondicionou roupas e louça em cestos, encaixotou a mobília, enrolou telas e conseguiu se espremer com baús e caixas em um trem com destino a Montauban, onde Jean arrumara um local para o armazenamento das coisas. Ela pernoitou em Beauzelle antes de voltar para junto de Matisse, que ficara sozinho em Nice, atordoado e exausto, medicando-se com clorofórmio e beladona para acalmar os nervos e o estômago. No fim do mês, o primeiro-ministro francês, Édouard Daladier, foi a Munique com Neville Chamberlain, da Grã-Bretanha, na esperança de negociar com Hitler um adiamento de última hora. Ao retornar, foi recebido por multidões jubilantes no aeroporto de Le Bourget. Matisse e Lydia ouviram incrédulos Daladier anunciar pelo rádio ("Se é preciso acreditar num milagre para salvar a França, então acredito em milagres") que a guerra havia sido evitada.

O país logo voltou ao normal. Ao retomarem as obras no Regina, os pedreiros toparam com Matisse à espera no portão. Ele estava hospedado no pequeno hotel British e ansioso por começar também ele a trabalhar em um painel decorativo intitulado *O canto*, encomendado no início do ano por Nelson Rockefeller para seu apartamento em Nova York. Em meio à mobília amontoada no novo ateliê, Lydia abriu um espaço e o deixou limpo para Matisse em meados de outubro, antes de ir buscar Amélie em Beauzelle. Quando esta chegou, o Regina ainda era um canteiro de obras, seu quarto estava inabitável, e suas coisas empilhadas em um apertado quarto de hotel onde teria de ficar acampada por um período indefinido. Matisse passava os dias no ateliê e ainda reclamava por não passar lá também as noites ("Não posso dormir ao lado de meu trabalho como estou acostumado fazer", disse a Besson, "e isto está me tolhendo demais"). Ele culpou o blefe de Hitler, e sua própria insensatez em levá-lo a sério, pela catástrofe que ocorreria a seguir.

A conduta de Lydia nessa época demonstrou com grande clareza que o apoio tão necessário a Matisse como pintor não vinha mais de sua família. A chegada dela a Beauzelle desencadeou o tipo de crise que sempre reanimava Amélie, que reagiu furiosa exigindo que Lydia fosse imediatamente despedida. Matisse, por sua vez, insistiu que não poderia dispensá-la, pois ela era essencial na manipulação do esquema de papéis recortados que ele inventara para a *Dança* de Barnes e agora voltaria a empregar no painel decorativo de Rockefeller. Lydia pregava e repregava os papéis de referência, limpando e relimpando a superfície da tela à medida que as cores de Matisse mudavam de um dia para o outro, ou mesmo de hora em hora. Junto com sua amiga Hélène Galitzine, também servia de modelo para as diversas posturas das quatro figuras femininas que cantam ou escutam em *O canto*, um sombrio friso de corpos entrelaçados nos tons preto, rosa e verde-escuro. Matisse, então com quase setenta anos, insistiu que estava ficando velho, exortando a mulher a levar em conta a fragilidade de sua inspiração e o tempo cada vez menor que lhe restava. Todos os argumentos que apresentou, enfatizando o quanto precisava de Lydia, somente reforçaram a determinação de sua mulher no sentido de que ela fosse embora.

O impasse prolongou-se por todo o outono, ensombrecendo a mudança do casal para o Regina, que por fim ocorreu em meados de novembro. Os problemas cardíacos de Matisse retornaram e ele passou a sofrer de violentos sangramentos pelo nariz. Também começou a ver manchas enevoadas diante dos olhos, com o terror de ficar cego sendo realçado pela leitura de um romance de Kipling, *A luz que se apagou*, sobre um pintor cuja perda da visão o mergulha em uma espiral de destruição, desespero e morte. Lydia foi dispensada assim que *O canto* ficou pronto, no dia 3 de dezembro. Mas o plano de Matisse para que retornasse no início de janeiro, passando a morar em outro local e vindo trabalhar diariamente como secretária, desembocou num ultimato de Amélie ("Ou eu ou ela"). A alternativa parecia absurda para Matisse. Como no caso do herói do romance de Kipling, já não havia para Matisse uma distinção nítida entre a vida e a arte. Tudo o que bloqueasse uma delas acabaria, em sua opinião, destruindo a outra.

Após uma conversa explosiva com Amélie, durante a qual sua pulsação passou de 69 para 100, Bussy foi obrigado a arrastá-lo para fora do apartamento e a fazer com que caminhasse em volta da colina até que se acalmasse. O estado de Matisse nesse inverno deixou alarmado o pequeno grupo daqueles que conviviam com o casal em Nice. Berthe, ciente de quão emaranhadas eram as raízes do conflito em ambos os lados, tentou chamar a irmã à razão. Também intervieram a mulher de Charles Thorndike, o amigo americano de Matisse, e o médico da família, que alertou Amélie de que a tensão prolongada aumentava o risco de Matisse ter um segundo e mais grave ataque cardíaco. Marguerite chegou no final do mês e Jean veio duas vezes de Paris, retornando perplexo com a intransigência da mãe e a obstinação do pai. Até mesmo Bussy, que raramente se imiscuía em problemas alheios, chamou Marguerite à parte e proferiu-lhe "um sermão ríspido [...] sobre a perversidade de levar à morte artistas eminentes já idosos".

Matisse e Amélie pareciam ter invertido os seus papéis. Agora era o pintor, insone, febril e incapaz de trabalhar que precisava de uma enfermeira noturna, enquanto a inválida impotente e desamparada recobrava forças movida pela vingança e pela fúria. "A sra. Matisse, após duas décadas presa ao leito, de repente se levantou há cinco meses", escreveu Dorothy Bussy a Gide em março de 1939, "e desde então tem demonstrado a mais apavorante energia física e mental, em uma impiedosa e constante batalha contra Matisse [...]." O velho amigo de Bussy não mereceu nenhuma compaixão por parte da mulher e da filha deste, que ouviram com incredulidade e risos contidos o desesperado relato feito por Matisse da tempestade emocional que então se abatia sobre o apartamento de Cimiez. "Há quatro meses a sra. Matisse [...] vem fazendo cenas medonhas todos os dias", relatou animadamente Janie a Vanessa Bell, que se encarregou de espalhar histórias descabeladas por Londres, assim como outros faziam em Paris e em Nova York. Matisse, por sua vez, sonhou que era acusado de assassinato, e que não conseguia provar sua inocência.

Todavia, os rumores irreverentes que circulavam no mundo da arte eram o menor de seus problemas nesse inverno. "Fui demitida", contou Lydia. "A sra. Matisse insistiu para que eu fosse dispensada, não por ciúme feminino – pois não havia a menor possibilidade de adultério – mas por eu estar cuidando de tudo na casa." Lydia mudou-se para uma pensão em Nice enquanto pensava no que iria fazer. Os estrangeiros apátridas na França tinham um futuro sombrio caso eclodisse uma guerra. Tendo perdido uma vez tudo o que mais lhe importava – o lar e a família, a língua materna, o país e a esperança de se tornar médica –, Lydia sentia que devia ao mero acaso o fato de ter, contra toda probabilidade, conseguido um trabalho do qual gostava e do qual se desincumbia bem. Mas agora outra vez sua vida corria o risco de se desencaminhar. Dez dias depois, mandou pelo correio um bilhete de despedida a Berthe Parayre, dizendo que preferia o suicídio a uma existência que só trazia infelicidade a si e aos outros. Em seguida, disparou um tiro contra si mesma, mas a bala acabou se alojando no esterno. Ainda testou a arma disparando outro tiro pela janela, mas aí faltou-lhe a coragem para outra tentativa. Depois de enviar outro bilhete de explicação a Berthe, ela deixou Nice no mesmo dia.

Após conviver com o cunhado durante quatro décadas de convulsões familiares desde o caso Humbert, Berthe aceitou sem hesitar a versão dos acontecimentos apresentada por Lydia. E o mesmo se deu com todos em Nice que estavam em condições de avaliar a situação. Até mesmo a esposa e a filha de Bussy reconheceram que a relação de Matisse com seu modelo era estritamente profissional. E esse era o ponto crucial. Para Amélie Matisse, não poderia haver maior traição. Ela abandonara tudo em prol de uma existência baseada no esforço e na persistência requeridos pela obra do marido, e agora se via excluída do único mundo que lhe era relevante. Em fevereiro de 1939, seu advogado redigiu um termo de separação. De acordo com uma das cláusulas principais, tudo – quadros, desenhos, gravuras, esculturas e o que mais tinham de valioso – seria dividido igualmente. A família então se reuniu para encaminhar sua própria dissolução. Pierre veio de Nova York para acompanhar o desmantelamento de tudo o que, desde a infância, havia sustentado seu universo.

Amélie seguiu para um destino desconhecido em Paris no começo de março. Para Matisse, foi como se tivesse sido atingido por um ciclone. Seus filhos haviam ido embora, Berthe se preparava para voltar a Beauzelle, os Bussy iriam retornar a Londres, e até mesmo a cozinheira e o marido estavam de partida. O pintor ficou sozinho no apartamento duplo no sétimo andar do Regina, o único morador de todo o imenso e vazio edifício, cheio de ecos e dando para o céu e o mar, bem acima da cidade.

De um lado, ficou ruminando, profunda e amargamente desiludido, sobre o meio século de dedicação à pintura que lhe consumira a vida. De outro, estava se deleitando com esse súbito intervalo de liberdade, tranquilidade e solidão. Nesse mesmo mês, a guerra estava prestes a eclodir após Hitler invadir a Tchecoslováquia e preparar-se para atacar a Polônia. Matisse sabia muito bem que estava desfrutando de uma pausa temporária. "O canto de meus pássaros, que começara a me deixar indiferente, e até mesmo hostil, voltou a me arrebatar nesse grande navio naufragado em Cimiez, em meio às tempestades com trovões que se armam e às quais não presto a menor atenção."

Estava trabalhando na obra *Música*, ou *O violonista*, concluindo-a em três semanas para fazer par com *O canto* encomendado por Rockefeller. "Essa tela tem a amplitude, a riqueza e a força ininterrupta do ressoar de um órgão", Pierre escreveu ao pai assim que desembalou a obra em Nova York, nela reconhecendo uma solidez e um vigor que derivavam da *Dança* de Barnes e remontavam às grandes obras de 1914. Ambos concordaram em que era a melhor obra que Matisse havia produzido em anos. "Ela me sustentou no momento mais cruel e doloroso da minha vida", escreveu o pintor, admitindo com breve lampejo de satisfação que, se não fosse pelo conflito iminente, ele a teria exposto em Paris, a fim de calar todos aqueles que (como Marguerite) achavam que estava decadente.

Em maio de 1939, o Museu de Arte Moderna de Nova York foi inaugurado com *A dança I* de Matisse – a versão original do painel pintado para o palácio moscovita de Shchukin em 1909 – no lugar de honra, o saguão de mármore na entrada do edifício recém-construído. Matisse foi à première de *Le Rouge et le noir* em Monte Carlo no dia 11 do mesmo mês, e depois seguiu para Paris, onde o balé estreou no Théâtre du Chatelet em 5 de junho. O desenho que fez para o programa era uma última variação em torno da imagem de Pollaiuolo, da luta de Hércules com Anteu, dessa vez mostrando o cativo não como um gigante cego, mas como um dançarino elevando-se em um jorro de energia e libertação. "Em toda essa confusão, o que me valeu foi o êxito absoluto do balé – e a concepção de outro que já me encomendaram", contou a Bussy, traçando planos para uma obra clássica que terminaria com um casamento presenciado pelos deuses do Olimpo ("Cheguei ao fim de um casamento, e já estou planejando outro", escreveu esperançoso a respeito de um projeto que acabaria sendo cancelado quando o Ballet Russe se dispersou com o início da guerra).

Os advogados e seus prepostos que cuidavam do divórcio tomaram conta do ateliê de Matisse no boulevard Montparnasse. A certa altura, ele mencionou a presença de oito deles, esvaziando gavetas, vasculhando armários, contando desenhos e compilando listas de obras. Matisse indicara o marchand Paul Rosenberg como seu representante na divisão do espólio, ao passo que Marguerite ficara encarregada de velar pelos interesses de Amélie. Chocado com o rancor humano e o implacável comercialismo do procedimento, Rosenberg sugeriu um encontro do casal, cada qual acompanhado de uma testemunha imparcial, em um local público e neutro. Henri e Amélie se encontraram na primeira semana de julho, em um café no átrio da gare Saint-Lazare. "Minha mulher não olhou para mim em nenhum momento, mas não despreguei os olhos dela – e tampouco consegui pronunciar uma palavra [...]", escreveu Matisse, descrevendo como ela e Rosenberg conversaram banalidades durante meia hora enquanto ele a contemplava entorpecido, incapaz de se mover ou de falar. "Fiquei ali como se tivesse sido entalhado em madeira, jurando jamais me prestar a isso de novo." Era a mesma pose congelada com que havia se retratado, rígido como um poste, confrontando a esposa vinte anos antes na *Conversação*. Nessa mesma noite, segundo contou a Bussy, ele sonhou que fora condenado à morte e estava esperando para ser conduzido ao local da execução. Pelo menos dessa vez, talvez a única na vida de Matisse, a realidade havia superado sua imaginação, que se via impotente para controlar ou conter o caos e a destruição que sempre sentia se aproximando pelas margens sombrias de seu cérebro.

14. *LE RESSUSCITÉ* (1939-45)

EM MEADOS DE AGOSTO DE 1939, TODA A PRODUÇÃO DE MATISSE HAVIA SIDO contada, classificada e armazenada na caixa-forte do Banco da França, pronta para ser dividida equitativamente após as férias de verão. O pintor comentou com Paul Rosenberg que se sentia arrasado e foi a Genebra ver uma exposição de grandes obras pertencentes ao Museu do Prado. Um dia depois de chegar lá, em 23 de agosto, a inesperada aliança da Alemanha com a Rússia soviética pôs fim à precária paz estabelecida com o pacto de Munique. Essa seria a terceira guerra com a Alemanha desde que nascera e, como disse a Bussy, as minuciosas precauções que tomara um ano antes haviam esgotado sua capacidade de reação. No dia 1º de setembro, as tropas de Hitler invadiram a Polônia. Dois dias depois, a França juntou-se à Grã-Bretanha na declaração de guerra. Na manhã seguinte, Matisse voltou a Paris, juntando-se em seguida ao rio de gente que rumava para o oeste, carregando o que podiam nos tetos dos carros, mas acabou parando em Rochefort-en-Yvelines, cinquenta quilômetros adiante.

Matisse passou quase um mês numa pousada em Rochefort, contemplando a passagem dos refugiados, lendo os *Diários* reunidos de Gide e desenhando árvores na floresta. Também desenhou e pintou Lydia Delectorskaya, que o acompanhou na fuga. Ele escrevera a ela de Paris, pedindo-lhe que voltasse a ser sua assistente, quando se tornou evidente que Amélie não tinha intenção de reatar relações. Ele disse a Lydia que já dispunha de um modelo, mas que precisava de alguém que cuidasse das tarefas corriqueiras que lhe tomavam tempo demais. Lydia, que se refugiara com a tia nos subúrbios de Paris, levou para Matisse um maço de flores silvestres no dia onomástico do pintor, 15 de julho. Ele as pintou no centro de uma composição semiabstrata, reduzindo todos os elementos da tela – o buquê de boninas brancas e centáureas azuis, o desenho na parede, o estrado de naturezas-mortas e até o próprio modelo – a planos geométricos de cores chapadas que se equilibravam contra o fundo preto. *Fleurs pour la Saint Henri* [Flores para o dia de santo Henrique] é um quadro forte, brilhante e decisivo, repleto de luz e do que Bussy chamou de emoção despersonalizada. Ele comemora um dom simbólico que se tornou um pacto explícito em Rochefort.

"Foi lá que chegamos a um acordo quanto a nossa colaboração futura", afirmou Lydia em retrospecto. "Pois ali era preciso tomar uma decisão – se eu iria acompanhá-lo. Eu mal hesitei. Estava sozinha, não tinha vínculos, nada me prendia à vida. Eu imaginava o que iriam dizer a respeito de uma jovem bonita ligada a um velho rico, mas não me importava resguardar minha reputação." Ambos sabiam que, o que quer que acontecesse, aquele era um ponto crucial do qual não havia como retornar. Matisse, que desenhou a si mesmo com expressão perplexa e zombeteira, mostrou-se, como era de seu feitio, o mais cauteloso da dupla. "Ele me disse: 'Você ainda é jovem e tem a vida pela frente, há todo um caminho a ser percorrido'. Ao que respondi: 'Caminho para onde? para o quê?' 'Pobre menina', disse ele. E nesse instante ele se deu conta de que eu era uma folha em branco, na qual poderia deixar sua marca." Nos desenhos que Matisse fez de Lydia em Rochefort, ela está vestida com a capa e o capuz de viagem no início do longo, difícil e às vezes arriscado caminho que estavam prestes a trilhar juntos. Muito depois, ela iria se identificar com o personagem do corvo doador de vida que aparecia nos contos folclóricos russos de sua infância, a ave que resgata o herói ferido ou dado por morto. Segundo ela, Matisse fez com que sentisse que sua vida ainda podia ter utilidade.

Matisse, *A jovem de blusa azul* (*Retrato de Lydia Delectorskaya*), 1939.

Após a invasão da Polônia, não ocorreu nenhum outro movimento, tanto da parte de Hitler como de Mussolini, do qual ainda se esperava que retomasse Nice. A França mobilizou a população civil. Devido às restrições do estado de emergência, Lydia não podia mais se deslocar sem uma autorização de viagem, que Matisse acabou conseguindo com a ajuda do ministro socialista Albert Sarraut. Nice estava fervilhando de militares quando os dois retornaram no fim de outubro. Uma companhia de soldados marroquinos estava acantonada no Regina. Matisse voltou a ocupar o imenso ateliê de pé-direito alto, feito a partir da junção de duas salas de estar, e repleto de filodendros exuberantes que, em sua ausência, haviam se transformado em uma densa selva. Como preparativo para a partilha definitiva dos bens, o apartamento fora despojado de tudo exceto as obras em andamento, um grupo de peças de bronze fundido e a estátua de pedra de uma jovem sem cabeça nem membros, uma requintada e muito apreciada cópia romana de um original da Grécia clássica. Matisse se consolou com seus pássaros, dos quais havia quase trezentos, instalados em um aposento especialmente ladrilhado e sob os cuidados diários de uma pessoa contratada só para isso. O aviário separava o ateliê da área residencial: uma sala de jantar com piso de mármore ornamentado que o pintor havia escolhido e desenhado e o quarto fresco e arejado de Amélie, voltado para as montanhas ao norte. Com o tempo ambos acabariam virando ateliês, mas por enquanto estavam vazios, lúgubres lembretes de uma existência que ficara para sempre no passado. Como quase todos na Europa durante os primeiros meses monótonos da guerra, Matisse ouvia ansiosamente os boletins de notícias pelo rádio, tentando decidir o que fazer, por fim resolvendo ficar onde estava e esperar que algum evento o obrigasse a deixar Nice.

Ele passou a levar uma existência precária, extremamente isolada e anônima, sem frequentar lugar algum, sem ver quase ninguém além dos modelos, preparado para partir a qualquer momento. Fora das sessões de trabalho, a única companhia de Matisse eram os pássaros. Lydia recusou-se a mudar para o apartamento, preferindo dormir em um quarto de empregada no sótão, quatro andares acima, e apresentando-se para o trabalho assim que os modelos chegavam de manhã. Embora sua posição pudesse parecer equívoca para os outros, ela própria traçou uma linha nítida entre o que estava e o que não estava disposta a fazer para o patrão. "Sempre vestia um avental", contou ela, "para deixar perfeitamente claro que estava ali a trabalho." E até o fim da vida de Matisse, ela sempre se dirigiu a ele formalmente, como "o senhor", definindo-se como sua secretária, e jamais o chamou de nada além de *Patron*.

Ambas as famílias estavam convencidas de que Lydia era amante de Matisse. A tia de Lydia, já escandalizada pelo fato de ela ter solicitado o divórcio e permitido que quadros em que aparecia nua fossem expostos em público, rompeu relações com a sobrinha. A esposa e os filhos de Matisse o acusaram, tal como o pai dele fizera meio século antes, de enlamear o nome da família. O retorno de Lydia, justificado por Matisse como meramente uma forma de melhorar suas condições de trabalho, pareceu antes uma provocação para os membros da família, como se ele tivesse se colocado além de uma barreira intransponível. Para eles, Lydia era uma aproveitadora manipuladora e ambiciosa, e lidavam com sua presença agindo como se ela não existisse. O processo de separação legal desencadeou uma troca de acusações que criou um clima de muita tensão e sofrimento. Da parte de Amélie, o sentimento de perda agora era irremediável, e ela se empenhou ao máximo para concluir a separação, que para o marido era algo dilacerante. Marguerite, cujo papel de intermediária a colocou no fogo cruzado dos pais, ficou exausta, moral e fisicamente, desmaiando várias vezes quando foi a Nice no ano-novo, acompanhada de um advogado, para averiguar o conteúdo do apartamento. A visão de Matisse tornou-se tão precária que mal conseguia enxergar a tela no final de uma sessão de trabalho. E ainda estava preocupado com os custos advocatícios cada vez mais altos e com o colapso do mercado de arte, insistindo que todos eles acabariam arruinados.

Berthe e Pierre, relutantes em tomar partido e impotentes para intervir, aconselharam Matisse a não fazer nada e esperar que amainasse a raiva destruidora de sua mulher. Berthe estava se restabelecendo de uma grave cirurgia contra um câncer com apoio constante de Matisse (que fora de avião a Toulouse para ficar ao lado dela no hospital no dia seguinte ao seu derradeiro encontro com Amélie em Paris). Ele havia decidido ajudá-la financeiramente e desempenhara o papel de irmão mais velho afetuoso durante quarenta anos, mas agora ela lhe disse que, embora não atribuísse a Lydia nenhuma culpa pela separação, a lealdade para com a irmã requeria que ela não mais colocasse os pés na casa dele enquanto a russa estivesse lá. Mais do que nunca exasperada com a imparcialidade da irmã, Amélie jamais a perdoou por se recusar a condenar Lydia. A partir de então, as irmãs passaram a viver lado a lado em Beauzelle, Berthe lutando para sobreviver, sozinha na casa de pedra fria com a enferma e agonizante tia Nine, enquanto Amélie, que alugara uma propriedade bem mais imponente, se recusava a dirigir a palavra à irmã ou a aceitar suas propostas de reconciliação.

Pierre, então na França, e temporariamente convocado para o exército após a eclosão das hostilidades, continuou sendo o confidente mais próximo do pai. Embora fizesse o possível para ajudar o filho a regressar para os Estados Unidos, Matisse temia a perspectiva de outros desentendimentos entre ambos. "Isso seria algo terrível, pois – o que restaria então?", escrevera ele um mês antes de Pierre ser afinal liberado do serviço militar, quando pôde voltar para casa. "O que sobraria na minha vida – só o trabalho. Mesmo assim isso não me basta – pois nesse caso a gente se torna um prisioneiro, confinado por muros invisíveis que não impedem de trabalhar, pois ainda é possível trabalhar na prisão (como Courbet). Mas às vezes tornam o trabalho insuportável." Esse era o real reconhecimento do preço que Matisse havia pagado, e continuava a pagar, por sua obra. À medida que a guerra se arrastava sem sinal de ofensivas militares, ele considerou a possibilidade de se afastar de seus problemas viajando por um mês ao Brasil no verão, uma perspectiva que tornava mais fácil enfrentar a divisão de bens na primavera. No final de abril, Matisse retornou a Paris, onde passou a primeira semana de maio trabalhando várias horas por dia ao lado de Marguerite, exumando baús e caixotes com suas obras nos porões frios e úmidos do Banco da França. O grande temor dele era a bronquite, e durante a noite era acometido de dores estomacais tão agudas que o porteiro do hotel teve de chamar um médico (que não achou nada de errado com ele).

Em abril, os exércitos de Hitler por fim se puseram em movimento, invadindo a Noruega e a Dinamarca, avançando para o oeste em 10 de maio e passando rapidamente por Bélgica, Luxemburgo e Holanda. Dois dias depois cruzaram o rio Meuse e entraram na França. O bombardeio da capital fez com que mais uma vez os parisienses fugissem, engrossando o êxodo sem precedentes, quase inconcebível, de milhões de moradores da Flandres e da Bélgica. Auguste Matisse e a mulher chegaram de carro, vindos de Bohain (tomada, como sempre, pela primeira leva de invasores), e seguiram para o sul em busca de abrigo na casa de Amélie em Beauzelle. Marguerite enviou o filho Claude para um lugar seguro no centro da França com a diretora de sua escola, e Louise, a mulher de Jean, seguiu para o oeste com o filho Gérard (o próprio Jean partira meses antes para reingressar no exército). Enquanto os alemães avançavam pelo vale do Somme rumo ao litoral, Matisse e Lydia tomaram o trem para Bordeaux e depois para Saint-Jean-de-Luz, na costa junto à fronteira com a Espanha.

No dia 1º de junho, com os exércitos holandeses e belgas já derrotados e a força expedicionária britânica preparando-se para ser evacuada em Dunquerque, Tériade completou em Paris a impressão do que Matisse chamou de "edição de guerra" da revista *Verve*, dedicada à França e dotada de uma suntuosa capa preta desenhada por Matisse. Ele passara os últimos dias de suspense antes da declaração de guerra na sede da revista, recortando letras e formas em papéis coloridos e colando-os na capa, sob o olhar impassível de Tériade, que mobilizou toda a sua habilidade e a dos tipógrafos para produzir a primeira de todas as composições de papel recortado de Matisse a ser publicada. Em junho de 1940, esta simbolizava a única atitude de desafio possível diante da derrota total e vexaminosa do país. No dia 14 de junho, as tropas alemãs entraram em Paris, o governo se demitiu e o marechal Pétain, então com 84 anos, foi instalado como primeiro-ministro no dia seguinte e imediatamente iniciou as tratativas de paz.

Matisse ficou atônito com a capitulação do país, enojado com a matança interminável e aflito por causa da família, dispersa por todo o território francês, e sobretudo por causa de Marguerite, ao saber que, pouco antes da queda de Paris, ela partira sozinha atrás do filho, na direção da ofensiva alemã. No decorrer das duas semanas seguintes, cartas e telegramas o mantiveram informado da chegada em segurança a Beauzelle dos pares de fugitivos: Auguste e a mulher, Louise e Gérard, e por último Marguerite e Claude, após uma temerária viagem de carro por estradas secundárias e caminhos de terra na Auvergne, pouco à frente das colunas avançadas alemãs. Em todos os vilarejos por que passavam, os moradores esperavam estupefatos e chocados pela chegada das tropas inimigas. "Jamais!", gritou Marguerite, quando lhe disseram que a França havia oficialmente se rendido. "Prefiro morrer com uma arma na mão." Ela levou duas semanas para chegar à segurança da região sudoeste, onde depois acabaria se encontrando com Jean, desmobilizado após o armistício que dividiu o país em uma zona ocupada ao norte e uma zona nominalmente livre ao sul, controlada pelo governo de Pétain, que se instalara em Vichy. "Afinal agora todos estão bem", Matisse informou aliviado a Pierre no dia 4 de julho.

Nessa altura ele estava de novo em retirada, fugindo na direção leste, enquanto os alemães se aproximavam para ocupar a região costeira. Mussolini havia declarado guerra à França em junho, mas a vida em Nice sob a provável ocupação italiana parecia uma perspectiva melhor do que esperar pelo estabelecimento de um governo nazista em Saint-Jean. A cidadezinha estava repleta de refugiados desesperados entre o avanço alemão e a fronteira espanhola fechada, mas Matisse (que tinha um passaporte válido e visto para entrada no Brasil) diria mais tarde que jamais lhe ocorreu abandonar a França. Depois de encontrar um dos poucos táxis que estavam com o tanque de gasolina cheio, ele e Lydia saíram por um lado do povoado enquanto os alemães entravam pelo outro vindos do norte. A viagem de táxi terminou depois de 160 quilômetros, assim que toparam com quartos vagos para alugar no Hôtel Ferrière, em Saint-Gaudens. Como não havia trens circulando, Matisse ficou preso ali durante todo o mês de julho, temeroso de ouvir as notícias pelo rádio ou de ler os jornais pela manhã, de novo atormentado por dores fortes na barriga que deixaram desorientado o médico local. Em Saint-Gaudens, conseguiram afinal uma carona até Carcassonne e, uma quinzena depois, quando os trens voltaram a circular, eles se espremeram num trem que partiu às duas da manhã com destino a Marselha.

Nessa cidade portuária submetida a um bloqueio naval e apinhada de franceses e estrangeiros em fuga, Matisse logo na primeira manhã topou com Maria Jolas, a amiga de Marguerite que dirigia a escola frequentada por Claude e que escapara com os dois à frente das colunas alemãs. Agora ela estava prestes a cruzar o Atlântico, com Claude e suas duas filhas, rumo à segurança dos Estados Unidos. Matisse ficou desolado com a notícia. Georges Duthuit já estava em Nova York (onde ficaria até o fim da guerra), mas Claude fora criado desde o nascimento pela mãe e pelos avós. Segundo Matisse, ele se sentiu um trapo inútil depois dos três dias passados em Marselha, mantendo uma fachada de calma e jovialidade em benefício de Marguerite e desenhando o neto, naquela que talvez fosse a última ocasião em que o veria. Durante os cinco anos seguintes, Matisse sentiria muita saudade do menino, sempre perguntando ansioso por ele e admirando a coragem que a separação exigiu de Marguerite, que adoeceu de tristeza nesse outono de 1940.

No final de agosto, Matisse estava de volta a Nice, onde as pessoas, abatidas, esperavam para qualquer momento a ocupação da cidade pelos fascistas italianos. A primeira medida de Matisse foi ajustar suas despesas corriqueiras à situação de guerra. Todos os quadros haviam sido levados embora, e em setembro ele enviou a Beauzelle a coleção de discos, os bronzes restantes e quase toda a mobília. Com isso, sobrou apenas o estritamente necessário. Em um outono de drástico racionamento de alimentos, combustível e transporte, Matisse começou a se desfazer também das aves. "Não é a necessidade de fazer isso que me incomoda, mas a incerteza em que vivemos, e a vergonha – a vergonha de uma catástrofe com a qual não temos nada a ver", explicou a Pierre, citando o comentário escarninho de Picasso no último encontro que tiveram em Paris, em maio: "É uma repetição da Escola de Belas-Artes", disse Picasso, quando as defesas supostamente inexpugnáveis erguidas pelos idosos generais franceses se revelaram ilusórias.

O fechamento da fronteira entre as duas zonas em que fora dividida a França ocasionou a súbita e completa interrupção das comunicações com Paris. As notícias a respeito dos velhos amigos chegavam por intermédio do americano Varian Fry, fundador do Emergency Rescue Committee, que desembarcara na França com uma lista preparada em Nova York por Alfred Barr, relacionando os artistas renomados que precisavam ser resgatados da provável perseguição nazista. Matisse recusou polidamente duas ofertas de Fry para que se refugiasse nos Estados Unidos e desse aulas no Mills College na Califórnia naquele outono. Justificou-se dizendo que, aos setenta anos, estava velho e frágil demais para se estabelecer em outro lugar. As autoridades alemãs, que haviam perseguido os seguidores de Matisse e se livrado dos quadros dele existentes em seu país, agora tinham acesso às caixas-fortes do Banco da França, projetadas para resistir a roubos, incêndios ou bombardeios, mas não ao confisco oficial de seu conteúdo. Tudo o que podia fazer era aguardar notícias de Picasso, que se oferecera para ser o representante dele no banco, e mais tarde o avisaria que os quadros não corriam perigo. Em setembro, dois oficiais alemães bateram à porta do apartamento no boulevard Montparnasse a fim de inspecionar as obras de Matisse. De Nova York, onde se refugiara, Paul Rosenberg escreveu para dizer que não tinha notícias da coleção que fora obrigado a deixar em Bordeaux ("Estou curioso para saber o que houve com meus últimos quadros, que ele pretendia enrolar e levar consigo", comentou Matisse, que fizera o possível para que os funcionários da Belas-Artes interviessem em favor de Rosenberg).

Em outubro, Matisse ficou alarmado ao encontrar Georges Bernheim vagando pelas ruas de Nice em estado de choque após a morte da mulher e a perda do único filho (que fora enviado para um campo de prisioneiros alemão), afirmando que os quadros não lhe proporcionavam nenhum consolo e, de qualquer modo, não esperava vê-los de novo pelo fato de ser judeu. Pierre já alertara o pai de que o governo de Vichy pretendia seguir os nazistas no expurgo dos judeus dos círculos artísticos e ao mesmo tempo estimular vigorosamente os valores estéticos associados ao sistema da Belas-Artes. Matisse, ou qualquer de seus amigos, pouco podia fazer além de prestar testemunhos oficiais em favor de Georges Bernheim e do primo deste, Josse, e reiterar em particular o quanto abominavam os métodos da Belas-Artes. Todavia, no outono de 1941, quando a Escola de Belas-Artes transferiu a sede do Prêmio de Roma para Nice, Matisse expressou publicamente sua repugnância em uma entrevista na Rádio Nice, concordando, depois que suas críticas foram eliminadas em um artigo do *Paris Soir*, em repeti-las de maneira ainda mais explícita e extensa em um segundo programa de rádio, sob a condição de que dessa vez não haveria censura de seus comentários sobre o Prêmio de Roma. O resultado foi uma denúncia causticante de um sistema baseado na autolouvação, na coerção e no preconceito – a expressão mais explícita possível de seu desprezo pelo regime de Vichy.

Matisse sentia que envelhecera drasticamente ("Eu me vejo mudando rapidamente, o cabelo e a barba sempre mais brancos, os traços mais emaciados, o pescoço mais descarnado") no primeiro ano da guerra. Uma permanente apreensão coletiva poluía a atmosfera de Nice. Sua vida resumia-se a comer, dormir e pintar, concluindo nesse outono um quadro belo, seco e meditativo em um estilo despojado que descreveu a um amigo romeno, Théodore Pallady, como "o casamento expressivo de superfícies com cores e proporções distintas". O esforço requerido foi tão intenso que ele combinou com uma agência local para que enviassem toda semana três ou quatro das mais belas figurantes de filmes para que lhe servissem de modelo, pois, como explicou a Pierre, essa presença humana amenizava a austeridade inumana do que estava tentando fazer.

O sonho é construído em torno de uma jovem adormecida, cuja imagem acompanhara mentalmente Matisse por todas as suas viagens, em uma tela que, após doze meses e quarenta sessões (com uma alteração de modelo no último instante), passou suavemente de um início relativamente realista para um lirismo arejado e diáfano, como um motorista exímio trocando de marcha em seu veículo. Em seguida, pintou uma *Natureza-morta com conchas* severa e não menos despojada. "Acho que fui tão longe quanto possível nesse viés abstrato", disse a Pallady em 7 de dezembro, "por enquanto não consigo ir mais além". E afirmou que precisava se descontrair, deixando que a mão e o olho espairecessem em algo mais sensual – e pintou três pratos com ostras em rápida sucessão. A *Natureza-morta com ostras* retrata uma refeição simples para uma pessoa – prato, faca, guardanapo, limões e um jarro com água servidos em uma bandeja – pintada com deleite descompromissado, partindo, segundo o próprio Matisse, de um ponto intermediário entre Manet e Renoir, e realizando um extraordinário salto, em termos da história da arte, do impressionismo diretamente para a abstração *hard-edged*.

Matisse escreveu pormenorizadamente sobre esse quadro na tentativa de entreter Pallady, que em dezembro de 1941 estava enfurnado num quarto de hotel em Bucareste, também pintando naturezas-mortas para combater o desespero diante da recente invasão de seu país. Na carta, Matisse não fazia nenhuma alusão aos seus problemas. As dores abdominais que o haviam afligido em Paris em maio, e em Saint-Gaudens em julho, haviam retornado assim que chegou a Nice, onde o médico equivocadamente diagnosticou um problema cardíaco. Uma recaída no final de novembro quase matou o pintor, que foi levado em dezembro a uma clínica para novos exames. No dia de Natal, Lydia escreveu sigilosamente a Marguerite em Beauzelle para avisá-la que Matisse corria perigo e que somente ela poderia salvá-lo de uma intervenção cirúrgica imediata pelos médicos locais.

Marguerite correu para Nice assim que recebeu a carta. Todos estavam de acordo que se tratava de algum tipo de bloqueio interno, mas Matisse não tinha confiança nas instalações nem na competência dos médicos de uma cidade tão pequena quanto Nice. Marguerite organizou então uma operação de resgate, entrando em contato com um cirurgião em Lyon e removendo o pai de seu leito hospitalar no dia 7 de janeiro de 1941, a despeito dos protestos dos médicos de Nice, para quem o paciente não sobreviveria a uma viagem de trem de doze horas através de território ocupado e durante o inverno. "Marguerite entrou em ação com todo o vigor de que é capaz", escreveu Matisse com satisfação uma semana depois, já instalado na Clinique du Parc em Lyon, "e acabei vindo para cá." Ali foi examinado pelo cirurgião contatado por Marguerite, o professor Wertheimer, e dois renomados colegas, o venerável Louis Santy e René Leriche, do Collège de France, que se decidiram por uma operação de emergência assim que o paciente estivesse forte o suficiente para se submeter a uma cirurgia no cólon. Basicamente, o problema fora causado pela hérnia que havia impedido Matisse, ainda jovem, de se tornar um negociante de cereais como o pai. Meio século depois ela voltou a se manifestar, provocando um incômodo menor em 1937 (levando Matisse a buscar tratamento em uma clínica), e irrompeu violentamente em maio de 1940, na época em que os alemães avançavam rumo a Paris. Sem ter sido adequadamente diagnosticado, e sendo potencialmente letal após sete meses de negligência, o estado de Matisse complicava-se ainda mais devido a um possível tumor (que depois se comprovou não existir) e ao risco de uma insuficiência cardíaca. Por isso, uma operação exploratória foi marcada para o dia 16 de janeiro.

Matisse passou esse intervalo pondo em ordem seus negócios, preparando uma caixa selada com documentos para ser entregue a Amélie em caso de óbito, escrevendo para os membros da família e enviando despedidas tácitas aos amigos. Picasso, Bonnard, Bussy, Camoin, Rosenberg e até o curador de museu Raymond Escholier receberam bilhetes animados que mencionavam de passagem que ele iria se submeter a uma pequena operação de rotina e que não havia motivo de preocupação. Rompendo um arraigado hábito de reticência, Matisse disse a Duthuit tudo o que pensava dele, e também enviou duas cartas notáveis a Pierre. A primeira incluía uma cópia de seu testamento, com instruções para que os bens fossem divididos equitativamente entre os três filhos. Na segunda, redigida na madrugada do dia da operação, ele examinava os resultados do acordo que estabelecera entre a vida e a arte. Foi um ajuste de contas implacável, honesto e acurado, em que lamentava a repressão e a reticência que haviam minado os relacionamentos na família, atribuindo muitas das dificuldades subsequentes dos filhos às pressões impostas por seu trabalho quando eles eram pequenos e sustentando que a turbulência emocional dos dois anos anteriores fora em grande parte responsável por seu colapso físico. Aconselhou Pierre afetuosamente a que evitasse, na criação dos filhos, os erros que ele próprio cometera; insistiu para que Pierre não temesse por ele ("Não se preocupe – não estou pensando em morrer, mas faz parte do meu caráter tomar precauções"); e concluiu reiterando seu amor profundo e permanente por toda a família, incluindo Amélie. Em um pós-escrito, legava os dois quadros mais recentes – *O sonho* e *Natureza-morta com ostras* – à cidade de Paris e ao governo francês, respectivamente. Um segundo pós-escrito solicitava ao censor militar que não alterasse essa derradeira carta ao filho de um pai prestes a enfrentar uma cirurgia importante.

Com a ajuda dos colegas, o professor Santy realizou uma bem-sucedida colostomia em duas etapas, a primeira intervenção sendo complementada por outra em 20 de janeiro. Dois dias depois, Matisse sofreu uma embolia pulmonar, da qual sobreviveu por um triz. Marguerite e Lydia se revezavam a seu lado. Durante todo o mês de janeiro e grande parte de fevereiro, Pierre recebeu em Nova York dois ou três telegramas semanais enviados pela irmã, que só partiu de Lyon no dia 1º de março, retornando dois dias depois ao receber um telegrama de Lydia com notícias de um segundo e quase fatal coágulo sanguíneo no pulmão. Matisse passou oito dias delirante e febril. O corte havia infeccionado e os médicos temiam que não resistisse. Em algumas noites, também ele se deu conta de que estava prestes a desistir, perguntando-se nos intervalos de lucidez se não seria melhor morrer (mais tarde, disse que a resposta foi um não decisivo). A energia e a determinação das duas mulheres nunca lhe faltaram, ainda que, nos três meses que passaram juntos em Lyon, a filha mal tenha conseguido admitir a presença da secretária. Quando o paciente por fim ficou fora de perigo, ambas estavam quase tão exaustas quanto ele. Mais tarde, Matisse confessaria a Pierre que levara ambas às lágrimas várias vezes, em certa altura maltratando Lydia de tal modo que Marguerite viu-se obrigada a sussurrar-lhe ao ouvido: "Pare com isso – e se ela o abandonar?". Ele contou que pedira aos médicos por mais três anos de vida, e que a única maneira que tinha de sufocar as violentas erupções de medo e raiva era lembrar que desde então vinha desfrutando de uma sobrevida.

No fim de março, Matisse se restabelecera o suficiente para que Marguerite voltasse a Beauzelle, e para que ele se instalasse com Lydia, no dia 1º de abril, em um hotel próximo da clínica. "Adeus, estou indo", disse afavelmente para o professor Santy, "mas não de pés juntos". Mas ainda estava tão debilitado que nem sequer pôde desenhar o próprio caixão, tendo de pedir a Lydia que o esboçasse, após várias tentativas fracassadas, à margem de uma carta para Bussy, na qual dizia que as freiras na clínica o haviam chamado de *le ressuscité* [o ressuscitado], aquele que voltara do reino dos mortos. Ele passava a maior parte do tempo contemplando a furiosa e cinzenta correnteza do Rhône através dos salgueiros prestes a florescer diante da janela do quarto. Contou que, desde a cirurgia, nem por um instante, tanto de dia como à noite, deixou de estar intimamente consciente de seu corpo ferido. Pouco a pouco, como se viesse de muito longe, ele voltou a se interessar pelo resto da humanidade, sendo informado da morte de amigos, dos combates na Líbia e na Grécia e da invasão da Iugoslávia pelos alemães. "Napoleão é o deus de Hitler", comentou em 10 de abril, o dia no qual as tropas alemãs entraram em Belgrado, "a única diferença é que Napoleão não foi bem-sucedido". Pelo rádio, acompanhava as notícias sobre navios de transporte de soldados torpedeados e a Luftwaffe reduzindo a escombros as cidades britânicas. Ele se perguntava se algo iria sobreviver da insanidade, numa Europa que parecia voltada também à destruição do que restava das antigas civilizações orientais. No dia 2 de maio, sentado na cama, fez o primeiro desenho em um frágil aerograma para Pierre, que não recebera do pai nenhuma notícia durante quase quatro meses e agora podia contemplar um autorretrato de Matisse refletido no espelho do guarda-roupa, usando óculos e gorro de dormir, com uma aparência distorcida e maltratada, mas inequivocamente vivo e em plena posse de seu juízo.

Matisse estava com 71 anos quando ressuscitou na primavera de 1941. A impossibilidade de trabalhar fez com que, pela primeira vez em meio século, ele olhasse para trás e tentasse traçar um mapa aproximado do caminho até então percorrido. Ao receber a visita de Albert Skira, que estava transferindo seu negócio de Paris para a Suíça, Matisse o entreteve com histórias do passado. Skira reconheceu de imediato a possibilidade de um livro pelo fato de que, uma vez que começou, Matisse não parava mais de falar. "Fui acometido de uma espécie de crise verbal", diria mais tarde o pintor, "como alguém que ficou muito tempo isolado do mundo e precisa pôr tudo para fora". Ele concordou em explorar esse novo acesso à memória em um volume de reminiscências para Skira, que enviou de Genebra um entusiástico entrevistador para incitá-lo com perguntas e um estenógrafo para registrar as respostas. A primeira sessão teve lugar no dia 5 de abril e foi seguida durante três semanas por sete outros encontros, nos quais Matisse falou de sua família, infância, formação e primórdios da carreira.

O relato que fez ao enviado de Skira, Pierre Courthion, é pouco confiável em termos de datas, mas extremamente perspicaz e acurado no que se refere a pessoas e sentimentos. Ele gira em torno de uma série de histórias cruciais – em especial, sobre as revelações sucessivas de sua vocação como pintor – que conferem uma dimensão mítica à sua vida. Embora Matisse tivesse aludido a parte desse material em entrevistas anteriores, em um livro que elaborou com Raymond Escholier em 1937 e numa série de conversas com Tériade, a colaboração com Courthion foi o mais próximo que chegou de uma autobiografia. O original datilografado – provisoriamente intitulado *Bavardages*, ou *Conversas com Henri Matisse* – era, na forma de livro, o equivalente mais complexo do vívido, implacável e privado vislumbre de si mesmo diante do espelho do guarda-roupa que enviara a Pierre. Matisse insistiria em que, acima de tudo, o que necessitava na época era confrontar-se consigo mesmo.

Courthion regressou a Genebra no final do mês para trabalhar na transcrição datilografada corrigida e ampliada por Matisse, que por fim voltou com Lydia para Nice no fim de maio. Encontrou o aviário semivazio, pois as aves não sobreviviam sem os ovos de formiga especiais que já não eram encontrados após o início da guerra. O par de tordos que mais apreciava entre todos morreu logo após o seu retorno. E o mesmo aconteceu com o cão Raudi, terno e fiel companheiro, sempre consolador em meio às tribulações, que mergulhou na cegueira e na surdez antes de morrer. Enquanto isso, os exércitos de Hitler arremetiam para o leste, adentrando na Rússia durante o verão e o outono. Em comparação, as dificuldades enfrentadas por Matisse pareciam frívolas. Ele se adaptou a elas com paciência e engenhosidade, suportando as restrições, zombando da própria impotência e humilhação, aprendendo a conviver com o dispositivo de metal e borracha que era obrigado a usar como colete protetor sempre que saía da cama. "Esse regime de dor intensa e por vezes excessiva não deixa de ser conveniente para mim", escreveu a Pierre. "Funciona como um acicate."

Contratou enfermeiras diurnas e noturnas e adotou rotinas visando retomar tão logo quanto possível uma existência normal. Ao descobrir que não conseguia nem mesmo dormir as cinco horas a que estava acostumado, passou a se levantar antes do amanhecer e ficava cochilando em uma poltrona ou trabalhando das três às seis da manhã, e depois caminhava um pouco antes de voltar para a cama e dormir até o meio-dia, quando iniciava uma segunda sessão de trabalho. Ele tinha imenso prazer com as atividades que lhe restavam: comer, caminhar, desenhar e ver os amigos. Rouault, que acabara mais adiante na costa em Golfe-Juan após a ocupação, ia a Nice e insistia em subir a pé esbaforido até o ateliê em Cimiez. Bussy retomou as visitas regulares, e, quando Bonnard não tinha mais condições de fazer o interminável percurso de ônibus e trem de Le Cannet a Nice, Matisse passou a fazer o caminho inverso. Ele também cuidou do suprimento de telas e tintas escassas para Bonnard, arrumou tinta a óleo para Rouault e enviou pelo correio um magnífico pacote de guloseimas para Marquet, que se refugiara da guerra na Argélia.

Para Marquet e outros, Matisse contou que a operação havia desanuviado seu espírito, aguçando o senso de prioridades e fazendo com que se sentisse rejuvenescido. Ele se comparou a um viajante que arrumara as malas pela última vez. A pintura continuava a lhe proporcionar uma razão de viver, mesmo com tantas restrições, e não tinha a menor intenção de desperdiçar os três ou quatro anos que, como dissera aos médicos, precisava para concluir sua obra. Contratou novos modelos e embarcou numa sequência de naturezas-mortas que culminaram no outono em uma majestosa *Natureza-morta com magnólia*: um agrupamento trivial de ornamentos e uma cadeira de cozinha, dispostos simetricamente como insígnias cerimoniais, resumidos em formas planas e pintados com paleta de rosas-malvas e verdes-azuis ácidos contra um fundo vivo e saturado de vermelho. Ao ver essa tela idiossincrática, que evoca uma suntuosidade extrema com frugalidade e rigor, desafiando toda lógica cubista, Picasso comentou com irritação: "as cores dele são assombrosas".

Matisse instigou Rouault a escrever sobre sua própria vida e concluiu os planos para a publicação de suas memórias em julho, quando Courthion chegou ao Regina com o original datilografado e revisado, o layout do livro e uma prova do projeto de capa, que incluía um autorretrato especialmente desenhado. "Ainda hoje me lembro dele, vestindo o pijama de cultivador de chá", escreveu Courthion mais tarde,

> tal como o vi na sala escura e fresca, com as estantes de livros iluminadas por um pequeno abajur. Ele abriu uma porta, e atravessando a luz ofuscante do dia ouviam-se os gorjeios estridentes do imenso aviário fervilhante de pássaros, cujas plumagens reluzentes pareciam saídas de seu pincel [...] Distribuídos sobre as mesas no ateliê enorme [...] como uma reunião de conspiradores, estavam os objetos que tanto agradam ao artista, e que reconheci por tê-los visto ampliados nos quadros: limões nos assentos de cadeiras, laranjas secando sobre mesas, buquês de lírios, conchas, vasos com os mais diversos gargalos, e no fundo, acima do cacto, uma floresta de trepadeiras.

Courthion ficou deslumbrado com a luminosidade e o calor, o perfume das flores, a vista do céu e do mar e os telhados vermelhos e tremelicantes de Nice interrompidos atrás da grande janela saliente por uma imensa escultura de gesso, uma estátua grega arcaica, de tamanho maior que o natural, com o nariz quebrado e um ar de calma, clareza e força indômitas. Para um visitante que vinha da Suíça neutra e entrava em uma França derrotada, esfomeada e desmoralizada, no momento em que a guerra chegava ao seu duro clímax naquele verão de 1941, o ateliê de Matisse e tudo o que ele continha irradiavam tanta serenidade quanto os quadros do artista.

No entanto, Courthion logo reparou nas turbulências ocultas, tornando-se apreensivamente consciente de restrições tácitas e barreiras invisíveis que não havia sentido em Lyon. "O que você está me obrigando a fazer, ou o que estou fazendo aqui, não faz muito sentido [...]", comentou Matisse, apenas em parte gracejando, no decorrer dessa última conversa com Courthion no Regina. "Estou repassando minha vida e não consigo dormir [...] Você está me obrigando a participar de uma orgia terrível." O fato é que não podia evitar a repulsa diante da torrente de palavras que dele jorrara em Lyon. Ele contou a Courthion que consultara psiquiatras em três ocasiões. O primeiro o havia escutado sem fazer comentários por sessenta minutos, marcando com um relógio despertador o tempo das duas ou três sessões que haviam tido. O segundo dissera ao paciente que não havia nada de errado com ele, e o terceiro lhe explicara que seus transtornos nervosos nada tinham de patológico, mas eram um componente essencial de sua constituição. E agora que conseguira de novo retomar a pintura, Matisse via o episódio de Lyon como um momento de fraqueza ou de traição de si mesmo.

Após dez dias revendo laboriosamente o texto datilografado de Courthion, eliminando o que considerou inserções irrelevantes do entrevistador e suas próprias respostas igualmente banais, Matisse entregou a versão final a seu amigo André Rouveyre, um homem invejoso e um tanto ressentido que fora discípulo de Moreau e tinha aspirações a se tornar escritor. Quando Rouveyre comentou que não valia a pena publicar o texto, o projeto foi impiedosamente cancelado de maneira rápida e definitiva. Em setembro, Matisse consultou um advogado e a editora de Skira em Genebra recebeu um telegrama suspendendo o contrato. Chocado e horrorizado, Courthion escreveu a Matisse insistindo para que reconsiderasse a decisão, e um perplexo Skira foi visitá-lo em Nice, onde acabou se consolando com uma proposta irresistível: uma luxuosa edição restrita dos poemas de amor de Pierre Ronsard com ilustrações do pintor. Matisse rejeitou Courthion sob a alegação de que este fora desajeitado e intrometido, mas o verdadeiro problema não parece ter sido o fato de ele ter ido longe demais, e sim de ter respeitado rigorosamente os termos do acordo, evitando esmiuçar a obra ou o criador. Courthion havia vislumbrado o mecanismo subjacente que impelia Matisse – "Ele vive só em função do quadro a ser pintado" –, sem entender os motivos e as razões do pintor. O texto esclarecedor, divertido e tagarela de *Bavardages* deixa de fora todo um nível de sentido que, para Matisse, era o que explicava todo o resto.

Tal como a maioria dos pintores, Matisse relutava em tentar exprimir verbalmente o significado de qualquer obra, mas nesse outono ele abriu exceção para o único quadro produzido por Rouault no Midi, uma tela trágica pintada com delicadeza infinita em uma gama de azuis impuros. "O tema é *A corista e o empresário de circo*, sentados um diante do outro como um cordeiro confrontando um tigre [...]", escreveu Matisse, que guardou o quadro para Rouault, explicando a Pierre que ele o perturbava tanto que tinha de mantê-lo fechado em um armário.

> É expressivo de maneira poderosa e pungente, é – o quadro todo – um retrato de Rouault [...] Alguém capaz de fazer um quadro assim é uma criatura infeliz, dia e noite atormentada. Ele se alivia de sua paixão nos quadros, mas também, a despeito de si mesmo, nas pessoas que o rodeiam. Isso é o que as pessoas normais não entendem. Elas querem desfrutar do que o artista faz – como alguém poderia desfrutar do leite de uma vaca –, mas não toleram a inconveniência, a lama e as moscas.

Quase em seguida, Courthion foi substituído por um observador bem mais rijo e perceptivo. Em setembro de 1941, Louis Aragon escreveu a Matisse solicitando uma contribuição para a pequena revista lançada por um amigo, e ficou surpreso ao receber não só as imagens que pedira como também um convite enfático para que fosse visitá-lo. Ele chegou com sua companheira de longa data, Elsa Triolet, batendo à porta de Matisse no final de dezembro. No dia de Natal, Aragon submeteu à aprovação de Matisse um pequeno texto que deveria acompanhar as reproduções, e na véspera de ano-novo ele e Elsa passearam de charrete pela cidade ensolarada ao lado do pintor, que na mesma noite os levou para jantar em comemoração ao seu 72º aniversário. Tão calorosamente foi recebido em Cimiez por Matisse que Aragon desconfiou de algum tipo de armadilha. "Cada vez que chegava lá havia desenhos novos. Tentações novas. Ele me via chegando e se preparava." Matisse cobrira as paredes do ateliê, do piso ao teto, com desenhos, cerca de uma centena deles fixados lado a lado em cinco fileiras sobrepostas. Numa época em que as galerias parisienses estavam sob suspeita (pois um marchand só poderia continuar em atividade com a complacência das autoridades de ocupação), Matisse montou sua própria exposição, e estava disposto a levá-la diretamente ao público na forma de um livro com o título *Temas e variações*. Esse era o resultado dos dois anos anteriores de trabalho. Segundo Matisse, fora um dos períodos mais produtivos de sua vida ("Se conseguir fazer em pintura o que fiz no desenho, posso morrer feliz"). E o que ele queria de Aragon era um texto de introdução.

Seduzido pela força concentrada da atenção de Matisse, fascinado pelo "olhar azul de caçador" do pintor, Aragon contou que se viu tão impotente para recusar quanto um rato diante de uma serpente. Quando estudante, ele havia exaltado Matisse acima de todos os pintores, e agora era sua vez de ser exaltado: "O pintor me convidou para escrever o que não encontrara em textos anteriores sobre sua obra, algo de que ele me considerava capaz, e ninguém mais". Membro importante do Partido Comunista Francês que fora dissolvido ao eclodir a guerra, veterano das campanhas de Dunquerque e da Flandres desmobilizado após o Armistício com uma medalha da Cruz de Guerra, Aragon estava batendo em retirada nesse outono, importunado e seguido pela polícia em Nice, temendo ser detido a qualquer momento por suas conexões com a incipiente resistência clandestina. Ele via Matisse como um dos poucos baluartes que restavam em meio às ruínas da civilização no "país emudecido e humilhado", uma garantia de resistência e continuidade intelectual dolorosamente necessária nessa etapa do conflito: "Simplesmente me pareceu que chegara a época de tomar consciência da realidade nacional de Matisse [...] pois ele era da França, pois ele era a França".

Aragon se pôs a redigir um ensaio que secretamente esperava um dia publicar como livro, apresentando o texto à medida que ia escrevendo e discutindo cada um desses lotes com Matisse, que reagiu com interesse ao escrutínio do visitante ("Ele, a quem eu pensava estar desenhando o retrato, havia começado a traçar o meu"). Matisse fez quase três dúzias de esboços para o retrato de Aragon: "O lápis corre veloz sobre a grande folha de papel, o mais rapidamente possível, como se estivesse tentando bater um recorde [...] Em nenhum momento o olhar de Matisse recai sobre a mão". No princípio, o retratado deu pouca importância ao resultado, achando que guardava pouca semelhança consigo. Matisse delineara as feições de um inquiridor dotado de inabalável confiança – afável, de cara limpa, inequivocamente juvenil –, quando na verdade o modelo estava com 45 anos, desnutrido como quase todos os franceses durante a guerra, crispado pela ansiedade constante em relação a amigos desaparecidos ou assassinados pela Gestapo, atormentado pelo pensamento da mãe, que agonizava longe dali, na região de Lot. Foi preciso tempo para que Aragon reconhecesse algo de si nesses desenhos, um tempo maior para que se desse conta de que captavam não apenas um único, "mas trinta aspectos diferentes de mim", e outro ainda mais longo para admitir que as linhas bem-humoradas, oblíquas, deslizantes e incomparavelmente descontraídas haviam conseguido penetrar em seu âmago.

O pintor e o poeta estavam assombrados nessa primavera por fantasmas que nenhum deles mencionava e ambos fingiam não ver. Aragon, cuja mãe faleceu no dia 2 de março, retornou a Nice depois do funeral e se viu diante da presença fantasmagórica dela no último desenho de Matisse, exibindo exatamente a expressão que ela trazia no rosto em seu leito de morte ("Tenho precisamente a boca da minha mãe, e não a minha, a boca da minha mãe que Matisse jamais vira"). Sua sensibilidade aguçada o tornou consciente de ainda outro companheiro espectral, invisível mas palpável, um sinistro "personagem chamado Dor" que pairava, instigante e aguilhoante, na sombra do pintor. Com frequência Matisse estava pálido e alheado, sofrendo de algo pior que um desconforto rotineiro. Uma crise no final de março – com febre, vertigem e palpitações – o deixou debilitado demais para empunhar o lápis. Ele contraiu pleurisia e os ouvidos o incomodavam. Segundo Aragon, nunca mais voltou a ficar bem de novo. O prefácio ficou pronto no final de abril, um mês antes de Aragon ser obrigado a sair de Nice com Elsa, levando um retrato de si mesmo como presente de despedida.

Matisse ficou mais ou menos confinado no leito desde março, impedido de pintar por recorrentes e excruciantes espasmos de dor no fígado e no estômago. Os médicos decidiram fazer um exame de raios X. "Este é um ano para ser riscado", escreveu desgostoso para Marguerite no dia 6 de maio, a quem se queixou no final do mês: "Perdi a primavera, tal como no ano passado em Lyon". Um quarto de século mais tarde, Aragon escreveu sobre esse período de convivência em Nice, num ensaio intitulado "Um personagem chamado Dor", em parte poema em prosa, em parte reminiscência, evocando a companheira invisível de Matisse, que veio a personificar não só a ameaça imediata ao pintor, mas também um sentimento sufocante de pesar e vergonha, presente em ambos, por coisas impossíveis de serem articuladas numa época em que todos os franceses estavam intimamente envolvidos com a traição, o engano e a dissimulação. A campanha do governo de Vichy contra os judeus e os estrangeiros começava a recrudescer. Havia manifestações fascistas em Nice, e surgiram postos de controle nas ruas. Matisse sabia ou desconfiava do clima crescente de medo e violência ("Ele ficou enojado com isso", contou Lydia) por intermédio de Aragon, e sua segunda manifestação pelo rádio, atacando o sistema da Belas-Artes, foi transmitida no final de abril num programa dirigido por Claude Roy, um amigo de Aragon. Várias vezes o apartamento do Regina recebeu a visita de funcionários que queriam discutir a situação da secretária russa de

Matisse, mas, em caráter provisório, acabaram concordando em deixá-la em paz desde que se mantivesse discreta.

Aragon e Elsa (que também era russa) encontraram abrigo com um amigo em Villeneuve-lez-Avignon. Quando o editor de *Temas e variações* se opôs à inclusão de um prefácio assinado por um comunista foragido, Aragon recusou-se a adotar um pseudônimo – "pois considero uma honra para mim que esse texto apareça ao lado dos seus desenhos", escreveu a Matisse em 11 de junho, "e sobretudo esses desenhos que foram durante este ano tão importantes em minha vida e meus pensamentos, e praticamente o único consolo humano na vida de horror que hoje nos rodeia". O editor era o marchand Martin Fabiani, que fora a Nice, assim como muitos outros, após a fuga de Rosenberg, na esperança de se tornar representante de Matisse. Este aceitara a proposta, mas em caráter experimental, pelo fato de Fabiani ser corso de Ajaccio, ter um olhar astuto para pinturas e vir recomendado pelo advogado de Vollard. No entanto, na questão relativa a Aragon, Matisse rejeitou as alegações do marchand – que temia comprometer seus contatos com as autoridades nazistas em Paris – e o prefácio acabou saindo com o nome verdadeiro do autor.

Aragon passou o verão em Villeneuve e ainda estava por lá quando a polícia arrebanhou os judeus da cidadezinha na noite de 31 de agosto, a fim de deportá-los para campos de concentração. "Deve estar soprando um vento inclemente nas ruas de Villeneuve, com uma temperatura que chega às vezes abaixo de zero", escreveu Matisse no dia seguinte, improvisando uma espécie de código que era a única maneira de escapar à censura oficial que sufocava todas as comunicações, públicas e privadas, na França sob o regime de Vichy: "Nice está divertida na superfície – ainda que nem todos nesses dias possam dizer o mesmo. Como há coisas horrorosas!". Uma das coisas que mais impressionaram Aragon em Matisse foi a agitação que se podia notar por trás de sua imensa capacidade de dissimulação. Nessa época, as noites do pintor eram mais atormentadas do que nunca. Ele assustava as enfermeiras noturnas deixando escapar gritos durante o sono e explodia de raiva e desespero ao despertar. Segundo Matisse, durante toda a vida sempre foi um suplício para ele adormecer, pois temia baixar a guarda contra demônios inomináveis: "Sou habitado por coisas que me despertam e que não se mostram".

Recorrendo a todos os meios de que dispunha, ele lutava para reinstalar a razão e o sentido em um ambiente diurno marcado pela luz solar brilhante e onde os pássaros exóticos, as palmeiras diante das janelas e a vegetação tropical no interior o afastavam o máximo possível dos sombrios terrores noturnos que, como salientou Aragon, ele confrontou diretamente uma única vez, no bramante gigante cego de sua ilustração para o *Ulisses*. "A magia do mundo, a felicidade humana, tudo o que serviu a Matisse para criar um universo de esplendor, nada disso supunha deixar de lado esse grito das trevas e do horror", escreveu Aragon, que via o ateliê em Cimiez como um baluarte da rebeldia. "Creem vocês que é fácil passar daqueles anos terríveis para os sons da paz? [...] Em 1941 e depois, Henri Matisse se recolhe com seus pensamentos, pouco se importando com a cronologia das datas assinaladas nos jornais, mas regressando a um momento que fora apenas dele, ao Taiti, ao seu Taiti de 1930, restaurando na França ocupada, para si mesmo, uma ordem íntima por meio desse retorno ao Taiti."

Aragon já sonhava com o livro que acabaria por escrever sobre Matisse, "esse outro Matisse, o que vive em minha cabeça", um Matisse mais complexo e perturbador do que o plácido escapista retratado por seus contemporâneos mais convencionais. As premonições dele nesse verão se mostraram corretas em todos os níveis. As crises de espasmos abdominais de Matisse tornaram-se cada vez mais dolorosas e frequentes. Muito pálido, sem conseguir pintar, incapaz de digerir nada além de papinhas e caldos de verdura, ele sentava à beira da cama e se dedicava aos desenhos para o livro de poemas de Ronsard. Uma viagem planejada à Suíça, para supervisionar a impressão junto com Skira, foi adiada de junho para agosto, e depois para o ano seguinte. A situação piorou de modo tão alarmante que Marguerite chegou em julho para assumir o controle, instigando os médicos e vigiando o pai, instalada em um hotel em Cannes. Consultores se reuniram em uma sessão de emergência em Nice na primeira semana de agosto. Wertheimer interrompeu suas férias, e certo dr. Guttman de Paris tomou o lugar de Leriche. Ambos chegaram à conclusão de que o paciente provavelmente não resistiria a uma segunda cirurgia, mas foram contestados vigorosamente pelos dois médicos de Matisse em Nice, os quais insistiram em que este acabaria por morrer de inanição se não houvesse uma intervenção cirúrgica. Matisse contou a Pierre que ficou deitado ouvindo as duas facções discutindo por sua causa no quarto ao lado. Os cirurgiões acabaram prevalecendo, argumentando que se tratava de um problema no fígado ocasionado por cálculos biliares, que nada tinha a ver com hérnia (e certamente não era nenhum câncer) e poderia ser tratado com dieta, repouso e medicação. "Portanto nada de operação", informou Matisse a Pierre. Restava-lhe apenas esperar com paciência, dia após dia, rezando pela eliminação do cálculo biliar e citando o sensual sonetinho de Ronsard sobre um mosquito que pica sua amante: "*Qu'un rien qu'on ne voit pas, fait souvent un grand mal*" [Não passa de uma ninharia, algo que mal se vê, mas pode causar um grande mal].

Até meados de agosto, Matisse passou quase seis meses acamado. Lydia capturou um mosquito gigante, com probóscide parecida com uma tromba de elefante, tal como no poema de Ronsard, e o guardou sob um copo ao lado do leito do pintor para que o desenhasse. Logo ele tinha outras distrações. O desenho do mosquito tornou-se o remate do soneto em homenagem ao inseto, contrabalançado no outro extremo da página dupla por um esboço de Nézy-Hamidé Chawkat, uma princesa turca que se tornara um dos modelos prediletos de Matisse nos dois anos anteriores. Ao encontrá-la por acaso na rua, Matisse lhe perguntou se poderia pintá-la, solicitando formalmente a autorização da avó da jovem, como um pretendente solicitando sua mão em casamento. Mas a princesa Nézy (ela era bisneta do último sultão da Turquia), ao completar vinte anos, saiu de Nice no verão de 1942 para se casar. Seu lugar foi então ocupado por voluntárias que faziam parte de seu grupo de amigas: jovens brilhantes, entediadas e cosmopolitas, presas na cidade por causa da guerra, com pouco ou nada para fazer, divertidas e intrigadas com os relatos que Nézy fizera desse cavalheiro idoso singular, com maneiras antiquadas, que necessitava urgentemente dos serviços delas durante as tardes. Lydia fez de tudo para que esse estranho arranjo em Cimiez fosse impecavelmente correto. A própria Nézy posara na presença de uma acompanhante, e suas substitutas sempre usavam maiôs quando tinham de ficar nuas (personificando a amante que lembrava Ronsard de uma jovem e esguia árvore, por exemplo, ou, mais tarde, a rainha seduzida pelo touro em uma ilustração para a peça *Pasiphaé*, de Henry de Montherlant). No dia 14 de agosto, Matisse deixou o leito a fim de passar uma hora diante do cavalete, retomando a pintura de maneira hesitante a princípio, mas logo em seguida com um vigor constantemente renovado.

Ele começou com uma das amigas de Nézy, Carla Avogrado, uma jovem condessa italiana que posou vestindo um reduzido tutu de dançarina, com as pernas longas enrodilhadas numa poltrona sobre um piso de mármore xadrez. O quadro *Dançarina com braços erguidos em poltrona amarela* deslanchou um extraordinário conjunto de variações que Matisse pintou nesse outono sobre o tema de jovens em cadeiras sobre pisos de lajotas, jogando com a luz, multiplicada e dividida, tremelicante e refulgente em composições que reduziam os elementos básicos existentes – uma porta, uma janela, pano listrado, persianas, às vezes um vestido de alta-costura de seu guarda-roupa – a listras, faixas e tiras, bandas alargadas e planos inclinados de pura cor. São telas que guardam um pouco da velocidade e da espontaneidade dos desenhos. Matisse as pintou num ritmo aproximado de uma por semana durante cinco meses. Ele disse a Aragon que era o início de uma nova ofensiva, na qual se despojaria de todo requinte externo desnecessário, deixando apenas um cerne irredutível de essência pictórica, por ele chamado de "a cor das ideias".

Os quadros cada vez mais abstratos produzidos durante essa ofensiva eliminaram praticamente tudo o que tornava tão encantadoras Nézy e suas amigas. A própria princesa (que lembrava Matisse da criada à direita no *Banho turco* de Ingres) emerge dos desenhos como uma coquete espontânea, lânguida, insolente e sedutora, com delicados traços orientais e uma nuvem de cabelos morenos ondulados, vestida apenas com uma rosa, lenços de seda torcidos ou um elegante véu sarapintado. Havia algo de sutil, indefinível e até mesmo etéreo em Nézy, captado por Matisse em *O sonho*, mas agora necessitava de um modelo que inspirasse maior severidade e rigor. Ele o encontrou na estudante de enfermagem enviada por uma agência em setembro, como substituta temporária de sua enfermeira noturna. Mais tarde contratada como modelo, Monique Bourgeois tinha vinte e um anos: filha de soldado, adestrada desde pequena na disciplina militar, sua família estava sem teto desde que fora evacuada de Metz em vagões de gado, deixando tudo para trás, logo no início da guerra. O pai falecera logo depois, a mãe caíra doente e ela própria contraíra tuberculose, da qual estava apenas em parte curada quando Matisse lhe ofereceu o trabalho que tanto necessitava para manter a si mesma e a família. "Eu me sentia à vontade na presença dele. Podia respirar, me descontrair, era um abrigo de tranquilidade", escreveria mais tarde, descrevendo como Matisse e Lydia a ajudaram pacientemente a superar a timidez, a infelicidade e a falta de confiança em si mesma: "A vida havia me maltratado muito nos últimos anos [...]".

Matisse ofereceu-lhe cupons de racionamento e conselhos sobre a vida e o trabalho. Como pintor, ele adorava a esplêndida massa de seus cabelos escuros e o modo como o pescoço dela erguia-se dos ombros como uma torre branca. Monique era uma adepta do escotismo que jamais usara maquiagem, e tampouco jamais lera um livro sem antes pedir autorização à mãe. Matisse a vestiu com um vestido de gala de chiffon, sem mangas e com decote acentuado, enfatizando o imponente pescoço colunar com um colar de pesadas contas de âmbar, e fez com que se sentasse em uma cadeira de madeira de encosto reto, que lembrava um trono, a fim de ressaltar sua compostura inata. Segundo Lydia, foi Monique, mais do que qualquer outro modelo, que lhe renovou a vontade de enfrentar outra vez um território pictórico novo e desconhecido. Monique, que havia entretido a ideia de seguir a carreira artística, ficou profundamente chocada com o primeiro retrato dela feito por ele, uma composição grosseiramente pintada com amarelos terrosos, cinzas esbatidos e castanhos-escuros, estabilizada pela cabeleira negra e ombreiras pretas, com a figura e o rosto espessamente delineados em pinceladas de amarelo-ocre que se irradiam como varetas de leque entre os planos chapados do vestido.

Para quase todos que viam o quadro, esse tipo de coisa mais parecia uma mixórdia despropositada ("Eram apenas linhas e manchas coloridas", comentou o modelo). Até mesmo o pintor precisou de algum tempo para absorver as implicações do que estava fazendo. Na tela mais radical de toda a série, *Interior com faixas de luz solar*, ele obliterou quase por completo o modelo, deixando apenas um espaço com a silhueta da jovem na tela crua, em meio a um arranjo geométrico de faixas e retângulos coloridos. Ele guardou consigo esse *Interior* aparentemente inacabado, reexaminando-o de tempos em tempos, "como se estivesse meditando sobre um problema", até por fim considerá-lo concluído em 1945. O quadro é uma cápsula do tempo cujo conteúdo somente faria sentido muito depois, à luz dos experimentos ópticos realizados por uma geração de artistas abstracionistas que ainda não havia surgido. Matisse escreveu um bilhete para os futuros donos do quadro, advertindo de que não tentassem colorir a figura não pintada na poltrona da parte inferior esquerda da tela: "A figura, tal como está, tem sua própria cor, a cor que eu buscava, projetada pelo efeito óptico causado pela combinação de todas as outras cores no quadro".

Era como se Matisse tivesse reunido todas as forças para uma derradeira e suprema explosão de vigor no outono e no inverno de 1942, seu último ano de vida, segundo as previsões dos médicos locais. Marguerite fora alertada de que, sem intervenção cirúrgica, seu pai entraria em fase final de inanição nos meses de abril ou maio do ano seguinte. Após salvá-lo com êxito uma vez, e decidida a não abandoná-lo de novo nas mãos de médicos que não confiavam em sua sobrevivência, ela permaneceu a postos em Cannes, escorando a vontade dele com sua própria convicção, interrompendo sua vida enquanto a dele corria perigo e reatando uma desconfortável aliança com Lydia em prol da causa comum de ambas. Os esforços de Marguerite foram apoiados por Jean, que montara um ateliê de escultura com a mulher e o filho em Antibes, e juntara-se a um grupo local da Resistência, organizando sabotagens, mantendo contatos com o Serviço de Inteligência Britânico e percorrendo a região com uma mala cheia de dinamite, que era usada na demolição de pontes. Matisse contou a Aragon (que retornara a Nice em outubro) que temia pelo filho, sabendo que escondia explosivos em suas estátuas. Aragon ficou com a impressão de que Matisse, que jamais mencionara explicitamente as conexões clandestinas de seu visitante, estava alertando-o para não arriscar a vida em atividades da Resistência.

A onda de conquistas alemãs alcançou o ápice nesse inverno, quando Hitler quase derrotou a Rússia, enquanto os aliados japoneses acumulavam triunfos em todo o Pacífico. Os Estados Unidos haviam entrado na guerra no ano anterior (a correspondência entre Matisse e Pierre foi interrompida em outubro, devido ao bloqueio do Atlântico). No dia 8 de novembro, tropas americanas e britânicas desembarcaram na África do Norte francesa, na outra margem do Mediterrâneo. Três dias depois, os alemães reagiram ocupando toda a França, e os italianos por fim invadiram Nice. Aragon escapou no último trem a sair da cidade, levando consigo um pacote de papel pardo, que lhe fora entregue no último instante por Lydia, contendo as provas de *Temas e variações*, com seu nome intacto na página de rosto. Matisse e o pequeno grupo de amigos idosos que viviam no litoral – Rouveyre em Cannes, Bussy em Roquebrune e Bonnard (cuja mulher falecera naquele ano) em Le Cannet – agora estavam potencialmente em uma das linhas de frente. O toque de recolher foi imposto e os civis só podiam viajar com autorização prévia. Havia um constante movimento de tropas ao longo do Mediterrâneo, e os portos de pescadores e balneários foram ocupados por soldados inimigos.

No final do ano, Matisse começou a justificar a crença que os cirurgiões tinham nele, passando a se alimentar melhor e a sofrer menos dores e contando os dias decorridos desde o último ataque do fígado. Ele comemorou o ano-novo de 1943 com uma ligação para o dr. Wertheimer em Lyon, para dizer que havia 56 dias não tinha dores nem febre. Continuou muito debilitado durante a primavera, mais vulnerável do que nunca a resfriados, bronquite e pleurisia, e mal conseguia ficar de pé algumas horas por dia. Os olhos, que sempre o incomodavam em momentos de tensão ou de esforço excessivo, voltaram a ficar nublados, mas o médico o tranquilizou dizendo que corria mais risco de ter um ataque cardíaco que de perder a visão. Ele se manteve num equilíbrio precário, graças aos cuidados meticulosos e à vigilância constante de Lydia, mas viu-se obrigado a pintar cada vez menos e, por fim, a abandonar por completo a pintura. "Ele teria passado os dias pintando se pudesse", comentou Lydia, "mas era cansativo demais". Segundo Matisse, durante a maior parte dos anos de auge da guerra, com a França toda submetida a uma economia de escassez devido às devastações alemãs, o que mais lhe fez falta foi pintar.

Em vez disso, teve de se contentar com o desenho, retornando a Ronsard, cuja música o fascinava e o sustinha ("Ele me ajuda a manter o equilíbrio moral", disse a Rouveyre no terrível verão de 1942). Ele transformou a parede do aposento que ocupava em um "cinema particular", composto de ilustrações que mudavam constantemente, fundindo-se e dissolvendo-se umas nas outras como uma sequência de filme que podia dirigir da cama, cortando, ajustando e redesenhando imagens na cabeça quando estava fraco demais para trabalhar. As duas ou três dezenas de ilustrações que havia sugerido a princípio se tornaram, afinal, após oito anos de trabalho, nas 126 litografias do livro *Florilège des amours de Ronsard*. Quando sentiu que havia ido o mais longe possível com Ronsard, Matisse passou a se dedicar ao poeta cortesão medieval Charles d'Orléans. Ele contou que engoliu sofregamente os poemas, como os grandes bocados de ar fresco que costumavam encher seus pulmões quando ainda conseguia saltar da cama pela manhã. Os desenhos adquiriram uma liberdade e fluência ainda maiores agora que não mais conseguia manter o esforço físico e mental exigido pela pintura.

A jovialidade e o bom humor perpassam a volumosa correspondência de Matisse com Rouveyre, que lhe serviu, durante esses anos dedicados à ilustração, como editor e consultor literário informal. Sensível, meticuloso e incansável, dotado de conhecimentos inexauríveis sobre os mais variados assuntos, da prosódia ao layout e à tipografia, Rouveyre o aconselhou sobre os autores a serem ilustrados, as edições de base que deveria usar, a escolha do título e a conveniência ou não de incluir alguns dos desenhos de corpos esparramados e avidamente entrelaçados que pareciam por demais eróticos ("Nunca consigo fazer algo pela metade"). O pintor tinha plena consciência do elemento de compensação e consolo presente nesses jovens amantes ágeis e flexíveis, que produzem uma música inequivocamente matissiana tão sensual e apaixonada quanto a de Ronsard. "Ora, se minha sensação de frescura, de beleza, de juventude continua sendo igual ao que era trinta anos atrás diante de uma flor, um belo céu ou uma árvore elegante – por que ela seria diversa diante de uma jovem? Mesmo que eu não possa tocá-la [...]", perguntou ele a Rouveyre. "Trata-se provavelmente daquilo que fez Delacroix dizer: 'Cheguei à afortunada idade da impotência'."

Certa feita, Rouveyre havia comparado o amigo a uma lâmpada elétrica, e agora era como se essa lâmpada tivesse sido ligada. Ele copiou à mão poemas inteiros, ou fez com que Lydia os datilografasse, enviando-os pelo correio a Rouveyre com decorações feitas com lápis de cor, fitas e laços coloridos, como um pacote para presente. Essas cartas conduziram diretamente à leveza e à elegância descartável dos *Poèmes de Charles d'Orléans* de Matisse, uma homenagem de um mestre a outro, ambos especialistas em angústia, aflição e melancolia – "*Soussy, soing et mérencolie*" – e na arte de manter as três a distância. Rouveyre contou que era um prazer ver como Matisse se animava em reação à leitura de Charles d'Orléans. Os dois velhos amigos logo retomaram as personalidades mais jovens e simples de quando eram estudantes em uma correspondência que é lisonjeira e aduladora de um lado, e sedutora e até frívola de outro.

A vitalidade exuberante dessas cartas, escritas por um Matisse septuagenário – fisicamente incapacitado, às vezes gravemente enfermo, tolhido por debilidade crônica, problemas de visão e os aflitivos efeitos colaterais da cirurgia de reconstrução intestinal –, proporciona indícios da terrível pressão que sua energia deve ter exercido sobre aqueles que o rodeavam quando estava no auge de suas forças, assim como do descomedido volume de apoio e assistência que a família necessitava para enfrentar tal vigor. Agora eles o acompanhavam de longe com desconfiança e desalento. Para Marguerite, que passara nove meses acampada em um hotel em Cannes, era cada vez mais difícil manter até mesmo uma aliança simbólica com Lydia, cujo nome se recusava a pronunciar e cuja existência teria preferido nem sequer admitir. A situação complicava-se de ambos os lados pela presença de Amélie em Cannes, milagrosamente recuperada de sua própria invalidez, que ainda não se reconciliara com o marido, mas relutava em abandonar Marguerite, ao lado de quem havia lutado com tanto denodo e por tanto tempo no passado. As relações com Matisse estavam desgastadas. "Elas acham que têm tantos direitos sobre mim que chegam a ser irritantes [...]", queixou-se Matisse a Rouveyre. "Minha vida não lhes parece normal, sobretudo pelo fato de eu ter me adaptado a ela tão bem."

Um dos seus cirurgiões havia comparado Matisse a um vaso de cristal contendo uma pedra pesada e aguçada que, caso fosse chacoalhada, poderia destruir o recipiente. Lydia adotou essa imagem de forma literal, transformando a casa toda em uma carapaça protetora, concebida para preservar a energia do pintor e poupá-lo de qualquer aborrecimento, por menor que fosse. Marguerite ficou consternada pelo que lhe pareceu ser uma atmosfera deletéria de complacência e adulação em Cimiez. Seu pai lhe parecia encasulado e afastado de qualquer pessoa com bastante coragem para lhe dizer a verdade. No final de maio de 1943, um mês depois de ter regressado a Paris, ela enviou a Matisse uma carta chamando-o duramente à ordem e alertando-o contra a frouxidão, a complacência e a chegada da senilidade. Ela o lembrou que o caminho do dever era árduo, e que fazia aquilo em prol dos interesses dele. Acima de tudo, achava deplorável a influência da secretária, que tinha pouca experiência para cuidar dos negócios e cujo olho destreinado não lhe poderia proporcionar a rigorosa avaliação crítica essencial para evitar o declínio.

Matisse adiou por quase dois meses a resposta a essa carta. Em Nice, havia a expectativa de a cidade ser bombardeada e talvez invadida pelos

Aliados na esteira da capitulação alemã na África do Norte, ocorrida no início de maio. Corriam rumores de que as crianças e todos com mais de setenta anos seriam evacuados. Matisse então decidiu se abrigar no interior, seguindo atrás de Rouveyre, que se mudara para um pequeno hotel em Vence e encontrara para o amigo uma casa que poderia ser alugada por um ano, em uma colina rochosa com terraços, logo acima da parte antiga da cidade. A Villa le Rêve era uma casa simples e modesta, com um telhado projetado de telhas vermelhas e pintada de ocre amarelado, que se erguia isolada sob o paredão rochoso, em um terreno plano voltado para o sul e recortado na encosta. Lydia fez uma inspeção prévia do local e organizou a mudança, seguindo antes com Josette, a cozinheira de Cimiez, de modo a deixar tudo preparado para a chegada de Matisse e da enfermeira noturna no dia 30 de junho. Essa era a primeira vez que ele saía de casa após dois anos e meio de recolhimento, e ainda não podia caminhar mais do que algumas centenas de metros, usando óculos escuros para proteger os olhos. Sua intenção era seguir a recomendação do médico, que lhe prescrevera dois meses de repouso completo, planejando usar esse tempo para refletir e projetar obras mentalmente, uma vez que não podia mais pintar, nem sabia se iria retomar tal atividade. O quarto dele ficava no andar térreo e dava para um terraço com degraus que levavam a um pomar com palmeiras, oliveiras e laranjeiras. Lydia comprou uma cadeira de rodas, e combinou com o açougueiro local para que este fornecesse legumes de sua horta para a dieta frugal e quase desprovida de carne que mais convinha a Matisse. Não dispunham de telefone nem de carro na casa, onde o silêncio era tão profundo que Matisse diria mais tarde que se sentia como se tivesse mudado para outro país.

Foi ali que afinal redigiu uma resposta à carta de Marguerite, revendo sua situação tanto em benefício próprio como no dela, em um estado de abatimento e profundo desânimo. Ele afirmou que, mesmo sem entreter ilusões quanto a um dia recuperar o vigor que desfrutara em seus melhores momentos, ele sentia ter completado experimentos que haviam lhe ocupado a vida toda, e pretendia fazer uso dessas descobertas por mais que os outros achassem que os resultados eram insatisfatórios. Enquanto considerava o futuro, um sentimento familiar de injustiça tomou conta dele ("Não aguento mais ser perseguido o tempo todo, tendo de buscar abrigo no trabalho como um escravo de galé"), e citou grandes predecessores – Rembrandt, Beethoven, Monet, Cézanne, Renoir – que na velhice haviam sido abandonados pelos contemporâneos assim como agora ele se sentia descartado. "Vou ter de parar de trabalhar mesmo se a qualidade decair? Cada idade tem uma beleza própria – e, seja como for, ainda encontro interesse e prazer no trabalho. É a única coisa que me resta [...]." A longa carta de Matisse, que levara tantas semanas para ser formulada, era em parte justificação de si, e em parte apelo passional e dolorido ao passado, à posteridade e à filha, de todas as pessoas aquela a quem mais queria: "Peço sua compreensão – só você é capaz disso".

Uma das queixas que Marguerite não pôde deixar de fazer ao pai era a de que a obra dele permanecera nesses anos irremediavelmente desconectada da realidade. Em Paris, circulavam rumores de que o pintor estava agonizante ou senil, e que só valia a pena adquirir suas últimas telas por causa da assinatura. *Temas e variações*, embora ele tivesse contado que poderia interessar a estudantes, não vendera praticamente nada (quinhentos exemplares – metade da tiragem ficou guardada em caixas durante anos em um armário infestado de camundongos em Vence). A guerra obrigara Skira a adiar indefinidamente a edição de Ronsard, e nenhum editor demonstrara interesse pelo *Charles d'Orléans*. Matisse começou então a trabalhar em uma edição ilustrada de *Pasiphaé*, de Henry de Montherland, trocando os lápis de cor infantis que usara nos poemas de Charles d'Orléans por outro meio infantil desprezado, fazendo experiências com gravuras em linóleo, que lhe permitiram subverter as expectativas ao desenhar com deslumbrantes linhas brancas sobre um fundo tão escuro quanto o céu noturno. "Esse é o livro de um homem que não consegue dormir", comentou Aragon ao ver a *Pasiphaé* de Matisse. Este desenhou a heroína transfixada, com a cabeça lançada para trás em um grito silencioso: "uma única linha branca contra o fundo preto, como um raio denteado de relâmpago", escreveu Aragon, escolhendo uma imagem que lhe parecia conter uma ressonância que ia muito além do texto de Montherlant. "Talvez na verdade fossem outros *sofrimentos*, que ocorriam além dos muros de sua casa, que transformaram essa história antiga, pelo menos aos nossos olhos, em um grito, como um eco de coisas que ninguém mencionava na presença de Matisse."

Desenhar no papel, na chapa de cobre ou no linóleo era um modo de trazer à tona imagens que estavam sob a superfície da consciência, cujo significado nem sempre era óbvio para Matisse. Ele passou a trabalhar cada vez mais à noite, ou dentro de casa com as persianas cerradas, nesses meses em que tinha dificuldades para tolerar a luz diurna (o oftalmologista que acabou consultando diagnosticou tensão, prescreveu repouso e o aconselhou a deixar de ouvir os boletins pelo rádio e a evitar conversas sobre a guerra). As gravuras em linóleo permitiam-lhe a espontaneidade e o imediatismo que buscava, e o mesmo ocorria com a técnica de colagem que usara na "edição da guerra" da revista *Verve*. Pouco antes de Matisse deixar Cimiez em junho, enquanto Lydia desmontava a casa e navios de guerra aliados patrulhavam o Mediterrâneo como preparação para o desembarque na Europa, ele retomou as tesouras e começou a recortar formas, tal como fizera quatro anos antes enquanto esperava pela eclosão da guerra no escritório parisiense de Tériade.

"Foi no verão de 1943, o momento mais tenebroso de todo o período, que ele fez um Ícaro [...]", escreveu Aragon. "A *Queda de Ícaro* [...] entre duas faixas de azul profundo, consiste num eixo central de luz preta sobre o qual Ícaro foi delineado em branco, e, pelo que disse o próprio Matisse, parece que as manchas de amarelo – sóis ou estrelas, se quisermos ser mitológicos – remetiam aos obuses explodindo em 1943." Tériade, que havia anos vinha pressionando Matisse para que este embarcasse em uma segunda colaboração ainda mais ambiciosa do que a primeira, ficou muito impressionado quando o pintor lhe mostrou essa colagem de papéis recortados e outra composição com dançarinas brancas e obuses ou estrelas explodindo sobre um fundo verde. As duas colagens se tornariam, respectivamente, o frontispício e a capa de uma edição especial sobre Matisse, publicada como parte das comemorações de *Verve* no ano em que acabou a guerra. Essa *Queda de Ícaro* também conduziu diretamente a *Jazz*, um dos mais extraordinários livros ilustrados do século xx, em cujas triunfais invenções de papel recortado Matisse trabalhou durante todo o primeiro inverno em Vence.

No início de julho, os exércitos aliados desembarcaram na Sicília; Roma e Nápoles foram bombardeadas, sendo a Itália por fim invadida após seis semanas de combates ferozes. Em 9 de setembro, um dia depois da rendição italiana, as tropas alemãs entraram em Nice. E o porão da Villa le Rêve de Matisse foi requisitado para servir de cantina a soldados alemães a caminho da frente de combate na Itália. Vence tornou-se parte de uma zona militar de apoio, em situação de alerta prévio, aguardando para qualquer momento as ordens para a evacuação dos civis. A fuga parecia quase impossível, em função da colostomia de Matisse, que ainda era tão imprevisível e de controle tão difícil que ele disse a Marguerite que nem ao pior inimigo desejaria as tribulações por que tinha de passar todos os dias. Ele não se via como um doente, mas como um ferido, "como alguém atingido por metralha, por exemplo, com a parede do estômago dilacerada". As sirenes de alerta rompiam o silêncio de Vence enquanto os bombardeiros aliados fustigavam a Côte d'Azur. A entrega de correspondência foi interrompida, as estradas bloqueadas e os trens descarrilados pelos combatentes locais da Resistência, treinados por Jean no uso de armas e explosivos.

"Coragem, minha querida Marguerite", escreveu Matisse em outubro. "Muitas vezes recobro o ânimo ao me lembrar de como você sofreu a vida toda." Ele estava preocupado com a saúde da filha, com as viagens e os longos silêncios dela depois que retornara a Paris. Talvez já desconfiasse que ela havia se juntado à Resistência, tal como Jean (que estava de volta a Paris nesse outono, tendo escapado pouco antes de sua rede clandestina ser detida pela polícia em Antibes). Desde o começo da guerra, Matisse havia aumentado substancialmente as mesadas dos membros da família em duas ocasiões, e agora transferiu grandes somas a serem usadas em eventuais emergências tanto para a filha como para a esposa, que havia recusado terminantemente a sugestão de Marguerite de que era perigoso demais para elas permanecerem juntas. "É só quando a casa pega fogo que dou o melhor de mim", disse Amélie, retomando sem hesitar sua antiga disposição heroica. "Já passamos por tantas coisas juntas que não vou abandonar você agora. Basta dizer o que é preciso fazer que estou pronta!"

Nos meses anteriores ao longamente planejado desembarque aliado na costa da Normandia, Marguerite atuou como mensageira para a ala militar do Partido Comunista clandestino, conhecida como Francs-Tireurs et Partisans (FTP), levando nas luvas mensagens ocultas entre Paris, Bordeaux e Rennes, na Bretanha. Já Amélie passou grande parte de seu septuagésimo segundo ano datilografando relatórios com dois dedos em uma velha máquina de escrever, para que a FTP os enviasse ao Serviço de Inteligência Britânico em Londres. "Quanto a mim, sou feita da matéria dos guerreiros, fanáticos e todos aqueles consumidos pelo ardor", escreveu Marguerite ao pai, afirmando que não mais podia recuar, como fizera ele, diante do espetáculo da destruição e da morte, "mesmo que minhas asas sejam cortadas por causa disso – e mesmo que eu não possa mais escrever com tranquilidade, agora que quase tudo o mais me parece de uma irrelevância total". Matisse observava os bombardeiros britânicos sobrevoando Vence, rumando para o leste na direção de Nice e retornando por Cannes, onde uma vez o céu se iluminou quando uma bomba atingiu uma usina de gás em novembro, mês em que nevou. Uma explosão perto da Villa le Rêve atingiu a porta de entrada e feriu dois transeuntes. O pintor deixou tudo preparado para, se necessário, escapar com Lydia de ambulância até um hotel em Annecy, deixando tudo para trás com exceção de suas obras.

Matisse comemorou o septuagésimo quinto aniversário com Rouveyre. Havia uma espessa camada de neve na encosta em Vence. Ele recebeu mensagens com os cumprimentos de Bussy, resistindo em Roquebrune, e de Bonnard, entocado com uma perna quebrada e um saco de favas em Le Cannet. O próprio Matisse passou na cama a maior parte do inverno, concentrado nas ilustrações de *Jazz*, o que fez com que o sobrinho de Bonnard se lembrasse de Winston Churchill, do qual se dizia que conduzia a guerra de seu leito em Londres, rodeado de material de escrita, de um rádio e de telefones ao alcance da mão. A manutenção de Matisse e do ateliê em uma agreste encosta tão próxima da linha de fogo requeria uma perseverança e uma engenhosidade fenomenais. Lydia não contava com nenhuma ajuda doméstica além da cozinheira, nenhum apoio externo além do médico local e nenhum meio de acesso aos suprimentos ilegais oferecidos no próspero mercado negro, ao qual Matisse se recusava a recorrer. Durante dois anos o país fora brutalmente sangrado para assegurar o suprimento do exército alemão. No início de 1944, não havia na prática nem mesmo o mínimo para as necessidades básicas – alimentação, aquecimento, transporte, comunicação. "Mas a sobrevivência de Matisse dependia disso", escreveu Annelies Nelck, a jovem pintora holandesa que em fevereiro batera à porta da Villa le Rêve, em busca de ajuda para resolver os problemas que enfrentava em seu trabalho. Nelck ficou atônita ao entrar no ateliê de Matisse – "um espaço estranho, luminoso, cheio de flores e plantas, móveis, objetos ondulantes e cores em movimento, criações exóticas" – e ainda mais ao se ver diante da majestática aparição sentada no centro de uma imensa cama de ferro batido, encostada numa massa de travesseiros brancos, "como Deus-Pai emergindo das nuvens de estuque ornamentado sobre o altar de uma das pequenas igrejas barrocas comuns naquela região". Nelck posou para Matisse na primavera, e aos poucos foi se dando conta, à medida que quase se tornava um dos membros da casa, da dimensão dos esforços necessários para preservar intactas a saúde e a segurança do pintor.

O frio era um inimigo mais temível que as bombas ou os obuses, pois o combustível para a lareira era ainda mais escasso do que a comida. Lydia, lembrando-se de sua infância siberiana, aquecia o ateliê queimando madeira em uma estufa e pendurando tapetes grossos e pesados sobre portas e janelas, de modo a bloquear o vento gélido que soprava das montanhas. De bicicleta, esquadrinhava a região circundante em busca de mantimentos, negociava com os comerciantes de Vence e chegou a ter aulas de boxe para a eventualidade de enfrentar soldados saqueadores. Ela se tornou extremamente competente no gerenciamento do ateliê, combatendo o desalento e o desespero do pintor com a mesma paciência com que resolvia as dificuldades práticas. E era tão habilidosa para dissipar os acessos de fúria de Matisse que este ficava literalmente sem palavras, "como uma chaleira com água fervente retirada do fogo", na expressiva frase de Nelck. Em último caso, Lydia ameaçava voltar para sua pátria e servir de bucha de canhão na frente russa ("E, para dizer a verdade, bem que ela é capaz disso", comentou Matisse com a enfermeira da noite). A serenidade que tanto impressionou Nelck e outros no ateliê de Matisse, a atmosfera de calma olímpica e controle churchilliano só era possível graças a um incessante e mútuo esforço cotidiano para subjugar e controlar a turbulência interna que irrompia de tempos em tempos em gritos e palpitações quando o coração disparava e ele lutava para recuperar o fôlego. "Os sentimentos dele eram muito intensos", comentou Lydia.

Em abril, as bombas ainda continuavam a chacoalhar as portas e as janelas da Villa le Rêve quando Matisse recebeu um bilhete ansioso e apressado que a filha escrevera em 10 de abril, a segunda-feira de Páscoa. Três dias depois ela foi detida pela Gestapo ao descer do trem em Rennes vinda de Paris. No mesmo dia, Amélie foi levada ao quartel-general da Gestapo em Paris para ser interrogada. "Acabei de ter o maior choque de minha vida", escreveu Matisse a Charles Camoin, descrevendo o que havia sucedido, explicando que fora aconselhado a não contar nada a ninguém e pedindo que o amigo destruísse a carta assim que a lesse. As tentativas de obter mais informações foram bloqueadas por todos os lados devido ao clima de terror que se intensificara por toda a França à medida que as denúncias e as prisões se tornavam rotineiras. As pessoas regularmente desapareciam sem explicações, encarceradas, deportadas ou assassinadas. Quem buscava saber algo topava com portas cerradas e bocas fechadas. Matisse recorreu a todo mundo que talvez pudesse lhe informar algo, enviando recursos copiosos a Jean para facilitar a busca. Todas as possíveis pistas se perdiam em meio à desconfiança e ao sigilo. "Até mesmo os alemães graduados estão temerosos", relatou Matisse, "pois a Gestapo está acima deles."

Além de Lydia, quase a única pessoa com quem Matisse falava da família era Nelck, que fugira da Holanda ao descobrir que estava grávida, abandonando o pai da criança, que trabalhava para a Resistência holandesa. "A situação é difícil para todos agora", disse Matisse delicadamente a Nelck, e em seguida contou-lhe dos problemas que enfrentava, quando no fim de maio chegou a notícia de que o amante dela fora detido e estava em um hospital-prisão, esperando para ser deportado para Belsen. Na primeira semana de junho, os aliados desembarcaram na Normandia, dando início à ofensiva para o sul e o leste, forçando o recuo dos alemães em toda a França. Matisse retomara o trabalho, tentando obliterar seus sentimentos concentrando-se nas ilustrações para *As flores do mal*, de Baudelaire. "Sei que ele já não consegue dormir", anotou Nelck no diário em junho. "A angústia por causa da mulher e da filha o corrói sem cessar, mas ele não se permite demonstrar nada." Depois de três meses sem receber notícias, Matisse por fim soube que Amélie cumpria pena de seis meses na prisão de Fresnes. "Nem ouso pensar em Marguerite, da qual não sabemos nada. Ninguém sabe nem mesmo onde está."

Matisse então caiu de cama com febre e sintomas que fizeram o médico temer uma recaída nos problemas hepáticos de dois anos antes. Somente em meados de agosto ele conseguiu deixar o leito. Nessa altura, as tropas aliadas desembarcaram no litoral entre Marselha e Nice e começaram a avançar pelo vale do Rhône, ao encontro dos exércitos vindos do norte. Paris foi libertada no dia 24 de agosto. Três dias depois, enquanto posava para um dos desenhos das *Flores do mal*, Nelck gritou ao ver um soldado alemão passar diante da janela; Matisse, porém, nem sequer virou a cabeça. "Que ninguém jamais diga que interrompi meu trabalho para ver a partida dos alemães", comentou impassível. Vence foi retomada sem incidentes, com exceção de três obuses desgarrados que explodiram perto da Villa le Rêve (Matisse protegeu-se com Lydia e a cozinheira aterrorizada em um abrigo no jardim, onde passou trinta e seis horas lendo atentamente Bergson pela primeira vez na vida). A sede da Cruz Vermelha na Suíça, à qual Matisse havia recorrido em busca de notícias da filha, o informou tarde demais que ela estivera presa em Rennes o tempo todo. A ordem de pagamento enviada por Matisse somente chegou depois que os alemães haviam embarcado Marguerite e outros prisioneiros em vagões de gado com destino ao campo de concentração de Ravensbrück, na Alemanha. Agora nada mais poderia ser feito ou descoberto.

O país então irrompeu em comemorações frenéticas, as pessoas dançando nas ruas e bandeiras tremulando por toda parte. Uma onda de vingança tomou conta da França, com jovens tendo a cabeça raspada até mesmo em Vence e a desgraça pública recaindo sobre o grupo de artistas liderados por Derain e Vlaminck, que, dois anos antes, haviam imprudentemente aceitado convites para visitar a Alemanha. A reputação de Derain foi arruinada para sempre, e Vlaminck acabou sendo detido por ter publicado durante a Ocupação uma série de ataques virulentos contra colegas artistas (entre os quais Picasso, que agora presidia a comissão nacional encarregada de expurgar dos círculos artísticos aqueles suspeitos de colaboração). "No fundo, não acho que caiba a nenhum de nós atormentar as pessoas que pensam de maneira diferente", escreveu Matisse, quando se mostrou o lado negro da histeria da Liberação. Nessa altura, Picasso havia se inscrito no Partido Comunista, anunciando a decisão com fanfarra em 3 de outubro, na mesma semana em que teve início o Salão de Outono pós-Liberação, em grande parte dedicado a ele e a sua obra.

Amélie foi libertada no começo de outubro. Poucos dias depois, um cartão-postal enviado por Camoin chegou a Vence, anunciando que Marguerite estava viva e em liberdade. Logo depois veio outro cartão, da própria Marguerite. "A despeito de tudo, sempre soube que você conseguiria sobreviver", escreveu Matisse em uma carta repleta de amor, de alívio incrédulo e do intenso desejo de voltar a vê-la: "Ó, como é duro não poder ir a Paris". No decorrer das semanas seguintes, Marguerite enviou várias cartas ao pai, descrevendo de maneira calma e clara tudo o que passara naqueles cinco meses. Em abril, ela fora torturada quase até a morte em Rennes. O Serviço de Inteligência Alemão, desconfiando que os Aliados planejavam desembarcar suas tropas na Bretanha, necessitava urgentemente de nomes e informações. Marguerite foi interrogada por agentes da Gestapo que a socaram com os punhos, rompendo-lhe o tímpano, e em seguida a prenderam pelos pulsos e calcanhares a uma mesa e dois outros homens se revezaram em fustigá-la com um açoite metálico e um chicote de couro de correia tripla. Ela foi pendurada pelos pulsos para uma segunda sessão de socos, e depois repetidas vezes mergulhada em um tanque de água gelada e ali mantida até perder a consciência. Ela não revelou nada aos algozes, mas, trancada sozinha em um porão sem tratamento algum – e durante dois dias até mesmo sem água –, Marguerite, temerosa de não ser capaz de resistir a outras sessões de tortura, tentou em vão se matar cortando os pulsos com um caco de vidro.

Ela foi salva por outros prisioneiros políticos, que haviam recebido garantia da Cruz Vermelha de que ninguém mais seria morto durante os interrogatórios e reagiram com tanta violência quando souberam que uma mulher estava sendo barbaramente torturada que o comandante da prisão não teve outra alternativa além de poupar a vida de Marguerite. Quatro meses depois ela foi transportada para o leste no último trem a deixar a Bretanha, que foi metralhado pela aviação aliada, passou por pontes precárias sobre o Loire, parando por fim em Belfort, pouco antes da fronteira alemã. No caos que se seguiu, ela foi libertada quase por acaso, sem dinheiro ou documentos, em um vilarejo cujos habitantes haviam trancado as portas e janelas contra o afluxo de colaboradores em fuga que se comportavam como animais selvagens na desesperada tentativa de sair da França. Marguerite foi encontrada escondida nos bosques por membros da Resistência local, que cuidaram dela até a Liberação. Segundo o médico que a viu assim que voltou a Paris, ela sobrevivera por um milagre. O cirurgião que lhe operara a garganta em 1919 constatou que a traqueia não sofrera nenhum dano. No final, todas essas experiências medonhas não lhe provocaram pesadelos, nem a impediram de voltar a dormir e comer normalmente. O que mais a atormentava era pensar nos companheiros que deixara para trás e agora estavam em um campo de extermínio alemão, mas ela afirmou que os horrores haviam se desprendido dela como um casaco que se recusava a vestir. “Sempre quis dominar meu corpo, e os sofrimentos que ele me impôs [...]”, disse ela ao pai. “A gente tem de mostrar valor diante de tudo, e contra tudo, resistindo o suficiente para continuar de pé.”

Matisse reconheceu que a filosofia de resistência que ensinara à filha fora levada a extremos que ele jamais poderia imaginar. Estarrecido com o relato da filha, atônito com sua força de vontade, ele implorou a ela que se cuidasse, enviando longas cartas de estímulo, aconselhamento e admiração, assim como pequenos pacotes com guloseimas. Ao cruzar com Marguerite em um concerto em Paris, Christian Zervos disse que ela irradiava um brilho interno que lhe conferia uma beleza quase de outro mundo. Essa também era a opinião de Rouveyre (“Quão comovente ela é, quão adorável, depois dessa provação terrível. Não só ela conseguiu sobreviver, como foi nimbada de luz”). Após três meses de convalescença, ela viajou para o sul em meados de janeiro de 1945, seguindo de avião graças ao tratamento prioritário arranjado pelo pai, que também enviou um táxi para buscá-la no campo de aviação em Cannes e reservou-lhe um quarto no pequeno e confortável hotel de Rouveyre em Vence. Durante duas semanas, pai e filha passaram juntos todas as tardes. Segundo Matisse, ele ficou literalmente hipnotizado pelo que ouviu da filha: “Eu vi a realidade, concretamente, as cenas atrozes que ela descrevia e encenava para mim. Não poderia dizer se ainda estava em meu juízo normal [...] Por várias vezes, me dava conta de sua participação no maior de todos os dramas humanos – e de um aspecto da existência dos outros que raramente pode ser vivido com tal intensidade, até o ponto em que não mais nos sentimos vivendo separadamente”. Durante muito tempo, ele se viu incapaz até mesmo de desenhá-la.

No final do mês, dois vizinhos de Vence, o marchand Aimé Maeght e sua mulher, a levaram em seu carro confortável, em meio a tempestades de neve e granizo, de volta a Paris. Matisse ficou arrasado por três dias depois da partida da filha. Agora não encontrava amparo nem mesmo no trabalho. Para Marguerite, ele contou que foi preciso quase uma semana, depois dessa descida ao inferno que ambos empreenderam, para que pudesse retomar a vida. Em toda a França, as pessoas estavam empenhadas em comemorar, acertar velhas contas e estabelecer os fundamentos para o admirável, expurgado e liberado mundo do futuro. “Quanto a mim, estou preso no torturante turbilhão das lembranças do cativeiro da minha filha”, escreveu Matisse a Rouveyre no final de janeiro. “Elas me deixaram em ruínas.”

15. O VELHO MAGO (1945-54)

AQUELES QUE VISITARAM MATISSE EM VENCE APÓS A GUERRA COSTUMAVAM ficar surpresos com duas coisas. A primeira era que ele vivia em uma casa pequena que mais parecia um caixote: a Villa le Rêve era tão comum e despretensiosa que Picasso bateu antes à porta de uma residência mais pitoresca na mesma rua, e teve de ser conduzido de volta pelo vizinho até o portão da casa de Matisse. A segunda surpresa era passar do jardim ensolarado para um saguão de entrada escuro como o breu. "Entramos em um aposento e depois no outro", escreveu Françoise Gilot, descrevendo sua primeira visita ao local, acompanhando Picasso. "As persianas estavam fechadas, e tudo estava mergulhado na obscuridade. À medida que nossos olhos se acostumavam à escuridão, os objetos pouco a pouco surgiam das sombras." Em uma das salas, a luz se coava debilmente através de um muxarabiê árabe, uma grade de madeira cobrindo toda a janela. Pombas brancas voavam soltas em outro aposento. Vasos, plantas, adornos e laranjas dispersos por cadeiras ou mesas pareciam recobrar vida e eram ainda mais animados nas naturezas-mortas penduradas nas paredes em meio à atmosfera crepuscular. "Uma palmeira balançando suas folhas no jardim ao lado estava emoldurada pelas coloridas cortinas taitianas na janela, e reapareciam, ainda mais vívidas, na parede, como se o quadro fosse tão poderoso que transformava a realidade em mero reflexo [...]."

Nessa época, Gilot não foi a única que viu Matisse como uma espécie de mago, expandindo e contraindo o espaço à vontade. Nos ateliês de Vence ou de Cimiez, muitos ficavam com a impressão de ter entrado em outro mundo, ou passado a outra dimensão, diferente da normal. Matisse, que afirmou que todo desenho ou pintura era uma parte dele mesmo, parecia, nessa última década de vida, ter transfigurado até o ambiente físico em uma extensão de sua maneira própria de ver. Em termos tanto literais como metafísicos, ele estava atuando nas margens da percepção. "Estou exaurido pelo fato de ter flertado por tanto tempo, e de modo mais ou menos ininterrupto, com essas cores encantadas", escreveu a Rouveyre no fim de 1943, quando as colagens que fez para a série *Jazz* assinalaram um clímax nesse perene confronto do artista com a cor. Seu oculista em Nice (o mesmo que tratara de Monet em seus últimos anos em Paris) explicou que o olho não conseguia produzir pigmentos com a rapidez suficiente para acompanhar a velocidade e a intensidade da reação de Matisse à cor. O pintor dizia que tinha alcançado antes a mesma intensidade sem ser capaz de sustentá-la, como um malabarista que lança tão alto seus bastões que não consegue mais recuperá-los. Agora ele recortava ou entalhava diretamente na cor, usando tesouras e folhas de papel pintado, trabalhando o dia todo e grande parte da noite, recobrindo suas paredes em um exemplo sem precedentes de refulgência e fluidez. "Essa era a razão e o ambiente de sua existência", disse Lydia. As advertências de que essa tensão tão grande poderia danificar de modo permanente sua visão eram tão ineficazes quanto a insistência de seu pai, tentando impedi-lo de se dedicar à pintura, de que acabaria morrendo de fome. Matisse vivia em aposentos escurecidos e, de certo modo, até se orgulhava do fato de que seus olhos precisavam ser protegidos das obras mais recentes.

No início de 1945, ele disse à filha que avançara até onde podia com a tinta a óleo e as telas. "A pintura parece ter se esgotado para mim [...] Agora tenho de me dedicar à decoração – aí posso dar o máximo de mim – e aproveitar tudo o que conquistei na vida. Nos quadros só me resta voltar a trilhar o mesmo terreno, mas no desenho e na decoração ainda preservo o domínio, disso tenho certeza." Ele sentia o mesmo ímpeto vigoroso que experimentara quando menino ao segurar nas mãos o primeiro estojo de tintas. E agora, como antes, não tinha tempo a perder. "Pedi aos médicos em Lyon uma prorrogação de três anos a fim de concluir meu trabalho – já se passaram quatro anos, e ainda tenho algumas coisas a dizer." Essa foi a última grande libertação de sua vida. Ele mergulhou de cabeça – "sem pensar e, sobretudo, sem repensar" – em um mundo novo de decoração cujos padrões correspondiam a movimentos internos de seu espírito. As possibilidades infinitas desse mundo abarcavam tanto a força como a fraqueza (ou antes, como ele disse, eliminavam as distinções entre ambas). Seus ritmos o libertaram finalmente dos constrangimentos da vontade consciente. A espontaneidade era o maior dom.

Parede com papéis recortados, pintados e colados por Matisse, no ateliê em Vence, 1948.

"Lá chegando encontramos Matisse armado de uma enorme tesoura, recortando arrojadamente folhas de papel pintadas com as cores mais variadas e vivas", escreveu Gilot, descrevendo outra visita ao lado de Picasso, enquanto o anfitrião permanecia sentado na cama segurando delicadamente na mão esquerda uma folha de papel, que então inclinava e girava entre as lâminas da tesoura na mão direita, deixando cair uma cascata de recortes na manta. "Não há nada que resista à passagem da tesoura", comentou Annelies Nelck, "nada que exija a atenção concentrada da pintura ou do desenho, não há justaposições ou bordas a serem levadas em conta. E as pequenas criaturas extraídas de seu elemento tombam da tesoura em espirais tremulantes, precipitando-se como aqueles organismos frágeis que o mar lança na areia". Matisse trabalhava sem tatear ou hesitar, comparando-se repetidas vezes nessa época a um acrobata ou a um malabarista. A mente, a mão e o olho fluíam juntos sem esforço ("É como uma dança", disse ele). Aqueles que o observavam acabavam hipnotizados por seus dedos deslizantes. Certa vez, Gilot e Picasso levaram um prestidigitador de verdade até o leito de Matisse, como um tributo. Matisse retribuiu o cumprimento com retratos abstratos de ambos, feitos um após o outro, recortando, selecionando e combinando as formas contra um fundo colorido, "até que por fim todo o conjunto começou a interagir e florescer", pronto para ser fixado no lugar por Lydia. "Ficamos fascinados, com o fôlego preso [...]", escreveu Gilot, descrevendo um desempenho que reduziu Picasso a um assombro mudo. "Ficamos ali sentados como pedras, saindo lentamente de um transe."

No passado, todos os obstáculos superados por Matisse haviam custado sofrimentos e esforços tremendos. Em seu septuagésimo ano, ainda dizia que sentia vontade de estrangular alguém antes de começar a pintar, comparando essa atividade ao rompimento de um abscesso com um canivete. Somente quando a forma e a cor passaram a interessá-lo de modo exclusivo, em detrimento de todo o restante, foi que começou a experimentar técnicas novas e ligeiras – tesoura e papel, recortes em linóleo, lápis de cor infantis –, todas visando uma fluidez maior. "Diria que é o equivalente gráfico, linear, da sensação de fuga", comentou a respeito de sua obra com papéis recortados, explicando que em suas mãos as tesouras se tornavam tão sensíveis quanto canetas, lápis e bastões de carvão ("talvez em grau ainda maior"). O desenho com tesoura abolia de fato as fronteiras entre pensamento, sentimento e expressão. Permitia-lhe concentrar-se no efeito global, uma destreza aperfeiçoada nos métodos mais tradicionais de desenho, por meio da qual podia deixar de pensar nos elementos não essenciais, "tal como um malabarista em ação não pensa na chuva, no tabaco ou na cerveja enquanto o guarda-chuva, o maço de cigarros e a caneca de cerveja giram em seus dedos". A nova técnica aproveitava a elasticidade e a confiança adquiridas inicialmente nas gravuras e aperfeiçoadas nas ilustrações de livros que foram regularmente publicados após a guerra: *As flores do mal*, em 1947; o suntuosamente simples *Florilèges des Amours de Ronsard*, em 1948; e os *Poèmes de Charles d'Orléans*, em 1950. Todos eles levaram ao desespero editores, impressores e tipógrafos, que aprenderam a temer a supervisão meticulosa e exaustiva de Matisse na mesma medida em que admiravam a fenomenal ousadia e precisão de sua mão. A prática de traçar linhas em chapas de cobre extremamente polidas, mudando de direção e precipitando-se sobre uma superfície menos resistente do que o papel (o qual absorve a tinta e torna mais lenta a pena), resultou num estilo caligráfico nítido e decisivo que conduziu diretamente às empolgantes condensações e abreviações das obras tardias em grande escala feitas com papéis recortados.

Nessa época, Matisse afirmou que não tinha nenhum objetivo específico ao recobrir as paredes do ateliê com os recortes coloridos. Em retrospecto, reconheceu que os anos de solidão e privações durante a guerra em Vence foram um período de preparação, o equivalente de um músico praticando escalas, ou de um acrobata fazendo exercícios de equilíbrio antes de caminhar pelo arame suspenso. Também disse que, durante toda a vida, havia se enganado ao avaliar a importância de uma obra específica pelo esforço que esta havia demandado. Por volta dos 75 anos de idade, ele sentia que estava se aproximando da clareza, força e motivação evocadas por Paul Valéry em uma passagem que Camoin copiara para Matisse no final de 1945: "Talvez aquilo que chamamos de perfeição na arte [...] não seja nada além do senso de busca ou descoberta em uma obra humana daquela certeza de execução, daquela necessidade interna, daquela união indissolúvel e recíproca entre concepção e matéria que encontro na mais humilde concha do mar".

Matisse chegara mais perto do que nunca daquele ponto em que se dissolvem as linhas de demarcação entre a arte e a vida. "Tudo era feito em função de sua obra", contou Lydia. "Ele se alimentava frugalmente a fim de não ter problemas digestivos, fazia sesta de modo a iniciar descansado uma nova sessão de trabalho, contratou uma enfermeira noturna na expectativa de desfrutar da maior quantidade possível de horas de sono." O processo todo era simplificado por Lydia, que definiu suas funções como secretária nos mesmos termos usados por Diaghilev: "Uma secretária precisa saber como se tornar indispensável". Os visitantes de Matisse nunca se cansavam de especular sobre a posição de Lydia – "ela dava a impressão de ser uma cativa, uma bela cativa" – e as funções precisas que desempenhava. Mas o ar de mistério oriental ocultava um talento impressionante, ainda que pouco convencional, para as tarefas administrativas. Ela datilografava, mantinha os registros, pagava as contas, preparava relatórios meticulosos, organizava a correspondência e coordenava os negócios de Matisse com uma eficiência impecável. Sua vontade era inabalável e capaz de proezas que se tornaram lendárias. Em um dia do verão de 1945, Lydia saiu a fim de despachar um pacote urgente para uma editora em Paris, mas, ao ver que o serviço de trens estava interrompido em Vence, ela desceu a montanha a pé, caminhando por quase 25 quilômetros sob um calor escaldante de modo a alcançar mais adiante um trem local para Nice e lá entregar o pacote a um funcionário do expresso para Paris poucos segundos antes de este sair da estação. Matisse costumava brincar com Rouveyre a respeito das habilidades reais e imaginárias de Lydia em todos os departamentos, seja resolvendo problemas de logística, seja vencendo a resistência de editores teimosos ou simplesmente assumindo o comando de um avião ("Ficaria surpreso se ela não soubesse pilotar"). Toda a casa ficava paralisada quando ela não estava presente. De seu lado, Lydia jamais vacilou na fidelidade a Matisse, que dera um sentido a sua existência e a ajudara a cumprir seu destino. "Sem insistir ou explicar nada, ele fez com que me tornasse útil", disse ela, "e, pouco a pouco, acabei me tornando ainda mais útil do que ele havia esperado."

Matisse deixou um registro gráfico do progresso dela em dois retratos muito distintos. O primeiro – *A jovem de blusa azul*, uma tela minúscula rebrilhando de jovialidade e frescura primaveris, pintada no outono de 1939 (ver página 458) – mostra Lydia com nariz reto, face rosada e cabelo amarelo, em um vestido azul simples de aparência infantil e até afetada, mas ereta e centralizada como fio de prumo. "Eu era uma tonta naquela época", diria ela bem depois, "ignorava tudo a respeito de pintura". Em 1947, no quadro *Retrato bicolor*, Matisse voltou a rever a parceria de ambos, dessa vez pintando-a com um cabelo verde profundo e feições nítidas e sobranceiras, nitidamente divididas por zonas geométricas azuis e amarelas. "Eu mudei muito nesses anos", comentou Lydia. "A responsabilidade me tornou assim. Sentia minha personalidade completamente alterada. Antes eu era tímida e introspectiva. Mas era preciso que eu me tornasse mais ativa, que cuidasse de tudo, que desse ordens." Nessa altura, Lydia alcançara uma posição quase mítica aos olhos invejosos de outros pintores. Ela lavava os pincéis de Matisse, limpava sua paleta, fixava os papéis recortados com tal habilidade e exatidão que mesmo ele não tinha como fazer qualquer reparo. Sua eficiência no ateliê era comparável a sua reputação como guardiã da privacidade do pintor contra as intromissões externas. Ela cuidava de seus compromissos, lidava com trabalhadores e fornecedores, contratava e administrava modelos e assistentes e mantinha a atmosfera de tranquilidade disciplinada que chamava a atenção de todos que visitavam o ateliê.

Todas essas rotinas haviam sido estabelecidas e consolidadas durante os anos de isolamento, na época da guerra, compartilhados por ambos em Cimiez e Vence. As duas pessoas que os visitavam diariamente nesse período – André Rouveyre e Annelies Nelck – viam Matisse e Lydia como uma entidade única. Rouveyre disse que achava difícil distinguir entre um e outro. Para Nelck, que batera desesperada à porta deles, eles exibiam uma fachada harmônica de tolerância, bondade e preocupação. "Eu era uma criança em um estado lamentável quando os procurei, e em vez de me rejeitarem, eles me deram, cada qual a sua maneira, o que tinham de mais precioso: tempo e atenção." Segundo ela própria, Nelck estava sem dinheiro, doente, malnutrida, insegura e às vezes quase desvairada de tanta infelicidade e preocupação com o futuro. De Matisse sabia apenas o que lhe haviam dito os moradores do local, ou seja, que era pintor. Lenta e pacientemente, ele e Lydia conseguiram acalmar seu espírito perturbado e raivoso ("O maravilhoso nesses dois", anotou ela em seu diário em 1944, "é que entendem tudo sem fazer qualquer julgamento").

Durante os seis anos seguintes, Nelck tornou-se, para todos os efeitos práticos, uma espécie de filha adotiva da casa, posando, realizando pequenas tarefas e ajudando Lydia no ateliê. Matisse encarregou-se de orientá-la como pintora, garantiu-lhe emprego como modelo, encontrou compradores para as obras dela ("Disse a eles que seu preço normal era de mil francos por retrato") e presenteou-a de vez em quando com desenhos ("de modo que, se alguma vez precisar, você tenha uma reserva a que recorrer", explicou Lydia). Segundo Nelck, o que aprendeu com Matisse sobre ordem e equilíbrio serviu-lhe tanto na vida como na pintura. Seu testemunho sobre a dinâmica do relacionamento de Matisse e Lydia na intimidade é único. Tal como Aragon, ela viu a dedicação completa de ambos ao trabalho de Matisse como uma forma de rebeldia, uma obstinada recusa a se curvarem diante de riscos potencialmente desastrosos. "Fui testemunha do exercício cotidiano e discreto do heroísmo e da virtude, e pude comprovar os resultados", escreveu ela, descrevendo um regime ascético e despojado de todo elemento social ou doméstico supérfluo.

Matisse e seus médicos bem sabiam que, em última análise, a vida dele dependia de Lydia. Ele não tinha nenhuma ilusão a respeito de suas chances de sobrevivência, pois via os amigos sendo, um após o outro, abatidos por doenças e pela morte. O primeiro a partir foi Aristide Maillol. "Ele era o mais velho de todos nós e agora se foi [...]", relatou Matisse numa das primeiras cartas que mandou a Pierre após a Liberação. "Espero que seus lugares-tenentes tenham melhor sorte – eles estão bastante abalados, mas espero que aguentem firme mais um pouco. Você sabe o que quero dizer com lugares-tenentes – tem o Bonnard, que está com setenta e cinco e ainda consegue circular [...], venho logo em seguida, esperando e lutando passo a passo para avançar um pouco mais." Berthe Parayre, que havia jurado viver o suficiente para ver a França libertada, naquela primavera agonizava com câncer em Beauzelle. "Berthe, pobre Berthe, acabando assim de modo tão injusto depois de dedicar toda a vida aos outros", escreveu Matisse a Pierre, que chegou à França tarde demais para ver a tia com vida. Ela faleceu no dia 4 de junho de 1945, um mês depois da rendição incondicional das tropas alemãs na Europa. Amélie, que durante anos se recusara a reconhecer a existência de Berthe, passou as derradeiras semanas ao lado da irmã. Nos seis anos desde que Matisse vira pela última vez sua mulher, os papéis de ambos haviam se invertido de maneira dramática. Enquanto ele ficaria o resto da vida mais ou menos confinado ao leito, ela havia passado pelo tormento de ser detida, interrogada e encarcerada, emergindo dessa experiência com saúde suficiente para viver uma próspera velhice rodeada daqueles quadros que, como lembrou ao marido, haviam estado no centro da existência de ambos.

Na primavera de 1945, Léon Vassaux, o amigo mais antigo de Matisse, passou um tempo em Vence, irreconhecivelmente abatido, frágil e exaurido. Logo, porém, os dois retomaram uma intimidade descontraída e amistosa, trocando notícias, desfrutando de boa comida, vinhos e música, competindo para ver quem lembrava de mais histórias da infância em Bohain e do tempo em que eram estudantes na Rive Gauche. Graças aos cuidados de Lydia, provaram a suculenta sopa de cebola e bebericaram do aguardente aromatizado, típicos da região onde haviam nascido. Mais tarde ela diria que Vassaux trouxe à tona um lado de Matisse – jovial, brincalhão, desinibido – que ele não revelava a mais ninguém. Na segunda estada de Vassaux, este trouxe consigo a primeira escultura feita por Matisse, um medalhão de argila da jovem pela qual ambos haviam se apaixonado quando estudantes, mais de meio século antes. Camille Joblaud, a mãe de Marguerite, agora também estava na casa dos setenta, casada com um mestre-escola aposentado na Bretanha, e consolava-se com a aura dourada das lembranças de seu breve reinado como a beldade dos meios artísticos em Paris. Matisse, que lhe enviou dinheiro e dela teve notícias por intermédio de Marguerite, pendurou o medalhão na parede num gesto de despedida.

Foi nessa altura que ele retomou a pintura pela última vez, produzindo um derradeiro e assombroso conjunto de variações sobre um tema que abordara quando ainda vivia com Camille: o interior do ateliê. O perfil entalhado de Camille aparece em três dessas telas – *Interior vermelho com mesa azul*, *Natureza-morta com romãs* e *Natureza-morta com romãs sobre fundo vermelho veneziano*, todas pintadas em 1947 –, quadros que, sem nostalgia ou sentimentos falsos, incorporam as reivindicações do passado na tessitura do presente. Eles fazem parte de um grupo de quase trinta vistas do ateliê de Vence, que projetam a luz e a cor com tal vigor que estas parecem desvinculadas de fontes materiais. São quadros que antecipam formas novas de abstração pictórica, ao mesmo tempo que recapitulam um clima de contemplação íntima que remete à obra mais incipiente de Matisse, com um senso proustiano do tempo, telescópico e infinitamente ajustável, tal como o espaço.

Matisse voltou a Paris em 3 de julho de 1945, viajando numa cabine com leito e ambulâncias de sobreaviso tanto na partida como na chegada, a fim de se preparar para as alegrias e as tensões de uma complicada reunião familiar. Jean se estabelecera em Issy, trabalhando no ateliê do pai, mas vivendo com a família no vilarejo. Nesse verão, Marguerite estava instalada em um apartamento na rue de Miromesnil, aguardando o retorno do marido e do filho que haviam passado a guerra em Nova York, e hospedava Amélie, que voltara para o quarto de hóspedes dos Duthuit. Pierre foi o primeiro a chegar, viajando de avião no final de julho para retomar em pessoa a conversação postal com o pai, interrompida nos seis anos anteriores somente por ocasião da cirurgia de Matisse e do bloqueio do Atlântico durante a guerra.

Em meio a todos os dramas públicos e privados do conflito, Matisse havia articulado suas esperanças, dúvidas e temores em cartas semanais de até vinte páginas, escritas em ambos os lados do translúcido papel de carta aérea, por vezes com linhas adicionais acrescentadas em ângulos retos no alto da mensagem original, como se mal conseguisse suportar a ideia de interromper o contato com o filho. De ambas as partes, as cartas revelam sentimentos profundos e ternos que nenhum deles conseguia expressar em palavras quando um estava diante do outro. Pai e filho alternavam os papéis, oferecendo um ao outro conselhos sensatos e consolação, de vez em quando animando essa troca civilizada com explosões racinianas de fúria ou vitupério, em uma correspondência que mescla a amplitude e a liberdade de um diário com a franqueza de uma confissão católica. Como esta, as cartas guardariam seus segredos até o final da vida de ambos. Em público, muitas vezes Matisse feria ou depreciava o filho, enquanto Pierre costumava se queixar explicita e insistentemente do pai. Nem a família nem os amigos desconfiavam desse lado oculto em um relacionamento aparentemente envenenado, sobretudo quando no pós-guerra os preços subiram e diminuiu o estoque de quadros, em função da entranhada desconfiança votada por Matisse aos marchands em geral.

No verão de 1945, as condições teriam de ser reavaliadas completamente, em função do lento ajuste da família à sua nova posição, à margem da vida e do trabalho de Matisse. Ele próprio estava esgotado e nervoso. Desde a separação oficial, esta seria a primeira vez que ele enfrentaria o mundo externo ao lado de "*Madame Lydia*". Eles se acomodaram no apartamento do boulevard Montparnasse com uma enfermeira noturna e a cozinheira trazida de Vence. Mesmo que nem o ateliê nem a casa funcionassem sem ela, a posição de Lydia era penosamente equívoca. Ninguém tinha ideia de como chamá-la, de como tratá-la, essa secretária que associava ao papel de gerente principal também as funções de modelo, enfermeira, acompanhante, assistente de ateliê e faz-tudo. Os visitantes do sexo masculino que estavam retomando formalmente os vínculos com Matisse após a guerra ficavam intrigados com a presença praticamente invisível dela no apartamento. Quem era casado não podia convidá-la e levaria anos para que as credenciais profissionais de Lydia fossem aceitas nos círculos artísticos parisienses. E não havia como evitar os contatos, pois Matisse marcava encontros em casa e todos os seus negócios passavam por Lydia.

"Vou tentar me isolar, agindo como se ainda estivesse ausente", Matisse anunciara antes de desembarcar na capital, mas suas esperanças foram frustradas por ondas regulares de jornalistas, enviados de autoridades oficiais, organizadores de exposições, marchands e curadores que irrompiam no apartamento todas as tardes. "Paris é um inferno", queixou-se ele a Rouveyre uma quinzena depois. Os editores e o dentista consumiam o pouco tempo que lhe restava. Depois de um mês em Paris ele caiu doente com bronquite. A exaustão foi agravada por tentativas oficiais de requisição de seu apartamento e por uma falha no sistema de calefação das caixas-fortes do Banco da França que afetou desastrosamente as obras ali armazenadas. O período de cerca de dez semanas que originalmente previra para a estada em Paris acabou se estendendo por quatro meses, grande parte dos quais gastos na avaliação dos danos, na remontagem das telas e na secagem de centenas de gravuras encharcadas e por vezes mofadas. Matisse se refugiou no quarto como se estivesse em uma toca ou uma caverna, raramente saindo do apartamento, quando então ia ao cinema (o primeiro filme em cores que viu, com Danny Kaye, foi uma revelação), ou escapava até um estande de tiro no boulevard Montparnasse, onde ele e Lydia alugavam rifles para descarregar a tensão.

Marguerite alertara o pai sobre a campanha de perseguição e denúncias que se alastrava pela Paris liberada contra todos aqueles acusados, com ou sem fundamento, de colaborar com os alemães. Fabiani foi detido, e Skira não recebeu permissão para retornar à França. O próprio Matisse seria obrigado a abandonar um projeto de erigir no sul um monumento para Maillol, cujo nome fora maculado pela tentativa do governo de Vichy de caracterizá-lo como o equivalente francês de Arno Breker, eleito "escultor do futuro" pelos nazistas. A violência irracional dessa caça às bruxas desalentou Matisse. "Não vejo qual seria a utilidade do meu protesto", afirmou quando a sra. Marquet o instigou a se manifestar contra a delegação que Derain e Vlaminck haviam chefiado durante a guerra. "Você bem sabe que foram à Alemanha impelidos por uma espécie de terror, e já sofreram o suficiente por causa disso." O envolvimento político não fazia parte da natureza de Matisse, mas tampouco iria ele criticar Picasso, cujos pronunciamentos públicos o tornaram a personificação popular do orgulho patriótico – *la Gloire* –, em nome do qual se cometeram tantos excessos. "Não penso como ele", disse Matisse à filha, que suportara um sofrimento real demais para se impressionar com a postura de Picasso, "mas é difícil para mim julgá-lo – ele se deixou absorver por isso como Zola antes, e como Anatole France. Acho que um artista tem uma necessidade tão grande de solidão, sobretudo no final da vida, que deveria fechar as portas a todo mundo, e não desperdiçar nem mesmo uma hora."

A despeito de todas as suas objeções, Matisse também estava em via de ser promovido ao patamar de monumento nacional. A postura oficial sofreu uma drástica mudança nesse período do pós-guerra, quando, como lembrou Pierre, as realizações de seus artistas eram o único aspecto do passado imediato da França do qual ainda era possível ter um orgulho irrestrito. Nas quatro décadas e meia iniciais do século XX, o governo havia adquirido apenas duas obras de Matisse. Em 1947, comprou outras sete. Esse núcleo sólido de uma coleção foi reservado para o novo Museu de Arte Moderna, cuja inauguração estava prevista para 1947 e que teria salas dedicadas a Matisse e Picasso. Enquanto isso, a nação agradecida reconhecia sua dívida para com os libertadores do outro lado do canal exportando duas mostras paralelas de Matisse e Picasso para o Victoria and Albert Museum em Londres. Um filme sobre Matisse estava sendo planejado, e ele foi homenageado no Salão de Outono. A esplendorosa edição da revista *Verve*, de Tériade, foi lançada em novembro, seguida de uma mostra de suas obras recentes na nova Galeria Maeght em Paris.

Matisse escapou um mês antes da inauguração dessa galeria e voltou aliviado à monotonia de Vence. Ele pintava interiores de ateliê durante o dia e à noite fazia desenhos com lápis, pena ou tesoura. Lydia arrumou-lhe dois modelos surpreendentes. O primeiro era a filha de um russo dono de uma loja em Nice, Doucia Retinsky, que posou para as ilustrações de um livro de cartas de amor escritas por uma freira medieval, *Les Lettres portugaises* [As cartas portuguesas]. Contratada para substituir Lydia ("Eu era sisuda demais", disse ela), Doucia tinha catorze anos e uma tez aveludada e roliça que se adequava perfeitamente à mescla de inocência e paixão desse pequeno texto efervescente. O segundo modelo era a jovem e esguia sra. Franz Hift, a mulher de um advogado belga, mais do que disposta a amenizar o tédio de uma convalescença em Vence flertando com Matisse. Após doze meses sem pintar praticamente nada, ele colocou a sra. Hift no centro de duas das mais complexas composições decorativas que já realizara. Na *Jovem de branco*, tudo – o piso, as paredes, o vão preto da porta, o modelo com saia comprida e casaco branco de pele de tigre, o encosto listrado da cadeira atrás dela e o vaso de plantas ao lado – retém e ao mesmo tempo dissolve a própria identidade na textura do quadro. Esse efeito é ainda mais acentuado em *L'Asie*, no qual o oval amplo, chapado e fulvo do rosto do modelo se repete nos padrões sensuais do ombro direito, braço esquerdo e na manta que parece flutuar em leves e suaves curvas malva e azul acima da ancoragem de um fundo geométrico.

No começo de 1946, Aragon apareceu em Vence, refugiando-se dos expurgos comunistas na Paris do pós-guerra, e encontrou a Villa le Rêve repleta de "quadros mais belos do que nunca, jovens, frescos, luminosos, repletos de alegria, ainda mais do que antes, e mais convictos em termos de luz e vida". A obra de Matisse parecia prosperar em uma atmosfera muito diferente do clima árido, insosso e empobrecido, tanto material como espiritualmente, da Europa da década de 1940. "Para mim, isso é uma forma de autodefesa", explicou melancolicamente o pintor. Ele fez com que Lydia levasse *L'Asie* e a *Jovem de branco* a Le Cannet, como um empréstimo prolongado a Bonnard, que por sua vez lhe havia emprestado um *Cesto de flores* pintado em seu estilo tardio. Ambos ficaram perplexos com a abordagem da cor pelo outro ("Gostaria de ser capaz de fazer o mesmo que ele", comentou Matisse com Nelck, "e ele também gostaria de fazer o que faço"). Matisse afirmou que as telas de Bonnard tinham para ele a mesma carga de emoção proporcionada pelos quadros de Goya, uma sensação de "se confrontar com algo passional e vivo". Bonnard, por sua vez, admitiu a derrota, quase exatamente nos mesmos termos usados antes por Renoir, diante das extensões de cor plana e sem modulação nas obras de Matisse ("Como você consegue colocá-las assim e fazer com que funcionem?"). Ele pendurou os quadros emprestados nas paredes ocres de sua sala de jantar, examinando-os esporadicamente durante o dia e constatando como a luz do crepúsculo ressaltava os vermelhos magníficos de *L'Asie*. "Durante o dia é o azul que desempenha o papel principal. Que vivacidade intensa e mutável têm as cores sob luzes diferentes!"

Pierre disse mais ou menos a mesma coisa ao desembalar um lote de quadros nessa primavera e ver como reagiam à atmosfera luminosa de Manhattan. A mostra das obras recentes do pai, organizada por Pierre após a guerra, teve um impacto estrondoso, sobretudo entre os jovens artistas da recém-surgida Escola de Nova York. A chegada aos Estados Unidos do *Ateliê vermelho*, pintado por Matisse em 1908, descortinara novos horizontes para uma geração inventiva liderada por Jackson Pollock, que já começava a explorar as possibilidades formais da abstração de maneiras que por sua vez iriam realimentar a corrente principal da arte europeia nas décadas de 1950 e 1960. André Breton, que passou o período da guerra nos Estados Unidos, contou que os pintores que encontrava jamais mencionavam Bonnard ou qualquer outro de seus contemporâneos franceses. Tudo o que queriam era conversar sobre Matisse, que usava a cor tal como jamais fora usada antes.

Mensagens muito diferentes estavam chegando de um público mais amplo habituado a buscar alguma tranquilidade na pintura e completamente despreparado para uma arte que questionava os princípios básicos da percepção. Na Inglaterra, tanto Matisse como Picasso pareciam explicitamente grotescos para os londrinos incultos, que brandiam seus guarda-chuvas no Victoria and Albert Museum, protestando aos berros contra obras que pareciam zombar dos valores civilizados pelos quais a guerra fora travada. Cenas semelhantes tiveram lugar em Nice, quando o prefeito convidou Maeght a levar a exposição que montara em Paris para o Palais de la Méditerranée, na promenade des Anglais. Toda a cidade compareceu para prestar homenagem a uma celebridade internacional, de cujo nome poucos de seus vizinhos tinham até então ouvido falar. A expectativa favorável se dissipou em meio à incredulidade e ao choque. Os alunos da escola de arte fizeram demonstrações em protesto. Um "escândalo Matisse" tomou conta da imprensa local, que concitou os leitores a não se deixarem enganar por uma óbvia conspiração entre as finanças internacionais e a ambição desenfreada de um mercado de arte corrompido. Na mesma época, uma equipe de filmagem chegou à cidade para rodar um documentário no ateliê de Vence, assim como em Le Cateau, a cidadezinha natal de Matisse, onde, segundo seu irmão Auguste, ninguém sequer sabia de sua existência.

A combinação de renome internacional e isolamento cada vez mais hermético irritava os contemporâneos de Matisse, que consideravam ambos injustificáveis. Sua conduta reticente em público só fazia reforçar a reputação de pomposidade que sempre acompanhava seus surtos de notoriedade. Os velhos companheiros sentiam-se excluídos ou indesejados. Marquet jamais esqueceu a ocasião em que, acompanhado da mulher, fez uma visita de surpresa a Nice e encontrou um Matisse alheado, atordoado e piscando como se mal os conhecesse, "mais parecendo uma coruja que tivesse sido brutalmente arrancada de seu elemento noturno". Os Marquet partiram em seguida, jurando nunca mais voltar, e somente se renderam em parte quando Matisse ligou para explicar que estava absorto no trabalho, implorando que retornassem no dia seguinte. A mesma coisa ocorreu, quase na mesma sequência, com Rouveyre e Jean Puy, mas, por mais magoados ou furiosos que ficassem os amigos, nenhum deles conseguia resistir aos calorosos e contritos bilhetes de Matisse, ilustrados por pequenos desenhos divertidos que o mostravam espiando de trás de óculos grossos, com tufos de cabelo brotando da grande cabeça calva e uma absurda barbicha sob o queixo.

Matisse deu-se conta de que havia algo monstruoso na paixão absorvente que o conduzia inexoravelmente a regiões onde poucos, ou nenhum, de seus amigos podiam segui-lo. "Os criadores de uma nova linguagem estão sempre cinquenta anos à frente de seu tempo", disse ele a Nelck. O único artista que ele sabia que atuava em uma escala de tempo igualmente longa era Picasso, e os dois tornaram-se mais próximos do que nunca após a exposição conjunta em Londres, apesar de desconfianças iniciais, pelo menos da parte de Matisse. "O relacionamento dele com Picasso é mais ou menos como o de um soberano com outro", comentou a filha de Bussy. Mas as formalidades foram sendo deixadas de lado após a guerra, Picasso visitando Vence com frequência e na companhia de Gilot, que tinha a impressão de que os dois estavam travando de novo batalhas antigas em favor da jovem e, através dela, em benefício da posteridade. "O que você acha que eles aproveitaram da gente?", perguntou Matisse, enquanto apontava os catálogos americanos de Pollock e Robert Motherwell, "e em uma ou duas gerações, quem, dentre os pintores, ainda vai carregar algo de nós em seu coração, como fazemos com Manet e Cézanne?"

Eles trocaram notas e compararam seus problemas. Picasso queixou-se do senso espontâneo de beleza, equilíbrio e proporção contra o qual lutara toda a vida. Já Matisse lamentava a falta de facilidade natural que fizera de sua carreira um esforço interminável. Pelas costas, um se queixava livremente do outro, mas Matisse não permitia que ninguém mais criticasse seu antigo rival. Ele acompanhava com interesse e afeição o relacionamento de Picasso com Gilot e o nascimento do primeiro filho do casal. "Picasso gostava muito dele", comentou o gravador Fernand Mourlot, que trabalhou com ambos os artistas, "e o considerava como um irmão mais velho". Porém, Matisse sabia perfeitamente que o que trazia Picasso de volta ano após ano não era um sentimento fraternal, mas a obra que emergia lentamente à medida que seu criador tateava seu caminho por um labirinto aparentemente sem saída. "Ele viu o que queria, meus papéis recortados, meus quadros novos", relatou Matisse, "[...] e tudo isso vai fermentar em seu espírito e ser reaproveitado".

Para outros em Vence e em outras partes, Matisse parecia estar entrando em uma segunda infância, sentado na cama recortando formas em papéis coloridos, ou brincando com as folhas caídas que recolhia todo outono para desenhá-las em casa. As folhas dentadas e suavemente entalhadas do carvalho, as frondes serrilhadas da cinerária, a folhagem pontuda das plantas de mamona e dos acantos que proliferavam à beira do caminho diante de sua casa – todas eram fascinantes para Matisse. Vence proporcionava-lhe a distância e o isolamento essenciais – tal como havia ocorrido em Ajaccio, Collioure, Tânger, Nice e Taiti – nos momentos cruciais de transição em seu trabalho. E o isolamento só aumentava, pois a chegada do inverno o obrigava a recolher-se ao leito com febre, resfriado e congestão bronquial. Na primavera de 1946, a tensão nervosa provocou a volta dos velhos espasmos intestinais, dessa vez tão agudos que o paciente notou que seus gritos podiam ser ouvidos a um quilômetro de distância. Ele conseguia dormir no máximo três ou quatro horas por noite. "Felizmente levo duas vidas bem distintas, uma diurna e outra noturna. Elas não se misturam. O que mais posso fazer com esta idade? Temos de aceitar o que nos resta, e suportar o que nos incomoda." Uma enfermeira estava sempre de prontidão para lhe massagear as pernas ou preparar uma tisana, qualquer coisa que evitasse os pesadelos que contaminavam seu sono breve com gritos e movimentos convulsivos. Ele foi obrigado a retomar as estratégias de sua infância, fazendo somas de cabeça, contando alto em inglês ou alemão, e até mesmo recitando padres-nossos. Escrevia cartas, preenchia cadernos, copiava trechos ditados ou conversava aos sussurros com a enfermeira ("A noite era a hora das confidências", disse uma delas). Com mais frequência, seus assistentes liam em voz alta durante horas intermináveis, uma vez que a mais breve pausa costumava despertar o paciente de seu estado entorpecido. Ele desenhava e continuava a desenhar no sono, gemendo e apagando erros invisíveis com a mão esquerda. Nesse limbo, sua imaginação despertava, estendendo-se até um espaço que o libertava dos confins da tela, um espaço pictórico ampliado, "além de mim, além de qualquer tema ou motivo, além do ateliê e até mesmo da casa [...] um espaço cósmico no qual, como um peixe no mar, não tinha mais consciência das paredes".

O peixe no mar, o novo espaço e a luz por ele evocada estavam todos associados no espírito de Matisse à sua viagem aos mares do sul. As lembranças de que se impregnara quinze anos antes no Taiti começaram a ressurgir na zona crepuscular entre o sono e a vigília. Foi nesse estado, após seu retorno a Paris em junho de 1946, que começou a transformar as paredes do quarto em que dormia com recortes muito diferentes das imagens intensamente coloridas, montadas separadamente e em grande parte abstratas que recobriam o ateliê em Vence. Em Paris, ele recortou formas brancas de folhas de papel para escrever, as únicas disponíveis. Começou quase ao acaso, produzindo uma andorinha de papel e entregando-a à enfermeira para que a fixasse sobre uma mancha de sujeira na parede. O quarto de Matisse no apartamento do boulevard Montparnasse era revestido de um material de cor pálida que, com o passar dos anos, ficara escurecido, adquirindo um tom pardacento, arenoso e quente. Depois da andorinha branca veio um peixe. "Então, sempre que sofria de insônia, ele pedia à enfermeira uma folha de papel, que recortava e então dizia a ela: 'Coloque ali!'. E assim foi indo", contou Lydia. "Na noite seguinte havia mais duas ou três, depois quatro ou cinco, até que, pouco a pouco, surgiu todo um conjunto. A parede ficou toda coberta."

No início do outono, todas as manchas e marcas haviam desaparecido sob os peixes da laguna imaginária que se materializou pela tesoura de Matisse. A composição estendia-se por quase quatro metros na parede e acabou avançando sobre o umbral da porta e pelo canto do quarto, transbordando para a outra parede em uma onda rítmica, expondo nas profundezas e na superfície, tal como o próprio mar, todo tipo de criatura marinha: algas informes, aves marinhas, golfinhos, tubarões, medusas e estrelas-do-mar, todo o frágil friso onírico pontilhado pelas linhas de espuma e os rendilhados do coral. Matisse, que não realizara nada nessa escala desde a *Dança* de Barnes, havia topado, sem pensar ou repensar, com uma arte mais voltada para os distintos estados da consciência do que para qualquer alusão visual.

Antes mesmo de deixar Vence, ele recusou uma proposta de contrato oferecida por Paul Rosenberg, alegando que estava abandonando a pintura de cavalete em favor dos painéis decorativos. Até então seu único projeto concreto era a encomenda de um cartão para tapeçaria, proposta pelas oficinas estatais Gobelins, mas seus representantes consideraram complicada demais a reprodução do padrão na parede do quarto de Matisse, além do fato de que seria impossível obter aquelas cores. Porém, Matisse também recebeu a visita, nesse verão, de um jovem tcheco que fabricava tecidos e estava abrindo um negócio na Inglaterra, voltado para a produção de lenços de seda desenhados pelos principais artistas modernos. Confiante, inventivo e habilidoso, Zika Ascher se propôs de imediato a transladar as imagens nas paredes de Matisse em um par de painéis de silkscreen, impressos em branco sobre linho, com o mesmo tom do fundo pardacento arenoso e suave.

Matisse concluiu os dois painéis – *Oceania, o céu* e *Oceania, o mar* – em aproximadamente dois meses, montando um ateliê na sala de estar, onde desenhou outro par de tapeçarias para os Gobelins, que lhe haviam recomendado o uso da cor azul. Por isso, Matisse improvisou um fundo de duas tonalidades vibrantes com papel de embrulho comum, que era tudo o que Lydia pôde achar após percorrer todas as papelarias na Paris do pós-guerra. Ele o tratou como um teste para sua capacidade de transformar até mesmo os materiais menos promissores, fixando folhas alternadas de turquesa e verdete, explicando mais tarde que o mais formal dentre os dois desenhos – *Polinésia, o céu* – foi "inspirado na massa turbilhonante de gaivotas acima do pavilhão na promenade em Nice". Todos os quatro projetos para *Oceania* e *Polinésia* foram concluídos até o final do ano. No mesmo período, o trabalho nos livros ilustrados impôs um cronograma exaustivo aos impressores. Tériade lançou *Les Lettres portugaises* em outubro. Após a superação de obstáculos temíveis, o livro *As flores do mal* estava finalmente prestes a ser publicado em 1947, e o mesmo se dava com o mais famoso resultado da parceria de Matisse com Tériade, o álbum *Jazz*. Matisse dedicou parte do inverno a compilar um texto que acompanhasse essas "gravuras intensas e violentas", as quais ele descreveria como uma espécie de arte pop cristalizada subitamente – a partir de "lembranças do circo, contos folclóricos, viagens" – e enfocando de modo tão aguçado uma sensibilidade tão própria do século XX que até mesmo seu criador teve de fazer uma pausa para entender essa mudança de perspectiva.

O rigoroso inverno de 1946-47 foi o primeiro em mais de uma década que Matisse passava em Paris, e quase o levou à morte. A safra usual de febres e congestões foi agravada pela violenta reação do pintor ao tratamento experimental com um medicamento novo, a penicilina. As tempestades de gelo e neve deixaram a Europa paralisada, e os estoques de carvão se revelaram insuficientes para amenizar o frio, com temperaturas mais baixas de que qualquer pessoa conseguia lembrar. No fim de janeiro, Bonnard faleceu em Le Cannet. No mesmo mês, Marquet foi internado para ser submetido a uma cirurgia, voltando para casa sob uma tempestade de neve, a qual ele imediatamente se pôs a pintar. Matisse, mais do que nunca convencido de que Marquet necessitava de cuidados, foi visitá-lo a fim de recitar para o amigo as táticas básicas de sobrevivência: calor, repouso no leito, dieta especial, atenção constante aos golpes de frio e de vento e vigilância diurna e noturna por parte de enfermeiras. "O que você acha?", perguntou Marquet à sua mulher, assim que o visitante os deixou. "Será que vale mesmo a pena viver em tais condições?" Os dois velhos amigos se despediram no dia 5 de abril, pouco antes de Marquet regressar a Vence. Quando, dois meses depois, recebeu a notícia da morte do amigo, Matisse comentou com tristeza que ele próprio não fazia questão de prolongar uma vida como a que levava, tão desgraçada pela dor e pela falta de sono.

Em termos humanos, seu maior consolo nesses anos foram os cinco netos, cujo crescimento acompanhava de perto e cujas visitas esperava com a mesma impaciência terna e orgulhosa de um amante. Ele os desenhou repetidas vezes, sujeitando cada um por sua vez a um escrutínio – estranho, penetrante e, nas etapas finais, quase cego – que os deixava assombrados. "Ele ficava mais atento à forma do que ao conteúdo [...]", comentaria Paul, o filho de Pierre, ao descrever como o avô lhe pediu que contasse a história de um filme recente em uma das primeiras sessões em que posou para um retrato após a guerra. "Ele me fitava com tal intensidade que teria abolido o sentido do discurso mais brilhante, e então de repente me senti livre. Lembro claramente a alegria íntima ao me dar conta de que estávamos coexistindo em um plano completamente novo para mim [...] Também eu fui momentaneamente arrebatado para uma existência na qual a qualidade, e não a quantidade, ocupava o lugar de honra." Esses encontros eram ao mesmo tempo irritantes e estimulantes para os modelos. "A concentração dele é algo assustador", disse Jacqueline, a irmã de Paul, a um amigo. "Ele fica como se estivesse completamente surdo. O talento dele é algo físico, que se concentra na mão [...] Assim que absorve o objeto e deixa de contemplá-lo, é a mão que o conduz. Ele apenas desenha o que resulta disso, o que está dentro dele, como o negativo de um filme."

Mesmo sem um lápis na mão, o peso da presença de Matisse e de suas expectativas inflexíveis podia ser algo assustador. Ele não fazia nenhuma concessão em termos de disciplina, e tampouco exprimia abertamente seu afeto. Mas velava pelos netos com compreensão, e às vezes apreensão, descrevendo a Vassaux a personalidade de cada um em detalhes, revivendo a própria adolescência – enfermidades, exames escolares, casos amorosos, perspectivas profissionais – através das etapas por que passavam, e ocasionalmente intercedendo e instigando os pais a serem mais tolerantes e afáveis. Quando eram pequenos, ele registrou a altura deles na parede de sua casa, e pendurou seus desenhos no quarto em que dormia. Agora organizava para eles almoços e excursões em Paris, e os convidava para passar um tempo com ele no sul. Continuava a ter uma ligação profunda com Claude, um jovem alto e bonito que vestia jeans americanos, e que preservava para o avô algo da coragem e vulnerabilidade que registrara no retrato de Marguerite ainda criança. E ficou encantado com Jackie, a única neta – que herdara sua sensibilidade extraordinária, assim como sua compleição delicada e o cabelo ruivo dourado –, e com as obras exuberantemente expressivas de Peter, o irmão menor de Jackie. Porém, dentre todos os netos, foi no filho de Jean, Gérard, que Matisse reconheceu uma habilidade excepcional como artista, chegando a discutir seu potencial com amigos como Rouveyre e o fundador do surrealismo, André Breton (um inesperado confidente, ao passar dois meses em Antibes depois que voltou à França terminada a guerra). No decorrer dos anos seguintes, Matisse conseguiu que Gérard frequentasse uma escola de arte em Montparnasse, orientou-o regularmente em sessões particulares ("Ele era um professor extremamente severo", diria mais tarde o neto) e, quando o jovem completou dezessete anos, enviou-o em uma viagem para Nova York e o Caribe, algo que, segundo Matisse, teria transformado sua vida se tivesse realizado com a mesma idade.

Solitário e cada vez mais isolado em Vence no verão de 1947, Matisse encontrou cordialidade e conforto na afeição descomplicada de um ex-modelo, Monique Bourgeois, que, como ela mesma disse, havia sido uma espécie de neta honorária até se afastar três anos antes, quando deixou Nice sem aviso a fim de entrar em um convento. Matisse ficou escandalizado, tal como ficaria de novo poucos anos depois quando Nelck anunciou a intenção de se casar com um colega artista. Nem o casamento nem a vida religiosa lhe pareciam motivos adequados para colocar em risco uma vocação séria para a arte, mas não pôde resistir a Monique em seu novo papel como irmã Jacques Marie. Ele voltou a cair sob o fascínio da combinação que havia nela de inocência pouco mundana, força de caráter e uma espirituosidade surpreendentemente picante. A irmã Jacques estava trabalhando como noviça no vizinho Foyer Lacordaire, uma casa de repouso mantida pelas freiras dominicanas. Estas haviam improvisado uma capela em uma garagem abandonada, para a qual a irmã Jacques havia esboçado um vitral de pequenas dimensões. Quando mostrou sua aquarela a Matisse, ela já o conhecia o suficiente para se alarmar com a reação excessivamente entusiástica do pintor diante de sua Virgem perfeitamente banal.

Matisse pintou mais quadros nos doze meses após seu regresso a Vence em abril de 1947 do que em todos os três anos anteriores. "Foi uma verdadeira explosão", comentou Lydia. Na época, os contemporâneos muitas vezes ficavam perplexos diante das cores fortes e até berrantes e das formas abreviadas desses interiores de ateliê, que entrelaçavam tudo o que caía no campo de visão do pintor em um todo tão deslumbrantemente arrojado e simples que a própria tela parece fazer parte da tessitura interna de seu espírito. Mas nada disso aliviava um sentimento cada vez mais forte de insatisfação. Nem o álbum *Jazz* (que teve uma repercussão modesta mas significativa quando publicado em setembro) nem as tapeçarias resultaram em outras encomendas. "O fato é que ninguém procurou Matisse para que fizesse algo monumental", comentou Lydia, "que era exatamente o que ele sonhava fazer." No término de 1947, ele estava frustrado o suficiente para considerar a possibilidade de perguntar a Aragon se o Partido Comunista não estaria interessado em um painel decorativo para uma sala de conferências. Em vez disso, ele mostrou a aquarela da irmã Jacques para um de seus colegas dominicanos, um jovem monge que se recuperava na casa de repouso e que insistiu que o vitral deveria ser desenhado pelo próprio Matisse.

O frei Louis Bertrand Rayssiguier não podia ocupar posição mais subalterna na hierarquia da ordem. Estava com 27 anos de idade e era um acanhado, idealista e inexperiente estudante de filosofia na Sorbonne, sem nenhum contato nos meios artísticos e que jamais vira uma obra de Matisse. Um entusiasta, um modernista instintivo e um admirador de Le Corbusier, Rayssiguier fora arrebatado, tal como antes visitantes bem mais sofisticados, pela Villa le Rêve e a força magnética de seu morador. Matisse mostrou-lhe o *Jazz*, explicando que a única diferença entre o papel recortado e o vitral era que um refletia a luz, enquanto o outro a transmitia, e aludiu ao deslumbramento policromático da catedral de Chartres como um modelo da verdadeira espiritualidade. Rayssiguier assentiu de imediato: "Eu me sentiria muito confortável fazendo minhas orações em seu ateliê, para mim mais confortável que muitas igrejas". No final do primeiro encontro em 4 de dezembro de 1947, os dois haviam esboçado planos não só para um vitral mas para uma capela inteira. Quando Rayssiguier voltou cinco dias depois com uma planta em escala, Matisse pediu-lhe uma maquete de trabalho, que foi feita pela irmã Jacques e entregue ao pintor dois meses depois. No mesmo dia, Matisse escreveu a Rayssiguier, dizendo que conseguia vislumbrar mentalmente a capela pronta.

Todo o esquema era absurdamente pouco prático. Embora Matisse fosse uma figura importante no meio artístico internacional, seu renome não fazia a menor diferença nos escalões inferiores da Igreja Católica. A madre superiora da casa de repouso, conhecendo a reputação que o pintor tinha no local, de lidar com frivolidades, nus ou coisas ainda piores, se recusou até mesmo a transmitir a ideia a uma autoridade superior. As freiras riram ao ver a maquete ("Não dá para rezar dentro disso, mais parece uma sapataria"). O próprio Matisse mencionou uma reviravolta não especificada em seu trabalho, e escreveu desalentado para a filha: "Os artistas são como plantas cujo crescimento no meio da selva depende do ar que respiram e da lama ou das pedras entre as quais se desenvolvem por acaso e sem escolha". Nessa altura, somente a irmã Jacques teve o pressentimento de que, uma vez lançado no projeto, seria impossível impedir Matisse de seguir adiante. Quando Rayssiguier retornou a Vence em abril, ele e Matisse detalharam o projeto de toda a capela, em quatro exaustivas sessões de trabalho.

Matisse instalou uma maquete de papel colorido na parede diante de sua cama, a fim de poder trabalhar dia e noite nos dois grandes vitrais que ficariam na hipotética parede oeste da capela. Em março, ele ficara impressionado com a extraordinária criatividade de Picasso ao pintar pratos e vasos, seiscentos dos quais estavam expostos em Antibes, onde Matisse os viu por duas vezes, sozinho, tomando notas a lápis em seu caderno de esboços.

Em seguida, consultou o ceramista de Picasso sobre uma ideia pouco usual que tivera para uma parede de lajotas de cerâmica esmaltada branca, que seriam decoradas com desenhos "como grafites" em tinta preta e instaladas na capela, na parede oposta à dos vitrais, de modo a refletirem o jogo da luz colorida. Rayssiguier tinha dúvidas, mas, para esse que seria o mais ambicioso de todos os seus projetos decorativos, Matisse passou a agir, para todos os efeitos, como se fosse o próprio responsável pela encomenda. Dessa vez, não haveria nenhum tipo de compromisso, nem reclamações de que suas ideias eram pouco ortodoxas ou inviáveis. O custo não era problema. "Evidentemente estamos gastando dinheiro como milionários", escreveu animado a Rayssiguier, antes de qualquer pessoa ter visto ou aprovado o projeto da capela, ou mesmo obtido um centavo para a construção, "ainda que sejamos ricos apenas em sonhos."

De volta a Paris em junho, Matisse conseguiu um aliado poderoso, o padre Marie-Alain Couturier, um especialista em vitrais e o principal defensor, na França, da modernidade na batalha que se travava sobre o futuro da arte religiosa. Um articulador cosmopolita, circulando à vontade nos altos escalões tanto religiosos como da sociedade, Couturier não tinha ilusões a respeito da Igreja ("A missão do catolicismo não é apenas dar mas também se apoderar de tudo"), nem dos artistas que ela poderia cooptar ("Devemos aceitá-los tais como são [...] por menos cristãos que sejam"). Em poucas semanas ele conseguiu que a capela fosse aprovada por todas as autoridades religiosas relevantes. Matisse entrou em contato com Skira, anunciando em seguida que o editor financiaria o projeto com a publicação de um livro. Rayssiguier escreveu asperamente para as freiras de Vence, que continuavam recalcitrantes: "O que deve ocorrer agora é que a congregação aceite [...] esse presente. E sem delongas, sem dar uma impressão de indiferença, a qual iria – sem a menor dúvida – pôr tudo a perder".

Matisse passou a falar da capela como o coroamento de sua carreira. Ele descartou uma proposta de se solicitar consultoria arquitetônica a Le Corbusier, sugerindo em vez disso um arquiteto conhecido e mais dócil, o acadêmico parisiense Auguste Perret ("Ele vai fazer o que eu quiser", comentou Matisse). As janelas sul e oeste foram desenhadas no apartamento do boulevard Montparnasse, onde duas a três vezes por semana eram realizadas reuniões de trabalho em torno do leito do pintor. Couturier estava sempre ao seu lado, acompanhando-o em visitas à vidraçaria ou à catedral de Notre-Dame, para que visse de que modo o azul e o rosa se transmutavam em violeta na rosácea do lado sul. Eles formavam uma dupla imponente, o imperioso vulto compacto de Matisse contrastando com a altura do companheiro, que era extraordinariamente ascético e tão elegante que corriam rumores de que encomendava o hábito branco a Balenciaga (o pintor pediria a Couturier que servisse de modelo para são Domingos nesse verão). A notícia de que Matisse estava envolvido na construção de uma capela e era visto circulando pela cidade ao lado de um padre desencadeou uma onda de descrença irreverente em Paris, numa época em que os meios intelectuais cada vez mais se convenciam de que a melhor perspectiva para o futuro, não só da França mas de toda a humanidade, estava no Partido Comunista. Picasso foi visitá-lo a fim de inspecionar a maquete e sugeriu que, em vez da capela, construísse um mercado de frutas e legumes, em uma cena relatada com deleite por Matisse, que replicou que os verdes e laranjas dele eram mais vivos que o de qualquer fruta real. Na família também corria outra versão mais incisiva do famoso encontro: "E por que não um bordel, Matisse?". "Porque ninguém me pediu, Picasso."

O apartamento do boulevard Montparnasse agora estava todo colonizado pelo ateliê, tal como no apartamento de Cimiez e na casa de Vence. As visitas dos membros da família eram raras e formais. Matisse entretinha os netos e recorria a Marguerite como intermediária quando precisava resolver algo com a esposa, que não mais lhe dirigia a palavra. Também Georges Duthuit não falava mais com ele, a despeito do fato de ter sido nomeado pelo sogro coautor, com Marguerite, de um *catalogue raisonné* abrangente, um empreendimento descomunal que iria se estender para além da vida de ambos. Marguerite passou a compilar registros e entrar em contato com colecionadores, tornando-se a curadora do passado do pai, enquanto este trabalhava com Duthuit em diversos projetos em andamento, fazendo ilustrações para um texto do genro, *Une Fête en Cimmérie* [Uma festa em Cimmére], e fornecendo-lhe material indispensável, assim como um projeto de capa, para uma obra pioneira sobre os *fauves*. Os dois jamais se encontravam ou se falavam diretamente, comunicando-se por meio de Marguerite em uma atmosfera de tensão constante e, às vezes, explosiva.

O casamento de Jean havia se desfeito no verão de 1948 e a mulher dele estava agonizando com câncer. Pierre, que dividira sua existência entre dois continentes durante anos, reservando a maior parte de sua atenção aos artistas que representava, também estava a caminho do divórcio, anunciando a intenção de se separar no final do ano, o que deixou seu pai extremamente desconsolado. Matisse, que sempre havia sido próximo de Teeny, admirando sua coragem e independência, ficou dilacerado entre a compaixão pela nora e a solidariedade para com o filho. Imagens de colapso e destruição o atormentavam à noite. Ele contou a Pierre que sonhou ter visto os membros da família alinhados como alvos em um parque de diversões, prontos para serem derrubados, um após o outro, por tiros.

Matisse voltou-se com todo o empenho para o projeto da capela, dedicando-se ao desenho dos vitrais com a ajuda de papéis recortados e coloridos, numa concentração ainda mais assustadora do que o normal. "Em Vence, Matisse trabalhava até cair de exaustão", comentou Jacqueline Duhême, uma jovem assistente contratada nesse outono para ajudar no interminável e intricado ajuste dos pedaços recortados de papel. "Sua força de vontade sempre sobrepujava a fadiga." Ele definiu a capela como um lugar onde as pessoas poderiam deixar para trás suas tribulações, "como os muçulmanos deixam a poeira das ruas nas solas das sandálias alinhadas à porta de uma mesquita". A maquete era essencialmente uma máquina para a geração de luz colorida; uma caixa retangular simples, similar aos modelos de madeira construídos para os balés – o *Le Chant du rossignol*, de 1919, e *Le Rouge et le noir*, de 1939. Todos os três remontam aos primórdios dos projetos decorativos de Matisse: o teatro de brinquedo no qual encenara a erupção do Vesúvio com recortes de papel colorido e os espetaculares efeitos de iluminação que produzira aos quinze anos, quando era estudante em Bohain. Para Rayssiguier, ele contou que a labareda de enxofre daquele vulcão tinha uma luz azul pura que ele buscara a vida toda, e só conseguiu reproduzir nos vitrais da capela. "O que me interessa é atribuir espaço e luz a um lugar que, em si mesmo, é desprovido de caráter", disse ele, explicando que a maquete era como um livro em branco à espera de ser preenchido com palavras. "Não preciso erguer igrejas. Há outros que podem se encarregar disso [...] O que estou fazendo é mais parecido com o cenário de uma peça [...] O importante é criar uma atmosfera especial:

sublimar, fazer com que as pessoas se elevem acima dos interesses e preocupações rotineiros."

Segundo Matisse, mesmo que pudesse ter feito ainda menino o que estava fazendo agora – "e é isso o que na época eu sonhava fazer" –, ele não teria ousado. Mas agora dispunha tanto da confiança como da coragem. Tudo o que precisava era preencher aquela caixa vazia (tal como fizera na Villa le Rêve) com o conteúdo de sua imaginação. O único problema grave que vislumbrava era a própria mortalidade. "Ele correra a vida toda", comentou Nelck. "Agora precisava poupar sua força. Era uma competição, uma prova de resistência, que travava com a morte." Nessa prova, a Igreja proporcionou um apoio especializado. Matisse, que sempre fora impelido por uma força que estava além de seu controle, agora pela primeira vez na vida viu-se rodeado de pessoas que se expressavam naturalmente na mesma linguagem da dedicação, da sublimidade e da submissão a que ele recorria para entender sua experiência como artista. Rayssiguier disse-lhe que sua vida lhe parecia mais genuinamente monástica que a de muitos monges reais. Matisse não tinha nenhuma dificuldade para entender as doutrinas religiosas de sacrifício e penitência, ou a implacável imposição de uma vontade divina que coincidia em todos os pontos com a vontade de seus intérpretes ("Queremos o mesmo que Deus", explicou Rayssiguier, "e fazemos o que achamos que Ele quer de nós"). Tanto Rayssiguier como Couturier não tinham problemas para aceitar que a vontade do pintor era absoluta nesse sentido. Quando a irmã Jacques protestou, dizendo que havia entendido que Matisse fora diretamente inspirado por Deus Todo-Poderoso, ele retrucou suavemente: "É isso, mas o deus sou eu mesmo".

Após nove meses de intenso planejamento, a capela não cabia mais no ateliê de Vence. Matisse decidiu então transferir as operações para Cimiez, voltando ao apartamento no Regina na primeira semana de janeiro de 1949, logo após completar oitenta anos de idade. A primeira coisa que fez foi esvaziar o grande ateliê, retirando de lá o filodendro gigante que lhe servira com tanta fidelidade por quase duas décadas ("Fico com o coração pesado ao pensar que a planta tem de ir embora"), a fim de abrir espaço para os modelos em escala real dos vitrais: um conjunto de quinze janelas altas e delgadas na parede sul da capela dispostas em ângulo reto com uma janela dupla maior na parede oeste atrás do altar. O apartamento se tornou, nas palavras do próprio pintor, uma espécie de fábrica. Andaimes, escadas e plataformas construídas com caixotes sustentavam a cadeira na qual se acomodava com um pincel fixado a uma vara de bambu a fim de pintar os painéis de cerâmica da parede, dispostos abaixo dele no piso. Ele se movimentava entre os três ateliês em seu leito-táxi, como o chamava, uma cama equipada com rodas, bandeja para o material de pintura e encosto acolchoado para mantê-lo ereto durante as sessões de trabalho.

Os espaços altos, despojados e impessoais do ateliê principal eram animados pelo tráfego constante de fornecedores especializados, entregadores e carregadores. Os assistentes que chegavam para o trabalho de manhã entravam em uma zona de alta-tensão, perigosa mas eficiente e crepitando de emoção. "A atmosfera sempre era vibrante, estimulante, cheia de exclamações de raiva ou prazer", lembrou Paule Martin, outra jovem assistente que se encarapitara nas escadas, fixando os papéis ou ajudando a desembalar as pesadas e frágeis lajotas feitas à mão e prontas para serem pintadas. Matisse reorganizava inteiramente os três ateliês a cada poucas semanas, reposicionando o leito-táxi e revirando o lugar de cabeça para baixo ao se concentrar sucessivamente nos elementos isolados do projeto, deixando de lado a maquete de uma janela a fim de começar outra, passando do vitral para os painéis de cerâmica, retornando constantemente a qualquer elemento já concluído para alterá-lo ou reconfigurá-lo à luz do progresso feito em outros. O objetivo era conferir ao conjunto todo a fluidez de uma pintura a óleo. Esse método tateante lhe serviu até o final, o que levou à loucura pedreiros, vidraceiros e especialistas em telhado quando a capela começou a ser erguida no canteiro de obras em Vence. Mais tarde, olhando para trás, Rayssiguier diria que o ideal teria sido "demolir completamente a capela de tempos em tempos de modo que Matisse pudesse manipular paredes, janelas e lajotas de cerâmica com a mesma facilidade com que reordenava os quadros ou as colagens de papéis recortados".

Rayssiguier ficou impressionado, e até mesmo chocado, com o modo como Matisse trabalhava, e sobretudo com a tranquilidade com que o pintor aceitava os reveses. Ele concebeu dois conjuntos totalmente distintos de projetos para as dezessete janelas ("Era como uma pedra preciosa em sua condição natural, intocada", comentou ele a respeito do conjunto inicial, que lhe custara quatro meses de trabalho. "O novo conjunto é a mesma pedra, mas agora lapidada"). Somente após concluir a segunda versão, em fevereiro de 1949, Matisse notou que se esquecera de levar em conta uma estrutura de barras pretas esmaltadas, o que o obrigou a refazer tudo pela terceira vez. "Ele não está nem um pouco incomodado com a necessidade de refazer as janelas", anotou Rayssiguier em seu diário. Cada novo início enriquecia e refinava o resultado final. As janelas foram afinal concluídas em meados de março, após exaustivas sessões de trabalho de até onze horas ininterruptas. Ao contrário das duas anteriores, essa versão final – *A árvore da vida* – não tem nenhum tom de vermelho, uma mudança que proporcionou uma limpidez, serenidade e calma extraordinárias à música visual da capela.

Em abril, Matisse passou a selecionar as amostras de vidro. Ao longo dos dois anos seguintes, ele estudou as propriedades do vidro, das lajotas, da pedra e dos metais, pouco se importando quando os especialistas lhe asseguraram que o que ele propunha jamais havia sido feito e jamais poderia ser realizado da maneira que desejava. Ele provocou o caos na Boney, uma empresa parisiense acostumada a produzir imensos e esplêndidos vitrais a partir de pequenos desenhos a guache feito por artistas como Rouault. Matisse foi pessoalmente às oficinas da Boney, solicitando informações sobre todas as etapas de produção, prestando uma atenção exaustiva à espessura, translucidez e acabamento, antes de afinal apresentar os projetos em escala real com especificações pormenorizadas (entre as quais um impossível amarelo-limão que só foi encontrado após buscas em toda a França e até no exterior). A mesma meticulosidade incansável estava presente em todos os detalhes, desde as maçanetas das portas e as telhas até a iluminação, a calefação, a ventilação, o mármore do altar e os cinco tipos diferentes de lajotas para o piso, especialmente encomendados nas Ardenas para se obter um jogo de cores quase invisível na borda decorativa em torno da plataforma do altar. Georges e Suzanne Ramié, que haviam transformado sua oficina de cerâmica em Vallauris em um anexo informal do ateliê de Picasso, embarcaram agora em uma nova série de experimentos arriscados, e por vezes catastróficos, sob a orientação de Matisse. As lajotas de cerâmica para a parede acabaram quase todas danificadas na primeira queima em junho, e se mostraram tão imprestáveis em uma segunda tentativa em agosto que o casal Ramié foi pessoalmente a Cimiez, acompanhado de Picasso e Gilot, todos os quatro mais chocados do que Matisse, que sentia, tal como um atleta em treinamento, que o fracasso e os reveses faziam parte dos preparativos rotineiros para novos experimentos.

Essas experiências eram realizadas ao mesmo tempo que o projeto passava a atrair cada vez mais a atenção pública. A história do célebre pintor de odaliscas atraído por uma freira jovem e pura para o seio da Igreja Católica alimentou manchetes de Nova York a Tóquio. A imprensa francesa reproduziu um artigo da revista *Vogue* junto com uma imagem romântica da irmã Jacques com a aparência, como ela própria admitiu, de uma jovem estrela de Hollywood com cílios longos e nariz arrebitado. Para ela, isso era apenas mais um dos incontáveis aborrecimentos em quatro anos de atritos crescentes. As freiras com quem convivia no Foyer Lacordaire, desde o início contrárias à capela, e que achavam (como a maioria dos moradores locais) que qualquer criança pintava melhor do que Matisse, reagiram com perplexidade aos sucessivos ataques do pintor a tudo o que tinham por conhecido e sagrado. Para a maioria conservadora da Igreja, as invenções dele não pareciam apenas monstruosas, mas também blasfemas. "Fui tomada de pânico", disse a irmã Jacques, ao descrever o dia em que viu pela primeira vez as imagens da via-sacra de Matisse, delineadas à mão livre com tinta preta espessa sobre as reluzentes lajotas brancas, formando uma sequência violenta de imagens coaguladas, caricatas e, em alguns casos, quase incompreensíveis. Esse foi o único aspecto da capela que contou com a aprovação irrestrita de Picasso (mais tarde, ao ver o brilho borboleteante das casulas pintadas por Matisse, admitiu que também estas eram admiráveis). Agora, a irmã Jacques viu-se responsabilizada, por toda a comunidade, por um empreendimento que, em seu íntimo, considerava medonho. "Como iria convencê-las a aceitar esses desenhos? Fiquei ali estatelada, em estado de choque, completamente arrasada." Embora de tempos em tempos solicitasse ajuda de sua orientadora no noviciado, sempre recebia a resposta severa de que uma capela destinada ao sacrifício da missa inevitavelmente requer o sofrimento daqueles envolvidos ("Os construtores de igrejas nunca conseguiram fazer nada de belo ou bom sem serem crucificados por seu esforço").

Rayssiguier também estava submetido a pressões consideráveis. Ansioso, sincero, decidido e tão obstinado quanto pouco diplomático, suas tentativas de intermediar o relacionamento do pintor com as freiras e os construtores muitas vezes deixavam exasperados todos os envolvidos. Rayssiguier já apresentara uma vez sua demissão a Matisse, que a recusou com franqueza peremptória e comovente: "Sou um inválido, mesmo que me esforce ao máximo para disfarçar isso. Preciso de alguém que seja meu braço direito, sem você não consigo fazer nada". Rayssiguier fazia a mediação essencial, mas quem comandava a operação no dia a dia era Lydia. Ela organizava os suprimentos, mantinha o contato com os círculos artísticos e administrava a mão de obra feminina permanentemente instalada em Cimiez: cozinheira, lavadeira, enfermeiras (uma para o dia e a outra para o turno da noite), pelo menos um modelo, além de uma série de assistentes. Estes se encarregavam de todas as tarefas do ateliê, além de posar para o Cristo (cujos modelos foram dois estudantes de arte, Jean Martin, o irmão de Paule, e Victor Crosals, o namorado de Nelck) e a Virgem Maria (cujo rosto oval e postura ereta esguia baseavam-se na filha de catorze anos de Henriette Darricarrère, agora casada com um especialista em asma e vivendo em Nice). Muitas das assistentes de Matisse também eram artistas em potencial: jovens brilhantes, decididas e vigorosas, ansiosas por conhecer o mundo e escapar dos constrangimentos do ambiente familiar. Elas eram bem remuneradas e tratadas com generosidade, sempre convidadas para o almoço ou o chá e apresentadas às celebridades que visitavam o ateliê. O ritmo de trabalho era exaustivo, mas amenizado por Lydia com pequenos regalos e presentes, caixas de bombons, ingressos para balés, viagens a Paris. Eram frequentes as ocasiões festivas em que se abria uma garrafa de champanhe e, encerrada a jornada de trabalho, todos se reuniam no ateliê para beber uma taça de moscatel e olhar o último livro recém-chegado de Paris, ou para brincar com os quatro gatos que tratavam o território de Matisse como se fosse deles.

Todas as rotinas giravam em torno do pintor, que exercia seu domínio – em parte paxá oriental, em parte disciplinador vitoriano – do leito. Modelos e assistentes eram ciosamente protegidos, afastados de contatos com o exterior e mais ou menos confinados no apartamento ("Não havia domingos de folga com Matisse"). Os espíritos mais arrojados que se esgueiravam para fora à noite ou contrabandeavam namorados para seus quartos acabavam enfrentando interrogatórios inclementes na manhã seguinte. Matisse não tinha a menor paciência com as frívolas objeções que opunham à disciplina que ele vinha observando por anos ("Pobrezinhas, elas não entendem nada", comentou complacentemente, "mesmo assim, não posso abdicar de meus domingos em favor dessas jovens criaturas, só porque elas têm vontade de ficar com seus namorados"). O preço era alto, mas, em retrospecto, valia a pena. Até mesmo aquelas que na época se ressentiam amargamente de suas exigências admitiram mais tarde que Matisse dava muito mais do que tomava. Ele abria portas, mudava vidas e proporcionava acesso a riquezas antes impensáveis. "O trabalho também se tornou uma paixão para mim", comentou Paule Martin. Artistas como Nelck e Duhême, que aprenderam a desenhar com Matisse, ficaram indelevelmente marcadas pelo resto da vida. "Ele tinha um lado duro e exigente [...] uma espécie de rigor absoluto", escreveu Duhême meio século depois. "Para mim isso foi o mais importante que aprendi com ele."

No dia a dia, contudo, as pressões associadas a esse modo de vida eram massacrantes. "Era um cativeiro", comentou Paule, "sobretudo para Lydia". No mundo fechado da casa de Matisse, Lydia zelava pela ordem, o bom humor e o equilíbrio, mantendo um robusto bom-senso diante dos motins incipientes e da histeria por vezes mal reprimida. Em última análise, tudo recaía sobre ela. Ela poupava Matisse das intromissões – admiradores, lobistas, solicitantes, visitantes dominicais que caminhavam até Cimiez "para ver o pintor" – e preservava o contato dos membros do ateliê com o mundo externo. Lydia não tirava férias, não saía para espairecer à noite e só deixava o ateliê em ocasionais viagens a trabalho até Paris. Seu único momento de solidão ocorria quando fechava a porta do quarto à noite, servia-se de uma dose de bebida sem gelo e acendia um cigarro. Ela exercia uma autoridade impassível e discreta, mas, quando provocada em demasia, seu rosto escurecia de tanta raiva, segundo Matisse. Ele a chamava de sua princesa da neve, mencionava constantemente suas qualidades incomparáveis e mal conseguia suportar a ausência dela. Mas também sabia como provocá-la de tal modo que ela perdia o controle e praguejava alto em francês.

Ele próprio estava sempre murmurando imprecações e xingamentos enquanto desenhava ou pintava, mas era à noite, quando não podia mais trabalhar, que a exaustão o tornava vingativo e maldoso. Ficava remoendo soturnamente sua incapacidade e invalidez, desabafando a frustração sobre os modelos cativos ou sobre as enfermeiras do turno da noite, que na maior parte das vezes permaneciam apenas poucos meses ao seu lado. Lydia não desabafava com ninguém, mas havia ocasiões em que sua palidez leitosa se acentuava e os olhos vermelhos pareciam marejados. Todos os membros da casa sabiam que ela guardava uma pequena mala arrumada no guarda-roupa, e ninguém duvidava que iria embora sem aviso ou remorso, se as provocações de Matisse se tornassem intoleráveis. Porém, as mulheres mais jovens, como Paule Martin ou Annelies Nelck, que tomavam o partido de Lydia, embora indignadas contra a tirania dele e a submissão calada dela, acabaram por se dar conta de que Lydia, cuja determinação era comparável à de seu patrão, era por vontade própria tão prisioneira da obra de Matisse quanto ele.

Em 12 de dezembro de 1949, foi colocada a pedra fundamental da capela em Vence, durante uma cerimônia a que Matisse não pôde comparecer por estar debilitado demais. Ele comemorou o octogésimo aniversário tranquilamente, na companhia dos três netos mais velhos, a quem desenhou no teto acima de seu leito, com um pincel de cabo longo, de modo que lhe fizessem companhia durante a noite. O apartamento em Cimiez ficou repleto de homenagens, flores e presentes. Comemorações antecipadas vinham sendo realizadas desde dois anos antes, quando foi inaugurada uma retrospectiva importante no Museu de Arte da Filadélfia, seguida de uma mostra de obras recentes na galeria Pierre Matisse em Nova York. O crítico Clement Greenberg proclamou Matisse como o maior de todos os pintores vivos, e a galeria ficou tão lotada durante toda a mostra que, segundo Pierre, se abrisse as janelas os admiradores da arte acabariam caindo na rua lá embaixo. Já os franceses receberam com mais reticência uma exposição de quadros recentes no Museu de Arte Moderna em Paris, no verão de 1949, quando as criações com papel recortado foram mais ou menos explicitamente descartadas, consideradas um indício de que Matisse estava velho e infantilizado demais para ser levado a sério.

As notícias sobre a construção da capela só intensificaram o desdém dos meios artísticos. Até o fim da vida do pintor, os rumores de que havia abandonado o ateísmo de toda a vida para se tornar católico praticante rivalizavam com boatos opostos de que estava prestes a se filiar ao Partido Comunista. Matisse, que ficaria satisfeito de criar uma decoração pública para qualquer uma dessas instituições, aceitou as propostas de ambas, mas de acordo com seus termos. Ele emprestou obras recentes para uma exposição organizada pelo conselho municipal pró-comunista de Nice em 1951 e que contava com forte apoio da Igreja ("Nunca vi tantos padres juntos em toda a minha vida", escreveu Janie Bussy para Vanessa Bell). Cinco meses depois, ele concluiu os projetos para a capela – "o que significa que agora estou pronto para morrer", disse a Couturier – e celebrou a primeira exibição pública do conjunto na Maison de la Pensée Française, apoiada pelos comunistas, em Paris. Foi uma explicitação de posicionamento que exasperou Picasso (que convencera Matisse a expor ali), constrangeu Aragon (que montou a exposição) e claramente deixou o público confuso.

Nesse mesmo verão, Matisse substituiu os modelos de vitral em suas paredes por composições com papéis recortados no mesmo formato alto. *As mil e uma noites*, *As criaturas do mar* e *A dançarina crioula* se refestelavam com as cores que ele havia deixado de lado no projeto da capela. *A dançarina*, realizada em um único dia em junho, parece ao mesmo tempo estar implodindo e explodindo sobre um tabuleiro quadriculado de vermelho, azul, rosa, laranja, preto e amarelo, nada restando além da cabeça, das fitas verdes e de dois rufos pontudos nas cores azul e branca que poderiam ser um corpete acima de uma saia girando e esvoaçando, como as asas de um pássaro durante o voo. Matisse reconheceu que havia algo excepcional nessa *Dançarina* e preferiu guardar consigo o quadro, explicando a Pierre que não tinha certeza de que voltaria algum dia a produzir algo do mesmo nível.

A fabricação dos vitrais em Paris provocou uma avalanche de problemas técnicos e financeiros. Forçado a desistir de vários esquemas de financiamento pouco viáveis (entre os quais a ideia de uma edição de luxo feita por Skira), Matisse acabou abrindo uma conta bancária em nome da capela e solicitou contribuições, oferecendo de graça seu trabalho, contribuindo ele mesmo para a conta e, sempre que os recursos ficavam escassos, reforçando-a com a venda de litografias ou mesmo quadros. Tal comprometimento financeiro era motivo de preocupação para ele, mas as débeis tentativas de reduzir as despesas foram sobrepujadas pelos problemas na vidraçaria. A estada de Matisse em Paris prolongou-se no final por quatro meses, de meados de julho a meados de novembro, durante os quais supervisionou a fabricação em um estado de frustração fervilhante, às vezes perigosamente próximo do ponto de ebulição ("Você bem sabe o quanto me dediquei a essa capela", escreveu incisivamente a Couturier, "e todo esse esforço terá sido em vão se ela não ficar *perfeita*"). Enquanto isso, a tensão entre os construtores, as freiras e o desafortunado Rayssiguier alcançava novos patamares quando chegou a hora de construir o telhado da capela em Vence. Quando afinal os vitrais foram colocados, Matisse considerou o efeito melhor do que havia esperado, com a mesma satisfação curiosamente impessoal que sentira vinte anos antes, quando a *Dança* de Barnes foi pendurada em Merion em meio a uma atmosfera de mal contida violência. "É muito estranho, dá impressão de que o início do meu octogésimo segundo ano marca uma passagem para o desconhecido [...]", escreveu a Vassaux, em 6 de janeiro de 1951. "Fui eu que coloquei a coisa toda em movimento, e o resultado é sublime, mas me sinto quase totalmente desvinculado dele." Para seu amigo mais antigo, ele resumiu o modo como reagiu à capela com uma metáfora que remonta à rígida hierarquia da cidadezinha em que ambos viveram quando jovens: "Imagine um simples carteiro diante do filho que se tornou general".

Em fevereiro, Gérard Matisse foi atropelado por um caminhão em Paris e ficou à beira da morte durante três meses. Ele iria se restabelecer plenamente, mas o episódio deixou todos os parentes muito abalados. Os sentimentos de Matisse pela família, sempre intensos e por vezes dolorosos, se exprimiam plenamente no apego pelos netos, que costumavam se hospedar regularmente no apartamento de Nice, trazendo notícias dos pais e da avó. Amélie se estabelecera em uma magnífica propriedade em Aix-en-Provence, empregando sua energia considerável no projeto, empreendido em conjunto com Marguerite, de estabelecer os registros perdidos ou inexistentes das heroicas décadas iniciais do trabalho do marido. A esposa e a filha de Matisse, agora completamente desvinculadas do funcionamento do ateliê, tornaram-se nessa época as guardiãs da reputação póstuma do artista. Jean voltara a se casar e raramente visitava o pai. Pierre – que também se casara de novo, com Patricia Matta, a jovem ex-mulher de um dos antigos artistas representados por sua galeria – era o único filho que mantinha um contato próximo, caloroso e difícil com a atividade de Matisse em Cimiez.

Coube a Pierre representar o pai na cerimônia de consagração da capela, realizada em 25 de junho de 1951 pelo arcebispo de Nice, monsenhor Rémond, com a presença do vice-prefeito socialista da cidade, o formidável Jean Médecin. O impacto inicial da capela, como ocorrera tantas vezes com as obras de Matisse, foi o oposto do que ele havia imaginado. As alas conservadoras da Igreja reagiram ao fulgor da publicidade mundial com uma virulência que lembrava o alvoroço provocado quase meio século antes pelos quadros *A dança* e *A música*. As acusações de sacrilégio e o escândalo ocasionaram uma incisiva intervenção do próprio Vaticano. As freiras foram as primeiras a sucumbir ao efeito atmosférico da nova capela. No período de doze meses, toda a congregação, com a madre superiora à frente, havia mudado de opinião, substituindo os ataques à capela por uma defesa unânime de sua tranquilidade consoladora e contemplativa. "A madre Gilles e as irmãs estão contentes e enfrentam corajosamente aqueles que chegam dispostos a escarnecer e a ridicularizar", relatou Lydia a Rayssiguier. A partir de então, sempre que queriam saber o significado das imagens da via-sacra, os visitantes indignados ou zombeteiros recebiam uma resposta firme da freira que tomava conta da capela: "Significa que são modernas".

O estado de Matisse após quatro anos de tensão incessante foi bem resumido por seu médico homeopata: "Há um ditado que fala de 'se entregar de coração a uma coisa'. Você poderia dizer mais – pois deu o próprio coração para a capela". A fadiga cardíaca era complicada pela insônia costumeira, dificuldades respiratórias e uma deterioração da visão tão grave que, no final do ano, havia momentos em que o pintor mal conseguia enxergar. Ele começara a se dedicar a uma imensa composição de papéis recortados, com dimensões maiores do que qualquer outra tela que havia pintado, trabalhando nela à noite com a ajuda de uma jovem enfermeira trazida de Paris no outono de 1951. Com dezenove anos de idade, Denise Arokas era morena e tinha um corpo esguio e flexível. Matisse fez com que colocasse flores no cabelo e a desenhou na mesma postura da figura à direita no quadro *As mulheres de Argel* de Delacroix, o que conferiu graça e pungência à jovem dançarina à direita de seu próprio *Tristeza do rei*. Em carta a Couturier, Matisse descreveu as três figuras no centro da tela: "o rei pesaroso, a dançarina sedutora e um fulano tocando uma espécie de violão que emite uma saraivada de pratos voadores, de cor dourada, que se elevam até o topo da composição e terminam agrupados em torno da dançarina em movimento".

Sempre que revia sua carreira nesses derradeiros anos, Matisse insistia que perseguira os mesmos objetivos desde que começara a pintar. Aqui pela última vez invocava seu alter ego – o músico com o violão ou o violino – em um cenário que remonta às narrativas bíblicas de sua juventude, assim como às feiras setentrionais com exóticas dançarinas ciganas, que lhe haviam proporcionado ainda menino os primeiros vislumbres de um mundo da imaginação mais amplo, mais rico e mais estranho. A *Tristeza do rei* remete às mesmas imagens populares de *Jazz*, mas há uma nova grandeza e compaixão nessa fábula da arte, da vida e da mortalidade, representada pelo violonista com mãos poderosamente expressivas tocando para uma ágil e jovem dançarina, ao passo que o rei idoso, aninhado aos pés deles, estende a mão em despedida ou saudação. O vigor brilhante e elegíaco da tela foi reconhecido de imediato pelos jovens artistas encarregados da seleção de obras para o Salão de Maio, em 1952, e antes disso, também por Georges Salles, o diretor-geral dos museus franceses, que a viu no ateliê de Cimiez e sem hesitar tomou medidas para que fosse adquirida pelo governo.

Durante a década anterior, Matisse convencera Skira a encomendar, sucessivamente, um texto sobre sua vida e obra escrito por Aragon, o *catalogue raisonné* compilado pelos Duthuit e um livro de fotos sobre a capela. Até sua morte, nenhum desses projetos havia sido concluído (o primeiro e o último acabariam sendo publicados décadas depois; o catálogo, dividido em muitos volumes, ainda está sendo realizado). O único levantamento sério publicado durante a vida do pintor foi o lúcido, eloquente e erudito *Matisse: His Art and His Public*, escrito por Alfred Barr para acompanhar uma mostra retrospectiva organizada no final de 1951 pelo Museu de Arte Moderna de Nova York. Mas essa primeira tentativa de estabelecer um enquadramento histórico básico deixou consternados tanto o pintor como sua família, reativando uma reticência arraigada desde o escândalo do caso Humbert. A despeito da paciente instigação de Pierre, adepto da concepção americana de que o conhecimento deve ser livre, seus pais e sua irmã reagiram com desconfiança aos questionários escritos enviados por Barr, ou a seus representantes que chegavam regularmente de Nova York com solicitações cada vez mais urgentes de informações. A situação complicava-se ainda mais pelo fato de muitas das obras importantes continuarem, para todas as finalidades práticas, inacessíveis. Em um discurso emotivo na abertura da exposição no Moma, Barr delineou as devastações ocasionadas por meio século de guerra, revolução e ditadura totalitária, ressaltando o desaparecimento dos quadros em Moscou, que ninguém mais vira desde 1947.

Após a guerra, Lydia retomou o contato com as autoridades soviéticas, ao comprar um lote de desenhos de Matisse e enviá-los ao Museu de

Arte Moderna Ocidental em Moscou, em um gesto de solidariedade com o sofrimento de seus compatriotas (nas três décadas seguintes, ela repetiria o gesto em outras ocasiões, no final doando todos os quadros e desenhos que recebera de Matisse como uma reserva para o futuro). Em junho de 1947, o próprio pintor enviou outro desenho, mas nem essa doação nem os esforços empreendidos por Barr por intermédio da embaixada americana resultaram em notícias dos quadros anteriores a 1914, que permaneceriam trancados nos porões soviéticos até depois da morte de Stálin e de Matisse. Os quadros pertencentes ao dr. Barnes em Merion também continuavam inacessíveis. Além do legado do casal Sembat em Grenoble, a única coleção importante transferida intacta para uma instituição pública foi a de Etta Cone, que, ao falecer em 1949, deixou mais de quarenta quadros, dezoito esculturas e incontáveis desenhos para o Museu de Baltimore. Matisse havia tratado a coleção Cone como uma espécie de tesouro particular, e agora dispunha de outra arca equivalente, no início mais simbólica do que efetiva: um museu Matisse em sua cidade natal, Le Cateau. Fundado por iniciativa do prefeito e de um grupo de comerciantes locais, inaugurado com desenhos doados pelo artista e instalado no primeiro andar do pequeno edifício em estilo Renascença que abrigava a prefeitura (onde seus pais haviam se casado mais de oitenta anos antes), o museu foi inaugurado em novembro de 1952 com a presença dos três filhos do pintor, cuja generosidade iria assegurar sua transformação no repositório imaginado por Matisse.

Nessa época, ele estava apreensivo até mesmo com o destino da capela. O temor de um fechamento compulsório ("Ele comentava a possibilidade de mudanças de governo, perseguições e expulsões") foi ainda mais exacerbado pela convicção, manifestada por Aragon, de que o edifício provavelmente se tornaria um salão de baile assim que os comunistas chegassem ao poder na França. Enquanto se intensificava a percepção pública da obra de Matisse como relativamente superficial em comparação com a de Picasso, os dois pintores se aproximavam em particular. Picasso pintava a violência e a devastação. Matisse buscava na arte a serenidade e a estabilidade que a vida não podia dar. Mas o principal motivo de sua reputação ser temporariamente eclipsada pela de Picasso na segunda metade do século XX foi que áreas inteiras da produção de Matisse permaneciam praticamente desconhecidas. Uma série de aquisições importantes pelo Moma de obras realizadas antes e durante a Primeira Guerra Mundial – o *Ateliê vermelho*, de 1908; a versão alternativa da *Dança* de Shchukin, de 1909; *A aula de piano*, de 1914; e *Os marroquinos*, de 1916 – produziu forte impacto retardado em sucessivas gerações de artistas americanos após a Segunda Guerra. Mas o que Matisse estimou que seria um intervalo de tempo de meio século ainda estava valendo. Depois de uma única e pequena mostra de seus papéis recortados na Galeria Berggruen em Paris, em 1953, houve um intervalo de duas ou três décadas até que os meios artísticos ou o público começassem a entender a obra realizada por ele no fim da vida.

No início da década de 1950, os visitantes mal conseguiam encontrar palavras para descrever o ateliê em Cimiez. "Um gigantesco quarto branco como nenhum outro no mundo", disse um jovem pintor inglês que lá chegou por recomendação dos Bussy e levando como presente limões do pomar deles. "Um laboratório fantástico", escreveu Georges Salles, que sentiu fios invisíveis de alta-tensão cruzando todo o espaço. "As vibrações são tão próximas nesses quadros, as forças se mantêm em equilíbrio tão frágil que dá a impressão de que o menor erro de cálculo provocaria uma catástrofe. A retina é levada ao limite de suas possibilidades." Matisse dizia aos visitantes que o apartamento todo estava antes tão cheio de plantas e aves que ele sentia como se estivesse em uma floresta. Agora havia se livrado das plantas e dado o último de seus pombos de raça para Picasso (que o retratou no famoso cartaz *Pomba da paz*, que circulou pelo mundo anunciando uma conferência comunista em 1949). Matisse preencheu as paredes brancas com folhas, flores, frondes e frutos de florestas imaginárias, todos feitos com recortes de papel. Figuras azuis e brancas – acrobatas, dançarinos, nadadores – faziam piruetas e mergulhavam em mares artificiais. A cor desencarnada parecia emanar não tanto de alguma imagem em particular mas do próprio espaço. "Uma dispersão límpida de cor banha todo o aposento", escreveu André Verdet, "reluzindo como um arco-íris, brilhando como um relâmpago, tornando-se suave e maleável, e voltando a ficar iridescente [...] azul, laranja, roxo, verde-amêndoa, ordenadamente, cores organizadas, cada qual com sua configuração e lugar no conjunto das formas".

Matisse no ateliê em Cimiez, 1953.

À medida que se acelerava a corrida de Matisse contra a morte, ele temia que cada obra pudesse ser a derradeira. Passou a esculpir a cor com tanta vitalidade e rapidez que mal podia ser acompanhado pelas jovens assistentes. O ritmo de trabalho exaustivo nos quatro *Nus azuis* sucessivos deixou Paule Martin estupefata. Pierre, que organizou um fluxo de peças decorativas para clientes americanos, chegou a ter dificuldade para dar um destino à produção do pai. Em 1952, Matisse desenhou um vitral para a casa de Tériade e outro para a edição de Natal da revista *Life*, dando início a um terceiro para o próprio Pierre, ao mesmo tempo que preparava o projeto de um mausoléu e três desenhos alternativos para um pátio com lajotas na Califórnia ("Picasso, que jamais fazia comentários, disse espontaneamente que [...] somente Matisse poderia ter feito algo como aquilo"). Para si mesmo, concluiu uma imensa obra intitulada *Piscina*, que ocupava duas paredes inteiras do ateliê, e outra ainda mais grandiosa, *O periquito e a sereia*. Entrevistado por um jornalista, afirmou que se sentia mais alheio do que nunca em relação às tribulações que ameaçavam derrubá-lo. Agora trabalhava tal como no passado ouvira o grande violinista Eugène Ysaye tocar, mal articulando as frases isoladas de uma sonata de Mozart, acariciando as cordas do instrumento com tal leveza que "era como se restasse apenas a essência de cada frase musical. Era assim que ele tocava no fim da vida. O violinista dava a impressão de se acompanhar com murmúrios que mais pareciam um descuido. Era como se não estivesse tocando para ninguém além dele mesmo [...]".

Perto do final de 1952, a caligrafia de Matisse começou a ficar tremida. Em setembro, ainda redigiu um bilhete para Marguerite em letras de forma elegantes e titubeantes, mas depois disso preferia ditar suas cartas. Também sofria de espasmos intestinais, assim como de crises asmáticas e surtos de vertigem. Grandes ondas de desalento ameaçavam engolfá-lo. Os médicos tratavam dele "com a ponta dos dedos", segundo René Leriche, o cirurgião que lhe salvara a vida em Lyon mais de uma década antes e a quem todos os anos Matisse enviava um livro ou um desenho em agradecimento. Nesses anos, Marguerite dedicou grande parte de seu tempo para fazer companhia ao pai em Nice, deslocando-se com frequência a Aix para cuidar da mãe. Matisse não ia mais a Paris, tendo passado os verões de 1953 e 1954 em uma *villa* perto de Vence, repousando "em silêncio e quase completamente incógnito". Era um retorno ao isolamento dos primeiros anos com Lydia, que não conseguia mais se afastar dele, nem mesmo por uma noite ("Não era porque ele me impedia, mas o pesar e a ansiedade dele eram tão fortes que eu perdia toda vontade de sair"). Ela se habituara a dormir de maneira intermitente, levantando-se três ou quatro vezes a fim de aliviar os sofrimentos noturnos do pintor, de modo que este pudesse recobrar forças para retomar o trabalho por algumas horas no dia seguinte. No início de 1954 Simon Bussy faleceu. A irmã Jacques tentou em vão convencer Matisse a aceitar ser sepultado em sua própria capela, provocando uma rara explosão de fúria de Lydia, para quem o oferecimento perturbava a paz que ele ainda desfrutava e prejudicaria a reputação dele depois de morto ("A capela [...] deixaria de ser uma obra desinteressada e se tornaria um exemplo de sua imensa vaidade").

"Estou começando a tomar o lugar de Renoir na Côte d'Azur", escrevera Matisse logo após sua operação, ciente de que a única perspectiva de sobrevivência que lhe restava era aceitar a existência restrita de um inválido permanente. Ele havia admirado a coragem de Renoir nos primeiros anos em Nice, e agora seguia o exemplo do derradeiro encontro de ambos em

Cagnes, ocasião em que notara a vida e o vigor retornando ao pintor agonizante quando o pincel era amarrado em suas mãos enfaixadas. "Nunca vira antes alguém tão feliz", comentou Matisse. "E foi então que prometi a mim mesmo que, ao chegar a minha hora, eu também não seria um covarde." Alberto Giacometti, um dos poucos de sua geração baseada em Paris que admirava sem restrições a capela de Matisse, o visitou nessa primavera para desenhar-lhe o retrato, retornando no outono de 1954. Giacometti desenhou Matisse no leito, explorando com delicadeza e sentimento o crânio sob a pele, as curvas e dobras do rosto e do pescoço, as linhas vincadas da testa, do nariz e do queixo. A Françoise Gilot, Giacometti disse que o mais comovente nesses encontros era ver "um grande artista ainda tomado pelo empenho de criar quando a morte já se anunciava [...] quando não havia mais tempo".

A última obra de Matisse foi um vitral encomendado por Nelson Rockefeller em memória de sua mãe, Abby Aldrich Rockefeller, uma das fundadoras do Museu de Arte Moderna de Nova York. No dia 1º de novembro, Matisse escreveu a Alfred Barr anunciando que o desenho de heras floridas estava concluído e pronto para ser produzido. No mesmo dia ele sofreu um leve derrame. "Ele parou de trabalhar", escreveu seu médico, "e concentrou-se em morrer. Seu coração exausto aos poucos deixou de bater. Levou três dias." Marguerite estava ao lado do pai. No segundo dia, Lydia aproximou-se do leito com o cabelo recém-lavado e enrolado em uma toalha que lembrava um turbante, ressaltando o rigor e a pureza clássicas do perfil que Matisse desenhara e pintara tantas vezes. Ele pediu então que lhe dessem material de desenho, e com uma caneta esferográfica esboçou o retrato dela sobre folhas de papel almaço, segurando o quarto e último esboço com o braço estendido a fim de avaliar o resultado, em seguida pronunciando gravemente: "Este serve". "Lembro sobretudo de seu posicionamento perfeito na página", escreveu Lydia a respeito desse último desenho, "e da impressão que dava de leveza e nobreza." Matisse morreu no dia seguinte, 3 de novembro de 1954, às quatro da tarde no ateliê em Cimiez, ladeado pela filha e por Lydia.

Lydia partiu imediatamente com a maleta que guardara arrumada durante quinze anos. Amélie Matisse voltou, encarregando-se de cuidar da obra do marido para a posteridade. A posição pública de Matisse permaneceu equilibrada até o final. A família providenciou uma missa de sétimo dia, celebrada na igreja de Cimiez pelo arcebispo com a presença do prefeito republicano, Jean Médecin, que fez um discurso à porta da igreja. A cidade de Nice doou o terreno na colina acima da cidade onde o pintor está enterrado, de acordo com sua vontade, sem nenhum monumento além de uma simples lápide esculpida pelo filho Jean, à sombra de uma figueira e uma oliveira, às quais, meio século depois, o tempo e o acaso acrescentaram um loureiro silvestre.

CRÉDITOS DAS IMAGENS

"AM" refere-se aos Arquivos Matisse

Folha de rosto: Matisse pintando à janela do ateliê no terceiro andar do prédio da place Charles Félix, Nice (cortesia AM)

p. 19 Todos os direitos reservados

p. 31 Matisse, *Natureza-morta com livros* (*Meu primeiro quadro*), óleo sobre tela, 1890 (Musée Matisse, Nice; foto cortesia AM)

p. 42 Cortesia AM

p. 48 Simon Bussy, *Autorretrato*, lápis sobre papel, c. 1895 (col. particular, todos os direitos reservados; foto © A.C. Cooper Ltd., Londres)

p. 50 Henri Evenepoel, *La Petite Matisse*, óleo sobre tela, 1896 (Museum Dhondt-Dhaenens, Deurle, Bélgica)

p. 59 Todos os direitos reservados; cortesia AM

p. 68 Cortesia AM

p. 81 Paul Cézanne, *Três banhistas*, óleo sobre tela, c. 1879-82 (Petit Palais, Musée des Beaux-Arts de la Ville de Paris; foto © Petit Palais/Roger-Viollet/TopFoto)

p. 92 Matisse, *O servo*, bronze, 1900-c. 1906 (foto de Adam Rzepka, cortesia AM)

p. 108 Col. particular; foto © The Bridgeman Art Library

p. 133 André Derain, *Retrato de Henri Matisse*, óleo sobre tela, 1905 (Musée Matisse, Nice; foto: Ville de Nice/Service Photographique)

p. 135 Cortesia AM

p. 155 Cortesia AM

p. 160 Matisse, *Marguerite*, óleo sobre tela, 1907 (Musée Picasso, Paris; foto © RMN/René-Gabriel Ojéda)

p. 172 Cortesia AM

p. 181 Matisse, *Ninfa e sátiro*, óleo sobre tela, 1908-09 (Museu Estatal Ermitage, São Petersburgo; foto © The State Hermitage Museum)

p. 186 Col. particular; foto de Nicholas Spurling

p. 199 Cortesia AM

p. 206 Cortesia AM

p. 217 Olga Meerson, *Henri Matisse*, óleo sobre tela, 1911 (col. particular; foto de Nicholas Spurling)

p. 226 Cortesia AM

p. 240 Esboço em cartão-postal para Manguin, 1913 (arquivos Jean-Pierre Manguin)

p. 243 Matisse, *O marroquino Amido*, óleo sobre tela, 1912 (Museu Estatal Ermitage, São Petersburgo; foto © The State Hermitage Museum)

p. 255 Cortesia AM

p. 258 Matisse, *Jeannette* (V) (Jeanne Vaderin, 5º estado), bronze, 1916 (Museu de Arte Moderna, Nova York; adquirido pelo legado Lillie P. Bliss, 10.1952. Imagem digital © The Museum of Modern Art/Scala, Florença)

p. 267 Cortesia AM

p. 269 Matisse, *Retrato da senhorita Yvonne Landsberg*, óleo sobre tela, primavera/início do verão de 1914 (Philadelphia Museum of Art; coleção Louise e Walter Arensberg; foto de Graydon Wood, 1992)

p. 284 Cortesia AM

p. 286 Cortesia AM

p. 327 Cortesia AM

p. 368 Cortesia AM

p. 377 Cortesia AM

p. 383 Matisse, *Dorso IV*, bronze, 1929-30

(Tate Gallery, Londres; foto © Tate, Londres, 2008)

p. 387 Cortesia AM

p. 397 Cortesia AM

p. 406 foto © The Barnes Foundation, Merion, Pensilvânia, USA/The Bridgeman Art Library)

p. 412 Matisse, *A dança*, óleo sobre tela, 1932-33 (foto © The Barnes Foundation, Merion, Pensilvânia, USA /The Bridgeman Art Library)

p. 419 Cortesia AM

p. 431 Matisse, *Grande nu reclinado* (*O nu rosa*), óleo sobre tela, 1935 (Baltimore Museum of Art; coleção Cone, constituída por dra. Claribel Cone e srta. Etta Cone de Baltimore, Maryland. BMA 1950.258

p. 432 Cortesia AM

p. 437 Matisse, *Fauno encantando ninfa adormecida*, desenho, 1935 (Centre Georges Pompidou-MNAM-CCI, Paris; foto © CNAC/MNAM, dist. RMN/Georges Meguerditchian)

p. 450 Cortesia AM

p. 458 Matisse, *A jovem de blusa azul* (*Retrato de Lydia Delectorskaya*), óleo sobre tela, 1939 (Museu Estatal Ermitage, São Petersburgo; foto © The State Hermitage Museum)

p. 499 AKG-images/Bianconero

p. 535 foto © Fonds Hélène Adant, Paris. Centre Georges Pompidou, Bibliothèque Kandinsky

CADERNO DE OBRAS

1.
Mesa de jantar, 1896-97, óleo sobre tela, 100 x 131 cm, coleção particular.

2. *Interior suíço* (*Jane Matisse*), 1901, óleo sobre tela, 36 x 48 cm, coleção particular.

3.
Luxo, calma e volúpia, 1904-05, óleo sobre tela, 98,5 x 118 cm, Musée d'Orsay, Paris.

4.
Mulher com chapéu, 1905, óleo sobre tela, 80,6 x 59,7 cm, San Francisco Museum of Art.

5.
Janela aberta, Collioure, 1905,
óleo sobre tela, 55,2 x 46 cm,
National Gallery of Art, Washington.

6. *Alegria de viver*, 1905-06, óleo sobre tela, 175 x 241 cm, Barnes Foundation, Merion.

7. *Nu azul: lembrança de Biskra*, 1907, óleo sobre tela, 92,1 x 140,4 cm, Baltimore Museum of Art.

8.
Banhistas com tartaruga,
1908, óleo sobre tela,
179,1 x 220,3 cm, Saint Louis
Art Museum.

9.
Harmonia em vermelho
(*La Desserte*), 1908, óleo sobre
tela, 180 x 220 cm, Museu
Ermitage, São Petersburgo.

10. *A dança (II)*, 1909-10, óleo sobre tela, 260 x 391 cm, Museu Ermitage, São Petersburgo.

11. *A música*, 1910, óleo sobre tela, 260 x 389 cm, Museu Ermitage, São Petersburgo.

12.
O ateliê vermelho, 1911, óleo sobre tela, 181 x 219,1 cm, Museu de Arte Moderna, Nova York.

13.
A conversação, 1908-12,
óleo sobre tela, 177 x 217 cm,
Museu Ermitage,
São Petersburgo.

14.
O café marroquino, 1912-13,
têmpera sobre tela, 176 x 210 cm,
Museu Ermitage, São Petersburgo.

15.
Banhistas à beira de um rio, 1909, 1913 e 1916, óleo sobre tela, 259,7 x 389,9 cm, Art Institute of Chicago.

16. *Janela francesa em Nice*, 1919, óleo sobre tela, 130 x 89 cm, Barnes Foundation, Merion.

17. *Odalisca com magnólias*, 1923-24, óleo sobre tela, 65 x 81 cm, coleção particular.

18.
Figura decorativa sobre fundo ornamental, 1925-26, óleo sobre tela, 130 x 98 cm, Musée National d'Art Moderne, Centre Georges Pompidou, Paris.

19.
A queda de Ícaro (folha de rosto de *Verve*, n. 13. Paris: Tériade), 1945, colagem com papéis recortados, 36 x 26 cm.

20.
Nu azul (IV), 1952, guache sobre papel, recortado e colado, e carvão sobre papel branco, 103 x 74 cm, Musée Matisse, Nice.

21.
Interior com cortina egípcia, 1948,
óleo sobre tela, 116,2 x 89,2 cm,
Phillips Collection, Washington.

22.
A árvore da vida, 1949, maquete final de vitral na abside da capela do Rosário, em Vence, guache sobre papel, recortado e colado, 515 x 252 cm, Musei Vaticani, Roma.

ÍNDICE REMISSIVO

Os números em negrito indicam as imagens em preto e branco integradas ao texto; as imagens coloridas são indicados por fig., com a respectiva numeração. "HM" indica Henri Matisse.

G

H

O

P

Q

R

S

W

Y

Z

COORDENAÇÃO EDITORIAL Célia Euvaldo
ASSISTENTE EDITORIAL Livia Lima
REVISÃO Ana Cecília Agua de Melo e Maria Fernanda Alvares
PROJETO GRÁFICO Tereza Bettinardi
TRATAMENTO DE IMAGENS Wagner Fernandes
PRODUÇÃO GRÁFICA Lilia Goes

Nesta edição, respeitou-se o novo Acordo Ortográfico da Língua Portuguesa.

Dados Internacionais de Catalogação na Publicação (CIP)
(Câmara Brasileira do Livro, SP, Brasil)

Spurling, Hilary [1940-]
Matisse: uma vida: Hilary Spurling
Título original: *Matisse: the life*
Tradução: Claudio Alves Marcondes
São Paulo: Cosac Naify, 2012
592 pp., 73 ils.

ISBN 978-85-405-0230-7

1. Matisse, Henri, 1869-1954 2. Pintores – França – Biografia
I. Título

12-07792 CDD-750.92

Índices para catálogo sistemático:
1. Pintores franceses: Biografia e obra 750.92

COSAC NAIFY
rua General Jardim, 770, 2º andar
01223-010 São Paulo sp
[55 11] 3218 1444
cosacnaify.com.br
atendimento ao professor [55 11] 3218 1473

FONTES LeMonde e Gotham
PAPEL Lux Cream 70 g/m² e couché fosco 150 g/m²
TIRAGEM 2000
IMPRESSÃO Geográfica